U0216142

吉林人民出版社

简体字本二十六史

新元史

卷五八——卷一一四

（三）

[民国] 柯劭忞 撰

余大钧 标点

新元史卷五八
志第二五

百官四

宣政院。秩从一品。掌释教僧徒及吐蕃诸族之事,遇吐蕃有事,
则设分院往莅之,有大征伐,则会枢密院议之。院使十员,从一品。
同知二员,正二品。副使二员,从二品。金院二员,正三品。同金三员,
正四品。院判三员,正五品。参议二员,正五品。经历二员,从五品。都
事三员,从七品。照磨一员,正八品。管勾一员。正八品。至元初,立总
制院,以国师领之。《元典章》总制院使正二品,同知总制院事正三品。二
十五年,因唐制吐蕃来朝见于宣政殿故事,更名宣政院。置院使二
员,同知二员,副使二员,参议二员,经历二员,都事四员,管勾一
员,照磨一员。二十六年,置断事官四员。二十八年,增金院、同金
各一员。元贞元年,增院判一员。大德四年,罢断事官。至大初,省
院使一员。至治三年,置院使六员。天历二年,定置诸员如上。其
属八:断事官四员。从三品。经历一员,从五品。知事一员,从八品。至
元二十五年置。

客省使。秩从五品。大使二员,从五品。副使一员。从六品。至元
二十五年置。

大都规运提点所。秩正四品。达鲁花赤一员,正四品。提点一员,
正四品。大使一员,副使一员,知事一员。至元二十八年置。

上都规运提点所。达鲁花赤一员,提点一员,大使一员,副使一
员,知事一员。至元二十八年置。

大都提点资善库。秩从五品。掌钱帛之事。达鲁花赤一员，从五品。提举一员，从五品。同提举一员，从六品。副提举一员。从七品。至元二十六年置。

上都利贞库。秩从七品。掌饮膳及金银诸物。提领一员，从七品。副使一员。从八品。元贞元年置。

大济仓。监支纳一员，从七品。大使一员。从七品。

兴教寺。管房提领一员。

行宣政院。元统二年，罢广教总管府十六处，置行宣政院于杭州。院使二员，同知二员，副使二员，同佥、院判各一员，经历二员，都事、知事、照磨各一员。至正二年，增设崇教所，秩正四品。以理僧俗之事。至元二年，西番寇起，置行宣政院，也先帖木儿为院使讨之。事平即罢。

宣徽院。秩从一品。掌供玉食及燕享宗戚宾客，及诸王宿卫怯怜口粮食，蒙古万户千户合纳差发，系官抽分，羊马价值刍粟，收受阑遗等事。院事六员，从一品。同知二员，正二品。副使二员，从二品。佥院二员，正三品。同佥二员，正四品。院判五员，正五品。经历二员，从五品。都事三员，从七品。照磨一员，正八品。承发架阁库一员。正八品。

至元四年，置宣徽院，以线真为使。七年，改宣徽院为光禄司。秩正三品。后仍为宣徽院。十五年，置院使一员，同知、同佥各二员，主事二员，照磨一员。二十年，升从二品，增院使一员，置经历二员，典簿三员。二十三年，升正二品。置院判二员，省典簿，置都事三员。三十一年，增院使四员。大德二年，增同知二员。三年，升从一品。四年，置副使二员。至大四年，省本院参议、断事官。皇庆元年，增院使三员。始定怯薛歹万人，本院掌其给授。后定置诸员如上。其属十二：

光禄寺。秩正三品。掌起运米面诸事。领尚饮、尚酝局沿路酒坊，各路布种事。卿四员，正三品。少卿二员，从四品。丞二员，从五品。主事二员。从七品。至元十五年,改都提点为光禄寺,置卿一员,少卿三员,主事一员,照磨一员,管勾一员。二十年,改尚酝监。正四品。《元典章》监令正五品,提点从五品,丞正六品,知事正八品。二十三年,复为光禄寺,置卿二员,少卿、丞各一员。二十四年,增少卿一员。二十五年,改隶省部。三十一年,复隶宣徽院。延祐三年,降从三品。泰定二年,复升正三品。定置诸员如上。

大都尚饮局。秩从五品。掌造上用细酒。提点一员,从五品。大使一员,正六品。副使一员,正七品。中统四年,置大使、副使各一员,俱带金符。至元十二年,增副使一员。十五年,由从六品升从五品,置提点一员。后定置诸员如上。

上都尚饮局。皇庆中始置。提点一员,大使、副使各一员。

大都尚酝局。秩从五品。掌造诸王、百官酒醴。提点一员,从五品。大使一员,正六品。副使二员,正七品。直长一员。正八品。中统四年,立御酒库,设金符宣差。至元十一年,置提点。十六年,改尚酝局,定置诸员如上。

上都尚酝局。提点一员,大使一员,副使一员,直长一员。至元二十九年置。

大都醴源仓。秩从六品。掌受香莎苏门等酒材糯米,乡贡曲药,以供上酝。提举一员,从六品。大使一员,从七品。副使一员。正八品。至元二十五年置。

上都醴源仓。秩从九品。掌受大都转输米面,并造车驾临幸供给之酒。大使一员,从九品。副使一员。至元二十五年置。

尚珍署。秩正五品。置于济宁路,掌收济宁等处子粒以供酒材。达鲁花赤一员。从五品。令一员,从五品。丞二员,从七品。吏目二员。至元十三年置,十五年罢入有司,二十三年复置。

安丰怀远等处稻田提领所。秩从九品。提领二员。从九品。掌收稻田子粒,转输醴源仓。

尚舍寺。秩正四品。掌行在帷帐之陈设及牧养骆驼供爱兰乳酪。太监二员,正四品。少监二员,正五品。监丞二员,从六品。知事二员。

从八品。至元三十一年置。初为尚舍署，至元十七年升。秩正三品。三十一年，改为寺。大德十一年，改为监。秩正三品。至大元年，改为寺。四年，仍为监。寻复为寺。延祐三年，复降，正四品。按旧纪至元十七年升尚舍监，延祐七年降正四品，与志不合，未详孰误。定置诸员如上。

诸物库。秩从七品。掌出纳提领一员，从七品。大使一员，从八品。副使一员。正九品。大德四年置。

阑遗监。秩正四品。掌不阑奚人口、头匹诸物。太监一员，正四品。少监二员，正五品。监丞二员，正六品。知事一员，从八品。提控案牍一员。从九品。至元二十年，初立阑遗所。秩正五品。二十五年，改为监，升正四品。大德十一年，升正三品。至大四年，复正四品。寻又升正三品。延祐七年，复为正四品。定置诸员如上。

尚食局。掌御膳及出纳油面酥蜜诸物。秩从五品。提点一员，从五品。大使一员，正六品。副使二员，正七品。直长一员。正八品。中统二年，立尚食监。秩正四品。至元二年，改为局，置提点一员。《元典章》：尚食太监正四品，少监正五品，丞从六品，提举正七品。当是中统二年所置，旧志误监为局，至元二年始改为局也。大德八年，置掌薪司以供尚食，命宣徽院掌其事。二十年，省并尚药局，尚药局亦置于中统二年。别置生料库。本局定置诸员如上。

大都生料库。秩从五品。提点二员，从五品。大使二员，正六品。副使三员。正七品。至元十一年，置生料野物库。二十年，别置库，拟内藏库例，置诸员如上。

上都生料库。掌受宏州、大同虎贲、司农等岁办油面，大都起运诸物，供奉内府，放支宫人宦者饮膳。提点一员，大使一员，副使二员，直长一员。

大都大仓、上都大仓。秩正六品。掌内府支持米豆及酒材米曲药物。二仓各设提举一员，正六品。大使各一员，从六品。副使各一员。从七品。至元五年立，设官三员，俱受制国用使司劄札。十二年，改提举大仓，按旧纪，至元十七年立太仓提举司，与志不合。设官三员，隶宣徽院。二十五年，升正六品。

大都、上都柴炭局。秩正七品。达鲁花赤各一员，正七品。大都大使一员，上都大使三员，从七品。副使各二员。正八品。至元十二年置。秩从六品。十六年，改提举司，升从五品。大德八年，仍为局，降正七品。

尚牧所。秩从五品。掌大官羊。提举二员，从五品。同提举一员，从六品。副提举一员，从七品。吏目一员。至元十二年，立尚牧监。后省。至大四年，复立尚牧所，定置诸员如上。

沙糖局。秩从五品。掌沙糖蜂蜜煎造及方贡果木。提点一员，从五品。大使一员，正六品副使一员。正七品。至元十三年置。秩从六品。《元典章》沙糖局达鲁花赤从五品。十七年，置提点一员。十九年，升从五品。

永备仓。秩从五品。掌受两部仓库，起运省部，计置油面诸物及云需府所办羊，以备临幸膳馐。提点一员，从五品。大使一员，正六品。副使一员。正七品。至元十四年置，给从九品印。二十四年，升从五品。

丰储仓。秩从九品。掌出纳车驾行幸膳馐。大使一员。从九品。

淮东淮西屯田打捕总管府。秩正三品。掌献岁入以供内府，及湖泊山场渔猎以供内膳。达鲁花赤一员，正三品。总管一员，正三品。同知一员，正五品。府判一员，正六品。经历一员，从七品。知事一员，从八品。提控案牍一员。从九品。至元十四年，立总管府，并管涟海高邮河泊提举司、沂州等处提举司事。十六年，置扬州鹰房打捕达鲁花赤总管府。二十二年，并为淮东淮西屯田打捕总管府。后至元四年，升两淮屯田打捕总管府为正三品。疑本为从三品，至惠宗时始升秩正。二十五年，以两淮新附手号军千户所隶本府。

又置屯田打捕提举司九处：曰淮安州，曰高邮，曰招泗，曰安东海州，曰扬州通泰，曰安丰庐州，曰蕲黄，曰镇巢，凡八处旧志脱蕲黄一处，据《元典章》补。屯田打捕提举司，曰塔山徐邳沂州等处山场屯田提举司，俱秩从五品。每司达鲁花赤一员，提举一员，从五品。同提举一员，从六品。副提举一员。从七品。

又抽分场提领所凡十处：曰柴墟东西口，曰海州新坝，曰北砂太仓，曰安河桃源，曰大湖东西口，曰时堡兴化，曰高邮宝应，曰汶湖等处，曰云山白水，曰安东州，每所各设提领一员，同提领一员，副提领一员，俱受宣徽院劄付。

满浦仓，秩正八品。掌收受子粒米面等物，以待转输京师。大使一员，正八品。副使一员。正九品。至元二十五年置。《元典章》满浦仓监支纳从七品。

圆米棋子局、软皮局，各置提领一员，副提领一员，俱受宣徽院劄付。

手号军人打捕千户所。秩从四品。管军人打捕野物皮货。达鲁花赤一员，从四品。上千户一员，从四品。上副千户一员，正五品。弹压一员。从八品。至元二十五年置。

龙庆栽种提举司。秩从五品。管缙山岁输粱米，及易州、龙门、净边官园瓜果等物，以奉上供。达鲁花赤一员，从五品。提举一员，从五品。同提举一员，从六品。副提举一员。从七品。至元十七年，置提举司。《元典章》缙山栽种副提举从七品。延祐七年改缙山为龙庆州，因以名之。

宏州种田提举司。秩正六品。掌输纳麦面，以供内府。达鲁花赤一员，正六品。提举一员，正六品。同提举一员，正七品。副提举一员，正八品。直长一员。

丰润署。秩从五品。掌岁入刍粟，以饲驼马。达鲁花赤一员，从五品。令一员，从五品。丞一员，从六品。直长一员。正八品。

常湖等处茶园都提举司。秩正四品。掌常湖二路茶园户二万三千又奇，采摘茶芽以贡内府。达鲁花赤一员，从五品。按都提举司正四品，达鲁花赤亦当为正四品。志作从五品，恐是并平江提举司时降都提举司为提举司也，旧志简略，无从补订，姑仍之。提举一员，从五品。同提举一员，从六品。副提举一中，从七品。提控案牍一员，从八品。都目一员。至元十三年，置统提领所十三处。十六年，升都提举司。又别置平江等处榷茶提举，掌岁贡御茶。二十四年，罢平江提举司，并掌之。

统提领所七处，曰乌程，曰武康德清，曰长兴，曰安吉，曰归安，曰湖汶，曰宜兴。《元典章》：榷茶提举有杭州、宁国、龙兴、建宁、庐州、岳州、鄂州、常州、湖州、潭州、静江、临江、兴国、常德府、古田、建安十六处。各设正、同、副提领一员，受宣徽院札付，掌九品印。

建宁北苑武夷茶场提领所。提领一员，受宣徽院札，直隶宣徽。

太禧宗禋院。秩从一品。掌神御殿朔望岁时讳忌日辰禋祀典礼。院使都典制神御殿事六员，秩从一品。同知兼佐仪神御殿事二员，正二品。副使兼奉赞神御殿事二员，从二品。佥院兼祗承神御殿事二员，正三品。同佥兼肃治神御殿事二员，正四品。院判供应神御殿事二员，正五品。参议二员，正五品。经历二员，从七品。都事二员，从七品。管勾一员，从八品。照磨一员，从八品。断事官四员，从三品。客省使大使四员，从五品。副使二员。从六品。天历元年，罢会福、殊祥二院，改置太禧院以总制之。秩正二品。是年，升从一品，置参议二员。二年，改太禧宗禋院，立四总管府、一司为之属。定置诸员如上。至顺元年，命所隶总管府，各置副达鲁花赤一员。后至元六年罢。

隆禧总管府。秩正三品。达鲁化赤一员，正三品。总管一员，正三品。副达鲁花赤一员，正四品。同知一员，从四品。治中一员，从五品。判官一员，正六品。经历一员，从七品。知事一员，正八品。照磨一员。从八品。至大元年，建南镇国寺初立规运提点所。三年，改规运都总管府，领大崇恩福元寺钱粮。十一月，改大崇恩福元寺规运总管府为隆禧院。秩从二品。天历元年，罢殊祥院，以隆禧、殊祥并立殊祥总管府。寻又改隆禧总管府。后至元六年，罢太禧宗禋院，隆禧总管府改为规运提点所，秩正五品。隶宣政院。其属七：

曰：福元营缮司。秩正五品。达鲁花赤一员，正五品。司令一员，正五品。大使一员，正六品。副使一员。正七品。天历元年，以南镇国寺所立怯怜口事产提举司改为崇恩福元提点所。三年，又改为福元营缮司。

曰：普安智全营缮司。达鲁花赤一员，司令一员，大使、副使各一员。天历元年,以太玉山普安寺、大智全寺两规运提点所并为一,置提点二员。三年,又改为营缮司。

曰:祐国营缮都司。达鲁花赤一员,司令一员,大使、副使各一员,知事一员,提控案牍一员。天历元年,置万圣祐国营缮提点所。三年,改营缮都司。

曰:平松等处福元田赋提举司。秩从五品。达鲁花赤一员,从五品。提举一员,从五品。同提举一员,从六品。副提举一员。从七品。

曰:田赋提举司。提举一员,同、副提举各一员。

曰:资用库。至大三年,立规运都总管府,以资用库、大益仓隶之。大益仓,志无名。提领一员,从五品。大使一员,正六品。副使一员。正七品。

曰:万神库。提领一员,大使一员,副使一员。

会福总管府。达鲁花赤一员,总管一员,同知一员,治中一员,府判一员,经历、知事、提控案牍各一员。至元十一年,建大护国仁王寺及昭应宫,置财用规运所。秩正四品。十六年,改规运所为总管府。《元典章》:大护国仁王寺昭应宫规运财赋都总管府,达鲁花赤、总管,俱正三品。至大元年,改都总管府。秩从二品。寻升会福院,置院使五员。延祐三年,升正二品。天历元年,改会福总管府,降正三品,定置诸员如上。后至元六年,改规运提点所。其属五:

曰:仁王营缮司。达鲁花赤一员,司令一员,大使一员,副使一员。至元八年,立仁王寺镇遏提举司。十九年,改镇遏所。二十八年,并三提领所为诸色人匠提领所。天历元年,改镇遏民匠提领所。三年,改为仁王营缮司。

曰:襄阳营田提司。达鲁花赤一员,提举一员,同提举一员,副提举一员。初为襄阳等处水陆地土人户提领所,设官四员。大德元年,改提举司。天历二年,仍为襄阳营田提举司。

曰:江淮等处营田提举司。达鲁花赤一员,提举一员,同提举一员,副提举各一员。至元二十七年置。

曰:大都等路民佃提领所。秩从七品。提领一员,从七品。大使一员,从八品。副使一员。正九品。至元二十九年,以武清等十处,并立大都水陆地土种田人民提领所。十五年,又设随路管民都提领所。天历元年,并为大都等路民佃提领所。

曰:会福财用所。秩从七品。提领一员,从七品。大使一员,从八品。副使二员。正九品。至元十七年,立财用库。二十六年,立盈益仓。天历元年,并为会福财用所。

崇祥总管府。达鲁花赤一员,总管一员,副达鲁花赤一员,同知、治中、府判各一员,经历、知事、提控案牍兼照磨各一员。至大元年,立大承华普庆寺都总管府。二年,改延禧监。寻改崇祥监。皇庆元年,升崇祥院。秩正二品。延祐七年罢。后复置。泰定四年,改为大承华普庆寺总管府。天历元年,改崇祥总管府。后至元六年,改规运提点所。其属九:

曰:永福营缮司。达鲁花赤一员,司令一员,大使、副使各一员,都目一员。延祐五年,置大永福寺都总管府。秩正三品。后降为营缮提点所。天历三年,改永福营缮司。

曰:昭孝营缮司。达鲁花赤一员,司令一员,大使、副使各一员。天历元年立寿安山规运提点所,三年改昭孝营缮司。旧隶大禧总管府。至顺二年,改隶崇祥总管府。

曰:普庆营缮司。达鲁花赤一员,司令一员,大使、副使各一员。天历二年,改普庆修寺人匠提举司为普庆营缮提点所。三年,改营缮司。

曰:崇祥财用所。提领一员,大使、副使各一员。至大二年,置诸物库。四年,置普赡仓。天历二年,并为崇祥财用所。

曰:永福财用所。掌出纳颜料诸物。提领一员,大使、副使各一员。延祐三年,置诸物库,又置永积仓。天历二年,并为永福财用所。

曰:镇江稻田提举司。达鲁花赤一员,提举、同提举、副提举各一员。

曰:汴梁稻田提举司。达鲁花赤一员,提举、同提举、副提举各一员。

曰:平江等处田赋提举司。达鲁花赤一员,提举、同提举、副提举各一员。

曰:冀宁提领所。提领一员。

隆祥使司。从二品。司使四员,从二品。同知二员,正三品。副使二员,从三品。司丞二员,正五品。经历一员,从五品。都事二员,正七品。照磨兼架阁一员。正八品。天历二年,中宫建大承天护圣寺,立隆祥总管府,秩正三品。八员。至顺二年,升隆祥使司,升从二品。定置各员如上。后至元六年,改为规运提点所。其属十一:

曰:普明营缮都司。秩正四品。掌营造出纳钱粮之事。达鲁花赤一员,司令、大使、副使各一员,知事一员,提控案牍一员。天历元年,创大龙兴普明寺于海南,置规运提点所。二年,拨隶龙祥府。三年,改为都司。

曰:集庆万寿营缮都司。达鲁花赤一员,司令、大使、副使各一员,知事一员,提控案牍一员。天历二年,建龙翔、万寿两寺于建康,立龙翔万寿营缮提点所,属隆祥总管府。三年,改为营缮都司。

曰:元兴营缮都司。达鲁花赤一员,司令、大使、副使各一员,知事一员,提控案牍一员。天历元年,置大元兴规运提点所。三年,改为营缮都司。

曰:宣农提举司。秩从五品。达鲁花赤一员,提举、同提举、副提举各一员。天历二年,以大都等处田赋提举司隶隆祥总管府。三年,改提举司。

曰:护圣营缮司。秩正五品。掌营造工匠、僧众衣粮、收征房课诸事。达鲁花赤一员,司令、大使、副使各一员。天历二年,立大承天护圣营缮所。三年,改营缮司。

曰:平江善农提举司。秩从五品。达鲁花赤一员,提举、同提举、副提举各一员。天历二年,立田赋提举司。三年,改提举司。

曰:善盈库。提领一员,大使、副使各一员。天历二年置,隶隆祥总管府。

曰荆襄等处济农香户提举司。秩正五品。达鲁花赤一员,司令一员,提举、同提举、副提举各一员。天历二年,以荆襄提举司所领河南、湖广田土为大承天护圣寺常住,改为荆襄济农香户提举司。

曰:龙庆州田赋提领所。秩正九品。提领、同提领、副提领各一员。掌龙庆州所有田土岁赋。天历二年置。

曰:平江集庆崇禧田赋提领所。提领、同提领、副提领各一员。天历三年置。

曰:集庆崇禧财用所。大使、副使各一员。天历三年置。至顺元年,立益都广农提举司及益都、般阳、宁海诸提领所,并隶隆祥总管府。二年,罢益都等处广农提举司,改立总管府,秩从三品,仍令隆祥总管府统之。

寿福总管府。掌祭供钱粮之事。达鲁花赤一员,总管一员,副达鲁花赤一员,同知一员,治中一员,府判一员,经历、知事、案牍照磨各一员。至大四年,建大圣寿万安寺,置万安规运提点所。秩正五品。延祐二年,升都总管府。秩正三品。寻升寿福院。秩正二品。泰定元年,改立总管府。后至元六年,改规运提点所。其属五:

曰:万安营缮司。达鲁花赤一员,司令、大使、副使各一员。延祐三年,以万安规运提点所既罢,复立万安营缮司。

曰:万宁营缮司。达鲁花赤一员,司令、大使、副使各一员。大德十年,置万宁规运提点所。天历元年,改营缮司。后至元六年,四总管府及隆祥使司俱改规运提点所,仍立万宁提点所,直隶宣政院。

曰:收支库。提领一员,大使一员。

曰:延圣营缮司。达鲁花赤一员,司令、大使、副使各一员。初为天源营缮提点所。天历二年,改营缮司。

曰:诸物库。提领一员,大使一员。延祐三年,立广贮库,秩正七品,置官三员,隶寿福院。

新元史卷五九
志第二六

百官五

太常礼仪院。秩正二品。掌祭享宗庙社稷、封赠谥法等事。院使二员，正二品。同知二员，正三品。佥院二员，从三品。同佥二员，正四品。院判二员，正五品。经历一员，从五品。都事一员，从七品。照磨兼管勾承发架阁一员。正八品。中统元年，中都立太常寺，设寺丞一员。《元典章》太常寺卿，正三品，少卿，正四品，丞，正六品。至元八年，并太常寺入翰林院。十八年，复立太常寺，设卿一员，从三品。少卿以下五员。十四年，增博士一员。二十年，升正三品。大德九年，设奉礼郎二员，协律郎一员，法物库官二员。《元典章》法物库副使正七品。十一年，升太常礼仪院。秩正二品。设官十二员。至大四年，复为寺，降正三品。延祐元年，复改升院，以大司徒领之。七年，降从二品。天历元年，复升正二品。定置诸院员如上。其属：博士二员，正七品。奉礼郎二员，从八品。奉礼兼检讨一员，从八品。协律郎二员，从八品。太祝十员，从八品。礼直管勾一员。从九品。《元典章》太常奉祀郎，从八品。

太庙署。秩从六品。掌宗庙行礼。令一员，从六品。丞一员。从七品。至元三年置。

郊祀署。秩从六品。掌郊祀行礼。令一员。从六品。大德九年置。

廪牺署。秩从六品。掌太庙郊祀廪牺。令一员，从六品。丞一员。从七品。初，太庙、郊祀二署令兼廪牺署事，至大二年始置。

社稷署。令二员，丞一员。品秩同上。大德元年置。

大乐署。掌礼生、乐工四百七十九户。令二员,丞二员。品秩同上。中统五年置。

典瑞院。秩正二品。掌宝玺、金银符牌。院使四员,正二品。同知二员,正三品。金院二员,从三品。同金二员,正四品。院判二员,正五品。经历二员,从五品。都事二员,从七品。照磨兼管勾承发架阁库一员。正八品。《元典章》:符牌局大使,正八品。当亦为典瑞院属官。中统元年,置符玺郎二员。至元十六年,立符宝局,给六品印。《元典章》:符宝郎,从五品。十七年,升正五品。十八年,改典瑞监。秩正三品。《元典章》:太监,从三品;少监,从四品;丞,从五品。又,典瑞监卿,正三品。二十年,降正四品。省卿二员。二十九年,复正三品。仍置监卿二员。大德十一年,升典瑞院,正二品。定置诸员如上。至大四年,复典瑞院为监。

太史院。秩正二品。掌天文、历数。院使五员,正二品。同知一员,正三品。金院二员,从三品。同金二员,正四品。院判二员,正五品。经历一员,从五品。都事一员,从七品。《元典章》:太史院照磨,从八品。管勾一员。从九品。《元典章》作从八品。至元十五年置院,设太史令等官。至大元年升从二品。设官十员。延祐三年升正二品。后定置诸员如上。其属:春官正兼夏官正一员,正五品。秋官正兼冬官正中官正一员,正五品。保章正五员,正七品。保章副五员,正八品。《元典章》作从七品。掌历二员,正八品。腹里印历管勾一员,从九品。各省司历十二员,正九品。印历管勾二员,从九品。《元典章》有江浙印历局管勾、江西印历局管勾,俱九品。灵台郎一员,正七品。监候六员,从八品。副监候六员,正九品。星历生四十四员,无品秩。挈壶正一员,从八品。司辰郎二员,正九品。灯漏直长一员,无品秩。教授一员,从八品。学正一员,从九品。《元典章》:星历教授、学正,均从八品。校书郎二员。正八品。

太医院。秩正二品。掌制造奉御药物,领各属医职。院使十二员,正二品。同知二员，正三品。金院二员，从三品。同金二员，正四品。院判二员，正五品。经历二员，从七品。都事二员，从七品。照磨兼承发架阁库一员。正八品。《元典章》：太医院知事从八品，管勾正九品。中统元年，置宣差提点太医院事，给银印。至元五年，以太医院隶宣徽院。二十二年，改为尚医监。秩正四品。《元典章》：尚医监正四品，少监从五品，监丞正六品。二十二年，复为太医院，给银印，置提点四员，《元典章》：尚药提点正五品。院使、《元典章》：院使正四品。副使、判官各二员。大德五年，升正二品。设官十六员。十一年，增院使二员。皇庆元年，又增院使二员。二年，增院使一员。至治二年，定置诸员如上。其属附见：

广惠司。秩正三品。掌修制御用回回药物及和剂，以疗诸宿卫士及在京孤寒者。司卿四员，少卿二员，《元典章》广惠司令，从六品。按本司有丞，必有令，旧志漏之。司丞二员，经历、知事、照磨各一员。延祐六年升正三品。其属：

大都、上都回回药物院二。秩从五品。掌回回药事。达鲁花赤一员，从五品。大使二员，从五品。副使一员。正七品。至元二十九年置。至治二年，拨隶广惠司。

御药院。秩从五品。掌受各路诸番进贡药品。达鲁花赤一员，从五品。大使二员，从五品。副使二员，正七品。直长一员，正八品。都监二员。正九品。至元六年置。

御药局。秩从五品。达鲁花赤一员，从五品。局使二员，从五品。副使二员。正七品。《元典章》：御药局副提举、同提举，均从六品。

行御药局。掌两都行箧药品。达鲁花赤一员，大使三员。品秩同上。大德九年置。

御香局。秩从五品。掌修合御用诸香。提点一员，从五品。司令一员。至大元年置。

大都惠民局。秩从五品。掌收官钱，出息修药剂，以惠贫民。提点一员，从五品。司令一员。正七品。中统二年置，受太医院札。至元十四年定。秩从六品。二十一年。从五品。

上都惠民局。提点一员，司令一员。中统四年置。《元典章》安西路惠民局提点，从五品，同知四川药材医局、惠民局，正五品。

医学提举司。掌考校诸路医生课艺，试验太医教官，校勘名医撰述文字，辨验药材。秩从五品。医学提举一员，从五品。副提举一员。从七品。至元九年置。十三年罢。十四年复置。

官医提举司。秩从五品。掌医户差役词讼。至元二十五年置。大都、保定、彰德、东平四路，设提举、同提举、副提举各一员。河间、大名、晋宁、大同、冀宁、广平、济宁、济南、辽阳、兴和十路，设提举、副提举各一员。卫辉、怀孟、大宁三路，设提举一员。此腹里路分官医提举司，改隶于太医院。其河南等五省各立一司，隶于本省。

奎章阁学士院。秩正二品。大学士四员，正二品。侍书学士二员，从二品。承制学士二员，正三品。供奉学士二员，正四品。参书二员，从五品。典签二员，正七品。照磨一员，正八品。天历二年，立于兴圣殿西，命儒臣进经史之书，考帝王之治。置大学士二员，正三品。寻升为学士院。至顺二年，定置诸员如上。属官：授经郎二员，正七品。天历二年置。后至元六年罢奎章阁。至正元年立宣文阁，不置学士，惟授经郎及鉴书博士以宣文阁系衔。

群玉内司。秩正三品。掌奎章阁图书及常御之物。司监一员，正三品。司尉一员，从三品。亚尉一员，正四品。佥司一员，从四品。司丞一员。正五品。典簿一员，正七品。天历二年，更司籍郎，为秩正六品。群玉署，至顺元年升群玉内司，后至元元年罢。

艺文监。秩从三品。掌以国语译儒书及儒书之合校雠者。太监检校书籍事二员，从三品。少监同检校书籍二员，从四品。监丞参校书籍事二员，从五品。典簿一员，正七品。照磨一员。正八品。天历二年置，至元六年改崇文监，至正元年改隶翰林国史院。

监书博士。秩正五品。掌品定书画。博士二员。正五品。天历二年置。

艺林库。秩正六品。掌藏贮书籍。提点一员，正六品。大使一员，从六品。副使一员。正七品。天历二年置。

广成局。秩正七品。大使一员，从七品。副使二员，正八品。直长二员。正九品。掌传刻经籍。天历二年置。

侍正府。秩正二品。掌内廷近侍之事。侍正十四员，正二品。同知二员，正三品。参府二员，从三品。侍判二员，正四品。经历一员，从六品。都事一员，从七品。照磨一员。从八品。至大元年，立尚服院。秩从二品。三年升正二品。后省。至顺二年，置侍正府，领速古儿赤四百人、奉御二十四员。后至元元年，以侍政府属徽政院。

奉御二十四员，秩从五品。尚冠二员，从五品。副奉御二员，从六品。尚衣奉御二员，副奉御二员，尚鞶奉御二员，副奉御二员，尚沐奉御二员，副奉御二员，尚饰兼尚辇奉御二员，正六品。副奉御二员，正七品。掌簿四员。从七品。以四怯薛之速古儿赤为之。至大元年，设尚冠、尚衣、尚鞶、尚沐、尚辇、尚饰六奉御，秩从五品。凡四十八员，隶尚服院。天历初，省为二十四员，改隶侍正府。

给事中。秩正四品。掌随朝省、台、院诸司凡奏闻之事，悉纪录之，如古左右史。给事中兼修起居注二员，正四品。右侍仪奉御同修起居注一员，左侍仪奉御同修起居注一员。从五品。《元典章》左、右侍仪奉御，正四品。至元六年，置起居注、左右补阙。十五年，改给事中兼修起居注，左右补阙改为左右侍仪奉御兼修起居注。皇庆元年升正三品。延祐七年，仍详定正四品。后定置诸员如上。

将作院。秩从二品。掌造金玉珠翠、犀象、宝贝、冠佩、器皿，刺绣缎匹纱罗，异样百色造作。院使七员，正二品。同知二员，正三品。同金二员，正四品。院判五员，正五品。经历一员，从五品。都事一员，从七品。照磨管勾一员，正八品。《元典章》将作院收支库大使，从九品。至元三十年,置院使一员,经历、都事各一员。三十一年,增院使二员。元贞元年,又增二员。大德十一年,升将作院秩从二品。延祐七年,省院使二员。后升正二品。定置诸员如上。

诸路金玉人匠总管府。秩正三品。掌造金玉冠饰系腰束带、金银器皿,并总诸司局事。达鲁花赤二员,正三品。总管二员,正三品。副达鲁花赤二员,正四品。同知二员,从四品。副总管二员,正五品。经历一员,从七品。知事一员,从八品。照磨一员,正九品。管勾一员。正九品。中统二年,立金玉府。秩正五品。至元三年,改总管府,置总管一员,经历、提控案牍各一员。十二年,又置同知、副总管各一员。二十五年,置达鲁花赤一员。大德四年,又置副达鲁花赤、副总管各一员。后定置诸员如上。其属曰:

玉局提举司。秩从五品。提举一员,正七品。同提举一员,从七品。副提举一员。正八品。中统二年,以和林人匠置局,始设直长。至元三年,立玉匠局,用正七品印。十五年,改提举司。

曰:金银器盒提举司。提举一员,同提举一员,副提举一员,品秩同上。吏目一员。至元十五年,置金银局。秩从七品。二十四年,改提举司。秩正六品。大德间升从五品。按玉局、金银、玛瑙四提举司,俱秩从五品,提举亦当为从五品,旧志作正七品,《元典章》金银器盒提举正六品,阳山玛瑙局提举从五品,均参差不合。

曰:玛瑙提举司。提举一员,同提举一员,品秩同上。吏目一员。至元九年,置大都等处玛瑙局。秩从七品。管玛瑙匠户五百又奇,置提举三员,受金玉府札。十五年,改立提举司,领大都、宏州两处造作,升从五品。三十年,省副提举一员。

曰:阳山玛瑙提举司。提举一员,同提举一员,副提举一员,品秩同上。至元十五年置。

曰:金丝子局。秩从五品。大使一员,从五品。副使一员,正七品。直长一员。中统二年设二局,二十四年并为一。

曰:鞋带斜皮局。秩从八品。大使一员,从八品。副使一员。至元十五年置。

曰：瓀玉局。秩从八品。大使一员。从八品。至元十五年置。

曰：浮梁磁局。秩正八品。掌烧造磁器并漆造马尾棕藤笠帽等。大使一员，从八品。副使一员。正九品。至元十五年置。《元典章》浮梁磁局副使正九品，则大使应为从八品，磁局秩从八品，旧志作从九品误。

曰：画局。秩从八品。掌描画诸色样制。大使一员。从八品。至元十五年置。

曰：管领珠子民匠官。正七品。掌采蛤珠于杨村、直沽等处。中统二年置。子孙世袭。

曰装钉局。秩从八品。大使一员。从八品。《元典章》装钉局大使，从九品。至元十五年置。

曰：大小雕木局。秩从八品。大使一员。从八品。至元十五年置。

曰：宣德隆兴等处玛瑙人匠提举司。秩正六品。至元十五年，提举一员，从七品。副提举一员。从八品。至元十五年置。

曰：温犀玳瑁局。秩从八品。大使一员。至元十五年置。

曰：上都金银器盒局。秩从六品。大使一员，从六品。副使一员，正七品。直长一员。至元十六年置。

曰：漆纱冠冕局。大使、副使各一员。至元十五年置。

曰：大同路采砂所。管领大同路拨到民一百六户，岁采磨玉夏水砂二百石，起运大都以给玉工。大使一员。至元十六年置。

曰：管匠都提领所。秩从七品。掌金石府人匠词讼。都提领一员。从七品。至元十三年置。

曰：监造诸般宝贝官。秩正五品。达鲁花赤二员。正五品。至元二十一年置。

曰：收支诸物库。秩从八品。大使一员，从八品。副使一员。正九品。至元十五年置。

行诸路金玉人匠总管府。秩从三品。达鲁花赤一员。从三品。总管一员，从三品。同知一员，正五品。副总管一员，从五品。经历一员，从七品。知事一员，从八品。提控案牍一员。从九品。世祖定江南，置浙西金玉人匠提举司。至元十七年，又置浙西道金玉人匠总管府。

至元二十七年，并提举司入总管府。后罢之。至大间，复置总管府于杭州路。

异样局总管府。秩正三品。达鲁花赤一员，正三品。总管一员，正三品。同知一员，从四品。《元典章》作正五品。副总管一员，正五品。经历一员，从七品。知事一员。正八品。中统二年，立异样局提点所，掌御用织造。至元六年，改总管府，置总管一员。十四年，置同知、副总管各一员。二十一年，增总管一员。二十九年，置达鲁花赤一员。三十年，省同知、副总管各一员。后定置诸员如上。其属曰：

异样文绣提举司。秩从五品。提举一员，从五品。同提举一员，正七品。副提举一员。正八品。中统二年立局，至元十四年改提举司。

曰：绫绵织染提举司。提举一员，同提举一员，副提举一员。品秩同上。至元二十四年，改局置提举司。

曰：纱罗提举司。提举一员，同提举一员，副提举一员。品秩同上。至元十二年改局置提举司。

曰：纱金颜料总库。秩从九品。大使、副使各一员。从九品。中统二年置。至元二十九年，置织造段匹提举司，其裁并年分不可考。《元典章》犀象牙木局使，从五品。

大都等路民匠总管府。秩正三品。总管一员，从三品。同知一员，正五品。副总管一员，从五品。《元典章》作正五品。经历一员，从七品。知事一员，从八品《元典章》：大都等路人匠提举，从五品。提控案牍一员。至元七年置。秩从三品。十四年升。正三品。其属曰：

备章总局。秩正六品。大使一员，正六品。副使一员。至元十三年省并杨蔺等八局为总局。

曰：尚衣局。秩从五品。达鲁花赤一员，从五品。提举一员，从五品。同提举一员，正七品。副提举一员。正八品。至元二年置。

曰：御衣局。达鲁花赤一员，提举、同提举、副提举各一员。品秩同上。中统四年置。

曰：御衣史道安局。秩从五品。大使一员，从五品。副使一员。从六品。至元二年置，以史道安掌其职，因以名之。

曰：高丽提举司。秩从五品。提举一员。至元二十二年置。按旧
纪二十一年，以高丽提举司隶工部，未详孰误。

曰：织佛像提举司。秩从五品。提举一员，从五品。副提举二员。
正八品。延祐三年，置织佛像工匠提领所。秩正七品。四年，改提领所
为提举司。

通政院。秩从二品。大都院使四员，从二品。同知二员，正三品。副
使二员，从三品。佥院一员，正四品。同佥一员，从四品。院判一员，正
五品。经历一员，从五品。都事二员，从七品。照磨兼管勾承发架阁一
员。正八品。上都院使、同知、副使、佥院、判官各一员，经历、知事各
一员。品秩同上。元初，置驿以给使传，设脱脱禾孙以辨奸伪。至元
七年，初立诸站都统领司以总之。十三年，改通政院。十四年，分置
大都、上都两院。二十七年，置大都东西二驿脱脱禾孙，以通政院领
之。二十九年，又置江南分院。大德七年罢。至大元年，复置，升正
二品。三年，省通政院六员，存十二员。四年罢，以其事归兵部。是
年，复置上都通政院，只管达达站赤。延祐七年，复从二品。仍兼领
汉人站赤，定置诸员如上。其属：

廪给司。秩从七品。掌边远使客饮食供张。提领一员，从七品。司
令一员，正八品。司丞一员。正九品。至元十九年置。

中政院。秩正二品。掌中宫财赋并番卫之士汤沐之邑。院使七
员，正二品。同知二员，正三品。佥院二员，从三品。同佥二员，正四品。
院判二员，正五品。幕职司议二员，从五品。长使二员，正六品。照磨
兼管勾承发架阁一员。正八品。元贞二年，置中御府，秩正三品。卿二
员。大德元年，增中御府官一员。四年，升中政院。秩正二品。至大
元年，升从一品。定置诸员如上。三年，改皇太子妃怯怜口都总管
府为典内司，四年，升为院，并中政院入之。皇庆元年，升正二品。二
年，复为中政院。其属：

中瑞司。秩正三品。掌皇后宝册。卿五员，正三品。丞二员，正四

品。典簿二员。从七品。至大三年置。

内正司。秩正三品。掌营缮之役,地产之储,以供膳服,备赐予。卿四员,正三品。少卿二员,正四品。丞二员,从五品。典簿二员,从七品。照磨兼管勾一员。正九品。其属曰:

尚工署。秩从五品。掌百工营缮之役。令一员,从五品。丞二员。从六品。皇庆元年置。领于尚工署者为玉列赤局。秩从七品。掌裁缝之事,提领一员,大使、副使各一员,直长二员,延祐六年置。

曰:赞仪署。秩正五品。掌乘舆之器备。提领一员,大使一员,副使一员,直长二员。皇庆二年置。

典饮局。秩正七品。大使二员,副使二员,典史一员。掌造酒醴以供内府。初置嘉酝局,秩从六品。隶家令。至大二年,改典饮局,两都分置。皇庆元年,拨隶中宫。旧纪至顺二年,置典瑞司,秩正三品,掌中宫佛事。

管领六盘山等处怯怜口民匠都提举司。秩正四品。达鲁花赤一员,正四品。都提举一员,正四品。同提举二员,正六品。副提举二员,从七品。知事一员,提控案牍一员。至大四年置。元初,未有官署,赋无所稽,后遣使核实著籍,设司领之。其属曰:

奉元等路、平凉等处、开城等处、甘肃宁夏等路、察罕脑儿等处长官司。秩正五品。各设达鲁花赤一员,长官一员,副长官一员,提控案牍一员,都目一员。延祐二年,以民匠提举司所领地里阔远,乃酌远近众寡,立长官司、提领所以分理之。提领所凡十:秩正七品。奉元等路、凤翔等处、平凉宁环等处、开城等处、察罕脑儿等处、甘州等处、肃沙等处、永昌宁夏等路、长城等路,各设提领一员,同提领一员,副提领一员,隶于各长官司。

翊正司。秩正三品。掌怯怜口民匠五千余户,岁办钱粮造作。令五员,正三品。丞四员,正四品。典簿二员。从七品。至元三十一年,置御位下管领随路民匠打捕鹰房纳棉等户总管府,秩正三品。后隶正宫位下。至大元年省,四年复置。秩正三品。延祐六年,改翊正司,岁终会其出纳以达于中政院。后至元元年罢。其属曰:

管领上都等处诸色人匠提举司。秩从五品。达鲁花赤一员,从五品。提举一员,从五品。同提举一员,从六品。副提举一员,从七品。直长一员,都目一员,吏目一员。元贞元年置,管户二千五百又奇。

曰:管领随路打捕鹰房纳棉等户提举司。达鲁花赤一员,提举一员,同提举一员,副提举一员。品秩同上。直长一员。都目一员,吏目一员。元贞元年置。

曰:管领归德亳州等处管民提领所。秩从七品。提领一员,同提领一员,副提领一员,典史一员。元初收附归德、楚州、通州等三百五十六户,令脱忽伯管领。大德二年置提领所。

管领大都等路打捕民匠等户总管府。秩正三品。达鲁花赤一员,正三品。总管一员,正三品。同知一员,正四品。副总管一员,正五品。经历一员,从七品。知事一员,从八品。提控案牍照磨一员。从九品。元初,收河南诸路民户一万五千有奇,置官管领。至元八年,属有司。二十年,改隶中尚监。二十六年,置总管府。其属曰:

在京提举司二,秩从五品。达鲁花赤一员。从五品。提举一员,从五品。同提举一员,从六品。副提举一员,从七品。都目一员。至元十六年,给从七品印。大德四年,省并京外为十一处,改提举司,升从五品。

涿州、保定、真定、冀宁、河南、大名、东平、东昌、济南等路提举司,凡九处。设官品秩同上。

提领所凡二十五处:大都等路,东安州、济宁州、曹州、祁州、完州、河间、济南、济阳、大同、元氏、冀宁、晋宁、归德、南阳、怀孟、汝宁、卫辉、浚州、涿州、真定、中山、平山、大名、高唐等处。各设提领一员,同提领一员,副提领一员,典史一员。

江浙等处财赋都总管府。掌江南没入资产。达鲁花赤一员,都总管一员,同知一员,副总管一员,经历一员,知事一员,照磨一员,提控案牍一员。品秩同上。至大元年置。旧纪至大三年,立江浙等处财赋提举司,隶章庆院,与志不合。其属曰:

平江、松江、建康等处提举司,凡三处,并秩正五品。每司各设达鲁花赤一员,提举、同提举、副提举各一员,都目一员。

曰:丰盈库。掌本府钱帛。提领一员,大使一员,副使一员。

曰:织染局。掌织染岁造段匹。局使一员。

管领种田打捕鹰房民匠等处万户府。秩正三品。掌归德、亳州等处蒙古汉军种田户差税。万户一员,正三品。经历一员,从七品。知事一员,从八品。提控案牍一员。从九品。中统二年置,初隶塔察儿王位下。后改属中宫,领司属十处。旧志未载。

管领大名等处种田诸色户总管府。秩正五品。总管一员,副总管一员,都目一员。中统二年置。至元二十三年,置府大名。

管领本投下大都等处诸色户计都达鲁花赤。秩正五品。达鲁花赤一员,正五品。提控案牍一员,从九品。都目一员。中统三年置。至元十五年,置司大都。

管领大都、河间等路打捕鹰房总管府。秩正五品。总管一员,副总管一员,都目一员。中统二年置,三年给印。

管领东平等路管民官。秩正五品。总管一员,正五品。相副官一员,都目一员。中统二年置,至元二十二年给印。

管领大名等路宣抚司燕京路管民千户所。秩正七品。提领一员,副提领一员。中统二年置

管领曹州等处本投下民户、管领东明等处本投下民户、管领蒲城等处本投下诸色户计、管领汴梁等路本投下种田打捕驱户四提领。秩正七品。提领各二员,同提领、副提领各一员,典史各一员。中统二年置,至元十四年颁印。

海西辽东哈思罕等处鹰房诸色人匠怯怜口万户府。秩正三品。管领哈思罕等处、肇州、朵因温都儿诸色人匠四千户。达鲁花赤一员,正三品。万户一员,正三品。副万户一员,正五品。经历一员,从七品。知事一员,从八品。提控案牍兼照磨一员。从九品。延祐二年置。其属曰:

镇抚司。镇抚一员。延祐四年置。

曰:哈思罕等处打捕鹰房怯怜口千户所。秩从五品。达鲁花赤一

员,千户一员,副千户一员,吏目一员。至大二年置提举司,延祐六年改千户所。

曰:诸色人匠怯怜口千户所。秩从五品。达鲁花赤一员,千户一员,副千户一员,都目一员。初为提举司,后为千户所。

曰:肇州等处女直千户所。达鲁花赤一员,千户一员,副千户一员,吏目一员,延祐三年置。

曰:朵因温都儿乃良哈千户所。延祐三年置。

曰:灰亦儿等处怯怜口千户所。至治元年置。曰:开元等处怯怜口千户所。至治元年置。

曰:石州等处怯怜口千户所。延祐七年置。

曰:沈阳等处怯怜口千户所。至治元年置。

曰:辽阳等处怯怜口千户所。至治二年置。

曰:盖州等处怯怜口千户所。延祐五年置。

曰:干盘等处怯怜口千户所。至治元年置。

辽阳等处金银铁冶都提举司。秩正四品。都提举一员,正四品。同提举一员,从五品,副提举一员,提控案牍一员。延祐三年,立提举司。秩从五品。后升都提举司。

初办金银䃼铁等课,分纳中书省及中政院。七年,以其赋尽归中宫。

管领本位下怯怜口随路诸色民匠打捕鹰房都总管府。秩正三品。达鲁花赤一员,正三品。都总管一员,正三品。同知一员,正五品。副总管一员,从五品。经历一员,从七品。知事一员,从八品。照磨一员。从九品。掌怯怜口二万九千户、田万五千余顷。中统二年置,大德十年隶詹事院,至大三年隶徽政院。延祐三年改善政司,七年复善政司为都总管府。至治二年,徽政院及其属尽罢,天历二年复立府。

管领诸路打捕鹰房民匠等户总管府。达鲁花赤一员,总管一员,同知一员,副总管一员,品秩同上。经历一员,知事一员,提控案牍一员,照磨一员。大德三年置。其属曰:

大都等路管民提举司。达鲁花赤一员，同提举一员，副提举一员，都目一员。

曰：大都保定提领所。提领二员，同提领一员，副提领一员，典史一员。

曰：河间真定提领所。提领二员，同提领一员，提领一员，副提领一员，典史一员。

曰：唐州提举司。达鲁花赤一员，提举一员，同提举一员，副提举一员，都目一员。

曰：南阳邓州提领所。提领二员，同提领一员，副提领一员，典史一员。

曰：唐州泌阳提领所。提领二员，同提领一员，副提领一员，典史一员。

曰：襄阳湖阳提领所。提领二员，同提领一员，副提领一员，典史一员。

曰：汝宁陈州提领所。提领二员，同提领一员，副提领一员，典史一员。

曰：河南提举司。达鲁花赤一员，提举一员，同提举一员，都目一员。

曰：汴梁裕州提领所。提领二员，同提领一员，副提领一员，典史一员。

曰：河南嵩汝提领所。提领二员，同提领一员，副提领一员，典史一员。

曰：南阳唐州提领所。提领二员，同提领一员，副提领一员，典史一员。

曰：济宁提举司。达鲁花赤一员，提举一员，都目一员。

曰：冀宁提领所。提领二员，同提领一员，副提领一员，典史一员。

曰：晋宁提领所。提领二员，同提领一员，副提领一员，典史一员。

宝昌库。掌受金银砒铁之课，以待储运。提领一员，大使一员。

金银场提领所凡七。梁家寨银场、明世银场、密务银场、宝山银场、烧炭峪银场、胡宝峪银场、七宝山砒灰场。俱从七品。每所设提领一员，从七品。同提领一员，副提领一员。

铁冶管勾处二所。各设管勾一员，同管勾一员，副管勾一员。

奉宸库。秩从五品。掌中藏宝货钱帛给纳之事。提点四员，从五品。副使二员，正七品。提控案牍一员。至元二十七年罢，大德二年复置。

广禧库。掌收支御膳野物，职视生料物。达鲁花赤一员，提举一员，从五品。大使一员，正六品。副使二员。正七品。大德八年置。

资政院。秩正二品。院使六员，同知、金院、同金、院判各二员，经历、都事各一员，管勾、照磨各一员。至元六年，为完者忽都皇后置。将昭功万户府司属，除巳罢缮工司外，集庆路钱粮并入有司，拨付资政院。既而正宫皇后崩，册立完者忽都为皇后，改为崇政院。

新元史卷六〇
志第二七

百官六

　　詹事院。秩从一品。詹事三员，从一品。同知二员，正二品。副詹事二员，从二品。丞二员，正三品。中议二员，从五品。长史二员，正六品。照磨二员，正八品。管勾二员。正八品。至元十年立东宫宫师府，十九年改立詹事院。《元典章》：詹事院二品，副詹事正三品，丞正四品，又有左右詹事正二品。备辅翼皇太子之任。置左右詹事各一员，副詹事、詹事丞、院判各二员。别置宫臣宾客二员，左右谕德、左右詹善各一员，校书郎二员，中庶子、中允各一员。三十一年皇太子卒，改詹事院为徽政院，凡钱粮选法工役悉归太后位下。大德九年，复立詹事院。寻罢。十一年，武宗即位，立仁宗为皇太子，更置詹事院。秩从一品。置参议、断事官。至大元年，改詹事院使为詹事，副詹事为少詹事，院判为丞，置司议郎。正五品。三年，改少詹事为副詹事。四年罢。延祐四年，立英宗为皇太子，复置詹事院。秩从一品。詹事四员，副詹事、丞并二员。七年罢，仍为徽政院。泰定元年，罢徽院，改立詹事如前。天历元年，改为储庆使司。二年罢，复立詹事院，置断事官。未几，改储政院。秩正二品。院使六员，正二品。同知二员，正三品。金院二员，从三品。同金二员，正四品。院判二员，正五品。司议二员，从五品。长史二员。正六品。后罢。至顺三年，立徽政院。元统元年。置徽政院官属。至正六年，置皇太子宫傅府，时皇太子犹未受册宝。九年，立端本堂，置谕德一员，正二品。赞善二员，正三品。文学二员,正五品。正字二员,正七品。司经二员,正七品。十三年,立皇太子,又置宾客二员,正二品。《元典章》作正三品。左右谕德各一员。从二品。左右赞善各一员,从二品。文学二员,从五品。中庶子、中允各一员。从六品。《元典章》中庶子、左右谕德均正四品。未几,罢宫傅府,复立詹事院。秩从一品。定置诸员如上。《元典章》詹事府司狱,从五品。其属附见:

家令司。秩正三品。掌太子饮膳、供张、仓库。家令二员,正三品。二员,正四品。家丞二员。正五品。《元典章》作从四品。典簿二员,正七品。照磨二员。正九品。至元二十年置。三十一年,改内宰司,《元典章》:内宰正三品,丞从四品。隶徽政院。大德十一年,复立。秩从二品。至大四年罢。延祐四年,复立。秩从三品。七年罢。泰定元年,复以内宰司为家令司。天历元年罢,未几复立。旧纪:延祐七年,内宰司复为正三品。天历二年,复置家令司。与此俱不合。二年,又改内宰司;后罢。至正十三年,复立家令司,定置诸员如上。其属《元典章》詹事,署典宝、典乘、典藏、典器四令,俱正五品。曰:

典幄署。秩正五品。掌太子供张。令一员,丞一员。至大元年置。是年,置承和署,秩正五品。又改为典染司。秩正三品。二年,改典乐司,提典、大使等官为卿、少卿、丞。

曰:典膳署。秩正五品。掌东宫饮膳。令二员,丞二员。至元十九年立,三十一年改掌膳司,泰定元年复为典膳。

曰:柴炭局。秩从七品。掌薪炭之出纳。提领一员,大使一员,副使一员。至元二十年立。

曰:藏珍、文成、供须三库。秩从五品。各设提点二员,大使二员,副使二员,分掌金银、珠玉、宝货、段匹、丝棉等物。至元二十七年置。

曰提举备用库。秩从五品。达鲁花赤一员,从五品。提举一员,从五品。大使一员。《元典章》:徽政院备用库副使,从七品。提控案牍一员。掌一切钱粮规运等事。至元二十年置。二十二年设达鲁花赤。

曰:嘉酝局。秩从五品。提点二员,大使一员,副使二员。至元十七年,立掌酝局。大德十一年,改司,升正四品。延祐六年,仍为局。至治三年罢。泰定四年,复立。天历二年,改嘉酝局。

曰:西山煤窑厂。领马鞍山大峪寺石灰煤窑办课。提领一员,大使一员,副使二员。至元二十四年置。

曰:保定等路打捕提领所。秩从七品。提领四员,典史一员。至元十一年,收集人户为打捕户计,及招到管丝银差发税粮等户,立提领所。

曰:广平、彰德课麦提领所。秩从七品。至元三十年,以二路渡江时驻跸之地,召民种佃,置所官统之。

曰:广惠库。大使一员,副使一员。至元三十年,以钞本五千锭立库,放典收息,纳于备用库。

曰:丰裕仓。秩从七品。监支纳一员,仓使一员。至治二年,设提领等官。三年罢。天历二年立储政院,复给印。

曰:备用库。秩从七品。掌造作颜料及杂器物。大使二员,副使二员。至元二十五年置,大德元年给印,至治三年罢,泰锭三年复立。

府正司。秩正二品。掌太子鞍辔弓矢等物。府正二员,正二品。府丞二员,正五品。《元典章》作从四品。典簿二员,正七品。照磨二员。正九品。至元二十年置,三十一年改宫正司,《元典章》:宫正正三品,丞从四品。照磨从八品。大德十一年复为府正司。至大二年升正二品。四年罢。延祐四年复立,七年罢。泰定元年,复立。天历二年,增府正、府丞各二员。寻罢。至大十三年,复立。其属曰:

资武库。秩正五品。掌军器。提点一员,正五品。大使一员。正五品。至大元年置。

曰:辔用库。品秩同上。掌鞍辔。提点一员,大使一员。至大元年置。

延庆司。秩正三品。掌修佛事。使二员,正三品。同知一员,正四品。副使二员,正五品。典簿二员,照磨一员。至元二十一年置,隶詹事院。三十一年,隶徽政院。大德十一年,别立延庆司,不属于詹事院。品秩同上。至大四年。改延庆司为都功德使。延祐四年，复置延庆司，设官四员，升正二品。七年复为正三品。泰定元年，仍隶詹事院。天历元年，罢。二年，复立，增丞二员。

典宝监。秩正三品。掌太子册宝、卿二员，正三品。太监二员，从三品。少监二员，从四品。监丞一员，正五品。经历一员，从七品。知事一员，从八品。照磨一员。正九品。至元十九年，立典宝署。秩正五品。《元典章》：典宝令，正五品。二十年升正五品。三十一年罢。大德十一年，复立监，升秩正三品。至大元年罢。延祐四年复立。七年罢。泰定元年复立。天历元年罢。至正十三年复置。

典用监。秩正三品。掌供须、文成、藏珍三库《元典章》：供须、文成、藏珍三库大使，俱正六品。内府供给段匹宝货。卿四员，正三品。太监二员，从三品。少监二员，从四品。监丞一员，从五品。经历一员，从七品。知事一员，从八品。照磨一员。正九品。至大元年置。天历二年，以三库改隶内宰司。

典医监。秩正三品。掌领东宫太医修合药饵。达鲁花赤二员，正三品。卿三员，太监二员，少监二员，丞二员，经历、知事各一员。品秩俱同上。至元十九年，置典医署。秩正五品。三十一年，改掌医署，寻罢。大德十一年，复立典医监。秩正三品。至大四年罢。泰定三年，复立署。秩正五品。天历二年，改监，定置诸员如上。其属曰：

广济提举司。达鲁花赤一员。提举、同提举、副提举各一员，掌制药以施贫民。

曰：行典药局。达鲁花赤一员，大使、副使各一员。

曰：典药局。达鲁花赤一员，大使、副使各一员，并掌东宫药剂。

典牧监。秩正三品。掌孳畜之事。卿二员，太监二员，少监二员，丞二员，经历、知事各一员，品秩俱同上。大德十一年置。后省。天历二年复置。

储膳司。秩正三品。掌东宫饮膳。卿四员，少卿二员，丞二员，主事二员，照磨一员。天历二年置。《元典章》：掌谒、掌医、掌膳、掌仪四署令，俱正五品。掌宝、掌膳、掌饭、掌医、掌设、掌乘、掌藏、掌器八署丞，俱从六品。皆徽政院属官。詹事院改徽政院，其属官，曰：掌谒司。至元三十一年，改典宝署为掌谒司。大德十一年，定品秩如典宝监，设卿四员，丞二员，典簿二员。至治三年罢。曰：甄用监，掌供须、文成、藏珍三库，卿三员，太监、少监、丞各一员，经历、知事、照磨各一员，品秩同典用监。至大元年立，至治三年罢。曰：延福司。秩正三品，令、丞各四员。大德十一年置。后并入群牧监。曰：章庆使司，秩正三品，司使四员，同知、副使、司丞各二员。至大三年置，至治三年罢。曰：奉徽库。秩从五品，提点大使各二员，副使四员。至治三年罢。曰：寿和四署，秩正五品，署令四员，丞六员。至治三年罢。曰：上都掌设署，秩正五品，令五员，丞二员。至大四年置，至治三年罢。曰：掌医监，至元三十一年改典医监为署，至大元年升监，秩正三品，领监官一员、达鲁花赤一员、卿四员、太卿五员、太监五员、少监六员、丞二员。至治三年罢。曰：修合司、药正司，曰：行箧司、药局，俱秩从五品。至治三年罢。曰：群牧监，秩正二品，卿三员，太卿、少卿、监丞各二员。至大四年置，至治三年罢。曰：掌仪署，曰：上都掌仪署，俱秩正五品，令、丞各二员。至治三年罢。曰：江西财赋提举司，秩从五品，达鲁花赤一员，提举、同提举、副提举各一员。至元二十七年置，至治三年罢。曰：织染局，局使、副使、局副、向副官各一员。曰：桑落峨眉洲管民提领所、封州等州管民提领所、龙兴打捕提领所，提领、副提领各一员，均至治三年罢。曰：鄂州等处民户水陆事产提举司，达鲁花赤一员，提举、同提举、副提举各一员。至元一十一年置，至治三年罢。瑞州户计长官司，秩从五品，达鲁花赤一员，长官、副长官各一员。至治三年罢。

左都威卫使司。秩正三品。使三员，正三品。副使二员，从三品。佥事二员。正四品。经历、知事、照磨各一员。至元十六年，以侍卫亲军一万户拨属东宫，立侍卫都指挥使司。三十一年，改隆福宫左都威卫使司，隶中宫。至大三年，选造作军士八百人，立千户所一、百户翼八以领之，分局造作。至治三年，罢军匠千户所。

镇抚所。镇抚二员，正五品。都目一员。

行军千户所。千户二员，副千户二员，知事、弹压各一员，百户二十员。

屯田左右千户二所。千户二员，都目一员，弹压一员，百户每所二十员。

弩军千户所。千户二员，都目一员，弹压一员。

资食仓。大使一员,副使一员。

右都威卫使司。卫使三员,副使二员,佥事二员,经历、知事、照磨各一员。品秩同上。中统三年,以世祖五投下探马赤立总管府。秩正四品。设总管一员。二十一年,拨属东宫。二十二年,改蒙古侍卫亲军都指挥使司。秩正三品。三十一年,改隆福宫右都威卫使司。

延祐二年,置儒学教授一员。四年,增蒙古字教授一员。

镇抚司。镇抚二员,都目一员。

行军千户所。秩正四品。千户五员,副千户五员,知事五员,百户五十员,弹压五员。

屯田千户所。秩从五品。千户二员,弹压一员,百户七员,都目一员。

广贮仓。秩正九品。大使一员,副使一员。

卫候直都指挥使司。秩正四品。达鲁花赤二员,佩三珠虎符;都指挥使二员,佩三珠虎符;副指挥使二员,佩双珠虎符。知事一员,提控案牍一员。至元二十年,以控鹤一百三十五人录府正司。三十一年,增控鹤六十五人,立卫候司领之。大德十一年,复增怀孟从行控鹤二百人,升都指挥使司。秩正四品。延祐元年,升正三品。七年,降正四品。至治三年罢,泰定四年复立,后又罢,至正三年复立。

百户所六。秩从七品。每所百户二员。

仪从库。秩从七品。大使二员,副使一员。

管领怯怜口诸色民匠都总管府。秩正三品。领怯怜口人匠造作等事。至大三年,改皇太子妃怯怜口总管府为兴内司。是此府属皇太子妃位下。达鲁花赤一员,正三品。总管一员,正三品。同知一员,正四品。副总管二员,正五品。经历一员,从七品。知事一员,从八品。提控案牍、照磨、管勾各一员。至大三年立府,至治三年罢为兴内司。天元历年复立,隶储政院。其属附见:

管领大都怯怜口诸色人匠提举司。秩正五品。达鲁花赤一员,提举一员,同提举、副提举各一员,首领官一员。

管领上都怯怜口诸色人匠提举司。秩正五品。达鲁花赤一员,提举一员,同提举、副提举各一员,首领官一员。

典制局。秩从七品。大使、副使各一员,直长二员。

典设署。秩从五品。令、丞各四员。掌内府术剌赤二百二十户。至元二十年置。三十一年,改掌仪署,隶内宰司。泰定元年,复为典设。天历二年,隶本府。

杂造人匠提举司。秩从四品。达鲁花赤一员,提举一员,同提举、副提举各一员,都目一员。至元八年置,初隶缮珍司。至大三年,改隶章庆司。章庆罢,凡造作之事悉归之。天历二年,隶本府。

杂造局。秩正九品。院长一员,直长一员,管勾一员。

随路诸色人匠都总管府。秩正三品。达鲁花赤一员,正三品。总管二员,正三品。同知一员,正五品。副总管二员,从五品。经历、知事、照磨、提控案牍各一员。中统五年,命招集析居放良、还俗僧道等户习诸色匠艺,立管领怯怜口总管府以司造作。秩正四品。至元九年,升正三品。大德十一年,改缮珍司。延祐六年,升徽仪使司。秩正二品。至大元年,仍为缮珍司。秩正三品。旧纪:至大元年,改缮珍司,升正三品,作徽政院人匠总管府。至治三年,复改都总管府。其属附见:

上都诸色民匠提举司。秩从五品。提举一员,从五品。同提举一员,从六品。副提举一员,从七品。吏目一员。至元十九年置。

金银器盒局。秩从六品。大使一员,副使一员。正七品。至元七年置。

染局。秩正八品。大使一员,副使一员。至元七年置。

杂造局。秩正八品。大使、副使各一员。至元七年置。

泥瓦局。大使、副使各一员。至元七年置。

铁局。大使一员,副使一员。至元七年置。

上都葫芦局。大使一员,副使一员。至元七年置。

器物局。副使一员。中统五年置。

矸金局。大使一员。至元二十年置。

鞍子局。大使一员。至元七年置。

云州管纳色提领所。提领一员。掌纳色人户。至元七年置。

大都等路诸色人匠提举司。秩从五品。提举一员,同提举一员,副提举一员。至元十六年置。其属曰:

双线局。提领一员,副使一员。至元十八年置,受詹事府札。

曰:大小木局。大使一员,副使一员,直长一员。至元十八年置。受詹事院札。元贞元年,并领皇后位下木局。

曰:盒钵局。大使一员,副使一员,直长一员。至元七年置。受府札。

曰:管纳色提领一员,管铜局、箸司、锁儿局、装钉局、雕木局。至元三十年置。

成制提举司。秩从五品。掌缝纫之事。达鲁花赤一员,提举一员,同提举一员,副提举一员。吏目一员。至元二十九年置,受院札。大德二年,升提举司。至治三年罢。泰定四年,复置。

上都大都貂鼠软皮等局提领所。提领二员。至元九年置,受府札。二十七年,给从七品印,改受省札。大德十一年,给从六品印,改受敕牒。至治三年,仍受省札。其属曰:

大都软皮局。使一员,副使一员。至元十三年置。

曰:斜皮局。局使一员,副使一员。至元十三年置。

曰:上都软皮局。局使一员,副使一员。至元十三年置。

曰:牛皮局。大使一员。至元十三年置。

曰:金丝子局。大使一员,副使一员,直长一员。至元十二年置。

曰:画油局。大使一员,副使一员,直长一员。至元二十年置。受詹事院札。

曰:毡局。提领一员,大使一员,副使一员,直长一员。至元十三年,受集人户为毡匠。二十六年,置局。

曰:材木库。大使、副使各二员。至元十六年置。

曰：玛瑙玉局。大使、副使各一员。至元十四年置。

大都奥鲁提领所。掌匠人词讼。提领一员。至元十八年置，受詹事院札。

上都奥鲁提领所。提领一员，同提领一员。至元十八年，受詹事院札。至元十七年，罢上都奥鲁官。当是罢而复置。

上都异样毛子局。大使一员，副使一员。至元二十年置，受詹事院札。

上都毡局。大使一员，副使一员，直长一员。至元二十年置，受詹事院札。

上都斜皮等局。大使一员，副使一员。至元二十年置，受詹事院札。

蔚州定安等处山场采木提领所。秩正八品。提领一员，大使一员，副使二员。至元十二年置。

上都隆兴等路杂造鞍子局。提领一员，大使一员，直长二员，至元二十二年置，受詹事院札。

真定路冀州杂造局。大使一员，副使一员。至元十九年置。

珠翠局。大使、副使各一员，直长一员。至元三十年置。

管领大都等路打捕鹰房胭粉人户总管府。秩正四品。达鲁花赤一员，正四品。总管一员，正四品。首领官一员。至元十四年，打捕鹰房达鲁花赤招集平滦散户。二十九年，立总管府。大德十一年，拨隶皇太后位下。延祐六年，升正四品。

管领本投下大都等路怯怜口民匠总管府。达鲁花赤一员，总管一员，俱受御宝敕旨。同知一员，副总管一员，俱受安西王令旨。国初，招集怯怜口哈赤民匠一千一百余户。中统元年，立总管府。二年，给六品印。至元九年，拨隶安西王位下。皇庆元年，又属公主皇后位下。延祐元年，改隶章庆司。天历二年，又改隶储政院。其属附见：

织染提举司。秩正七品。掌织染段匹。提举一员，受安西王令旨；

同提举一员,本府拟人;副提举一员,都目一员,俱受安西王傅札。

管民提领所三。大都路兼奉圣州提领六员,曹州提领二员,河间路提领三员,受本府札。

管地提领所二。奉圣州提领三员,东安州提领三员,受本府札。

管领诸路怯怜口民匠都总管府。秩正三品。达鲁花赤一员,正三品。总管一员,正三品。同知二员,正五品。副总管二员,从五品。经历、知事、提控案牍兼照磨各一员。至元七年,招集析居从良、还俗僧道编籍人户为怯怜口,立总管府以领之。十四年,改隶中宫。十六年,立织染、杂造二局,以司造作,立提领所以司徭役。二十五年,改升正三品。延祐四年,改缮用司。七年,复改都总管府。其属附见。

各处管民提领所。秩正七品。河间、益都、保定、冀宁、晋宁、大名、济宁、卫辉、宣德九所,提领、副提领各一员,相副官二员。汴梁、曹州、大同、开元、大宁、上都、济南、真定八所,提领、副提领、相副官各一员。大都、归德、鄂汉三所,提领、同提领、副提领各一员,相副官一员,大都增一员。

织染局。秩正七品。大使、副使、相副官各一员。

杂造局。秩正七品。大使、副使、相副官各一员。

宏州衣锦院。秩正七品。大使、副使、直长各一员。

丰州毛子局。秩正七品。大使、副使各一员。

缙山毛子旋匠局。秩正七品。大使一员。

徐邳提举司。秩正五品。提举、同提举、副提举各一员。

广备库。大使、副使各一员,俱受院札。

汴梁等路管民总管府。秩正三品。达鲁花赤一员,正三品,总管一员,正三品。同知一员,正五品。府判一员,正六品。经历、知事、提控案牍各一员。国初,立息州总管府,从三品。领归附六千三百余户。元贞元年,又并寿颍归附民户二千四百户,改汴梁等路管民总管府,掌各屯佃户差发子粒隶徽政院。泰定元年,改隶詹事府。其属:库一、提领所八、管佃提领十二。

常盈库。大使、副使各一员。

提领所:曰新降户,曰真阳新蔡,曰息州,曰汝宁,曰陈州,曰汴梁,曰郑州,曰真定,每所提领各一员,副提领、相副官各一员。

管佃提领:曰汝阳五里冈,曰许州堰城县,曰青龙宋冈,曰陈州须城商水等屯,曰分山典堰,曰许州临颖屯,曰许州襄城屯,曰汝阳金乡屯,曰颖丰屯,曰遂平横山屯,曰上蔡浮召屯,曰汝阳县烟亭屯。各设提领二员。

江淮等处财赋都总管府。秩正三品。达鲁花赤一员,正三品。总管一员,正三品。同知一员,正五品,副总管二员,从五品。经历、知事、照磨兼提控案牍各一员。至元二十六年,以宋谢太后福王所献事产及贾似道、劀坚等田立总管府以治之。大德八年罢。天历二年复立,隶詹事院。其属附见。至大二年,立兴圣宫江淮财赋总管府。

储用库。提领、大使、副使各一员。

杭州织染局。大使、副使、相副官各一员。

扬州等处财赋提举司。达鲁花赤一员,提举、同提举、副提举各一员,提控案牍都目各一员。其属曰安庆等处河泊所,提领、大使、副使各一员。

建康等处财赋提举司。达鲁花赤、提举、同提举、副提举各一员,提控案牍、都目各一员。后至元元年罢。

建康织染局。大使、副使、相副官各一员。

贵池织染局。大使、副使、相副官各一员。

建康等处三湖河泊所。提领、大使、副使、相副官各一员。后至元元年罢。

池州等处河泊所。提领、大使、副使各一员。

平江等处财赋提举司。达鲁花赤、提举、同提举、副提举各一员,提控案牍、都目各一员。后至元元年罢。

杭州等处财赋提举司。设官同上。后至元元年罢。

陕西等处管领毛子匠提举司。达鲁花赤、提举各一员。国初，收集织造毛子人匠。至元三年，置官二员，皆世袭。

大抚军院。秩从一品。后至元二十七年，命皇太子总天下兵马，置大抚军院。知院四员，同知二员，副使七员，同金一员，经历、都事各二员，照磨兼管勾一员，二十八年，罢。

昭功万户都总使司。秩正三品。都总使二员，正三品。同知二员，从三品。副使二员，正四品。经历、知事、照磨各一员。至顺二年，置。凡文宗潜邸扈从之臣，皆领于是府。后至元六年罢。

怯怜口钱粮总管府。秩正三品。达鲁花赤二员，正三品。都总管一员，正三品。副达鲁花赤一员，从三品。同知二员，正五品。副总管从五品。经历、知事、提控案牍、承发架阁各一员。初为宫相都总管府。至顺二年罢宫相府，并鹤驭司改为怯怜口钱粮总管府。

织染杂造人匠都总管府。秩正三品。达鲁花赤一员，总管一员，同知一员，副总管二员，经历、知事、提控案牍、照磨各一员。至元二十年，为管领织染段匹人匠设总管府。元贞二年，升都总管府，隶徽政院。天历元年，改隶储庆司。三年，又改隶宫相府。宫相府罢，属都总使司。属于织染都总管府者：

织染局。秩从七品。大使一员，副使一员。至元二十三年，提举司为绫锦局。秩从七品。大使一员，副使一员。至元八年置。九年，以招收析居放良、还俗僧道为工匠二百八十又二户，教习织造之事。

纹锦局。秩从七品。大使一员，副使一员。至元八年，设长官十二年，以诸人匠赐东宫。十三年罢长官，改设大使、副使。

中山局，秩从七品。大使一员、副使一员，至元十二年罢真定局。从七品。大使一员。中统元年置。至元十六年，以赐东宫。

宏州荨麻林局纳失二局。秩从七品。各设大使一员，副使一员。至元十五年置。十六年，并为一局。三十一年，徽政院以两局相去一百余里,复分二局。

大名织染杂造两提举司。秩正六品。至元二十一年置,各置提举、同提举、副提举一员。三十年,增置杂造达鲁花赤一员。

供用库。秩从九品。大使、副使各一员,受徽政院札。元初为绫锦总库,至元二十一年改供用库。

管领诸路打捕鹰房纳绵等户都总管府。秩正三品。达鲁花赤一员,正三品。都总管一员,正三品。同知一员,正五品。治中一员,从五品。府判一员,从六品。经历、知事、提控案牍各一员。掌人匠一万三千又奇,岁办税粮皮货采捕野物以供内府。至元十二年,赐东宫位下。十六年,立都总管府以治之。三十一年,隶徽政院。至大四年,隶崇祥院。延祐六年,又隶詹事院。天历元年,隶储庆司。至顺元年,改隶宫相府。宫相府罢,属都总使司。凡属于本总管府者:管领上都等处打捕鹰房纳绵等户,大使、司大使、副使各一员;管领顺德等处打捕鹰房纳棉等户提领所,达鲁花赤一员,提领、副提领各一员。管领冀宁等处,大都左右巡院等处,固安等处,中山等处,济南等处,顺德等处,益都等处,大同等处,济宁等处,兴和等处,晋宁等处,檀州等处,大宁等处,蓟州等处,真定等处,赵州等处,保定等处,冀州等处,汴梁等处,打捕鹰房纳棉等户提领所,凡十九处。提领、副提领各一员。管领顺州稻田提领所,提领、副提领各一员。管领怀庆稻田提领所,提领一员。广衍库,大使管领。滑山炭场所,大使一员。

缮工司。秩正三品。卿二员,少卿二员,丞二员,经历、知事、照磨兼提控案牍、管勾承发架阁各一员,掌人匠营造之事。天历二年置。其属曰:

金玉珠翠提举司。达鲁花赤、提举、同提举、副提举各一员,吏目一员。后至元元年罢。

曰:大都织染提举司。提举二员,同提举、副提举各一员,吏目一员。

曰:大都杂造提举司。达鲁花赤、提举、提同举、副提举各一员,
吏目一员。

曰:富昌库。大使一员,副使一员。

内史府。秩正二品。内史九员,正二品《元典章》作从二品。中尉六
员,正三品。《元典章》作从三品。司马四员,正四品。《元典章》作从四品。咨
议二员,从五品。记室二员,从六品。照磨兼管勾承发架阁库一员。从
八品。至元三十年,封晋王于太祖四斡耳朵之地,改王傅为内史,秩
从二品。置官十四员。大德元年,增内史一员。至大元年,升正二品。
给印分司京师,并分置官属。延祐三年,置晋王部断事官四员,都水
太监四员,省卿一员。

延庆司,秩正三品。掌王府祈祷之事。使三员,正三品。同知二员,
正四品。典簿一员。从七品。至元二十九年置,未几罢。大德三年,复
置。十一年,升正二品。至大四年,改都功德使司。延祐三年,复为
延庆司。《元典章》:延庆司使,正三品。旧纪:至大三年,升秩正二品。

断事官。秩正二品。理王府之词讼。断事官十六员,正三品。经
历一员,知事一员。

典军司。秩从七品。掌控鹤百二十六人,典军一员,副使二员。大
德四年置。

随路诸色民匠打捕鹰房都总管府。秩正三品。总四斡耳朵位下
户计民匠造作之事。达鲁花赤二员,正三品。都总管一员,正三品。同
知一员,正五品。副总管二员,从五品。经历、知事、提控案牍各一员。
至元二十四年置。官吏不入常调。凡斡耳朵之事,复置四总管分掌
之。至顺元年,立诸色民匠打捕鹰房都总管府,秩正二品。疑罢而复置。

管领保定等路阿哈探马赤诸色人匠总管府。秩从三品。掌太祖
大斡朵一切事务。达鲁花赤、总管、同知、副总管各一员,知事一员。
至元十七年置。

管领曹州东平等路民匠提举司。秩从五品。达鲁花赤、提举、同

提举、副提举各一员。至元十七年置。

管领大都纳棉提举司。秩从六品。达鲁花赤、提举、副提举各一员。至元十七年置。

管领上都奉圣州长官司。秩从六品。管出征军五十一户。达鲁花赤、长官各一员。至元十七年置。

管领保定织染局。秩从六品。管匠人一百一户。达鲁花赤、提举、同提举、副提举各一员。至元十七年置。

管领丰州捏只局头目一员。掌织造花毯。至元十七年置。

管领打捕鹰房民匠达鲁花赤总管府。秩正四品。掌二皇后斡耳朵位下岁赐财物造作等事。达鲁花赤总管、同知、副总管、知事各一员。至元二十一年置。

管领口子迤北长官司。秩从五品。达鲁花赤、长官、副长官各一员。至元二十一年置。

管领随路诸色民匠达鲁花赤等官。秩正五品。达鲁花赤、总管、同知、副总管各一员。至元二十一年置。

管领随路打捕纳棉民匠长官司。秩从五品。达鲁化赤、长官各一员。至元二十一年置。

管领涿州成锦局人匠提举司。秩从五品。达鲁花赤、提举、同提举、副提举各一员。至元二十一年置。

管领河间民匠提举司。秩从四品。达鲁花赤、提举、同提举、副提举各一员。至元二十一年置。

管领河间、沧州等处长官司。秩正五品。达鲁花赤、长官、副长官各一员。至元二十一年置。

管领河间、临邑等处军民长官司。秩正七品。达鲁花赤、长官、副长官各一员。至元二十一年置。

管领随路诸色民匠打捕鹰房等户总管府。秩从四品。掌太祖斡耳朵四季行营事务。达鲁花赤、总管、同知、副总管、知事各一员。大德二年置。

　　管领涿州等处民匠异锦局。秩正五品。达鲁花赤、提举、同提举、副提举各一员。大德二年置。

　　管领上用织染局。秩从七品。提举、同提举、副提举各一员。大德二年置。

　　管领上都大都曲米等长官司。秩从七品。达鲁花赤、长官、副长官各一员。大德二年置。

　　管领彰德等处长官司。秩从七品。达鲁花赤、长官、副长官各一员。大德二年置。

　　管领上都大都等处长官司。秩从五品。达鲁花赤、长官、副长官各一员。大德二年置。

　　管领泰安等处长官司。秩正七品。达鲁花赤、长官、副长官各一员。大德二年置。

　　管领曹州等处长官司。秩从五品。达鲁花赤、长官、副长官各一员。大德二年置。延祐六年，置河南田赋总管府，秩从三品。隶内史府。达鲁花赤、总管、同知各一员，副总管二员。

　　管领随路打捕鹰房诸色民匠怯怜口总管府。秩从三品。掌太祖四皇后位下四季行营并岁赐造作之事。达鲁花赤一员，从三品。总管一员，从三品。同知、正五品。副总管从五品。各一员，经历、知事、提控案牍兼照磨各一员。延祐五年置。

　　管领大都上都打捕鹰房纳米面提举司。秩从五品。统领一百九十五户。达鲁花赤、提举各一员。延祐五年置。

　　管领大都涿州织染提举司。秩正七品。达鲁花赤、提举各一员。延祐五年置。

　　管领河间路清州人匠提举司。秩从五品。达鲁花赤、提举各一员。延祐五年置。

　　随路打捕鹰房诸色民匠总管府。秩正四品。掌北安王位下岁赐钱粮之事。达鲁花赤、总管、同知、副总管、知事各一员。至元二十四年置。

管领大都等处纳棉提举司。秩正七品。达鲁花赤、提举、副提举各一员。至元二十二年置。

管领大都等处金玉民匠稻田提举司。秩从五品。达鲁花赤、提举、副提举各一员。至元二十二年置。

管领大都蓟州打捕提举司，秩从五品。达鲁花赤、提举、副提举各一员。至元二十二年置。《元典章》：管领怀孟等处人匠打捕达鲁花赤，从七品。

杂造局。秩正六品。达鲁花赤一员，提举、同提举、副提举各一员。至元十六年置。

怯怜口诸色人匠达鲁花赤并管领上都纳棉提举司。秩正五品。掌迭只斡耳朵位下怯怜口诸色民匠及岁赐等事。达鲁花赤、长官、同知、副长官各一员，提控案牍一员。

上都人匠提领所。秩从七品。达鲁花赤、提领、同提领、副提领各一员。至元二十四年置。

上都、大都提领所。秩从七品。掌本位下怯怜口等事。达鲁花赤、大使、副使各一员。至元二十七年置。

归德长官司。秩正六品。达鲁花赤、长官、副长官各一员。至治三年置。

管领上都大都诸色人匠纳棉户提举司。秩从五品。掌斡耳朵位下岁赐等事。达鲁花赤、提举、同提举各一员。至元二十七年置。

致用库。秩从七品。提领、大使各一员，副使二员。至元二十七年置。

提领司。秩从八品。提领三员，副提领一员。至元十一年置。

上都人匠局。秩从七品。达鲁花赤二员，副使二员。至元二十七年置。

周王常侍府。秩正三品。常侍七员，中尉四员，咨议、记室各二员。打捕鹰房总管府设官六员,断事官八员,延福寺、饮膳署各二员。延祐三年置。是年,复置断事官二员。后罢。

诸王傅。秩正三品。宽彻不花太子至齐王位下凡四十五王,各设王傅、傅尉、秩正三品。司马秩正五品。三员。傅尉,惟宽彻不花、也不干、斡罗温三王有之。自此以下,皆称府尉,秩正四品。别于王傅之下,司马之上。三员并设,又多寡不同,或少至一员多至三员者。齐王又独设王傅一员。

都护府。秩从二品。掌领旧州城及畏吾儿之居汉地者。大都护四员,从二品。同知二员,从三品。副都护二员,从四品。经历一员,从六品。都事一员,从七品。照磨兼承发管勾一员。正八品。至元十一年,初置断事官。秩正三品。十八年,改领北庭都护府。秩从二品。二十年,改大理寺。秩正三品。二十二年,复为都护府。延祐二年,升正二品。七年,复为从二品。定置诸员如上。至元十一年,立建都宁远都护府,兼领互市监。其省罢年分未详。

崇福司。秩从二品。掌领马儿哈昔列班也里可温十字寺祭享等事。使四员,从二品。同知二员,从三品。副使二员,从四品。司丞二员,从五品。经历一员,从六品。都事一员,从七品。照磨一员。正八品。至元二十六年置。延祐二年改为院,置领院事一员,省并天下也里可温掌教七十二所,悉以其事归之,升正二品。七年,复为司,降从二品。定置诸员如上。

新元史卷六一
志第二八

百官七

大都留守司。秩正二品。掌守卫都城宫禁,调度本路供亿,兼理营缮内府诸邸、尚方供张及门钥启闭之事。留守五员,正二品。同知二员,正三品。副留守二员,正四品。判官二员,正五品。经历一员,从六品。都事二员,从七品。管勾承发架阁库一员,正八品。照磨兼覆料官一员,正八品。部役兼壕寨一员。至元八年,至元二年置宫殿府,秩正四品。罢宫殿府行工部入少府监。二十一年,置大都留守司,兼本路都总管,知少府监事。《元典章》:大都留守司达鲁花赤兼少府监事正二品,大都留守正二品。知当时有达鲁花赤,其何时裁省则不可考。是年,又别置大都路都总管府,并少府监入留守司。皇庆元年,复立少府监,隶留守司。延祐七年,罢少府监,以本司兼监事。至正十八年,置大都分府四。其属附见:

修内司。秩从五品。领十四局工匠。提点一员,从五品。大使一员,从五品。副使一员,正五品。直长五员,正八品。吏目一员,照磨一员,部役七员。中统二年置其属曰:

大木局。提领七员,管勾三员。中统二年置。

曰:小木局。提领二员,同提领一员,副提领三员,管勾二员,提控四员。中统四年置。

曰:泥厦局。提领八员,管勾二员。中统四年置。

曰:车局。提领二员,管勾一员。中统五年置。

曰:装钉局。提领二员,同提领二员。中统四年置。

曰:铜局。提领一员,同提领一员,管勾一员。中统四年置。以上六局,俱秩从八品。

曰:竹作局。提领二员,提控一员。中统四年置。

曰:绳局。提领二员。中统五年置。

祗应司。秩从五品。掌内府及诸王邸异巧工作,修禳寺观营缮。大使一员,从五品。副使一员,正七品。直长三员,正八品。吏目一员。《元典章》祗应司都监,正九品,世祖建大都、上都宫殿,始置属。其属曰:

油漆局。提领五员,同提领、副提领各一员。掌髹漆。中统元年置。

曰:画局。提领五员,管勾一员。掌藻绘之工。中统元年置。

曰:销金局。提领一员,管勾一员。掌装鎏之工。中统四年置。

曰:裱褙局。提领一员。掌装裱之工。中统二年置。

曰:烧红局。提领二员。掌心红颜料。至元元年置。

器物局。秩从五品。掌内府宫殿及一切寺观公廨之营缮,凡御用各位下鞍辔、忽哥轿子、帐房车辆、金宝器物,皆掌之。大使一员,从五品。副使一员,正七品。直长二员,正八品。吏目一员。中统四年,置御用器物局,受省札。至元七年,改器物局,其属曰:

铁局。提领三员,管勾三员。掌轻细铁工。中统四年置。

曰:减铁局。管勾一员。掌造御用及诸宫邸系腰。中统四年置。

曰:盒钵局。提领二员。掌制御用系腰。中统四年置。

曰:成鞍局。提领三员。掌造御用鞍辔、象轿。中统四年置。

曰:羊山鞍局。提领一员。掌造常课鞍辔。至元十八年置。

曰:网局。提领二员,管勾一员。掌网扇之工。中统四年置。

曰:刀子局。提控二员。掌造御用及诸宫邸宝贝佩刀。中统四年置。

曰:旋局。提领二员。掌造御用木器。中统四年置。

曰:银局。提领一员。掌御用金银器盒。中统四年置。

曰：轿子局。提领一员。掌造御用木植鞍子诸物。中统四年置。

曰：采石局。秩从七品。大使、副使各一员。掌营造石材。至元四年置，曰石局总管。至元十一年，拨采石夫二千余户，常任工役，置大都等处采石提举司。二十六年罢，立采石局。

山场。提领一员，管勾五员。后改为总管。

大都城门尉。秩正六品。尉二员。正六品。副尉一员。从六品。掌门禁启闭管钥之事。至元二十年置，以四怯薛八剌哈赤为之。二十二年，增诸门尉、副各一人。二十四年，复以六卫亲军参掌。凡十有一门，曰：丽正、文明、顺承、平则、和义、肃清、晏贞、健德、光熙、崇仁、齐化，每门设尉二员，副尉一员。

犀象牙局。秩从六品。大使、副使、《元典章》：象犀牙局副使，正七品。直长《元典章》：正八品。各一员。掌营缮犀象龙床卓器系腰等事。中统四年置。至元五年，增副使一员。其属曰：

雕木局。提领一员。掌宫殿香阁营缮之事。至元十一年置。

曰：牙局。提领一员，管勾一员。掌象牙龙床之工。至元十一年置。

大都四窑场。秩从六品。提领、大使、副使各一员。《元典章》：大都窑场大使从八品。旧志从六品，当是讹字。掌营造白琉璃砖瓦。至元十三年置。其属曰：

南窑场。大使、副使各一员。中统四年置。

曰：西窑场，大使、副使各一员。至元四年置。

曰：琉璃局。大使、副使各一员。中统四年置。《元典章》：大都铁局大使、石局大使均正八品。旧志无此二官。

凡山采木提举司。秩从五品。掌采伐杂作木植，及造只孙系腰刀把诸物。达鲁花赤、提举各一员，并从五品。同提举一员，正七品。副提举一员，正八品。吏目一员。至元十四年置。

上都采山提领所。秩从八品。提领、副提领、提控各一员。至元九年置。

凡山宛平等处管夫匠所。提领二员，同提领二员，管领催车材户提领一员。至元十五年置。

器备库。秩从五品。提点一员，从五品。大使一员，从六品。副使二员，正七品。直长四员。正八品。掌金银宝器二千余事。至元二十七年置。

甸皮局。秩正七品。大使一员。至元七年置。十四年始定品秩。二十一年，改隶留守司，岁办热造红甸羊皮二千有奇。

上林署。秩从七品。署令、署丞各一员，《元典章》：上林署，令正八品，直长从八品。直长一员。掌栽花卉，供蔬果，种苜蓿以饲驼马，备碟炭以给营缮。至元二十四年置。

养种园。提领二员。掌西山淘煤，羊山烧造黑白木炭，以供上用。中统三年置。

花园。管勾二员。掌花果。至元二十四年置。

苜蓿园。提领三员。掌种苜蓿。

仪鸾局。秩正五品。掌灯烛张设之事，及门户锁钥，内府诸宫太庙等处祭祀庭燎，缝制帘帷，洒扫掖庭，领烛剌赤、水手、乐人、禁蛇人等。轮直怯薛大使四员，正五品。副使二员，从六品。直长三员，正八品。都目一员。至元十一年置。秩正七品。二十三年，升正五品。至大四年，仁宗御西宫，又别立仪鸾局，设官同。延祐七年，增大使二员，以宦者为之。其属曰：烛剌赤提领八员、提控四员；水手提领二员；针工提领一员；蜡烛局提领一员。

木场。提领一员，大使一员，副使一员。掌受给营造宫殿材木。至元四年置。

大都路管领诸色人匠提举司。秩从五品。掌理断婚田词讼等事。提举一员，从五品。同提举一员，正七品。副提举一员，正八品。吏目一员。中统四年置人匠奥鲁总管府。秩从四品。《元典章》大都人匠副总管，正五品。至元十二年，改提举司。十五年，兼管采石人户。

真定路、东平路管匠官。秩从七品。每路大使一员，副使一员。中统四年置。

保定路、宣德府管匠官。秩从七品。保定大使一员，副使一员，管匠官一员。宣德管匠官二员。中统四年置。

大名路管匠官。秩从七品。大使一员，管匠官三员。中统四年置。

晋宁、冀宁、大同、河间四路管匠官。每路大使、副使各一员。中统四年置。

收支库。秩正九品。掌受给营。提点一员，大使一员，副使二员，直长二员。至元四年置。

诸色库。秩正八品。掌修内材木及江南异样木植，并应办官寺斋事。大使一员，副大使一员。至大四年置。

太庙收支诸物库。秩正八品。大使、副使各一员。至治二年，以应治太庙始置。

南寺、北寺收支诸物二库。秩正七品。提领、大使各一员，副使二员。至治元年，以建寿安山寺始置。

广谊司。秩正三品。司令二员，正三品。同知二员，正四品。副使二员，正五品。判官二员，正六品。经历、知事各二员，照磨一员。总和顾和买、营缮织造工役。至元十四年，改覆实司辨验官，兼提举市令司。《元典章》：覆实司达鲁花赤，从五品；同提举，正六品。大德五年，又分大都路总管府官属，置供需府。至顺二年罢之，立广谊司。元统二年罢，复立覆实司。《元典章》：都成所提举司达鲁花赤，从五品。上都同。

武备寺。秩正三品。掌缮戎器，兼司受给。卿四员，正三品。同判六员，从三品。少卿四员，从四品。丞四员，从五品。经历、知事各一员，从八品。照磨兼提控案牍一员，从八品。承发架阁库管勾，辨验弓官二员，辨验筋角翎毛等官。至元五年，改军器局为军器监，秩正四品。《元典章》：监知事正八品，照磨从八品，经历从七品。十年，以各路弓矢甲匠并隶军器监。十九年升正三品。二十年，立卫尉院，改军监为武备监，秩正四品。隶卫尉院。二十一年，改监为司，与卫尉并立。大德十一年，升为院。秩正二品。至大四年，复为寺。其所辖属官，则自为选择匠户之能者任之。泰定四年，复设武备寺，同判六员。

寿武库。秩从五品。提点二员，从五品。大使二员，正六品。副使四员。正七品。至元十年，以衣甲库改之。

利器库。秩从五品。提点三员，大使二员，副使二员。品秩同前。
至元五年，立军器库。十年，改利器库。

广胜库。秩从五品。掌平阳、太原等处岁造兵器。达鲁花赤一员，
从五品。大使一员，正六品。副使一员。正七品。

大同路军器人匠提举司。秩从五品。达鲁花赤一员，从五品。提
举一员，从五品。同提举一员，正七品。副提举一员。正八品。其属：丰
州甲局，院长一员；应州甲局，院长一员；平地县甲局，院长一员；山
阴县甲局，院长一员；白登县甲局，头目一员；丰州工局，使一员；赛
甫丁弓局，头目一员。

平阳路军器人匠提举司。秩正六品。达鲁花赤一员，提举、同提
举、副提举各一员。其属：本路投下杂造局，大使一员，副使一员；绛
州甲局，大使一员。

太原路军器人匠局。秩正七品。达鲁花赤一员，局使一员，副使
一员，吏目一员。

保定军器人匠提举司。秩正六品。达鲁花赤一员，提举、同提举、
副提举各一员。其属：河间甲局，院长一员；沂州安平县甲局，院长
一员；陵州箭局，头目一员。《元典章》有盖州等处箭局大使，正七品。

真定路军器人匠提举司。秩从六品。达鲁花赤一员，提举、同提
举、副提举各一员。《元典章》：真定工匠提举司提举，从五品。其属：冀州
甲局，院长一员。

怀孟河南等路军器人匠局。秩正七品。局使、局副各一员。其属：
怀孟路弓匠院长一员。《元典章》：恩州、凉州二军器局大使，正七品。志不
载。

汴梁路军器局。秩正七品。局使、局副各一员。其属：常课弓局，
院长一员；常课甲局，院长一员。

益都济南箭局。秩正七品。局使一员。

彰德路军器人匠局。秩正七品。大使、副使各一员。

大名军器局。秩正七品。大使、副使各一员。

上都甲匠提举司。秩从五品。提举、同提举、副提举各一员。其属：兴州白局子甲局，院长一员；兴州千户寨甲局，院长一员；松州局五指崖甲局，院长一员；松州胜安甲局，院长一员。

辽河等处诸色人匠提举司。秩从五品。达鲁花赤一员，提举、同提举、副提举各一员。其属：辽盖弓局，大使、副使各一员；盖州甲局，局使一员。

上都杂造局。秩正七品。大使、副使各一员。

奉圣州军器局。秩从七品。大使、副使各一员。

蔚州军器人匠提举司。秩正六品。达鲁花赤一员，提举、同提举、副提举各一员。

宣德府军器人匠提举司。秩正六品。达鲁花赤一员，提举、同提举、副提举各一员。

广平路甲局，院长一员。

东平等路军器人匠提举司。秩从五品。达鲁花赤一员，提举、同提举、副提举各一员。

通州甲局提举司。秩正六品。达鲁花赤一员，提举、同提举、副提举各一员。

蓟州甲匠提举司。秩正五品。达鲁花赤一员，提举、同提举、副提举各一员。

欠州武器局。秩从五品。大使、副使各一员。

大都甲匠提举司。秩正六品。达鲁花赤一员，提举、同提举、副提举各一员。至元二十六年，改总管府。二十八年，罢大都甲匠总管府。《元典章》：大都甲匠同知总管府事，正五品。

大都箭局。秩从七品。大使、副使各一员。

大宁军器人匠提举司。秩从六品。达鲁花赤一员，提举、同提举、副提举各一员。《元典章》：军器人匠大同路、东平等路、大宁路、宣德等路提举司达鲁花赤，均从五品。志或作从六品，或作正六品，当属字误。

丰州杂造局。秩正六品。达鲁花赤一员，大使、副使各一员。

归德府军器局。院长一员。

汝宁府军器局。院长一员。

陈州军器局。院长一员。

许州军器局。秩正七品。大使、副使各一员。

咸平府军器人匠局。秩正七品。达鲁花赤一员，大使、副使各一员。《元典章》作咸平府甲局，大使、达鲁花赤俱正七品。

大都弓匠提举司。秩正五品。达鲁花赤一员，提举、同提举、副提举各一员。其属：双搭弓局，大使、副使各一员；成吉里弓局，大使、副使各一员；通州工局，院长一员。

大都弦局。大使、副使各一员。至元三十年，改提举司置司。

隆兴路军器人匠局。达鲁花赤一员，大使、副使各一员。至元三十年置。《元典章》：诸路箭匠、弓匠弦局，提举司提举，均正五品；同提举，从六品。

平滦路军器人匠局。大使、副使各一员。至元三十年置。

大都杂造局。提领二员。元贞二年置。

太仆寺。秩从二品。掌阿塔思马匹，受给造作鞍辔之事。卿二员，从二品。少卿二员，秩从四品。丞二员，从五品。经历、知事、照磨、管勾各一员。中统四年，设群牧所。至元二十一年，罢群牧所，见本纪。疑置监后，群牧所为本监属官，至二十一年始省。至元十二年，改尚牧监。《元典章》：尚牧监，正四品。十九年，又改太仆院。二十年，改卫尉院。二十四年，罢院立太仆寺，正三品。隶宣徽院。又别置尚乘寺，本寺止管阿塔思马匹。二十七年，隶中书省，置提调官二员。大德十一年，复改太仆院，升从二品。至大四年，仍为寺。

尚乘寺。秩从三品。掌上御鞍辔舆辇，阿塔思群牧骗马驴骡，理四怯薛阿塔赤词讼。卿四员，从三品。少卿二员，从四品。丞二员，从五品。《元典章》作从六品。经历，从七品。知事、照磨、正八品。管勾，从八品。各一员。至元二十四年罢卫尉院，始设尚乘寺，《元典章》：尚乘寺卿正三品，同判尚乘寺事从三品至从五品。领资乘库。大德元年，增寺卿一员。十一年,仍改卫尉院。秩从二品。至大四年,复为寺。延祐七年,降从三品。泰定二年复正三品。

资乘库。秩从五品。掌收支鞍辔等物。提点四员,从五品。大使三员,正六品。副使四员。正七品。至元十三年置。二十年,隶卫尉。二十四年,隶尚乘寺。

长信寺。秩正三品。领斡耳朵怯怜口诸事。卿四员,正三品。少卿二员,从四品。丞二员,从五品。经历、知事各一员。大德五年置。至大元年,改为院。四年,仍为寺。卿五员,增少卿一员,以宦者为之。延祐七年,省卿、少卿各一员。定置诸员如上。

怯怜口诸色人匠提举司。秩从五品。领大都、上都二铁局,并怯怜人匠。达鲁花赤一员,提举、同提举、副提举各一员,吏目一员。至元二十五年置。

大都铁局。秩从五品。掌斡耳朵住来造作装钉房车。大使、副使各一员,直长一员。至元十二年置。《元典章》:大都铁局,大使正八品,副使正九品。志秩从五品,疑有误。

上都铁局,大使、副使各一员。至元十六年置。品秩同前。

长秋寺。秩正三品。掌武宗五斡耳朵户口、钱粮、营缮等事。卿五员,正三品。少卿二员,从四品。丞二员,从五品。经历、知事各一员。皇庆二年置。

怯怜口诸色人匠提举司。掌正宫作造之役。达鲁花赤一员,同提举、副提举各一员,吏目一员。至大元年,斡耳朵三位下拨到银匠五百余户,置提举司,隶中政院。后属长秋寺。

怯怜口诸色人匠提举司。秩从五品。掌武宗军中北来人匠。达鲁花赤一员,提举、同提举、副提举各一员,吏目一员。至大元年置。

承徽寺。秩正三品。掌答儿麻失里皇后位下钱粮、营缮等事。卿五员,正三品。少卿二员,正四品。丞二员,从五品。经历、知事各一员。

至治元年置。

怯怜口诸色人匠提举司二。秩正五品。各设达鲁花赤一员,提举、同提举、副提举各一员,吏目一员。至治三年置。

长宁寺。秩正三品。掌英宗速哥八剌皇后位下户口、钱粮、营缮等事。卿六员,正三品。少卿二员,从四品。丞二员,从五品。经历、知事各一员。至治三年置。

长庆寺。秩正三品。掌成宗斡耳朵及常岁管办禾矢房子、行幸怯薛台人等衣粮之事。卿六员,少卿二员,丞一员。品秩同前。经历、知事各一员。泰定元年,罢中瑞司,置寺。

宁徽寺。秩正三品。隶八不沙皇后位下。卿六员,少卿四员,丞二员。品秩同前。经历、知事各一员。天历二年置。

延徽寺。秩正三品。掌懿怜质班皇帝斡耳朵。卿、少卿、丞。品秩同前。至元六年,依累朝故事置。

太府监。秩正三品。领左右藏等库。太卿六员,正三品。太监六员,从三品。少监五员,从四品。丞五员,正五品。经历、从七品。知事、从八品。照磨各一员。中统四年置。至元四年,为宣徽太府监。八年,升正三品。大德九年,改为院。秩从二品。院判参用宦者。至大四年,复为监,定置诸员如上。

内藏库。秩从五品。掌出纳御用诸王缎匹等物。提点四员,从五品。大使二员,正六品,副使二员,正七品。至元二年,置署上都。十九年,置署大都,以宦者领之。复有行内藏,二十八年省之,止存内藏及左右二库。

右藏。提点四员,大使二员,副使二员。品秩同前。掌收支金钱宝钞、只孙缎匹、水晶玛瑙玉诸物。至元十九年置。

左藏。提点四员，大使二员，副使二员。品秩同前，掌收支常课，和买纱罗帛绢诸物。至元十九年置。至元二十九年，立司籍库，隶太府监，储物之籍入者。元贞元年罢。

度支监。秩正三品。掌给马驼刍粟。卿三员，正三品。太监二员，从三品。少监三员，从四品。丞二员，从五品。经历二员，知事一员，提控案牍一员，照磨兼管勾一员。元初，置孛可孙。至元八年，以重臣领之。《元典章》：勃可孙主事从七品，照磨兼承发架阁库从八品。十三年，省孛可孙以宣徽兼其任。大德九年，废孛可孙，存十二员。至大二年，从尚书省请，废孛可孙，改立度支院。秩正二品。设同知、佥院、院判等官。四年，改为监。

利用监。秩正三品。掌出纳皮货衣物。卿八员，正三品。太监五员，从三品。少监五员，从四品。丞四员，正五品。经历、知事、照磨、管勾各一员。至元十年，改资用库为利用监。二十年罢。二十六年，复置。秩从三品。二十九年升正三品。大德十一年，改为院，升秩正二品。至大四年，复为监。

资用库。秩从五品。提点二员，从五品。大使三员，正六品。副使五员。正七品。至元二年置，隶太府。十年，改隶利用监。

怯怜口皮局人匠提举司。秩正五品。《元典章》作从五品。提举二员，同提举一员。正七品。《元典章》：怯怜口皮局副提举，正八品。提控案牍一员。中统元年置局，至元六年改提举司。

杂造双线局。秩从八品。《元典章》作正八品。造皮货鹰帽等物。大使、副使、直长、典史各一员。

熟皮局。掌熟野兽皮货等物，大使、副使、直长各一员。至元十年置。

软皮局。掌细毛银鼠诸色皮货，大使、副使、直长各一员。至元二十五年置。

斜皮局。掌熟造各色野马皮胯，副使一员。至元二十年置。

貂鼠局提举司。秩正五品。提举、同提举、正六品。副提举正八品。各一员。至元二十年置。

貂鼠局。副使二员，直长一员。至元十九年置。

染局。副使一员，直长、管勾各一员。至元二十年置。

熟皮局。秩从七品。大使、副使各一员。至元六年置。

中尚监。秩正三品。掌大斡耳朵位下怯怜口及领资成库毡作，供内府陈设帐房车舆雨衣之用。卿八员，正三品。太监二员，从三品。少监二员，正四品。丞二员，正五品。经历、知事、照磨各一员。至元十五年，改资成库为尚用监。《元典章》：尚用监太监正四品，丞正六品。二十年罢。二十三年改置中尚监。三十年分置两都、滦河三库，怯怜口等九司局，而总领之。至大元年，升为院。秩正二品。四年复为监，参用宦者三人。

资成库。秩从五品。掌造毡货。提点三员，从五品。大使三员，正六品。副使三员。正七品。至元二年置，隶太府。十五年罢。后复立。三年，改隶本监。

章佩监。秩正三品。掌速古儿赤所收御服宝带。卿五员，正三品。太监四员，从三品。少监二员，从四品。丞二员，正五品。经历、知事、照磨各一员。至元二十二年，升御带库为章佩监。大德十一年，升为院。秩从二品。至大四年，复为监，仍从三品。至正十二年，添置少监。

御带库。秩从五品。掌系腰偏束等带并绦环诸物。提点三员，大使三员，副使二员。品秩同前。至元二十八年置，俱以中官为之。元贞二年，增二员，兼署上都之事。

异珍库。秩从五品。掌御用珍宝、后妃公主首饰。提点三员，大使三员，副使二员。品秩同前。至元二十八年置。

经正监。秩正三品。掌营盘纳钵及檀拨投下草地，有词讼则治之。太卿一员，正三品。太监二员，从三品。少监二员，从四品。丞二员，正五品。经历、知事各一员。至大四年置，少监以上并奴都赤为之，监丞流官为之。

都水监。秩从三品，掌治河渠水利之事。都水监二员，从三品。少监一员，正五品。丞二员，正六品。经历、从七品。知事各一员。至元二十八年置。二十九年，领河道提举司。大德九年升正三品。延祐七年，仍从三品。

大都河道提举司。秩从五品。提举一员，从五品。同提举一员，从六品。副提举一员。从七品。

河南山东提水监。至正六年置。品秩同前。《元典章》：成都路、沙州路、兴元路、永昌西凉府河渠司达鲁花赤、大使，俱从五品。无为州河渠司、安西路河渠营田司副使俱正七品。

行都水监。至元十四年置行都水监，兼行漕运司。至大元年罢。至正八年，复置于济宁郓城。十一年，立河防提举司，隶行都水监。秩从四品。十二年，添设判官二员。十六年，添设少监、监丞、知事各一员。品秩同都水监。

大都河道提举司。秩从五品。提举一员，从五品。同提举一员，从六品。副提举一员。从七品。

都水庸田使司。秩正三品。掌种稻田之事。庸田使二员，副使二员，佥事二员，经历、知事、照磨和一员。泰定二年，置都水庸田使司于松江，掌江南水利。后罢。后至元二年，复置司于平江。未几，又罢。五年复置。至正十二年，又置都水庸田使司于汴梁，定置诸员如上。

都总制庸田使司。秩从二品。使二员，从二品。副使二员，从三品。佥司六员，从四品。经历二员，从六品。都事二员，从七品。照磨兼管勾承发架阁一员。从八品。至正十年，置河南江北等处都总制庸田使司。其属：

军民总管府。秩从三品。凡五处，各置达鲁花赤一员，从三品。总管一员，正五品。同知一员，正六品。府判一员，从七品。经历一员，从八品。知事一员，从九品。提控案牍兼管勾承发架阁一员。

农政司。秩正五品。农政一员，正五品。农丞一员，正六品。提控一员。

丰盈库。秩正八品。提领一员，正八品。大使、副使各一员。正九品。

秘书监。秩正三品。掌历代图籍并阴阳禁书。卿四员，正三品。太监二员，从三品。少监二员，从四品。丞二员，从五品。典簿一员。从七品。属官：著作郎二员，从六品。著作佐郎二员，正七品。秘书二员，正七品。校书郎二员，正八品。辨验书画直长一员。正八品。至元九年置。《元典章》：秘书都从三品，少监正五品，丞正六品。大德九年，升正三品，给银印。延祐元年，置卿四员，参用宦者二人。

司天监。秩正四品。掌历象之事。提点一员，正四品。司天监三员，正四品。少监五员，正五品。丞四员。正六品。《元典章》：司天台判官，从八品。知事。属官：提举二员，教授二员，并从九品。《元典章》作从八品，学正同。学正二员，天文科管勾二员，算历科管勾二员，三式科管勾二员，测验科管勾二员，漏刻科管勾二员。并从九品。阴阳管勾一员，押宿官二员，司晨官八员。《元典章》：司晨郎副监候正九品，司晨郎正八品。中统元年，置司天台。至元八年，以上都承应阙官，增置行司天台。十五年，别置太史院与台并立，颁历之政归院，学校之设隶台。至大元年，升正四品。延祐元年，改司天台为司天监。升正三品。七年，仍正四品。至正八年，置上都司天台。

回回司天监。秩正四品。掌观象历。提点一员，司天监三员，少监二员,丞二员。品秩同前。知事一员,令史二员,属官:教授一员,天文科管勾一员,算历科管勾一员,测验科管勾一员,漏刻科管勾一员。至元八年,置回回司天台。秩从五品。以扎马丁为提点。十七年,置行监。皇庆元年,改为监。秩正四品。延祐元年,升正三品。二年,命秘书卿提调监事。四年,复为正四品。

司禋监。秩正三品。内监、少监、监丞各二员,知事一员。至元六年,置司禋监。至大元年罢。四年,复置。后又罢。至正元年,复置,给四品印。未几升正三品。掌祭祀祈禳之事。

上都留守司。品秩同大都留守司。监本路都总管府,兼治民事,并领诸仓库之事。留守六员,同知二员,副留守二员,判官二员,经历二员,都事四员,照磨兼管勾一员。元初,置开府。中统四年,改上都路总管府。至元三年,又给留守司印。十八年,并为上都留守司,兼本路都总管府。二十七年,增副留守、判官各一员。至大三年,省司官七员。延祐七年,汰留守五员,留一员。至治三年,增判官二员。泰定四年,增判官一员。其属附见:

修内司。秩从五品。掌营缮内府之事。大使一员,从五品。副使三员,正七品。直长三员。正八品。至元八年置。

祗应司。掌妆銮油染表褙之事。大使一员,副使二员,直长三员。品秩同前。

器物局。秩从五品。掌造铁器内府钉线之事。大使一员,副使一员,直长二员。

仪鸾局。秩正五品。大使二员,《元典章》:仪鸾局大使,从六品。副使三员,直长二员。至大四年,罢典设署,置局。

兵马司局。秩正四品。指挥使三员,正四品。副指挥使二员,正五品。知事一员,提控案牍一员。二十九年置。至大四年,省上都兵马指挥为五员。

警巡院。秩正六品。达鲁花赤一员,正六品。使一员,正六品。副使二员，从七品。判官二员。从八品。至正三年，立上都司狱司。

开平县。秩正六品。达鲁花赤一员，正六品。尹一员，正六品。丞一员，正八品。主簿一员，正九品。尉一员，从九品。典史一员。

平盈库。大使、副使各一员。至元三十年置。

万盈库。达鲁花赤、监支纳、大使、副使各一员。《元典章》：平盈、万盈二仓大使，俱从六品。平盈、万盈、广积三仓副使，俱正七品。中统初置。

广积仓。达鲁花赤、监支纳、大使、正六品。副使各一员。正七品。中统初置永盈仓，《元典章》：永盈仓副使，正七品。大德间改广积仓。

万亿库。秩正五品。达鲁花赤一员，提举、正五品。同提举、正六品。副提举从七品。各一员。《元典章》：万亿仓监支纳从七品，又上都永丰仓副使正八品。提控案牍一员。至元二十三年置。

行用库。提点一员，大使、副使各一员。

税课提举司。秩正五品。提举二员，同提举、副提举各一员。元贞元年置。本纪至元十九年，改上都宣课提领为提举司。未详孰误。

八作司。品秩与大都八作司同。达鲁花赤一员，提领、大使、副使各一员。至元十七年置。

饩廪司。秩正八品。大使、副使各一员。至元二年，置上都应办所。延祐五年，改饩廪司。

司狱司，至正二年置，比大都兵马司。

尚供总管府。秩正三品。掌守护东凉亭行宫。达鲁花赤一员，正三品。总管一员，正三品。同知一员，从四品。副总管一员，从五品。判官一员，正六品。经历、知事、提控案牍各一员。至元十三年，置哈赤八剌哈孙总管府。《元典章》：只哈赤八喇哈孙达鲁花赤正三品，副达鲁花赤从三品。延祐二年，改尚供府。其属附见：

香河等处巡检司。巡检一员。

景运仓。秩从五品。提点一员，从五品。大使一员，正六品。副使一员。正七品。至元二十年置。

法物仓。秩从九品。大使、副使《元典章》：法物库副使，正七品。各一员。至元二十九年置。泰定四年,与云需总管府俱拨隶上都留守。

云需总管府。秩正三品。掌守护察罕脑儿行宫达鲁花赤一员。正
三品。《元典章》:昔保赤八喇哈孙达鲁花赤;当亦为至元十三年所置,后改云
需总管府。总管一员,正三品。同知一员,从四品。副总管一员,从五品。
判官一员,正六品。经历、知事、提控案牍各一员。延祐二年置。是
年,增司知二员,后与尚供府俱罢。至正十五年,复设。

大都路总管府。秩正三品。达鲁花赤二员,正三品。都总管一员,
正三品。副达鲁花赤二员,从三品。同知二员,从四品。治中二员,正五
品。判官、推官二员,经历二员,知事二员,提控案牍四员,照磨兼管
勾一员。元初为燕京路,总管大兴府。中统五年,称中都路。至元
二十一年,始置大都总管府。秩从三品。二十七年,升都总管府。秩
正三品。凡本府官吏,唯达鲁花赤、总管、推官等治路政,其余皆分
任供需之事,故又曰供需府。

大都路管领诸路打捕鹰房府。秩正三品。达鲁花赤一员,正三品。
总管一员,正三品。副达鲁花赤一员,从三品。副总管一员,正四品。经
历、知事各一员。至元十七年置。

兵马都指挥使司二。秩正四品。掌缉捕盗贼。都指挥使二员,正
四品。副指挥使五员,正五品。知事一员,提控案牍一员。至元九年,
立兵马司,隶大都路,以刑部尚书一员提调其事,凡刑名则隶宗正,
又为宗正之属。十六年,置都指挥使。秩正四品,一置司于北城,一置司
于南城。

司狱司二。秩正八品。司狱一员,狱丞一员。一置于北城,兼领南
城狱事。皇庆元年,分置一司于南城。

左右警巡院二。秩正六品。达鲁花赤一员,正六品。使各一员。正
六品。副使一员,从七品。判官各一员,从八品。典史各一员。至元六
年,置领民事及供需府。大德五年,分置供需院,以副使、判官各一
员主之。至正十一年,升两巡院为正五品。十八年,在城四隅各立

警巡分院,官吏视分院减半。

大都警巡院。品秩如左右院。达鲁花赤一员,使一员,副使二员,判官二员,典史二员。大德九年置,以治都城之南。

大都路提举学校所。秩正六品。提举一员,正六品。教授二员,学正二员,学录一员。至元二十四年,院立国学,以故孔子庙为京学,仍以国子祭酒系衔。

宛平县。秩正六品。达鲁花赤一员,正六品。尹一员,正六品。丞三员,正八品。主簿三员,正九品。尉一员,从九品。典史三员。至元十一年置。治丽正门以西。

大兴县。秩品同前。达鲁花赤一员,尹一员,丞一员,主簿二员,尉一员,典史二员。至元十一年置。治丽正门以东。秩正九品。东关厢巡检司。巡检三员。至元二十一年,置西北南关厢巡检司二。建置同前。延祐四年,芦沟桥、琉璃河、泽畔店并置巡检司。元统二年,置南北城盐局。

新元史卷六二
志第二九

百官八

宣尉司。掌军民之务,分道以总郡县,布行省之政令。边陲有军旅之事,则兼都元帅府。其次为元帅府。其在远服,又有安抚、宣抚、招讨等使。

宣慰使司。秩从二品,宣慰使三员,从二品。同知一员,从三品。副使一员,正四品。经历一员,从六品。都事一员,从七品。照磨兼架阁管勾一员。正九品。凡六道:曰山东东西道,益都路置。曰河东山西道,大同路置。曰淮东道,扬州路置。口浙东道,庆元路置。曰荆湖北道,中兴路置。曰湖南道。天临路置。俱至元十三年置,惟淮东道置于十五年。至正十九年,增河南道宣慰司,置于洛阳。十五年,改北京行省为宣慰司。

宣慰使司都元帅府磨兼架阁管勾一员。凡八道:曰广东道,广州路置。二员,都事二员,照磨兼架阁管勾一员。凡八道:曰广东道,广州路置。曰大理金齿等处,曰蒙庆等处,蒙庆一府,使二员,同知、副使各一员,经历、都事亦减一员。曰广西两江道,静江路置。曰海北海南道,曰福建道,曰八番顺元等处,曰察罕脑儿等处,以上五府,使三员,副都元帅、金都元帅事二员,余同前。曰吐番等处,使五员。曰吐番等路,使四员,二道均有捕盗官三员。曰乌斯臧纳里速古鲁孙等三路。使五员,捕盗官一员。

宣慰使兼管军万户府。宣慰使三员,同知、副使各一员,经历一员,都事二员,照磨兼署管勾一员。凡三府:曰曲靖等路,曰罗罗斯,《元典章》:罗罗斯宣慰司都元帅府断事官,正五品。曰临安广西道元江等处。旧纪至元二十五年,改云南乌撒宣抚司为宣慰司,兼管军万安府。

都元帅府。都元帅二员,副元帅二员,经历、都事《元典章》都元帅府都事,正七品。原作知事乃字误。各一员。凡四府:曰北庭,曰曲先塔林,都元帅三员。曰蒙古军,曰征东。二府都元帅各一员,副一员。后至元以来,所增置者八道:曰湖南道宣慰使司都元帅府。后至元元年置;曰邦牙等处宣慰使司都元帅府,后至元四年置,至正二年罢;曰永昌等处宣慰使司都元帅府,至正三年置,宣慰使三员,同知二员,副使二员,经历、知事、照磨各一员;中书省奏:阔端阿哈所分地,自脱脱木儿没后,达达人口头匹时被西番劫掠,深为未便。遂置府以治之。曰山东东西道宣慰使司都元帅府,至正六年置;曰荆湖北道宣慰使司都元帅府,至正十一年置;曰淮东等处宣慰使司都元帅府,至正十五年置于泗州天长县;曰兴元等处宣慰使司都元帅府,至正十五年置;曰江州等处宣慰使司都元帅府,至正十六年置,东路都蒙古军。旧纪大德二年,徙重庆府宣慰司都元帅府于成都。至顺二年,置云南等处宣慰司都元帅府。后俱裁省。

元帅府。秩正三品。达鲁花赤一员,正三品。元帅一员,正三品。经历、知事各一员。《元典章》:元帅府计议官,正七品。凡九府:曰洮州,元帅二员。曰十八族,增同知一员。曰积石州,增同知一员、脱脱和孙一员。曰礼店文州,增同知一员,蒙古奥鲁、相副官一员。曰帖城何里洋脱,曰朵甘思,曰当阳,曰岷州,曰脱思麻路。按脱思麻路称军民万户府,当阳、帖城、阿不笼等处分为三万户府,岷州但有捕盗官,俱无元帅府名。疑此有误。

分元帅府。凡七府,至正八年,置分元帅府于汀、漳二州,又置分府于沂州。十一年,置分府于宝庆路,又置宝武分元帅府,又置山东分元帅府于登州。十二年,置安东、安丰二处分元帅府。

宣抚司。秩正三品。达鲁花赤一员,正三品。宣抚使一员,正三品。同知二员,正五品。副使二员,正五品。佥事一员,从五品。计议一员,正七品。经历、知事、提控案牍架阁各一员。凡六府：曰广南西道，不置副使、佥事。至元十四年，改广南西道宣抚司为宣慰司。曰丽江路，曰顺元等处，曰播州，曰思州，至元十八年，改思州宣抚司为宣慰司。曰叙南等处。不置佥事、计议。后至元以来所增者：曰绍熙军民宣抚司。《元典章》：同知宣抚司佥事正三品，乃至元官制。至元时改宣抚使为宣慰使凡二处，宣慰使从二品，则由宣抚改宣慰，宣抚亦必从二品也。其降正三品，未详何时。后至元四年，置宣抚使六员，同知、副使各二员，经历、知事、提控案牍各一员，司狱一员，蒙古、儒学教授各一员，巡检司十处。资、普、昌、隆下州四处。盘石、内江、安、岳、昌元、贵平下县六处。六年罢。曰永顺宣抚司，至正十一年改永顺安抚司为宣抚司。曰平缅宣抚司，至正十五年置。旧纪大德二年，并土番碉门安抚司改为碉门鱼通黎雅长河西宁远军民宣抚司。至大二年改松潘叠威茂州安抚司为宣抚司。

　　安抚司。秩正三品。达鲁花赤一员，安抚使一员，正三品。同知、正五品。副使、正五品。佥事各一员，从五品。经历、从七品。知事从八品。各一员。凡十五府：曰松潘客叠威茂等处，增照磨一员。曰碉门鱼通黎雅长河西宁远等处，增照磨一员，以上隶宣政院。曰师壁洞，不置达鲁花赤。曰永顺等处，曰散毛洞，以上隶四川省。曰罗番遏蛮军，不置达鲁花赤。曰程番武盛军，曰金石番太平军，曰卧龙番南宁州，曰小龙番静蛮军，不置同知、副使。曰大龙番应天府，曰洪番永盛军，曰方番河中府，曰卢番静海军，不置知事。曰新添葛蛮。以上隶湖广省。《元典章》西夏新民安抚副使正五品，同知耽罗国军民安抚司事正五品。后至元以来所增者，曰：中正军民安抚司。至正十一年罢四川大奴管勾等洞长官司，立军民府。十五年，改为安抚司。曰：忠义军民安抚司。至正十五年罢四川羊母甲洞臭南王洞长官司，置盘顺军民安抚司。至正十五年罢，置盘顺府。

　　招讨司。秩正五品。达鲁花赤一员，招讨使一员，经历一员。凡十二府：曰吐番等处，招讨使二员。曰剌马儿冈等处，曰奔不思地里，曰天全，招讨使二员。曰长河西里管军，招讨使二员。曰朵甘思，不设达鲁花赤。曰担里管军，不设达鲁花赤。曰征洏，以下各属，副使一员，无达鲁花赤。曰唆尼,曰沿边溪洞,曰六番,曰脱思马田地。

宣化镇南五路军民府。至正十五年,置于四川。

团练宣抚劝农使司。至正十八年,一置耀于州,曰奉元延安等
处团练安抚劝农使司;一置于邠州,曰巩昌等处团练安抚劝农使
司。每道使二员,同知、副使各二员,检督六员,经历、知事、照磨各
一员。

屯田使司。秩正三品。至正十五年,置军民屯田使司于沛县。
《元典章》:宁夏府路营田使司达鲁花赤、营田使,俱正五品。

诸路万户府。上万户府,管军七千之上,达鲁花赤一员,正三
品。万户一员,正三品。虎符,副万户一员,从三品。虎符。中万户府,
管军五千之上,达鲁花赤一员,从三品。万户一员,从三品。虎符,副
万户一员,正四品。金牌。下万户府,管军三千之上,达鲁花赤一员,
从三品。万户一员,从三品。虎符,副万户一员,从四品。金牌。皆世
袭,有功则升秩。每府设经历一员,从七品。知事一员,从八品。提控
案牍一员。

镇抚司。镇抚二员,蒙古、汉人参用,上万户府正五品,中府从
五品,下府从六品,银牌。

上千户所,管军七百之上。达鲁花赤一员,从四品,千户一员,从
四品。金牌,副千户一员,正五品。金牌。

中千户所,管军五百之上。达鲁花赤一员,正五品。千户一员,
正五品。金牌,副千户一员,从五品。金牌。

下千户所,管军三百之上。达鲁花赤一员,从五品。千户一员,
从五品。金牌,副千户一员,正六品。银牌。弹压二员,蒙古、汉人参
用,上千户所从八品,中、下二所正九品、从九品内铨注。

上百户所。百户二员,汉人一员,从六品。银牌。

下百户所。百户一员,从七品。银牌。《元典章》:蒙古千户副奥鲁官,
正八品。

黎兵万户府万户三员。正三品。千户所十三处,正五品。每所领
百户所八处。正七品。元统二年置。湖广行省咨:海南南接占城,西邻交

趾，环海四千余里，中盘百洞，黎僚杂房，宜立万户府以镇之。

水军万户府。品秩同前。至正十三年，置水军都万户府于昆山州。十四年，置水军万户府于镇江。十五年，置水军万户府于黄河小清河口。

义兵万户府。至正十四年，置义兵万户府于河南、淮南两省。又置毛胡芦义兵万户府于南阳、邓州等处。乡人自相团结，号毛胡卢，因以名之。十五年，置义兵万户府于汴梁等处，又置忠义、忠勤万户府于宿州及武安州。

招讨军民万户府。至正二十年，置招讨军民万户府于巩县。二十六年，又置于嵩州。

义兵千户所。至正十年，置义兵千户所于广西平乐等处古城竹山院、桑江隘、尊化乡、利场岭，湖南道州路、武冈路，湖北靖州路等处。每所置千户一员，弹压一员，百户十员，都目各一员。湖南道州二处千户所，于帅府分司处设立，本司调遣。湖北靖州一处，从本省标拨镇守调遣。总定九十六员。十三年，置义兵千户水军千户于江西。

儒学提举司。秩从五品。各行省皆置，统诸路、府、州、县学校祭祀教养之事，及考校呈进著述文字。提举一员，从五品。副提举一员，从七品。吏目一员。元贞元年，诏各省止存儒学提举司一，余悉罢之。

蒙古提举学校官，秩从五品。提举一员，从五品。同提举一员。从七品。至元十八年置。惟江浙、湖广、江西三行省有之。

官医提举司。秩从六品。提举一员，同提举一员，副提举一员。掌医户差役词讼。至元二十五年置。惟河南、江南、江浙、江西、湖广五行省有之。

都转运盐使司。秩正三品。使二员，正三品。同知一员，正四品。副使一员，正五品。运判二员，正六品。经历一员，从七品。知事一员，从八品。照磨一员。从九品。凡三处，曰：

两淮都转运盐使司。至元十四年置，三十年罢，以其属置场官。大德四年，复置批验所于真州、采石等处。

盐场二十九所。每场司令一员，从七品。司丞一员，从八品。管勾一员。从九品。曰吕四场、余东场、余中场、余西场、西亭场、金沙场、石卷场、掘港场、丰利场、马塘场、拼茶场、角斜场、富安场、安丰场、梁垛场、东台场、河垛场、丁溪场、小海场、草湾场、白驹场、札庄场、五佑场、新兴场、庙湾场、莞渎场、扳浦场、临洪场、徐渎浦场。

试验所。每所提领一员，正七品。大使一员，正八品。副使一员。正九品。掌批验盐司。

曰：两浙都转运盐使司。同知二员，无副。至元十四年置。

盐场三十二所。曰：仁和场、许村场、西路场、下沙场、青村场、表部场、浦东场、横浦场、芦汇场、海沙场、鲍郎场、西兴场、钱清场、三江场、曹娥场、石堰场、鸣鹤场、清泉场、长山场、穿山场、袋山场、玉泉场、芦花场、大嵩场、昌国场、永嘉场、双穗场、天富南监、长亭场、黄岩场、牡渎场、天富北监、长亭场、龙头场。

曰：福建等处都转运盐使司。同和二员，无副使。盐场七所。曰：海口场、牛田场、上里场、惠安场、浔美场、浯州场、洒州场。延祐六年，置两浙盐仓六所，秩八品，官二员。惟杭州、嘉兴二仓，设官三员，秩从七品。盐场三十四所，场设盐运一员，秩正八品，罢检校所。至正二年，杭州、嘉兴、绍兴、温州、台州等路各立检校批验盐司所。

广东盐课提举司。秩从五品。提举一员，从五品。同提举一员，从六品。副提举一员。从七品。盐场十三所。曰靖康场、归德场、东莞场、黄田场、香山场、姓峒场、双恩场、咸水场、漆水场、石桥场、陉井场、招收场、小江场。

四川茶盐转运司。秩从三品。使一员，从三品。同知、副使、运判各一员，经历、知事、照磨各一员。盐场十二所。曰：简盐场，曰：隆盐场，曰：绵盐场，曰：潼川场、遂实场、顺庆场、保宁场、嘉定场、长宁场、绍庆场、云安场、大宁。至元六年，立四川监榷茶场使司。后改为茶盐转运司、榷茶都转运司。设官并秩未详。

广海盐课提举司。秩从四品。都提举二员，从四品。同提举二员，从五品。副提举二员，从六品。知事一员，提控案牍二员。

江西榷茶运使司。至元十六年置，后省。元统元年，复置湖广江西。

市舶提举司。秩从五品。提举二员，从五品。同提举二员，从六品。副提举二员，从七品。知事一员。至元二十二年，立市舶都转运司。二十五年，改海南博易市舶提举司。三十一年罢。后复置。至大四年，又罢。延祐三年，改立泉州、广东、庆元三所市舶提举司。至元二十年，罢福建市舶总管府。建置年分末详。《元典章》：市舶提举司七处，曰：杭州、庆元、泉州、广州、上海、温州、澉浦，提举俱从五品。

江浙金银洞冶都转运使司。元贞元年立。官制无考。《元典章》：湖南湖北金场都转运使，正三品。

海道运粮万户府。秩正三品。达鲁花赤一员，正三品。万户一员，正三品。副万户四员，从三品。经历一员，正七品。知事一员，从八品。照磨一员。从九品。镇抚司镇抚二员。正五品。至元二十年置。二十七年罢镇抚司。其属：

海运千户所。秩正五品。达鲁花赤一员，千户二员，并正五品。副千户三员。从五品。凡六处。曰：温、台，曰庆元绍兴，曰杭州嘉兴，曰昆山崇明，曰常熟江阴，曰平江海运香莎糯米千户所。

至元二十七年，罢海道粮运万户。二十八年，罢海道运粮镇抚司。大德七年，并海道运粮万户府为海道都漕运万户府。至大四年，省海道运粮万户为六员，千户为七所。皇庆元年，省万户一员，增副万户一员，防御海道运粮万户府。至正十五年，升台州海道州防千户所为万户府，又置分府于平江，添设兵马司都指挥二员，指挥二员，副指挥四员，经历、知事、提控案牍各一员，司狱、狱丞各一员。

至正十年，立兵马司四处，曰：大名，曰：东平，曰：济宁，曰：徐州。十五年,罢沂州分元帅府,改立兵马指挥使司;济宁兵马司添置副指挥一员。

屯田使司。<small>秩正三品。</small>至正十五年,置于沛县。

诸路总管府。至元二十年,定十万户之上者为上路,十万户之下者为下路。当冲要者,虽不及十万户亦为上路。上路,<small>秩正三品。</small>达鲁花赤一员,总管一员,<small>并正三品。</small>兼管劝农事,江北则兼诸军奥鲁。同知、<small>从四品。</small>治中、<small>正五品。</small>判官<small>正六品。</small>各一员。下路,<small>秩从三品。</small>不置治中,同知如治中之秩。至元二十三年,置推官,上路二员,<small>从六品。</small>专治刑狱,中路一员。大德二年,增上路三员,下路一员。经历一员,知事一员或二员,照磨兼承发架阁一员。其属曰:

儒学教授一员。<small>秩正九品。</small>学正一员,学录一员。诸路同。其散府、上中州亦设教授一员,下州设学正一员。

曰:蒙古教授,一员。<small>秩正九品。</small>

曰:医学教授,一员。

阴阳学教授,一员。<small>俱从九品。</small>

曰:司狱司。司狱一员,<small>从八品。</small>丞一员。<small>正九品。</small>

曰:平准行用库。提领、<small>从七品。</small>大使、<small>从八品。</small>副使各一员。<small>从九品。</small>

曰:织染局。局使、<small>正七品。</small>副使<small>正八品。</small>各一员。

曰:杂造局。大使、<small>正七品。</small>副使<small>正八品。</small>各一员。

曰:惠民药局。提领一员。

曰:税务局。提领一员,<small>从七品。</small>大使、<small>正八品。</small>副使<small>正九品。</small>各一员。

曰:录事司。<small>秩正八品。</small>凡路府所治置司,以掌城中民户之事。中统二年,验民户多寡,定员数二千户以上设录事、司候、判官各一员。二千户以下,省判官。至元十六年,各路设提举、同提举、副提举各一员,专领课程。二十年,置达鲁花赤一员。省司候,以判官兼摄捕盗之事。典史一员。若城市民少则不置司,归之倚郭县。在两京,则为警巡院。独杭州置四司,后省为左右两司。

诸散府。秩正四品。达鲁花赤一员,正四品。知府或府尹一员,俱正四品。领劝农、奥鲁与路同。同知一员,从五品。判官一员,从六品。推官一员,知事一员,提控案牍一员。有隶诸路及宣慰司、行省者,有直隶省部者,有统州县者,有不统县者,其制各有差等。

诸州。中统五年,并立州、县,未有差等。至元三年,定一万五千户之上者为上州,六千户之上者为中州,六千户之下者为下州。江南平,二十年又定其地五万户之上者为上州,三万户之上者为中州,不及三万户者为下州。升县为州者四十有四。县户虽多,附路府者不改。上州,达鲁花赤、州尹俱秩从四品,同知秩正六品,判官秩正七品。中州,达鲁花赤、知州并从五品,同知从六品,判官从七品。下州,达鲁花赤、知州并从五品,同知正七品,判官正八品,兼捕盗之事。上州知事、提控案牍各一员,中州吏目、提控案牍各一员,下州吏目一员或二员。

诸县。至元三年,合并江北州县六千之上者为上县,二千户之上者为中县,不及二千户者为下县。二十年,又定江淮以南三万户之上者为上县,一万户之上者为中县,一万户之下者为下县。上县,秩从六品。达鲁花赤一员,正六品。尹一员,正六品。丞一员,正八品。簿一员,正九品。尉一员,从九品。典史一员。中县,秩正七品。不置丞。下县,秩从七品。置官如中县,民少事简之地则以薄兼尉。后又别置尉,主捕盗之事,别有印。典史一员。巡检司,秩正九品。巡检一员。

诸军。唯边远之地有之,其秩如下州,其设官、置吏亦如之。

诸蛮夷长官司。西南夷诸溪洞各置长官司,秩如下州。达鲁花赤、长官、副长官,参用其土人为之。

各处脱脱禾孙,掌办使臣奸伪。正一员,秩从五品。副一员。正七品。

新元史卷六三

志第三〇

百官九

勋上阶：

上柱国，_{正一品。}柱国，_{从一品。}

上护军，_{正二品。}护军，_{从二品。}

上轻车都尉，_{正三品。}轻车都尉，_{从三品。}

上骑都尉，_{正四品。}骑都尉，_{从四品。}

骁都尉，_{正五品。}飞骑尉，_{从五品。}

爵八等：

王，_{正一品。}郡王，_{从一品。}

国公，_{正二品。}郡公，_{从二品。}

郡侯，_{正三品。}郡侯，_{从三品。}

郡伯，_{正四品。}郡伯，_{从四品。}

县子，_{正五品。}县男，_{从五品。}

文散官四十二阶：

开府仪同三司，仪同三司，特进，崇进，金紫光禄大夫，银青荣禄大夫，_{以上俱正一品。}

光禄大夫，荣禄大夫，_{以上俱从一品。}

资德大夫，资政大夫，资善大夫，_{以上俱正二品。}

正奉大夫，通奉大夫，中奉大夫，以上俱从二品。

正议大夫，通议大夫，嘉议大夫，以上俱正三品。

太中大夫，中大夫，亚中大夫，以上俱从三品。旧为少中，延祐初改亚中。

中议大夫，中宪大夫，中顺大夫，以上正四品。

朝请大夫，朝散大夫，朝列大夫，以上俱从四品。

奉政大夫，奉议大夫，以上俱正五品。

奉直大夫，奉顺大夫，以上俱从五品。

承德郎，承直郎，以上俱正六品。

儒林郎，承务郎，以上俱从六品。

文林郎，承事郎，以上俱正七品。

征事郎，从事郎，以上俱从七品。

登仕郎，将仕郎，以上俱正八品。

登仕佐郎，将仕佐郎。以上俱从八品。右文散官，由一品至五品为宣授，六品至九品为敕授。敕授中书署牒，宣授以制命之。武官以下皆仿此。其职与散官常对品，九品无散官，但举其职而已。

武散官三十四阶：

龙虎卫上将军，金吾卫上将军，骠骑卫上将军，以上俱正二品。

奉国上将军，辅国上将军，镇国上将军，以上俱从二品。

昭武大将军，昭勇大将军，昭毅大将军，以上俱正三品。

安远大将军，定远大将军，怀远大将军，以上俱从三品。

广威将军，宣威将军，明威将军，以上俱正四品。

信武将军，显武将军，宣武将军，以上俱从四品。

武节将军，武德将军，以上俱正五品。

武义将军，武略将军，以上俱从五品。

承信校尉，昭信校尉，以上俱正六品。

忠武校尉，忠显校尉，以上俱从六品。

忠勇校尉，忠翊校尉，以上俱正七品。

修武校尉，敦武校尉，以上俱从七品。

保义校尉，进义校尉，以上俱正八品。

内侍散官十四阶：

中散大夫，正二品。中引大夫，从二品。

中御大夫，正三品。侍中大夫，从三品。

中卫大夫，正四品。中涓大夫，从四品。

通侍郎，正五品。通御郎，从五品。

侍直郎，正六品。内直郎，从六品。

司谒郎，正七品。司阍郎。从七品。

司奉郎，正八品。司引郎。从八品。

司天散官十四阶：

钦象大夫，从三品。

明时大夫，颁朔大夫，以上俱正四品。保章大夫，从四品。

司元大夫，正五品。授时郎，从五品。

灵台郎，正六品。候仪郎，从六品。

司正郎，正七品。平秩郎，从七品。

正纪郎，挈壶郎，以上俱正八品。司历郎，司辰郎。以上俱从八品。

大医散官十五阶：

保宜大夫，保康大夫，以上俱从三品。

保安大夫，保利大夫，以上俱正四品。保顺大夫，从四品。

保冲大夫，正五品。保令郎，从五品。

成安郎，正六品，保和郎，从六品。

成全郎，正七品。医正郎，从七品。

医效郎，医候郎，以上俱正八品。医痊郎，医愈郎。以上俱从八品。

教坊司散官十五阶：

云韶大夫，仙韶大夫，以上俱从三品。

长宁大夫，德和大夫，以上俱正四品。协律大夫，从四品。

嘉成大夫，正五品。纯和郎，从五品。

调音郎，正六品。司乐郎，从六品。

协乐郎，正七品。和乐郎，正七品。

司音郎，司律郎，以上俱正八品。和声郎，和节郎。以上俱从八品。

覃官：

至大二年，诏："内官四品以下，普覃散官一等，服色、班次、封荫皆凭散官。三品者递进一阶，至正三品上阶而止。其应入流品者，有出身吏员译史等，考满加散官一等。"三年，蒙古儒学教授，一体普覃。四年，诏在任官员，普覃散官一等。

泰定元年，诏："内外流官已带覃官，准理实授。所有军官及其余未覃人员，四品以下并覃散官一等，三品递进一阶，至三品上阶止，服色、班次、封荫，悉从一高。其有出身应入流品人等，如在恩例前入役支俸者，考满亦依上例覃授。"二年，省议："应覃人员，依例先理日月，后准实授，其正五品任回已历一百三十五月者，九十月该升从四品，余有四十五月，既循行旧例，覃官三品，拟令准理实授，月日未及者，依验散官，止于四品内迁用，所有月日，任回，四品内通行理算。"

封赠之制：

至元初，惟一二勋旧之家以特恩见褒，未悉行之。至元二十年，诏："考课虽以五事责办管民官，为无激劝之方，竟鲜实效。自今每岁终考课，管民官五事具备，内外诸司官职任各有成效者，为中考。第一考，对官品加妻封之。第二考，令子弟承荫叙任。第三考，封赠父母、祖父母。品格不及封赠者，量迁官品，其有政绩殊异者，不须升擢，中书参酌旧制，出给诰命。"

至大二年，诏："流官五口以上父母、正妻，七品以上正妻，令尚书省议行封赠之制。"礼部集吏部、翰林国史院、集贤院、太常等官，议封赠谥号等第。诏以封赠非世祖所行，其令罢之。

至治三年，省臣言："封赠之制，本以激劝将来，比因泛请者众，遂致中辍。"诏从新设法议拟与行，毋致冗滥。

礼部从新分等第：正从一品封赠三代，爵国公，勋正上柱国，从柱国，母、妻并国夫人。正从二品封赠二代，爵郡公、勋正上护军，从护军，母、妻并郡夫人。正从三品封赠三代，爵郡侯、勋正上轻车都尉，从轻车都尉，母、妻并郡夫人。正从四品封赠父母，爵郡伯、正上轻都尉，从骑都尉，母、妻并郡君。正五品封赠父母，爵县子、勋骁骑尉，母、妻并县君。从五品封赠父母，爵县男、勋飞骑尉，母、妻并县君。正从六品封赠父母，父止用散官，母、妻并宜人。

正从一品至五品宣授，六品至七品敕牒。

如应封赠三代者，曾祖父母一道，祖父母一道，父母一道，生者各号给降。封赠者，一品至五品并用散官勋爵，六品七品只用散官职事，从一高。

封赠曾祖，降祖一等，祖降父一等，父母妻并与夫、子同。

父母在仕者不封，已致仕并不在仕者封之，虽在仕弃职就封者听。父母应封，而让曾祖父母、祖父母听。

诸子应封父母，嫡母在，所生之母不得封。嫡母亡，并得封。若所生母未封赠者，不得先封其妻。

诸职官曾受赃，不许申请，封赠之后，但犯取受之赃，并行追夺。其父祖元有官进一阶，不在追夺之例。

父祖原有官者，随其所带文武官上封赠，若已竟封赠之官，止于本等官上许进一阶，阶满者更不在封赠之限。如子官正四品，其父祖已带四品上阶之类。或两子当封者，从一高。封赠文武不同者，从所请。

妇人因其子封赠，而夫、子两有官者，从一高。封赠曾祖母、祖母并母，生封并加太字，若已殁或曾祖、祖父、父在者，不加太字。

职官居丧，应封赠曾祖父母、祖父母者听。其应受封之人，居曾祖父母、祖父母、父母、舅姑、夫丧者，服阕申请。

应封赠者，有使远死节，有临阵死事者，验事特议加封。

应封妻者,止封正妻一人,如正妻殁,继室亦止封一人,余不在封赠之例。妇人受封者,不许再嫁,如不遵守,追夺宣敕,断罪离异。

父母曾任三品以上官,生前有勋劳,为上知遇者,子孙虽不仕,许申请量拟封赠。无后者,许有司申请。

曾祖父母、祖父母、父母犯十恶奸盗除名等罪,及例所封妻不是以礼娶到正室,或系再醮倡优婢妾,并不许申请。

正从七品至正从六品,止封一次。升至正从五品,封赠一次。以上均视此。

凡封赠流官父祖曾任三品以上者,许请谥。如立朝有大节,功在王室者,许加功臣之号。

至治三年,诏:“封赠之典,本以激劝忠孝,今后散官职事勋爵,依例加授,外任官员并许在任申请。”

泰定元年,诏:“犯赃官不得封赠,沈郁既久,宜许自新,有再历两任无过者,许依例陈请。”

荫官:

至元四年,诏:“诸官品正从分等,职官用荫,各止一名。诸荫官不以居官、去任、致仕、身故,其承荫之人,年及二十五以上者听。诸用荫者,以嫡长子。若有废疾,立嫡长子之子孙,曾元同。如无,立其同母弟。如无,立继室所生或次室。如无,立婢子。无子,旁荫亲兄弟,各及子弟。如无,旁荫伯叔及其子孙。诸用荫,生孙降子一等,曾孙降孙,婢生子及旁荫皆降合叙品一等。”

五年,诏:“诸荫官各具父祖历仕缘由、去任身故岁月并所受宣敕剳札、彩画,指实该承荫人姓名年甲,本处官司体勘房亲,揭照籍册,别无诈冒,及无废疾通犯等事,上司审验相同,保结申覆,令亲赍文解赴部。诸荫叙人员,除蒙古及已当秃鲁花人数别行定夺外,三品以下、二品以上年及二十五之上者,当傔使一年,并不支俸。满日,三品至五品子孙量材叙用外,六品七品以上钤注监当差使,已后通验各界增亏定夺。”

十六年，量拟管匠官正从五品，子于九品匠官内叙，六品、七品子于院长内叙。大德四年，省议："正一品子，荫叙正五品。从一品子，荫从五品。正二品子，正六品。从二品子，从六品。正三品子，正七品。从三品子，从七品。正四品子，正八品。从四品子，从八品。正五品子，正九品。从五品子，从九品。正六品子，流官于巡抚内用，杂职于省札钱谷官内用。从六品子，近上钱谷官。正七品子，酌中钱谷官。从七品子，近下钱谷官。至元四年，定正从分为十八等，用荫各止一名。正从一品、二品子，正七品叙。正三品子，从七品叙。从三品子，正八品叙。正四品子，从八品叙。从四品子，正九品叙。正从五品子，从九品叙。外据六品、七品已后，定夺注疏外职官。至大德四年，始改。诸色目人比汉人优等一荫叙，达鲁花赤子孙与民官子孙一体荫叙，旁荫照例降叙。"

至大四年，诏："诸职官子孙承荫，须试一经一史，能通大义者免傔使，不通者发还习学，蒙古、色目愿试者听，仍量进一阶。

延祐六年，部议："福建、两广、海北、海南、左右两江、云南、四川、甘肃等处荫叙之人，如父祖始仕本处，止以本地官叙用。据腹里、江南历仕升等迁往者，其子孙弟始承荫，又注远方，诚可怜悯。今将承荫人等量拟叙用，福建、两广、八番官员拟江南荫叙，海北、海南、左右两江官员拟接连荫叙，云南官员拟四川荫叙，四川、甘肃官员拟陕西荫叙。"

减资升等：

大德九年，诏："外任流官，升转甚迟，但历在外两任，五品以下并减一资。"部议："外任五品以下职官，若历过随朝及在京仓库官盐铁等职，曾经升等减资外，以后至大德九年格前，历及在外两任或六十月之上者，并与优减。"

至治二年，太常礼仪院臣奏："皇帝亲祭太庙，恩泽未加。"诏四品以下诸职官，不分内外，普减一资。

天历元年，诏："以兵兴，内外官吏供给繁劳，在京者升一等，至三品止，在外者减一资。"

注官守阙：

至元八年议："已除官员，无问月日远近，许准守阙外，未奏未注者，六月满阙，六月以上不得预注。"

二十二年，诏："员多阙少，守阙一年，年月满者照阙注授，无阙者令候一年。"

大德三年，以员多阙少，宜注二年。

注官避籍：至元五年，议："各路地理阔远，如员避路，恐员阙有所碍，止宜斟酌避籍铨选。

除官照会：至元十年，议："受除民官，若有守阙人员等，前官任满，预期一月检举照会。"

赴任程限：

大德八年，定赴任官假限，二千里内三十日，三千里内四十日，远不过五千里。马日行七十里，车日行四十里。乘驿者日两驿，百里以上止一驿。舟行，上水日八十里，下水百二十里。远限百外，依例作阙。

官员给假：

中统三年，省议："阙官在任病假及缘亲病假满百日，所在官司勘当申部作阙，任就任所给据，期年后给由求叙，自愿休阙者听。"

官例丁忧之制：

至元二十七年，议："祖父母、父母丧并迁葬者，许给假限，其限内俸钞，听合支给，违例不至，停俸定罪。"

大德元年，定云南官如遇祖父母、父母丧葬，其家在中原者，并听解任奔赴。

二年,议:"凡值丧,除蒙古、色目人各从本俗外,管军官并朝廷职不可旷者,不拘此例。"

五年,定军官限内六月,越限以他人代之,期年后,授以他职。

天历元年,诏:"官吏丁忧,各依本俗,蒙古、色目仿效汉人者,不用。"部议:"蒙古、色目人愿丁父母忧者听。"

官员任养:

至大三年,诏:"父母年老者,得就近迁除尤为便益。果有亲年七十以上者,别无次丁,合从元籍官司保勘明白,斟酌定夺。"

新元史卷六四
志第三一

选举一

学校 科举

自世祖以来，科举议而未行，士之进身，皆由掾吏。其岁贡之法曰吏习儒书，儒通吏事。奉行既久，考选多不如法。仁宗即位，设科取士，论才首德行，衡文先经术，立法之善，易世不能废也。惟以稔知吏弊，凡由吏出身者，限以一切之法。其后御史许有壬极论之，以为通事、知印、宣使之属尚获优升，独于掾吏待之过严，绳之过刻。然吾观元之选格烦琐凌杂，务在迂其仕进之途而已，匪独仁宗之限吏为弊法也。今为《选举志》区为四事，曰：学校、科举、铨法、考课。读史者可以甄其得失焉。

太宗六年，以冯光宇为国子总教，命侍臣子弟十八人入学，是为建置学校之始。

中统二年八月，诏曰："诸路学校久废，无以作成人才。今拟选博学洽闻之士，以教之。凡诸生进修者，仍选高业儒生教授，严加训诲，务使成才，以备他日选擢之用。仍仰各路官司常切主领教劝。"

至元六年四月，复诏曰："事在似缓而实急者，学校是也。盖学校者风化之本，出治之原也。诸路虽设有学官，所在官司例皆视同泛常，不肯用心勉励，以致学校之事有名无实。由是吏民往往不循理法,轻犯宪章,深不副朝廷宣明教化之意。今遍行各路,如遇朔望,自长次以下,各率僚属俱诣文庙。焚香礼毕,从学官诣讲堂,同诸生及愿从学者讲论经史,更相授受。日就月将,教化可明,人材可出。所在乡村镇店,选有德望学问可为师表者,于农隙之时,依法训导,使长幼皆闻孝弟忠信之言,则礼让既行,风化自厚矣。"是年十一月,设提举学校及教授官。

七年,命侍臣子弟十一人入学,以长者四人从许衡,七人从王恂。

二十三年,集贤直学士程文海言:"臣闻国与天地必需才为用,而人才之盛非自盛也,全在国家教育之勤。其衰也反是。参之历代可考也。国家自中统建元以来,中外臣僚亦时闻表,表伟杰者,皆自往时故老宿儒薰陶浸灌而然。历史既久,以次沦谢。臣不知更十余年后,人物当如何琐琐也。而主论者恬不知怪,视学校为不急,谓诗书为无用,不知人才盛衰张本于此。盖有旨行贡举法,求好秀才。上意匪不敦切,而金人辄阴沮之。应故事而集议,凡几作辍矣。无怪乎选任之非才,政治之不理也。今已至此,后当若何。臣愚欲陛下明诏,有司重学校之事,慎师儒之选。京师首善之地,尤当兴建国学,选一时名流为国人矜式,优以饩廪,隆以礼貌,庶四方观感有所兴起。而名都大邑教官有阙,不但循常例收庸人而已。必使廷臣择可以为人表仪者,条具闻奏,令有禄可养,而不匮职,比亲民而加优视。教化之废兴,为考第之殿最。其诸生有经明行修者,特与蠲免赋役,依正降诏书施行。臣望国家教育有方,多士鼓舞不倦,他日随取随足,舞临事乏才之叹,天下幸甚。"奏上,帝韪之。

二十四年,立国子学于大都,设博士通掌学事,分教三斋生员,讲授经旨,是正音训。复设助教同掌学事,而专守一斋。正、录申明规矩,督习课业。凡读书,必先《孝经》、小学、《论语》、《孟子》、《大学》、《中庸》,次及《诗》、《书》、《礼记》、《周礼》、《春秋》、《易》。博士、助教亲授句读、音训,正、录、伴读以次传习之。讲说则依所读之序,正、录、伴读亦以次传习之。次日,抽签,令诸生复说其功课。对属、

诗章、经解、史评,则博士出题,生员具藁,先呈助教,俟博士既定,
始录附课簿,以凭考校。其生员之数,定二百人,先令一百人及伴读
二十人入学。其百人之内,蒙古半之,色目、汉人半之。是时集贤院
并众官会议学校事宜,定监官四员;祭酒一员周正平,司业二员耶
律伯强、砚伯固,监丞一员王嗣能;学官六员:博士二员张仲安、滕
仲理,助教四员谢弈、周鼎、靳泰亨、王载。伴读二十人,公选通文学
者充之。学生先设一百二十人,蒙古五十人,诸色目汉人五十人,年
十一岁以上,伴读十人,年十五岁以上。各用经史子集诸书于官书
内,关学生饮食并一切所需,官为应付,俟置学田讫,然后开支。一,
国子监隶集贤院。一,文庙前件议得,合行创建。一,所先立学校,
大都拨地与国学,一同兴筑。一,外道学校生员成才者,申太学,茂
异者,申集贤院,面奏区用。一,儒户免差徭。迤北路分,除至元十
三年选试外,据迤南新附去处在籍儒户,若有别项各色别无定夺,
其余籍内儒户,照纳地税商税外,一切杂泛差徭,并行蠲免。诏从
之。

二十八年三月,命各路各县学内设立小学,选请老成之士教
之。或自愿招师,或自从其父兄者,听便。其他先儒讲学之地,与好
事之家出私钱赡学者,并立为书院。书院设山长一员。凡师儒之命
于朝廷者曰教授,路府上中州置之。命于礼部及行省及宣慰司者曰
学正、山长、学录、教谕,路州县及书院置之。凡路府州书院设直学
以掌钱谷,从郡守及宪府官试补,直学考满,又试所业十篇,升为学
录、教谕。凡学正、山长、学录、教谕或由集贤院及台宪等官举充之。
教谕、学录历两考升学正、山长,又历一考升散府上中州教授,又历
考升路教授。后又改直学考满为州教授。自京学及州县学以及书
院,凡生徒之肄业于是者,守令荐举之,或用为教官,或取为吏属
云。

至岁贡之法,大德八年,始定国子生蒙古、色目、汉人三岁各贡
一人。十年,国子学定蒙古、色目、汉人生员二百人,三年各贡二人。

至大四年,定生员额二百人。是年,复立国子学试贡法,蒙古授

官六品,色目正七品,汉人从七品。试蒙古之法宜从宽,色目生宜稍加密,汉人生则全科场之制。

延祐二年,增生员百人,陪堂生二十人,用集贤学士赵孟頫、礼部尚书元明善等所书国子学贡试之法更定之。

一曰:升斋等第。六斋东西相向,下两斋左曰游艺,右曰依仁,凡诵书讲说、小学属对者隶焉。中两斋左曰据德,右曰志道,讲说《四书》、课肄诗律者隶焉。上两左者曰时习,右曰日新,讲说《易》、《书》、《诗》、《春秋》科,习明经义等程文者隶焉。每斋员数不等,每季考其所习经书课业,及不违规矩者,以次递升。

二曰:私试规矩。汉人验日新、时习两斋,蒙古、色目取志道、据德两斋,本学举实历坐斋二周岁以上,充贡举。汉人私试,孟月试经疑一道,仲月试经义一道,季月试策问、表章、诏诰科一道。蒙古、色目人,孟月、仲月各试明经一经,季月试策问一道。辞理俱优者为上等,准一分;理优辞平者为中等,准半分。每岁终,通计其年积分,至八分以上者升充高等生员,以四十名为额,内蒙古、色目各十名,汉人二十名。岁终试贡,员不必备,惟取实才。有分同阙少者,以坐斋月日先后多少为定。其未及等,并虽及等无阙未补者,其年积分,并不为用,下年再行积算。

三曰:黜罚科条。应私试积分生员,其有不事课业及一切违戾规矩者,初犯罚一分,再犯罚二分,三犯除名,从学正、录纠举,其知而不纠举者,从本监议罚。应已补高等生员,初级殿试一年,再犯除名,从学正、录纠举,其知而不纠举者,亦从本监议罚。应在学生员,岁终实历坐斋不满年岁者,并行除名。除月假外,其余各假,并不准。学正、录岁终通行考校应在学生员,除蒙古、色目外,其余汉人生员三年不能通一经者及不肯勤学者,勒令出学。其余责罚,并依旧规。

泰定三年,更积分而为贡举,并依世祖旧制。其贡试之法,从监学所拟,大概与前法略同,而防闲较密云。其学正、录及司乐、典籍、管勾等员,旧例举积分生员充之,后以积分既革,于上斋举年三十以上、学行堪范后学者为正、录，通晓音律、学业优赡者为司乐，干局通敏者为典籍、管勾。其侍仪舍人，于上、中斋举礼仪习熟、音吐洪畅、曾掌春秋释奠、每月告朔明赞、众见其能者充之。至伴读员数，大德七年定四十人，岁贡八人。至大四年，定四十人，岁贡四人。延祐四年，定岁贡八人。是后，又命所贡生员与举人同试于礼部，策于殿廷，又置备榜而力选择焉。

童子举。

唐宋始著于科，然亦无常员。

成宗大德三年，举童子杨山童、海童。五年，大都提举学校所举安西路张泰山，江浙行省举张升甫。

武宗至大元年，举武福安。

仁宗延祐三年，江浙行省举前傅孙冯帖哥。六年，河南路举张答罕。学士完者不花举丁顽顽。七年，河间县举杜山童，大兴县举陈聃。

英宗至治元年，福州路连江县举陈元麟，至治三年，河南行省举张英。

泰定四年，福州举叶留畊。文宗天历二年，举杜凤灵。

至顺二年，制举答不歹子买来的。

皆以其天资颖悟，超出儿辈，或能默诵经文，书写大字，或能缀缉辞章，讲说经史，并令入国子学教育之。

惟张泰山尤精篆籀，陈元麟能通性理。叶留畊问以四书大义，则对曰："无过。事父母能竭其力，事君能致其身。"时人以远大期之。

蒙古字学。

至元六年秋七月，置诸路蒙古字学。十二月，中书省定颁行条件。诸路府州官子弟入学，上路二人，下路二人，府一人，州一人。余民间子弟，上路三十人，下路二十五人。愿充生徒者，与免本身杂役。

八年春正月，诏曰："间者采近代之制，创为国学，已尝颁告天下，然学者尚少，今复立条画，其令有司明谕四方，庶几多所兴起，以传永久。一，京师设国子学，教授诸生，于随朝百官、怯薛歹选择子弟俊秀者入学。一，诸王位下及蒙古千户所，依在前设畏吾儿八合赤例，设立学校。一，随路所设学校，有愿充生徒者，与免本身差役。回回、畏吾、河西人等，愿学者听，不在额设之数。一，翰林院见设诸官，译写《通鉴节要》，颁与国子学诸路教授。一，符宝郎设蒙古学闇者赤一员，验人口实。一，省、部、台、院诸印信及所发铺马札子，并用蒙古字。一，凡有行程文字，并用蒙古字标写本宗事目。内外诸衙门，亦用蒙古字人员充闇者赤。一，省、部、台、院凡有卷目，用蒙古字。一，二、三年后选择习学生员，出策题试问，中选者约量授以官职。一，不得称蒙古字为新字。

十九年，定路府州设教授，以国字在诸字之右。

二十年五月，龙兴路提学校官言：“大元一统，蒙古学虽兴，而南北之民寡于攻习，盖因施不广、用不切之故。”于是中书省议，令诸衙门依例表章，并用蒙古字书写。

元贞元年，命廉访司提调诸路蒙古学校。二年，命有司给诸路蒙古学生员饩廪。

大德六年，定散府蒙古学生员二十人，上、中州十五人，下州十人。八年，定各路教官迳保生徒，不得迳申国子监，须经本处提调，总管府转申翰林院，试验考夺，无令似前滥保。十年春二月，增生员廪膳，通前三十员为六十员。

至大二年，定伴读员四十人，以在籍生员学问优长者补之。

延祐二年冬十月，以所设生员百人，蒙古五十人、色目二十人，汉人三十人，而百官子弟之就学者常不下二三百人，宜增其廪饩。乃减去庶民子弟一百十四员，听陪堂学业，于见有生员一百名外，量借五十人，置蒙古二十人、汉人三十人，其生员笔札止给三十人，凡二次给之。

至回回国子学，至元二十六年始置。是年五月，尚书省臣言：“亦思替非文字，宜施于用。今翰林院益福的哈鲁丁能通其字学，乞授以学士之职。凡公卿大夫与富民之弟子,皆依汉人入学之制,日肄习之。"从之。八月,遂置国子学。

至延祐元年,复立回回国子监。以其文字便于国防取会数目,令依旧制加意教授。

泰定二年,以入学者众,其学官及生员五十余人已给领膳者二十七人外,助教一人、生员二十四人廪膳,并令给之。

医学。

中统三年,太医院使王猷、副使王安仁言:"医学久废,后进无所师友。窃恐朝廷取人,学非其传,为害甚大。"乃授安仁金牌,俾往各处设立医学。教授人员依例除免差发。医学生员亦免本身检医差占等杂役,俟学有所成,每月试以疑难,以所对优劣,量加惩劝。

至元二十三年,命各道按察司检察医学,依每年降下十三科题目,令医生每月习课医义一道,年终本院考较优劣。

大德九年,平阳路泽州知州王称言:"窃闻为世切务惟医与刑,医者司命于人,刑者弼教于世。人以风寒暑邅其疾,以放僻邪侈陷其心,须用医以治,施刑以断。医欲明,须玩前贤之经训,刑不滥,在究本朝之典章。今各路虽有医师,学亦系有名无实,宜督责各处有司,广设学校,为医师者令一通晓经书,良医主之,集后进医生,讲习《素问》、《难经》,仲景、叔和脉诀之类。然亦须通《四书》,不习《四书》者禁治不得行医。务要成材,以备试验擢用,实为官民便益。"于是大医院定考试之法:一,合设科目。一,各科合试经书。中书省依所议行之。

是年,又定医学官罚俸例,各处学校应设大小学。今后有不令坐斋肄业,有名无实者,初次,教授罚俸一月,正、录罚中统钞七两;再次,教授罚俸两月,正、录倍罚;三次,教授、正、录取招别议。其提调官视学官例减等,初次罚俸半月,再次一月,三次两月。若大小生员在学,而训诲无法,苟应故事者,初次,教授罚俸半月,正、录各罚中统钞五两;再次,教授罚俸一月,正、录罚中统钞七两;三次,教授、正、录取招别议。提调官,初次罚俸十月,再次三月,三次一月。

　　延祐三年,定试验医人条件依旧例,三年一遍设立科举试。太医,选举三十以上、医明行修、孝友忠信、为众所称者,保结贡试。乡试,不限员数,各科目通取一百人,会试取中三十人。所课医义,量减二道。第一场,本经义一道,治法一道。第二场,本经义一道,药性一道。不限字数。试中三十人内,一甲充太医,二甲副于举,三甲教授。

　　阴阳学。

　　至元二十八年,始置诸路阴阳学。依儒学、医学之例,每路设教授以训诲之。其有术数精通者,每岁录呈省府,赴都试验,果有艺能,于司天监内许令近侍。

　　延祐二年,令阴阳人授差依儒、医例考试。其科目,曰:占算,曰:三命,曰:五星,曰:周易,曰:六壬,曰:教学,曰:婚元。占才大义书,曰《宅元周易秘奥》,曰《人宅通真论》,曰《茔元地理新书》,曰《茔元总论》,曰《地理明真论》。

　　太宗九年八月,诏胡都虎、塔鲁忽觯、讹鲁不朵札鲁火赤等:"自来精儒业者,二十年间学问方成。古昔张置学校,官为廪给,养育人材。今名儒凋丧,文风不振,所据民间应有儒士,若高等学业转相教授,庶几人材日出。其中选者,并行蠲免差发。委断事官术忽觯与山西东路征收课税所长官刘中,遍行诸路,一同监试,仍将论及经赋、词义分为三科,作三日程试,专治一经为一科,能兼者听。但不失文义为中选。其中选儒人与各处达鲁花赤、管民官一同商量公事。以后照依先降条例,开辟举场,考选入仕,续听朝命。"于是得东平杨奂等四千三十人,多一时名士。初,耶律楚材请复科举之制,郭德海亦言之,然为用事者所尼,故诏书虽云续听朝命,事复中止。

　　至元初,诏丞相史天泽条具当行之事,天泽首及科举,亦不果行。四年九月,翰林学士王磐等言:"科举取士,最为切务,矧先朝旧典,尤宜追述。"帝曰:"此良法也。"命左三部尚书与翰林学士议定程式,又议依前代立国学,选蒙古官子弟百人,专命师儒教习经书,艺成然后试而用之。十一年十一月,省臣复启皇太子,以所议科举程式上。奉令旨,准蒙古进士科及汉人进士科,参酌时宜,以定法制。然其事迄未施行。二十一年九月,丞相哈剌合孙等言:十一月中书省臣言,皆以谓天下习儒者少,而由刀笔吏得官者多。帝曰:"将若之何?"对曰:"宜举行贡举法。凡蒙古人及儒吏、阴阳、医术,皆令以考试进,则用心为学矣。"帝然之。已而许衡亦议学校科学之法,罢诗赋,重经学,定为新制。虽事未及行,而选举之法已立焉。

皇庆二年十月,中书省臣言:"科举一事,世祖、裕宗累命举行,成宗、武宗寻亦有旨,今不以闻,恐或有沮其事者。夫取士之法,经学实修己治人之道,词赋乃摛章绘句之学,自隋、唐以来,取人专尚词赋,故士习浮华。今臣等所拟将律赋省题诗小议皆不用,专立德行明经科,以此取士,庶可得人。"帝从之。十一月,诏曰:"我祖宗以神武定天下,世祖皇帝设官分职,征用儒雅,崇学校为育才之地,议科举为取士之方,规模宏远矣。朕以眇躬,获承丕祚,继志述事,祖训是式。若稽三代以来,取士各有科目,要其本来,举人宜以德行为首,试艺则以经术为先,词章次之。浮华过实,朕所不取。爰命中书省参酌古今,定其条例。其以皇庆二年八月,天下郡县,兴其贤者能者,赋于有司,次年二月会试京师,中选者朕将亲策焉。"其行事宜:

一,科场,每三岁一次开试。举人从本贯官司于路府州县及诸色户内推选,年二十五以上乡党称其孝弟,朋友服其信义,经明行修之士,结状举保,以礼敦遣,贡诸路府。其或徇私滥举,并应举而不举者,监察御史、肃政廉访司体察究治。

一,考试程式:蒙古、色目人,第一场经问五条,《大学》、《论语》、《孟子》、《中庸》内设问,义理精明,文辞典雅为中选,用朱氏章句集注。第二场策二道,以时务出题,限五百字以上。汉人、南人,第一场明经经疑二问,《大学》、《论语》、《孟子》、《中庸》内出题,并用朱氏章句集注,复以己意结之,限三百字以上;经义一道,各治一经,《诗》以朱氏为主,《尚书》以蔡氏为主,《周易》以程氏、朱氏为主,已上之经兼用古注疏,《春秋》许用《三传》及胡氏《传》、《礼记》

古注疏,限五百字以上,不拘格律。第二场古赋诏诰用古体,章奏参古体、四六。第三场策一道,经史时务内出题,时务不矜浮藻,惟务直述,限一千字以上。

一,蒙古、色目人,愿试汉人、南人科目,中选者加一等注授。

一,蒙古、色目人作一榜,汉人、南人作一榜。第一名赐进士及第,从六品,第二名以下及第二甲,皆正七品,第三甲以下,皆正八品,两榜并同。

一,所在官司迟误开试日期,监察御史、肃政廉访司纠弹治罪。

一,流官子孙荫叙,并依旧例,愿试中选者,优升一等。

一,在官未入流品,愿试者听。若中选,已有九品以上资级,比附加十等注授。若无品级,止依试例从优铨注。

一,乡试处所,并其余条目,命中书省议行。

延祐元年二月,中书省奏定科举程式目:

一,乡试。中选者,各给解据、录连取中科文,行省处移咨都省,送礼部,腹里宣慰司及各路关申礼部,监察御史、廉访司依上录连科文申台,转呈都省,照勘会试。八月二十日,蒙古、色目人,试经问五条;汉人、南人,明经经疑二问,经义二道。二十三日,蒙古、色目试策一道;汉人、南人古赋诏诰章表内科一道。二十六日,汉人、南人试策一道。

一,会试。次年省部,依乡试例,于二月初一日试第一场,初三日试第二场,初五日第三场。

一,御试。三月初七日,前期奏委考试官二员、监察御史三员、读卷官二员于殿廷考试。每举子一名,委怯薛歹一人看守。汉人、南人,试策一道,限千字以上。蒙古、色目人,时务策一道,限五百字以上。

一,选考试官,行省与宣慰司乡试,有行台去处,行省官、行台官一同商议选差;如不拘廉访司去处,行省官与监察御史选差;山东、河东宣慰司,真定、东平路,同本道廉访司选差。上都、大都省部选差在内监察史御、在外廉访司官一员监试。每处差考试官、同考试官一员,并于见任及在闲有德望文学常选官内选差;弥封官一员,誊录官一员,选廉干文资正官充。誊录试卷并移行文字,皆用朱笔书写,仍须设法关防,毋致容私作弊。省部会试,都省选委知贡举、同知贡举官各一员,考试官四员,监察御史二员,弥封、誊录、对读官、监试等官各一员。

一,乡试,行省十一:河南、陕西、辽阳、四川、甘肃、云南、岭北、征东、江浙、江西、湖广。宣慰司二:河东冀宁路,山东济南路。直隶省部路分四:真定路、东平路、大都路、上都路。

一,天下选合格者三百人赴会试,于内取中选者一百人,内蒙古、色目、汉人、南人分卷考试,各二十五人。蒙古取合格者七十五人:大都十五人,上都六人,河东五人,真定等路五人,东平等路五人,山东四人,辽阳五人,河南五人,陕西五人,甘肃三人,岭北三人,江浙五人,江西三人,湖广三人,四川一人,云南一人,征东一人。色目人取合格者七十五人:大都十人,上都四人,河东四人,东平等路四人,山东五人,真定等路五人,河南五人,四川三人,甘肃一人,陕西三人,辽阳二人,云南三人,江浙十人,湖广七人。汉人取合格者七十五人:大都十人,上都四人,真定等路十一人,东平等路九人,山东七人,河东七人,河南九人,四川五人,云南二人,甘肃二人,岭北一人,陕西五人,辽阳二人,征东一人。南人取合格者七十五人:湖广十八人,江浙二十四人,江西二十二人,河南七人。

一,乡会等试,许将《礼部韵略》外,余并不许怀挟文字。差搜检怀挟官一员,每举人一名差军一名看守,无军人处差巡军。

一,提点试院廉干官一员,度地安置席舍,务令隔远,仍自试官入院后,常川供职,监把外门。

一,乡、会试、弥封、誊录、对读下吏人,于各衙门从便差遣。

一,试卷不合格:犯御名庙讳偏犯者及文理纰缪、涂注五十字以上。

一,誊录所承受试卷,并用朱书誊录正文,实计涂注各字数,标写对读无差,将朱卷送考试所。如朱卷有涂注字,亦皆标写字数,誊录官书押。俟考校合格，中选人数已定，钞录字号，写上元卷，请监试官、知贡举官、同试官，对读开折。

一，举人试卷，各人自备三场文卷并草卷，各十二幅，于卷首书三代、籍贯、年甲，前期半月于印卷所投纳。用印钤缝讫，各还举人。

一，就试之日，日未出入场，黄昏纳。受卷官送弥缝官，将字号弥缝讫，送誊录所。

一，若有各路岁贡及保举儒人等文字到部，并令还付本乡应试。

一，娼优及患废疾、若犯十恶为盗之人，不许应试。

一，举人于试场内，毋得喧哗，违者治罪，仍殿二举。

一，举人与考试官有五服内亲者，自须回避，仍令同试官考试。若应避而不自陈者，殿一举。

一，乡、会试，若有怀挟及令人代作及代之者，汉人、南人居父母丧应举者，并殿二举。

一，国子监学岁贡生员及伴读出身，并依旧制，愿试者听。中选者于监学合得资而上从优选授。

一，别路附籍蒙古、色目、汉人，大都、上都有恒产、住经年深者，从两都官司，依上例推举就试。其余去处冒贯者治罪。

其中选学人，三月初四日中书省臣奏准，以初七日御试于翰林国史院，定委监试官及诸执事。初五日，入院。初六口，撰策问进呈。初七日，执事者望阙设案于堂前，置策题于上。举人入院，搜检讫，蒙古人作一甲，序立，礼生导引，望阙两拜，赐策题，又两拜，各就次。色目人、汉人亦如之。日午，赐膳。进士纳卷毕，出院。监试官同读卷官，以所对策第其高下，分为三甲进奏。赐进士及第、出身各有差。

有元科目取士之制，大略如此。盖创于太宗，定于至元，议于大德，而后成于延祐。是时平章政事李孟雅为仁宗所委任，力言非科目不足以得士，故朝廷决意举行焉。

是年，丞相帖木迭儿等奏："下第举人年七十以上者，与从七品流官致仕；六十以上者，与教授；元有出身者于应得资品上优加之；无出身者，与山长、学正。嗣后概不为例。有来迟不及应试者，未曾区用。取旨。"帝曰："依下第例恩之，勿著为格。"

泰定元年三月，中书省臣奏："下第举人，延祐中命中书省各授教官之职，以慰其归。今改元之初，泽恩宜溥。蒙古、色目人年三十以上并两举不第者，与教授；以下，与学正、山长。汉人、南人，年五十以上并两举不第者，与教授；以下，与学正、山长。不愿仕者，令备国子员。后不为例。"从之。

元统二年三月，诏科举取士，国子监积分，儒人免役，悉依累朝旧制。是年，增进士名额至百人，左右榜各三人，皆赐进士及第。元之取士，莫盛于此。

迨至元元年，彻里帖木儿为中书平章政事，首议停科举。参知政事许有壬争之，不从。初，彻里帖木儿为河南行省平章政事，会驿请考官，供张甚盛，心滋不悦。故入中书省，以罢科举为第一要政云。二年，礼部侍郎忽里台请复科举取士之法，不听。

六年，脱脱为右丞相当国。十二月，诏复行科举及国子监积分法。生员二年一次，依科举例会试，中者取十八名。至正三年，监察御史成遵言，请以终场下第举人充学正、山长，国学生会试黜罢者与终场举人同。从之。是年，又增乡试备榜，授以学录、教谕等官。十九年，诏定科举流寓人名额，蒙古、色目、南人各十五名，汉人二十名。五月，察罕帖木儿言："今岁八月乡试，河南举人及各路进兵者，请不拘籍贯，依河南省元定额数，就陕西置贡院考试。"从之。

二十年，会试举人。知贡举平章政事八都麻失里，同知贡举翰林学士承旨李好文、礼部尚书许从宗，考试官国子祭酒张翥、同考官太常博士傅亨等言："旧例各处举人三年一次，取三百人，会试取一百人。今岁乡试所取比前数少，止有八十名，会试三分内取一分，合取三十名。如于三十名外，添取五名为宜。"从之。

二十六年，命燕南、河南、山东、陕西、河东等处举人会试者，增其额数，进士及第以下递升一官。

新元史卷六五

志第三二

选举二

铨法上

凡怯薛之长，得自举其属。诸怯薛岁久被遇，常加显擢，惟长官荐用，则有定制。至元二十年议："久侍禁闼、门地崇高者，初受朝命散官，减职事一等，否则量减二等。"至大四年，诏蒙古人降一等，色目人降二等，汉人降三等。

凡台宪选用：大德元年，省议："台官旧无选法，俱于民职选取，后互相保选，省、台各为一选。宜令台官，幕官听自选择，惟廉访司官，则省、台共选。若台官于省部选人，则与省官共议之；省官于台宪选人，亦与台官共议之。"至元八年，定监察御史任满，在职无异政，元系七品以下者例加一等，六品以上者升擢。泰定初，侍御史许有壬言："监察御史前代八品之职，国朝官制为正七品，选格内任一考与升正六品，外任两考，方进一等。今历史即除各道佥事正五品级，内台都事必授副使正四品级。诚以御史非有职事之可比，使之位卑言高，盖御之有道也。近四品、五品率皆除监察御史，甚有历阶已及三品而浮沈其内，彼果何望而奋于立事耶！今后莫若先尽县达鲁花赤县令有治迹者，次及内外六品、七品才德堪充之人，其资品高者不必铨用，庶无患失之心。"

凡选举守令：至元八年，诏以户口增、田野辟、词讼简、盗贼息、赋役均五事备者,为上选。九年,以五事备者为上选,升一等。四事备者,减一资。三事有成者,为中选,依常例迁转。四事不备者,添一资。五事俱不举者,黜降一等。二十三年,又益以劝课农桑克勤奉职者以次升奖,其怠于事者答罢之。二十八年,诏:"路府州县,除达鲁花赤外,长官并宜选用汉人素有声望,及勋臣故家,并儒吏出身,资品相应者,佐贰官遴选色目、汉人参用。"至正四年,申令黜降之事。六事备者升一等,四事备者减一资,三事备者平选,六事俱不备者降一等。

至元十五年,罢军官迁职子弟仍袭原官之制。又军官阵亡,子弟承袭;原官病死者,降一等承袭;总把、百户病死及年老者,不许子弟承袭。著为令。

十七年,诏:"渡江总把、百户有功升迁者,总把依千户降等承袭,百户无递降职名,则从其本等。"

十九年,奏拟:"万户、千户、百户物故,视其子孙堪承袭者,依例承袭外,都元帅、招讨使、总管、总把,视其子孙堪承袭者,止令管其元军。元帅、招讨子孙为万户,总管子孙为千户,总把子孙为百户,给元佩金银符。病故者降等,惟阵亡者本等承袭。"

二十一年,旧志作二十年,误。据《元典章》改正。诏:"万户、千户、百户分上中下三等,定立条格,通行迁转。以三年为满,理算资考,升加品级。若年老病故者,令其子弟依例荫叙。"是年,以旧制父子相继,管领元军,不设蒙古军官,故定立资考,三年为满,通行迁转。后各翼大小军官俱设蒙古军官,又兼调遣征进,俱已离翼,难与民官一体迁转荫叙,合将万户、千户、镇抚自奏准日为始,以三年为满,通行迁转。百户以下,不拘此例。凡军官征战有功过者,验实迹升降。又定蒙古奥鲁官,大翼万户下设奥鲁总管府,从四品。小翼万户下设奥鲁官,从五品。各千户奥鲁,亦设奥鲁官,受院札。各千户奥鲁,不及一千户者,或二百户、三百户以远就近,以小就大,合并为千户翼奥鲁官,受院札。若干碍投下,难以合并,宜再议之。又定首领官受敕牒，元帅、招讨司经历、知事，就充万户府经历、知事，换降敕牒，如元翼该革，别与迁除。若王令旨，并行省札付、枢密院札付经历，充中下万户府知事。行省诸司札付充提领案牍，并各翼万户自设经历、知事，一例俱作提控案牍，受院札。又议："随朝各卫千户镇抚所提控案牍，已拟受院札，外任千户镇抚所提控案牍，合从行省许进，受万户府付身。

二十四年，诏："诸求袭其父兄之职者，宜察其人而用之。凡旧臣勋阀及有战功者，其子弟当先任以小职，若果有能，则大用之。

二十五年，军官阵亡者，本等承袭。病故者，降二等。虽阵亡，其子弟无能，勿用。虽病故，其子弟果能，不必降等，于本等用之。若有身死老病人员子弟承袭承替，须娴习弓马、谙晓事务，开写本人年甲，是否嫡庶长次，有无排下军马，保勘一切完备，申枢密院定夺施行。

大德四年，以上都虎贲司并武卫内万户、千户、百户达鲁花赤亡殁，而无奏准承袭定例，似为偏负。今后各翼达鲁花赤亡殁，宜察其子弟有能者用之，无能则止。

十一年，诏："色目镇抚已殁，其子有能，依例用之。子幼，则取其兄弟之子有能者用之，俟其子长，即以其职还之。

至大二年，议："各卫翼首领官至经历以上，不得升除，似与官军一体，其子孙乃不得承袭。今后年逾七十，而散官至正从四品者，宜正从五品军官内任用。"

四年，诏："军官有故，令其嫡长子为之。嫡长子亡殁，令嫡长孙为之。嫡长孙亡殁，则令嫡长孙之嫡长子为之。若嫡长俱无，则以其兄弟之子相应者为之。"

皇庆元年，诏："军官不依例保举者，有长子、长孙，反将庶子保举者，罪之。"

太禧院。天历元年，罢会福、殊二院而立之。其所辖诸司，则从其擢用。

宣徽院。皇庆二年,省臣奏:"其所辖仓库、屯田官员,半由都省,半由本院用之。"奉旨,宜俱从省臣用之。

中政院。延祐七年,院臣启:"皇后位下中政院用人,奉懿旨,依枢密院、御史台等例行之。"

直省舍人,选宿卫及勋臣子弟为之。又择其高等二人,专掌奏事。大德八年,拟历六十月者,始令从政。

凡礼仪诸职:

太常寺检讨,至元十三年,拟历一百月,除从八品。

御史台殿中司知班,十五年,拟历九十月,除正八品。

通事舍人,二十年,议:"从本司选已人流品职官为之,考满验应得资品,升一等迁用。未入流官人员,拟充侍仪舍人,受中书省札,一考除拟九品。"三十年,议:"于二品、三品官子内选用,不限荫叙,两考从七品迁叙。"

侍仪舍人,三十年,议:"于四品、五品官子内选用,不限荫叙,一考从九品。"大德三年,议:"有阙,宜令侍仪司于到部正从九品流官内选用,仍受省札,三十月为满,依朝官内升转,如不敷,于应得府州儒学教授内选用,历一考,正九品叙。"

礼直管勾,大德三年,省选合用到部人员,俱从太常寺举保,非常常选除充者,任回止于衙门叙用。

郊坛库藏都监二人,至大三年,议:"受省札者历一考之上,受部札者历两考之上,再历本院属官一任,拟于从九品内叙。"

天历二年,拟在朝文翰衙门,于国子生员内举充。

至元九年,部议:"巡检流外职任,拟三十月为一考,任回于从九品迁叙。"二十年,议:"巡检六十月,升从九品。"大德七年,议:"各处所委巡检,自立格月日为始,已历两考之上者,循旧例九十月出职,不及两考者,须历一百二十月,方许出职迁转。"十年,省奏:"奉旨腹里巡检,任回及考者,止于巡检内注授。所历未及者,于钱谷官内定夺,通理巡检月日。各处行省所设巡检,考满者,咨省定夺；未及考满者，行省于钱谷官等职内委用，通理月日，依旧升转；不及一考，如系告荫并提控案牍例应转充者，于杂职内委用，考满各理本等月日，依例升转。"

腹里诸路行用钞库，至元十九年，部拟："州县民官内选充，系八品、九品人员，三十月为满，任回验元资品，减一资历，通理迁叙。库使，受都省札付，任满从优迁叙。库副，受本路札付，二十月为满，于本处上户内公选交替。陕西、四川、西夏中兴等路提举司钞库，俱系行省管领，合就令依上选拟库官，移文都省给降敕牒札付。"省议："除钞库使、副咨各省选拟外，提领省部选注。"

腹里官员，二十六年，定选充仓库等官，拟于应得资品上升一等，通理月日升转。

江南官员，若曾腹里前历仕，前资相应依例升转。迁去江淮历仕人员，所历月日一考之上者，除一考准为根脚，余有月日，后任通理，不及考者，添一资。若选充仓库等官，拟于应得资品上，例升一等，任回依上于腹里升转。

接连官员选充仓库等官，应本地面从七品者，准算腹里从七资品。历过一考者，为始理算月日，后任通理，一考之上，余有日月，后任通理，不及考者，添一资升转。

福建、两广官员选充仓库等官，应得本地面从七品者，准算江南从七资品。历过一考者，为始理算月日，一考之上，余有月日，后任通理，不及考者，添一资升转。

元系流官，仕回，止于流官内任用。杂职者，杂职内迁叙。

万亿库、宝钞总库、八作司，以一年满代，钱物甚多，未易交割。宜以二年为满，少者以一年为满。

上都税务官，止依上例迁转。

都省所辖去处，二周岁为满者：各处都转运使司官、司属官、首领官，各处都漕运使司官、首领官，诸路宝钞都提举司官，腹里、江南随路平准行用库官，印造宝钞库官，铁冶提举司官、首领官，采金提举司官、首领官,银场提举司官、首领官,新旧运粮提举司官、首领官,都提举万亿库、八作司、宝钞总库首领官。

一周岁为满者:泉府司所辖富藏库官,廪给司、四宾库、薄敛库官,大都税课提举司官、首领官,酒课提举司官、首领官,提举太仓官、首领官,提举醴源仓官、首领官,大都省仓官,河仓官,通州等处仓库、应受省部札付管钱谷院务杂职等官,大都平准行用库官,烧钞四库官,钞纸坊官,币源库官。

行省所辖去处,二周岁为满者:各处都转运使司官、司属官、首领官,各处都漕运使司官、首领官,行诸路宝钞都提举司官,腹里、江南随路平准行用库官,甘州、宁夏府等处都转运使司官,市船提举司官、首领官,榷茶提举司官、首领官。一周岁为满者:行泉府司官所辖阜通库官,各处行省收支钱帛诸物库官。

三十年,部议:"凡内外平准行用库官,提领从七品,大使从八品,副使从九品。若流官内选充者,任回减一资升转。杂职人员,止理本等月日。"

元贞二年,部议:"凡仓官有阙,于到选相应职官,并诸衙门有出身令译史、通事、知印、宣使、奏差两考之上人内选用,依验难易收粮多寡升等,任回于应去地方迁叙。通州、河西务、李二寺等仓官,于应得资品上升一等,任满,交割别无短少,减一资通理。在都并城外仓分,收粮五万石之上仓官,于应得资品上升一等,任满,交割别无短少,依例迁叙;收粮一万石之上仓官,止依应得品级除授,任满,交割别无短少,减一资通理。"

大德元年,省拟:"大都万亿四库、富亿库、宝钞总库、上都万亿库官,止依合德资品选注,须二周岁满日,别无短少,拟同随朝例升一等。"

二年,省议:"上都、应昌仓官,比同万亿库官例,二周岁为满,应得资品上拟升一等。"

六年,部议:"在都平准行用库官,拟合于外路一体二周岁为满,元系流官内选充者,任回减一资升转。万亿四库知事例升一等,提控案牍减资迁转。和林、昔宝赤八剌哈孙、孔古烈仓,改立从五品提举司。提举一员,从五品;同提举一员,从六品;副提举一员,从七品。周岁为满,于到选人内选充,应得资品上拟升二等,任回迁用,所历月日通理。甘、肃二路,每处设监支纳一员,正六品;仓使一员,从六品;仓副一员,正七品。二周岁为满,于到选人内铨注,入仓先升一等,任满,交割别无短少,又升一等。受给库提领,从九品,使、副受省札,攒典、合干人各设二名。"

七年,部拟:"大都路永丰库提领从七,大使从八,副使从九,于到选相应人内铨注。江西省英德路、河西务两处,设立平准行用库,拟合设官员,系从七以下人员,依例铨注。英德路平准行用库,提领一员,从七,大使一员,从八,副使一员,从九品。河西务行用库,大使一员,从八品,副使一员,吏部札。甘肃行省丰备库,提领一员,从七品,大使一员,正八品,于到选迤西资品人内升等铨注。大同仓官,拟二周岁交代,永盈仓例升一等,其余六仓,任回拟减一资升转。"

八年,部议:"湖广行省所辖散府司吏充仓官,依河南行省散府司吏充仓官,比总管府司吏取充者,降等定夺。"

至大二年,部呈:"凡平准行用库设官二员,常平仓设官三员,流官内铨注,以二年为满,依例减资。"

四年,部议:"上都两仓,二周岁为满,于应得资品上升一等,历过月日,今后比例通理。"

皇庆元年,部议:"上都平盈库,二周岁为满,减一资升转。"

延祐四年,部议:"江浙行省各路见役司吏,已及两考,选充仓官,五万石之上,比同考满出身充典史,一考升吏目。五万石之下者,于典史添一考,依例迁叙。湖广行省仓官,如系路吏及两考,选充仓官一界,同考满出身充典史,一考升吏目。迁叙库官,周岁准理本等月日,考满依例升转。"

凡税务官升转:至元二十一年,省议:"应叙办课官分三等。一百锭之上，设提领一员、使一员。五十锭之上，设务使一员。五十锭之下，设都监一员。十锭以下，从各路差人管办。都监历三界，升务使，一周岁为满，月日不及者通理。务使历三界，升提领。提领历三界，受省札钱谷官，再历三界，始于资品钱谷官并杂职任用。各处就差相副官，增及两酬者，听各处官司再差。增及三酬以上及后界又增者，申部定夺。”

二十九年，省判所办诸课增亏分数，升降人员。增六分升二等，增三分升一等。其增不及分数，比全无增者，到选量与从优。亏兑一分，降一等。

三十年，省拟：“提领二年为满，省部于流官内铨注，一万锭之上拟从六品，五千锭之下拟正七品，二千锭之上拟从七品，一千锭之上正八品，五百锭之上从八品。大使、副使俱周岁交代，大使从行省吏部于解由合叙相应人内迁调，副使从各路于本处系籍近上户内公选。”

至大三年，诏定立办课例。一百锭之下院务官分为三等：五十锭之上为上等，设提领一员，受省札，大使一员，受部札；二十锭之上为中等，设大使、副使各一员；二十锭之下为下等，设都监、同监各一员，俱受部札。并以一年为满，齐界交代。都监、同监四界升副使，又四界升大使，又三界升提领，又三界入资品钱谷官并杂职内迁用。行省差设人员，各添两界升转，仍自立界以后为始，理算月日，并于有升转出身人员内定夺，不许滥用白身。议得例前部札，提领于大使内铨注，都监、同监本等拟注，止依历一十二界。至大三年例后，创入钱谷人员，及正从六品七品取荫子孙，亦依先例升转，不须添界外，其余杂进之人，依今次定例迁用，通历一十四界，依上例升转。

至元九年，部议：“凡总府续置提控案牍，多系入仕年深，似比巡检例同考满转入从九。缘从九系铨注巡检阙，提领案牍吏员文资出职，难应捕捉，兼从九员多阙少，本等人员不敷铨注。凡升转资考,从九三任升从八,正九两任升从八,巡检提领案牍等考满转入从九,从九再历三考升从八,通理一百二十月升。巡检依已拟,提领阙易就。都、吏目,拟吏目一考,转充都目,一考转充提领案牍,考满依上转入流品。都、吏目应升无阙,止注本等职名,验理升转。”

二十年,部拟:“提控案牍九十月升九品。”

二十五年,部拟:“各路司吏实历六十月,吏目两考升都目,历一考升提控案牍,两考升正九。若依路司吏九十月,吏目历一考与都目,余皆依上升转。”省议:“江南提控案牍,除各路司吏比附腹里路司吏至元二十五年呈准定例迁除,其余已行直补,并自行踏逐历案牍两考者,再添资迁除。”

三十年,省准:“提控案牍补注巡检,升转资品,不相争悬,如已历提控案牍月日者,任回止于提控案牍内迁叙。”

三十一年,省议:“都目、巡检员阙,虽不相就,若不从宜调用,似涉壅滞,下部先尽到选巡检,余阙准告铨注,任回各理本等月日。”

大德二年,省准:“京城内外省仓典吏,例于大都路州司、县典史内勾补,二周岁转升吏目。除行省所辖外,腹里下州并杂职等衙门,计设吏目一百余处,其籍记未注者,以次铨注,俱拟三十月为满,任回本等内不次铨注。”

三年,部拟:“提控案牍、都吏目有三周岁、二周岁、一周岁为满者,俱以三十月为满。”

八年,省准:“和林兵马司掌管案牍人等,比依下州,合设吏目一员,于籍记吏目外发补,任回从九品迁用,添一资升转。司吏量拟四名,从本司选补通吏业者,六十月,提控案牍内任用。”

九年,部呈:“都、吏目已于典史内铨注,宜将籍记案牍验历仕,以远就近,于吏目阙内参注,各理本等月日。”

十一年,江浙省臣言:“各路提控案牍改受敕牒,不见通例。”部照:“江北提控案牍,皆自府州司县转充路吏,请俸九十月方得吏目,一考升都目,都目一考,升提控案牍,两考正九品,通理二百一十月入流，其行省所委者，九十月与九品。今议行省委用例革提控案牍，合依于散府诸州案牍、都吏目并杂职钱谷官内，行省依例铨注，通理月日升转。之后行省所设提控案牍、都吏目，合依江北由司县府州转充路吏，通理月日，考满方许入流。"

凡选取宣使奏差：至元十九年，部拟："六部奏差额设数目，每一十名内，令各部选取四名，九十月与从九品，余外合设数目，俱于到部巡检、提领案牍、都吏目内选取，候考满日，验下项资品铨注。"省准："解由到部，关会完备人员内选取。应入吏目，选充奏差，三考与从九品。吏目一考，应入都目人员，选充奏差，两考与从九品。都目一考，应入提领案牍人员，选充奏差，一考与从九品。巡检、提领案牍一考，选充奏差，一考与正九品。"

二十六年，省准："上都留守司兼本路都总管府典吏出身，历九十月，比通政院例，合转补本司宣使，考满依例定夺。"

二十九年，省议："行省、行院宣使于正从九品有解由职官内选取，如是不敷，于各道宣慰司一考之上奏差、本衙门三考典吏目选取。不敷，于各道廉访司三考奏差内并本衙门三考典史内选取，仍须色目、汉人相参选取。自行踏逐者，亦须相应人员，考满例降一等，须历九十月，方许出职。内外诸衙门宣使，以色目、汉人相参，九十月为满。自行踏逐者，降一等。凡内外诸衙门宣使、通事、知印、奏差、都省宣使有阙，于台院等衙门一考之上宣使、并有解由正从八品职官内选补，如系都省直选人员，不拘此例，仍须色目、汉人相参选取。自行踏逐者，考满例降一等，须历九十月，方许出职。枢密院宣使，正从九品职官内选取。仍须色目、汉人相参选用。自行踏逐者，亦须相应人员，考满例降一等，须历九十月，方许出职。御史台宣使，正从九品职官内选取。自行踏逐者，考满例降一等，须历九十月，方许出职。宣政院宣使，选补同。宣慰司奏差，于本衙门三考典吏内选取。自行踏逐者，考满降等叙，须色目、汉人参用，历九十月，方许出职。山东运司奏差，九十月，于近下钱谷官内任用。大都运司，一体定夺。"

七年，省准："巩昌等处便宜都总帅府令史人等，已拟依各道宣慰司令史人等一体出身。自行踏逐者降等叙，有阙于本司三考典吏内选取。"

八年，部呈："各寺监保本处典吏补奏差，若元系请俸典吏、本把人等补充者，考满同自行踏逐者，降等叙。"

九年，拟宣徽院典吏九十月补宣使，并所辖寺监令史。

十年，省拟："中政院宣使于本衙门三考之上典吏及正从九品职官内选用，以色目、汉人相参，自行踏逐者降等。"

十一年，省拟："燕南廉访司奏差，州吏内选补，考满于都目内迁用。"

延祐三年，省议："各衙门典吏，须历九十月，方许转补奏差。"

至治元年，部议："县尉巡检，近年以汉人不习弓马，腹里添设色目县尉巡检。若以荫授人员，不充其选，止于各衙门通译史、奏差人内委用，其考满应注者，百无一二，员阙不能相就，有碍铨选。拟于到选正从八品内，验其历仕根脚，年三十以上，六十以下，不限地方遴选注授。若境内盗息民安，特加升擢，其巡捕不严者，依例黜降。"

凡匠官：至元九年，工部验各管户数，二千户之上至一百户之上，随路管匠官品级。省议：除在都总提举司去处，依准所拟。东平杂造提举司并随路织染提举司，二千户之上，提举正五品，同提举从六品，副提举从七品。一千户之上，提举从五品，同提举正七品，副提举正八品。五百户之上至一千户之下，提举正六品，同提举从七品，副提举从八品。三百户之上，大使正七品，副使正八品。一百户之上，大使从七品，副使从八品。一百户之下，院长一员，同院务，例不入流品，量给食钱。凡一百户之下管匠官资品，受上司札付者，依已拟充院长。已受宣牌充局使者，比附一百户之上局使资品递降，量作正九资品。"

二十二年,凡选取升转匠官资格,元定品给员数,提举司二千户之上者,无之。一千户之上,提举从五品,同提举正七品,副提举正八品。五百户之上、一千户之下,提举正六品,同提举从七品,副提举从八品。使副,三百户之上,局使正七品,副使正八品。一百户之上,局使从七品,副使从八品。一百户之下,院长一员,比同务院,例不入流品。工部议:"三百户之上局副从八,一百户之上局副正九,遇有阙,于一百户之下院长内选充。院长一百二十月升正九,正九两考升从八,从八三考、正八两考,俱升从七。如正八有阙,别无资品相应人员,于已授从八匠官内选注,通历九十月,升从七。从七三考升正七,正七两考升从六。从七三考、正六两考,俱升从五。为所辖司属无从六,名阙,如已历正七两考,拟升加从六散官,止于正七匠官内迁转,九十月升五。如正六匠官有阙,于已授从六散官人员内选注,通历九十月升从五。从五三考拟升正五,别无正五匠官,名阙,升加正五散官,止于从五匠官内迁转。如历仕年深,至日斟酌定夺。至元十二年以前受宣敕省札人员,依管民官例,拟准已受资品。十三年以后受宣敕省札人员,若有超升越等者,验实历俸月定拟,合得资品上例存一等迁用。管匠官遇有阙员去处,如无资品相应之人,拟于杂职资品相应到选人内铨用。凡中原、江淮匠官,正从五品子从九品匠官内荫叙,六品、七品子于院长内叙用。以匠官无从九品,阙,拟正从五品子应荫者,于正九匠官内铨注,任回,理等从九月日。"

二十三年,诏:"管匠官,其造作有好务亏少,勿令迁转。"

二十四年,部言:"管匠衙门首领官,宜于本衙门内选委知会造作相应人员区用,勿令迁转,合依旧例,从本部于常选内选差相应人员掌管案牍,任满交代迁叙。"

凡诸王分地与所受汤沐邑,得自举其人,以名闻朝廷,而后授其职。至元二年,诏以各投下总管府长官不迁外,其所属州县长官,于本投下分到城邑内迁转。

四年,省准:"应给印官员,若受宣命及诸王令旨,或投下官员批札、省府枢密院制府左右部札付者,验户给印。"

五年,诏:"凡投下官,必须用蒙古人员。"

六年,以随路见任并各投下创差达鲁花赤内,多女直、契丹、汉人,除回回、畏吾儿、乃蛮、唐兀同蒙古例许叙用,其余拟合革罢,曾历仕者,于管民官内叙用。

省臣奏:"江南诸王分地长官,已令如例迁转,其间若有兼管军镇守为达鲁花赤者,一体代之,似为不宜。合令于投下长官之上署字,一同莅事。"

三十年,各投下州县长官,三年一次给由互相迁转,如无可迁转,依例给由申呈省部,仍牒廉访司体访。

大德元年,诸投下达鲁花赤从七以下者,依例类选。

皇庆二年,诏:"各投下分地城邑长官,其常选所用者,居众人之上,投下所委者为添设,其常选内路府州及各县内减一员。"

延祐三年,诏:"有姓汉人达鲁花赤,追夺宣敕。"各投下有阙用人,自于其投下内选用,不许冒用常选内人。

凡壕寨官:至元十九年,省部拟:"都水监并入本部,其壕寨官比依各部奏差出身。"大德二年,拟考满除从九品。"

凡获盗赏官:大德五年,诏:"获强盗五人,与一官。捕盗官及应捕人,本境失盗而获他境盗者,听功过相补。获强盗过五人,捕盗官减一资,至十五人升一等,应捕人与一官,不在论赏之列。"

凡控鹤伞子:至元二十二年,拟:"控鹤受省札,保充御前伞子者,除充拱卫都直指挥使司铃辖,官进义副尉。"

二十八年,控鹤提控受敕进义副尉,管控鹤百户,及一考,拟元除散官从八,职事正九,于从八内注。

元贞元年,控鹤提控奉旨充速古儿赤一年,受省札充御前伞子,历三百三十二月,诏于从六品内迁用。大德六年,控鹤百户,部议于巡检内任用。其离役百户人等拟从八品,伞子从七品。延祐三年,控鹤百户历两考之上,拟于正九品迁用。

凡玉典赤:至元二十七年,定拟历三十月至九十月者,并与县达鲁花赤、进义副尉。一百月以上者,官敦武校尉。至大二年,令玉典赤权于州判、县丞内铨注。三年,令依旧例,九十月除从七下县达鲁花赤,任回添一资。

凡蛮夷官:议:"播州宣抚司保蛮夷地分副长官,系远方蛮夷,不拘常调之职,合准所保。其蛮夷地方,虽不拘常调之处,而所保之人,多有泛滥。今后除袭替土官外,急阙久任者,依例以相应人举用,不许预报,违者罪及所由官司。"

新元史卷六六

志第三三

选举三

铨法下

凡文武散官：

多采用金制，建官之初，散官例降职事二等。至元二十年，始升官职对品，九品无散官，谓之平头敕。蒙古、色目，初授散官或降职事，再授职，虽不降，必俟官资合转，然后升职。汉人初授官，不及职，再授则降职授官。必历官至二品，则官必从职，不复用理算法矣。至治初，稍改之，寻复其旧。此外月日不及者，惟历繁剧得优，获功赏则优，由内地入边远则优，宪台举廉能政迹则优，以选出使绝域则优，然亦各有其格也。

凡保举职官：

大德二年制："各廉访司所按治城邑内，有廉慎干济者，岁举二人。"九年，诏："台、院、部五品以上官，各举廉能识治体者三人，行省台、宣慰司、廉访司各举五人。"

凡翰林院、国子学官：

大德七年，议："文翰师儒难同常调，翰林院宜选通经史、能文辞者，国子学宜选年高德邵、能文辞者，须求资格相应之人，不得预保布衣之士。若果才德素著,必合不次超擢者,别行具闻。"

凡迁官之法:

从七以下属吏部,正七以上属中书,三品以上非有司所与夺,由中书取进止。自六品至九品为敕授,则中书牒署之。自一品至五品为宣授,则以制命之。三品以下用金宝,二品以上用玉宝,有特旨者则有告词。其理算论月日,迁转凭散官,内任以三十月为满,外任以三岁为满,钱谷典守以二岁为满。而理考通以三十月为则。内任官率一考升一等,十五月进一阶。京官率一考,视外任减一资。外任官或一考进一阶,或两考升一等,或三考升二等。四品则内外考通。然前任少,则后任足之,或前任多,则后任累之。一考者及二十七月,两考者及五十七月,三考者及八十一月。

凡选用不拘常格:

省参议、都司郎中、员外高第者,拜参预政事、六曹尚书、侍郎,及台幕官、监察御史出为宪司官。外补官已制授,入朝或用敕除,朝迹秩视六品,外任或为长伯。在朝诸院由判官至使,寺监由丞至卿,馆阁由属官至学士,有递升之法,用人重于用法如此。又覃官,或准实授,或普减资升等,或内升等,或外减资,或外减内不减,斯则恩数之不常有者,惟四品以下者有之。三品则递进一阶,至正议大夫而止。若夫勋臣世胄、侍中贵人,上命超迁,则不可以选格论。亦有传敕中书,送部覆奏,或致缴奏者。

凡吏部月选:

至元十九年,议:"到部解由即行照勘,合得七品者呈省,从七以下本部注拟,其余流外人员,不拘多寡,并以一月一次铨注。"

凡官吏迁叙:

至元十年,议:"旧以三十月迁转太速,以六十月迁转太迟。"十七年，立迁转官员，凡无过授见阙满代者，令还家以俟。十九年，定内外官以三年为考，满任者迁叙，未满者不许超迁。二十八年，定随朝以三十月为满，在外以三周岁为满，钱谷官以得代为满，吏员以九十月日出职。

皇庆元年，御史中丞郝玉挺言：“国初设官，在内须三十月，在外须三周岁，考其殿最，以为黜陟。比者省院台部之臣久者一二岁，少者三五月，甚者旬日之间而屡迁数易者，奔走往来之不暇，岂暇治官事哉！乞自今惟内外大臣可急阙选授，其余内外大小官属，必俟任满考绩，方许选调，庶免朝除夕改，启幸长奸之弊。”从之。

天历二年，中书省臣又言：“比年朝官多不久于其职，或数月即改迁，于典制不类，且治绩无从考验，请如旧制为宜。敕除风宪官外，其余朝官不许二十月内迁调。”

凡迁调闽、广、川蜀、云南官员：

每三岁，遣使与行省铨注，而以监察御史往莅之。

至元十九年，省议：“江淮州郡远近险易不同，似难一体，今量分为三等：若腹里常调官员迁入两广、福建溪洞州郡者，于本等资历上，例升二等；其余州郡例升一等；福建、两广官员五品以上，照勘员阙，移咨都省铨注，六品以下，就便委用，开具咨省。”

二十年，部议：“迁叙江淮官员，拟定应得资品，若于接连福建、两广溪洞州郡任用，升一等。”“甘肃、中兴行省所辖，系西夏边地，除本处籍贯见任官外，腹里迁去甘肃者，拟升二等，中兴府拟升一等。”

二十二年，诏：“管民官，腹里迁去四川，升一等，接连溪洞升二等。四川见任官，迁往接连溪洞，升一等，若迁去溪洞诸蛮夷，别议定夺。达鲁花赤，就彼处无军蒙古军官内选拟，不为常例。”

二十二年，江淮官员迁于龙南、安远县地分者，拟升三等，仍以三十月为满升转。

二十八年，诏：“腹里官员迁去云南近里城邑，拟升二等，若极边重地，更升一等。行省咨保人员，比依定夺。其蒙古、土人及招附百姓有功之人，不拘此例。”

省臣奏准："福建、两广官员多阙，都省差人与彼处行省、行台官，一同以本土周回相应人员委用。"

部议："云南六品以下任满官，依御史台所拟，选资品相应人，拟定名阙，具历仕脚，咨省奏准，敕牒到日，许令之任。若有急阙，依上选，权令之任，历过月日，依上准理。"

二十九年，诏："福建、两广官员历两任满者，还于接连去处，一任满日，历江南一任，许入腹里通行迁转，愿于两广、福建者听，依例升等。"

至治元年，省臣奏："江浙、江西、湖广、四川、云南五处行省，所辖边远地分官员，三年一次差人与行台、行台官一同迁调。"

广海阙官于任满得代，有由应得路府州县儒学教授、学正、山长内愿充者，借注正九品以下名阙，任回，止理本等月日。

广海应设巡检，于本省应得常选上等钱谷官选拟，权设，理本等月日。行省自用并不应之人，不许委用，如受敕巡检到彼，即听交代。

凡迁调循行：

各省所辖路府州县诸司，应合迁调官员，先尽急阙，次及满任。急阙须凭各官在任解由、依验月日、应得资品、及解由到行省月日，依次就便迁调。若有急阙，委无相应之人，或员阙不能相就者，于应叙职官内选用，验各得资品上，虽有超越，不过一等。

本管地面，若有遐荒烟瘴险恶重地，除土官外，依例公选铨注，其有超用人员，多者不过二等。

军官、匠官、医官、站官、各投下人等，例不转入流品者，虽资品相应，不许铨注。

都省已除人员，例应到任，若有违限一年者，听别行补注。应有合就彼迁叙人员，如在前给由已咨都省听除，未经迁注照会，不曾咨到本省者,即听就便开咨。

无解由人员,不许铨注。

诸犯赃经断应叙人员,照例铨注。

令译史、奏差人等,须验实历月日已满,方许铨注。

边远重难去处,如委不可阙官,从差去官与本省官公同选注能干人员,开具历仕元由,并所注职名,拟咨都省,候回准明文,方许之任。

应迁调官员,三品、四品拟定资呈,五品以下先行照会之任。

凡省部令史、译史、通事等:

至元六年,省议:"旧例一百二十月出职,今案牍繁冗,难同旧日,会量作九十月为满。其通事、译史繁剧,合与令史一体。近都省未及两考省令史译史授宣,注六品职事,部令史已授省札,注从七品职事。今拟省令译史、通事,由六部转充者,中统四年正月已前,合与直补人员一体,拟九十月考满,注六品职事,回降正七一任,还入六品。中统四年正月已后,将本司过历月日,三折二,验省府月日考满通理,九十月出职,与正七职事,并免回降。

职官充省令译史,旧例文资右职参注,一考满,合得从七品,注从六品,未合得从七品,注正七品,如更勒留一考,合同随朝升一等。一考满,未得从七注正七品者,回降从七,还入正七。一考满,合得从七注从六品,合得正七注正六品者,免回降。正从六品人员不合收补省令史、译史,如有已补人员,合同随朝一考升一等注授。

中统四年正月已前,收补部令史、译史、通事,拟九十月为考满,照依已除部令史例,注从七品,回降正八一任,还入从七。

中统四年正月已后,充部令译史、通事人员,亦拟九十月为考满,依旧例正八品职事,仍免回降。省宣使,旧例无此职名,中统以来,初立中书省,曾受宣命充宣使者,拟出职正七品职,外有非宣授人员,拟九十月为考满,与正八品。"

至元二十年,吏部言:"准内外诸衙外令译史、通事、知印、宣使、奏差等，病故作阙，未及九十月，并令贴补，值例革者，比至元九年例定夺。"省准："宣使、各部令史出职同，三考从七。一考之上，验月日定夺。一考之下，二十月以上者正九，十五月以上从九，十五月以下者拟充巡检。

凡台院、大司农司译史、令史出身同，三考正七。一考之上，验月日定夺。一考之下，二十月以上从八，十五月以上正九，十五月以下，十月之上从九，添资，十月以下巡检。宣使三考正八品。一考之上，验月日定夺。一考之下，二十月以上从九，十五月以上巡检，十五月以下酒税醋使。

凡部令史、译史、通事三考从七。一考之上，验月日定夺。一考之下，二十月以上者正九，十五月以上从九，十五月以下令史、提控案牍、通事、译史、巡检。

凡奏差三考从八品。一考之上，验月日定夺。一考之下，二十月以上巡检，十五月之上酒税醋使，十五月之下酒税醋都监。"

大德四年，中书省准："吏部拟腹里、江南都吏目、提控案牍升转通例，凡腹里提控案牍、都吏目，京畿漕运司令史，元拟六十月考满，今准九十月考满，都漕运司令史九十。诸路宝钞提举司司吏，元拟六十月考满，今准九十月考满。万亿四库司吏，元拟六十月考满，今准九十月考满。大都路令史，元拟六十月考满，任回减资升转，今准六十月考满，不须减资。大都运司令史，九十月考满都目。宝钞总库司吏，元拟六十月都目，九十月提控案牍，今准九十月都目。富宁库司吏，元拟六十月提控案牍，今准九十月都目。左右八作司司吏，元拟六十月，今准九十月都目。"又议："已经改拟出职人员，各路司吏转充提控案牍、都目，比同升用，其余直补人数，并循至元二十一年之例迁用。江南提控案牍、都目：至元二十五年呈准，各路司吏六十月吏目，两考升都目，一考升提控案牍，两考正九。路司吏九十月吏目，一考转都目，余皆依上升转。江南提控案牍除各路司吏，比腹里路司吏至元二十五年呈准例迁除，其余已行直补，并自行保举，自呈准月日立格，实历案牍两考者，止依至元二十一年定例，九十月入流。未及两考者，再添一资迁除。例后违越创补者，虽历月日不准。"

大德十一年，省臣奏："凡内外诸司令史、译史、通事、知印、宣使有出身者，一半于职官内选用，依旧一百二十月为满，外任减一资。"又议："选补吏员，除都省自行选用外，各部依元设额数，遇阙职官，与籍记内相参发补，合用一半职官，从各部自行选用。通事、知印从长官选用。译史则从翰林院试发都省书写典吏考满人内，挨次上名补用，其有不敷，从翰林发补。奏差亦于职官内选一半，余于籍记应例人内发补。岁贡人吏，依已拟在役听候。"

省议："六部令史如正从九品不敷，从八品内亦听选取。省掾，正从七品得代有解由并见任未满、已除未任文资流官内选取，考满于应得资品上升一等，除元任地方，杂职不用。院台令史如元系七品之人，亦在选补之例。

译史、通事选识蒙古、回回文字，通译语正从七品流官，考满验元资升一等，注元任地方，杂职不预。

知印于正从七品流官内选取，考满并依上例注授，杂职不预。

宣使于正从八品流官内选取，仍取色目、汉人相参，历一考，于应得资品上升一等，除元内地方，杂职不预。"

凡岁贡吏员：

至元十九年，省议："中书省掾于枢密院、御史台令史内取，台、院令史于六部令史内取，六部令史以诸路岁贡人吏补充，内外职官材堪省掾及院、台、部令史者，亦许擢用。省掾考满，资品既高，责任亦重，出而临民入而莅事，皆自岁贡中出，若不教养铨试，必致人材失真，今拟定例于后：

诸州府隶省部者，儒学教授选本管不免差儒户子弟入学读书习业，非儒户而愿学者听。遇按察司、本路总管府岁贡之时，于学生内选行义修明、文学优赡、通经史达时务者，保甲解贡。

各路司吏有阙，于所属衙门人吏内选取。委本路长官参佐，同儒学教授考试,习行移算术,字画谨严,语言辩利,《诗》、《书》、《论》、《孟》内通一经者为中式,然后补充。按察司书吏有阙,府州司吏内勾补,至岁贡时,再行试验贡解。

凡试验,首论行止,次取吏能,次计日月。行止曰事父母孝,曰友于兄弟,曰勤谨廉洁,曰谦让,曰循良,曰笃实,曰慎默,曰自来不曾犯赃私罪过。吏能曰行道熟娴,曰语言便利,曰通习条法,曰晓解儒书,曰算术精明,曰字画端正。

岁贡人额:按察司上路总管府三年一次贡二名,儒一名,吏一名;下路总管府三年一次贡一名,儒吏递进。六部令史除补台院令史外,诸道行省据亦可差补。

诸岁贡吏,当该官司于见役人内公选,以性行纯谨、儒吏兼通者为上,才识明敏、吏事熟娴者次之,月日虽多,才能无取者不许呈贡。"

元贞元年,诏:"诸路有儒通吏事、吏能经术、性行修谨者,各路荐举,廉访司试选。每道岁贡二人,省台委官立法考试,必中程式,方许录用。"

大德二年,贡部人吏,拟宣慰司、廉访司每道岁贡二人儒吏兼通者,自大德三年为始,依例岁贡,应合转补各部寺监令史,依《至元新格》发遣,到部之日,公座试验收补。

九年,省判:"凡选府州教授,年四十已下,愿试吏员程式,许补各部令史。除南人已试者,别无定夺到部,未试之人,依例考试。"

至治二年,省准:"各道廉访司书吏,先尽儒人,不敷者吏员内充贡,各历一考,依例试贡。"

至治元年,监察御史言:"各部令史,原拟腹里各道廉访司并行台察院每岁贡举书吏二员。近年以选法不能迁调,住罢各道廉访司书吏岁贡,止以察院书吏及都省典史转部,又许儒人职官秀才内选用,因此大启幸门,以致耽误公事。今各道廉访司既依例开贡,请将各衙门令史截日取勘,将不应之人尽行沙汰,依旧例贡举,籍记姓名,挨次试补。"

部议:"各衙门补用已久,又系已准人数,难于取勘。拟今后立于六部各衙门,令史有阙,须依例于相应之人内试补,若举不应之人,罪及当该官吏。"

凡补用吏员:

至元十一年,省议:"有出身人员,遇省掾有阙,拟合于正从七品文资职官并台、院、六部令史内,从上名转补。翰林两院拟同六部令史,有阙于随路儒学教授通吏事人内选补。枢密院、御史台令史、省掾有阙,从上转补,考满依例除授,又于正从八品文资官及六部令史内转补。省断事官令史与六部令史一体三考出身,于部令史内发补。少府监令史,拟于六部并诸衙门考满典吏内补用。"

十三年,省议:"行工部令史与六部令史与六部令史一体,于应补人内挨次填补。"

十四年,诏:"诸站都统领使司令史,拟同各部令史,今既改通政院,与台院令史一体出身,于各部令史内选补。"

十五年,部拟:"翰林兼国史院令史同台院令史一体出身,于各部令史内选取。"二十一年,省议:"江淮、江西、荆湖等处行省令史,拟将至元十九年咨发各省贴补人员先行收补,不许自行踏逐,移咨都省,于六部见役令史内补充。或参用职官,则从行省新除正从八品职官内选取,杂职官不预。"

二十二年,宣徽院令史,考满正七品迁叙,于六部请俸令史内选取。总制院与御史台同品,令译史、通事一体如之。

二十四年,省准:"大都留守司兼少府监令史,依宣徽院、大司农司例迁。"

二十八年,省议:"陕西行省令史,于各部及考令史并正从八品流官内选补。"

二十九年,大司农司令史,于各部一考之上令史及正从八品职官内选取。省掾有阙,于正七品文资出身人员内选,吏员于枢密院、御史台令史元系六部令史内发充,历二十月以上者选,如无,于上名内选。

三十一年,省准:"内史府令史,于各部下名令史内选。"

大德三年,省准:"辽阳省令史宜从本省选正从八品文资职官补用。复令各部见役令史内,不限岁月,或愿充,或籍贯附近,或选到职官,逐旋选解。"

"国子监令译史,于籍记寺监令史内发补。上都留守司令史,于籍记各部令史内,或于正八品职官内选用,考满从七品迁用。

宣徽院阑遗监令史,准本院依验元准月日挨补,考满同,自行踏逐者降等。遇阙如系籍记令史并常调提控案牍内及本院两考之上典吏内补充者,考满依例迁叙,自行选用者,止于本衙门就给付身,不入常调。"

四年,部拟:"上都留守司令史,仍听本司于正从八品流官内,或于上都见役寺监令史,河东、山北二道廉访司上名书吏内,就便迁用。上都兵马司司吏,发补附近隆兴、大同、大宁路司吏相应。"

部拟:"各处行省令史,除云南、甘肃、征东外,其余合依至元二十一年定例,于六部见役上名令史、或正从八品流官参补。不敷,听于各道宣慰司元系廉访按察司转补见役两考之上令史内选充,以宣慰司役过月日,折半准算,通理一百二十月,方许出职。"

大德五年,拟:"檀景等处采金铁冶都提举司人吏,于附近州县令史内遴选。"

六年,省拟:"太医院令史,于各部令史并相应职官内选取。

长信寺令史,于元保内选补,考满降等叙用,有阙于籍记令史内发补。"

七年,拟:"刑部人吏,于籍记令史内公选,不许别行差补,考满离役,依例选取,余者依次发补。礼部省判,许于籍记部令史内选取儒吏一名,续准一名,于籍记部令史内以上选补。

户部令史,于籍记部令史内从上以通晓书算、练达钱谷者发遣,从本部试验收补。"

八年,省准:"随路补用吏员,令各路先以州吏入役月日籍为一簿。府吏有阙，从上勾补，州吏有阙，则于本州籍记司县人吏内从上勾补。

各道宣慰司令史，遇阙以籍记部令史下名发补，新除正从九品流官内选取。”

九年，省准：“都城所系在京五品衙门司吏，历两考转补京畿都漕运两司令史。遇阙以仓库攒典历一考者选充，及两考则京畿都漕运两司籍名，遇阙依次收补。

上都寺监令史有阙，先尽省部籍记常调人员发补，仍于正从九品流官内、并应得提控案牍内选取。不敷，就取元由路吏考满升充都吏目典史准吏目月日及大同、大宁、隆兴三路司吏历两考之上者参用。”

十年，省准：“司县司吏有阙，于巡尉司吏内依次勾补。巡尉司吏有阙，从本处耆老上户循众推举，仍将祗应月日均以岁为满。州吏有阙，县吏内勾补。路吏有阙，州吏内勾补。若无所辖府州，于附近府州吏内勾补，县吏发补附近府州司吏。户、刑、礼部合选令史有阙，于籍记令史上十名内、并职官到选正从九品文资流官内试选。”

十一年，省准：“县吏如历一考，取充库子一界，再发县吏，准理州吏月日，路吏有阙，依次勾补。”

至大元年，省准：“典宝监令史，就用前典宝署典书蒙古必阇赤一名，例从翰林院试补，知印、通事各一名，从长官选保。”

二年，立资国院二品，及司属衙门令史一十名，半用职官，从本院选，半于上名部令史内发补。译史二名，内职官一名，从本院选，外一名翰林院发。通事、知印各一名，从本院长官选。宣使八名，半参用职官，余许本院自用一名，外三名常选相应人内发。典吏六名，从本院选。所辖库二处，每处司库六名，本把四名，于常选人内发。泉货监六处，各设令史八名，于各路上名司吏内选；译史一名，从翰林院发；通事二名，从本监长官选；奏差六名，各州司吏内选；典吏二名，本监选。以上考满，同都漕运司吏出身，所辖一十九处，两提举司设吏目一人，常选内选，司吏五名，县司吏内选。

三年省准："泉货监令史,于各处行省应得提控案牍人内选,参用正从九品流官。山东、河东二监,从本部于相应人内发补,考满依例迁用,见役自用之人,考满降等叙,有阙以相应人补。"

四年,省准："江西等处儒学提举司司吏,旧从本司公选,后从国子监发补,宜从本司选补。典瑞监首领官、令译史等,依典宝监例选用,考满迁叙。"

部议："长信寺通事一名,例从所保。译史、知印、令史、奏差,从本衙门选一半职官,余相应人内选,考满同自用迁叙。典吏二名,就便定夺,其自用者降等叙。"

皇庆元年,省准："群牧监令译史、知印、怯里马赤、奏差人等,据诸色译史例,从翰林院发补。知印、通事,长官选。令史、奏差、典吏俱有发补定例。其已选人,考满降等叙,有阙于相应人内选发。

大都路令史,历六十月,依至元二十九年例升提控案牍,减一资升转。有过者,虽贴满月日,不减资。遇阙于所辖南北两兵马司并各州见役上名司吏内勾补,有阙从本路于左右巡院、大兴、宛平与其余县吏通籍从上挨补,月日虽多,不得无故替罢,违例补用者不准,除已籍记外,有阙依上勾补。

覆实司司吏,于诸州见役司吏内选,不敷则以在都仓库见役上名攒典发充,历九十月除都目,年四十五之下历一考之上,亦许转补京畿都漕运司令史,违例收补,别无定夺。"

二年省准："中瑞司译史,从翰林院发,知印,长官选保,令史、奏差参取职官一半所选相应,考满依例迁叙,奉懿旨委用者,考满本司区用,有阙以相应人补。

征东行省令译史、宣使人等,旧考满从本省区用,若经省部拟发,相应之人依例迁用,如不应者,虽省发亦从本省区用。"

延祐二年,省准："河间等路都转盐运使司所辖场,分二十九处,二处改升从七品,司吏有阙,依各县人吏,一体于附近各处巡尉捕盗司吏依次以上名勾补,再历一考,与各场邻县吏互相迁调。

和林路总管府司吏,以本处兵马司吏历一考者转补,再历一考,转称海宣慰令史,考满除正八品。补不尽者,六十月受部札充提控案牍。沙、瓜二州屯储总管万户府边远比例,一体出身相应。

会福院令译史、通事、宣使人等,若省部发去者依例迁叙,自用者考满同二品衙门出身例,降一等添一资升转。于常选教授儒人职官并见役各部令史内取补,宣使于常职官内参补,通事、知印从长官选用,仍须参用职官,典史从本衙门补用。"

五年,省准:"詹事院立家令司、府正司,知印、怯里马赤俱令长官选用。令史六名,内取教授二名,职官二名,廉访司书吏二名。译史一名,于蒙古字教授及邻省见役蒙古书写内选补。奏差二名,以相应人补。"

凡宣使、奏差、委差、巡盐官出身:

中书省宣使,至元九年,曾受宣命充补者,九十月考满正七品。省札宣使,九十月考满比依部令史例从七品。其台院宣使、各部奏差,比例定拟。

二十三年,省准:"省部台院令译史、通事、宣使、奏差人等,未满九十月,不许预告迁转。都省元定六部奏差迁转格例,应入吏目选充者,三考从八品。应入提控案牍人员选充者,三考从八品,任回减一资升转。巡检提控案牍选充者,一考正九品。"

二十四年,省准:"大都留守司兼少府监奏差改充宣使,合于各部奏差内选取,改升宣使月日为始,考满比依宣徽院、大司农司一体出身,自行踏逐者降等迁叙。

大司农司所辖各道劝农营田内书吏,于各路司吏内选取,考满提控案牍内任用。奏差就令本司选委。"

二十九年,省准:"各道廉访司通事、译史出身,比依书体一体,考满正九。奏差考满,依通事、译史降二等量拟,于钱谷官并巡检内任用。"

三十年,省准:"延庆司奏差,比依家令司奏差一体,考满正九品,自行踏逐者降一等。"

大德四年，省准："诸路宝钞提举司奏差，改称委差，九十月为满，于酌中钱谷官内任用。"

五年，部议："山东运司奏差，九十月近下钱谷官内任用。大都运司，一体定夺。"

六年，部拟："河间运司巡盐官，依奏差出身，九十月近下钱谷官内任用。"

七年，部拟："凡奏差自改立廉访司为始，九十月历巡检三考，转从九。"

皇庆元年，各道廉访司奏差出身，于本道所辖上名州司吏内选取，九十月都目内任用。若有路吏并典吏内取充者，历两考，比依上例，都目内升转。

凡库藏司吏库子等出身：

至元二十六年，省准："上都资乘库库子、本把，九十月近上钱谷官内任用。

卫尉院利器库、寿武库库子，踏逐者九十月近上钱谷官内任用。"

二十八年，省拟："泉府司富藏库本把、库子，六十月近下钱谷官内迁叙。

太府监行由藏库子，三周年为满，省札钱谷官内迁叙。

备用库提控三十月，库子、本把三周岁，近上钱谷内任用。"

三十年，省准："大都留守司兼少府监器备库库子、本把，六十月近下钱谷官内任用。"

三十年，省准："宣徽院生料库库子、本把并太医院所辖御药局院本把出身，例六十月，近上钱谷官一体迁叙。"

大德元年，部拟："中御府奉辰库库子，以三周岁为满，拟受省札钱谷官。本把六十月，近上钱谷官内任用。"

三年，省拟："万亿四库、左右八作司、富宁、宝源等库，各设色目司库二名，俱于枢密院各卫色目军内选差，考满巡检内任用，自行踏逐者一考并同，循行如此。又汉人司库，于院务提领、大使、都监内发补，二周岁满日，减一界升转，其色目司库于到选钱谷官内选发，考满优减两界。

都提举万亿库提控案牍，比常选人员，任回减一资升用。司吏三十五人，除色目四人外，汉人有阙，于大都总管府、转运司、漕运司下名司吏内选取，三十月拟充吏目，四十五月之上、六十月之下都目，六十月以上转提控案牍。省拟六十月以上、四十五月以下，愿充寺监令史者听。司库五十人，除色目一十四人另行定夺外，汉人于大都路人户内选用，二周岁为满，院务提领内任用；都监内充司库，二年为满，于受省制钱谷官内任用；务使充司库，二年为满，于从九品杂职内任用。秤子五人，于大都人户内选充，一年为满，于近下钱谷官内任用。

太医院御药局本把，六十月近上钱谷官内任用。”

四年，受给库依油磨坊设攒典、库子，从工部选。上都广积、万盈二仓系正六品，永丰系正七品，比之大都平准库品级尤高，拟各仓攒典转寺监本把，并万亿库司吏相应。

提举广会司库子，考满近下钱谷官内任用。

侍仪司法物库所设攒典、库子，依平准行用库例补用。

五年，大都尚食局本把，拟于钱谷官内迁叙，本院自行踏逐，就给付出身，考满不入常调。

都提举万亿宝源库色目司库，拟于巡检内任用，添一资升转。

京畿都漕运司司仓，于到选钱谷官内选发。

六年，部呈：“凡路府诸州提控案牍、都吏目等，诸衙门吏员出身，应得案牍、都吏目，如系路府司吏转充之人，依旧迁除。其由仓库攒典杂进者，得提控案牍改省札钱谷官，都目近上钱谷官，吏目改酌中钱谷官。提控案牍，都吏目月日考满，于流官内迁用。

广胜库子，合从武备寺给付身，考满本衙门定夺。大积等仓典吏，与四库案牍所掌事同，任回减一资升用。”

七年，各路攒典、库子、部议：“江北及行省所辖路分库子，依已拟于司县司吏内差补,周岁发充县司吏,遇州司吏有阙,挨次勾补。

诸仓库攒典有阙,于各部籍记典吏内发补。左右八作司等五品衙门内司吏有阙,却于各仓库上名攒典内发补。若万亿库四品衙门司吏有阙,亦于上项司吏内从上转补,将役过五品衙门月日,五折四准算,通理九十月考满,提控案牍内迁用。如转补不尽,五品衙门司吏考满,止于都吏内任用。油磨坊、抄纸坊攒典有阙,并依上例。

回回药物院本把,六十月酌中钱谷内定夺。"

九年,省准:"提举利林仓、昔宝赤八剌哈孙仓、孔古列仓司吏,六十月酌中钱谷官内委用。资成库库子出身,部议比依太府、利用、章佩、中尚等监。武备寺库有阙,如系本衙门典吏请俸一考转补者,六十月为近上钱谷官,其余补充之人,九十月依上迁用。

和林等处宣慰司都元帅府所辖广济库库子、攒典,自行踏逐者比依三仓列,六十月于近下钱谷官内定夺。"

至大二年,省准:"广禧库库子,依奉宸库例出身,如系本把一考之上转充者,四十五月受省札钱谷官,其余补充之人,六十月依上例迁用。本把元系本衙门请俸一考典吏转补者,六十月近上钱谷官,其余补充者,九十月亦依上例迁用。"

至大二年,省准:"各处库子、攒典,与州县司吏一体轮差,明立案验,先后挨排。如遇库子满日,行下州县,将挨定上名司吏承充,却将底阙令库子交换填补相轮转,周而复始,考满依例升转。"

三年,省准:"各路库子,止依旧例。和林设立平准行用库库子,宜从本省相应人内量选二名,二周岁为满,近下钱谷官内定夺。"

皇庆元年,部议:"文成、供须、藏珍三库本库库子,依太府监库子例,常选内委用,考满比例迁除,有阙于常调人内发补,自行选用者,考满从本院定夺,若系常选任用者,考满依例迁叙。"

二年,殊祥院所辖万圣库库子、攒典,依崇祥院诸物库例出身。部议:"如比上例,三十月转补五品衙门司吏,再历三十月,于四品衙门司吏内补用,其库子合于常调籍记仓库攒典人内发补,六十月为满,于务都监内任用,自行委用者,考满本衙门定夺。"

延祐元年,省议:"腹里路分司仓库子,于州县司吏内勾补,满日同旧例升转。"

凡书写、铨写、书吏、典吏转补:

至元二十二年,部议:"按察司体例,各道选廉能无过书吏每岁贡举一名,转补吏,或能南方各道宣慰司令史内收补外,用尽书吏,实历九十个月,于各路总管府提控案牍内任用。其书吏有缺,即于各路府州司吏内选用。"

二十五年,省准:"通政等二品衙门典吏,九十月补本院宣使。各寺监典吏,比依上例,考满转补本衙门奏差。

户部填写勘合典吏,与管勘合令史一体,考满从优定夺。

参议府、左右司、客省使令史、书写,四十五月转补,如补不尽,于提控案牍内任用,于各部铨写及典吏内收补。

会总房、承发司、照磨所、架阁库典吏,各部铨写,六十月转补,已上,都目内任用。

各部典吏并左右部照磨所、架阁库典吏,于都省参议府、左右司、客省使令史、书写内以次转补,如补不尽,六十月转补各监令史,已上,吏目内任用。

枢密院典吏、铨写,依御史台典吏一体,六十月转部,转补不尽,六十月已上,于都目内任用。御史台典吏,遇察院书吏有阙,从上挨次转补,通理六十月,补各道按察司书吏,部令史有阙,亦行收补。"

二十六年,省准:"上都留守司兼本路都总管府典吏,九十月补本司宣使,考满依例定夺。"

二十七年,省准:"漕运使司令史,九十月提控案牍内任用,如年四十五以下,愿充寺监令史者听。

省院台部书写、铨写、典吏人等出身,与各道宣慰司、按察司、随路总管府岁贡吏员一体转部,书写人等止令转寺监等衙门令史。"

　　二十八年，省准："参议府、左右司、客省使令史，各房书写有阙，拟于都省典吏内选补，五折四令史、书写月日，通折四十月转部。及六部铨写、典吏一考之上选充，三折二令史、书写月日，通折四十五月，转补各部令史。如已行选用者，四十五月补寺监令史。

　　参议府、左右司、客省使令史，各房书写有阙，拟于都省典吏内选补，五折四令史、书写月日，通折四十五月转部。及六部铨写、典吏一考之上选充，三折二令史、书写月日，通折四十五月转补各部令史。如自行选用者，四十五月补寺监令史。"

　　部议："执总会总房、照磨、承发司、架阁库典吏，一考之上转补参议府、左右司、客省使令史，补不尽者，四十五月补寺监令史。有阙，于六部铨写、典吏一考之上选充，三折二省典吏月日，通折六十月转补各部令史。若转充参议府、左右司、客省使令史、都省书写，五折四令史、书写月日，通折四十五月转部。如自行选用者，六十月补寺监令史。

　　六部铨写、典吏并左右部照磨所、架阁库典吏，一考之上，遇省书写、典吏月日补不尽者，六十月转补寺监令史。"

　　省议："除见役外，后有阙，拟于都省各房写发人内公举发补，除转充参议府、左右司、客省使令史、都省书写、典吏者，依前例转补，不尽者六十月充都目。"

　　二十九年，部拟："御史台典吏三十月，依廉访司书吏转补察院，三十月转部，补不尽者，考满从八品迁用外，行台典吏三十月转补行台察院书吏，再历三十月发补各道宣慰司令史。

　　参议府令史，四十五月转部令史。光禄寺典吏，考满转补本衙门奏差。"

　　元贞元年，省准："部见役典吏实历俸月，名排籍记，遇都省书写、典吏有阙，从上挨次发补。"

　　大德八年，省议："行省典吏，于各路两考之上散府考满，有解由司。

　　枢密院铨写，一考之上，补都省书写，通折月日升转外，本院铨写有阙,补请俸上名典史。"

大德元年,省准:"两淮本道书吏,转补行台察院书吏、江南宣尉司令史。

云南、河西、四川三道书吏,在边远者三十月为格,依上迁补。

江浙行省检校书吏,于行省请俸典吏内选补,以典吏月日五折四,通折书吏六十月转各道宣慰司。"

四年,省准:"徽政院掌仪、掌膳、掌医署书吏宜从本院通定名排,若本院典吏有阙,以次转补。"

八年,省议:"院台以下诸司吏员,俱从吏部发补,据曾经省发并省判籍定典吏、令史,从吏部依次试补,元籍记典吏,见在写发者,遇各库攒典试补。

省掾每名,设贴书二名,就用已籍记者,呈左右司阙吏部籍定,遇部典吏阙收补,历两考从上名转省典吏,除一考外,余者折省典吏月日,两考升补参议府、左右司、客省使令史、书写,检校、书吏,通折四十五月。补不尽省典吏,六十月,遇寺监令史、宣慰司令史有阙,依次发补。除宣慰司令史,已有贡部定例,寺监令史历一考,与籍记部令史通籍发补各部令史。寺监见役人等,虽经准设,未曾补阙,不许转部,考满依旧例迁叙,其省部典吏、书写人等转入寺监、宣慰司,愿守考满者听。

御史台令史一名,选贴书二名,依次选试相应充架阁库子,转补典吏,三十月发充各道廉访司书吏,再历一考依例岁贡。

三品衙门典吏,历三考升宣使,补不尽,本衙门于相应阙内委用。

部典吏一考之上,转省典吏,补不尽者,三考补本衙门奏差,两考之上发寺监宣慰司奏差外,据六部系名贴书合与都省写发人相参转补各部典吏,补不尽者,发各库攒典。都省写发人有阙,于六部系名贴书内参选,不尽者依旧发各库攒典。"

九年,省准:"狱典历一考之上,转各部典吏。

翰林国史院书写考满,除从七品,有阙从本院于籍记教授试准应补部令史内指名选用。

太常寺典吏，历九十月注吏目。

工部符牌局典吏，三十月转各部典吏。

翰林国史院蒙古书写，四十五月转补寺监蒙古必阇赤。

宣徽院所辖寺监令史有阙，于到部籍记寺监令史与本院考满典吏挨次发补。"

十年，省准："陕西诸道行御史台察院书吏，若系腹里岁贡廉访司见役书吏选取人数，须历一考，以上名贡部，下名转补察院。

总管府狱典转州司吏，府州者补县吏，须历一考，方许转补。

江浙行省运司书吏，九十月升都目，添一资升转，如非各路散府上州司吏补充，役过月日，别无定夺。"

十一年，省准："左司言照磨所典吏遇阙，宜于左右部照磨所典吏内从上发补。

各路府州狱典遇阙，于廉访司写发人及各路通晓刑名贴书内参补。"

至大元年，省准："各部蒙古必阇赤，如系翰林院选发之人，四十五月遇各衙门译史有阙，依次与职官相参补用，不敷从翰林院发补。"

三年，省准："詹事院蒙古书写，如系翰林院选发之人，四十五月遇典用等监衙门译史有阙，依次与职官相参补用，不敷从翰林院选发。

和林行省典吏，转理问所令史，四十五月发补称海宣慰司令史，转补不尽典吏，须历六十月依上发补。

中瑞司、掌谒司典书，九十月与寺监令史一资升转八品。

行台察院书吏，俱历九十月依旧出身叙，任回添一资升转。

内台察院转部、行台察院转江南宣慰司令史，北人贡内台察院各道廉访司书吏，先役书吏历九十月，拟正九品，任回添一资升转。"

省议："廉访司书吏，上名贡部，下名转察院，不尽者通九十月，除正九品。察院书吏三十月转部，不尽者九十月除从八品，非廉访司取充则四十五月转部，不尽者考满除正九品。”

省议：“廉访司书吏、贡察院书吏，不尽者九十月除正九品，行台察院书吏转补不尽者如之。内台察院书吏转部，年高不愿转部者，九十月除从八品。”

皇庆元年，部议：“廉访司职官书吏，合依通例选取，不许迁叙，候书吏考满，通理叙用。

职官先尝为廉访司书吏者，避元役道分，并其余相应职官，历三十月，减一资。又教授、学正、学录并府州提控案牍、都目内委充职官，各理本等月日，其余岁贡儒吏，依例选用。又廉访司奏差、内台行台典吏有能者，历一考之上选充书吏，通儒书者充儒人数，通吏业者充吏员数。

参议府、左右司、客省使令史、书写、检校书吏，依至元二十八年例，以省典吏选充，五折四令史、书写、书吏月日，通折五十五月转部。省典吏系六部铨写、典吏转充，三折二省典吏月日，通折六十月转各部令史。自用之人并转补不尽省典吏，考满发补寺监、各道宣慰司令史。”

二年，省准：“河东宣慰司选河东山西道廉访司书吏充令史，合回避按治道分选取，其余亦合一体。”

延祐三年，部拟：“行台察院书吏、各道廉访司掌书，元系吏员出身者，并依旧例，以九十月为满，依汉人吏员降等于散府诸州案牍内选用，任回依例升转。

太宗正府蒙古书写，四十五月依枢密院转各卫译史除正八品例，籍定发补诸寺监译史。

察院书吏与宣慰司令史，皆系八品出身转部者，宜以五折四理算，宣慰司令史出身正八品，察院从八品，其转补到部以五折四准算太优，今三折二。其廉访司径发贡部及已除者，难议理算。”

天历元年，台议：“各道书吏，额设一十六人，有阙宜用终场下第举子四人，教授四人，各路司吏四人，通吏职官四人，委文资正官试验相应,方许入部。"

凡卫翼吏员升转:

皇庆元年,枢密院议:"各处都府并总管高丽、女直、汉军万户府及临清万户府秩三品,本府令史有阙,于一考都目、两考吏目并各卫三考典吏内,呈院发补,九十月历提控案牍一任,于各万户府知事内选用。"

延祐六年,枢密院议:"各卫翼都目得代两考者,拟受院札提控案牍内铨注,三考升千户所知事,月日不及者,各卫翼挨次前后得代日期,于都目内贴补。

各卫提控案牍,年过五旬已历四考者,升千户所知事。及两考年四十五以下,发补各卫令史。不及两考者,止于案牍内铨注,受院札,通理一百二十,于千户所知事内选用。

各处蒙古都元帅府额设令史有阙,于本府所辖万户府并奥鲁府上名司吏年四十以下者选取,呈院准设,历一百二十月,再历提控案牍一任,于万户府知事内选用。"

泰定三年,枢密院议:"行省所辖万户府司吏有阙,于本翼上千户所上名司吏内取补,须行省准设,九十月充吏目,一考转都目,一考除千户所提控案牍,一考升万户府提控案牍,历两考,通历省除一百五十月,行省照勘相同,咨院于万户府知事内区用。"

凡各万户府司吏:

蒙古都万户府司吏有阙,于千户所司吏内选补,历一百二十月,升千户所提领案牍,一考万户府案牍,通理九十月,转万户府知事。

汉军万户府并所辖万户府及奥鲁府司吏,于千户所司吏内补用,呈院准设,九十月充吏目,一考部目,一考升千户所或都千户所、奥鲁府提控案牍,再历万户府或都府、奥鲁府提控案牍两任,于万户府知事内用。

　　各处都府令史,于一考都目、两考吏目并各卫请俸三考典吏内,呈院发补,九十月为满,再历提控案牍一任,于各万户府知事内选用。

　　各处蒙古军元帅府令史,大德十年拟于本府所辖万户府并奥鲁府上名司吏内,年四十以下者选补,呈院准设,历一百二十月,再历提控案牍一任,于万户府知事内迁用。

　　各省镇抚司令史,于各万户府上名六十月司吏内选取,受行省札,三十月为满,再于各万户府提控案牍内,历一百二十月知事内定夺。

　　各卫翼令史,有出身转补者,九十月正八,无出身者,从八内定夺。

　　凡提控案牍都目

　　至元二十一年三月已后受院札,九十月为满,行省、行院札一百二十月为满,于万户府知事内用。

　　至元二十四年,尚书省准:"提控案牍、都吏目,于各部奏差内收补,并于宣慰司及考廉访司、按察司两考奏差内选取,仍须色目、汉人相参。"

　　大德四年,案牍年过五旬,已历四考者,于千户所知事内定夺外,及两考四十五以下发补各卫令史,若不及考者,止于案牍内铨注,受院札,通理一百二十月,于千户所知事内用。

　　各卫翼都目,延祐六年,请俸两考者,院札提控案牍内铨注,历三考,升千户所知事,月日不及者,各卫翼都目内贴补。如各卫典吏转充者,六十月直隶本院万户府提控案牍、弩军屯田千户所、镇抚司提控案牍内铨注。无俸人转充者,二十月依上升转。

　　镇抚司、屯田弩军千户所都目,依中州例,改设案牍,止请都目俸,三十月为满,依例注代。

新元史卷六七
志第三四

选举四

考　课

凡随朝职官：

至元六年格，一考升一等，两考通升二等止。六部侍郎系正四品，依旧例通理八十月，与正品。左右司郎中、员外郎、都事，系奏事之官，考满升二等。六部郎中、员外郎、主事，三十月考满升一等，两考通升二等。蒙古必阇赤、省掾、通事、知印，三考从六，若正从七品职官，升二等。蒙古必阇赤考满，省掾高一等，宣使从七。令史、通事、译史、知印三考正七品，宣使正八。同台院者，宣徽院、泉府司、大司农司、詹事院、翰林院、札鲁花赤、总制司院、各行省、集贤院、通政院、留守司、六部令史、通事、译史、知印，三考从六，奏差从八。同六部者，征理司、太府监、省断事官、太史院、翰林院书写，考满令史正八，奏差正九者。少府监、秘书监、各卫、武备寺、家令司、府正司、太常寺、太仆司、尚乘寺、光禄寺、太医院、宣慰司，考满令史从八者。枢密院断事官、左右司首领官，月日满，则升一等。随朝卫官，行省宣慰官，一考例升一等。外路官升转达鲁花赤，回回官员，别行定夺。

凡官员考数：

省部定拟：从九品拟历三任，升从八。正九品历两任，升从八品。正八品历三任，升从七。从七历三任，呈省。正七历两任，升从六。从六品通历三任，升从五。正六历两任，升从五。从五转至正五，缘四品阙少，通历两任，须历上州尹一任，方入四品。内外正从四品，通理八十月，升三品。

凡取会行止：

中统三年，诏置簿立式，取会各官姓名、籍贯、年甲、入仕次第。至元十九年，诸职官解由到省部，考其功过，以凭黜陟。大德元年，外任官解由到吏部，止于刑部照过，将各人所历，立行止簿，就检定拟。

凡职官回降：

至元十九年，定江淮官已受宣敕，资品相应，例升二等迁去。江淮官员依旧于江淮任用。其已考满者，并免降回。不及考者，例存一等。有出身未合入流品受宣者，任回，三品拟同六品，四品拟同七品，正从五品同正八品；受敕者，正从六品同从八品，七品、八品同正从九品，正从九品同提领案牍、巡检。无出身及白身人受宣者，三品同七品，四品同八品，正从五品同正九品；受敕者，正从六品同从九品，七品、八品同提领案牍、巡检，正从九品拟院务监当官。其上项有资品人员，再于接连福建、两广溪洞州郡任用，拟升一等。两广、福建，别议升转。

至元十四年，都省未注江淮官已前，创立官府，招抚百姓，实有劳绩者，其见受职名，若应受宣者，三品同七品，四品、五品拟同八品；若应受敕者，正从六品同正从九品，其七品、八品拟同提控案牍、巡检，正从九品拟同院务监当官。无出身不应叙白身人，其见受职名，应受宣者，三品同八品，四品、五品同九品；应受敕者，正从六品同提控案牍、巡检，七品以下拟院务监当官。其上项人员，若再于接连福建、两广溪洞州郡任用，拟升一等。两广、福建，别议升转。至元十四年已后,新收抚州郡,准上例定夺。

前资不应又升二等迁去江淮官员,任回,拟定前资合得品级,于上例升二等,止于江淮迁转,若于腹里任用,并依上例。七品以下,已历三品、四品者,比附上项有出身未入流品人员例,从一高。前三件于见拟资品上增一等铨注。

二十一年,诏:"军官转入民职,已受宣敕不曾之任者,拟自准定资品换授,从礼任月日为始,理算资考升转。若先受宣敕已经礼任,资品相应者,通理月日升转外,据骤升人员前任所历月日除一考外,余月日与后任月日依准定资品通理升转,不及考者,拟自准定资品换授,从礼任月日为始,理算资考升转。

腹里常调官,除资品相应者依例升转外,有前资未应入流品受宣敕者,六品以下人员,照勘有无出身,依验职事品秩,自受敕以后历一考者,同江淮例定拟,不及考者,更升一等。五品以上人员,斟酌比附议拟,呈省据在前已经除授者,任回通理定夺。"

凡吏属年劳差等:

至元六年,吏部呈:"省部译史、通事,旧以一百二十月出职,今案牍繁冗,合以九十月为满。"

十九年,部拟:"行省通事、译史、令史、宣使或经例革替罢,所历月日不等,如元省掾发去,不及一考者,拟令贴补;及一考之上者,比台院令史出身例定夺。自行踏逐者,降一等叙,不及一考者,发还本省区用。宣慰司人吏,经省院发,不及一考者,拟贴补;及一考之上者,比部令史出身降一等定夺。自行踏逐者,又降一等;不及一考者,别无定夺。"

二十年,省拟:"云南行省极边重地令译史人等,六十月考满。甘肃行省令译史人等,六十五月考满,本土人员,依旧例用。"

二十五年,省准:"缅中行省令史,依云南行省一体出身。"

大德元年,省臣奏:"以省、台、院诸衙门令译史、通事、知印、宣使等,旧以九十月为满,升迁太骤,今以一百二十月为满,于应得职事内升用。又写圣旨、掌奏事选法、应办刑名文字必阇赤等,以八月折十月,今后毋令折算。"

四年,制以诸衙门令译史、宣使人等一百二十月为满。部议:"远方,令译史人等,甘肃、福建、四川于此发去,九十月为满。两广、海北泞南道于此发去,八十月满。云南省八十月满。土人一百二十月满。"都省议:"俱以九十月为考满,土人依例一百二十月为满。"

至大元年,部议:"和林行省即系远方,其人吏比四川、甘肃行省九十月出职。"

二年,诏:"中外吏员人等,依世祖定制,以九十月满,参详,历一百二十月已受除者,依大德十一年内制,外任减一资。所有诏书已后在选未曾除受,并见告满之人,历一百二十月者,合同四考理算,外任一资,不须再减。"省拟:"以九十月为满,余有月日,后任理算。应满而不役离者,虽有役过月日,不准。"

三年,省准:"河西廉访司书吏人等月日。"部议:"合准旧例,云南六十月,河西、四川六十五月,土人九十月为满。"

至治元年,监察御史言:"吏员人等出身,世祖皇帝定制以九十月为满,方许出职。近年省部不能恪谨奉行,诸衙门通、译史、令史、宣使、奏差人等,中间因值例革者,不及考满,辄令实历月日除授,紊乱旧规,有碍选法。今后应依旧例,吏员以九十月为满,方许出职,违者监察廉访司追改。"部议:"如有例革,或因事离职者,并令贴补考满,依例迁叙。果有才干出众,事迹可考者,临时定夺。"

皇庆二年,部议:"凡内外诸司吏员,旧以九十月为满,大德元年改一百二十月为满,至大二年复旧制。一纪之间,受除者众。其元除有以三十月为一考者,亦有四十月为一考者,以所除不等,往往援例陈诉,有碍选法。拟合依已降诏条为格,系大德元年三月七日以后入役,至未复旧制之前,已除未除俱以四十月为一体,通理一百二十月满,减资升转。其未满受除者,一体理考定拟,余二十六月已上,准升一等,十五月之上,减外任一资,十五月之下,后任理算。改格之后应满而不离役者,役过月日,别无定夺。"

凡吏员考满授从六品：

至元九年，省准：“省令史出身，中统四年已前，六品升迁，已后七品除授，至元之后，事繁责重，宜依准中统四年已前考满一体注授。”

三十一年，省议：“三师僚属，蒙古必阇赤、掾史、宣使等，依都省设置，若不由台院转补者降等。”

元贞元年，省议：“监修国史僚属，依三师所设，非台院转补者，降等叙。”

大德五年，部呈：“考满省掾各各资品。省、院今后院、台并行省令史选充省掾者，虽理考满，须历三十月方许出职，仍分省发、自行踏逐者，各部令史毋得直理省掾月日。”

凡吏员考满授正七品：

至元九年，部拟：“院、台、大司农司令史出身，三考正七品。一考之上，验月日定夺。一考之下，二十月以上为从八品；十五月以上正九品；十五月以下，十月之上为从九品，添一资十月，以下为巡检。”

十一年，部议：“札鲁大赤令史、译史考满，合依枢密院、御史台令史、译史出身，三考出为正七品，自用者降一等，有阙于部令史内选取。”

十四年，部拟：“前诸站统领使司令史，同部令史出身，今既改通政院从二品，通事、译史、令史人等，宜同台、院人吏一体出身。”

十五年，翰林国史院言：“本院令史系省准人员，其出身与御史台一体，遇阙省掾时，亦合勾补。准吏部牒，本院令史以九十月考满，同部令史出身，本院与御史台皆随朝二品，令史亦合与台令史一体出身，有阙于部令史内选用。”

十九年，部拟：“泉府司随朝从二品，令史、译史人等，由省部发者，考满依通政院例定夺，自行用者降一等。”

二十年,定拟安西王王相府首领官令史,与台、院吏属一体迁转

二十二年,部拟:"宣徽院升为二品,与台、院品秩相同,令史出身合依正七品迁除贡补,省、院有阙,于部令史内选取。"

总制院与御史台俱为正二品,部拟:"令、译史考满,亦合一体出身。"

二十三年,省准:"詹事院掾史,若六部选充者,考满出为正七品,自用者降等。"

二十四年,集贤院言:"本院与翰林国史院品秩相同。"省议:"令史考满,一体定夺。"

二十五年省议:"上都留守司兼本路总管府令史出身,三考正八品,其自部令史内选取者,同宣徽院、太医院令史一体出身。上都留守同升为正二品,见设令史,自行踏逐者,考满不为例,从七品内选用;部令史内选取,考满宣徽院、大司农司令史一体出身。"

部议:"都护府人吏依通政院令译史人等出身,由省部发者,考满出为正七品,自用者降一等。"

二十六年,省准:"都功德使司随朝二品,令译史人等,比台、院人吏一体升转。"

二十九年,部呈:"大司徒令史,若各部选发者,三考出为正九,自用者降等。

崇福司与都护府、泉府司品秩相同,所设人吏,由省部发者,考满出为正七品,自及者降一等。

福建省征爪哇所设人吏出征回还,俱同考满。"

三十年,省准:"将作院令史,依通政院等衙门令史,考满除正七品。"

部议:"如系六部选发,考满除正七品,自用者本衙门叙。"

元贞元年,内史府秩正二品,令史亦于部令史内收补,考满除正七品,自用者降等。

大德九年,部拟:"阔阔出大司徒令史,若各部选发,考满正七

品,自用者降等。"

大德四年,省准:"会福院令史、知印、通事、译史、宣使、典史,俱自用,前拟不拘常调,考满本衙门区用。隆禧院令史人等如常选者,考满依例迁叙,自用者不入常调,于本衙门区用。"

皇庆二年,部议:"崇祥院人吏,系部令史发补者,依例迁用,不应者降等叙。"

延祐四年,部议:"隆禧院令史、译史、通事、知印、典史同五台殊祥院人吏一体,常选内委付。其出身若有曾历寺监并籍记各部令史人等,考满同内品衙门出身,降等叙,白身者降等,添一资升转;省部发者,依例迁叙。后有阙,令史须于常选教授儒人职官并部令史见役上名内取补;宣使于职官并相应内参补;通事、知印从长官保选,仍参用职官,违例补充,别无定夺。殊祥院人吏,先未定拟,亦合一体。"

凡吏员考满授从七品:

至元六年,省拟:"部令史、译史、通事人等,中统四年正月以前收补者,拟九十月为满,注从七品,回降正八一任,还入从七。以后充者,亦拟九十月为满,正八品,仍免回降。"

九年,吏、礼部拟:"凡部令史二考,注从七品。一考之上,验月日定夺。一考之下,二十月以上者正九品。十五月以上从九品,十五月以下,令史提控案牍,通事、译史巡检。

太府监改拟正三品,与六部同,人吏自行踏逐,将已历月日准为资考,似为不伦,拟自改升月日为始,九十月为满,同部令史出职,有阙于籍记部令史内挨次收补。"

十一年,省议:"省断事官令史,与六部令史一体出身,若是实历俸月九十月,考满迁除,有阙于应补部令史人内挨次补用。"

省议:"中御府正三品,拟同太府监令史出身,九十月于从七品内除授,自行踏逐者降一等,歇下名阙,于应补部令史人内补填。"

十三年,省议:"行工部令史,与六部令史一体出身。

四怯薛令史，九十月同部令史出身，有阙以籍记部令史内补填。"

三十年，部呈："行省令、译史人等，比台、院一体出身。行台、行院令译史、通事人等，九十月考满，元系都省、台、院发去及应补之人，合降台、院一等。"

二十三年，省判："大都留守司兼少府监令史，如系省部发去相应人员。同部令史出身，九十月考满，从七品，自行踏逐者降等。"

二十四年，省判："中尚监令史人等，若系省部发去人员，同太府监令译史等出身，自行踏逐者降等。"

太史院令史，部议："如省部发去人员，从七品内迁除，自行踏逐者，降等叙用。"

部拟："行省台院令史，九十月考满，若系都省台院发去腹里请俸人员，行省令史同台院令史出身，行台、行院降一等，俱于腹里迁用，自行踏逐递降一等，于江南任用。"

二十九年，省判："巩昌等处便宜都总帅府令史人等出身，拟与各道宣慰司一体，自行踏逐者降等叙用。"

大德三年，省准："上都留守司令史，旧以见役部令史发补，以籍居悬远，拟于籍记部令史内选发，与六部见役令史一体转升二品衙门令史，转补不尽者，考满从七品叙用。"

八年，部拟："利用监自大德三年八月已前入役者，若充各衙门有俸令史，及本监奏差、典吏转补，则于应得资品内选用；由库子、本把就升，并白身人，于杂职内通理定夺；自用之人，本监委用。"

皇庆元年，制："典瑞监人吏俱与七品出身。"部议："太府、利用等四监同。省发者考满与六部一体叙，其余寺监令史译史正八品，奏差正九品。令典瑞监、前典宝监人吏出身同太府等监，系奉旨事理。"省议："已除者，依旧例定夺。"三年，省准："章庆使司秩正二品，见役人吏，若同随朝二品衙门，考满除正七品，缘系徽政院所辖司属，量拟考满除从七品。自用者降等，如系及考部令史转充，考满正七品，未及考者止除从七品。有阙须依例补，不许自用。"

凡吏员考满授正八品：

至元十一年，省议："秘书监从三品，令史拟九十月出为正八品，自用者降一等，有阙诸衙门考满典吏内补填。"

省议："太常寺正三品，令史以九十月出为从八品，有阙于应补监令史内取用。"

省议："少府监正四品，准军器监令史出身，是省部发去者，三考于正八品任用，自行踏逐人员，考满降一等。"

省议："尚牧监正四品，省部发去令史，拟九十月出为正八品，自用者降一等，有阙于诸衙门典史内选补。"

部拟："河南等路宣慰司系外任从二品，与随朝各部正三品衙门相同，准令史以九十月同部令史迁转。开元等路宣抚司外任正三品，令译史比前例降一等，九十月于正八品内迁转。"

十四年，部拟："枢密院断事官令史，拟以九十月出为从八品，有阙于诸衙门考满典史内补用。"

十六年，部拟："枢密院断事官今改从三品，所设人吏，若系上司发去人员，历九十月，比省断事官令史降等于正八品内选除，自用者降一等，遇阙于相应人内发遣。"

二十一年，部拟："广西、海北海南道宣慰司令史、译史、奏差人等，与岭南广西道等处按察司书吏人等一体，二十月理算一考，拟六十月同考满。"

省准："广东宣慰司其地倚山濒海，极边烟瘴，令史议合优升，依泉州行省令译史等，以二十月理算一考。"

二十二年，省准："詹事院府正、家令二司，给侍宫闱，正班三品，令史即非各司自用人员，俸秩与六部同，若遇院掾史有阙，于两司令史内迁补，拟定资品出身，依枢密院所辖各卫令史出身，考满出为正八品。

尚酝监令史，与六部令史同议，诸监令史考满，正八品内迁用，及非省部发去者例降一等，尚酝监令史亦合一体。"

二十三年,省准:"太常寺令史,历九十月,正八品内任用,有阙于呈准籍记人内选取。

云南省罗罗斯宣慰司兼管军万户府首领官、令史人等,依云南行省令史例,六十月考满,首领官受敕,例以三十月为一考。

武备寺正三品,令译史等出身,拟先司农寺令译史人等,依各监例,考满出为正八品,武备寺令史亦合依例迁叙。

尚舍监令史,拟同诸寺监令史,考满授正八品,自行用者降一等,尚舍监亦如之。

陕西四川行省顺元等路军民宣慰司,依云南令译史人等,六十月为满迁转。"

二十四年,部拟:"太史院、武备寺、光禄寺等令史,九十月正八品内迁用,自用者降一等。太医院系宣徽院所辖,令史人等,若系省部发去,考满同诸监令史,拟正八品,自用者降等任用。"

二十六年,省准:"给事中兼修起居注人吏,依诸寺监令史出身例,考满一体定夺。

侍仪司令史,依给事中兼起居注人吏迁转。"

二十七年,省准:"延庆司令史,九十月,依已准家令、府正两司例,由省部发者出为正八品,自用者降等叙。"

二十八年,省准:"太仆寺拟比尚乘等寺令史,以九十月出为正八品,自用者降一等。

拱卫直都指挥使司与武备寺同品,令史考满,出为从八品,自用者降一等迁用。

蒙古等卫令史,即系在先考满令史,合于正八品内迁叙,各卫令史有阙,由省部籍记选发者,考满出为正八品。枢密院所辖都元帅府、万户府各卫并屯田等司官吏,俱从本院定夺、迁调,见役令史,自用者考满,合从本院定夺。

宣政院断事官令史,与枢密院及蒙古必阇赤,由翰林院发者,以九十月为从七品,通事、令史以九十月为正八品,奏差以九十月为正九品,典吏九十月转本府奏差,自用者降等。"

二十九年,部拟:"左右两江宣慰司都元帅府令译史人等,依云南、两广、福建人吏,六十月为满。两广叙用译史,除从七品,非翰林院选发,别无定夺。令史省发,考满正八品,奏差省发,考满正九品,自用者降等叙。

仪凤司令史,比同侍仪司令史,考满为正八品,自用者降一等。

哈迷为头只哈赤八剌哈孙达鲁花赤令史,吏部议,与阿速拔都儿达鲁花赤必阇赤考满正八品任用,虽必阇赤、令史月俸不同,各官随朝近侍一体,比依例出身相应。"

三十年,省准:"孛可孙系正三品,令译史人等,比依各寺监令译史出身相应。

都水监从三品,令译史等,依寺监令史一体出身,考满正八品叙,自用者降等。

只儿哈忽昔宝赤八剌哈孙达鲁花赤本处随朝正三品,与只哈赤八剌哈孙达鲁花赤令史等即系一体,拟合依例,考满出为正八品。"

。

家令司、府正司改内宰、宫正,其人吏依元定为当。

拱卫直都指挥使司升为正三品,其令译史等俸,俱与光禄寺相同,拟系相应人内发补者考满与正八品,奏差正九,自用者降等叙。"

大德三年,部拟:"鹰坊总管府人吏,依随朝三品,考满正八品内迁用。"

五年,部拟:"和林宣慰司都元帅府人吏,合与随朝二品衙门一体,及量减月日。"

部议:"各道宣慰司令史,一百二十月正八品叙,自用者降等迁用。其和林宣慰司无应取司属,又系酷寒之地,人吏已蒙都省从优以九十月满,今拟考满,不分自用,俱于正八品内迁用。"

八年,部言:"行都水监准设人吏,令史八人,奏差六人。壕寨一十人,通事、知印各一人,译史一人,公使人二十人。都水监令译史、通事、知印考满,俱于正八品迁用,奏差考满,正九品,自用者降等,壕寨出身并俸给同奏差。行都水监系江南创立衙门,令史比例,合于行省所辖常调提控案牍内选取,奏差、壕寨人等,亦须选相应人,考满比都水监人吏降等江南迁用,典吏公使人,从本监自用。”

九年,部言:“尚乘寺援武备寺、太府、章佩等监例,求升加其人吏出身俸给。议得,各监人吏皆系奉旨升加,尚乘寺人吏合依已拟。”

至大三年,部言:“和林系边远酷寒之地,兵马司司吏历一考余,转本路总管府司吏。补不尽者,六十月升都目。总管府吏,再历一考,转称海宣慰司令史,考满除正八品,不系本路司吏转补者,降等叙,补不尽者,六十月,部札提控案牍内任用,蒙古必阇赤比上例定夺。”

部议:“晋王位下断事官正三品,除怯里马赤、知印例从长官所保,蒙古必阇赤翰林院发,令史以内史府考满典吏并籍记寺监令史发补,九十月除正八品,与职官相参用。奏差亦须选相应人,九十月依例迁用,自用者,考满本衙门定夺。”

至治元年,部议:“枢密院蒙古书写,历奉三十月,转补殿中司、各道廉访司蒙古必阇赤。”

皇庆元年,部言:“卫率府勾当人员,令都省与常选出身。议得,令史系军司勾当之人,未有转受民职定夺,合自奏准日为格,系皇庆元年二月九日以前者,同典牧监一体迁叙,以后者若系籍记寺监令史,常选提控案牍补充,依上铨除,自用者不入常调。”

部议:“徽政院缮珍司见役令史,若系籍记寺监令史、常调提控案牍、院两考之上典史补充,内宰司令史例,考满除正八品,通事、译史、知印亦依上迁叙,自用者降等。后有阙,须依例发补,违例补充,别无定夺。”

二年,部议:“徽政院延福司见役令史,若系籍记寺监令史、常调提控案牍、本院两考之上典史补充者,依内宰司令史例,考满除正八品,通事、译史、知印依上迁叙,自用者降等。后有阙,须依例发补，不许自用。"

延祐三年，省准："徽政院所辖卫候司，奉旨升正三品，与拱卫直都指挥使司同品，合设令译史，考满除正八，自用者降等。卫候司就用前卫候司人吏，拟自呈准月日理算，考满同自用迁叙，后有阙，以相应人补，考满依例叙。

徽政院掌饮司人吏，部议常选发补令译史，考满从八，奏差从九，自用者降等，后有阙须以相应人补，违例补充，考满本卫门用。"

四年，省准："屯储总管万户府司吏译史出身，至大二年尚书省札，和林路司吏未定出身，和林系边远酷寒去处，兵马司司吏如历一考之上，转补本路司吏并总管府司吏，再历一考之上，转补称海宣慰司令史，考满正八品迁除，补不尽人数，从优，拟六十月于部札提控案牍内任用，蒙古必阇赤比依上例定夺。其沙州、瓜州立屯储总管万户府衙门，即系边远酷寒地面，依和林路总管府司吏人员一体出身。"

凡吏员考满授正九品：

至元二十年，省准："宫籍监系随朝从五品，令史拟九十月正九品，例革人员，验月日定夺，自行踏逐，降一等。"

二十八年，省拟："廉访司所设人吏，拟选取书吏，止依按察司旧例，上名者依例贡部，下名转补察院，贡补不尽人数，廉访司月日为始理算，考满者正九品叙，须令回避本司分治及元籍路分。"

部议："察院书吏出身，除见役人三十月，转补不尽者，九十月出为从八品。察院书吏有阙，止于各道廉访司书吏内选取，依上三十月转部，九十月从八品。如非廉访司书吏取充者，四十五月转部，补不尽者，九十月考满，降一等，出为正九品。"

三十年，省准："行台察院书吏历一考之上者，转江南宣慰司令史、并内台察院书吏，于见役人内用之。若有用不尽人数，以九十月出为正九品。江南有阙，依内台察院书吏，于各道廉访司书吏内选取，依例转补。"

大德四年,省拟:"各道廉访司书吏,至元二十八年七月元定出身,上名贡部,下名转补察院书吏。贡补不尽者,廉访司为始理算月日,考满正九品用。今议廉访司先役书吏,历九十月依已定出身,正九品注,任回,添一资升转。大德元年三月七日已后充廉访司人吏,九十月考满,须历提控案牍一任,于从九品内用。通事、译史比依上例。

察院书吏,至元二十八年十一月元定出身,于各道廉访司书吏内选取,三十月转部,九十月从八品内用。如非廉访司书吏取充者,四十五月转部。补用不尽者,九十月考满,降一等,正九品用。今议先役书吏,九十月依已定出身迁用,任回,添一资升转。大德元年三月七日为始创入役者,止依旧例转部。

行台察院书吏,至元三十年正月元定出身,于廉访司书吏内选取,历一考之上,转补江南宣慰司令史,并内台察院书吏,用不尽者,九十月正九品,江南用。省议先役书吏,历俸九十月,依已定出身,任回,添一资升转。大德元年三月七日始创入者,止依旧例,转补江南宣慰司令史,北人贡内台察院。"

凡吏员考满除钱谷官、案牍、都吏目:

至元十三年,吏礼部言:"各路司吏四十五以下,以次转补按察司书吏。补不尽者,历九十月,于都目内任用;六十月以上,于吏目内任用。"

省议:"上都、大都路司吏,难同其余路分出身,依按察司书吏迁用。"

十四年,省准:"覆实司司吏,俱授吏部札付,如历九十月,拟于中州都目内迁,若不满考及六十月,于下州吏目内任用,有阙以相应人发充。"

二十一年,省准:"诸色人匠总管府与少府监不同,又其余相体管匠衙门人吏,俱未定拟出身,量拟比外路总管府司吏,考满于都目内任用。"

二十二年,省准:"大都等路都转运使司令史,与河间等路都转运盐使司书吏出身同。外路总管府司吏三名,贡举儒吏二名,贡不尽,年四十五之上,考满都目内任用。"

二十三年,省准:"各路司吏、转运司书吏,年四十五以上,历俸六十月充吏目,九十月充都目,余有役过月日不用。奏差宜从行省斟酌月日,量于钱谷官内就便铨用。"

省准:"覆实司系正五品,令史出身比交钞提举司司吏出身,九十月务使,六十月都监,六十月之下、四十五月之上都监添一界迁用,四十五月之下转补运司令史。"

部拟:"京畿漕运司司吏,转补察院书吏,不尽,四十五以上,九十月依例于都目内任用。"

二十四年,部议:"各道巡行劝农官书吏,于各路总管府上名司吏内选取,考满于提控案牍内任用,奏差从大司农司选委。"

省准:"诸司局人匠总管府令史,于都目内任用。"

二十五年,省准:"大护国仁王寺、昭应宫财用规运总管府令译史人等,比大都路总管府正三品司吏,九十月提控案牍内任用。"

部议:"甘肃宁夏等处巡行劝农司系边陲远地,人吏依甘肃行省并河西陇北道提刑按察司,以二十二月准一考,六十五月为满。"

省准:"供膳司司吏,比覆实司司吏,九十月出身,于务使内任用。"

二十六年,省准:"巡行劝农司书吏,役过路司吏月日,三折二准算,通理九十月,于提控案牍内迁叙。

尚书省右司郎中、管领大都等路打捕民匠等户总管令史,比依诸司局人匠总管府令史例,九十月,于都目内任用。

省准:"诸路宝钞都提举司司吏,有阙于诸路转运司、漕运司上名司吏内选取,三十月充吏目,四十五月之上、六十月之下都目,六十月已上转提控案牍,充寺监令史者听。诸路宝钞提举司同。"

奏准:"大都路都总管府添设司吏一十名,委差五名。司吏六十月,于提控案牍内任用,委差于近上钱谷官内委用,有阙以有根脚请俸人补充,不及考满,不许无故替换。"

二十七年,省准:"京畿都漕运司令史,九十月充提控案牍,年四十五之上,比依都提举万亿库司吏,愿充寺监令者听。"

二十九年,部拟:"大都路令史四十五以上,六十月提控案牍内任用,任回,减一资升转,四十五以下、六十月之上选举贡部,每岁二名。奏差六十月,酌中钱谷官内任用。"

省准:"京畿都漕运司令史,依比诸路宝钞提举司司吏出身例,三十月吏目,四十五月之上、六十月之下都目,六十月之上提控案牍。"

三十年,省准:"提举八作司系正六品,司吏四十五月之上吏目,六十月之上都目。"

元贞元年,省准:"大都等路都转运司令史,九十月提控案牍。"

大德三年,省准:"诸路宝钞提举司、都提举万亿四库司吏,九十月提控案牍内任用,如六十月之上,自愿告叙者,于都目内迁除,有阙于平准行用库攒典内挨次转补。"

省准:"宝钞总库司、提举富宁库司俱系从五品,其司吏九十月,都目内任用。如六十月之上,自愿告叙,于吏目内迁除。有阙须于在京五品衙门及左右巡院、大兴、宛平二县,及诸州司吏并籍记各部典吏内选。"省准:"提举左右八作司吏,九十月都目内任用,六十月之上,自愿告叙,于吏目内迁除。有阙于在都诸仓攒典内选补。

京畿都漕运使司令史,六十月之上,于提控案牍内用,遇阙于路府诸州并在京五品等衙门上名司吏内选。

大都路司吏改为令史,六十月之上,年及四十五以下,部贡不过二名,十四五以上,六十月提控案牍内迁用,任回减资升转。大都路都总管府令史,依旧六十月,于提控案牍内迁叙,不须减资,有阙于府州兵马司、左右巡院、大兴、宛平二县上名司吏内选补。"

大德五年,省准:"河东宣慰使司军储所司吏、译史,九十月为满,译史由翰林院发补,司吏由州县司吏取充,与各路总管府译史、司史一体升转,自用译史,别无定夺,司吏除酌中钱谷官,委差近下钱谷官。"

七年,部拟:"济南、莱芜等处铁冶都提举司及广平、彰德等处铁冶都提举司秩四品,司吏九十月比散府上州例,升吏目。蒙古必阇赤拟酌中钱谷官,奏差近下谷钱官,典史三考,转本司奏差。"

省准:"陕西省叙川等处诸部蛮夷宣抚司正三品,其令译史考满,比各路司吏人等一体迁用奏差,行省定夺。"

九年,宣慰司大同等处屯储军民总管万户府从三品,司吏、译史、委差人等,九十月为满,司吏除酌中钱谷官,委差近下钱谷官。

大德十年,省准:"诸路吏六十月,须历五万石之上仓官一界,升吏目,一考升都目,一考升中州案牍或钱谷官,通理九十月入流。五万石之下仓官一界,升吏目,两考都目,一考依上升转。补不尽路吏,九十月升吏目,两考升都目,依上流转,如非州县司吏转补者,役过月日,别无定夺。"

凡通事、译史考满迁叙:

至元二年,部拟:"云南行省极边重地,令译史等人员,拟二十月为一考,历六十月,准考满叙用。"

九年,省准:"省部台院所设知印人等,所请俸给,元拟出身,俱在勾当官之上,既将勾当官升作从八品,其各部知印考满,亦合升正八品,据例减知印除有前资人员,验前资定夺,无前资者,各验实历月日,定拟迁叙。"

二十年,各道按察司奏差、通事、译史,奏差已有定例,通事九十月考满,拟同译史一体迁叙。

部议:"行省、行台、行院五品以下官员并首领官,亦合比依台院例,一考升一等任用。据行省人吏比同台院人吏出身,已有定例,行院、行台令史、译史、通事、宣使人等,九十月满考,元系都省台院发及应补者,拟降台院一等定夺。"

部拟:"甘肃行省令译史、通事、宣使人等,量拟以六十五月迁叙,若系都省发去人员,如部议,处用者仍旧例。"

二十一年，部议："四川行省人吏，比甘肃行省所历月日，一体迁除。"

二十三年，部拟："福建、两广行省令译史、通事、宣使人等，拟历六十月同考满，止于江南迁用，若行省咨保福建、两广必用人员，于资品上升一等。"

二十四年，部议："行省、行台、行院令史，九十月考满，若系都省台院发去腹里相应人员，行省令史同台院令史出身，行台、行省降台院一等，俱于腹里迁用，自用者递降一等，止于江南任用。"

二十七年，省议："中书省蒙古必阇赤俱系正从五品迁除，今蒙古字教授拟比儒学教授例高一等，其必阇赤拟高省掾一等，内外诸衙门蒙古译史，一体升等迁叙。"

二十八年，部拟："诸路宝钞都提举司蒙古必阇赤，三十月吏目，四十五月都目，六十月提控案牍，役过月日，拟于巡检内叙用。奏差九十月，近上钱谷官，六十月，酌中钱谷官内任用。

翰林院写圣旨必阇赤，比依都省蒙古必阇赤内管宣敕者，八月算十月迁转正六品。"部议："写圣旨必阇赤比依管宣敕蒙古必阇赤一体，亦合八折十准算月日外据出身已有定例。

崇礼司令译史、知印，省部发补者，考满出为正七品，自用者降一等。宣使省部发去者，考满出为正八品，自用者降一等。各道廉访司通事、译史出身，比依书吏拟合一体考满正九。奏差考满，依通事、译史降二等量拟，于省札钱谷官并巡检内任用。"

三十年，省准："将作院令译史人等，由省部选发者，考满正七品迁叙，自用者止从本衙门定夺。

大都路蒙古必阇赤若系例后入役人员，拟六十月于巡检内选用，回任减一资升转。"

大德三年，省议："各路译史如系翰林院选发人员，九十月考满。除蒙古人依准所拟外，其余色目、汉人先历务使一界，升提控一界，于巡检内迁用。"

省议："大都运司通事比依本司令史，满考者于巡检内在用。"

四年，省准："云南诸路廉访司寸白通事、译史出身，比依书吏出身，九十月为满，历巡检一任，转升从九品，云南地面迁用。"

七年，宣慰司奏差，除应例补者，一百二十月考满，依例自行保举者降等，任回，添资定夺任用。

廉访司通事、译史，大德元年三月七日已后创入补者，九十月历巡检一任，转从九，如书吏役九十月，充巡检者听，如违不准。

各路译史，如系各道提举学校官选发腹里各路译史，九十月考满，先历务使一界升提领，再历一界充巡检，三考从九，违者虽历月日，不准。会同馆蒙古必阇赤，九十月务提领内迁用。十年，省准："中政院写懿旨必阇赤，依写圣旨必阇赤一体出身。

八番顺元、海北海南宣慰司都元帅府极边重地令译史人等，考满依两广、福建例，于江南迁用。"

延祐六年，省准："各路通事、译史出身定例：一，各路通事考满除充钱谷官，三界比同路译史，考满一体升转。一，运司蒙古译史，如系翰林院发补，九十月为满，比各路译史减一界升转。回回书吏，依汉人书吏旧例出身，一体定夺。一，各路财赋总管府译史，如系翰林院所发，考满与运司译史一体出身。"

新元史卷六八
志第三五

食货一

户口　科差　税法

元中叶以后，课税所入，视世祖时增二十余倍，即包银之赋亦增至十余倍，其取于民者可谓悉矣。而国用日患其不足，盖縻于佛事与诸王戚之赐赍，无岁无之，而滥恩幸赏，溢出于岁例之外者为尤甚。至大二年，中书省臣言：“常赋岁钞四百万定，入京师者二百八十万定，常年所支止二百七十万定。今已支四百二十万定，又应支而未给者尚百余万定。臣等虑财用不继，敢以上闻。”

及仁宗即位，中书平章政事李孟言：“每岁应支六百万余定，又土木营缮之费数百万定，内降旨赏赐复用三百万余定，北边军饷又六七百万定。今帑藏裁余十一万定，安能周给不急之费。亟应停罢。”

夫承平无事之日，而出入之县绝如此。若饥馑荐臻，盗贼猝发，何以应之。是故元之亡，亡于饥馑盗贼，盖民穷财尽，公私困竭，未有不危且乱者也。今为《食货志》，其目二十有二：曰户口，曰科差，曰税法，曰田制，曰农政，曰洞冶课，曰盐课，曰茶课，曰酒醋课，曰市舶课，曰常课，曰额外课，曰斡脱官钱，曰和籴和买，曰钞法，曰海运，曰岁赐，曰禄秩，曰入粟补官，曰赈贷，曰内外诸仓，曰惠民药局。凡措办之得失，出入之赢绌，略具于此矣。后世制国用者，尚其鉴之哉。

元之取民，计户、计丁、计亩。丁税、亩税者，历代之所同也。至民户之充差发，则开除于分拨，收系于添额协济者，其事尤胶辖烦碎，为历代所未有焉。今摭其大概，著于篇。

世祖至元八年，命尚书省阅实天下户口，以条画谕天下。初，太宗四年，括中州户得七十三万有余。八年，复括中州户，续得一百一十万有余。宪宗二年，再籍汉地户口。至是，因争理户计者，往复取勘，不能裁决，乃谕尚书省依累降圣旨，分别定夺。凡合当差发户数，再行添额，并令协济额内当差之户。其条画所列，收系充当差发者：曰诸王、公主、驸马并诸官员户计。凡随营诸色人等，于壬子年籍后投来或各处容留人等，不曾附籍，并诸投下人员招收附籍、漏籍、放良、还俗等户。曰五投下。凡系好投拜人户，及在后投属，或本投下招收，别无身役者。曰各投下军站户。凡壬子年籍后投来，别无身役者，又诸色人等有田宅妻子者。曰军户。查照军籍内无姓名者，又原籍贴户不曾应当差役者。曰站赤户。查照原籍贴户，及附籍内不见户数者。曰诸色人匠。诸投下壬子年原籍不当差役人户，附籍军人诸色人等无改拨充匠明文者，诸漏籍户改正为民者。曰驱良。依甲午年合罕皇帝圣旨，军前虏到驱口随处附籍者。本使附籍户下漏抄驱口，及不当本使差役者。附籍户口在外另籍者，或本使于军籍内作驱攒报者。曰驱良。乙未年附籍民户，壬子年他人户下抄上作驱或漏籍已改正为民者。本抄过者，本使户下附籍驱口在外另作驱口或容留附籍者。本使户下不曾附籍，驱口在外，壬子年不曾抄上者。主奴俱漏籍另居，今次取勘，不见本使下落者。曰放良。民户良书写任便住坐，或为良者。诸驱口壬子年以前得良书，却于他人户下为驱附籍者。诸投下放良户，良书写不得投属别管，官司者抄过为良，依良书另立户名者。已放为良，本使再立津贴钱物或分当差役文字仍依良书为民者。壬子年附籍漏籍户已经分拨与各投下，并诸官员户计本主放良者。曰新案主户。犯刑官吏已经断没家属，及户下驱奴并依已断发付者。断事官及各属达鲁花赤官擅自断讫之杂犯人等改正为民者。曰输脱户。曰回回畏兀儿户。现住民户城里者。曰答失蛮迷里威失户。有营运产业者。曰打捕户。壬子年附籍打捕户，因争差户计经官陈告者，附籍打捕户揭照壬子年原籍不系打捕户计者，手状称打捕户不纳皮货亦不当差者。曰儒人户。中统四年附籍漏籍儒人，或壬子年别作名色附籍，并户头身没子弟读书，又高智耀收到驱儒从实分拣不通文学者。此外诸色人户下子弟深通文义者，止免本身杂役。曰析居户。军站急递铺驾船漏籍铁冶户下人口析居，揭照各籍所无者。民匠打捕鹰户诸色附籍漏籍人等户下析居者。灶户下人口析居者。但充当丝料。曰招女婿养老。女婿妻亡另居者，或已将原妻休弃者。良人作驱户女婿者。年限女婿，年限满而不归宗者。曰奴婢。招嫁良人，驱死，良人所生男女另立户名者。曰诸人户下漏抄驱口，今已成丁者。曰随朝并各位下诸色承应人见不应承者。曰涿州、合兰水、西京忽兰、南京张子良各管户计革罢，原委头目者，皆籍为当差户数之添额也。

　　至元二十七年，准尚书省议，籍定儒医户计，拟令除免杂泛差役外，续收儒户医户，别无定夺。

　　至大四年，诏诸色人等各有定籍，今后各投下诸色，并遵世祖皇帝以来累朝定制，不得擅招户计，诱占驱奴，违者罪之。

　　其户口总数：中统元年天下户一百四十一万八千四百九十有九，迨至元二十八年，户部上天下户口，内地一百九十九万九千四百四十四，江淮、四川一千一百四十三万八百七十八，口五千九百八十四万八千九百六十四。

　　科差之名二：曰丝料，曰包银。

　　丝料之法，太宗八年始行之。每二户出丝一斤，并随路丝绵颜色输于官，五户出丝一斤，并随路丝绵颜色输于本位。

　　包银之法，宪宗五年始定之。初，汉民科纳包银六两，至是止征四两，二两输银，二两折收丝绢颜色等物。

及世祖而其制益详。

中统元年,立十路宣抚司,定户籍科差条格。各路年例应纳官存留包银并丝料粮税等差发,依原籍民户数目从实科放,勿循近年虚例勘定,合科差发总额,府科与州验民户多寡,土产难易,以十分为率,作大门摊。

其户大抵不一,有元管户、交参户、漏籍户、协济户。于诸户之中,又有丝银全科户、减半科户、止纳丝户、止纳钞户,外又有摊丝户、储也速觯儿所管纳丝户、复业户并渐成丁户。户既不等,数亦不同。

元管户内丝银全科系官户,每户输系官丝一斤六两四钱,包银四两。

全科系官五户丝户,每户输系官丝一斤,五户丝六两四钱,包银之数与系官户同。

减半科户,每户输系官丝八两,五户丝三两二钱,包银二两。

止纳系官丝户,若上都、隆兴、西京等十路,十户十斤者,每户输一斤,大都以南等路十户十四斤者,每户输一斤六两四钱。

止纳系官五户丝户,每户输系官丝一斤,五户丝六两四钱。

交参户内丝银户,每户输系官丝一斤六两四钱,包银四两。

漏籍户内止纳丝户,每户输丝之数与交参丝户同。止纳钞户,初年科包银一两五钱,次年递增五钱,增至四两,并科丝料。

协济户内丝银户,每良输系官丝十两二钱,包银四两;止纳丝户,每户输系官丝之数与丝银户同。摊丝户,每户科摊丝四斤。

储也觯速儿所管,每户科细丝,其数与摊丝同。

复业户并渐成丁户,初年免科,第二年减半,第三年全科,与旧户等。

丝料、包银之外,又有俸钞之科,其法亦以户之高下为等。全科户,输一两。减半户,输五钱。

于是以合科之数分为三限输纳,被灾之地听输他物折焉。其物各以时估为则。

二年，复定科差之期。丝科限八月，包银初限八月，中限十月，末恨十二月。

三年，又命丝料无过七月，包银无过九月。

至元二年，救所有诸王并诸投下人户，除匠人、打捕户、鹰房子、金银铁冶户外，有分拨民户五户丝投下交参户，每年合纳丝绵、包银并五户丝，与本路民户一体验贫富科征。

十八年，以应当差发者，多系贫民，其豪强往往侥幸苟避，饬依验人户事业多寡，品第高下，攒造鼠尾文簿科敛。

二十八年，以《至元新格》定科差法，诸差税皆司县正官监视，诸夫役皆先富强、后贫弱，贫富等者，皆先多丁、后少丁。

成宗大德六年，又令已输丝户，每户俸钞中统钞一两，包银户每户科二钱五分，摊丝户每户科摊丝五斤八两。丝料限八月，包银俸钞限九月，布限十月。大率因世祖之旧而损益之云。

科差总数：

中统四年，丝七十一万二千一百七十一斤，钞五万六千一百五十八锭。旧纪作丝七十万六千四百一斤，钞四万九千四百八十七锭。

至元二年，丝九十八万六千九百一十二斤，包银等钞五万六千八百七十四锭，布八万五千四百一十二匹。旧纪作丝九十八万八千二百八十斤，钞五万七千六百八十二锭。

三年，丝一百五万三千二百二十六斤，包银等钞五万九千八十五锭。

四年，丝一百九万六千四百八十九斤，钞七万八千一百二十六定。

天历元年，包银差发钞九百八十九锭，钡一百一十三万三千一百一十九索，丝一百九万八千八百四十二斤，绢三十五万五百三十匹，棉七万二千一十五斤，布二十一万一千二百二十三匹。旧纪，天历二年赋入之数：金三万二十七定，银一千一百六十九定，钞九百二十九万七千八百定，帛四十万七千五百匹，丝八十八万四千四百五斤，棉七万六百四十五斤。

税法。行于内地者曰丁税、地税。

太祖时，命诸色人等，凡种田者，依例出纳地税。

太宗元年，命汉人以户计出赋，西域人以丁计出赋。每户科粟二石，复以兵食不足，增为四石。

九年，乃定科征之法，命诸路验民户成丁之数，每丁岁科粟一石，驱丁五斗，新户丁、驱各半之，老幼不与。其耕种者，或验其牛具之数，或验其土地之等，以征之。丁税少而地税多者，纳地税；地税少而丁税多者，纳丁税。工匠、僧、道验地，商贾验丁。虚配不实者杖七十，徒二年。仍命岁书其数于册，由课税所申省以闻，违者杖一百。

至世祖申明旧制，于是输纳之期，收受之式，关防之禁，会计之法始备焉。

中统五年，诏僧、道、也里可温、答失蛮、儒人，凡种田者，白地每亩输税三升，水地每亩五升。凡该纳丁税，蒙古、回回、河西、汉人并人匠及诸投下各色人等，依例征纳地税外，蒙古、汉人军站户减半输纳。其后汉军又额定赡军地四顷免税，余悉征之。

至元三年，诏鸶户种田他所者，其丁税于附籍之郡验丁科之，地税于种田之所验地科之，漫散之户逃于河南等路者，依见居民户纳税。

八年，又令西夏中兴路、西宁州、兀剌海之处，地税与前僧道同。

十七年，定诸路差税课程，增益者即上报，隐匿者罪之，不须履亩增税，以摇百姓。

全科户：丁税每丁粟三石，驱丁粟一石；地税每亩粟三斗。

减半科户：丁税每丁粟一石。

新收交参户：第一年五斗，第三年一石二斗五升，第四年一石五斗，第五年一石七斗五升，第六年入丁税。

协济户：丁税每丁粟一石，地税每亩粟五斗。

随路近仓输粟，远仓每粟一石折纳轻赍钞二两，富户输远仓，下户输近仓。郡县各差正官一员部之，每石带纳鼠耗三升，分例四升。凡粮到仓之时，收受出给朱钱，权豪结揽者罪之。仓官、攒典、斗脚人等飞钞作弊者，并置诸法。若近下户计去仓远，愿出脚钱，就令附近民户带纳者听。凡纳粮，用官降斛斗收受，一色干圆洁净之新米，但有糠秕，责仓官人等赔赏。

输纳之期，分为三限：初限十月，中限十一月，末限十二月。违限者，初限笞四十，再犯杖八十。其失限或税石不足，各处之达鲁火赤、管民官、部民官、部粮官，不分首从，一同科罪。其任满官，有拖欠税石，勿给由。

大德六年，申明税粮条例，复定上都、河间输纳之期。上都初限次年五月，中限六月，末限七月，河间初限九月，中限十月，末限十一月。

七年，江南行御史台言："法有万世不改者，亦有随时应改者，不可一概论也。切谓汉军旧例每户额定赡军地四顷，其余亩数皆令纳粮，虽曾累行文字，然实难能通行。今军户口累渐多，所当军役屯守去处，南至南海，北至和林，别有征行，则南者益南，北者益北，动又至于数千里外，去家万里，家中又与民户同当一切杂泛差役，侍卫差役尤为浩大。其余科差且置勿论，只计其起发所需，每户该钞至有八十定者。农家别无生计，若不典卖田土，何处出办。往日军户，地有至三二十顷，今皆消乏破坏，不可胜计，中等人家庄田尽废。现今乞匄为生者处处有之。若更拘勘未曾消乏，现勘当役军户地亩存四顷之外者，必要尽数纳粮，此事果行，不过数年，军户必尽破散，人无雇籍，不可复用。近日民间多有告讦军户隐藏地亩者，地主惟随其所欲承奉买主。

又所在官吏不时下乡，言要打量军户地亩，以此为名协敛钱物餍足，方能释免。但凡地过四顷之家，长怀扰惧。今于紧急用兵之时，有此事端，深为可虑。去年枢密院奉旨，约各处管民官司不得打量军户地亩，文字在官，百姓不知，狡猾之徒，恐胁军户与旧无异。若令每衬置一粉壁，其上但写不得讦告军户地亩数字，如此则军户皆得免其逼胁侵据之患。四顷之外纳税一节,待边境事宁,用兵稍缓,然后别议似为长便。"从之。

至秋税、夏税之法,但徵田税,无丁税,行于江南,本沿宋之旧制。世祖平江南,除江东、浙东二路,其余便徵秋税而已。

至元十九年,用柳州总管姚文龙言,命江南税粮依宋旧制折输绵绢杂物。是年二月,又用中书右丞耿仁言,令输米三分之一,余并入钞,以七万定为率,岁得羡钞十四万定。其输米者,止用实斗斛。

元贞二年,始定徵江南夏税之制。于是秋税止令输租,夏税则输木棉、布绢、丝棉等物。其所输之物,视粮以为差。粮一石,或输钞三贯、二贯、一贯或一贯五百文、一贯七百文。输三贯者,江浙省婺州等路、江西省龙兴等路也。输一贯者,福建省泉州路也。输一贯五百文者,江浙省绍兴路、福建省漳州等五处也。江西各路秋税纳粮,有用现行斛斗,比宋文思院斛抵一斛半者,故免其夏税。两广以盗贼多、民失业,亦免之。独湖广省以阿里海涯罢宋夏税,依中原例改为门摊,每户一贯二钱,增课钱至五万定,至是宣慰使张国纪复科夏税,民病甚。大德二年,御史台臣言其弊,成宗命中书省趣罢之。三年,又改门摊为夏税而并征之,每石计二贯以上,视江浙、江西为差重云。

至大三年,中书省臣言:"腹里百姓当一切杂泛差役,更纳包银、丝绵、税粮,差役甚重。江南收附四十余年,百姓纳田税外,别无差发,请除两广、福建,其余两浙、江东、江西、湖南、湖北、两淮、荆湘等路,验纳粮民户见科粮数,一斗添苔二升。"从之。

泰定初,又有所谓助役粮者。其法,命江南民户有田一顷之上者,每顷量出助役田,具书于册甲乙以次汇之,岁收其入,以助差役之费。凡寺观田,除宋旧额外,其余亦验其多寡,令出田助役焉。

凡岁入粮数,总计一千二百一万四千七百八石。

腹里,二百二十七万一千四百四十九石。行省,九百八十四万三千二百五十八石:

辽阳省,七万二千六十六石。

河南省，二百五十九万一千二百六十九石。

陕西省，二十二万九千二十三石。

四川省，十一万六千五百七十四石。

甘肃省，六万五百八十六石。

云南省，二十七万七千七百一十九石。

江浙省，四百四十九万四千七百八十三石。

江西省，一百十五万七千四百四十八石。

湖广省，八十四万三千七百八十七石。

江南三省天历元年夏税钞数，总计中统钞十四万九千二百七十三定三十三贯。

江浙省，五万七千八百三十定四十贯。

江西省，五万二千八百九十五定十一贯。

湖广省，一万九千三百七十八定二贯。

新元史卷六九
志第三六

食货二

田制　农政

　　元之田制：曰官田，曰民田，曰兵民屯田。

　　官田皆仍南宋之旧，第核其影射而已。至元二十三年，以江南隶官之田多为豪强所据，立营田总管府履亩计之。至元二十六年，诏："亡宋各项系官田土，每岁有额定田租，折收物色，归附以后，多为权豪势要之家影占佃种，或卖于他人。立限一百日，若限内自赴行大司农并劝农营田司出首，与免本罪，其地还官，仍令出首人佃种，依例纳租。若限内不首，有人告发到官，自影占年分至今，应纳之租尽数追征，职官解现任，军民人等验影占地亩多寡，酌量断罪。仍以田租一半付告人充赏。"大德五年，中书省议准："江南现任官吏于任所佃种官田，不纳官租及占夺百姓佃种田土，许诸人赴本管官陈告，验实追断降黜，其田付告人及原佃人佃种。"

　　至江南各路赡学田，亦官田之属也。初，南人石国秀、尹应元陈献江南学田，认办课程三千锭，官为收系。至元二十年，御史中丞崔彧极论之，始命籍于学官，官司不为理问。二十四年，立尚书省，遣詹玉、杨最等十一人分往江淮、荆湘、闽广、两浙等处理算各路赡学田租，专以刻核聚敛迎合桑哥之意，逼吉州路学教授刘梦荐自刎，淮海书院郑山长、杭州路王学录自缢。至二十九年，桑哥伏诛。御史台臣言其扰害，请学校官管理赡学田租如故事。从之。惟各路之贡士庄田，命官司取勘焉。

民田，则经理之法最为元之秕政，所谓自实田也。延祐元年，平章政事张驴言："经理大事，世祖已尝行之。但其间欺隐尚多，未能尽实。以熟田为荒地者有之，因科差而析户者有之，富民买田而仍以旧名输税者亦有之，由是岁入不增，小民告病。若行经理之法，使有田之家及各投下、寺观、学校、财赋等田一切从实自首，庶几税入无隐，差徭亦均。"于是遣官经理，以张驴等往江浙，尚书你咱马丁等往江西，左丞陈士英等往河南，仍命行御史台官遣台镇遏，枢密院以兵防护焉。其法：先期揭榜示民，限四十日，以其家所有田，自实于官。或以熟为荒，以田为荡，或隐占逃亡之产，或分官田为民田，指民田为官田，及僧道以田作弊者，并许诸人首告。十亩以下，田主佃户皆杖七十七。二十亩以下，加一等。一百亩以下，杖一百七，流北边，所隐田没官。州县不为查勘，致有脱漏者，量事轻重论罚。然期限迫猝，贪酷用事，黠吏豪民并缘为奸，以无为有，虚登于籍者，往往有之。于是人不聊生，盗贼窃发。二年，御史台臣言："蔡九五之变，皆由你咱马丁经理田粮，与郡县横加酷暴，逼抑至此。新丰一县，撤民庐一千九百区，夷墓扬骨，虚增顷亩，流毒居民。乞罢经理及自实田租。"仁宗乃下诏免三省自实田租。是年，又命河南自实田，自延祐五年为始，每亩止科半租。至泰定、天历间，始尽革虚增之数云。

屯田有兵屯，有民屯。诸卫之屯田，兵屯也。永平屯田总管府、淮东淮西屯田总管府，民屯也。诸行省之屯田，兼有兵屯、民屯者也。大抵皆世祖所立。自成宗以后，间有损益改并焉。武宗至大元年，中书省臣言："天下屯田一百二十余所，由所用者多非其人，以致废弛。除四川、甘州、应昌、云南为地绝远，余当选通晓农事者，与行省宣慰司亲历其地。可兴者兴，可废者废，各具籍以闻。"从之。泰定三年，命整理屯田，河南行省左丞姚炜请禁屯田吏蚕食屯户，及勿取羡增。不报。屯田之法，储军实、兴农业，可谓良法矣。然其后弊坏如此,故利为弊之薮也。今考其建置之地,著于篇。

凡枢密院所辖者:曰左卫屯田,在东安州南、永清县东;曰右卫屯田,在永清、益津等处;曰中卫屯田,在武清、香河等处,后迁于河西务、杨家口、青台等处;曰前卫屯田,在霸、涿、保定等处;曰后卫屯田,在永清县,后迁于昌平县太平庄,泰定三年,以太平庄乃世祖经行之地,不宜立屯,罢之,仍于永清旧屯耕种;曰武卫屯田,在涿州、霸州、保定、定兴等处,至治元年与左卫率府忙古歹屯田千户所互易;曰左翼屯田万户府,在霸州及河间等处;曰右翼屯田万户府,在武清县崔家口;曰中翊侍卫屯田,在燕只哥赤斤地及红城,延祐二年迁于昌平县太平庄,七年罢太平庄屯田,复立红城;延祐五年给中翊府阇台顺德屯田钞未详其地。曰左右钦察卫屯田,在清州等处;曰左右卫率府屯田,在漷州武清县及新城县,至治元年与武卫屯田互易;曰宗仁卫屯田,在大宁等处;曰宣忠扈卫亲军屯田,在大都北,至顺元年诏,宣忠扈卫亲军都万户府,凡境内所有山林川泽,其鱼鳖鸟兽等供内膳,私行猎捕者罪之。

大司农所辖:曰永平屯田总管府,在滦州;曰营田提举司,在武清县;曰广济屯田,在清、沧等州,至元二十二年,自崔黄口空城迁立。

宣徽院所辖:曰淮东淮西屯田打捕总管府,在涟海州,至元十九年游显乞罢涟海州屯田,以其事隶管民官,从之;其何时复立,不可考。曰丰润署屯田,在丰润县;曰宝坻屯田,在宝坻县;曰尚珍署屯田,在兖州。

至腹里所辖军民屯田:曰大同等处屯储总管府,在西京黄华岭。泰定元年,罢黄花岭屯田。曰虎贲亲军都指挥司屯田,在灭捏怯土、赤纳赤、高州、忽兰若班等处。延祐二年,敕阿速卫贫乏者屯田于灭捏怯地。曰岭北行省屯田,自和林移屯五条河。至元二十三年,移五条河屯军五百人于兀失蛮,复以五条河并称海,又罢称海立五条河。延祐七年,称海、五条河俱设屯田。

辽阳行省所辖屯田:曰大宁路海阳等处打捕屯田所,在瑞州。

曰浦峪路屯田万户府,在咸平府。又于答刺罕刺怜等处立屯田。肇州蒙古万户府,在肇州附近地。曰金复州万户府,在忻都察儿哈思罕。

河南行省所辖军民屯田:曰南阳府民屯。至元二年,诏:孟州之东,黄河之北,南至八柳树、枯河、徐州等处,令军人立屯耕种。中统三年,诏:河南屯田户一百四十,赋税输之州县。是至元以前,河南已有屯田。其立屯之地不可考矣。复又于唐、邓、申、裕等州立屯。至元八年,中书省臣言:"河南行省阿里伯等所置南阳等处屯田,臣等以为,凡屯田人户皆内地中产之户,远徙失业,宜还之本籍。其南京、南阳、归德等民赋,自今悉折输米粮贮于近便地,以给襄阳军食。前所屯,阿里伯自以无效引伏,宜令州郡募民耕佃。"从之。曰洪泽屯田万户府,在淮安路黄家疃等处。曰芍陂屯田万户府,在安丰县芍陂。至元二十二年,阔阔你敦言:"先有旨,遣军二千屯田芍陂,试土之肥硗。去秋已收米二万余石,请增屯丁二千人。"从之。曰德安等处军民屯田总管府,在德安路,分置十屯。

陕西行省所辖军民屯田:曰陕西屯田总管府,在栎阳、泾阳、平凉、终南、渭南及凤翔、镇原、彭原等处。曰陕西等处万户府屯田,在盩厔县之孝子村、张有村、杏园庄,宁州之大昌原,文州之亚柏镇,德顺州之威戎。曰贵赤延安总管府屯田,在延安路探马赤草地。

甘肃行省所辖军民屯田:曰宁夏等处新附军万户府,在宁夏等处。曰管军万户府屯田,在甘州黑山子、满峪、泉水渠、鸭子翅等处。曰宁夏营田司屯田,在中兴。曰宁夏路放良官屯田,在本路。曰亦集乃路屯田,在本路。

江西行省所辖屯田:曰赣州路南安寨兵万户府屯田,在信丰、会昌、龙南、文远等处。

江浙行省所辖屯田:曰汀漳屯田,在汀、漳两州。

高丽国立屯:曰高丽屯田,在王京、东宁州、凤州等十处。

四川行省所辖军民屯田二十九处:曰广元路民屯;曰叙州宣抚司民屯;曰绍庆路民屯;曰嘉定路民屯;曰顺庆路民屯;曰潼川府民屯;曰夔路总管府民屯;曰重庆路民屯;曰成都路民屯;曰保宁万户

府军屯;曰叙州等处万户府军屯,元贞二年改叙州军屯,在叙州宣化县嵋口上下;曰重庆五路守镇万户府军屯,在成都诸处;曰成都等处万户府军屯,在崇庆州义兴乡楠木园;泰定元年,罢重庆州屯田。曰河东陕西等路万户府军屯,在灌州之青城陶坝及崇庆州之大栅镇头等处;曰广安等处万户府军屯,在崇庆之七宝坝;曰保宁万户府军屯,在晋源县之金马;曰叙州万户府军屯,在灌州之青城县;曰五路万户府军屯,在崇庆州之大栅镇孝感乡及青城县之怀仁乡;曰兴元、金州等处万户府军屯,在灌州之青城、温江县;曰旧附等军万户府军屯,在青城县及安庆州;曰炮手万户府军屯,在青城县龙池乡;曰顺庆军屯,在晋源县义兴乡、江源县将军桥;曰平阳军屯,在灌州青城、崇庆州大栅头;曰遂宁州军屯;曰嘉定万户府军屯,在崇庆州青城等处;曰顺庆等处万户府军屯,在沿江下流汉初等处;曰广安等处万户府军屯,在新州等处。

云南行省所辖军民屯田十二处:曰威处提举司屯田;曰大理金齿等处宣慰司都元帅府军民屯;曰鹤庆路军民屯;曰武定路总管军屯;曰威楚路军民屯;曰中度路军民屯;曰曲靖等处宣慰司兼管军万户府军民屯;曰乌撒宣慰司军民屯;曰临安宣慰司兼管军力户府军民屯;曰梁千户翼屯田,在乌蒙,后迁于新兴州;曰罗罗斯宣慰司兼管军万户府军民屯;曰乌蒙等处屯田总管府军屯。仁宗时,云南行省言:"乌蒙乃咽喉之地,别无屯戍,其地广阔,土脉膏腴,有古昔屯田之迹,乞发畏兀儿及新附汉军屯田。"从之。湖广行省所辖屯田:曰海北海南道宣慰司都元帅府民屯;大德三年罢,止于琼州、雷州、高州、化州、广州等路立屯。曰广西两江道宣慰司都元帅府粮兵屯田,在上浪忠州那扶需留水口藤州等处;曰湖南道宣慰司衡州等处屯田,在衡州靖化、永州乌符武冈白仓等处。

元之重农政,自世祖始。世祖以御史中丞孛罗为大司农卿,安童奏:"台臣兼任,前无此例。"帝曰:"司农非细事,朕深喻此,其令孛罗知之。"世祖之言,可谓知本矣。其劝课农桑之法度越唐宋,岂不宜哉！

中统元年，帝命十路宣抚司择通晓农事者充随处劝农官。

二年，命宣慰司官劝农桑、惩游惰。是年，立劝农司，以陈邃、崔斌、成仲宽、夹谷从中为滦棣、平阳、济南、河间劝农使，李士勉、陈天锡、陈历武、忙古歹为邢洺、河南、东平、涿州劝农使。

至元七年，始立司农司，以中书左丞张文谦为司农卿，专掌农桑水利，凡滋养、栽种之事皆附而行焉。仍分遣劝农官及知水利者巡者行劝课，举察勤惰，委所在亲民长官为提点，年终第农事成否，转申司农司及户部，秩满之日，注于解由，赴部照勘，以为殿最。又命提刑按察司时加体察。是年，又改司农司为大司农司，设巡行劝农使、副使各四员。

八年，命劝农官举察勤惰。高唐州达鲁花赤忽都、州尹张廷瑞、同知陈思济以劝擢任，河南陕县尹王仔以惰降职。

十年，以立大司农司已三年，再降明谕，委大司农司依旧分布劝农官巡行劝课，务期敦本抑末，功效有成。是年，中书省以畿内秋耕妨刍牧，请禁之。帝以农事重，诏勿禁。

十二年，罢随路巡行官，以事归提刑按察司。

十六年，并劝农官入按察司，增副使、佥事各四员。

二十三年，诏以大司农司所定《农桑辑要》书颁诸路。立行大司农司及营田司于江南。

二十五年，诏：行大司农司岁具府州县劝农官勤惰实迹，以为殿最。有侵官害农者，从按察司究治。

二十八年，又以江南长吏劝课扰民，罢亲行之制，移文谕之。

二十九年，诏提调农桑官帐册，有差者验数罚降。是年，大司农上诸路垦地一千九百八十三顷有奇，植桑枣诸树二千二百五十二万七千七百余株，义粮九万九千九百六十石。此有司劝课之成效也。

三十一年，成宗即位，颁行诏书内一款，罢妨农之役，公吏人等勿辄令下乡，纵畜牧损田禾桑枣者，倍其偿，而后罪之。终元之世，凡即位、改元、建储之德音,咸遵而效之,以为故事焉。

大德三年,诏廉访司及府州县官提调点视农桑。

武宗至大三年,诏大司农司总挈天下农政,年终考管民官之殿最,定夺黜陟。

仁宗延祐二年,诏江浙行省印《农桑辑要》一万部,颁降有司遵守劝课。

三年,以浙东廉访司金事苗好谦课农桑有效,赐衣一袭。

文宗天历二年,各道廉访司所察勤官内邱何主簿等凡六人,惰官濮阳县尹等凡四人。

至于劝农立社,尤一代农政之善者。先是,大司农卿张文谦奏上立社规条十五款。至元二十三年,命颁于各路,依例施行。今撮其大概载之:

一,诸县所属村疃,五十家为一社,择高年晓农事者立为社长。增至百家,别设社长一员。不及五十家者,与近村合为一社。社远人稀,不能相合,各自为社者听。社长专以教劝农桑为务,本处官司不得将社长差占,别管余事。

一,社长宜奖勤罚惰,催其趁时耕作。仍于田塍树牌橛书某社某人地段。社长以时点视。

一,每丁岁植桑枣二十株或附宅地植桑二十株。其地不宜桑枣者,听植榆柳等,其数亦如之。种杂果者,每丁限十株,仍多种苜蓿备凶年。

一,河渠之利委本处正官一员,偕知水利人员,以时浚治。如别无违碍,许民量力自行开引地高水。不能上者,命造水车。贫不能造者,官给车材。

一,近水村疃应凿池养鱼并鹅鸭之数,及种莳莲藕、茭菱、蒲苇等,以助衣食。

一,社内有疾病凶丧之家,不能耕种者,众为合力助之。

一,社内灾病多者,两社助之。其养蚕者亦如之。耕牛死,令均钱补买,或两和租赁。

一，荒田，除军营报定及公田外，其余投下、探马赤官之自行占冒，从官司勘当，得实先给贫民耕种，次及余户。

一，每社立义仓，社长主之。丰年验各家口数，每口留粟一斗，无粟者抵斗存留杂色物料，以备凶荒。

一，本社有孝弟力田者，从社长、保甲、本处官司量加优恤。若所保不实，亦行责罚。

一，有游手好闲及不遵父兄教令者，社长籍记姓名。俟提点官到日，实问情实，书其罪于粉壁。犹不改，罚充本社夫役。

一，每社立学校一，择通晓经书者为学师，农隙使子弟入学。如学文有成者，申覆官司照验。

一，每年十月，委州、县正官一员，巡视本管境内有蝗虫遗子之处，设法除之，务期尽绝。其规画详密如此，近古所未有也。

二十九年，命蒙古探马赤军人一体入社，依例劝课。

大德三年，申明社长不得差占之制，仍免其本身杂役。六年，翰林院侍讲学士王中顺呈称："前赈济通州一州，靖海、海门两县次序支请，尽系社长居前，里正不预。多有少年愚骇之子，草履赤胫，语言嘲哳。怪而问之，州县同词而对，通例如此。切详按察司、达鲁花赤、管民官下，便列社长，责任非轻。当时又立社师，教诲子弟迁善改过。二事外似迂缓，中实要切。况《至元新格》内一款，社长有少年德薄，不为村疃信服，即听举换易。伏思自中统建元迄于今日，良法美意莫不备举。但有司奉行不至，事久弊生。愚意以为，宜申明旧例，社长依前劝课农桑，诫饬子弟，社师依前农隙授学，教以人伦，斯为治之本也。"中书省韪其言，下诸道行之。

延祐元年，命廉访司每岁攒造农桑文册，赴大司农司考较。监察御史许有壬言："农桑之政，责之廉司者，盖欲劝课官知所警畏。初不系文册之有无。文册之设，本欲岁见种植垦辟、义粮、学校之数，考较增损勤惰，所以见廉访司亲为之。然养民以不扰为先，害政以虚文为甚。农桑所以养民，今反扰之，文册所以核实，今实废之。各道比及年终，令按治地面，依式攒造。路府行之州县，州县行之社

长、乡胥。社长、乡胥则家至户到,取勘数目。幸而及额,则责报答
之需,一或不完,则持其有罪者恣其所求。鸡豚尽于供给,生计废于
奔走,一切费用首会箕敛,率以为常。以一县观之,自造册以来,地
凡若干,连年栽植有增无减,较其成数,虽屋垣池井尽为其地,犹不
能容。故世有纸上栽桑之语。大司农岁总虚文,照磨一毕入架而已。
于农事果何益哉。乞命廉访司,依旧巡行劝课,举察勤惰。籍册虚
文,不必攒造。民既无扰,事亦两成。"其后大司农司亦言:廉访司所
具栽植之数,书于册者类多不实云。

　　其种植之法,颁于诸道者。至大二年,淮西道廉访司佥事苗好
谦献莳桑法,分农民为三等,上户地十亩,中户地五亩,下户地三亩
或一亩,以时收采桑椹,依法种之。其法出《齐民要术》诸书。至元
十六年,江南行御史台尝采其法,通行所属。延祐三年,以好谦所至
植桑有成效,命诸道仿行焉。是年,又命各社出地共莳桑苗,以社长
领之,分给诸村。四年,以社桑分给不便,令民各莳桑苗。

新元史卷七〇
志第三七

食货三

洞冶课　附珠玉硝矾竹木课

　　凡洞冶、盐、茶、酒及一切杂税,俱谓之课程。至元二十年,以中兴州及真定、太原等路课程,较之前年,正额增余外,有多至数倍者,显见诸路并有增羡。诏中书省定办课程条画,颁于诸路:

　　一,定至元十二年合办税额。

　　一,本路公选廉干官二员为提点官。

　　一,榷出增余,与众特异者,量加升擢。

　　一,依旧例,三十分取一分,不得高物价以增税额,亦不得妄榷无税之物。

　　一,若有门摊课程,依至元十九年例征收,不得分毫添荅。

　　一,增余须尽实到官。

　　一,路、府、州、司、县、乡村、镇、店,见界院务官有不称其职者,随时替罢。

　　一,管课官有侵欺瞒落官课者,追赃,依条画科罪。

　　一,体察追问从前管课官。

　　一,诸路现办课程,每月申报细目,季小考,年终大比,视其增亏以为黜陟。

　　一,定升降赏罚格例。其立法之意,严于驭吏,宽于取民,亦可谓得理财之要矣。

洞冶之课。至元四年,制国用使司奏:"各处洞冶出产,别无亲临拘榷官司,以致课程不得尽实到官。又各处炉冶耗垛。官铁不曾变易。宜设诸路洞冶总管府,专掌金、银、铜、铁、丹粉、锡碌,从长规画,恢办课程。"从之。时阿合马为制国用司使,聚敛严急。寻以百姓包纳金课,扰累甚,乃罢各路洞冶总管府,归其事于有司。其后产金、银、铜、铁之处,复立提举司以领之。

凡产金之所:

在腹里曰益都、淄莱。至元五年,命益都漏籍户四千淘金于登州栖霞县,每户输金四钱。十五年,又以淘金户二千金军者,付益都、淄莱等路依旧淘金,纳其课于太府监。二十年,遣官检核益都淘金欺弊。

辽阳曰大宁、开元。至元十年,听李德仁于龙山县胡碧峪淘采,每岁纳课金三两。十三年,又于辽东双城及和州等处开采。

江浙曰饶、徽、池、信。至元二十四年,立提举司,以建康等处淘金户七千三百六十五隶之,所辖金场七十余所。未几,以建康无金,罢提举司。其饶、徽、池、信之课,皆归之有司。

江西曰龙兴、抚州。至元二十三年,抚州乐安县小曹,周岁办金一百两。

湖广曰岳、澧、沅、靖、辰、谭、武冈、宝庆。至元十九年,以蒙古人孛罗领辰、沅等州淘金事。二十年,拨常德、辰、沅、澧、靖民万户付金场转运司淘采。

河南曰江陵、襄阳。四川曰成都、嘉定。元贞元年,以病民罢之。

云南曰威楚、丽江、大理、金齿、临安、曲靖、元江、罗罗、会川、建昌、德昌、柏兴、乌撒、东川、乌蒙。至元十四年,诸路总纳金课一百五定。

凡产银之所:

在腹里曰大都、真定、保定、云州、般阳、晋宁、怀孟。至元十一年,听王庭璧于檀州奉天等洞采之。十五年,令关世显等于蓟州丰山采之。二十七年,拨民户于望云煽冶,设从七品官掌之。二十八年,又开聚阳山银场。二十九年,立云州等处银场提举司。

辽阳曰大宁。延祐四年,惠州银洞三十六眼,立提举司办课。

江浙曰处州、建宁、延平。至元二十一年,建宁南剑等处立银场提举司煽冶。

江西曰抚、瑞、韶。贞元元年,江南行省臣言:"银场岁办万一千两,未尝及额,民不堪命。请自今从实收纳。"从之。瑞州蒙山场,至元二十一年拨粮一万二千五石,办银五百定。后拨至四万石。至大元年,拨徽政院,连年亏额。延祐七年,依原定粮价折收原银七百定,解提举司收纳。至元二十三年,韶州曲江县银场,听民煽冶,岁输银三千两。

湖广曰兴国、郴州。

河南曰汴梁、安丰、汝宁。延祐三年,李允直包罗山县银场课银三定。四年,李珪等包霍邱县豹子涯洞课银三十定。

陕西曰商州。

云南曰威楚、大理、金齿、临安、元江。

凡产铜之所:

在腹里曰益都。至元十六年拨户一千于临朐县七宝山等处采之。

辽阳曰大宁。至元十五年,拨采木夫一千户于锦、瑞州鸡山、巴山等处采之。

云南曰大理、澂江。

至元二十二年,拨漏籍户于萨矣山煽冶,凡十有一所。至元二十年,中书省臣复奏:"根访产铜出处,召人兴冶,禁约诸人毋得沮坏。"从之。

凡产铁之所:

在腹里曰河东、顺德、檀、景、济南。

太宗八年,立炉于交城县,拨冶户一千煽冶,至元五年,始立河东洞冶总管府。七年,罢之。十三年,立平阳等路提举司。明年又罢之。大德十一年，听民煽冶，官为抽分。至大元年，复立河东都提举司，所隶之冶八：大通、兴国、惠民、利国、益国、闰富、丰宁、丰宁之冶。

有二在顺德者，至元三十一年，拨冶户六千煽冶。大德元年，立都提举司。延祐六年，罢顺德都提举司，并为顺德、广平、彰德等处提举司，所隶之冶六：曰神德、左村、丰阳、临水、沙窝、固镇。

在檀、景等处者，太宗八年始拨北京户煽冶。中统二年，立提举司。大德五年，并檀、景三提举司为都提举司，所隶之冶七：曰双峰、暗峪、银匡、大峪、五峪、利贞、锥山。

在济南等处者，中统四年，拘漏籍户三千煽冶，至元五年，立洞冶总管府，七年罢。至大元年，复立济南提举司。所隶之监五：曰宝成、通和、昆吾、元国、富国。

河南曰颍州光化。至元四年，兴河南等处铁冶，令礼部尚书木和纳兼领已括户三千兴煽颍州光化铁冶，岁输铁一百万七千斤，就铸农事二十万事市之。

江浙曰饶、徽、宁国、信、庆元、台、衢、处、建宁、兴化、邵武、漳、福、泉。江西曰龙兴、吉安、抚、袁、瑞、赣、临江、桂阳。湖广曰沅、潭、衡、武冈、宝庆、永、全、常宁、道州。

陕西曰兴元。

云南曰中庆、大理、金齿、临安、曲靖、澂江、罗罗、建昌。

独江浙、江西、湖广之课为最多。元贞二年，中书省奏罢百姓自备工本炉冶，官为兴煽发卖。大德七年，定各处铁冶课，依盐法一体禁治。

凡产铅锡之所：在江浙曰铅山、台、处、建宁、延年、邵武。江西曰韶州、桂阳。湖广曰潭州。至元八年，沅、辰、靖等处转运司印造锡引，每引计锡一百斤，收钞三百文。商贾引赴各冶支锡贩卖，无引者比私盐减等杖六十，其锡没官。

凡产朱砂、水银之所：在辽阳曰北京。湖广曰潭、沅。四川曰思州。产碧甸子之所在：曰和林，曰会川。在北京者，至元十一年，命蒙古都喜以恤品人户于吉私迷之地采炼。在湖广者,沅州五寨萧雷发等每年包纳朱砂一千五百两,罗管寨包纳水银二千二百四十两,潭州安化县每年办朱砂八十两、水银五十两。碧甸子在和林者,至元十年命乌马儿采之;在会川者,二十一年输一千余块。

洞冶之外,产珠之所在:曰大都,元贞元年,听民于杨村直沽口捞采,命官买之。曰东京,至元十一年,令灭怯、安山等采于宋阿江、阿爷苦江、忽吕古江。曰广州,采于大步海。他如兀难、曲朵剌、浑都忽三河之珠,至元五年徙凤哥等户采之。胜州、延州、乃延等地之珠,十三年令朵鲁不歹采之。

产玉之所在:曰匪力河。至元十一年,迷儿、麻合马、阿里三人言:“淘玉户旧有三百,今存者止七十户,其力不充,匪力河旁近有民户六十习淘玉,请免其差役,与淘户等所淘之玉自水站送于京师。”从之。曰河西。至大元年,中书省臣言:“阿失帖木儿请遣教化的诣河西采玉,驮攻玉沙之马四十余匹,玉工至千余人。臣等以为不急之务,请罢之。”从之。

产矾之所在:曰广平。至元二十八年,路鹏举献磁州武安县矾窑十处,岁办白矾三千斤。曰谭州。至元十八年,李日新自具工本于浏阳永兴矾场煎矾,每十斤官抽其二。曰河南。至元二十四年,立矾课所于无为路,每矾一引重三十斤,直钞五两。元贞元年,中书省臣同河南行省平章政事字罗欢等言:“无为矾课,初岁入为钞止一百六十锭,后增至二千四百锭。大率敛富民、刻吏俸、停灶户工本以足。宜减其数。”诏遣人核实汰之。

产硝、碱之所在:曰晋宁。

竹则所在产之。元初,惟河南之怀孟,陕西之京兆、凤翔有官竹园,立司竹监掌之。每岁令税课所官以时采伐,定其价为三等。至元二年,减辉州竹课。先是官取十之六,至是减其二。四年,命制国用使司印造怀孟等路司竹监竹引一万道,每道取工墨一钱,凡竹商皆给引。二十一年,以怀孟等路竹货,系百姓栽植恒产,有司拘收发卖,妨夺生理;乃罢司竹监,听民自买输税。初,怀、卫居民犯一笋、一竹,率以私论,民苦之。辉州知州尚文入为户部司金郎中,言其事,帝始罢之。二十三年,又用前抄纸坊大使郭畯言,立竹课提举司于卫州,管辉、怀、嵩、洛、京襄及益都、宿迁等四处。在官者给引,在民者包认课程。江南竹货,许腹里通行,止于卖处纳税。二十九年,用丞相完泽言,罢怀孟等路竹课。

天历元年岁课数目:

　金课:

　　　腹里,四十定四十七两三钱。

　　　江浙,一百八十锭一十五两一钱。

　　　江西,二锭四十五两五钱。

　　　湖广,八十锭二十两一钱。

　　　河南,三十八两六钱。

　　　四川,麸金七两二钱。

　　　云南,一百八十四定一两九钱。

　银课:

　　　腹里,一定二十五两。

　　　江浙,一百二十五锭三十九两二钱。

　　　江西,四百六十二锭三两五钱。

　　　湖广,二百三十六锭九两

　　　云南,七百三十五锭四两三钱。

　铜课:

　　　云南,二千三百八十斤。

　铁课:

　　　江浙,额外铁二十四万五千八百六十七斤,课钞一千七百三锭一十四两。

　　　江西,二十一万七千四百五十斤,课钞一百七十六锭二十四两。

　　　湖广省,二十八万二千五百九十五斤。

河南，三千九百三十斤。

陕西，一万斤。

云南，一十二万一千七百一斤。

铅锡课：

江浙，额外铅粉八百八十七锭九两五钱，铅丹九锭四十二两二钱，黑锡二十四锭一十两二钱。

江西，锡一十七锭七两。

湖广，铅一千七百九十八斤。

矾课：

腹里，三十三锭二十五两八钱。

江浙，额外四十二两五钱。

河南省，额外二千四百一十四锭二十三两一钱。

硝碱课：

晋宁路，二十六锭七两四钱。

竹木课：

腹里，木六百七十六锭一十五两四钱，额外木七十三锭二十五两三钱，竹一千一百三锭二两二钱。

江浙，额外竹木九千三百五十五锭二十四两。

江西，额外竹木五百九十锭二十三两三钱。

河南，竹二十六万九千九百九十五，竿板木五万八千六百条，额外竹木一千七百四十八锭三十两一钱。木课无可考，额数仅见于此。

新元史卷七一
志第三八

食货四

盐 课

　　元初，以酒醋、盐、河泊、金、银、铁冶六色课于民，岁额银万锭。太宗二年，始定盐法：一引重四百斤，价银十两。中统二年，减为七两。至元十三年，每引改为中统钞九贯。二十六年，增为五十贯。元贞二年，又增为六十五贯。至大二年至延祐三年，累增为一百五十贯。至大四年，户部言盐课价钱，中统至元年间，每引一十四两，至元二十二年每引二十两，已后递添至元贞二年，一引作中统钞六十五两。此时中统一两可买盐四斤上下。至大二年，尚书省奏准：每盐一引改作至大银钞四两。该至元二十两折中统钞一百两，较原价斗添三分之一。按中统两贯同白银一两，一贯同交钞一两，中统二年减为七两，白银七两也。户部所云每引十四两，交钞十四两也。大德四年，定每一引正课六十六两，带取钞二两五钱，纲船水脚一两一钱，装盐席索钱七钱，仓场脚钱六钱，共纳官中钞六十七两五钱。

　　凡诸色课程以盐课所入为最巨，其条画亦最为繁重。《至元新格》为盐课设立者凡九事，今撮其大概言之：诸官吏违法营私，逐一出榜，严行禁治，仍差廉干人员体察，务私公使便利。诸场盐袋皆判官监装，须斤重平均无余欠。诸灶户中盐到场，须随时两平收纳，不得留难。合给工本，运官临时给付。诸场积垛未桩盐数，须使水潦不能侵犯。若防备不如法以致损败者，并赔偿。诸院务官大者不过三员，其攒拦人等斟酌存设，无使冗滥。诸转运司并提点官吏，凡于管下取借财物者，以盗论。诸监司凡报告私盐，须指定煎藏处所，不得妄入人家搜捉。诸捉获私盐，取问是实，依条追没，立案申合属上司。诸盐法须见钱卖引，必价钞入库，盐袋出场，方始结课。其运司官能使课程增羡者，奏闻升擢。

至元二十二年，中书省奏："一引盐根，官司售十五两，而富豪有气力者诡名买引，勒揸渔利。十八年，潭州一引盐卖一百八十两，江西卖一百七十两，上都、大都一引盐亦卖一百二十两，圣恩不能下逮穷民淡食，请设立常平盐局。如盐商揸重价，则官司贱卖以便穷民。"从之。

其颁行之条画：

一，盐局设大使、副使各一员，选信实有抵业者充之。

一，年销盐数，验户口多寡斟酌。

一，盐袋不问，价例平和，听从民便发卖，如盐价增添无贩者，官为发卖。

一，本处正官提点发卖毋致阙误，亦不得克减斤两亏损穷民。

一，合设盐局，本路就便斟酌设立。

一，合用攒典、秤子人等，于酌中户内差拨，勿多余滥设。

一，各处运司至元二十二年，额定盐数，先尽常平盐袋。

一，各处运司额办盐数，督催各场趁时并造，毋致阙设支发。

二十九年，中书省颁恢办课程条画：

一，随路应管公事官吏并军民人等，毋得虚棒扇惑，搅扰沮坏见办课程。

一，蒙古、汉军、探马赤、打捕鹰房、站赤诸色人等，一体买食官盐，不得私煎贩卖。

一，见钱卖引，依次支发盐袋，监临主守人等不得赊买。违者，其价与盐俱没官。诡名盗买者，仍征倍赃。

一，纳课买引赴场，查盐不得揽资越次，恃赖气力，勒索斤重。

一，煎盐地面，如系官山场、草荡，煎盐草地，诸人不得侵占。

一，官定袋法，每引四百斤之外，夹带多余斤重者，同私盐法科断。

一，巡禁盐者，附场百里之外，从运司委人巡捉。其余行盐之处，委盐官与管民正官巡捉。

一，行盐地面，有私立牙行，大称破坏盐法者，所在官司截日罢去。违者，捉拿治罪。

一，当该官吏有克减工本，或以他物准折，亏损灶户者，严行断罪，仍勒赔偿。

一，贩盐者不得插和灰土，违者严行断罪。

一，贩私盐者科徒二年、决杖七十，财产一半没官。决讫，带镣居役，日满释放。有人告捕得者，于没官物内一半充赏。贩盐犯界者，减私盐一等。

一，随路官司有亏损公课者，问实，截日罢去本官，拖欠课程依数追征。

一，附场百里之内，民户食盐，官为置局发卖，从运司凭验关防，勿致私盐生发。

一，卖过盐引，限五日内赴所在官司缴，内一两准两浙运盐纲船车马，诸从不得拘夺，违者从行省断罪。

延祐五年，申明盐课条画。六年，又颁盐法通例。大抵皆本至元条画，而损益之。惟私盐犯界盐走透，管民、提点官及及巡尉、弓兵人等，初犯笞四十，再犯杖八十，三犯杖百，仍除名。通用纵放者，与犯人同罪。立法太严，官吏获罪日多，非经久之制云。至禁盐司人买引，大德七年，始著为令。

大都盐场：太宗八年，置于白陵港、三叉、大沽等处，每引给工本钱。至元二年，增宝坻二盐场；灶户工本，每引中统钞三两。八年，以民户多食私盐，亏国课，验口给盐。十九年，于大都置局卖引，盐商买引关盐。二十八年，增灶户工本，每引中统钞八两。

元统二年，监察御史言：“窃睹京畿居民繁盛，日用之中盐不可阙。大德中,因商贩把握行市,民食贵盐,乃置局设官卖之,中统一贯买盐四斤八两。后虽倍价,犹敷民用。及泰定间,因所任局官不得其人,致有短少之弊。于是巨商趋利者营求。当道以局官侵盗为由,辄奏罢之,复从民贩卖,自是钞一贯仅买盐一斤。无籍之徒私相犯界煎卖,官课为所侵碍,而民食贵盐益甚,实不副朝廷恤民之意。宜仍旧设局,官为发卖,庶课不亏,而民受赐。"既而大都路与大兴、宛平县所申,又户部尚书条奏,皆如御史之言。户部议:"仍依旧制,于南北二城置局十有五处。每局日卖十引,设卖盐官二员,每中统钞一贯买盐二斤四两。凡买盐过十贯者,禁之。不及贯者,从所买与之。如满岁无短少失陷,及元定分数者,减一界升用。若有侵盗者,依例追断。其合卖盐数,令河间运司分为四季,起赴京廒,用官定法物两平称收,分给各局。"中书省如所拟行之。

至正三年,监察御史王思诚、侯思礼等言:"京师自大德七年罢大都盐运司,设官卖盐置局十有五处,泰定二年以其不便罢之。元统二年又复之,迨今十年,法久弊生,在船则有侵盗渗溺之患,入局则有和杂灰土之奸。名曰一贯二斤四两,实不得一斤之上。其洁净不杂而斤两足者,唯上司提调数处耳。又常白盐一千五百引,用船五十艘。每岁以四月起运官盐二万引,用船五十艘。每岁以七月起运,而运司所遣之人擅作威福,南抵临清,北自通州,所至以索截河道,舟楫往来无不被扰,各为和顾,实乃强夺。一岁之中,千里之内,凡富商巨贾、达官贵人之船一概遮截,得贿放行。所拘留者,皆贫弱无力之人,其船小而不固,渗溺侵盗,弊病多端。既达京廒,又不依时交收,淹延岁月,困守无聊,鬻妻子、质舟楫者,往往有之。客船既狼顾不前,京师百物为之涌贵。窃计官盐二万引,每引脚价中统七贯,总为钞三千锭。而十五局官典俸给以一岁计之,又五百七十六锭。其就支赁房之资,短脚之价,席草诸物,又在外焉。当时置局设官,但为民食贵盐,殊不料官卖之弊,反不如商贩之贱。岂忍徒耗国帑,而使商民受害。宜罢其盐局,及来岁起运之时,揭榜播告盐商,从便入京兴贩。若常白盐所用船五十艘,亦宜于江南造小料船处,如数造之。既成之后,付运司顾人运载。庶舟楫通,商贾集,则京师百物贱,而盐亦不贵矣。"户部议:"地设盐局合准革罢,听从客旅兴贩。其常白盐,系内府必用之物,起运如故。"中书省如部拟行之。

河间盐场:太宗二年置,拨户二千三百七十六,盐一袋重四百斤。至元七年,定例岁煎盐十万引,办课一万定。十二年,增灶户九百余,增盐课二十万引。十八年,增工本为中统钞三贯。十八年,江南、江北、陕西、河间、山东请盐场增灶户。又增灶户七百八十六。二十三年,增盐课为二十九万六百引。二十五年,增工本为中统钞五贯。二十七年,增灶户四百七十,办盐三十五万引。至大元年,增至四十五万引。延祐元年,以亏课,停五万引。

至正二年,河间运司申:"本司岁办额余盐共三十八万引,计课钞一百一十四万锭。以供国用,不为不重。近年以来,各处私盐及犯界盐贩卖者众,盖因军民官失于禁治,以致侵碍官课,盐法涩滞,实由于此。乞降旨宣谕所司,钦依规办。"中书省奏闻,敕戒饬之。

三年,河间运司申:"生财节用,固治国之常经;薄赋轻徭,实理民之大本。本司岁额盐三十五万引,近年又添馀盐三万引。元签灶户五千七百七十四户,除逃亡外,止存四千三百有一户。每年额盐,勒令现在疲乏之户勉强包煎。今岁若依旧煎办,人力不足。又兼行盐地方旱蝗相仍,百姓无买盐之资。如蒙矜悯,自至正二年为始,权免余盐三万引,俟丰稔之岁,煎办如旧。"户部以钱粮支用不敷,权拟住煎一万引,中书省如部拟行之。

既而运司又言:"至元三十一年,本司办盐额二十五万引,自后累增至三十有五万。元统元年,又增余盐三万引。已经奏准住煎一万引,外有二万引,若依前勒令见户包煎,实为难堪。如并将余盐二万引住煎,诚为便益。"中书省议:权拟余盐二万引住煎一年,至正四年煎办如故。

山东盐场:太宗二年置,灶户二千一百七十,银一两得盐四十斤。中统元年,岁办银二千五百锭。四年,令民户月买盐三斤。灶户逃者,以民户补之。是岁,办银三千三百锭。至元二年,办课银四千六百锭一十九两。是年，户部造山东盐引。六年，增引为七万一千九百九十八。自是，每岁增之。至十二年，为引十四万七千四百八十七。十八年增灶户七百，增引为十六万五千四百八十七，工本增为中统钞三贯。二十三年，增引二十七万一千七百四十二。二十六年，减为二十二万。大德十年，又增至二十五万。至大元年以后，岁办正余盐为三十一万引。

元统二年，户部呈："据济南路副达鲁花赤完者、同知阇里帖木儿言，比大都、河间运司，岁，改设巡盐官一十二员，专一巡禁本部。详山东运司，岁办钞七十五万余锭，行盐之地，周围三万余里，止是运判一员，岂能遍历，恐私盐来往，侵碍国课。"本部议："河间运司定设奏差十二名，巡盐官十六名，山东运司设奏差二十四名，今比例添设巡盐官外，据元设奏差内减去十二名。"中书省如所拟行之。

三年，山东运司据临朐、沂水等县申："本县十山九水，居民稀少，元系食盐地方，后因改为行盐，民间遂食贵盐，公私不便。如蒙仍改食盐，令居民验户口多寡，以输课税，则官民俱便，抑且可革私盐之弊。"本司移分司，及益都路并下滕、峄等州，皆以食盐为便。户部议："山东运司所言，于滕、峄等处增置十有一局，如登、莱三十五局之例，于钱谷官内通行铨注局官，散卖食盐，官民俱便。既经有司讲究，宜从所议。"中书省如所拟行之。

河东盐场：太宗二年置，银一两得盐四十斤。五年，拨新降户一千为盐户，命盐使姚行简等修盐池损坏处。宪宗七年，增拨一千八十五户，岁捞盐一万五千引，办课银三千锭。中统三年，以民户煎小盐，岁办课银二百五十锭。五年，又办小盐课银为二百五十锭。至元三年，谕陕西四川，以所办盐课输纳于行制国用使司。十年，命捞盐户九百八十余，丁捞盐一石，给工价钞五钱。岁办盐六万四千引，计中统钞一万一千五百二十锭。二十九年，减大都盐一万引，入京兆盐司。大德十一年，增为八万二千引。至大元年，又增煎余盐为二万引，通为十万二千引。延祐三年，以池为雨坏，减课钞为八万二千余锭。于是晋宁、陕西改食常仁红盐，怀孟、河南改食沧盐，仍输课于陕西。旋以民不堪命,免其课。六年,增余盐五百引。是年,实捞盐十八万四千五百引。天历二年,办课钞三十九万五千三百九十五锭。

四川盐场:初拨灶户五千九百余。至元二年,命修理盐井,禁解盐不许过界,以盐坏废,川民多食解盐故也。二十二年,岁煎盐一万四百五十一引。二十六年,增至一万七千一百五十二引。皇庆元年,减煎余盐五千引。天历二年,增引为二万八千九百一十,钞八万六千七百三十锭。

元统三年,四川盐茶转运使司请于所办余盐一万引内,量减带办两浙五千引之数。又分司运官亦言:"四川盐井,俱在万山之间,比之腹里、两淮,优苦不同,又行带办余盐,民不堪命。"中书省奏闻,敕带办余盐五千引,权行倚阁。

辽阳盐场:太宗九年,立随车随引载盐之法。每盐一石价钱七钱半,带纳匠人米五升。乃马真皇后称制四年,合懒路岁办课白布二千匹,恤品路布一千匹。至元四年,禁东京懿州乞石儿硬盐,不许过涂河界。是年,命各位下盐课如例输纳。二十四年,滦州四处盐课旧纳羊一千头者,令依例纳钞。延祐二年,命食盐民户课钞,每两率加五钱。

两淮盐场:至元十三年,命提举马里范张依宋旧例办课,每引重三百斤,其价为中统钞八两。十四年,改每引四百斤。十六年,岁办五十八万七千六百二十三引。十八年,增为八十万引。二十六年,减十五万引。三十年,以襄阳民改食淮盐,增八千二百引。大德四年,元贞二年,以河南亏两淮盐十万引,钞五千锭,遣札剌亦台鞫问,罪之。谕盐运司设关防之法,凡盐商经批验所发卖者,所官收批引牙钱,不经批验所者,本仓就收之。八年,停煎五万余引。天历二年,额办正余盐九十五万七十五引,中统钞二百八十五万二百二十五锭,工本自四两递增至十两。

至元六年,两淮运司准行户部尚书运使王正奉牒:"本司自至元十四年创立,当时盐课未有定额,但从实恢办,自后累增至六十五万七十五引。客人买引,自行赴场支盐,场官逼勒灶户,加其斛面,以通盐商,坏乱盐法。大德四年,中书省奏准,改法立仓,设纲偿运,拨袋支发,以革前弊。至大间,煎添正额余盐三十万引,通九十五万七十五引,客商运至扬州东关,俱于城河内停泊,听候通放,不下四十万余引,积叠数多,不能以时发放。至顺四年,前运使韩大中等又言:'岁卖额盐九十五万七十五引。客商买引,关给勘合,赴仓支盐,顾船脚力,每引远仓该钞十二三贯,近仓不下七八贯,运至扬州东关,俟以次通放。其船梢人等,恃盐主不能照管,视同己物,恣为侵盗。及事败到官,非不严加惩治,莫能禁止。其所盗之盐,以钞计之,不过折其旧船以偿,安能如数征之。是以里河客商,亏陷资本,外江兴贩,多被欺侮,而百姓高价以买不洁之盐,公私俱困。'窃照扬州城外,沿河两岸多有官民空闲之地。如听盐商自行买地,起造仓房,支运盐袋,临期用船,载往真州发卖,既防侵盗之患,尤为悠久之利,其于盐法非小补也。"既申中书户部及河南行省照勘,文移往复,纷纭不决。久之,户部乃定议,令于客商带纳挑河钱内,拨钞一万锭,起造仓房,仍咨河南行省,委官偕运司相视,果无违碍,而后行之。

两浙盐场:至元十四年置,岁办九万二千一百四十八引。每引分二袋,每袋依宋十八界会子,折中统钞九两。十八年,增引为二十一万八千五百六十二。十九年,每引增钞四贯。二十一年,置常局以平盐价。二十三年,增引为四十五万。二十六年,减十万引。三十年,置局卖盐鱼于滨海渔所。三十一年,并四十所为三十四场。大德五年,增引为四十五万。至大元年,又增余盐五万引。延祐六年,岁引五十万。七年,定盐课十分为率,收白银一分,每银一锭,准盐课四十锭。其工本钞,浙西正盐每引增至二十两,余盐至二十五两;浙东正盐增至二十五两,余盐三十两。

至元五年,两浙运司申:

本司自至元十三年创立,当时未有定额。至十五年始立额,办盐十五万九千引。自后累增至四十五万引,元统元年又增余盐三万引，每岁总计四十有八万。每引初定官价中统钞五贯，自后增为九贯、十贯，以至六十贯、一百贯，今则为三锭矣。每年办正课中统钞一百四十四万锭，较之初年，引增十倍，价增三十倍。课额愈重，煎办愈难，兼以行盐地界所拘户口有限。前时听客商就场支给，设立检校所，称检出场盐袋。又因支查停积，延祐七年，比两淮之例，改法立仓，纲官押船到场，运盐赴仓收贮，客旅就仓支盐。始则为便，经今二十余年，纲场仓官任非其人，惟务掊克。况本司地界居江枕海，煎盐停灶，散漫海隅。行盐之地，里河则与两淮邻接，海洋则与辽东相通。番舶往来，私盐出没，虽有刑禁，难尽防御。盐法堕坏，亭民消废，其弊有五：

本司所辖场司三十四处，各场元签灶户一万七千有余，后因水旱疫疠，流移死亡，止存七千有余。即今未蒙签补，所据抛下额盐，唯勒见户包煎而已。若不早为签补，优加存恤，将来必致损见户而亏大课。此弊之一也。

各纲运盐船户，经行岁久，奸弊日滋，凡遇到场装盐之时，私属盐场官吏司秤人等，重其斤两，装为硬袋。出场之后，沿涂盗卖，以灰土，补其所亏。及到所赴之仓，而仓官司秤人又各受贿，既不加辨，秤盘又不如法。在仓日久，又复消折。袋法不均，诚非细故。不若仍旧令客商就场支给，既免纲运俸给水脚之费，又盐法一新。此弊之二也。

本司岁办额盐四十八万引，行盐之地，两浙、江东凡一千九百六十万余口。每日食盐四钱一分八厘，总计为四十四万九千余引。虽卖尽其数，犹剩盐三万一千余引。每年督勒有司，验户口请买。又值荒歉连年，流亡者众，兼以濒江并海，私盐公行，军民官失于防御，各仓停积累岁未卖之盐，凡九十余万引，无从支散。此弊之三也。

又每季拘收退引，凡遇客人运盐到所卖之地，先须住报水程及所止店肆，缴纳退引。岂期各处提调之官，不能用心检举,纵令吏胥坊里正等,需求分例钱,不满所欲,则多端留难。客人或因发卖迟滞,转往他所,引不拘纳,致令奸民藏匿在家,影射私盐。且卖过官盐之后,即将引目投之乡胥。又有狡猾之徒,不行纳官,执以兴贩私盐。此弊之四也。

比年以来,各仓官攒,肆其贪欲,出纳之间,两收其利。凡遇纲船到仓,必受船户之贿,纵其杂和灰土,收纳入仓。或船户运至好盐,无钱致贿,则故生事留难,以致停泊河岸,侵欺盗卖。其仓官与监运人等为弊多端,是以各仓积盐九十余万引,新旧相并,充溢廊屋,不能支发,走卤消折,利害非轻。虽系客人买过之物,课钞入官,实恐年复一年,为患益甚。此弊之五也。

五者之中,各仓停积为急务。验一岁合卖之数,止该四十四万余引,尽卖二年,尚不能尽,又复煎运到仓,积累转多。如蒙特赐奏闻,选委德望重臣,与拘该官府,从长讲究,定为良规,庶几课不亏而民受赐。

六年,中书省奏选官整治江浙盐法,命江浙行省右丞纳麟及首领官赵郎中等提调,既而纳麟又以他故辞。

至正二年,中书右丞相脱脱、平章铁木儿塔识等奏:“两浙食盐,害民为甚,江浙行省官、运司官屡以为言。拟合钦依世祖皇帝旧制,除近盐地十里之内,令民认买,革罢见设盐仓纲运,听从客商赴运司买引,就场支盐,许于行盐地方发卖,革去派散之弊。及设检校批验所四处,选任干廉之人,直隶运司,如遇客商载盐经过,依例秤盘,均平袋法,批验引目,运司官常行体究。又自至元十三年岁办盐课,额少价轻,今增至四十五万,额多价重,转运不行。今户部定拟,自至正二年为始,将两浙额盐量减一十万引,俟盐法流通,复还元额,散派食盐,拟合住罢。”敕从之。

福建盐场:至元十三年,始收课为引六千五十五。二十年,增引为五万四千二百。二十四年,岁办盐六万引。二十九年,增引为七万,大德十年,增至十万。至大元年,又增至十三万。至顺元年,实办课三十八万七千七百八十三锭。其工本,煎盐每引递增至二十贯,晒盐每引至十七贯四钱。福建盐司辖十场,煎盐六,晒盐四。盐之色与净砂无异,名曰砂盐。贩徒插和砂土,不能辨别。大德五年,盐司出榜禁之。

至元六年,福建运司申:"本司岁办课盐十有三万九引一百八十余斤,今查勘得海口等七场,至元四年闰八月终,积下附余增办等盐十万一千九百六十二引二百六十二斤。看详,既有积偿附余盐数,据至元五年额盐,拟合照依天历元年住煎正额五万引,不给工本,将上项余盐五万,准作正额,省官本钞二万锭,免致亭民重困。本年止办额盐八万九引一百八十余斤,计盐十有三万九引有奇,通行发卖,办纳正课。除留余盐五万余引,预支下年军民食盐,实为官民便益。"中书省从所拟行之。

至正元年,诏:"福建、山东俵卖食盐,病民为甚。行省、监察御史廉访司,拘该有司官,宜公同讲究。"二年,江浙行省左丞与行台监察御史、福建廉访司及运使常山李鹏举、漳州等八路正官议得食盐不便,其目有三:一曰余盐三万引,难同正额,拟合除免。二曰盐额太重,比依广海例,止收价二锭。三曰住罢食盐,并令客商通行。中书省送户部定拟,自至正三年为始,将余盐三万引权令减免,散派食盐拟合住罢。其减正额盐价,与广海提举司事例不同,别难更议。右丞相脱脱、平章帖木儿达失等,以所拟奏行之。

广东盐场:至元十三年,依宋旧例办课。十六年,办盐六百二十一引。二十二年,岁办引一万八百二十五。二十三年,增引为一万一千七百二十五。大德四年,增正余盐引至二万一千九百八十二。十年,又增至三万。十一年,增至三万五千五百。至大元年,又增余盐一万五千引。延祐五年,定岁煎五万五百引。五年,增为五万五百五十二。

至元二年,监察御史韩承务言:"广东道所管盐课提举司,自至元十六年为始,止办盐额六百二十一引,自后累增至三万五千五百引,延祐间又增余盐,通正额计五万五百五十二引。灶户窘于工程,官民迫于催督，呻吟愁苦，已逾十年。泰定间蒙减免余盐一万五千引。元统元年，都省以支持不敷，权将已减余盐，依旧煎办，今已二载，未蒙住罢。窃意议者，必谓广东控制海道，连接诸番，船商辏集，民物富庶，易以办纳，是盖未能深知彼中事宜。本道所辖七路八州，平土绝少，其民刀耕火种，巢颠穴岸，崎岖辛苦，贫穷之家，经岁淡食，额外办盐，卖将谁售？所谓富庶者，不过城郭商贾与舶船交易者数家而已。灶户盐丁，十逃三四，官吏畏罪，止将见存人户勒令带煎。又有大可虑者，本道密迩蛮獠，民俗顽恶，诚恐有司责办太严，敛怨生事。如蒙捐此微利，以示大信，疲民幸甚。"中书省送户部定拟，自元统三年为始，广东提举司所办余盐，量减五千引，中书省以所拟奏行之。

广海盐场：至元十三年置，办盐二万四千引。大德十年，_{大德二年，增盐价一引为六十贯，工本十贯。独广西如故。}增引为三万一千。至大元年，又增余盐一万五千引。延祐二年，正余盐通为五万一百六十五引。

至元五年，湖广行省言："广海盐课提举司额盐三万五千一百六十五引，余盐一万五千引。近因黎贼为害，民不聊生，正额积亏四万余引，卧收在库。若复添办余盐，困苦未甦，恐致不安。事关利害，如蒙除免，庶期元额可办，不致遗患边民"。户部议："上项余盐，若全恢办，缘非元额，兼以本司僻在海隅，所辖灶民，累经掠劫，死亡逃窜，民物凋敝，拟于一万五千引内，量减五千引，以纾民力。"中书省以所拟奏行之。

新元史卷七二
志第三九

食货五

酒醋课　　茶课　　市舶课

酒醋课。

太宗三年,立酒醋局坊场官,榷酤办课,仍以州府县司长吏充提点官,隶征收课税所,其课税验户口多寡定之。六年,颁酒曲醋货条禁,私造者依条治罪。

至元十年,御史台言:"酒户见纳课椿,每石卖钞四两,内纳官课钞一两。葡萄酒每一千斤卖钞一百两,内纳官课钞六两。此系榷货,难同商税。葡萄酒合依酒户一体纳课。"户部议:"葡萄酒不用米曲,与酿造不同,仍依旧例,三十分取一。"

至元十五年,禁私酒,造酒者笞七十七,财产断没,饮者笞一十七。

二十年,申严酒禁,有私造者财产、女子没官,犯人配役。

二十二年,听农民造醋自用,免其课税。酒课,除大都、河西务、杨村所管州城,依例官司榷酤外,腹里、大都、上都、江南、福建、两广乡村地面,交百姓自行造酒办酒,每石输钞五两。先是,卢世荣奏:"大都酒课,日用米千石。以天下之众,比京师当居三分之二,酒课当日用米二千石。今各路总计日用米三百六十石而已,其奸欺隐盗如此,安可不禁。臣等已责各官增旧课二十倍,有不如数者重治其罪。"世祖方委任世荣,不以为苛急也。至是,罢榷酤法,听民自造,增课钞一贯为五贯云。

二十九年,阿老瓦丁言:"杭州岁办二十七万余锭,湖广、龙兴岁办止九万锭。请减杭州岁课十分之二,交湖广、龙兴、南京三行省分办。"从之。

大德五年,定犯界卖酒,仍依断决追罚旧例,十瓶以下罚钞一十两,决二十七。十瓶以上,罚钞四十两,决四十七。酒虽多,止杖六十,罚钞五十两。其酒给还原主,仍勒令出境。

八年,大都酒课提举司设糟房一百所。九年,并为三十所,每所一日所酝,不得过二十五石。十年,增三所。至大三年,又增为五十四所。

延祐六年,常德路副达鲁花赤哈琳言:"窃维圣朝,推好生之仁,刑广恤刑之意,法贵得中,刑宜从薄。始立榷酤之时,官设酒库,出备米曲工本,造酒发卖。百姓不得私自酝造,亦犹盐场废用官本,灶户煎盐发卖办课,故犯酒禁者与犯盐之法同。已后废榷酤之法,酒醋课程散入民间恢办,诸人皆得造酒。有地之家,纳门摊酒课者,许造酒食用。造酒发卖者,止验米数赴务投税。其造卖而不税者,是与匿税无异。今官司往往将犯人依例决杖七十,籍没一半财产。若富有之家,安肯吝惜税钱,当此重罪。皆因比年水旱相仍,贫民生计艰难,造酒私卖,以资活活。愚而无知,妄思漏税,事发到官,无论升斗之末,一体科断。虽有籍没之名,其实贫家小户并无财产。况犯私茶者,止断没所犯货物,以此较之,轻重似觉不伦。今后有匿酒税者,如蒙减轻,依匿税例科断,似用法得中,不失恤刑之美意矣。"部议从之。

其岁课之数,惟天历三年有籍可征:

酒课

腹里,五万六千二百四十三锭六十七两。

辽阳,二千二百五十锭十一两。

河南,七万五千七十七锭十一两。

陕西,一万一千七百七十四锭三十四两。

四川,七千五百九十锭二十两。

甘肃,二千七十八锭三十五两。

云南,钞二十万一千一百十七锭。

江浙,十九万六千六百五十四锭二十一两。

江西,五万八千六百四十锭十六两。

湖广,五万八百四十八锭四十九两。

醋课:

腹里,三千五百七十六锭四十八两。

辽阳,三十四锭二十六两。

河南,二千七百四十锭三十六两。

陕西,一千五百七十三锭三十九两。

四川,六百十六锭十二两。

江浙,一万一千八百七十锭十九两。

江西,九百五十一锭二十四两。

湖广,一千二百三十一锭二十七两。

榷茶。始于世祖至元五年,用运使白赓言,榷成都茶,于京兆、巩昌置局发卖。私卖者,其罪与私盐同。六年,始立西蜀四川监榷茶场使司掌之。

十二年,既平宋,复用左丞吕文焕言,榷江西茶,以宋会子五十贯准中统钞一贯。十三年,定长引短引之法,以三分取一。长引,每引计茶一百二十斤,收钞五钱四分二厘八毫。短引,计茶九十斤,收钞四钱二分八毫。是岁,征一千二百余锭。十四年,取三分之半,增至二千三百余锭。十五年,运使木八剌管办,长引增收钞一两八分五厘六毫,短引增收钞八钱四分五厘六毫,办钞六千六百余锭。

十七年,用运使卢世荣言,革去长引,止用短引,末茶每引收钞二两四钱九分,草茶收钞二两二钱四分。又创立门摊食茶课程一千三百六十余锭,每岁添苔入额。是年,增至一万九千八百余锭。十八年,定贩茶者赍公据赴茶司缴纳,倒给茶引,赍引卖茶。卖毕,限三日内缴引,即时批抹。逾限匿而不缴,杖六十。因而冒用或改抹增添及引不随茶者,亦同私茶断。是年,增额至二万四千定。十九年,置官局于江南,令贩客卖引,通行货卖。

二十一年,江州榷茶都转运使廉恂言:"本司至二十年,茶课年终办到二万八千定。若于本司每年纳卖三十五万引上,每草茶一引,元价二两二钱四分,添钞一两九分,每引作三两三分,末茶二两四钱九分,添钞一两一分,每引作三两五钱,周岁约办钞二万四千锭。加贩茶客四千定,计二万八千定,已过卢运使数目,却将食茶课程革去,如此恢办,庶免百姓食茶搅扰之害,课亦不亏。"中书省议从之。二十二年,令襄阳、真州、庐州、淮安州、阳逻渡等处关防,勿令江南茶货渡江,候腹里路分,将无引茶货卖绝,再放行。二十三年,又以李起南言,每引增至钞五贯。是年,征至四万余锭。二十四年,申严私茶之禁。

二十五年,尚书省奏颁榷茶条画:

一,茶课,依茶引内条画施行。

一,纲船,官司不得拘撮。

一,旧引依限赴官司缴纳,每季申报尚书省照勘。

一,官吏军民诸色头目人等,无得虚桩煽惑,沮坏见办课程。

一,茶园,不得纵头匹损坏。

一,除职官外,其余运司合差人员,选有行止、有家业者充之。

一,差官巡绰,出给差札者,不得夹带私茶。

一,依旧例,管民正官充提点官。

一,元认课额及额外增羡,须尽实到官,如有亏负,勒令赔偿,更行治罪。

一,蒙古万户千户头目人等,无得非理夔索榷茶司酒食撒花等物。

是年，改立江西都督转运司。二十六年，阿里浑萨里、叶李等增引税为十贯。三十年，又改江南茶法，凡管茶提举司十六所，罢其课少者五。先是，茶引之外，又有茶由，以给零卖者，每由茶九斤，收钞一两。至是，自二斤至三十斤，分为十等焉。

元贞元年，有献利者言："旧法，江南茶商至江北者，又税之。其在江南卖者，亦宜更税如江北之例。"中书户部议增江南三千锭，不更税。是年，额至八万三百锭。至大四年，增额至十七万一千一百三十一锭。皇庆二年，更定江南茶法，又增至十九万二千八百六十余锭。

延祐五年，前江南茶运副法忽鲁丁言："所办茶课，以二十万锭为额。每引一道，旧例官钱十两，今通作中统钞十五两。批验每引，旧例官钱一钱，今通增作中统钱一钱五分。茶由每引，旧例官钱一钱一分一厘一毫二丝，今通作中统钞一钱六分六厘六毫八丝。如此减引添钱，必可增至三十万锭。"中书户部议："每岁量发引目一百万道，每引添中统钞二两五钱，通作十二两五钱，作额恢办。"敕从之。法忽鲁丁又言："运司止是亲榷江、兴二路，其余课钞，系各处提举司，并有带办，径赴各行省缴纳。宜将运裁罢。"部议恐亏兑课额，不允。七年，又增至二十八万九千二百一十一锭。较至元十三年课额，增二十余倍焉。天历二年岁额与延祐同。

后至元二年，江西茶运司同知万家驴言："本司岁办课额二十八万九千三百余锭。除门摊批验钞外，茶引一百万张，为钞二十五万锭。木茶自有官卸筒袋阁坊，其零斤草茶由帖，每年印造一千三百八万五千二百八十九斤。茶引一张，照茶九十斤，客商兴贩。其小民买食及江南产茶去处零斤采卖，皆须有帖券卖茶由。至于夏秋，茶由已绝，民间阙用。以此考之，茶由数少课轻，便于民用而不敷。每岁合印茶由，以十分为率，量增二分，计二百六十一万七千五十八斤。依引目内官茶，每斤收钞一钱三分八厘八毫八丝，计增七千二百六十九定七两,比较减去引目二万九千七十六张,庶几引不停闲,茶无私积。"中书省如所议行之。

至正二年,监察御史李宏言:"榷茶之制,古所未有。自唐以来,其法始备。国朝既于江州设立榷茶都转运司,仍于各路出茶之地设立提举司七处,专任散据卖引,规办国课,莫敢谁何。每至十二月初,差人勾集各处提举司官吏,关领次年据引。及其到司,旬月之间,司官不能偕至,吏贴需求,各满所欲,方能给付据引。此时春月已过,及还本司,方欲点对给散,又有分司官吏,到各处验户散据卖引。每引十张,除正纳官课一百二十五两外,又取要中统钞二十五两,名为搭头事例钱,以为分司官吏馈贶之资。提举司虽以榷茶为名,其实不能专散据卖引之任,不过为运司官吏营办资财而已。既见分司官吏所为若是,亦复仿效迁延。及茶户得据还家,已及五六月矣。中间又存留茶引二三千本,以茶户消乏为名,转卖与新兴之户,每据又多取中统钞二十五两,上下分派,各为己私。不知此等之钱,自何而出?其为茶户之苦,有不可言。至如得据在手,碾磨方兴,吏卒踵门催并初限。不知茶未发卖,何从得钱?间有充裕之家,必须别行措办。其力薄者,例被拘监,无非典鬻家私,以应官限。及终限,不足备上司紧进重复勾追,非法苦楚。此皆由运司给引之迟,分司苛取之过。茶户本图求利,反受其害,日见消乏逃亡,情实堪悯。今若申明旧制,每岁正月须要运司尽将据引给付提举司,随时派散,无得停留在库,多收分例,妨误造茶时月,如有过期,别行定罪,违者从肃政廉访司依例纠治,如此庶茶司少革贪黩之风,茶户免损乏之害。"中书省以其言切直,移咨江西行省,委官与茶运司讲究,如果便益,依所言行之。

世祖定江南,凡江浙、闽、粤滨海之地,与外番互市,以市舶官主之,大抵因宋之旧法。其货以十分取一,粗者十五分取一。至元十四年,立市舶司于泉州,以福州行省忙古鳄领之。立市舶司于庆元、上海、澉浦,以安抚使杨发领之。每岁招集舶商贸易。次年回帆,依例抽解,然后听其货卖。

十七年,上海市舶司招船提控王楠上言:“泉、福等路商船,贩吉布条铁等物,其税额不宜与番货等。”乃定双抽、单抽之法,番货双抽,土货单抽。十九年,又用中书左丞耿仁言,以钞易铜钱,令市舶司以钱易海外金珠货物,仍听舶户通贩抽分。二十年,复定抽分之法。是年,忙古䚟言,舶商皆以金银易香木。乃下令禁之,惟铁不禁。

二十三年,市舶司卢世荣请出系官钱万定,自具船给本,选贾人至海外贸易诸货。其所获之息,以十分为率,官取其七,贾人得其三。凡权势之家,不得用己钱为番贾,犯者罪之,仍籍其家产之半。禁海外贸易者,毋用铜钱。是年,以市舶司隶泉府监,改广东转运市舶提举司为盐课市舶司。未几,复置焉。二十五年,又禁广州官民,毋得运米至占城诸番。二十六年,沙不丁上市舶司岁献珠四百斤金三千四百两,命贮之以待贫乏者。

二十八年,令市舶验货抽分。是年,中书省定抽分之数及漏税法:凡商贾贩泉、福等路,已抽之物,于本省有市舶司之地卖者,细色于二十五分之中取一,粗色于三十分之中取一,免其纳税;其就市舶司买者,止于卖处收税,而不再抽。漏舶货物,依例断没。

三十年,中书省臣奏:旧纪三十年,行大司农司燕公楠、翰林学士承旨留梦炎言:“杭州、上海、澉浦、温州、庆元、广东、泉州置市舶司,惟泉州物货三十分抽一,余皆十五抽一。乞以泉州为例。”从之。错误殊甚,今不取。访闻有留状元称知市舶事例,又前行大司农司丞李晞颜报到亡宋抽分市舶则例,今会集各处行省官、行泉府司官并留状元及李晞颜同议,拟整治市舶司条律,奏请施行:

一,定例抽分,粗货十五分取一,细货十分取一,并依泉州现行体例,从市舶司更于抽讫货物内,以三十分为率,抽舶税一分,听舶商住便贸易。

一,权豪富户入番贸易者,与商贾一例抽分,匿者罪之,钱物断没,以三分之一与首告人充赏。

一，行省、行泉府司、市舶司诸官吏，交舶商捎带私钱贸易，匿不抽分者，与上同。

一，市舶内如有进呈贵细货物，应由行省移咨中书省奏闻，不得影射隐瞒，违者罪之。

一，僧、道、也里可温、答失蛮人夹带商贾过番贩卖，如无许免抽分明谕，仍依例抽分，违者罪之。

一，舶商所领公凭，明填所往何国，不许越投他处。如因风浪打往他国，就贩卖货物者，至回帆时，取问别无虚诳，依例抽分。

一，每船许带小船一只，名曰柴子船。

一，商船遭风，准与消落凭验，若诳言遭风等事，究问断没施行。

一，商人不请凭验者，船物没官，犯人杖一百七十。

一，舶商所携兵器，依例随住船处申明寄库，起舶日给还。

一，舶商所募人等，市舶司申给文凭，五人为保。

一，商舶回帆，以物籍公验纳市舶司。

一，商舶虽赴市舶司抽分，而货物有巧为藏匿者，即系漏籍，没官断罪。

一，金银铜铁及男女口，并不许下海私贩。

一，行下衙门不得将商船差占，有妨兴贩。

一，官吏知情受赂，船客隐税者，依条断罪。

一，舶商及艄工人等，合行优恤，并与除免杂役。

一，番人将带舶货，从本国于公验空纸内填写姓名、物件、斤重，至市舶司依例抽分，仍差廉干正官发卖。将民间必用及不系急用物色，验分数互相搭配，须通行发卖，限四月事毕。

一，行省、行泉府司、市舶司官须预期至抽解处，以待舶船到岸，依例抽收。

一，市舶司轮派正官于舶船开岸之日，亲行检视，仍取检视官结罪文状施行。

三十一年，诏有司勿拘海舶，听其自便。

元贞元年,以舶商隐漏物货者多,命就海中逆而阅之。二年,禁海商以细货于马八儿、唄喃、梵答剌亦纳三番国交易。别出钞五万定,令沙不丁等议规运之法。

大德二年,并澉浦、上海入庆元市舶司。是年,置制用院;七年,以禁商下海,罢之。

延祐元年,禁人下番,官自发船贸易,回帆之日,细物十分抽二,粗物十五分抽二。七年,禁入番将丝银细物易于外国。

至治二年,复立泉州、庆元、广东提举司,申明市舶之禁。三年,听海商贸易,归征其税。

泰定元年,诸海舶至者,止令行省抽分。三年,命有司依累朝呈献例,给买宝货者之直。天历元年,以其耗蠹国用,禁之。

新元史卷七三
志第四〇

食货六

常课　额外课　和籴和买
斡脱官钱

凡商贾之税，岁有定额，谓之常课；无定额者，谓之额外课。

太宗二年，立征收课税所，凡仓库院务官，选有资产及谨饬者充之。所办课程，每月赴课税所输纳。有贸易借贷者，徒二年，杖七十；所官扰民贪婪者，罪亦如之。定诸路课税杂税，三十分取一。

中统四年，用阿合马等言，凡京师权势之家为商贾，及以官银卖买者，并赴务纳税，入城不吊引者同匿税论。

至元七年，申明三十分取一之制，以银四万五千定为额，有溢额者别作增余。凡典卖田宅不纳税者，禁之。二十年，颁季报课程比附增亏事例。是年，定上都税课六十分取一，由旧城市肆院务迁入都城者，四十分取一。二十二年，减上都课税，一百两之内取七钱半。二十六年，从桑哥言，增天下商税腹里为二十万定，江南二十五万定。二十九年，定输纳之限，不许过四孟月十五日。三十一年，诏商税有增余者，毋作额。

元贞元年，复增上都税课。

天历二年商税总入之数：

大都宣课提举司，十万三千六定十一两。

大都路,八千二百四十二定九两。

上都留守司,一千九百三十四定五两。

兴和路,七百七十定十七两。

永平路,二千二百七十定四两。

保定路,六千五百七定二十三两。

顺德路,二千五百七定九两。

广平路,五千三百七定二十。

彰德路,四千八百五定四十三两。

大名路,一万七百九十五定八两。

怀庆路,四千九百四十九定二两。

卫辉路,三千六百六十三定七两。

河间路,一万四百六十六定四十七两。

东平路,七千一百四十一定四十八两。

东昌路,四千八百七十九定三十二两。

济宁路,一万二千四百三定四两。

曹州,六千七十定四十六两。

濮州,二千六百七十一定。

高唐州,四千二百五十九定六钱。

泰定州,二千十三定二十五两。

冠州,七百三十八定十九两。

宁海州,九百四十四定。

德州,二千九百十九定四十二两。

益都路,九千四百七十七定十五两。

济南路,一万二千七百五十二定三十六两。

般阳路,三千四百八十六定九两。

大同路,八千四百三十八定十九两。

冀宁路,一万七百十四定三十四两。

晋宁路,二万一千三百五十九定四十两。

岭北行省,四百四十八定四十两。

辽阳行省，八千三百七十三定四十一两。

河东行省，四万五千五百七十九定三十九两。

四川行省，一万六千六百七十六定四两。

甘肃行省，一万七千三百六十一定三十六两。

江浙行省，二十六万九千二十七定三十两。

江西行省，六万二千五百十二定七两。

湖广行省，六万八千八百四十四定九两。

额外课，凡三十有二。其岁入之数，惟天历二年可考。

一曰历日，总三百十二万三千一百八十五本，计中统钞四万五千九百八十定三十二两五钱。大历二百二十万二千二百三本，每本钞一两。小历九十一万五千七百三十五本，每本钞一钱。回回历五千二百五十七本，每本钞一两。

二曰契本，总三十万三千八百道，每道钞一两五钱，计中统钞九千一百十四定。至元二十二年，中书省议：诸人典卖田宅、人口、头匹所立文契，赴务设税，随即粘连契本给付买主，每本收宝钞三钱。皇庆元年，契本旧制收中统钞三钱，改收至元钞三钱。至天历二年，收一两五钱。

三曰河泊，总计钞五万七千六百四十三定二十三两四钱。

四曰山场，总计钞七百十九定四十九两一钱。至大元年，罢山场、河泊课程，听民采取。

五曰窑冶，总计钞九百五十六定四十五两九钱。瓷窑二八抽分。至元五年，均州军户韩玉芳乞三十分抽一，制国用使司不允。

六曰房地租，总计钞一万二千五十三定四十八两四钱。延祐二年，户部议：军户诸色人等凡典卖田宅，皆从尊长画字取问，有服房亲次及邻人典主不愿者，限十日批退，违限决十七；愿者限十五日批价，依例立契成交，违限决二十七。其亲邻典主取索画字财物，决二十七，业主虚抬高价，不成交易者，决二十七，听亲邻典之百日收赎，业主不交业者，决四十七。至元七年，令质押田宅者依例立契。

元贞元年,中书省议:典卖田宅不赴官告给公据,私行交易者,痛行断罪,田粮一半没官,一半付告人充赏。

七曰门摊,总计钞二万六千八百九十九定十九两一钱。至元二十九年,湖南道县尹李琮等上言:"民户除纳商税、酒醋课程外,每户一年滚纳门摊地亩一两二钱,验地亩多寡科征,亦有应纳二十余定之家,周岁计钞二万余定,比之腹里包银,增加数倍。民户贫穷无可送纳,以致逃亡,啸聚为寇。所欠课程勒令官司揭借,或令见存民户分纳。乞概行除免,以拯官民之困。"比较钱粮官、户部张侍郎议:"门摊课程仍通行依额认办,除离城十里之内依旧例税米外,十里之外验有地亩均科,各家佃户再不重复纳税,其无地下户并行除免。"

八曰池塘,总计钞一千九定二十六两。

九曰蒲苇,总计钞六百八十六定三十三两四钱。

十曰食羊等课,总计钞一千七百六十定二十九两七钱。

十一曰荻苇,总计钞七百二十四定六两九钱。

十二曰煤炭,总计钞二千六百十五定二十六两四钱。

十三曰撞岸,又名岸例,总计钞百八十六定二十七两五钱。

十四曰山查,总计钞七十五定二十六两四钱。

十五曰曲,江浙省钞五十五定三十七两四钱。

十六曰鱼课,江浙省钞一百四十三定四十两四钱。江南鱼户自备工本办课,认一百定课程。至元二十二年,改为打算鱼数,十分为率,鱼户收三分,官收七分。

十七曰漆课,总计一百十二定二十六两。

十八曰醉课,总计钞二十九定三十七两八钱。

十九曰山泽,总计钞二十四定二十一两一钱。

二十曰荡课,平江路八百八十六定七钱。

二十一曰柳课,河间路四百二定四两八钱。

二十二曰牙例,河间路二百八定三十三两八钱。

二十三曰乳牛,真定路二百八定三十两。

二十四曰抽分，黄州路一百四十四定四十四两五钱。

二十五曰蒲课，晋宁路七十二定。

二十六曰鱼苗，龙兴路六十五定八两五钱。

二十七曰柴课，安丰路三十五定十一两七钱。至元二十四年，罢江南柴薪、竹木、岸例、鱼、牙诸课。

二十八曰羊皮，襄阳路十四定四十八两八钱。

二十九曰瓷课，冀宁路五十八定三两六钱。

三十一曰姜课，兴元路一百六十二定二十七两九钱。

三十二曰白药，彰德路十四定二十五两。

和籴之名有二：曰市籴粮，曰盐折草。

市籴粮，始于中统二年，以钞一千二百定于上都、北京、西京等处籴三万石。四年，以解盐引一万五千道和市陕西军储，又命札马剌丁籴粮，仍敕军民官勿阻。五年，谕北京、西京等路市籴军粮。至元三年，以南京等处和籴四十万石。四年，命沔阳州等中纳官粮，续还其直。八年，验各路粮价，增十分之一和籴三十九万四千六百六十石。六年，以两淮盐五道引，募客旅中粮。十九年，以钞三万定，市籴于隆兴、德兴府、宣德州。二十年，以钞五千定市籴于北京，六万定市籴于上都，二千定市籴于应昌。二十一年，以河间、山东、两浙两淮盐引，募诸人中粮。又以钞四千定，于应昌市籴。又发盐引七万道，钞三万定，于上都和籴。二十二年，以钞五万定，令木八剌沙和籴于上都。诏江南秋收，官为定例收籴；次年，减价出籴。二十三年，发钞五千定市籴沙、静、隆兴军粮。二十四年，官发盐引，听民中粮，又以扬州、杭州盐引五十万道换民粮。二十七年，和籴京粮，其价每十两之上，增一两。延祐三年，中籴和林粮二十三万石。五年、六年，又各和中二十万石。

盐折草，始于大德八年。每年以河间盐，令有司于五月预给京畿郡县之民，至秋成，各验盐数输草，以给京师秣马之用。每盐二斤，折草一束，重十斤。岁用草八百万束，折盐四万斤。

和买之法,其载于《至元新格》者,诸和买物须验出产停顿去处,分俵均买,其官吏不得先以贱拘收,揣勒人户。违者痛行断罪,计其余价,依数追还。诸和买须于收物处榜示见买物色及价钞。物既到,官钞即给示。仍须正官监之,置簿以备检勘。

至元十三年,敕上都总管府和顾和买,权豪与平民均输。十八年,敕安西等处军站,凡和顾和买,与民均役。

十九年,合剌奴、脱脱等言:"古人任土作贡,必因其土地所生,风气所宜,以为之制。今日和买,不随其所有,而强取其所无。和买诸物,分文价钞并不支给,百姓典家卖产、鬻子雇妻,多方寻买以供官司。而出产之处,知其物他处所无,此处所有,于是高抬价钞。民户应当官司,不能与较,惟命是听。如此受苦不可胜言。乞明降指挥,今后应有和买,止于出产去处随时收取,庶免生事害人,天下幸甚。"户部依所议行之。

二十九年,定和买折收物色,本路官司估直,从宣慰司差官检覆,如有不实,廉访司官依例体察纠治。

至大三年,户部议准:"州县官司风闻和买诸物,暗令所占佃户,或缎匹,或绢布,督逼各户织造。将百姓所纳之物,百般疏驳,以己物添价送纳,并其余和买诸物,亦皆倚赖官势,贱买贵卖,损民取利,或克除价直,或移换昏钞,不得实价到民。所有今岁和买计置物色,拟令路府州县长官色目、汉人各一员,与物主交易两平收买,随即交直。所用价钞,于本处系官钱内放支。"

至攒运官物,又有和顾之法。《至元新格》:诸和顾脚力皆尽行车之户,少则于近上有车户内和顾,仍籍其输转,勿使官吏挪攒作弊。

大德五年,兵部议:递运脚力两平和顾,除大都至上都并五台脚价外,其余路分比附各处所拟千斤百里以中统钞为则。旱脚山路十五两,平川十二两。江南、腹里河道水脚,上水八钱,下水七钱。江淮黄河,上水一两,下水七钱。验实有斤重,于系官钱内放支。中书省如所拟行之。

　　斡脱官钱者,诸王妃主以钱借人,如期并其子母征之。元初,谓之羊羔儿息。时官吏多借西域贾人银,以偿所负,息累数倍,至没其妻子犹不足偿。耶律楚材奏令本利相侔,永为定例。

　　中统三年,定诸王投下取索债负人员,须至宣抚司,彼此对证,委无异词,依一本一利还之。毋得将欠债官民人等强行拖拽,人口、头匹准折财产,搅扰不安。违者罪之。

　　至元八年,立斡脱所。以掌其追征之事。二十年,蠲昔剌斡脱所负官钱。是年,诏:"未收之斡脱钱,悉免之。"二十九年,复诏:"穷民无力者,本利免其追征,中户则征其本而免其利。"

　　元贞元年,诏:"贷斡脱钱而逃匿者罪之,仍以其钱赏首告者。"

　　大德元年,禁权豪斡脱。大德二年,诸王阿只吉索斡脱钱,命江西行省籍负债者之子妇。省臣以江南平定之后,以人为货,久行禁止。移中书省,罢其事。五年,禁斡脱钱夹带他人营运,违者罪之。六年,札忽真妃子、念木烈大王位下遣使人燕只哥歹等追征斡脱钱物,不由中书省,亦无元借斡脱钱数目,止云借斡脱钱人不鲁罕丁等三人,展转相攀,牵累一百四十余户。中书省议准:凡征斡脱官钱者,开坐债负户计人名、数目,呈中书省,转咨行省官同为征理。照验元坐取斡脱钱人姓名,依理追征,毋致勾扰违错,著为令。

新元史卷七四

志第四一

食货七

钞　法

　　元初仿金人交钞之法,有行用钞,其制不可考。太宗八年,于元奏行交钞,耶律楚材曰:"金章宗时初行交钞,与钱通用。有司以钞为利,收钞为讳,谓之老钞,至以万贯易一饼,国用日匮,当为殷鉴。今印造交钞,宜不过万定。"从之。先是,太祖晚年,博州行元帅府事何实因兵燹后百货不通,以丝数印置会子,一方便之。是为用交钞之始故。

　　中统元年,始造交钞,以丝为本。以银五十两易丝钞一千两,诸物之直并从丝例。盖犹沿实之旧法。是年七月,又造中统元宝钞。其文以十计者,曰:一十文、二十文、五十文;以百计者,曰:一百文、二百文、五百文;以贯计者,曰:一贯文、二贯文,每一贯同交钞一两,二贯同白银一两。是又仿金人之大钞、小钞,而增为三等云。又以文绫织为中统银货,其等有五,曰:一两、二两、三两、五两、十两,每一两同白银一两,然银货终未施行。三年,敕私市金银应支钱物,止以交钞为准。四年,诸路包银以钞输纳,其丝料入本色,非产丝之地亦听以交钞输纳。是年五月,立燕京平准库,以平物价而利钞法。寻命各路立平准行用库,选富民为库、副使。后有贾胡交通阿合马,欲贸交钞本,私平准之利,以增岁课为词。世祖问户部尚书马亨,对曰："交钞可权万货者,法使然也。法者,主上之柄,使一贾胡擅之,何以令天下。"事始寝。

至元三年,诸路交钞都提举杨楫上钞法便宜事,请以五十两铸为定,文以元宝。从之。自后十三年,伯颜平宋,铸扬州元宝,纳于朝廷。十四年,大都所铸者重四十九两。十五年,所铸者重四十八两。至辽阳元宝,乃二十四年征乃颜后所铸云。至元十二年,添造厘钞,其等有三,曰:二文、三文、五文。初,钞印用木板,十三年始以铜。十五年,以厘钞不便于民,复罢之。十七年,中书省议:"流通钞法,凡赏赐宜多给币帛,岁课宜多收钞。"从之。立畏兀儿交钞提举司。先是,至元九年,立和林转运使兼提举交钞。至是,畏兀儿亦置提举司。二十年,又立畏兀儿交钞库,盖钞法通行西北边矣。

十九年,中书省奏准治钞法,其通行条画凡九事:

一,钞库倒昏钞,每一两加工墨三分。如官吏人等暗递添荅工钱,自倒换十四两以下决杖有差。

一,买卖金银,付官库依价倒换。私自买卖者,金银断没,一半给告捉人充偿,十两以下决杖有差。

一,卖金银者自首,免本罪,官收给价。买主自首者,依上施行。

一,金银匠开张打造之家,凭诸人将金银打造,凿记匠人名姓于上。不许自用金银造卖,违者依私倒金银例断罪。

一,拿获买卖金银人等,私行买放者,依例追没断罪,放者罪与同科。

一,收倒钞,当面于昏钞上就印毁讫,封记,将昏钞按季解纳。违者,决杖五十七,罢职。

一,钞库官吏侵盗金银宝钞,借贷移易使用者,依条画断罪,委管民长官按月计点。一,钞库官吏将倒下金银添价倒出,更将本库金银捏合买者姓名,用钞换出,暗地转卖与人者,无论多寡,处死。

一,诸人将金银到库,不得添减殊色,非理刁蹬,违者杖五十七,罢职。

然法虽严密,行之既久,物重钞轻,不胜其弊也。

二十三年,中书省传旨,议更钞、用钱。吏部尚书刘宣献议曰:
"原交钞所起,汉、唐以来皆未尝有。宋绍兴初,军饷不继,造此以诱
商旅,为沿边籴买之计,比铜钱易于赍擎,民甚便之。稍有滞碍,即
用现钱,尚存古人子母相权之意。日增月益,其法浸弊。欲求目前
速效,未见良策。必欲创造新钞,与旧钞相权,只是改换名目,无金
银作本称提,军国支用不复抑损,三数年后仍与元宝交钞无异。铸
造铜钱,又当详究。秦、汉、隋、唐、金、宋利病,著在史策,不待缕陈。
国朝废钱已久,一旦行之,功费不资,非为远计。大抵利民权物,其
要自不妄用始。若欲济邱壑之用,非惟铸造不敷,抑亦不久自弊
矣。"时桑哥用事,绌宣议不听。是年,以张瑄、朱清并为海道运粮万
户,赐钞印,听其自印交钞,其钞色比官造加黑印,朱加红。自是,
瑄、清富埒朝廷,卒以汏侈伏诛。

二十四年,改造至元宝钞,其钞样为叶李所献。李尝献于宋,请
以钞代关子,宋人不能用。至是,世祖嘉纳之,使铸板。其通行条画,
凡十四事:

一,至元宝钞一贯当中统宝钞五贯。

一,依中统之初,随路设官库买卖金银,平准钞法。每花银一两
入库官价至元宝钞二贯,出库二贯五分。白银各依上买卖。课银一
定,官价宝钞二定,发卖宝钞一百二贯五百文,赤金每两价钞二十
贯,出库二十贯五百文。

一,民间将昏钞赴平准库倒换至元宝钞,以一折五,其工墨依
旧例,每买三分。

一,民户包银愿纳中统宝钞者,依旧听四贯,愿纳至元宝钞,折
收八百文。

一,随处盐课每引卖官价钞三十贯,今后卖引,许用至元宝钞
二贯、中统宝钞十贯,愿纳至元宝钞四贯者听。

一,茶、酒、醋税,竹货、丹粉、锡碌诸色课程,收至元宝钞,以一
当五,愿纳中统宝钞者听。

一,系官并诸投下营运斡脱,公私钱债,关借中统宝钞,还至元

宝钞,以一折五出放,斡脱人员毋得阻滞。

一,平准库官、收差办课人等,如遇收支交易,务要听从民便。若不依条画,故行阻抑钞法者,断罪除名。

一,如用中统宝钞贸易,止依旧价,无得疑惑斗涨价直。有高抬物价者,罪之。

一,访闻民间缺少零钞,难为贴兑。今颁行至元宝钞,自二贯至五文,凡十一等,便民行用。

一,伪造通行宝钞者,处死。首告者赏银五定,仍给犯人家产。

一,委各路总长及各处管民官上下半月计点,平准钞库长官、公出次官,承行各道宣慰司、提刑按察司常切体察,如有看徇,通同作弊者,一体治罪,亦不得因而搔扰沮坏钞法。

一,应质典田宅,并以宝钞为则。无得该写丝棉等物,低昂钞法,违者罪之。

一,提调官吏不得赴平准库收买金银,及多将昏钞倒换,违者罪之。

一,条画颁行之后,若禁治不严,流行滞涩,亏损公私,其亲管司县府官断罪,解任路府判官亦行究治。

终元之世,中统、至元宝钞兼用,其条画迄不能废云。

二十九年,令随路平准库存留钞本。三十一年八月,诏诸路交钞库所贮银九十三万六千九百五十两,除存留十九万二千四百五十两为钞母,余悉运于京师。

元贞元年,加重挑补钞罪,仍优告捕者之赏。七年,又定改补钞罪例,为首者杖一百有七,从者减二等,再犯从者杖与首同,为首者流。

至大二年,武宗以物重钞轻,改造至大银钞,自二两至二厘定为十三等,每一两准至元钞五贯、白银一两、赤金一钱。尚书省臣又请罢中统钞,以至大钞为母,至元钞为子,仍拨至元钞本百万定以给国用。三年,尚书省臣言:"昔至元钞初行,即以中统钞本供亿,仍销其板。今既行至大钞,乞以至元钞输万亿库,销毁其板,止以至大钞与铜钱相权通行为便。"又言:"今年印至大钞本一百万定,乞增二十万定,与铜钱并用,分备侍卫及鹰房之费。"并从之。

四年,仁宗即位,尚书省臣以变乱祖宗旧法,俱伏诛。诏曰:

> 我世祖皇帝参酌古今,立中统、至元钞法,天下流行,公私蒙利,五十年于兹矣。

> 比者尚书省不究利病,辄意变更,既创至大银钞,又铸大元至大铜钱,倍数太多,轻重失宜。钱以鼓铸弗给,新旧恣用,曾未再期,其弊滋甚。

> 爰咨廷议,允协舆情,皆愿变通以复旧制。其罢资国院及各处泉货监、提举司,买卖铜器,听民自便。已发各处至大钞本及至大铜钱,截日封贮。民间行使者,赴行用库倒换。

未几复诏收至大银钞。是时,河南行省右丞王约度河南岁用钞七万定,必至上供不给,乃下诸州收至大、至元钞相半。众虑方诏命,约曰:"岁终诸事不集,亦有司之责。"遣使白于中书省,遂许遍行天下。

至顺二年十月,烧积年还倒昏钞二百七十万定。时监烧昏钞者,欲取能名,概以烧钞为伪钞,使管库者诬服。狱既具,中书省左司都事韩元善知其冤,覆之,得免死者十余人。又江南行台御史许有壬行部至江西,会廉访使苗好谦监烧昏钞,检视钞者日百余人,好谦恐其有弊,痛笞之。人畏罪,率剔真为伪,以迎其意,笥库使榜掠无完肤。有壬覆视,皆真钞也。遂释之。盖烧昏钞,本以除弊,而奉行不善,事枉人冤,则刻核者为之也。

至正十年,诏天下以中统交钞一贯文权铜钱一千文,准至元宝钞二贯,仍铸至正通宝钱,以实钞法。时右丞相脱脱再入中书,锐意更张钞法。会中书省枢密院御史台及集贤翰林两院官共议之。先是,左司都事武祺尝建言:"钞法自世祖时已行之后,除拨支料本倒易昏钞,以布天下外,有合支名目,于宝钞总库料钞转拨,所以钞法疏通,民受其利。比年以来,失祖宗元行钞法本意,不与转拨,故民间流转者少,伪钞滋多。"户部韪其言,凡合支名目令总库转支。至是,祺与吏部尚书偰哲笃俱迎合脱脱之意,独集贤大学士吕思诚力言不可,语详《思诚传》。脱脱不听。行之未久,物价腾贵。又值军兴,粮储赏犒,每日印造不计其数。京师钞十定易斗粟不可得。所在郡县,皆以物货相易。公私之钞,积压不行,人视之如废楮焉。

元之钞法,一变于至大,再变于至正,皆欲钱钞兼行,以实济虚,其言似近理,而卒以致乱,刘宣之议可谓知本矣。

凡昏钞,贯伯分明,微有破损者,并合使用,不用者罪之。大德二年,定昏钞倒换体例二十五样:

一,上截贯伯行使四字并贯伯俱全,无下截者。

一,止存二贯文省其贯伯,并钞张上截俱损去者。

一,止存二贯文三字,其省字并钞张俱损去者。

一,止存二文二字,其贯省二字并贯伯下截俱损去者。

一,二贯文省四字俱全省去,贯伯左边一半并左边上一角钞纸不存者。

一,文省二字并贯伯左边一半俱各损去者。

一,止损省字并一角钞纸者。

一,损去贯字并贯伯右边一半,并右边钞纸不存者。

一,字贯伯各昏烂不堪辨认,边栏花样可以辨认者。

一,碎烂补作一处用另纸衬贴,字贯可以辨认者。

一,边角有火烧烟薰痕迹,而字贯可辨者。

一,油污钞,字贯可认者。

一,鼠咬钞,字贯可认者,俱合倒换。

一,损去二字近上一半,并近上钞纸不存者。

一,损去二文省三字已上钞纸,止存贯字,并贯伯边栏可以辨认者。

一,二贯文省俱无,止有贯伯并下截钞张者。

一,厚硬钞纸无二字并一角,其贯文省三字并贯伯完全者。若二字微能辨认,尚可倒换。

一,损去二贯二字,并右边纸不存者。

一，中心损去二贯文省科一字者。

一，中心损去二贯文省四字。

一，雨水潦陋损烂不可辨认者。

一，损去二文二字并已上钞纸者。

一，钞料火酒损边，或下截并烧去二字者。若不干碍字贯及无行用库退印，尚可倒换。

俱不合倒换。

伪钞。至元五年，诏：同造伪钞人有悔过自首者，与免本罪。十五年，定造伪钞者，不分首从，俱处死；知情分使人等，杖一百七；著为令。二十五年，又定社长邻右知而不首者，比附买、使犯人减一等科罪。元贞元年，诏：挑补钞者，杖七十七，从杖五十七。大德十年，定挑钞人再犯杖一百七、徒役一年，从杖一百七。皇庆元年，又定：买使挑钞者，比买、使伪钞例，杖九十七。其立法尤为严急焉。

凡岁印钞数：

中统元年，中统钞七万三千三百五十二锭。

二年，中统钞三万九千一百三十九锭。

三年，中统钞八万锭。

四年，中统钞七万四千锭。

至元元年，中统钞八万九千二百八锭。

二年，中统钞一十一万六千二百八锭。

三年，中统钞七万七千二百五十二锭。

四年，中统钞一十万九千四百八十八锭。

五年，中统钞二万九千八百八十锭。

六年，中统钞二万二千八百九十六锭。

七年，中统钞九万六千七百六十八锭。

八年，中统钞四万七千锭。

九年，中统钞八万六千二百五十六锭。

十年，中统钞一十一万一百九十二锭。

十一年，中统钞二十四万七千四百四十锭。

十二年,中统钞三十九万八千一百九十四锭。

十三年,中统钞一百四十一万九千六百六十五锭。

十四年,中统钞一百二万三千四百锭。

十六年,中统钞七十八万八千三百二十锭。

十八年,中统钞一百九万四千八百锭。

十九年,中统钞九十六万九千四百四十四锭。

二十年,中统钞六十一万六百二十锭。

二十一年,中统钞六十二万九千九百六十四锭。

二十二年,中统钞二百四万三千八十锭。

二十三年,中统钞二百一十八万一千六百锭。

二十四年,中统钞八万三千二百锭,至元钞一百万一千一十七锭。

二十五年,至元钞九十二万一千六百一十二锭。

二十六年,至元钞一百七十八万八千九十三锭。

二十七年,至元钞五千万二百五十锭。

二十八年,至元钞五十万锭。

二十九年,至元钞五十万锭。

三十年,至元钞二十六万锭。

三十一年,至元钞一十九万三千七百六锭。

元贞元年,至元钞三十一万锭。

二年,至元钞四十万锭。

大德元年,至元钞四十万锭。

二年,至元钞二十九万九千九百一十锭。

三年,至元钞九十万七十五锭。

四年,至元钞六十万锭。

五年,至元钞一百五十万锭。

六年,至元钞二百万锭。

七年,至元钞一百五十万锭。

八年,至元钞五十万锭。

九年，至元钞五十万锭。

十年，至元钞一百万锭。

十一年，至元钞一百万锭。

至大元年，至元钞一百万锭。

二年，至元钞一百万锭。

三年，至大银钞一百四十五万三百六十八锭。

四年，至元钞二百一十五万锭，中统钞一十五万锭。

皇庆元年，至元钞二百二十二万二千三百三十六锭，中统钞一十万锭。

二年，至元钞二百万锭，中统钞一十万锭。

三年，至元钞二百万锭，中统钞二十万锭。

延祐元年，至元钞二百万锭，中统钞一十万锭。

二年，至元钞一百万锭，中统钞一十万锭。

三年，至元钞四十万锭，中统钞一十万锭。

四年，至元钞四十八万锭，中统钞一十万锭。

五年，至元钞四十万锭，中统钞一十万锭。

六年，至元钞一百四十八万锭，中统钞一十万锭。

七年，至元钞一百四十八万锭，中统钞一十万锭。

至治元年，至元钞一百万锭，中统钞五万锭。

二年，至元钞八十万锭，中统钞五万锭。

三年，至元钞七十万锭，中统钞五万锭。

泰定元年，至元钞六十万锭，中统钞一十五万锭。

二年，至元钞四十万锭，中统钞一十万锭。

三年，至元钞四十万锭，中统钞一十万锭。

四年，至元钞四十万锭，中统钞一十万锭。

天历元年，至元钞三十一万九百二十锭，中统钞三万五百锭。

二年，至元钞一百一十九万二千锭，中统钞四万锭。

元之钱法。至元十四年，禁江南用铜钱。是年，日本遣商人持金来易铜钱，许之。十九年，又用左丞耿仁言，以钞易铜钱，令市舶司以钱易海外货,仍听船户通贩抽分。至二十三年,乃禁海外贸易者毋用铜钱。至大二年,诏舶商贩铜钱下海者禁之。二十二年,中书右丞卢世荣请铸铜钱,言钞为虚,币宜括铜铸至元钱与钞参行。帝然之。已而不果。

大德十一年,武宗即位,阔尔伯牙里请更用银钞、铜钱,集议不行。及尚书省改钞法,并议铸钱。至大二年,大都立资国院,山东、河东、辽阳、江淮、湖广、川汉立泉货监六,产铜之地立提举司十九。是年十月,以行铜钱诏天下。御史言:"至大银钞始行,品目繁碎,民犹未悟,而又兼行铜钱,虑有妨碍。又民间拘铜器甚急,弗便。"诏与省臣议之。三年,遂铸钱二等:曰至大通宝者,一文准至大银钞一厘,其钱文为楷书;曰大元通宝者,一文准至大通宝钱一十文,其钱文为西番篆书。历代铜钱,悉依旧例与至大钱通用。其当五、当三、折二,并依旧数用之。至八月,又以行用铜钱诏天下。

四年,仁宗即位,罢至大钱,诏以鼓铸弗给,新旧恣用,其币日甚,与银钞皆废不用。礼部尚书杨朵尔只曰:"法有便否,不当视立法之人为废。置银钞固当废,铜钱与楮币相权而行,古之道也,何可遽废乎!"言虽不用,时论韪之。

至正十年,置诸路宝泉提举司于京城。明年,又立宝泉提举司于河南行省及济南、冀宁等路。未几,江浙、江西、湖广三行省亦立提举司等处。是年十一月,铸至正通宝铜钱,千文准中统交钞一贯。先是,翰林学士揭傒斯请兼行新旧铜钱,以救钞法之弊。不报。至是,更定钞法,并令铸钱。诏曰:

我世祖颁行中统钞,以钱为文,虽鼓铸未遑,而钱、币兼行之意已具。后造至元宝钞,以一当五,名曰子母相权,而钱实未用。今钞法偏虚,民用匮乏,爰谋拯弊,必合更张。铸至正通宝与历代铜钱并用,以实钞法。子母相权,新旧相济,以上副世祖立法之本意。

十六年,禁销毁贩卖铜钱。初,世祖以钱币问太保刘秉忠,对曰:"钱用于阳,楮用于阴。今陛下龙兴,沙漠君临中夏,宜用楮币,俾子孙世守之。若用钱,四海且不靖。"遂屏铜钱不用。迨武宗用之不久。辄罢。至正钱、币兼行,以实钞法。未几,盗贼蜂起。天下大乱,秉忠之言若合符节焉。然历朝并铸铜钱,盖以备布施佛寺之用,非民间通用也。

自世祖以后,中国用楮币,西北诸藩仍行钱币。其制有银币、铜币。币品,文为汗名,幂为人面或为骑马,详泰西人所著《蒙古西域诸国钱谱》,不具论。

新元史卷七五

志第四二

食货八

海　运

　　伯颜建海运之议，事便而费省，然卒有不虞，则举千百人之命投于不测之渊，非若近世舟航之利，可以保万全而无覆溺之患也。今考其事故，粮则一岁所损坏者多至十余万石，少亦四五千石，其军人、水手之漂溺者可知矣。重利而轻民命，岂仁人之政哉。

　　至元十九年，初命上海总管罗壁、张瑄、朱清造海船六十艘，募水手，同官军自海道漕运江南粮四万六千余石。明年三月，至直沽，从丞相伯颜之议也。先是伯颜入临安，而淮东之地犹为宋守，乃命张瑄等自崇明州募船，载亡宋库藏图籍，由海道运至直沽。又命造鼓儿船，运浙西粮涉江入淮，达于黄河，逆水至中滦旱站，运至淇门，入御河，接运以达京师。后用总管姚焕议，开济州泗河，自淮入泗，自泗入大清河，由利津河口入海。因海口壅沙，又从东阿旱站运至临清，入御河，并开胶莱河道，通直沽之海运。至十九年，伯颜见河运劳费不资而无成效，追思般运亡宋库藏图籍之事，以为海运可行；奏命江淮行省限六十日，造平底海船六十艘，委上海总管罗壁、张瑄、朱清等，载官粮四万六千余石，创行海运，沿山求屿以抵直沽。然风泛失时，本年不能抵岸，在山东刘家岛压冬。至二十年三月，放莱州洋，始达直沽。因内河浅涩，就于直沽交卸。

是年，置京畿、江淮都漕运司，漕江南粮。仍各置分司，催督纲运。以运粮多寡，为运官殿最。中书省奏："南北粮饷，国之大计。前虽攒运，虚费财力，终无成功。盖措置乖方，用人不当，以致如是。今大都漕运司止管淇门运至通州河西务，其中滦至淇门，通州河西务至大都陆运车站，别设提举司，不隶漕运司管领，扬州漕运司止管江南运至瓜州，至中滦水路，运副之押运人员不隶漕运司管领。南北相去数千里，中间气力断绝，不相接济，所以粮道迟滞，官物亏陷失误，支持所关甚大。比以省臣奏准，京畿、江淮设都漕运使二，旧官尽行革去，其江淮漕运司，除江南运至瓜州依旧管领外，将漕司官一半置于瓜州，一半于中滦、荆山上下行司，专以催督纲运。每岁须运粮二百万石到于中滦，取京畿漕运司通关收附，申呈扬州行省为照。京畿漕运司自中滦运至大都，仍将中滦至淇门，河西务至大都车站，拨隶本司管领，其漕运司官一半于大都置司，一半于中滦、淇门上下行司，专以催督纲运。每岁须运粮二百万石至都，取省仓足数抄凭，申呈户部为照。岁终考校运及额数者为最，不及者为殿。当该运司一最升一等，任满别行迁转；一殿降一等，次年又殿，则黜之。"从之。

二十年，右丞麦术丁等奏王积翁言："亡宋都汴时，每年运粮六百万石。如今江南粮多，若运至京师，米价自贱。诏使臣等议之，窃维运粮之事为广输运之途，今止中滦一处漕运，仅运三十万石。近者阿八赤新开一河，又奥鲁赤经由济州开挑一河，又黄河迤上有沁河可以开挑一河，遣人相视，令脱忽思赍绘图呈奏。如此等河道一一成就，则运粮数目自多。"上曰："朕览图，宜如卿所奏。"是年八月，总计一岁海运、河运所至者粮二十八万石。丞相和鲁火孙、参议秃鲁花等奏言："扬州以船一百四十六运粮五万石，四万六千石已到。其余六船未到，必遭风覆没。闻海中有径直之道，乞遣人试验。"又奏："阿八赤新河运粮二万余石，又东平府南奥鲁赤新开河运粮三万二千石，暨御河常年攒运河道粮，总二十八万石，俱已至都。"上称善。

是年十一月，丞相和鲁火孙等奏："阿八赤新挑河道迤南，用船一百九十四艘，运粮四万八千九百六十一石。其船一百四艘内损坏讫粮五千五十一石外，船九十艘，该粮二万三千九百九石。凡粮之至者，与已损坏者，具数以闻。"诏以问阿八赤，阿八赤言："扬州运船不坚，又沿海岸行，故多损坏，非预臣事。臣所将五十艘，才失其四，其余当以风泛未至。"省臣言："阿八赤新河口候潮以入，所损甚多，民亦苦之。今欲造小船五百艘，建仓三处。"上曰："伯颜运粮之道，与阿八赤所开河相通否？"对曰："不通也。阿八赤之言非实，今春海运，其船一百四十八艘皆已至，其不至者七艘而已。前命以其事属忙兀觟，今忙兀觟来言：'用此道运粮，为船二百七十，所失者十有九，今皆得之矣。'"上曰："果如是，阿八赤不必用。忙兀觟好人也。俟其来使，由海道攒运。阿八赤新挑河可废。"

已而伯颜与平章政事札散、右丞麦术丁等奏："海运之事，两南人言：朝廷若付脚钱，愿以私力，岁各运十万石至京师，乞与职名。臣等议：朱清原有金牌，今授中万户，换虎符，张招讨之子，现带银牌，换金牌为千户，忙兀觟现带金虎符为一府达鲁花赤，余一府以万户之无军而带虎符者为达鲁花赤。"从之。

二十一年，右丞麦术丁等奏："斡奴鲁、忙兀觟三次文书言：'阿八赤新开河，损多益少，无济漕运，其水手军人等二万、船千艘俱闲不用，乞付臣等岁运粮一百万石。'臣等前奉敕与忙兀觟议行海运，今已送粮回讫。又朱清等各愿粮运十万石。又囊家歹孙万户请得此船，与军人、水手以充海运。臣于伯颜等议，以阿八赤河道所用水手五千、兵五千、船一千艘付扬州行省，教习海运。其余水手五千、兵五千就驾平滦船，从利津海道运粮。"从之。遂罢阿八赤所开河。

二十二年二月，参政不鲁迷失海牙等奏："自江南每岁运粮一百万石，从海道运者十万石，从阿八赤、乐实二人新挑河道运者六十万石，从奥鲁赤所挑济州河道运者三十万石。今阔阔你敦等言：济州河道船缺。臣等议，令三省造船三千艘以济运。"从之。

二十三年，又以征日本所造船给沿海居民运粮，用平章阿必失哈、参政秃鲁花之议也。是年,平章薛彻干等奏海道运粮四年,凡一百万石,至京师者八十四万石,不至者一十七万石。运者言:"江南斗小,至此斗大,以此折耗者有之。又因船坏弃米有之,已责令赔偿矣。若人船俱没,不知应赔否?"上曰:"没于水,安能使赔。其免之。"

二十四年,立行泉府司,专领海运,增置万户府二,总为四万户府。都漕运海船上万户府,亦速为首,与张文龙等勾当。平江等处运粮万户府,忙兀觯为首,与费拱辰、张文彪等勾当。孛兰奚等海道运粮万户府,与朱虎等勾当。是年,始罢东平河运,专用海运矣。

二十五年,丞相桑哥,平章铁木儿、阿鲁浑彻里等奏:"往者岁运江南粮一百万石,在后止运七十万石。今养济百姓用粮多,宜增运一百万石。"从之。是年二月,分置漕司二。《百官志》作二十四年。都漕运使司于河西务置司,自济州东阿起,并御河上下,至直沽、河西务、李二寺、通州、坝河等处,水陆趱运,接运海道粮及各仓一切公事,并隶本司管领。京畿都漕运使司站车赴各仓运粮,本司先将半印勘合,支簿开发,都漕运使司收管,然后押印勘合关文,开坐所运粮数交押运官赍往都漕运使司投下,比对元发半印号簿相同,都漕运使司亦同勘合下仓支拨父装,毋致刁蹬停滞。就取押运官明白收管,随即具交装讫粮数,行移京畿都漕运司使照会,行下省仓,依数受管。仍勒押运官须用心关防车户般运交纳,如有短少,即追赔数足,及取押运官招伏治罪。都漕运使司凡支粮并船人粮马料,须依例置立勘合号簿,明白书填押印勘合文帖,下仓放支。非奉省部明文,勿得擅支。京畿漕运使司应管各仓分收支见在,并趱运粮旬申月数目,及应觑各仓关防事理,仰户部照例行下本司,须依例申部呈省。

二十七年,丞相桑哥等奏:"自江南每运来者,薛彻秃、孛兰奚、朱、张等万户及千户、百户今岁勤劳尤甚,乞每人赐衣一袭。"上曰:"南人爱氆段,其各赐氆段一端。"二十八年八月,平章不忽木等奏:"海道运粮,朱清张瑄万户言:'往岁运粮,止以臣等二万户府,自去年隶泉府司,沙不丁再添二万户运粮,百姓艰难,所有折耗,俱责臣等。乞朝廷怜悯,罢二府,或委他人。'"上曰:"彼所言是也。止令二府运之。"又奏:"朱张二万户:'或有疑臣等者,乞留臣等在此,令臣之子代运。'"上曰:"安用如此,止以朱张二万户运之。"是月,并海道都漕运为二万户府,张瑄以骠骑卫上将军、淮东道宣慰使兼领海道都漕运万户府事,朱清以骠骑卫上将军、江东道宣慰使兼领海道都漕运万户府事。张瑄管领,每年以十分为率,该运六分;朱清每年以十分为率,该运四分。

二十九年,平章政事不忽木、阇里等奏:"淮海艄工、水手人等,选择可用者,雇直如例给之,每户妻子以五口为率,给以粮,免其杂泛差役。"从之。三十年,以朱文龙为海道都漕万户,赐虎符,提调香糯事,设千户一,百户三。

元贞元年,丞相完泽、平章赛典赤等奏:"朱、张海运,往岁一百万石,或增其数。如岁不登,百姓艰食,实赖海运济之。豪、懿等州并高丽境,连年饥馑,亦仰运粮赈济。今岁丰米贱,若仍前海运,切恐未宜。去岁会计,只运三十万石。今应如上年例,亦运三十万石。"又奏:"每年海运,以十分为率,张万户运六分,朱万户运四分。今朱万户言,乞均分停运。"并从之。二年,谕行省、行台诸司,毋沮坏海道运粮都漕运万户事,违者罪之。

大德六年,从参知政事张文彪言,海道运粮万户府官属,听本府自行举保。文彪,瑄之子也。是年,户部言:"船户节次逃亡,究其源由,盖因漕司失于拘钤,纵纲官人等恣意侵渔,或将有力之家影占,不令上船当役,或将招伏逃户不申官起遣,以致靠损在船人户。合令漕司取勘实在船户,委官点勘,有缺役者先行著落。纲官雇人代替,须拘本户到官断罪,受赃者验赃追断,仍除名。"中书省议从之。七年,张瑄、朱清坐飞语论死,并籍其家,事详瑄等传。中书省奏:"前者海道运粮,立万户府四,复并为二,置委付万户六员,前孛可孙札剌儿艀沙的为之长,建康路达鲁花赤阿里之子曰忽都鲁撒剌儿次之,余万户四员以先所委色目、汉人、南人内谨慎有才者如旧,仍带虎符。"又奏:"万户下,合委千户、镇抚、首领七十员内,受宣命金牌六十有七员,就带者三十有九,创降金牌者二十有八,受敕者三员。"并从之。

至大二年,江浙行省言:"曩者朱清、张瑄岁漕四五十万石至百余万石,时船多粮少,雇直均平。比岁赋敛横出,漕户困乏,逃亡者有之。今岁运粮三百万石,漕船不足,遣人于浙江、福建等处和雇民船,百姓骚动。本省左丞沙不丁言其弟合八失及马合谋但的、澉浦杨家等皆有船,且深知漕事,宜以为海道运粮都漕万户府,以私力输运官粮。万户、千户并如军官例承袭,宽恤漕户,增给雇直,庶有成功。"诏以马合谋但的为遥授右丞、海外诸番宣慰使都元帅,领海道运粮万户府事。设千户百户所十,每所设达鲁花赤一,千户三,副千户二,百户四。

三年,以朱清子虎、张瑄子文龙往治海漕,以所籍定一区田百顷给之。

四年,中书省奉皇太子旨,遣刑部田侍郎,万户王仲温至江浙行省议海运事。时江东宁国、池、饶、太平等处及湖广、江西等处运粮至真州泊水湾,勒令海船从扬子江逆流而上,至泊水湾装发。海船重大底小,江流湍急,又多石矶,走沙涨浅,粮船损坏岁岁有之。于是以嘉兴、松江二属秋粮并江淮、江浙二总管府岁办粮充运,而免宁国、池、饶及湖广、江西等粮运,惟办运香糯米。旧例在直沽交卸后,万户朱虞龙将香糯米船直赴大都醴源仓送纳转交。河船殷剥、偷窃、搀杂,交割短少,船户困于赔累。请仍在直沽交卸。部议以醴源仓收纳行之已久,难于更易。沮其事不行。

至正八年,漕运使贾鲁陈便宜二十余事,从其八事:一曰京畿和籴,二曰优恤漕司,三曰接运委官,四曰通州总治预定委员,五曰船户困于坝夫,漕粮坏于坝户,六曰疏浚运河,七曰临清运粮万户府当隶漕司,八曰宜以宣忠船户付本司节制。盖历岁久,积弊深,公私困惫,鲁之所言区区补缀而已,无当于运漕之本计也。

凡岁运之数:

至元二十年,运粮四万六千五十石,运到四万二千一百七十二石,事故粮八百七十七石。

二十一年,运粮一十万石,运到九万七百七十一石,事故粮九千二百二十八石。

二十三年,运粮五十七万八千五百三十石,运到四十三万三千九百五石,事故粮一十四万四千六百一十四石。

二十四年,运粮三十万石,运到二十九万七千五百四十六石,事故粮二千四百五十三石。

二十五年,运粮四十万石,运到三十九万七千六百五十五石,事故粮二千三百四十四石。

二十六年,运粮九十三万五十石,运到九十一万九千九百四十三石,事故粮一万五千五十七石。

二十七年,运粮一百五十九万五千石,运到一百五十一万三千八百五十六石,事故粮八万一千一百四十三石。

二十八年,运粮一百五十二万七千二百五十石,运到一百二十八万一千六百一十五石,事故粮二十四万五千六百三十五石。

二十九年,运粮一百四十万七千四百石,运到一百三十六万一千五百一十三石,事故粮四万五千八百八十六石。

三十年,运粮九十万八千石,运到五十万三千五百三十四石,事故粮一万九百九十九石。

元贞元年,运粮三十四万五百石,俱到。

二年,运粮三十四万五百石,运到三十三万七千二十六石,事故粮三千四百七十三石。

大德元年,运粮六十五万八千三百石,运到六十四万八千一百三十六石,事故粮一万一百六十三石。二年,运粮七十四万二千五百一十石,运到七十万五千九百五十四石,事故粮三万六千七百九十六石。

三年,运粮七十九万四千五百石,俱到。

四年,运粮七十九万五千五百石,运到七十八万八千九百十八石,事故粮六千五百八十一石。

五年，运粮七十九万六千五百二十八石，运到七十六万九千六百五十石，事故粮二万六千八百七十八石。

六年，运粮一百三十八万三千八百八十三石，运到一百三十二万九千一百四十八石，事故粮五万四千七百三十五石。

七年，运粮一百六十五万九千四百九十一石，运到一百六十二万八千五百八石，事故粮三万九百八十二石。

八年，运粮一百六十七万二千九百九石，运到一百六十六万三千三百一十三石，事故粮九千五百九十六石。

九年，运粮一百八十四万三千三石，运到一百七十九万五千三百四十七石，事故粮四万七千六百五十六石。

十年，运粮一百八十万八千一百九十九石，运到一百七十九万七千七十八石，事故粮一万一千一百二十一石。

十一年，运粮一百六十六万五千四百二十二石，运到一百六十四万四千六百七十九石，事故粮二万七百四十三石。

至大元年，运粮一百二十四万一百四十八石，运到一百二十万二千五百三石，事故粮三万七千六百四十五石。

二年，运粮二百四十六万四千二百四石，运到二百三十八万六千三百石，事故粮七万七千九百四石。

三年，运粮二百九十二万六千五百三十三石，运到二百七十一万六千九百一十三石，事故粮二十万九千六百一十九石。

四年，运粮二百八十七万三千二百一十二石，运到二百七十七万三千一百六十六石，事故粮九万九千九百四十五石。

皇庆元年，运粮二百八万三千五百五石，运到二百六万七千六百七十二石，事故粮一万五千八百三十二石。

二年，运粮一百三十一万七千二百二十八石，运到六十五万四千三十六石，事故粮一十五万八千五百四十三石。旧志，至者二百一十五万八千六百八十五石。

延祐元年，运粮二百四十万三千二百六十四石，运到二百三十五万六千六百六石，事故粮四万六千六百五十八石。

　　三年,运粮二百四十五万八千五百十四石,运到二百五十三万七千七百四十四石。

　　四年,运粮三十七万五千三百四十五石,运到二百三十六万八千一百一十九石,事故粮七千二百二十五石。

　　五年,运粮二百五十五万三千七百一十四石,运到二百五十四万三千六百一十一石,事故粮一万一百二石。

　　六年,运粮三百二万一千五百八十五石,运到二百九十八万六千七百一十七石,事故粮三万四千八百九十一石。

　　七年,运粮三百二十六万四千六石,运到三百二十四万七千九百二十八石,事故粮一万六千七十八石。

　　至治元年,运粮三百二十六万九千四百五十一石,运到三百二十三万八千七百六十五石,事故粮三万六百八十五石。

　　二年,运粮三百二十五万一千一百四十石,及带起附余香白糯米一万八千九百四十三石,运到三百二十四万六千四百八十三石,事故粮二万三千五百九十九石。

　　三年,运粮二百八十一万一千七百八十六石,运到二百七十九万八千六百一十三石,事故粮一万三千一百七十二石。

　　泰定元年,运粮三百八万七千二百三十一石,运到二百七万七千二百七十八石,事故粮九千九百五十三石。

　　二年,运粮二百六十七万一千一百八十四石,运到二百六十三万七千七百五十一石,事故粮三万三千四百三十二石。

　　三年,运粮三百三十七万五千七百八十四石,运到三百三十五万一千三百六十二石,事故粮二万四千四百二十一石。

　　四年,运粮三百一十五万二千八百二十石,运到三百一十三万七千五百三十二石,事故粮一万五千二百八十七石。

　　天历元年,运粮三百二十五万五千二百二十石,运到三百二十一万五千四百二十四石,事故粮三万九千七百九十六石。

　　二年,运粮三百五十二万二千一百六十三石,运到三百三十四万三百六石,事故粮一十八万一千八百五十六石。旧纪:是年运至京

师者一百四十万九千一百二十石。虞集《学古录》亦云,是年不至者七十万石,
均与此不合。

元统以后岁运之可考者:

至正元年,益以江南之米,通计所运得三百八十万石。

二年,又令江浙行省及中正院财赋总管府拨赐诸人寺观之粮,
尽数起运,得二百六十万石。

十五年,江浙行省臣乞减海运,以甦民力,户部定议,本年税粮
除免之外,其寺观并拨赐田粮,十月开仓尽行拘收,其不敷粮,拨至
元折中统钞一百五十万定,于产米处籴一百五十万石以补之。

十九年,遣兵部尚书伯颜帖木儿、户部尚书齐履亨征海运于江
浙行省,命张士诚输米,方国珍具舟运米十有一万石至京师。

二十年,又遣户部尚书王宗礼等至江浙,二十一年运米如十九
年之数,九月又遣兵部尚书彻彻不花、侍郎韩祺往征海运。

二十二年,运米十三万石,是年遣部尚书脱脱察儿、兵部尚书
帖木儿至江浙。

二十三年,又运米十三万石,九月又遣户部侍郎博罗帖木儿、
监丞赛因不花征海运于张士诚,士诚托辞拒之,海运遂止于是岁
云。

至元二十二年,定江南民田税石,每石带鼠耗分例五升,官田
减半。

二十五年,定省仓、马头、仓站车、坝河船运合添耗粮例。南粮
元破每石带耗一斗四升,海运至直沽每石四升,直沽每石一升三
合,船运至河西务每石七合,河西务每石一升三合,船运至通州每
石七合,通州每石一升三合,坝河运至大都每石一升,站车运至大
都每石七合,省仓每石三升。今议每石带耗一斗七升五合,除元破
外添三升五合。依旧破耗海运至直沽每石破四升,直沽一升三合。
添破耗粮搬运至,直沽至河西务每石一升二合,元破七合,添破五
合;河西务破耗二升,元破一升三合,添破七合;船运河西务至通州
每石破耗一升五合,元破七合,添破八合;通州仓二升,元破一升二

合,添破七合;坝河、站车运至大都,每石破耗一升五合,元破一升,
添破五合;省仓每石四升,元破三升,添破一升。北粮元破每石运至
大都,通破耗米七升,河船运至河西务,每石破五合,河西务每石破
一升二合,盘船河西务运至通州,每石破耗三合,通州仓每石破一
升三合,站车运至大都每石五合,坝河运至大都每石七合,省仓每
石二升五合。合议每石带耗八升二合,内除元破外,添一升二合。船
运自唐村等处运至河西务,每石破七合,元破五合,添破二合。河西
务仓每石一升五合,元破一升二合,添破三合。船运河西务至通州,
每石破五合,元破三升,添破二合。通州仓每石破一升五合。坝河
站车运至大都,每石破耗一升,元破七合,添破三合。省仓每石破三
升,元破二升五合,添破五合。

　　至元二十六年闰十月,省臣奏:“各仓官员言,往岁定鼠耗分例
数少,仓官赔偿,破其家产,鬻其妻小者有之,因此多欠粮数。臣等
图议,去年奏添南粮,自直沽里运至河西务,每石元破七合,今添五
合;河西务运至通州,每石元破七合,今添八合;河西务仓内,每石
元破一升三合,今添七合;通州仓内,每石元破一升三合,今添七
合;坝河站车运至大都,每石元破一升,今添五合;省仓内每石元破
三升,今添一升。北粮内,自唐村等处运至河西务,每石元破五合,
今添二合;河西务仓每石元破一升二合,今添三合;河西务船运至
通州,每石元破二合,今添二合;通州仓每石元破一升三合,今添二
合;坝河站车运至大都,每石元破七合,今添三合;省仓每石元破二
升五合,今添五合。”奏可。

　　至元二十九年八月,完泽丞相等奏:“通州河西务仓官告说各
仓收粮。前省官定拟鼠耗分例数少,至有鬻其妻子家产,尚赔纳不
完,至今辛苦。臣等议得,前省官所定鼠耗分例不匀,如今南北耗各
年分例,比在先斟酌再定之。”上曰:“如卿所奏,虽然,亦合用心,雀
鼠能食多少,休因此教觰人作弊为盗欺诈,依旧听耗。”唐村等处船
运至河西务北粮,每石破七合。直沽船至河西务,每石破一升二
合。河西务船运至通州李二寺,南粮每石一升五合,北粮每石五合。

坝河站车运至大都省仓,南粮每石一升五合,北粮每石一升。今议拟听耗例,大都省仓元定破南粮每石四升,北粮每石三升,今议拟限年听耗,初年听耗南粮每石三升,北粮每石二升三合;次年听耗南粮每石三升,北粮二升三合。贮经三年以上,依元定听耗南粮每石四升,北粮每石三升。河西务、通州李二寺元定破耗南粮每石二升,北粮每石一升五合,今拟限年听耗,初年依元定破耗南粮每石二升,北粮一升五合,次年听耗南粮每石二升,北粮一升五合;次年听耗南粮每石三升,北粮每石二升三合;贮经三年以上,听耗南粮每石四升,北粮每石三升。直沽仓除对船交装不须破耗外,今拟一年须要支运尽绝,南粮每石听耗二升,元定破耗一升三合,今拟添七合香糯、白粳破耗。大德三年,中书省准户部呈,依糙米例,定夺绿糙、粳米俱各散装,白粳、香莎糯米终用来布袋盛,以此参详,拟比附散装糙米破耗定例,三分中量减一分。海运至直沽,每石破耗八合,河西务至通州李二寺,每石破耗一升。如直沽装船经由通惠河径赴大都交卸,止依至通州李二寺,每石破耗一升八合。

海运不给脚钞,就用系官海船官司召顾水手起运至杨村马头交卸。自开洋上海等处至杨村马头,计一万三千三百五十里。

至元二十一年,始依千斤、百里脚价,每石支脚钱中统钞八两五钱九分。近海有力人户自行造船顾募梢水,定每石支钞八两五钱。至元二十九年,减作每石七两五钱。

元贞元年十二月二十八日,奏:"朱张海运粮,在先每石脚钱八两五钱,减为七两五钱。如今粮食诸物比在先甚贱,脚价亦合减少。臣等议每石宜减去一两,为六两五钱。"从之。糙白粳米就直沽交卸,每石支中统钞六两五钱,香糯直赴大都醴源仓交纳,每石增钞五钱,计七两。

大德七年,起运稻谷二十万石,每石脚钱中统钞五两。

至大元年四月初十日,奏过海运粮脚价,每石六两五钱,如今粮食诸物涌贵,量添五钱为七两,已后不与照依先体例与六两五钱。

　　至大三年，准尚书省咨，本省至大三年海运脚价每石添作至元钞一两六钱，春运每石量添至元钞三钱，通该至元钞一两六钱，夏运止依旧例不须添支，糙白粳每石至元钞一两六钱，香糯每石至元钞一两七钱。

　　至大四年准中书省咨，该尚书省准本省咨，至大三年十月二十九日奏准运粮脚价每一石支至元钞一两六钱，如今添为二两，稻谷一石元支至元钞一两，如今添为一两四钱至元钞，本年为头脚价糙白粮每石至元钞二两，香糯每石至元钞二两八钱，稻谷每石一两四钱。

　　皇庆二年十月二十五日，奏准斟酌地理远近，比元价之上添与脚钱，福建远船运糙粳每石一十三两，温、台、庆元船运糙粳每石一十一两五钱，香糯每石一十一两五钱，绍兴、浙西船运石一十一两，白粮价同，稻谷每石八两，黑豆每石依糙白粮例支钞一十一两，已后年分至今起运糙白粳香糯稻谷，依前支价年例预支，每岁八九月间，海道府权依上年运粮额数为则，扣算先支六分脚价，差官起省平江、庆元、温、台官库寄收，候都省坐到粮数，委定提调省官职名，或十月十一月内海道府差官禀请省官，亲临平江路提调给散。除庆、绍、温、台、两浙合该脚价，海道府差官前去与各路所委官一同给散外，本省提调官或有事故，改委左右司官前去海道府分派定春夏二运粮数，差官赴省贴支四分脚价，次年正月间咨请提调官亲诣海道府装发粮斛，给散贴支脚价，直至五六月间夏运开洋了毕还省。

　　据天历二年海运正粮三百万石，脚价不等，散过中统钞六十四万九千七百二十八定二十八两五钱，并增运附余香白糯正粮三千四百七石三斗六升九合，钞七百三十八定三十四两七钱四分三厘，通计支散脚价钞六十五万五百一十二定一十三两二钱四分三厘。

　　海运，每岁粮船于平江路刘家港等处聚艚，由扬州路通州海门县黄连沙头万里长滩开洋，沿山捉屿至淮安路盐城县，历西海州、海宁府、东海县、密州、胶州界，放灵山洋投东北，取成山路，多有浅沙,行月余才抵成山。罗璧、朱清、张瑄讲究水程,自上海等处开洋,至扬州村马头下卸处,径过地名山川,经直多少迂回,计一万三千三百五十里。

至元二十九年,朱清等建言,此路险恶,踏开生路,自刘家港开洋,遇东南风疾,一日可至撑脚沙。彼有浅沙,日行夜泊,守伺西南便风,转过沙嘴,一日到于三沙洋子江。再遇西南风,一日至匾担沙大洪抛泊。来朝探洪行驾,一日可过万里长滩,透深才方开放大洋。先得西南顺风,一昼夜约行一千余里,到青水洋。得值东南风,三昼夜过黑水洋,望见沿津岛大山。再得东南风,一日夜可至成山,一日夜至刘家岛,又一日夜至芝罘岛,再一日夜至沙门岛。守得东南便风,可放莱州大洋,三日三夜方到界河口。前后俱系便风,经直水程约半月可达。如风水不便,迂回盘折,或至一月四十日之上方能到彼。倘值非常风阻,难度程限。明年又以粮船自刘家港开洋,过黄连沙,转西行驶至胶西,投东北取成山,亦为不便。继委千户殷明略,踏开生路,自刘家港开洋,至崇明州三沙放洋,望东行驶入黑水大洋,取成山转西,至刘家岛,取瑄取薪水毕,到登州沙门岛,于莱州大洋入界河,至今为便。皆行北道,风水险恶。至元十九年为始,年例粮船聚于刘家港入海,由黄大郎觜、白茆撑脚、唐浦等处一带,率皆沙浅,其洪道阔卸,无千丈长之潮,两向俱有白水潮,退皆露沙地。候得西南风顺,过匾担沙东南大洪,过万里长滩,透深开放大洋,至青水内,经陆家等沙,下接长山并西南盐城一带赵铁沙觜,及半洋沙、向沙、匾担等沙浅。及至苏州洋,又有三沽洋山下八山补陀山,到于黑水大洋,过成山北面一带并芝罘岛登州一路木极岛等处,近沙门岛山或铁山嘴开放莱州大洋,又有三山茅头觜、大姑河、小姑河、两头河等滩,及北有曹婆沙、梁河沙,南有刘姑蒲滩。至界河海口,复有滩浅狭洪沙硬,潮泛长落不常。但遇东南风,本处船聚稠密,则有妨碍之虞。

延祐三年正月,海道万户府据庆元绍兴所申,绍兴路三江陡门至下盖山一带,沙浅一百余里名铁板沙,潮泛猛恶,温、台船只尖底食水深浚,船户梢水不识三江水脉,避怕险恶,直至四月中旬,尚于烈港等处停泊,不敢前来。差人搜究断罪,催赶顾觅剥船、般剥,缘剥船数少,急不能寻顾,尚于海岸屯贮,委实靠损船户不便。据绍兴六路下年海运粮斛,如照依皂庆二年例,就用本路船料装发,若有不敷,于庆元路标拨小料,海运贴装。其温、台、福建船只起发刘家港交割,依旧于平江路仓装粮,官民两便。又准本府副万户抄儿赤目击艰难,必须改拟,若台州有装官粮,先尽本路船只,不敷于温州船内贴拨,绍兴路粮亦用本路船只装发,不敷用庆元路小料海船贴装。其庆元府港深阔,临近路仓,脚夫径直担米上船,就将船舶并温、台所用不尽船料支装,倘有剩下船料及庆元路船只,差官押发刘家港交割。省议从之。

新元史卷七六
志第四三

食货九

官　俸

世祖中统元年，始给内外官吏俸钞。二年，定六部官吏俸。是
年十月，定诸路州县官吏俸。

至元二年，定官俸当月支付例。三年，定上任过二日、罢任过五
日并给当月俸钞例。六年，定提刑按察司官吏俸。是年，又分上中
下县为三等。七年，增按察司经历以下俸，定转运司官吏及诸匠官
俸。八年，以阿合马言，减百官俸。九年，定告假停俸期限例。十七
年，定夺俸禄，凡内外官吏皆住支。十八年，更命公事毕而无罪者给
之，公事未毕而有罪者夺之。二十二年，重定百官俸，始于各品分上
中下三例，视职事为差，事大者依上例，事小者依中例。二十三年，
诏：“近年诸物增价，俸禄不能养廉，以致侵渔百姓，公私俱困。自今
内外官吏俸给，以十分为率，添支五分。”二十九年，定诸路儒学教
授俸，视蒙古、医学。

大德三年，增小吏俸米。六年，又定行省、宣慰司、致用院、宣抚
司、茶盐运司、铁冶都提举司、淘金总管府、银场提举司等官俸例。
七年，加给内外官吏俸米，俸十两以下人员依小吏例每十两给米一
斗，十两以上至二十五两每员给米一石，余上之数每俸一两给米一
升，无米则验其时值给价，俸三定以上者不给。内外官吏，一年约支

二十八万余石米。十一年,定官吏病百日作阙,所支俸米除全月回
纳还官外,支过破月俸钞如已过初五日者,免其回纳。

至大二年,诏随朝衙门官吏及军官等俸钞改给至元钞,往支俸
米,外任宣慰司军官杂职等官,俸钞十分中减三分,余七分改支至
元钞,随朝衙门、行省、宣慰司吏员俸钞减,加二余钞与,至元钞十
两以下,每月与俸米五斗。

延祐七年,定随朝官吏俸,以十分为率,给米三分。军官差出
者,许借俸,殁者借俸免征,各投下达鲁花赤其俸与王官等。

至治二年,定职官罚俸者以中统钞为则。

凡百官俸例,各品分上中下三等:

从一品:上六定,下五定。

正二品:上四定二十五两,下四定十五两。

从二品:上四定,中三定三十五两,下三定二十五两。

正三品:上三定二十五两,中三定十五两,下三定。

从三品:上三定,中二定三十五两,下二定二十五两。

正四品:上二定二十五两,中二定十五两,下二定。

从四品:上二定,中一定四十五两。下一定四十两。

正五品:上一定四十两,下一定三十两。

从五品:上一定三十两,下一定二十两。

正六品:上一定二十两,下一定十五两。

从六品:上一定十五两,下一定十两。

正七品:上一定十两,下一定五两。

从七品:上一定五两,下一定。

正八品:上一定,下四十五两。

从八品:上四十五两,下四十两。

正九品:上四十两,下三十五两。

从九品:三十五两。

内外官俸数:

太师府:

太师,俸一百四十贯,米十五石。

咨议、参军,俸四十五贯,米四石五斗。长史,俸三十四贯六钱六分,米三石。

太傅、太保府同。监修国史、长史同。

中书省:

右丞相,俸一百四十贯,米十五石;左丞相同。

平章政事,俸一百二十八贯六钱六分六厘,米十二石。

右丞,俸一百十八贯六钱六分六厘,米十二石;左丞同。

参知政事,俸九十五贯三钱三分三厘,米九石五斗。

参议,俸五十九贯,米六石。

郎中,俸四十二贯,米四石五斗。

员外郎,俸三十四贯六钱六分六厘,米三石。

都事,俸二十八贯,米三石。

承发管勾,俸二十五贯三钱三分三厘,米二石。照磨、省架阁库管勾、回回架阁库管勾并同。

检校官,俸二十八贯,米三石五斗。

断事官,内十八员,俸各八十二贯六钱六分六厘,米八石五斗;十四员,俸各五十九贯三钱三分三厘,米六石;一员,俸四十贯六钱六分六厘,米四石。

经历,俸二十三贯六钱六分六厘,米二石五斗。

知事,俸二十二贯,米二石。

客省使,俸三十九贯三钱三分三厘,米三石五斗。

副使,俸二十八贯,米三石。

直省舍人,俸三十四贯六钱六分六厘,米三石。

六部尚书,俸七十八贯,米八石。

侍郎,俸五十三贯三钱三分三厘,米五石。

郎中,俸三十四贯六钱六分六厘,米三石。

员外郎,俸二十八贯,米三石。

主事,俸二十六贯六钱六分六厘,米二石五斗。

户部司计，俸二十八贯，米三石。

工部司程，俸十八贯，米二石五斗。

刑部狱丞，俸十一贯，米一石。

司籍提领，俸十一贯二钱二厘，米五斗。

枢密院：

知院，俸一百二十九贯三钱三分三厘，米一十三石五斗。

同知，俸一百六贯，米一十一石。

副枢，俸九十五贯三钱三分三厘，米九石五斗。

佥院，俸九十贯一钱八分六厘，米九石五斗。

同佥，俸五十九贯三钱三分三厘，米六石。

院判，俸四十二贯。米四石五斗。

参议，俸三十九贯三钱三分三厘，米三石五斗。

经历，俸三十四贯六钱六分六厘，米三石。

都事，俸二十八贯，米二石。

照磨，俸二十二贯，米二石。管勾同。

断事官，俸五十九贯三钱三分三厘，米六石。

经历，俸二十五贯三钱三分三厘，米二石。

知事，俸二十贯六钱六分六厘，米一石五斗。

客省使，俸三十一贯三钱三分三厘，米三石。

副使，俸二十二贯，米二石。

右卫都指挥使，俸七十贯，米七石五斗。

副都指挥使，俸五十九贯三钱三分三厘，米六石。

佥事，俸四十八贯六钱六分六厘，米四石五斗。

经历，俸二十五贯三钱三分三厘，米二石。

知事，俸二十贯六钱六分六厘，米一石五斗。

照磨，俸十八贯六钱六分六厘，米一石五斗。

镇抚，俸二十贯六钱六分六厘，米一石五斗。

行军官千户，俸二十五贯三钱三分三厘，米二石。

副千户，俸二十贯六钱六分六厘，米一石五斗。

百户，俸一十七贯三钱三分三厘，米一石五斗。

弹压，俸一十二贯六钱六分六厘，米一石。

知事，俸一十一贯三钱三分三厘，米一石。

弩军官千户，俸二十贯六钱六分六厘，米一石五斗。

百户，俸一十二贯六钱六分六厘，米一石。

弹压，俸一十一贯三钱三分三厘，米五斗。

都目，俸一十贯，米五斗。

屯田千户所同弩军官例。左卫、前卫、后卫、中卫、武卫、左阿速卫、右阿速卫、左都威卫、右都威卫、左钦察卫、右钦察卫、左卫率府、宗仁卫、西域司、唐兀司、贵赤司，并同右卫例。

忠翊侍卫都指挥使，一百贯。

副使，俸八十三贯三钱三分三厘。

佥事，俸六十六贯六钱六分六厘。

经历，俸三十三贯三钱三分三厘。

知事，俸二十六贯六钱六分六厘。

照磨，俸二十四贯六钱六分六厘。

行军官千户，俸三十三贯三钱三分三厘。

副千户，俸二十六贯六钱六分六厘。

百户，俸二十三贯三钱三分三厘。

弹压，俸一十六贯六钱六分六厘。

知事，俸一十五贯三钱三分三厘。

弹压，俸一十六贯六钱六分六厘。

知事，俸一十五贯三钱三分三厘。

弩军官千户，俸二十六贯六钱六分六厘。

百户，俸一十六贯六钱六分六厘。

弹压，俸一十三贯三钱三分三厘。

右手屯田千户所千户，俸二十六贯六钱六分六厘。

百户，俸一十六贯六钱六分六厘

左手屯田千户所同。

隆镇卫、右翊蒙古侍卫,并同忠翊侍卫例。

御史台:

　　御史大夫,俸一百一十八贯六钱六分,米一十二石。中丞,俸一百六贯,米一十一石。

　　侍御史,俸九十六贯三钱五分,米九石五斗。治书侍御史,俸九十贯一钱八分,米九石五斗。

　　经历,俸三十四贯六钱六分,米三石。

　　都事,俸二十八贯,米三石。

　　殿中,俸四十八贯六钱六分,米四石五斗。

　　知班,俸一十四贯,米一石五斗。

　　监察御史,俸二十八贯,米三石。

奎章阁学士院:

　　大学士,俸一百一贯三钱三分三厘,米一十石五斗。

　　侍书学士,俸九十五贯三钱三分三厘,米九石五斗。

　　承制学士,俸七十八贯,米八石。

　　供奉学士,俸五十九贯三钱三分三厘,米六石。

　　参书,俸三十四贯三钱三分三厘,米三石。

　　典签,俸二十八贯,米三石。

　　鉴书博士,俸四十一贯,米四石五斗

　　授经郎,二十八贯,米三石。

太禧宗禋院:

　　院使,俸一百一十八贯六钱六分六厘,米一十二石。

　　同知,俸一百贯,米一十石。

　　副使,俸九十五贯三钱三分三厘,米九石五斗。

　　金院,俸九十贯一钱八分,米九石。

　　同金,俸五十九贯三钱三分三厘,米六石。

　　院判,四十二贯,米四石五斗

　　参议,俸三十九贯三钱三分三厘,米三石五斗。

　　经历,俸三十四贯六钱六分六厘,米三石。

都事,俸二十八贯,米三石。

照磨,俸二十二贯,米二石。管勾同。

断事官,俸五十九贯三钱三分,米六石。

经历,俸二十五贯三钱三分,米二石。

知事,俸二十贯六钱六分,米一石五斗。

客省使,俸三十一贯三钱三分,米三石。

副使,俸二十二贯,米二石。

宣政院:

院使,俸一百一十八贯六钱六分,米一十二石。

同知,俸一百六贯,米一十一石。

副使,俸九十五贯三钱三分,米九石五斗。

佥院,俸九十贯一钱八分,米九石五斗。

同佥,俸五十九贯三钱三分,米六石。

院判,俸四十二贯,米四石五斗。

参议,俸三十九贯三钱三分,米三石五斗。

经历,俸三十四贯六钱六分,米三石五斗。

都事,俸二十八贯,米三石。

照磨,俸二十二贯,米二石。管勾同。

断事官、客省使,并同太禧宗禋院。宣徽院同。

翰林国史院:

承旨,俸一百一十八贯六钱六分,米一十二石。

学士,俸一百六贯,米一十一石。

侍读学士,俸九十五贯三钱三分,米九石五斗。侍讲学士同。

直学士,俸五十九贯三钱三分三厘,米六石。

经历,俸三十四贯六钱六分六厘,米三石。

都事,俸二十八贯,米三石。

待制,俸三十九贯三钱三分三厘,米三石五斗。

修撰,俸二十八贯,米三石。

应奉,俸二十五贯三钱三分三厘,米二石。

编修,俸二十二贯,米二石。检阅同。

典籍,俸二十贯六钱六分六厘,米一石五斗。

翰林院、集贤院,大学士同承旨。余并同上例。

中政院:

院使,俸一百一贯三钱三分三厘,米一十石五斗。

同知,俸八十二贯六钱六分六厘,米八石五斗。

佥院,俸十七贯,米七石五斗。

同佥,俸五十九贯三钱三分三厘,米六石。

院判,俸四十三贯,米四石五斗。

司议,俸三十四贯六钱六分六厘,米三石。

长史,俸二十八贯,米三石。

照磨,俸二十二贯,米二石。管勾同。

太医院、典瑞院、将作院、太史院、储政院并同。

太常礼仪院:

院使,俸八十二贯六钱六分,米八石五斗。

同知,俸七十二贯,米七石五斗。

佥院,俸四十八贯六钱六分六厘,米四石五斗。

同佥,俸四十二贯,米四石五斗。

院判,俸三十七贯三钱三分三厘,米四石。

经历,俸二十八贯,米三石。

都事,俸二十五贯三钱三分,米二石。

照磨,俸二十二贯,米二石。

太祝,俸二十贯六钱六分,米一石五斗。奉礼、协律同。

通政院:

院使,俸八十二贯六钱六分六厘,米八石五斗。

同知,俸七十贯,米七石五斗。

副使,俸五十九贯三钱三分三厘,米六石。

佥院,俸四十八贯,米四石五斗。

院判,俸三十九贯三钱三分三厘,米三石五斗。

经历,俸三十四贯六钱六分六厘,米三石。

都事,俸二十六贯六钱六分六厘,米二石五斗。

照磨,俸二十二贯,米二石。

大宗正府:

也可扎鲁忽赤,内一员,俸一百一十八贯六钱六分六厘,米一十二石;二十七员,俸八十二贯六分六分六厘,米八石;五员,俸六十七贯三钱三分三厘,米六石五斗。

郎中,俸三十六贯,米三石五斗。

都事,俸二十六贯六钱六分六厘,米二石五斗。

照磨,俸二十二贯,米二石。管勾同。

大司农司:

大司农,俸一百一十八贯六钱六分,米一十二石。

大司农卿,俸一百三贯,米一十一石。

大司农少卿,俸九十五贯三钱三分,米九石五斗。

大司农丞,俸九十贯一钱八分,米九石五斗。

经历,俸三十四贯六钱六分,米三石。

都事,俸二十八贯,米三石。

照磨,俸二十二贯,米二石。管勾同。

内史府:

内史,俸一百四十三贯三钱三分。

中尉,俸一百一十六贯六钱六分六厘。

司马,俸八十三贯三钱三分三厘。

咨议,俸四十六贯六钱六分六厘。

记室,俸四十贯。

照磨,俸三十贯。

大都留守司:

留守,俸一百一贯三钱三分,米一十石五斗。

同知,俸八十二贯六钱六分,米八石五斗。

副留守,俸五十九贯三钱三分三厘,米六石。

留判，俸四十二贯，米四石五斗。

经历，俸三十四贯六钱六分六厘，米三石。

都事，俸二十八贯，米三石。

照磨，俸二十二贯，米二石。

都护府：

大都护，俸八十二贯六钱六分六厘，米八石五斗。

同知，俸七十二贯，米七石五斗。

副都护，俸五十九贯三钱三分三厘，米六石。

经历，俸二十八贯，米三石。

都事，俸二十六贯六钱六分六厘，米二石五斗。

照磨，俸二十贯，米二石。

崇福司：

司使，俸八十二贯六钱六分六厘，米八石。

同知，俸七十贯，米七石五斗。

副使，俸五十九贯三钱三分，米六石。

司丞，俸三十九贯三钱三分，米三石五斗。

经历，俸二十八贯，米三石。

都事，俸二十六贯六钱六分六厘，米二石五斗。

照磨，俸二十二贯，米二石。

给事中：俸五十三贯三钱三分三厘，米五石。

左右侍仪、俸御，俸四十八贯六钱六分六厘，米四石五斗。

武备寺：

卿，俸七十贯，米七石五斗。

同判，俸五十九贯三钱三分三厘，米六石。

少卿，俸四十二贯，米四石五斗。

寺丞，俸三十九贯三钱三分三厘，米三石五斗。

经历，俸二十五贯三钱三分三厘，米二石。

知事，俸二十四贯，米二石。

照磨，俸二十二贯，米二石。

太仆寺：

卿，俸七十贯，米七石五斗。

少卿，俸四十二贯，米四石五斗。

寺丞，俸三十九贯三钱三分三厘，米二石。

知事，俸二十二贯，米二石。

照磨，俸二十贯六钱六分，米一石五斗。

光禄、长庆、长新、长秋、承徽、长宁、尚乘、长信等寺并同。

尚舍寺：

太监，俸四十八贯六钱六分，米四石。

少监，俸三十九贯三钱三分，米三石五斗。

监丞，俸三十一贯三钱三分，米二石。

知事，俸二十二贯，米二石。

侍仪司：

侍仪使，俸七十贯，米七石五斗。

引进使，俸四十八贯六钱六分，米四石五斗。

典簿，俸二十五贯三钱三分，米二石。

承奉班都知，俸二十六贯六钱六分，米二石五斗。

通事舍人，俸二十五贯三钱三分，米二石。

侍仪舍人，俸一十七贯三钱三分，米一石五斗。

拱卫司：

都指挥使，俸七十贯，米七石五斗。

副都指挥使，俸五十九贯三钱三分三厘，米六石。

佥事，俸四十八贯六钱六分六厘，米四石五斗。

经历，俸二十五贯三钱三分三厘，米二石。

知事，俸二十贯六钱六分六厘，米一石五斗。

内宰司：

内宰，俸七十贯，米七石五斗。

司丞，俸四十五贯，米四石五斗。

典簿,俸二十五贯三钱三分,米二石。

照磨,俸二十贯六钱六分,米一石五斗。

翊正司同。

延庆司:

延庆使,俸一百贯。

同知,俸六十三贯三钱三分三厘。

副使,俸四十六贯钱六分六厘。

司丞,俸三十四贯六钱六分六厘,米三石。

典簿,俸二十五贯三钱三分三厘,米二石。

照磨,俸二十贯六钱六分六厘,米一石五斗。

内正司:

司卿,俸七十贯,米七石五斗。

少卿,俸四十七贯,米四石五斗。

司丞,俸三十九贯三钱三分三厘,米三石五斗。

典簿,俸二十五贯三钱三分三厘,米二石。

照磨,俸二贯六钱六分,米一石五斗。

中瑞司同。

京畿运司:

运使,俸五十六贯,米六石。

同知,俸三十九贯三钱三分,米三石五斗。

运副,俸三十四贯六钱六分,米三石。

运判,俸二十六贯六钱六分,米二石五斗。

经历,俸二十贯六钱六分,米一石五斗。

知事,俸一十四贯,米一石五斗。

提控案牍,俸一十四贯六钱六分,米一石。

太府监:

卿,俸七十贯,米七石五斗。

太监,俸五十九贯三钱三分,米六石。

少监,俸四十二贯,米四石五斗。

监丞,俸三十九贯三钱三分,米三石五斗。

经历,俸二十五贯三钱三分,米二石。

知事,俸二十四贯,米二石。

照磨,俸二十二贯,米二石。

秘书、章佩、利用、中尚、度支等监并同。

国子监:

祭酒,俸五十九贯三钱三分,米六石。

司业,俸三十九贯三钱三分,米三石五斗。

监丞,俸三十贯三钱三分,米三石。

典簿,俸一十五贯三钱三分,米二石。

博士,俸二十六贯六钱六分,米二石五斗。太常博士、回回国子
博士同。

助教,俸二十二贯,米二石。教授同。

学录,俸一十一贯三钱三分,米五斗。

蒙古国子监同。

经正监:

卿,俸七十贯,米七石五斗。

太监,俸五十贯,米五石。

少监,俸四十二贯,米四石五斗。

监丞,俸三十四贯六钱六分六厘,米三石。

经历,俸二十五贯三钱三分三厘,米二石。

知事,俸二十二贯,米二石。

阑遗监:

太监,俸四十八贯六钱六分,米四石。

少监,俸三十九贯三钱三分三厘,米三石。

监丞,俸三十一贯三钱三分,米三石。

知事,俸二十二贯,米二石。

提控案牍,俸二十贯六钱六分,米一石五斗。

司天监:

提点，俸五十九贯三钱三分，米六石。

司天监，俸五十三贯三钱三分，米五石。

监丞，俸三十一贯三钱三分，米三石。

知事，俸二十贯六钱六分六厘，米一石五斗。

教授，俸一十贯六钱六分，米一石。管勾同。

司辰，俸八贯六钱六分，米五斗。学正、押宿并同。

回回司天监：少监，俸四十二贯，米四石五斗。余同上。

都水监：

都水卿，俸五十三贯，米六石。

少监，俸三十九贯三钱三分，米三石五斗。

监丞，俸三十贯，米三石。

经历，俸二十五贯三钱三分，米二石。

知事，俸二十二贯，米二石。

大都路：

达鲁花赤，俸一百三十贯。总管同。

副达鲁花赤，一百二十贯。

同知，八十贯。治中同。

判官，五十五贯。

推官，五十贯。

经历，四十贯。

知事，三十贯。

提控案牍，二十五贯。照磨同。并中统钞。

行省：

左丞相，俸二百贯。

平章政事，一百六十六贯六钱六分六厘。右丞、左丞同。

参知政事，一百三十三贯三钱三分三厘。

郎中，四十六贯六钱六分六厘。

员外郎，三十贯。

都事，二十六贯六钱六分六厘。检校同。

管勾,二十三贯三钱三分三厘。

理问所理问,俸四十六贯六钱六分六厘。

副理问,俸三十贯。

知事,俸一十六贯六分六厘。提控案牍同。

宣慰司:

腹里宣慰使,俸中统钞五百八十贯三钱三分。

同知,五百贯。

副使,四百一十六贯六钱六分。

经历,四百贯。

都事,一百八十三贯三钱三分。

照磨,一百五十贯。

行省宣慰使,俸至元钞八十七贯五钱。

同知,四十九贯。

副使,四十二贯。

经历,二十八贯。

都事,二十四贯。

照磨,一十七贯五钱。

廉访司:

廉访使,俸中统钞八十贯。

副使,四十五贯。

佥事,三十贯。

经历,二十贯。

知事,一十五贯。

照磨,一十二贯。

盐运司:

腹里运使,俸一百二十贯。

同知,五十贯。

副使,三十五贯。

判官,三十贯。

　　经历,二十贯。

　　知事,一十五贯。

　　照磨,一十三贯。

　　行省运使,八十贯。

　　同知,五十贯。

　　运副,四十贯。

　　判官,三十贯。

　　经历,二十五贯。

　　知事,一十七贯。

　　提控案牍,一十五贯。

上路:

　　达鲁花赤,俸八十贯。总管同。

　　同知,四十贯。

　　治中,三十贯。

　　判官,二十贯。

　　推官,十九贯。

　　经历,一十七贯。

　　知事,一十二贯。

　　提控案牍,一十贯。

下路:

　　达鲁花赤,俸七十贯。总管同。

　　同知,三十五贯。

　　判官,二十贯。

　　推官,一十九贯。

　　经历,一十七贯。

　　知事,一十二贯。

　　提控牍,一十贯。

散府:

　　达鲁花赤,俸六十贯。知府同。

同知，三十贯。

判官，一十八贯。推官同。

知事，一十二贯。

提控案牍，一十贯。

上州：

达鲁花赤，俸五十贯。州尹同。

同知，二十五贯。

判官，一十八贯。

知事，一十二贯。

提控案牍，一十贯。

中州：

达鲁花赤，俸四十贯。知州同。

同知，二十贯。

判官，一十五贯。

提控案牍，一十贯。

都目，八贯。

下州：

达鲁花赤，俸三十贯。知州同。

同知，一十八贯。

判官，一十三贯。

吏目，四十贯。

上县：

达鲁花赤，俸二十贯。县尹同。

县丞，一十五贯。

主簿，一十三贯。

县尉，一十二贯。

典史，三十五贯。

巡检，一十贯。

中县：

　　　　达鲁花赤,俸一十八贯。县尹同。

　　　　主簿,一十三贯。

　　　　县尉,一十二贯。

　　　　典史,三十五贯。

下县:

　　　　达鲁花赤,俸一十七贯。县尹同。

　　　　主簿,一十二贯。

　　　　典史,三十五贯。

　　　　旧志所遗者补于左方:

　　　　管军府所:

上万户府:达鲁花赤,钞八十两。中统钞一两与一贯同。万户同。

　　　　副万户,七十两。

　　　　镇抚,四十两。

　　　　经历,十七两。

　　　　知事,十二两。

中万户府:

　　　　达鲁花赤,钞七十两。万户同。

　　　　副万户,六十两。

　　　　镇抚,三十两。

　　　　经历,十七两。

　　　　知事,十二两。

下万户府:

　　　　达鲁花赤,钞六十两。万户同。

　　　　副万户,五十两。

　　　　镇抚,二十两。

　　　　经历,十七两。

　　　　知事,十二两。

上千户所:

　　　　达鲁花赤,钞五十两。千户同。

副千户，四十两。

弹压，十三两。

中千户所：

达鲁花赤，钞四十两。千户同。

副千户，三十两。

弹压，十二两。

下千户所：同中千户。

百户所：

百户，钞十七两。

弹压，十二两。

诸色衙门：

盐课提举司：正提举，钞六十两。同提举，三十两。副提举，十八两。知事，二十两。

宣抚司：达鲁花赤，钞二锭。宣抚使司同。同知，六十两。经历，二十两。

安抚司：达鲁花赤，钞二定。安抚使同。佥事，一定。经历，二十两。

各场管勾：正管勾，钞十二两。同，十两。副，八两。

蒙古提举司：提举，钞一定。同提举，三十五两。

人匠提举司：提举，十八两。副同。都目，八两。

警巡院：达鲁花赤，二十两。大使同。院副，十七两。警判，十三两。

蒙古教授：路，十二两。府，十一两。州，十两。

儒学教授：路，十二两。府，十一两，上州同。中州，十两。

医学教授：，路十二两。江南路分，十一两。府，十一两。州，十两。

脱脱禾孙：正五十两。副，四十两。

各路院务司：提领，十八两。都监，十两。大使，上路十五两，下路十三两。副使，上路十二两，下路十两。平准行用库：提领三十五两，大使二十五两，副使十五两。

大军库:提领二十两,大使十二两,副使十两。军器库:提领二十两,大使十二两,副使十两。司狱:路十二两,散府十两。巡检司官,钞十两。

凡诸署、诸局、诸库等官,俸数多寡,皆依品级为则,志所不载者可以类推。

至元三年定随路府州县官员职田:

上路:达鲁花赤,一十六顷;总管同。同知,八顷。治中,六顷。府判,五顷。

下路:达鲁花赤,一十四顷;总管同。同知,七顷。府判,五顷。

散府:达鲁花赤,一十顷;知府同。同知,六顷。府判,四顷。

上州:达鲁花赤,一十顷;州尹同。同知,五顷。州判,四顷。

中州:达鲁花赤,八顷;知州同。同知,四顷。州判,三顷。

下州:达鲁花赤,六顷;知州同。州判,三顷。

警巡院:达鲁花赤,五顷。

警使司:警副,四顷。警判,三顷。

录事司:达鲁花赤,三顷;录事同。录判,二顷。

县达鲁花赤,四顷;县尹同。县丞,三顷。主簿,二顷;县尉、主簿兼尉并同。经历,四顷。

十四年,定按察司职田:各道按察使,一十六顷。副使,八顷。金事,六顷。

二十一年,定江南行省及诸司职田,比腹里减半:

上路:达鲁花赤八顷,总管同;同知四顷;治中三顷;府判二顷五十亩。

下路:达鲁花赤七顷,总管同;同知三顷五十亩;府判二顷五十亩;经历二顷;知事一顷,提控案牍同。

散府:达鲁花赤六顷,知府同;同知三顷;府判二顷;提控案牍一顷。

上州:达鲁花赤五顷,知州同;同知二顷,州判同;提控案牍一顷。

中州：达鲁花赤四顷，知州同；同知二顷；州判一顷五十亩；都目五十亩。

下州：达鲁花赤三顷，知州同；同知二顷；州判一顷五十亩。

上县：达鲁花赤二顷，县尹同；县丞一顷五十亩；主簿一顷，县尉同。

中县：同上。无县丞。

下县：达鲁花赤一顷五十亩，县尹同；主簿兼尉一顷。

录事司：达鲁花赤一顷五十亩，录事同；录判一顷。司狱一顷，巡检同。

按察使八顷，副使四顷，佥事三顷，经历二顷，知事一顷。

运司官：运使八顷；同知四顷；运副三顷，运判同；经历二顷；知事二顷，提控案牍同。

盐司官：盐使二顷；盐副二顷；盐判一顷，各场正同；管勾各一顷。

至大二年，中书省臣奏：“外任有职田官员，三品请给禄米一百石，四品六十石，五品五十石，六品四十五石，七品四十石。将职田改收入官。”从之。皇庆二年，诏外任职官公田俸钞，并依旧制。延祐三年，外官无职田者，量给粟米。

新元史卷七七

志第四四

食货十

赐赍上

　　赐赍之类,有三:

　　一曰五户丝。太宗八年,以真定路民户奉太后汤沐,中原诸路民户分赐诸王、外戚、功臣。耶律楚材言其非便,乃命本位止设达鲁花赤,其赋则五户出丝一斤,并随路丝线颜色皆输于有司,如其额以界之。《太宗本纪》载诸王贵戚分地:斡鲁朵、拔都平阳府,即志之太祖长子术赤位。斡鲁朵,术赤长子也。茶合带太原府,即志之茶合觲,皆察合台之异译。皇子古余克大名府,即志之定宗。孛鲁台邢州,即志之右手万户三投下孛罗台。邢州,太宗改邢洺路,至元中改广平路,故志云分拨广平邢水县也。果鲁干,河间府,即志之阔列坚。孛鲁古带广宁府,即志之孛罗古觲。也苦益都、济南二府内拨赐,即志之搠只哈撒儿大王淄川王位,也苦封淄川王也。按赤带滨、隶二州,即志之哈赤温大王子济南王位,按赤带封济南王也。斡陈平凉州,即志之鲁国公主位,鲁国大长公主也速不花尚斡陈驸马也。皇子阔端,即志之阔端太子。驸马赤古,即志之郓国公主位,秃满伦公主适赤古驸马也。公主阿刺海即志之赵国公主位,阿刺海封赵国大长公主。公主果真,即志之昌国公主位,太祖女火臣封昌国大长公主,火臣、果真,译音之异也。国王查刺即木华黎国王,木华黎孙塔思一名查剌。茶合带,即志之带孙郡王;茶合带,带孙子也。锻真即志之术赤台郡王;锻真,术赤台孙也。蒙古寒札即志之愠里答儿位,愠里答儿即畏答儿,蒙古寒札即畏答孙忙哥,亲征录作木哥汉札也。按只那颜即按陈那颜,又作阿勒赤那颜,即志之按察儿官人;按察儿,按陈之孙也。折那颜即册那颜,阿勒赤之弟也。火斜木思即志之和斜温。宪宗二年至五、六年,均续有分拨。

一曰江南户钞。世祖平江南,分民户以赐诸王、后妃,每户折支中统钞五钱。至成宗,复益以官帑为中统钞二贯。

一曰岁赐。诸王、后妃金银钞币始于世祖中统元年,自是岁以为常,所谓岁例也。

而岁例之外,诸王后妃又时有赐与,縻款巨万,廷臣屡言之,虽曰笃亲亲之义,然亦滥矣。今并考其数之多寡,著于篇。

五户丝、江南户钞之数:

太祖叔答里真官人位:

五户丝:丙申年,分拨宁海州一万户。延祐六年,实有四千五百三十一户,计丝一千八百十二斤。

江南户钞:至元十八年,拨南丰州一万一千户,计钞四百四十定。

太祖弟搠只哈撒儿大王子淄川王位:

五户丝:丙申年,分拨般阳路二万四千四百九十三户。延祐六年,实有七千九百五十四户,计丝三千六百五十六斤。

江南户钞:至元十三年,分拨信州路三万户,计钞一千二百定。

太祖弟哈赤温大王子济南王位:

五户丝:丙申年,分拨济南路五万五千二百户。延祐六年,实有二万一千七百八十五户,计钞九千六百四十八。

太祖弟斡真那颜位:

五户丝:丙申年,分拨益都路等处六万二千一百五十六户。延祐六年,实有二万八千三百一户,计丝一万一千四百二十五斤。

江南户钞:至元十八年,分拨建宁路七万一千三百七十七户,计钞二千八百五十五定。

太祖弟孛罗古斡大王子广宁王位:

五户丝:丙申年,分拨恩州一万一千六百三户。延祐六年,实有二千四百二十户,计丝一千三百五十九斤。

江南户钞:至元十八年,分拨铅山州一万八千户,计钞七百二十定。

太祖长子术赤大王位:

五户丝:丙申年,分拨平阳四万一千三百二户。戊戌年,真定普州一万户。

江南户钞:至元十八年,分拨永州六万户,计钞三千四百定。

太祖次子茶合斛大王位:

五户丝:丙申年,分拨太原四万七千三百三十户。戊戌年,真定深州一万户。延祐六年,实有一万七千二百十二户,计丝六千八百三十八斤。

江南户钞:至元十八年,分拨澧州路六万七千三百三十户,计钞二千六百九十三定。

太祖第三子太宗子定宗位:

五户丝:丙申年,分拨大名六万八千五百九十三户。延祐六年,实有一万二千八百三十五户,计丝五千一百九十三斤。

太祖第四子睿宗子阿里不哥大王位:

五户丝:丙申年,分拨真定路八万户。延祐六年,实有一万五千二十八户,计丝五千十三斤。

江南户钞:至元十八年,分拨抚州路十万四千户,计钞四千一百六十定。

太祖第五子兀鲁赤太子。无嗣。

太祖第六子阔列坚太子子河间王位:

五户丝:丙申年,分拨河间路四万五千九百三十户。延祐六年,实有一万一百四十户,计丝四千四百七十九斤。

江南户钞:至元十六年,分拨衡州路五万三千九百三十二斤,钞二千一百五十七定。

太宗子合丹大王位:

五户丝:丁巳年,分拨汴梁在城户。至元三年,改拨郑州。延祐六年,实有二千三百五十六户,计丝九百三十六斤。

　　江南户钞:至元十八年,分拨常宁州二千五百户,计钞一百定。

太宗子灭里大王位:

　　五户丝:丁巳年,分拨汴梁在城户。至元三年,改拨钧州一千五百八十四户。延祐六年,实有二千四百九十六户,计丝九百九十七斤。

太宗子合失大王位:

　　五户丝:丁巳年,分拨汴梁路在城户。至元三年,改拨蔡州三千八百十六户。延祐六年,实有三百八十八户,计丝一百五十四斤。

太宗子阔出太子位:

　　五户丝:丁巳年,分拨汴梁路在城户。至元三年,改拨睢州五千二百十四户。延祐六年,实有一千九百三十七户,计丝七百六十四斤。

太宗子阔端太子位:

　　五户丝:丙申年,分拨东京路四万七千八百二十五户,计丝三千五百二十四斤。

　　江南户钞:至元十八年,分拨常德路二千五百二十。

睿宗长子宪宗子阿速台大王位:

　　五户丝:癸丑年,查过卫辉路三千三百四十二户。延祐六年,实有二千三百八十户,计丝九百十六斤。

睿宗子世祖次子裕宗位:

　　裕宗妃伯蓝也怯赤:江南户钞,延祐六年分拨江州路德化县二万九千七百五十户,计钞一千一百九十定。

　　裕宗子顺宗子武宗:五户丝,丁巳年分拨怀孟一万一千二百七十二户;江南户钞,大德八年分拨瑞州路六万五千户,计钞二千六百锭。

睿宗子旭烈大王位:

　　五户丝:丁巳年,分拨彰德路二万五千五十六户。延祐六年,实有二千九百二十九户,计丝二千二百一斤。

睿宗子末哥大王位：

　　　五户丝：丁巳年，分拨河南府五千五百五十二户。延祐六年，实有八百六户，计丝三百三十三斤。

　　　江南户钞：至元十八年，分拨茶陵州八千五十二户，计钞三百二十四定。

睿宗子拨绰大王位：

　　　五户丝：丁巳年，分拨真定蠡州三千三百四十七户。延祐六年，实有一千四百七十二户，计丝六百十二斤。

　　　江南户钞：至元十八年，分拨耒阳州五千三百四十七户，计钞二百十三锭。

睿宗子岁都哥大王位：

　　　五户丝：壬子年，元查认济南等处五千户。延祐六年，实有五十户，计丝二十斤。

世祖长子朵儿只太子位：腹里、江南无分拨户。

世祖次子裕宗后位：

　　　江南户钞：至元十八年，分拨龙兴路十万五千户，计钞四千二百锭。

　　　又，四怯薛班当江南户钞，至元十八年，拨瑞州上高县八千户，计钞三百三十定。

世祖次子安西王忙哥刺位：

　　　江南户钞：至元十八年，分拨吉州路六万五千户，计钞二千六百锭。

世祖次子北安王那木罕位：

　　　江南户钞：至元二十二年，分拨临江路六万五千户，计钞二千六百锭。

世祖次子平远王阔阔出位：

　　　江南户钞：大定元年，分拨永福县一万三千六百四户，计钞五百四十四锭。

世祖次子西平王奥鲁赤位：

江南户钞:大德七年,分拨南恩州一万三千六百四户,计钞五百四十四锭。

世祖次子爱牙赤大王位:

江南户钞:皇庆元年,分拨邵武路光泽县一万三千六百四户,计钞五百四十四定。

世祖次子云南王忽哥赤位:

江南户钞:皇庆元年。分拨福州路福安县一万三千六百四户,计钞五百四十四定。

世祖次子忽都帖木儿太子位:

江南户钞:皇庆元年,分拨泉州路南安县一万三千六百四户,计钞五百四十四定。

裕宗长子晋王甘麻剌位:

五户丝:阔阔不花所管益都二十九户。

江南户钞:皇庆元年,分拨南康路六万五千户。

又,迷里哥儿湘宁王,分拨湘乡县六万五千户,计钞二千六百定。

顺宗子阿木哥魏王位:

江南户钞:皇庆元年,分拨庆元路六万五千户,计钞二千六百定。

顺宗子武宗子明宗位:

江南户钞:延祐二年,分拨湘潭州六万五千户,计钞二千六百定。

合丹大王:

五户丝:戊午年,分拨济南漏籍二百户。延祐三年,实有五户,计丝二斤。

霍历极大王:

五户丝:丁巳年,分拨广平等处一百五十户。延祐三年,实有八十七户,计丝三十四斤。

阿剌忒纳失里豫王:

　　天历元年,分拨江西行省南康路。

　　　　太祖四大斡耳朵:

大斡耳朵:

　　五户丝;乙卯年,分拨保定路六万户。延祐六年,实有一万二千六百九十二户,计丝五千二百七斤。

　　江南户钞:至元十八年,分拨赣州路二万户,计钞八百锭。

第二斡耳朵:

　　五户丝:丁巳年,分拨河间青城县二千九百户。延祐六年,实有一千五百五十六户,计丝六百五十七斤。

　　江南户钞:至元十八年,分拨赣州户一万五千户,计钞六百锭。

第三斡耳朵:

　　五户丝:壬子年,察认过真定等处畸零三百十八户。延祐六年,实有一百二十一户,计丝四十八斤。

　　江南户钞:至元十八年,分拨赣州路二万一千户,计钞八百四十锭。

第四斡耳朵:

　　五户丝:壬子年,分拨真定等处二百八十三户,延祐六年,实有一百六户,计丝四十六斤。

　　又,不别及妃子位,至元二十五年,分拨河间清州五百十户,计丝二百四斤。

　　　　世祖四斡耳朵。

大斡耳朵:

　　江南户钞:大德三年,分拨袁州路宜春县一万户,计钞一千六百定。

第二斡耳朵:

　　江南户钞:至元二十一年,分拨袁州路分宜县四千户,计钞一百六十锭。大德四年,分拨袁州路萍乡州四万二千户,计钞一千六百八十五锭。

第三斡耳朵：

　　江南户钞：大德十年，分拨袁州路宜春县二万九千七百五十户，计钞一千一百九十锭。

第四斡耳朵：

　　江南户钞：大德十年，分拨袁州万载县二万九千七百五十户，计钞一千一百九十锭。

顺宗后位：

　　江南户钞：大德二年，分拨三万五千五百户。

武宗斡耳朵：

　　江南户钞：延祐二年，分拨湘阴州四万二千户，计钞一千六百八十锭。

　　完者台皇后位：江南户钞，延祐二年，分拨潭州路衡山县二万九千七百五十户。

阿鲁伦公主位：

　　至元六年，分拨葭州等处种田三百户。

赵国公主位：

　　五户丝：丙申年，分拨高唐州二万户。延祐六年，实有六十七百二十九户，计丝二千三百九十九斤。

　　江南户钞：至元十八年，分拨柳州路二万七千户，计钞一千八十锭。

鲁国公主位：

　　五户丝：丙申年，分拨济宁路三万户。延祐六年，实有六千五百三十户，计丝二千二百九斤。

　　江南户钞：至元十八年，分拨汀州四万户，计钞一千六百锭。

昌国公主位：

　　五户丝：丙申年，分拨一万二千六百五十二户。延祐六年，实有三千五百三十二户，计丝二千七百六十六斤。

　　郓国公主位：

　　五户丝：分拨濮州三万户，延祐六年，实有五千九百六十八户，计丝一千八百三十六斤。

　　江南户钞：至元十八年，分拨横州等处四万户，计钞一千六百锭。

塔出驸马：

　　五户丝：壬子年，元查真定等处畸零二百七十户。延祐六年，实有二百三十二户，计丝九十五斤。

带鲁罕公主：

　　五户丝：延祐六年，实有代支户六百二十户，计丝二百五十四斤。

火雷公主位：

　　五户丝：丙申年，分拨延安府九千七百九十六户。延祐六年，实有代支户一千八百九户，计丝七百二十二斤。

齐忒古儿驸马：

　　五户丝：庚辰年，分拨眼户五百七十三户。延祐六年，实有五十六户，计丝二十二斤。

独木干公主位：

　　五户丝：十二年，分拨平阳一千一百户。延祐六年，实有五百六十户，计丝二百二十四斤。

　　江南户钞：至元十八年，分拨梅州程乡县一千四百户，计钞五十六锭。

木华黎国王：

　　五户丝：丙申年，分拨东平三万九千十九户。延祐六年，实有八千三百五十四户，计丝三千三百四十三斤。

　　江南户钞：至元十八年，分拨韶州等路四万一千十九户，计丝一千六百四十斤。

孛罗先锋：

　　五户丝：丙申年，分拨广平等处种田一百户。延祐六年，实有七十二户，计丝二十八斤。

行丑儿：

五户丝：丙申年，分拨大名种田一百户。延祐六年，实有三十八户，计丝十五斤。

阔阔不花先锋：

五户丝：壬子年，元查益都等处畸零二百七十五户。延祐六年，实有一百二十七户，计丝十五斤。

撒吉思不花先锋：

五户丝：壬子年，元查汴梁等处二百九十一户。延祐六年，实有一百二十七户，计丝十五斤。

阿里侃断事官：

五户丝：元查济宁等处三十五户，计丝十四斤。

乞里歹拔都：

五户丝：丙申年，分拨东平一百户，计丝四十斤。

孛罗海拔都：

五户丝：壬子年，元查德州等处一百五十三户，计丝六十一斤。

拾得官人：

五户丝：壬子年，元查东平等处畸零一百十二户，计丝八十四斤。

伯纳官人：

五户丝：壬子年，元查东平三十二户。延祐六年，实有四十户，计丝十八斤。

笑乃带先锋：

五户丝：丙申年，分拨东平一百户。延祐六年，实有七十八户，计丝三十一斤。

带孙郡王：

五户丝：分拨东平东阿县一万户。延祐六年，实有一千六百七十五户，计丝七百二十斤。

江南户钞：至元十八年，分拨韶州乐昌县一万七千，计钞四百二十八锭。

愠里答儿薛禅：

五户丝:丙申年,分拨泰安州二万户。延祐六年,实有五千九百七十一户,计丝二千四百二十五斤。

江南户钞:至元十八年,分拨桂阳州二万一千户,计钞八百四十锭。

术赤台郡王:

五户丝:丙申年,分拨德州二万户。延祐六年,实有七千一百四十六户,计丝二千九百四十八斤。

江南户钞:至元十八年,分拨连州路二万一千户,计钞八百四十锭。

阿尔思兰官人:

江南户钞:至元十八年,分拨浔州路三千户,计钞一百二十锭。

孛鲁台妻佟氏:

五户丝:丙申年,分拨真定一百户。延祐六年,实有三十九户,计丝十五斤。

八答子:

丙申年,分拨顺德路一万四千八十七户。延祐六年,实有四千四百四十六户,计丝二千四百斤。

江南户钞:至元十八年,分拨钦州路一万五千八十七户,计钞六百二锭。

右手万户三投下孛罗台万户:

五户丝:丙申年,分拨广平路洺水州一万七千三百三十三户。延祐六年,实有四千七百三十三户,计丝一千七百三十八斤。

江南户钞:至元十八年,分拨全州路清湘县一万七千九百十九户,计钞七百一十六锭。

忒木台驸马:

五户丝:丙申年,分拨广平路磁州九千四百五十七户。延祐六年,实有一千四百七户,计丝九百八十九斤。

江南户钞:至元二十二年,分拨全州路录事司九千八百七十六户,计钞三百九十五锭。

斡阔烈阇里必：

　　五户丝：丙申年，分拨广平路一万五千八百七户。延祐六年，实有一千七百三户，计丝八十斤。

　　江南户钞：至元二十年，分拨全州路灌阳县一万六千一百五十七户，计钞六百四十六锭。

左手九千户合丹大息千户：

　　五户丝：丙申年，分拨河间路齐东县一千二十三户。延祐六年，实有三百六十六户，计丝一百六十斤。

　　江南户钞：至元十八年，分拨藤州苍梧县一千二百四十四户，计钞九锭。

也速不花等四千户：

　　五户丝：丙申年，分拨河间路陵州一千三百一十七户。延祐六年，实有五百五十九户，计丝二百三十三斤。

也速兀儿等三千户：

　　五户丝：丙申年，分拨河间路宁津县一千七百七十五户。延祐六年，实有七百二十二户，计丝二百八十八斤。

　　江南户钞：至元十八年，分拨藤州等处三千七百三十二户，计丝二百八十八斤。

帖柳兀秃千户：

　　五户丝：丙申年，分拨河间路临邑县一千四百五十户。延祐六年，实有三百五十四户，计丝二百六十斤。

　　江南户钞：至元十八年，分拨藤州一千二百四十四户，计钞四十九锭。

和斜温两投下一千二百户：

　　五户丝：丙申年，分拨曹州一万户。延祐六年，实有一千九百二十八户，计丝七百四十八斤。

　　江南户钞：至元十八年，分拨贵州一万五千户，计钞四百二十锭。

忽都虎官人：

五户丝：壬子年，查认过广平等处四千户。

江南户钞：至元十八年，分拨韶州曲江县五千三百九户，计钞二百十三锭。

灭古赤：

五户丝：丙申年，分拨凤翔府。实有二百三十户。

江南户钞：至元二十二年，分拨永州路祁阳县五千户，计钞二百锭。

塔思火儿赤：

五户丝：丙申年，分拨东平种田户，并壬子年续查户，共六百八十户。延祐六年，实有三百八十九户，计丝一百五十五斤。

塔丑万户：

五户丝：壬子年，元查平阳等处一百八十六户。延祐六年，实有八十一户，计丝三十七斤。

察罕官人：

五户丝：壬子年，元查怀孟等处三千六百六户。延祐六年，实有五百六十户，计丝三百二十四斤。

孛罗浑官人：

五户丝，壬子年元查保定等处四百一十五户。丁巳年，分拨卫辉路淇州一千一百户。延祐六年，实有一千九十九户，计丝四百四十九斤。

江南户钞：至元二十七年、大德六年分拨四千户，计钞一百六十锭。

速不台官人：

五户丝：丁巳年，分拨汴梁等处一千一百户。延祐六年，实有五百七十七户，计丝二百三十斤。

江南户钞：至元二十年，分拨钦州灵山县一千六百户，计钞六十四定。

宿敦官人：

五户丝：丁巳年，分拨真定一千一百户。延祐六年，实有六十四户,计丝二十八斤。

也苦千户:

五户丝:丁巳年,分拨东平等处一千一百户。延祐六年,实有二百九十五户,计丝一百一十八斤。

江南户钞:至元十八年,分拨梅州一千四百户,计钞五十六锭。

阿可儿:

五户丝:癸丑年,分拨益都路高苑县一千户。延祐六年,实有一百九十六户,计丝七十八斤。

伯八千户:

五户丝:癸丑年,分拨太原一千一百户。延祐六年,实有三百五十二户,计丝一百四十斤。

兀里羊哈歹千户:

五户丝:戊午年,分拨东平等处一千户。延祐六年,实有四百七十九户,计丝一百九十斤。

秃薛官人:

五户丝:丁巳年,分拨兴元等处种田六百户。延祐六年,实有二百户,计丝八十斤。

塔察儿官人:

五户丝:壬子年,元查平阳二百户。延祐六年,实有二百户,计丝八十斤。

忻米思拔都儿:

五户丝:丙申年,分拨怀孟等处一百户。延祐六年,实有五十户,计丝二十斤。

猱虎官人:

五户丝:丁巳年,分拨平阳一千户。延祐六年,实有六百户,计丝二百四十斤。

字哥帖木儿:

五户丝:丁巳年,分拨真定等处五十八户,计丝二十三斤。

也速鲁千户:

五户丝：壬子年，分拨真定路一百六十九户。延祐六年，实有四十户，计丝一十六斤。

镇海相公：

五户丝：壬子年，元查保定九十五户。延祐六年，实有五十三户，计丝二十一斤。

按察儿官人：

五户丝：壬子年，分拨太原等处五百五十户。延祐六年，实有九十八户，计丝二十九斤。

按摊官人：

五户丝：中统元年，查平阳路种田户六十户。延祐六年，实有四十户，计丝一十六斤。

阿术鲁拔都：

五户丝：壬子年，查大名等处三百一十户。延祐六年，实有三百一户，计丝一百二十斤。

孛罗口下裴大纳：

五户丝：壬子年，元查广平等处八十二户。延祐六年，实有三十户，计丝一十二斤。

忒木台行省：

五户丝：壬子年，元查大同等处七百五十一户。延祐六年，实有二百五十五户，计丝一百一十斤。

撒秃千户：

江南户钞：至元二十年，分拨浔州三千户，计钞一百二十锭。

也可太傅：

五户丝：壬子年，元查上都五百四十户。延祐六年，实有三百户，计丝一百二十斤。

迭哥官人：

五户丝：丙申年，分拨大名清丰县一千七百十三户。延祐六年，实有一千三百七户，计丝五百七斤。

卜迭捏拔都儿：

五户丝：壬子年，元查怀孟八十八户。延祐六年，实有四十户，计丝一十六斤。

黄兀儿塔海：

五户丝：丙申年，分拨平阳一百四十四户。延祐六年，实有一百户，计丝四十斤。

怯来千户：

江南户钞：至元二十年，分拨浔州路三千户，计钞一百二十锭。

哈剌口温：

五户丝：壬子年，元查真定三十二户。

曳剌中书兀图撒罕里：

五户丝：壬子年，元查大都等处八百七十户。延祐六年，实有四百九十九户，计丝一百一十七斤。

欠帖木：

五户丝：壬子年，元查曹州三十四户。延祐六年，实有三十四户。

欠帖温：

江南户钞：至元十九年，分拨梅州安仁县四千户，计钞一百六十锭。

鱼儿泊八剌千户：

五户丝：大德元年，分拨真定等处一千户。延祐三年，实有六百户，计丝二百四十斤。

昔宝赤：

江南户钞：至元二十一年，分拨衡州路安仁县四千户，计钞一百六十锭。

八剌哈赤：

江南户钞：至元二十一年，分拨台州路天台县四千户，计钞一百六十锭。

阿塔赤：

江南户钞：至元二十一年，分拨常德路、沅江路四千户，计钞一百六十定。

必阇赤：

　　江南户钞：至元二十一年，分拨袁州路万载县三千户，计钞一百二十锭。

贵赤：

　　江南户钞：至元二十一年，分拨和州历阳县四千户，计钞一百六十锭。

厥列赤：

　　江南户钞：至元二十一年，分拨婺州永康县五十户，计钞二十七锭。

八儿赤、不鲁古赤：

　　江南户钞：至元二十一年，分拨衡州路酃县六百户，计钞二十四锭。

阿速拔都：

　　江南户钞：至元二十一年，分拨庐州等处三千四百九户，计钞一百三十六锭。

也可怯薛：

　　江南户钞：至元二十一年，分拨武冈路临武县五千户，计钞二百定。

忽都答儿怯薛：

　　江南户钞：至元二十一年，分拨武冈路新宁县五千户，计钞二百锭。

怯克迭儿怯薛：

　　江南户钞：至元二十一年，分拨常德路龙阳县五千户，计钞二百锭。

月赤察儿怯薛：

　　江南户钞：至元二十一年，分拨武冈路绥宁县五千户，计钞二百锭。

玉龙帖木儿千户：

江南户钞：至元二十年，分拨浔州三千户，计钞一百二十锭。

别苦千户：

　　江南户钞：至元二十年，分拨浔州三千户，计钞一百二十锭。

幢兀儿王：

　　江南户钞：延祐二年为始，支中统钞二百锭，无城池。

霍穆梅：

　　五户丝：壬子年，元查大名等处三十三户。

哈剌赤秃秃哈：

　　江南户钞：至元二十一年，分拨饶州路四千户，计钞一百六十锭。

添都虎儿：

　　五户丝：丙申年，分拨一百户。

贾答剌罕：

　　五户丝：；壬子年，元查大都一十四户。

阿剌博尔赤：

　　五户丝：壬子年，元查真定五十五户。

忽都那颜：

　　五户丝：壬子年，大名二十户。

忽辛火者：

　　五户丝：壬子年，元查真定二十七户。

大忒木儿：

　　五户丝：壬子年，元查真定二十二户。

布八火儿赤：

　　五户丝：壬子年，元查大都八十四户。

塔兰官人：

　　五户丝：壬子年，元查大宁三户。

憨剌哈儿：

　　五户丝：壬子年，元查保定二十一户。

昔里吉万户：

　　　五户丝：壬子年，元查大都七十九户。

清河县达鲁花赤也速：

　　　五户丝：元查大名二十户。

塔剌罕刘元帅：

　　　五户丝：壬子年，元查顺德一十九户。

怯薛台蛮子：

　　　五户丝：壬子年，元查泰安州七户。

必阇赤汪古台：

　　　五户丝：壬子年，元查汴梁等处四十六户。

阿剌罕万户：

　　　五户丝：壬子年，元查保定一户。

徐都官人：

　　　五户丝：壬子年，元查大都十一户。

新元史卷七八
志第四五

食货十一

赐赉下

岁赐之数：

答里真官人位：

　　岁赐银三十锭，缎一百匹。

淄川王位：

　　岁赐银一白锭，缎三百匹。

济南王位：

　　岁赐银一百锭，绵六百二十五斤，小银色丝五十斤，缎三百匹，羊皮一千张。

斡真那颜位：

　　岁赐银一百锭，织五千九十八匹，绵五千九十八斤，缎三百匹，诸物折中统钞一百二十锭，羊皮五百张，金一十六锭四十五两。

广宁王位：

　　岁赐银一百锭，缎三百匹。

术赤大王位：

　　岁赐缎三百匹，常课缎一千匹。

茶合鳎大王位：

　　岁赐银一百锭，缎三百匹，绵六百二十五斤，常课金六锭六两。

定宗位：

　　　岁赐银一十六锭三十三两，缎五十匹。

阿里不哥大王位、河间王位：

　　　俱岁赐银一百锭，缎三百匹。

合丹大王位、灭里大王位：

　　　俱岁赐银一十六锭三十三两，缎五十匹。

阔出太子位：

　　　岁赐银六十六锭三十三两，缎一百五十匹。

阔端太子位：

　　　岁赐银一十六锭三十三两，缎五十匹。

阿速台大王位：

　　　岁赐银八十二锭，缎三百匹。

泰定二年，晃兀帖木儿大王改封并王：

　　　增岁赐银一十六锭。

班秃大王：

　　　银八锭。

泰定三年明里忽都鲁皇后位下：

　　　添岁赐中统钞一千锭，缎五十匹，绢八十匹。

裕宗妃伯监也怯赤：

　　　岁赐银五十锭。

旭烈大王位：

　　　岁赐银一百锭，缎三百匹。

末哥大王位、拨绰大王位：

　　　俱岁赐银五十锭，缎三百匹。

裕宗后位、安西王位、北安王位：

　　　俱岁赐缎一千匹，绢二千匹。

平远王位、西平王位：

　　　俱岁赐缎匹物料，折钞一千六百五十六锭；银五十锭，折钞一
千锭。

云南王位、忽都帖木儿太子位：

俱岁赐银五十锭，缎匹物料折钞一千六百五十锭。

晋王甘剌麻位：

岁赐缎一千匹，绢一千匹。

又朵儿只：

延祐元年为始，年例支中统钞一千锭。

太祖大斡耳朵：

岁赐银四十三锭，红紫罗二十匹，染绢一百匹，杂色线五千斤，针三千个，缎七十五匹，常课缎八百匹。

第二斡耳朵：

岁赐银五十锭，缎七十五匹，常课缎一千四百九十匹。

第三斡耳朵：

岁赐银五十锭，缎七十五匹，常课缎六百八十二匹。

第四斡耳朵：

岁赐银五十锭，缎七十五匹。

世祖大斡耳朵：

岁赐银五十锭。

第二斡耳朵：

岁赐银五十七锭，缎一百五十匹。

第三、第四斡耳朵：

俱岁赐银五十锭。

顺宗后位：

岁赐缎五百匹。

武宗真哥皇后位：

岁赐银五十锭，钞五百锭。

完者台皇后位：

岁赐银五十锭。

带鲁罕公主位：

岁赐银四锭八两，缎一十二匹。

欠帖温：

　　岁赐绢一百匹，弦一千条。

札八忽娘子：

　　岁赐常课缎四百七十匹。

西川城左翼蒙古汉军万户脱力赤：

　　岁赐常课缎三十二匹。

伯要歹千户：

　　岁赐缎二十四匹。

典迭儿：

　　岁赐常课缎六十四匹。

太平王：

　　岁赐，天历元年定金十锭，银五十锭，钞一万锭。分拨汝东道太平路地五百顷。

　　　岁例外之赐与：

　　中统二年，赐诸王塔齐尔金千两、银五千两、币三百匹。

　　四年，赐公主巴古银五万两、哈剌哈纳银千两。

　　至元二年，赐诸王合必赤、亦怯烈，金素币各四；拜行，金币一；赐诸王只必帖木儿银二万五千两、钞千锭。

　　四年，赐王玉龙答失银五千两、币三百匹，岁以为常。

　　五年，诸计王木忽及八剌合币帛六万匹。

　　七年，赐皇子南术合马六千、牛三千、羊一万。

　　十二年，赐皇子安西王币帛八千匹，丝万斤。

　　十九年，赐诸王塔海帖木儿，忽都帖木儿等金银、币帛有差。

　　二十五年，赐诸王火你赤银五百两、珠一索、锦衣一袭，玉都银千两、珠一索、锦衣一袭。赐诸王阿赤吉金二百两、银二万二千五百两、钞四千锭及纱罗绢布有差。赐拔都不伦金百五十两、银五千两及币帛纱罗等万匹。赐诸王术伯金银皆二百五十两，币帛纱罗万匹，又赐术伯银二万五千两、币帛纱罗万匹。赐诸王也里干金五十

两、银五千两、钞千锭、币帛纱罗等二千匹。赐按搭儿秃等金二百五
十两、银十二万五千两、钞二万五千锭、币帛布毡布二万三千六百
六十六匹。赐诸王爱牙合赤等金千两、银一万八千三百六十两、丝
万两、绵八万三千二百两、币一千二百匹、织五千九十八匹。

　　三十一年，成宗即位，中书省臣言："陛下新即大位，诸王、驸马
赐与宜依往年大会之旧例，赐金一者加四为五，银一者加二为三。
又江南分土之赋，初止按其版籍令户出钞五百文，今亦当有加。然
不宜增赋于民，请因五百文加二贯，从今岁官给之。"从之。是年，赐
驸马蛮子带银七万六千五百两，阔里吉思一万五千四百五十两，高
丽王昛三万两。赐国王和童金二百五十两，月儿鲁百五十两，伯颜、
月赤察儿各五十两，钞锦各有差。赐亦都护金五百五十两、银七千
四百两，合迷里的斤帖林金五十两、银四百五十两。西平王奥鲁赤、
宁远王阔阔出、镇南王脱颜及也先帖木儿大会赐例，金各五百两、
银五千两、钞二千锭，币帛各二百匹。诸王帖木儿不花、也只里不花
等，金各四百两、银四千两、钞二千六百锭，币帛各一百六十匹。赐
雪雪的斤公主钞千锭，诸王伯答罕、察合儿三千锭，伯牙兀真、赤
里、由柔伯牙伯刺麻、阔怯伦、忙哥真各金五十两，银钞币有差。赐
不鲁花真公主及诸王阿只吉女弟伯秃银钞有差，赐诸王亦思麻殷
金五十两。

　　元贞元年，赐诸王忽剌出金五十两、珠一串。诸王阿失罕来朝，
赐金五十两、银四百五十。赐诸王木颜帖木儿、阿八也不干金各
五百两，银五千两，钞二千锭，币帛各二百匹。其幼者减五分之一。

　　二年，赐诸王合班妃钞千二百锭，杂币帛千匹，驸马塔海铁木
儿钞三千锭。赐八撒、火而忽答孙、秃剌三人钞五千锭。赐诸王铁
木儿金二百五十两、银二千五百两、钞五千锭，以旌其战功。定诸王
朝会赐与：太祖位，金千两、银七万五千两；世祖位，金各五百两，银
二万五千两；余各有差。

　　大德元年，赠诸王要木忽而、兀鲁忽不花岁赐各钞千锭。赐晋
王甘剌麻钞七万锭，孛阿班答三万锭，赐药木忽儿金一千二百五十

两、银一万五千两,钞一万二千锭。赐诸王药木忽儿金一千二百五十两,兀鲁忽不花赐并其母一千两银,钞各有差。赐诸王亦怜真等金银钞有差。

大德三年,赐诸王六十、脱脱等钞一万三千余锭。

四年,赐诸王也孙等钞一万八千五百锭。合丹之孙脱欢自北境来归,赐钞一千四百锭。

六年,赐诸王八撒儿等钞八万六千三百余锭,赐诸王捏苦迭儿等钞五千八百四十锭。

七年,赐皇侄海山及安西王阿难答,诸王脱脱、八不沙,驸马蛮子台等,各金五两,银珠饰币等物有差。赐诸王纳忽里钞千锭、币二千匹。

八年,赐安西王阿难答,诸王阿只吉、也速不干等钞一万四千锭。

九年,给还安西王积年所减岁赐金五百两、丝一万五千九百斤。赐诸王脱脱钞二千锭,奴兀伦、索罗等金五百两、银千两、钞二万锭。赐察八而、朵瓦所遣使者银千四百两、钞七千八百余锭。赐安西王阿难答,月鲁铁木儿钞五千锭。以金千两、铅七万五千两、钞十三万锭,赐兴圣太后出居怀州。驸马按替不花来自朵瓦,赐银五十两、钞二百锭。诸王忽剌出及昔儿吉思来贺立皇太子,赐钞及衣服、弓矢等有差。赐安西王阿难答,西平王奥鲁赤、不里亦钞三万锭,南哥班万锭,从者三万三千锭。赐梁王松山钞千锭,赐西宁王出伯钞三万锭,赐皇侄阿木哥钞三万锭。

武宗即位,命中书省臣议诸王朝会赐与,依成宗例,比世祖所赐金五十者增至二百五十两,银五十两者增至百五十两,以金二千七百五十两、银十二万九千二百两、钞万锭,币帛二万二千二百八十匹奉兴圣宫,赐皇太子亦如之。赐越王秃剌钞万锭。

至大元年,中书省臣言:“朝会应赐者为锭总三百五十万锭,已给者百七十万,未给者犹百八十余万,两都所储已罄。自今特奏乞赏者宜暂停。”从之。晋王也孙铁木儿以诏赐万锭、止给八千锭为言,敕给晋王钞千锭,余移陕西省给之。赐国王和童金二百五十两、银七百五十两,赐镇南王老章金五百两、银五千两、钞二千锭、币帛八百匹,也先不花、牙儿赤金各二百五十两,银七百五十两,钞二千锭。赐诸王八亦忽,金百五十两、银七百五十两。复赐八不沙,金五百两。赐晋王所部五百四十七人,钞五万二千九百五十锭,定王药木忽儿金千五百两、银三万两、钞万锭。赐诸王木南子金五十两、银千两、钞千锭。赐皇太子鹰坊钞二十万锭。赐诸王脱欢金三百两、银二千五百两、钞二千锭,阿思不花金百两、银千两、钞千锭。赐皇太子金千两。

二年,以诸王老的代梁王镇云南,赐金二百五十两、银七百五十两,从者币帛有差。

三年,赐诸王那木忽里等钞万二千锭。

仁宗即位,以诸王朝会普赐金三万九千六百五十两、银百八十四万九千五十两、钞二十二万三千二百七十九锭、币帛四十七万二千四百八十八匹。己巳,卫王阿木哥入朝,赐钞二万锭。以朝会恩赐诸王秃满金百五十两、银五千三百两、币帛三千匹。以朝会恩赐,月赤察儿,床兀儿金二百两、银二千八百两;赐诸王阿不花等金二百两、银七百五十两、钞一万三千六百三十锭,币帛各有差;赐皇姊大长公主钞万锭。

皇庆元年,赐安王完泽及其子金三百两、银一千三百五十两、钞三千五百锭。赐安远王丑汉金百两、银五百两、钞千锭。赐诸王阔阔出金束带一、银百五十两、钞二百锭。赐诸王宽彻、忽都迷失金百五十两、银一千五百两、钞三千锭,币帛有差。

二年,赐诸王按灰金五十两、银七百五十两、金束带一,币帛各四十匹。赐宣宁王铁木儿不花币帛百二十匹,安远王亦思丹等各百匹。敕卫王阿木哥岁赐外,给钞万锭。赐驸马脱铁木儿金百五十两、银七百五十两、币帛五十匹。赐诸王火罗思迷、脱欢、南忽里,驸马忙兀带,金二百两、银一千二百两、钞一千六百锭,币帛各有差。

延祐元年,赐卫王阿木哥等钞七千锭。

二年,赐诸王纳忽答儿金五十两、银二百五十两、钞五百锭。赐宣宁王铁木儿不花及其弟钞万锭。

三年,赐诸王迭里哥儿不花等金三百五十两、银一千二百两、钞三千二百锭,币帛有差。赐周王从卫钞四十万锭。

四年,赐诸王宗戚朝会者金三百两、银二千五百两、钞四万三千九百锭。赐赵王阿鲁秃金五十两、银五百两、钞千锭。安远王丑汉、赵王阿鲁秃,为叛王脱火赤所掠,各赐金银币帛。赐皇姑大长公主忙哥台金百两、银千两、钞二千锭,币帛各百匹。

五年,赐诸王桑哥班金束带一、银百两、钞五百锭。赐安王兀都思不花等金束带及金二百两、银一千五十两、钞二千二百锭、币帛二百八十匹。赐诸王八里带等金二百两、银八百五十两、钞二千锭、币帛二百匹。诸王雍吉刺带、曲春铁木儿来朝,赐金二百两、银一千两、钞五千锭、币帛一百匹。

六年,英宗即位,赐诸王也孙铁木儿、脱脱那颜等金银币帛有差。赐诸王铁木儿不花钞万五千贯。赐诸王阿术里台宴服珠帽。赐诸王曲鲁不花钞万五千贯。赐诸王买奴等钞二十五万贯。赐公主札牙八刺等钞七万五千贯。以登极大赍诸王、百官,计金五千两、银七十八万两、钞一百二十一万一千贯、币五万七千三百六十四匹、帛四万九千三百二十二匹、木棉九万二千六百七十二斤、布二万三千三百九十四匹、衣八百五十九袭、鞍勒弓矢有差。赐寿宁公主钞七万五千贯,给武宗皇后钞七十五万贯,赐公主札牙八刺从者钞七十五万贯,赐公主买的钞五万贯,驸马灭怜钞二万五千贯,赐晋王也孙铁木儿钞百万贯,赐公主速哥八刺钞五十贯。

二年,赐诸王案忒不花钞七万五千贯。驸马脱脱卒,赐钞五万贯。遣亲王阇阇秃总兵北边,赐金二百五十两、银二千五百两、钞五十万贯。

三年,遣诸王忽刺出往云南,赐钞万五千贯。赐诸王喃茶失言钞二百五十万贯。

泰定帝即位,大赍后妃、诸王、百官金七百余锭、银三万三千锭,钱及币帛称是。

泰定元年,赐诸王彻彻秃金一锭、银六十锭、币帛各百匹。塔思不花金一锭、银四十锭、币帛二百匹,阿忽铁木儿等金银各有差。赐寿齐公主金十锭、银五十锭、钞一万锭。遣诸王阇阇出镇畏兀,赐金银钞千计。诸王阿木哥卒,赐钞千锭。诸王阿马卒,赐钞五千锭。赐云南王王禅钞二千锭,诸王阿都赤钞三千锭,诸王伯颜帖木儿二千锭。

三年,诸王薛彻秃、晃火帖木儿来朝,赐金银钞币有差。赐诸王宽彻不花、买奴各三千锭,赐诸王孛罗铁木儿、阿剌忒纳失里各钞二千锭。赐寿宁公主田百顷、钞三万锭。赐梁王王禅钞五千锭,赐王禅及诸王彻彻秃币帛各二百匹。赐绥宁王阿都赤钞四千锭,赐湘宁王八剌失里钞三千锭。

四年,诸王买奴来朝,赐金一锭、银十锭、钞二千锭,币帛各四十匹。赐诸王阿忒剌纳失里等钞六千锭。亲王也先铁木儿镇北边,赐金一锭、银五锭、钞五百锭,币帛各千匹。诸王火沙、阿荣、答里镇北边,赐金银币钞各有差。诸王搠思班、不赛因等以文豹、名马等物来献,赐金银钞力计。赐诸王火儿灰、月鲁帖木儿、八剌失里及驸马买住罕钞一万五千锭,金银币帛有差。赐寿宁公主钞五千锭。赐营王也先帖木儿钞三千锭。赐公主不答吉你钞千锭。诸王孛罗遣使贡硇砂,赐钞二千锭。

致和元年,赐辽王脱脱钞五千锭,梁王王禅钞二千锭。

天历元年,赐诸王阿剌忒纳失里、帖木儿不花、宽彻不花、买奴等金各五十两、银各五百两、币各三千匹。赐阿剌忒纳失里及齐王月鲁帖木儿等金各五百两,银各一千五百两,钞各万锭,诸王朵列帖木儿金五十两、银五百两、钞千锭。

二年,中书省臣言:“恩赉诸王、百官,请如武宗之制,凡金银五锭以上,减三分之一,五锭以下全畀之。又以七分为率,其二分准时值给钞。”制可。赐武宁王彻彻秃金百两、银五百两,西域诸王燕只吉台金二千五百两、银万五千两,钞币有差。

　　至顺元年，敕有司供明宗后八不沙、宫人币帛二百匹，及阿梯里，脱忽思币帛有差。赐鲁国大长公主钞万锭，赐诸王养怯帖木儿、孛栾台、征棘斯、察阿兀罕等金钞币有差。赐诸王朵列铁木儿银千两、币二百匹。

　　二年，赐燕帖木儿及公主察吉儿各金百两、银五百两、钞二千锭。定功赏，诸王各金百两，银五百两，金滕带一，织金等币各十八匹。

　　三年，赐公主月鲁金五百两、银五千两。遣使往西域，赐诸王不赛因绣彩币帛二百四十匹。

　　三年，宁宗即位，赏赉诸王金币如文宗即位之制。以诸王忽剌台贫乏，赐钞五百锭。赐诸王宽彻币帛各二千匹。

　　至元二年，赐宗王火儿灰母答里钞一千锭。赐吴王搠失江钞五千锭。命宗王不兰奚、驸马月鲁不花等镇薛连可、怯鲁、速速地，各赐钞六百锭及银牌。

　　四年，赐宗王王里不花钞千锭、金一锭、银十锭。

新元史卷七九

志第四六

食货十二

赈恤上

　　赈恤之法有二:曰蠲免,曰赈贷。以恩免者:朝廷有大庆则免之;有盗贼之乱、军旅供给之费,则免之;逃亡复业者,则免之;军民站户困弊,则免之。以恩赈者:曰鳏寡孤独,曰诸王部众之贫乏。其余则恩免所及者,赈亦及之。至于灾免、灾赈,则以水旱疫疬,救生恤死,尤荒政之最亟者。今类共事,分著于后。

　　恩免:

　　世祖中统元年,量减丝料、包银分数。

　　二年,诏:减免民间差发,免平阳、太原军站户重租税科。诏:十路宣抚使,量免民间课程,弛诸路山泽之禁。

　　三年,以军兴,人民劳苦,敕停公私逋负毋征,以米千石、牛三百给西京蒙古户。北京等路,以兵兴供给繁重,免本岁丝料、包银。蠲滨、棣今岁田租之半,东平蠲十分之二。复蒙古军站户。差户、农民包银,征其半。俘户止令输丝。民户输赋之月,毋征私债。敕济南官吏,凡军民公私逋负,权住毋征。三叉沽灶户,经宋兵焚掠,免今年租赋。以济南路遭李璮之乱,军民皆饥,尽免差发。

　　四年,以西凉民户值浑都海之乱,人民流散,免差税三年。

至元元年,诏:减明年包银十分之三,无业者减十分之七,逃户复业者免差税三年。

三年,减中都包银四分之一。

七年,诸路课程,减十分之一,以纾民力。

八年,诏:四川民力困弊,免茶盐课税。

十二年,蠲免包银丝绵钞,免河南路包银三分之二,其余路分亦免十分之五。

十三年,敕减今岁丝赋之半,免大都医户十二年丝银。

十七年,敕和州等处为叛兵所掠者,赐钞给之。仍免民差役三年。

十八年,免福州路今年税二分。十八年,以前租税并免征。

十九年,免诸路民户明年包银、俸钞及逃移户差税。

二十年,免大都、平滦民户丝绵俸钞。二十年,免福建归附后未征苗税,免京畿所括田旧税三分之二,新税三之一。

二十一年,蠲江南今年田租十分之二,其十八年以前逋欠悉免之。

二十二年,除民间包银,三年不使带纳俸钞,尽免大都地税。

二十四年,免唐兀卫河西地元籍徭役,免东京等处军民徭赋。

二十五年,免辽阳、武平等处差发,以武冈、宝庆二路荐经寇乱,免今年酒税课及前岁逋租。以南安、瑞、赣三路,连岁盗起,民多失业,免逋岁万二千六百石。湖头贼张治国掠泉州,免泉州今岁田。

二十六年,蠲汀、漳二州田租。宜章县为广东寇所掠,免今岁田租。

二十七年,常宁州遭寇乱,免其田租。广州、韶州以遭寇乱,并免其田租。减河间、保定、平滦三路丝绵银。

二十八年,免江淮贫民至元十二年至二十五年所逋田租二百九十七万六千余石,及二十六年未输田租十三万石、钞一千一百五十锭、丝五千四百斤、绵千四百三十余斤。二十八年,免腹里诸路包银俸钞,其大都、上都、隆兴、平滦、大同、太原、河间、保定、武平、辽阳十路钞银并除之。

二十九年，以上都、隆兴、平滦、河间、保定五路供给，视他路为甚，宜免今岁公赋。免宝庆路田租万三千九百七十三石。置会同、安定二县隶琼州，免其田租。

至元三十一年，成宗即位，除大都、上都两路差税一年，其余减丁地税十分之三，系官逋欠一切蠲免，民户逃亡者差税皆除之。以上世祖皇后裕宗尊号，免所在本年包银俸钞，及内郡地税、江淮以南商税。

元贞元年，除大都民户丝料、包银、税粮。

大德元年，免上都、大都、隆兴差税三年。

大德二年，免今年上都、隆兴丝银，大都差税、地租。

四年，诏颁宽令，免上都、大都、隆兴大德五年丝银税粮，附近秣养马驼之郡免税粮十分之三，其余免十分之一，江北荒田许人耕种者并展税限一年。著为令。

七年，以转输军饷劳，免思、播二州及潭、衡、辰、沅等路税粮一年，常、澧三分之一，淘金站户无种佃者免杂役。

九年，又下宽免之令，以恤大都、上都、隆兴、腹里、江淮之民。

十年，免大都今年租，逃移复业者免差税三年。

十一年，免上都、大都、隆兴差税三年，其余路分量轻重优免。免云南八番等地面差发一年，其积年逋欠者蠲之，逃移复业者免三年。

至大二年，上尊号，诏：毋令见户包纳差税，被灾百姓内郡免差税一年，江淮免夏税三年，免大都、上都、中都秋税，其余今岁被灾人户，依上蠲免，至大二年以前民间欠差税课程，并行豁免。

四年，免腹里包银及江南夏税十分之二。又免大都、上都、中都差税三年。

延祐元年，以改元，免上都、大都差税二年，其余经赈者免一年，流民复业者免差税三年。

二年，免各路差税、丝料，延祐元年泸阳、麻阳二县以土贼作乱,蠲其田租。

七年,减天下租赋二分,包银二分,免上都、大都、兴和三路差税三年,又免税粮、包银、丝料,合有差发。

至治二年,免大都、兴和差税三年,八番、思、播、两广洞寨差税二年,江淮创科包银三年,四川、云南、甘肃秋粮三分,河南、陕西、辽阳丝银三分,赈恤云南、广海等处。

泰定元年,免天下和买杂役三年,蛋户差税一年。

二年,除江淮创科包银,流民复业者免差役三年。

二年,免各路差丝料。

天历元年,免诸路差税、丝料有差及海北盐课二年,免民间逋赋无可追征者,免奉元路商税一年,免永平总管府田租二年,免达达军站之贫乏者及各路差租有差,免人民逋欠官钱。

至顺元年,以改元,免诸路税差有差。诏:河南、怀庆、卫辉、普宁四路今岁差发全行蠲免;其余路分,腹里差发、江淮夏税,亦免三分,免海北盐课三年,免云南行省田租。

三年,免大都、上都、兴和三路差税三年,腹里差发免,其余诸郡不纳差去处免税粮十分之二,江淮以南夏税亦免二分。

至正元年,免天下税粮五分。

六年,免天下差税三分,水旱之地全免。

灾免:

中统元年,以各处被灾,验实免科差。四年,以秋旱霜灾,减大名等路税粮。

至元三年,开元等路饥,减户赋布二匹,秋税减其半,水达达户,减青鼠二,其租税,被灾者免征。真定等路旱蝗,其代输筑城役人户,悉免之。

五年,东胜旱,免其租赋。

八年,以去岁东平及西京旱蝗水潦,免其租赋。

七年,益都登莱旱蝗,诏减其今年包银之半。东京路饥兼造船劳役,免今年丝银十之三。南京、河南等路蝗,减今年丝银十之三。以南京、河南旱蝗,减今年差赋十之三。

十八年,保定路清苑县旱,高唐、夏津、武城等县蝱害稼,免今年租计六千四百四十八石。

十九年,免巩昌等处积年所欠田租课。

二十四年,大都饥,免今岁俸钞,诸路半征之。沈州饥,又经乃颜兵蹂躏,免其今年丝银、租赋。浙西诸路水,免今年田租十之二。

二十五年,益州旱,蠲其租四千七百石。平江水,免所负酒课。睢阳霖雨害稼,免其租千六百石有奇。以考城、陈留、通许、杞、太康五县大水,及河溢没民田,免其租万五千二百石。保定霖雨害稼,免今岁田租。漯州等处霖雨害稼,免今年田租。安西省大饥,免田租二万一千五百石有奇,仍贷粟赈之。嘉祥、鱼台、金乡三县霖雨害稼,免其租五千石。巩昌路荐饥,免田租之半,仍以钞三千锭赈其贫者。

二十六年,绍兴大水,免未输田租。泰安寺屯田大水,免今岁租。济宁、东平、汴梁、济南、棣州、顺德、平滦、真定霖雨害稼,免田租十万五千七百四十九石。两淮屯田雨雹害稼,免今岁田租。大都路霖雨害稼,免今岁田租,仍减价粜诸路仓粮。台、婺二州饥,免今年田租。武平路饥,免今年田租。无为州大水,免今年田租。

二十七年,晋陵、无锡二县霖雨害稼,并免其田租。芍陂霖雨害稼,免其租。以荐饥,免今岁银、俸钞,其在上都、大都、保定、河间、平滦者万一百八十锭,在辽阳省者千三百四十八锭有奇。平山、真定、枣强三县旱,灵寿、元氏二县大雨雹,并免其租。江阴大水,免田租万七百九十石。河溢太康,没民田三十一万九千八百余亩,免其租八千九百二十八石。棣州厌次、河阳大风雹害稼,免其租。免河间、保定、平滦岁赋丝之半。怀孟路武陟县、汴梁路祥符县皆大水,免田租八千八百二十八石。终南等屯霖雨害稼万九千六百余亩,免其租。广济署洪济屯大水,免其租万三千二百四十一石。兴、松二州陨霜杀禾,免其租。隆兴路陨霜杀稼,免其田租五千七百二十三石。免大都、平滦、保定、河间自至元二十四年至二十六年逋租十三万五百六十二石。大同路民多流移，免其田租二万一千五百四石。

二十八年，上都、太原饥，免至元十二年至二十六年所逋田租三万八千五百余石。武平路饥，免其去年租田。凡州郡田尝被灾者，悉免其租，不被灾者免十之五。太原、杭州饥，免今岁田租。抚州路饥，免去岁田租四千五百石，大名之清河、南乐诸县霖雨害稼，免田租万六千六百六十九石，婺州水，免田租四万一千六百五十石。景州、河间等州霖雨害稼，免田租五万六千五百九十五石。以岁荒，免平滦屯田，免大都今年田租。保定、河间、平滦三路大水，被灾者全免，收成者半之。武平饥，免今年田租。广济署大昌等屯水，免田租万九千五百石。以武平地震，全免去年税四千五百三十六锭，今年量输之，止征二千五百六十九锭。

二十九年，京畿荐饥，免今岁田租。龙兴路南昌、新建、进贤三县水，免田租四千四百六十八石。平江、湖州、常州、镇江、嘉兴、松江、绍兴等路水，免至元二十八年田租十八万四千九百二十八石。大宁路惠州连年水旱，诏给钞二千锭及粮一月赈之。太平、宁国等六路饥，发粟赈之。高丽饥，赐米十万石。广济署屯田既蝗复水，免今年田租九千三百十八石。平滦路大水且霜，免田租二万四千四十一石。

三十年，营田提举司屯田为水所没，免其租四千七百七十二石。湖州、平江、嘉兴、镇江、扬州、宁国、太平等路大水，免田租百二十五万七千八百八十三石。岳州华容县水，免田租四万九百六十二石。辽阳、沈州、广宁、开元等路雹害稼，免田租七万七千九百八十八石。岳州华容县水，免田租四万九百六十二石。

三十一年，常德、岳、鄂、汉阳四州水，免其田租。

元贞二年，象食屯水，免其田租。

大德元年，归德、徐、邳、汴梁诸县水，免其田租二年。以水旱，减州郡田租十分之三，甚者尽免之，老病单弱者差税并免三年。顺德旱，大风损麦，免田租一年。

三年,扬州、淮安,免其田租。以江陵、沔阳、庐、随、黄等州旱,汴梁、归德、永、陇、陕蝗,并免其田租。

五年,平滦路水,免今年田租,仍赈粟三万石。遣官分道赈恤各路,被灾重者,免其差一年,贫乏之家计口赈之。顺德路水,免其田租。江陵、常德、澧州皆旱,并免其门摊、酒课。

七年,尽除内郡饥荒所在差税,仍令河南省赈恤流民。各道宣抚使言:"去岁被灾人户未经赈济者,宜免其差役。"从之。浙西淫雨,民饥者十四万,赈粮一月,仍免今年夏税,并各户酒醋课。免大德七年民间逋税。

八年,免平阳、太原差其差税三年,及隆兴、上都、大同等路被灾人户二年。大都、保定、河间路免一年。江南佃户私租太重,以十分为率,减二分,永为定例。柳林屯田被水,其逋租及民贷食者皆勿征。陈州霖雨,免其田租。以顺德、恩州去岁霖雨,免其民租四千余石。大名、高唐去岁霖雨,免其田租二万四千余石。冀、孟、辉、云内诸州,去岁霖雨,免其田租二万二千一百石。

九年,以陕西渭南、栎阳诸县旱,免其田租。免晋宁、冀宁三年商税之半。扬州之泰兴、江都,淮安之山阳水,免其田租九千余石。

十一年,陕西行省言:"开成路前者地震,民力重困,已免赋二年,请再免今年。"从之。

至大元年,江淮大饥,免今年常赋及夏税。益都饥,免今年差徭,仍以本路课税及发米汪利津两仓粟赈之。江南北水旱饥荒,免至大元年差发、官税。免绍兴、广元、台州、建康、广德诸路田租,又免酒课十分之三。绍兴灾甚,凡田户止输田租十分之四。

至大二年,以徐、邳连年大水,百姓流离,悉免今年差税。东平、济宁荐饥,免其民差税之半,下户悉免之。

三年,济南、东平等处饥,免曾经赈恤诸户今岁差税,其未经赈恤者量减其半。

四年,浙西水灾,免漕江浙粮四分之一。

皇庆元年,益都饥,免所贷官粮二十四万石。

皇庆二年,免大宁路金税、盐课。

延祐元年,免上都、大都差税二年,其余被灾曾经赈济人户免其税一年。免蒙古地差税二年。

三年,甘肃等州饥,免田租。

至治元年,滁州霖雨伤稼,免其田租。临江路旱,免其田租。高邮兴化县水,免其田租。雷州路海康、遂溪二县海溢,坏民田,免其税二年。河间、陕西十二县民饥,免其租之半。泾州雨雹,免被灾者租。南阳西穰等屯风雹,洪泽芍陂屯田去年旱蝗,并免田租。免德安府被灾民租。睢、许二州,去年水旱,免其租。淮安路去岁大水,辽阳路陨霜杀禾,南康路旱,并免其租。安丰县霖雨害稼,免其租。扬州旱,免其租。新安、上蔡二县水,免其租。淮安路水,免其租。

泰定三年,大都、河间、保定、永平、济南、常德诸路饥,免其田租之半,庐州、郁林州及洪泽旱,免其租。光州水,中山安喜县雨雹伤稼,大昌屯河决,大宁、庐州、德安、梧州、中庆诸路属县水旱,并免其租。沔阳府旱,免其租。永平路大水,免其租,仍赈粮一月。亳州河溢,免其田租。

四年,永平路饥,免其租,仍赈粮两月。汴梁属县饥,免其租。延安府县旱,免其租。龙兴属县旱,免其租。大都、保定、真定、东平、济南、怀庆诸路旱,免其田租之半

致和元年,免河南自实田租一年,被灾州郡税粮一年,流民复业者差税三年。

天历二年,免陕西延安诸屯逋粮千九百七十石。永平屯田昌同、济民、丰赡诸署以蝗及水灾,免今年租。以淮安海宁州、盐城、山阳诸处去年水,免今年租。黄州及恩州旱,免其田租。

至顺元年,以河南、怀庆旱,其门摊课程及逋欠差税皆免征。

至顺二年,安庆之望江,淮安之山阳县皆水,免其田租。常德府桃源州水,免其田租。以扬州泰兴、江都二县雨害稼,免其田租。德安府水,免其田租。辰州、兴国二路虫,归德府雨伤稼,并免其田租。高邮府水,免今年租。

元统二年，免天下民租之半。

恩赈：

中统元年，诏天下鳏寡孤独者废疾不能自存之人，命所在官司以粮赡之。

至元元年，诏病者给药，贫者给粮。

八年，令各路设济众院以居贫民。敕诸路鳏寡孤独疾病不能自存者，官给庐舍薪米。

十年，以官吏破除入己，凡粮薪并敕于公厅给散。

十七年，赐四川贫民及兀剌带等牛马羊价钞。赐秃浑下贫民粮及八剌合赤等羊马钞。十八年，上都南四站人畜困乏，赐钞给之。

十九年，各路立养济院一所，仍委宪司点治。

二十年，给京师南城孤老衣粮房食。给水达达鳏寡孤独者绢千匹、钞三百锭。

二十一年，赐贫乏者阿鲁浑、玉龙帖木儿等部众，共钞七千四百八十锭。赐贫乏者押失、忻都察等钞一万四千三锭。赐蒙古贫乏者也里古、怗列海、察儿等钞十二万四十七百二十三锭，又赐蒙古贫乏者兀马儿等钞二千八百八十五锭。

二十二年，以伯剌八等贫乏，给钞七万六千五百二锭。赐合达里贫民及合剌和合丹民牛种，给钞万六千三百锭。

二十四年，给诸王巴八所部贫乏者钞万一千锭。

二十五年，济宁投下蒙古军乏食，诏辽阳省给米万石赈之。以咸平荐经兵乱，发沈州仓赈之。兀良合饥民多殍，给三月粮。西安王阿难荅来告饥，诏给米六千石及橐驼百。

二十六年，拔都不伦部民千一百四十八户贫乏，赐银十万五千一百五十两。检视诸王按灰部贫民，给以粮。乞儿乞思户，验其贫者赈之。辽阳自乃颜叛，民疲敝，发钞五千八百锭赐之，赐也速带儿所部万人钞万锭。

二十七年，命验大都路贫病之民在籍者二千八百三十七人，发粟三百石赈之。

二十八年，给寡妇冬夏衣，赐薛彻温都儿等九驿贫民三月粮。

二十九年，给贫民柴薪，日五斤。

三十年，周贫乏，钞三万七千五百二十锭。

三十一年，赐京师贫民米绢。以东胜等处牛递户贫乏，赐钞三千余锭。卜阿思民，为海都所掠，赐钞三万九千九百余锭。

元贞元年，以蛮子台所部贫乏，赐钞十八万锭。以诸王亦怜真部驿人贫乏，赐钞千锭。赐章河至苦盐驿贫乏户钞一万二千九百余锭。给塞下贫民钞二万四千锭。以博尔赤、苔剌赤贫乏，赐钞二万九千余锭。赐诸王巴撒尔等三部钞四万八千五百余锭。

二年，诏各处孤老人布帛各一匹赈之。赐辽阳行省粮三万石。安西王部贫乏，给粮万石赈之。

大德元年，给也只所部六千户粮。

二年，以粮十万石赈北边内附贫民。给西平王奥鲁赤所部民粮。

三年，诏：遇天寿节，人给中统钞一贯，著为令。驸马蛮子台所部匮乏，以粮十三万石赈之。辽东开元、咸平蒙古、女真等人乏食，以粮二万五千石赈之。

四年，赐诸王也只里部钞二万锭，八怜脱思所隶户六万五千余锭。赐出伯所部钞万五千四百余锭，赈之。五年，给和林贫军钞二十万锭，诸王药忽木所部钞万五千九百余锭。给札忽而真妃子所部钞二万锭，又给札忽而真及诸王出伯军钞四十万锭。赐定远王所部钞十四万三千锭。减直粜米赈京师贫民，其老幼廪给之。

五年，始行红贴粮法于大都、上都，令有司籍贫户，置半印号簿文贴，各书姓名口数，逐月对贴，以给大口三斗，小口半之，视赈粜之直三分减一，每年拨米二十万四千九百余石。

六年以云南站户贫乏，以银钞优恤之。京师民乏食，计口赈之。发通州仓米赈贫民，给死者棺木钱。七年赈那海贫乏户米八千石。赐诸王合苔孙等部钞四万五千八百余锭。

七年，赈凤翔、秦、巩、甘州、合迷里贫乏户。七年，赐诸王脱铁木儿之子也先博怯所部等钞六千九百余锭。赐诸王阿只吉所部钞二万余锭、粮万石。

八年，赐西平王奥鲁赤、合带等部民钞万锭，朵耳思等站户钞二千二百锭、银三百九十两有奇。

九年，赐诸王完浑、撒都失里、别不花等所部钞五万六千九百锭，币帛有差。免大都、上都、隆兴差税，内郡包银、俸钞一年。江淮以南租税及佃种官田者，均免十分之二。九年，给脱脱所部乞而吉思民粮五月。九年，赐西宁王出伯所部钞三万锭。

十年，以沙都而所部贫乏，给粮两月。以京畿雷家站户贫乏，赐钞五百锭。

十一年，赐晋王部贫民钞五万锭。

至大元年，以大都难食，粜米十万石减其价以赈之。诏开宁路及宣德、云州工役浩繁，除赋税已免二年外，更免一年。

三年，楚王牙忽都所隶户贫乏，以米万石、钞六千锭赈之。赐晋王也孙铁木儿所部贫民钞三千锭。

四年，赐大都路民九十者二千三百三十一人，帛二匹，八十者八千三百三十一人，帛一匹。赐湘宁王所部钞三万二千锭。

皇庆二年，以米五千石赈阿只吉部之贫乏者。

延祐元年，西番诸王贫乏，给钞万锭。曲鲁部畜牧耗，赐钞八百七十三锭。营王也先铁木儿支属贫乏，赈粮两月。苔即乃所部匮乏，给粮二万石。

二年，诸王脱列铁木儿所部缺食，以钞七千五百锭赈之。发粟三百石，赈诸王按铁木儿等部贫民。奉元、龙兴、吉安、察罕脑儿诸驿乏食，给粮赈之。

三年，诸王按灰部乏食，给米三千二百八十六石赈之。

四年，给天下鳏寡孤寡独钞，减免各处田租有差。以诸王部经脱火赤之乱，百姓贫乏，给钞十六万六千锭、米万石赈之。赐诸王秃满铁木儿等部金一千三百两、银七千七百两、钞一万七千七百、币帛二千匹。

五年,赐晋王等部贫乏者二月粮。五年,赈辽东贫民。诸王雍吉部众乏食,赈米三千石。诸王按塔木儿等部众乏食,赈粮两月。敕枢密院核实蒙古贫乏者,存恤之。

六年,赈晋王部贫民,给钞四十万锭。赈合刺赤部贫民三十万锭。赈诸位怯怜口。赐左右鹰房及合刺赤等贫乏钞十四万锭。东平、济宁水陆驿乏食,户给麦千石。敕上都、大都冬夏设食于路,以食饥者。

七年,市羊五十万、马十万,赈北方贫乏者。市马三万、羊四万给边军贫乏者。以昌平、滦阳十三驿供亿繁重,给钞三十万贯赈之。

至治二年,岭北戍卒贫乏,赐钞三千二百五十万贯、帛五十万匹。给蒙古子女贫乏者钞七百五十贯,又赐百五十贯。

三年,赈北边军钞二十五万锭、粮二万石。

泰定元年,彻彻火儿火思之地五千户贫乏,赈之,给钞三千锭散与贫者。

三年,赈昌王八剌失所部钞四万锭。赈潜邸贫民钞二十万锭。

天历二年,赈保锭路被兵之民百四十五户粮一月。真定民三千七百四十八户及开平县民被兵者,并赈之。以米五万石赈粜京师贫民。

至顺元年,发米十万石赈粜京师贫民。命以赈粮十万石济京师贫民。赈上都怯怜口万五千七百户,粮二万石。赈襄邓畏兀民被兵者六十三户,户给钞十五锭、米二石;被兵掠者五百七十七户,户给钞五锭、米二石。

三年,赈粜米五万石济京师贫民。给诸王也先铁木儿所部二千石。赈暗伯拔都军屯东边者粮两月。赈金兰站户不能自存者粮两月。赈辽阳千户小薛干所部贫乏者粮。安西王阿难荅、西平王奥鲁赤所部皆乏食。给米有差。速哥察儿等十三站乏食,给粮。

至正元年,临贺县被猺寇掠,发义仓赈之。

至正六年,发米二十万石赈粜上都贫民。

　　八年,遣使赈湖南北被寇人民,死者钞五锭,伤者三锭,毁所居屋者一锭。

　　十六年,诏沿海州县为贼所掠者,免田租三年。

新元史卷八〇
志第四七

食货十三

赈恤下　入粟补官　内外诸仓
惠民药局

灾赈：

中统元年,平阳旱,赈之。

二年,转懿州米万石,赈亲王塔齐尔部饥民。赈桓州饥民。

三年,甘州饥,给银赈之。发粟三十万石,赈济南饥民。

四年,赈河西饥民银三千七百两。彰德路及洺、磁二州旱,赈之。赈东平等处贫民钞四千锭。赈诸王只必帖木儿部贫民。

五年,益都民饥,赈之。

至元元年,诸王算济所部营帐火。发粟赈之。

二年,辽东饥,发粟万石、钞百锭赈之。

五年,益都民饥,赈之。

六年,东平、河间十五属饥,赈之。东昌路饥,赈米二万七千五百九十石。济南路饥,赈米十二万八千九百石。高唐、固安二州饥,以米二万六百石赈之。

八年,赈北京、益都饥。赈济南路饥。赈大都路饥。

九年,以籍田所储粮赈民不足,又发近地官仓济之。赈水达达部饥。赈辽东等路饥。

　　十年,赈诸王塔察儿部民饥。赈甘州等处诸驿饥民。赈诸王塔察儿部布万疋。是岁,诸路虫蝻灾五分,霖雨害稼九分,赈米凡五十四万五千五百九十石。

　　十一年,诸路旺蝗等虫灾凡九所,民饥,发米七万五千四百十五石、粟四万五百九十九石以赈之。

　　十二年,卫辉、太原等路旱,河间霖雨伤稼,凡赈米三千七百四十八石、粟二万四千二百六石。濮州等处,命贷粮五千石。

　　十三年,东平、济南、泰安、德州、涟海、清河、平滦,西京西三州,以水旱,赈军民站户米二十二万五千五百六十石、粟四万七千七百一十二石,钞四千三百八十二锭有奇。

　　十四年,赈东平、济南等郡饥民米二万一千六百十七石、粟二万八千六百十三石、钞一百三十锭。

　　十五年,咸淳府及良平民户饥,以钞千锭赈之。赈别失八里日忽思等饥民钞二千五百锭。是岁,西京、奉圣州及彰德等处水旱民饥,赈米八万八百九十石,粟三万六千四十石、钞二万四千八百八十锭有奇。

　　十六年,以江南所运糯米不堪用者赈贫民。

　　十七年,高邮等处饥,赈粟九千四百石。

　　十八年,扬州火,发米七百八十三石赈被灾之家。通、泰二州饥,发粟二万一千六百石赈之。遣使赈瓜、沙州饥民。开原等路六驿饥,命给帛万二千疋,鬻妻子者,官为赎之。

　　十九年,真定饥,赈粮两月。

　　二十年,以帛千匹、钞三百锭赈水达达四十九站。

　　二十一年,合刺禾州民饥,户给牛两头、种二石,更给钞十一万六千四百锭,粜粮六万四百石赈之。

　　二十二年,于京城南城设赈粜铺三所,发海运粮减直粜之,白米减钞五两,南粳米减三两。自是岁以为常。发钞二万九千锭、盐五万引,市米赈阿只吉所部饥。

　　二十三年,大都六属郡饥,赈粮两月。

二十四年，咸平等处霜雹为灾，诏以海运粮五万石赈之。以陈米贷贫民。诸王薛彻都等所部雨土七昼夜，牛羊死者不可胜计，市棉布给之，计直钞万四千六十七锭。以粮给诸王阿只吉部贫民，大口二斗，小口一斗。

二十五年，杭州、平江连岁大水，赈其尤贫者，发海运米十万石，赈辽阳省军民饥者。懿州饥，以米十五万石赈之。莱阳、蒲台二县饥，出米下其直赈之。尚书省臣言：“杭、苏、湖、秀四州大水，请辍上供米二十万石，赈之。”从之。减米价，赈京师。发大同路粟，赈流民。胶州连岁大水，令减价粜米以赈之。发米三千石，赈灭吉儿带所部饥民。

二十六年，发和林粮千石，赈诸王火你赤部曲。西安饥，减价粜米二万石。甘州饥，发钞万锭赈之。辽阳饥，货高丽米六万石赈之。宁夏路饥，下其价粜米万一千石赈之。命甘肃行省给合的所部饥者粟。安西饥，减价粜米二万石。甘州饥，发钞万锭赈之。桂阳路饥，下其价粜米八千七百二十石以赈之。合剌部饥，出粟四千三百二十八石有奇以赈之。驸马爪忽儿部曲饥，赈之。潭州饥，发河西务米二千石，减价粜以赈之。诸王铁失、字罗带部众饥，敕上都、辽阳发粟赈之。河西务饥，发米赈之。左右卫屯田大水伤稼，发米四百万石赈之。武平路饥，发常平仓米万五千石赈之。赈保定等路屯田户饥。平滦昌国屯田饥，赈米一千六百五十六石。输米千石赈平滦饥。赈文安县饥民。桓州等驿饥，以钞给之，蠡州饥，发义仓赈之。伯颜所部阿剌户饥，以粟七千四百七十石赈之。赈马站户饥。

二十七年，大都饥，减价粜粮五万石赈之。丰润署田户饥，给六十日粮。开元路宁远县饥，发钞二千锭赈之。兴州兴安饥，给九十日粮。伯答罕民户饥，给六十日粮。浙东诸路饥，给九十日粮。任邱县饥，给九十日粮。阇兀所部阔遗饥，给六十日粮。保锭路锭兴饥，发粟五千二百六十四石赈之。中山畋户饥，给六十日粮。广济署饥，给粟二千二百五十石。渔阳等处稻户饥，给三十日粮。永昌站户饥，给米赈之。令大都路以粟六万二千五百六十石赈通州流民。诸王小薛部饥,给六十日粮。定兴站户饥,给三十日粮。出鲁等千一百十五户饥,给六十日粮。平滦民万五千四百六十五户饥,赈粟五千石。纳都等站户饥,给九十日粮。以米千二百石赈诸王赤只里部众。河东山西道饥,敕宣慰使阿里火者购米赈之,又命阿里火者发大同钞本二十万锭赈饥民。二十四年,赈桓州饥千五百石。武平地震,发钞八百四十锭,转海运米万石赈之。尚书省臣言:“江阴、宁国等路大水,民流移者四十五万八千四百七十八户。”帝曰:“此亦何待上闻,当速赈之。”凡出粟五十八万二千八百八十九石。八鲁剌思部饥,命宁夏路给米三千石赈之。隆兴苦盐泺等驿饥,发钞七千锭赈之,滦阳县饥,给六十日粮。不耳答失所部饥。给九十日粮。

二十八年,以去岁陨霜害稼,赈宿卫怯怜口粮二月,发米赈瓮古饥民。太原饥民,口给粮两月或三月,遣官覆验。水达达、咸平路饥,发粟赈之。杭州、平江等五路饥,发粟赈之。溧阳、太平、徽州、广德、镇江五路亦饥,赈之如杭州。赈辽阳、武平饥民。以沙不丁等米赈江南饥民。以米三千石,赈阔里吉思饥民。赈桓州等西站、女真等站饥。人都饥,出米二十五万四千八百石赈之。诸王出伯部曲饥,给米赈之。塔叉儿、塔带民饥,发米赈之。给按答儿民户四月粮。女真部饥,借高丽粟赈给之。平滦路及丰赡、饥民二署饥,出米万五千石赈之。

二十九年,清州饥,就陵州粟四万七千八百石赈之。给辉州龙山、和平等县饥民粮。赈德州齐河、清平、泰安州饥民。山东廉访司言:“棣州春旱且霜,夏霖潦,乞赈恤。”敕依东平州,发附近官廪计口给之。隆兴路饥,给钞二千锭,复发粟以赈之。辽阳水达达、女真饥,诏忽都不花趣海运给之。河西务水,给米赈之。帖木塔儿等所部民饥,诏给米五千石以赈之。华容县水,发米二千一百二十五石赈之。

至元三十一年,赈宿卫士怯怜口粮三月。辽阳所属九处大水,命赈恤之。以伯要歹忽剌出所隶一千户饥,赐钞万锭。

元贞元年，以京师米贵，设肆三十所，发粮七万石粜之，白粳米
每石中统钞十五两，白米十二两，糙米六两五钱。以陨霜杀禾，赈安
西王山后民米一万石。赈辽阳民被水者粮两月。宣德府大水，给粮
两月。以粮一千三百石赈隆兴路饥。以二千石赈灭秃等军饥。

二年，平阳路之绛州、台州路之黄岩州饥，杭州火，并赈之。济
南民饥，发粟赈之。福建、广西两江道饥，发粟赈之。大都、保锭、济
梁、江陵、沔阳、淮安水，金、复州风拔禾，太原闻喜、河南芍陂旱，免
其田租。

大德元年，汴梁、归德水，木邻等九站饥，以米六百四十石赈
之。以饥，赈水达达粮五千石，公主襄家真位二千石。卫辉路旱疫，
澧州、常德、饶州、临江等处，温之平阳、瑞安二州大水，镇江之丹
阳、金坛旱，并以粮给之。庐州无为州江潮泛，溢历阳，合肥、梁县及
安丰之蒙城、霍邱旱，扬州、淮安路饥，韶州、南雄州、处州、温州皆
大水，并赈之。常德路大水，常州路及宜兴州旱，并赈之。般阳路饥
疫，给粮两月。

二年，建康等路水，发临江路粮二万石赈之。发庆元粮五万石，
减其直以赈饥民。江西、江浙水，赈饥民二万四千九百有奇。赈隆
兴、临江两路饥民。又赈金、复州屯田军粮二月。

三年，鄂、岳、汉阳等路旱，免其酒课、夏税。江陵路旱蝗，弛湖
泊之禁，仍以粮赈之。

四年，发粟十万石，赈湖北饥。宁国、太平路旱，以粮二十万石
赈之。建康、常州、江陵饥民八十四万八千六十余，人给粮，二十二
万九千三百九十余石。建康、平江、浙东等处饥民，粮二十二万九千
三百余石。

五年，平江等十四路大水，以粮万石随各处时直赈粜。江湖泛
溢，东起通、泰、常州，西尽真州，以粮八万七千余石赈之。称海北
三站大雪，牛马多死，赐钞一万一千余锭。五年，上都大水，减价粜
粮万石赈之。

六年，湖州等路饥，赈粮二十五万一千余石。大同等路亦饥，赈

粮一万六千石。济南霖雨，民多流离，发粟赈之，并赐钞三万锭。保定等路饥，以钞万锭赈之。道州旱，辽阳饥，发粟赈之。岳木忽而等部民饥，以乳牛、牡马济之。以米二千石赈应昌府。亦乞烈等二站饥，赈米一百五十石。以粮四千余石，赈广平路饥民，万五千石，赈江西被水之家，二百九十余石，赈铁里平等四站饥户。宁海州饥，以米九千四百石赈之。

七年，平江等十五路民饥，减直粜粮三十五万四千石。武冈饥，减价粜粮万石以赈之。常德路饥，减直粜粮万石以赈之。平阳、太原地震，遣使分道赈济，为钞九万六千五百余锭，仍免太原、平阳今年差税。诏内郡比岁不登，其民已免差者，并蠲免其旧租。以钞万锭，赈归德饥民。

八年，平阳、太原地震，命赈恤之。扶风、岐山、宝鸡诸县旱，乌撒、乌蒙、益州、忙部、东川等路饥疫，并赈恤之。太原之交城、阳曲、管州、岚州，大同之怀仁雨雹陨霜杀禾，杭州火，发粟赈之。潮州飓风海溢，民溺死者众，给其被灾户粮两月。以平阳、太原去岁地大震，免其税课一年。

九年，归德濒岁被水，民饥，给粮两月。大同路地震，怀仁县地裂二所，以钞四千锭、米二万五千余石赈之。是年，租赋、税课、徭股一切除免，以汴梁、归德、安丰去岁被灾，潭州、郴州、桂阳、东平等路饥，并赈恤之。以晋宁累岁被灾给钞三万五千锭。宝庆路饥，发粟五千石赈之。潼川霖雨江溢，溺死者众，饬有司给粮一月，免其田租。琼州屡经寇叛，隆兴、抚州等路水，汴梁霖雨为灾，并给粮一月。澧阳县火，赈粮二月，沔阳之玉沙江溢，陈州之西华河溢，峰州水，赈米四千石。扬、潭、郴及藤、沂等郡饥，减直粜粮五万一千六百石，赈之。

十年，奉圣州怀来县民饥，给钞九百锭。镇西武靖王所部民饥，发甘肃粮赈之。道川、营道等处江溢山裂，溺死者众，复其田租。辽阳饥，赈贷有差。宣德等处雨雹害稼，大同之浑源陨霜杀禾，平江大风海溢，道州、武昌、永州、兴国、黄州、沅州饥，减直赈粜七万七千八百石。开成路地震,压死故秦王妃也里完等五千余人,以钞万三千六百余锭、粮四万五千一百余石赈之。成都等县饥,减直赈粜米七千余石,吴江大水,发米万石赈之。武昌路火,给被灾者粮。益都、扬州、辰州饥,减直粜米二万一千余石。

十一年,以饥,赈安州高阳等县五千石,漷州谷一万石,奉符等处钞二千锭两,浙、江东等处钞三万余锭、粮二十万石。又劝富民赈粜粮一百四十余万石。凡施米者,验其数之多少授以院务等官。又以钞十万七千余锭、盐引五千道、粮三十万石,赈绍兴、庆元、台州三路饥民。

至大元年,淮安等处饥,从河南行省言,以两浙盐引十万买粟赈之。以北来贫民八十六万八千户仰食于官,非久计,给钞百五十万锭,币帛准钞五十万锭,命太师月赤察儿、太傅哈剌哈孙分给之。江浙行省饥,赈米五十二万五千石、钞十五万四千锭、面四万斤。又流民户百三十三万九百五十有奇,赈米五十三万六千石,钞十八万七千锭,盐折直为引五千。河南、山东大饥,有父食其子者,以两道没入赃钞赈之。济宁大水入城,诏遣官以钞五千锭赈之。真定水,溺死者百七十余人,发米万七百石赈之。以湖广米十万石贮于扬州,江西、江浙海漕三十万石内分五万石贮朱汪、利津二仓,以济山东饥民。是年,增京城米肆为十五所,每肆日粜米一百石。

三年,东平人饥,赈米五千石。循州大水,发米赈之。汜水、长林、当阳、夷陵、宜城、远安诸县水,令尚书省赈之。上都饥,遣刑部尚书撒都丁发粟万石,下其直赈粜之。山东、徐、邳等处水、旱,以御史台没入赃钞四千余锭赈之。河南水,死者给槽,漂庐舍者给钞,验口赈粮两月,免今年租赋。

四年,济宁、东平、归德、高唐、徐、邳诸州水,给钞赈之。河间、陕西诸县水、旱伤稼,令有司赈之。江陵属县水,民死者众,大宁路陨霜,令有司赈恤。太原、河间、真定、顺德、彰德、大名、广平路等路,濮、恩等州霖雨伤稼,赈钦察卫粮五千七百五十三石。皇庆元年,漷州饥,赈粮两月。赈山东流民。滨州饥,出仓米二万石,减价

赈之。赵王汝安郡饥，赈粮八百石。宁国路泾县水，赈粮二月。晋
王郡告饥，赈钞一万五千锭。

皇庆二年，顺德、冀宁路饥，辰州水，赈以米钞。上都民饥，出米
五千石，减价赈粜。保锭、真锭、河间民流不止，命有司给粮两月，仍
免今年差税，云州蒙古军饥，户给米一石。兴国属县蝗，发米赈之。

延祐元年，以钞六千三百锭赈良乡诸驿。真定、保定、河间饥，
给粮两月，畿内及诸卫屯田饥，赈钞七千五百锭。归州告饥，出粮减
价赈粜。汉阳、潭州、思州民饥，武陵县水溢，并发廪减价粜之。衡
州、郴州、兴国、永州、耒阳州饥，发廪减价赈粜。沅陵、庐溪二县水，
武清县浑河堤决淹民田。发廪赈之。冀宁、汴梁及武安、涉县地震，
台州、岳州、武冈、常德、道州等路水，发廪减价赈粜。肇庆、武昌等
路水，发廪减价赈粜。赈诸王铁木儿不花部米千石，秃满部二千石。
沔阳、归德、汝宁、安丰等处饥，发米赈之。

二年，怀孟、卫辉等处饥，发粟赈之。益都、般阳、晋宁民饥，给
钞米赈之。晋宁、宣德等处饥，给米、钞赈之。真州扬子县火，发米
减价赈粜。秦州成纪县山移，陷没民居，遣官赈恤。泰元、隆兴、吉
安、南康、临江、袁州、抚州、江州、建昌、赣州、南安、梅州、辰州、兴
国、潭州、岳州、常德、武昌等路，南丰州、澧州等处饥，并发廪赈粜。
漷州、昌平、香河、宝坻等县水，没民田庐，潭州、全州、永州路，茶陵
州河溢，没民田，出米减价赈粜。

三年，汉阳路饥，出米赈之。河间、济南、滨、棣等处饥，给粮两
月，辽阳盖州及南丰州饥，发仓赈之。潭水、宝庆、桂阳、澧、道、袁州
等路饥，发粟赈粜。

四年，汴梁、扬州、河南、淮安、重庆、顺庆、襄阳民皆饥，发廪赈
之。

五年，以红城米赈净州、平池等处流民。辽阳饥，漕粮十万石于
义、锦州，以赈贫民。德庆路地震，巩昌、陇西大雨山崩，给粮赈之。

六年，命输粟上都、兴和，赈蒙古饥民，济宁等路大水，视其民
乏食者赈之。发粟赈东平、东昌、高唐、德州、般阳、扬州等路饥。上

都民饥,发官粟万石,减价赈粜。

七年,赈宁夏路军民饥,赈木怜、浑都儿等十一驿饥。那怀、浑
都儿驿户饥,赈之。括马三万匹,给蒙古流民。河间、真定、济南等
处蒙古军饥,赈之。赈大都、净州等处流民。汝宁府雨伤稼。发粟
五千石赈粜。边民赈米三月。诸王告住等部火,赈粮三月、钞万五
千贯。晋王部饥,赈钞五千贯。诸王木南郎部饥,兴圣宫牧驼部饥,
并赈之。沈阳民饥,给钞万二千五百贯赈之。昌王阿失部饥,赐钞
千万贯赈之。广东新州饥,赈之。

至治元年,诸王斡罗思部饥,发净州仓赈之。蕲州饥,赈粮三
月。归德饥,发粟十万石赈粜。河南安丰饥,以钞二万五千贯、米五
万石赈之。营王也先帖木儿部畜牧多死,赈钞五千贯。赈宁国路饥。
益都、般阳路饥,以粟赈之。江州、赣州、临江、南安、袁州、建昌旱,
民饥,发粟四万八千石赈之。广德路旱,发米九千石减直赈粜。濮
州大饥,命有司赈之。赈益都、胶州饥。女真蛮赤兴等十九驿,赈之。
赈南恩新州饥。京师饥,发粟十万石减价粜之。安陆府汉水溢,坏
民田,赈之。庆远路饥,真定路疫,并赈之。河间路饥,赈之。

二年,山东、保定、河南、汴梁、归德、襄阳、汝宁等处饥,发米三
十九万五千石赈之。仪封县河溢伤稼,发粟赈之。临安路、河西诸
县饥,赈之。延安路饥,赈粮一月。赈辽阳女真、汉军等户饥。赈濮
州水灾。辽阳哈里滨民饥,赈之。赈真定、彰德路饥。恩州水,民饥
疫。赈之。真州火,徽州饥,并赈之。赈东昌、霸州饥。赈固安州饥。
赈夏津、永清二县饥。京师饥,发米二十万石赈粜。河南、陕西、河
间、保定、彰德等路饥,发粟赈之,仍免常赋之半。兴元褒城县饥,赈
之。广元路绵谷、昭化饥,官市米赈之。恩州风雹,建德路冰,皆赈
之。南康路大水,庐州六安、舒城水,并赈之。瑞州高安县饥,赈之。
大宁路水达达等驿水,赈之。临安路、河西诸县旱,命有司赈之。岷
州旱疫,赈之。宣德府宣德县地震,赈被灾者粮钞。南唐建昌州大
水山崩,死者四十七人,命赈之。

三年,镇西武宁王部饥,赈之。京师饥,发粟赈粜。平江路嘉定

州饥,发粟赈之。芍陂屯田女真户饥,赈粮一月,崇明诸州饥,发米万八千三百二十石赈之。台州黄岩州饥,赈粮两月。察罕脑儿驿户饥,赈之。南丰州民及巩昌蒙古军饥,赈之。蒙古万户府饥,赈粮两月,真定路驿户饥,赈粮二千四百石。扬州江都火,云南西平王卫士饥,皆赈之。袁州路宜春县、镇江路丹徒县饥,赈米四万九千石。沅州黔阳县饥,芍陂屯田旱,并赈之。平江嘉定州饥,辽阳答失蛮、阔阔部雹,并赈之。澧州、归州饥,赈粜米二万石。

泰锭元年,粜米二十万石,赈京师。广德、信州、岳州、惠州、南恩州民饥,发粟赈之。绍兴、庆元、延安、岳州、潮州五路及镇远府、河州、集州饥,赈之。临洮狄道县,冀宁石州、离石、宁乡旱,赈米两月。撒儿蛮部及北边饥,赈粮钞有差。袁州火,龙庆、延安、吉安、杭州、大都诸路属县水,饥,赈粮有差。大都,真定晋州、深州,奉元诸路及甘肃河渠营田等处雨伤稼,赈粮二月。大司农田诸卫屯田,彰德、汴梁等路雨伤稼,顺德、大名、河间、东平等二十一郡蝗,晋宁、巩昌、常德、龙兴等处饥,皆赈之。秦州成纪县大雨山崩,水溢,汴梁、济南属县雨水伤稼,赈之。延安、冀宁等十二属,诸王哈伯等部饥,赈粮有差。奉元路长安县大雨,澧水溢,延安路洛水溢,濮州馆陶县及诸卫屯田,建昌、绍兴二路,赈粮有差。广东道及武昌路江夏县饥,赈粮有差。河间路饥,赈粮二月。汴梁、信州、泉州、南安、赣州等路赈粜有差。嘉锭、龙兴县赈粮一月。大都、上都、兴和等路十三路,赈钞八千五百锭。延安路雹灾,赈粮一月。

二年,减京城赈粜米价为二十贯,后又减为十五贯。肇庆、巩昌、延安、赣州、南安、英德、新州、梅州等处饥,赈粜有差。保定路饥,赈钞四万锭、粮万五千石。雄州归信诸县大雨,河溢,被灾者万一千六百五十户,赈钞三万锭。济南滨州、棣州等处水,民饥,赈粮二万石。五花城宿灭秃、拙只干、麻兀三驿饥,赈粮二千石。衡州衡阳县民饥,瑞州蒙山银场丁饥,赈粟有差。通、潊二州饥,发粟赈粜。蓟州宝坻县、庆元路象山诸县饥,赈粮二月。大都、凤翔、宝庆、衡州、潭州、全州诸路饥,赈粜有差。荆门州旱,潊州、蓟州、凤州、延安、归德等处民及山东蒙古军饥，赈粮钞有差。肇庆、富州、惠州、袁州、江州诸路及南恩州、梅州饥，赈粜有差。镇江、宁国、瑞州、桂州、南安、宁海、南丰、潭州、涿州等处赈粮五万石。陇西、汉中、秦州饥，赈钞三万锭。大都路檀州大水，汴梁路十五县河溢，江陵路江溢，洮州、临洮府雨雹，潭州兴国属县旱，彰德路蝗，龙兴、平江等十二路饥，赈粜米三十二万五千余石。巩昌路、临洮府饥，赈钞五万五千锭。济宁、兴元、宁夏、南凉、归德等十二路饥，赈粜米七万石。镇西武靖王部及辽阳水达达路饥，赈粮一月。庆远溪洞民饥，发米二万五百石，平价粜之。敕山东州县收养流民所弃子女。延安、鄜州、绥德、巩昌等处雨雹，殷阳新城县蝗，宗仁卫陨霜杀禾，睢州河决，大都路檀州、巩昌府静宁县、延安路安塞县雨雹，卫辉路汲县河溢，并赈之。南恩州、琼州饥，赈粮一月，临江路、归德府饥，赈粮二月。衡州、岳州饥，赈粜米一万三千石。以郡县饥，诏运米十五万石贮濒河诸仓，以备赈救。开元路三河溢，复州、南安、德庆诸路饥，赈粮钞有差。

三年，大都路属县饥，赈粮六万石。恩州水，以粮赈之。归德府属县河决，民饥，赈粮五万产六千石。河间、保定、真定三路饥，赈粮四月。建昌路饥，粜米三万石。永平、卫辉、中山、顺德诸路饥，赈钞六万六千余锭。宁夏、奉元、建昌诸路饥，赈粮二月。雄州饥，太平兴化属县水，并赈之。奉元属县大雨雹，峡州旱，东平属县蝗，大同属县水，莱芜等处饥，赈钞三万锭。河决郑州阳武县，漂民万六千五百家，赈之。赈永平、奉元钞七万锭。赈粜濠州饥民麦三万八千余石。大都昌平大风，坏民舍九百家。龙庆路雨雹一尺，真锭蓥州、奉元蒲城等县及无为州大水，河中府、永平、建昌、邛都、中庆、太平诸路及广西两江饥，并发粟赈之。扬州崇明州大风雨，海水溢，溺死者给棺敛之。杭州火，赈粮一月。扬州、宁国、建德、南恩州旱，赈之。京师饥，发粟八十万石，减价粜之。沈阳、辽阳、大宁等路及金、复水，民饥，赈钞五万锭。宁夏路万户府、庆远安抚司饥，并赈之。广宁路霖雨伤稼，赈钞三万锭。汴梁、建康、太平、池州诸路及甘肃亦集乃路饥，并赈之。锦州水溢，坏田千顷，漂死者万人，人给钞一锭。崇明州海溢，漂民舍五百家，赈粮一月，给死者钞二十锭。保定饥，赈粮八万一千五百石。怀庆路饥，赈钞四万贯。广西静江、象州诸路及辽阳路饥，并赈之。大宁路大水，溺死者人给钞一锭。

四年，辽阳行省诸州县饥，赈钞十八万锭。彰德、淮安、扬州诸路饥，并赈之。永平路饥，赈钞三万锭。诸王朵来、兀鲁兀等部畜牧灾，赈钞三万五千锭。大宁、广平二路属县饥，赈钞二万八千锭。河南行省诸郡及建康属县饥，赈粮有差。奉元路及通、顺、檀、蓟等州，渔阳、宝坻、香河等县饥，赈粮两月。江南江陵属县饥，赈粮有差。发义仓赈盐官州民。庐州路饥，赈粮七万九千石。镇江、兴国二路饥，赈粜有差。籍田蝗，圣州黑河水溢，衢州大雨，发廪赈饥者，给溺死者棺。辽阳河溢，右卫率部饥，并赈之。扬州路崇明州海门县海溢，汴梁路扶沟、兰阳县河溢，并赈之。保定、真定二路饥，赈粮三万石，钞五千锭。大都路诸州霖雨水溢，赈粮二十四万九千石。卫辉获嘉等县饥，赈钞六千锭，仍蠲丁地税。大名、河间二路属县饥，并赈之。诸王塔思不花所部饥，赈粮千石。发米三十万石，赈京师饥。

致和元年，陕西诸路饥，赈钞五万锭。河间、汴梁二路属县及开城、乾州蒙古军饥，并赈之。晋宁、卫辉二路，泰安州饥，赈钞四万八千三百锭。冀宁路平定州饥，赈粜米三万石。陕西、四川及河南府等处饥，并赈之。大都、东昌、大宁、汴梁、怀庆等路饥，赈之。保定、冠州、德州、般阳、彰德、济南属州县饥，发钞赈之。诸王喃答失等部风雪，毙死畜牧，赈粮五万石、钞四十万锭。奉元、延安二路饥，赈钞四千四百九十锭。

天历元年，赈陕西临潼、华阳二十三驿钞一千八百锭，晋宁路十五驿八百锭。赈粜京城米十万石，石为钞十五贯。杭州火，命浙江行省赈被灾之家。

二年，陕西饥，赈以钞五万锭。赈大都路涿州、房山、范阳等县饥民粮两月。陕西大饥，赐钞十四万锭赈之。大同路旱，民多流莩，以本路及东胜州粮万三千石，减时直十之二赈粜之。奉元临潼、咸

阳二县及畏兀儿八百余户告饥,以钞万三千锭赈咸阳,麦五千四百
石赈临潼,麦百余石赈畏兀儿。永平、大同二路,上都、云需两府,安
赤卫,皆告饥;永平赈粮五万石,大同赈粜粮万三千石,云需府赈粮
一月,贵赤卫赈粮二月。陕西诸路饥民百二十三万四千余口,诸县
流民又数十万,发孟津合粮八万石及河南、汉中所贮官租赈之。德
安府屯田饥,赈粮千石。常德、澧州、慈利州饥,赈粜粮万石。赈卫
辉路饥民万七千五百余户。括江淮僧道余粮,赈河南府饥民。池州、
广德、宁国、太平、建康、镇江、常州、湖州、庆元诸路及江阴州饥民
六十万户,赈粮十四万三千余石。诸王忽剌答儿所部旱蝗,赈粮二
月。大都、兴和、顺德、大名、彰德、怀庆、卫辉、汴梁、中兴诸路,泰
安、高唐、曹、冠、徐、邳诸州饥民六十七万六千余户,赈以钞九万
锭,粮万五千石。大都宛平县,保锭遂州、易州,赈粮一月。靖州赈
粜粮九千八百石。凤翔府饥民十九万七千八百人,以官钞万五千锭
赈之。丰乐八屯及万户府军士饥,以官钞百三十锭赈之。益都莒、
密二州春水、夏旱蝗,饥民三万一千四百户,赈粮一月。集庆、河南
路旱疫,赈以本府屯田租及安丰务递运粮三月。莒、密、沂诸州饥,
赈以米二万一千石。赈晋宁路饥民。湖广常德、武昌、澧州诸州旱
饥,出官粟赈粜之。庐州旱饥,以粮五千石赈之。冀宁路旱饥,赈粮
二千九百石。蕲州路夏秋旱饥,赈米五千石。武昌江夏火,赈粮一
月。

　　至顺元年,扬州、安丰、庐州等路,以两淮盐课钞五万锭、粮五
万石赈之。真州、蕲、黄等路,汝宁府、郑州饥,各赈粮一月。开元路
胡里改万户府饥,给粮赈之。帖麦赤驿户及建康、广德、镇江诸路
饥,赈粮一月。卫辉、江州二路饥,赈钞二万锭。宁国路尝赈粮二万
石,不足,复赈万五千石。赈常德、澧州饥。吐蕃等处民饥,命有司
以粮赈之。豫王阿剌忒纳失里所部饥,赈粮二月。淮安饥,以两淮
盐课钞五万锭赈之。赈河南流民复归者钞五千锭。泰安州饥民三
千户,真定南乐县饥民七千七百户,松江府饥民万八千三百户,土
蕃朵里只失监万户部内饥,命有司赈之。济宁路饥,赈以盐钞万锭。

杭州火,赈粮一月。察罕脑儿宣慰司所部饥民万四千四百五十六人,人给钞一锭。东平路须城饥,赈以山东盐课。安庆、安丰、蕲、黄、庐五路饥,以淮南赃罚库钞赈之。赈东昌饥民三万三千六百户。濮州临清、馆陶二县饥,赈钞七千锭。光州光山县饥,出粟万石,下其直赈粜。信阳、息州及光州固始县饥民,以附近仓粮赈之。河南登封、偃师、孟津诸县饥,赈以两淮盐课钞三万锭。巩昌、临洮、兰州、定西州饥,赈钞三千五百锭。沂、莒、胶、密、宁海五州饥,赈粮五千石。中兴、陕州、归州、安陆、沔阳饥户三十万有奇,赈粮四月。广平路饥,以河间盐课钞万三千锭赈之。沿边部落饥民八千二百人,人给钞三锭、布二匹、粮二月。天临之醴陵、湘阴等州,台州之临海等县饥,各粜赈五千石。芍陂屯田饥,赈粮二月。吐蕃等处民饥,命有司赈之。赈怀庆、孟州等驿钞千锭。德州饥,赈以盐课钞三千锭。武昌路饥,赈以粮五万石、钞二千锭。赈卫辉、大名、庐州饥民钞六千锭,粮五千石。开元路胡里改万户府、宁夏路哈赤千户所饥,各赈粮二月。镇江饥,赈粮四万石。饶州饥,命有司赈之。增大都赈粜米五万石。铁里干、木邻等三十二驿大饥,人赈粮二石,命中书赈粮十万石。

二年,以钞万锭赈胶州饥,钞万锭赈察罕脑儿蒙古民饥。赵王不鲁纳部民饥,发近仓粮万石赈之。又发山东盐课钞、朱汪仓粟赈登、莱饥民,兴和粟仓赈保昌饥民。浙西诸路水、旱,饥民八十五万余户,劝富家入粟补官,仍益以本省钞十万锭并俗僧道度牒一万道。赈云内州饥民及察忽凉楼戍兵共七千户。发通州官粮,赈檀、顺、昌平等处饥民九万余户。以山东盐课钞三千五百锭赈益都三万余户。赈诸王伯颜也不干部内饥民。以山东盐课钞五千锭赈博兴饥民,一千锭赈信阳等场。赈镇宁王那海部饥民两月粮。赈辽阳东路万户府饥民三千五百户粮两月。以河间盐课钞四千锭,赈河间饥民四千一百户。

三年,赈永昌路流民。庆远、南丹等处安抚司之宜山县饥,以军积谷二百八十石赈粜。梅州水旱,民大饥,发粟七百石赈粜。赈肇

庆路高要县饥民九千五百四十石。安州饥,给河间盐课钞赈之。赈
木怜、七里等二十三驿,人米二石。杭州、池州俱火,赈之。崇宁州
饥,赈粜米二千四百石。赈宗仁卫九百户,各钞一锭。以京畿运司
粮万石,赈大都宝坻县饥民。左钦察卫士饥,赈粮二月。

　　元统元年,京畿大水,饥民四十余万,以钞四万锭赈之。赈恤宁
夏饥民五万三千人一月粮。

　　二年,东平须城县、济宁济州、曹州济阴县水灾民饥,诏以钞六
万锭赈之。塞北东凉亭疱,民饥,发仓廪赈之。安丰路旱饥,赈粜麦
六千七百石。永平诸县水,赈钞五千锭。瑞州路水,赈米一万石。杭
州、镇江、嘉兴、常州、松江、江阴水、旱,发义仓,赈饥民五十二万二
千石。山东饥,赈粜米二万二千石。淮西饥,赈粜米二万石。成州
旱,饥,出库钞及常平仓米赈之。江浙大饥,计户五十九万五百六十
四,发米六万七千石、钞二千八百锭。云南大理诸路,发钞十万锭赈
之。宣德府火。出钞二千锭赈之。大宁、广宁、辽阳、开元、沈阳懿
州水、旱,以钞二万锭遣官赈之。池州青阳、铜陵饥,发米一千石赈
之。南康路旱蝗,以米十二万三千石赈粜之。吉安路水,民饥,发粮
二万石赈粜。

　　至元元年,道州、永兴水,发米五千石及义仓粮赈之。沅州民
饥,赈米二万七千七百石。宝庆路饥,粜米三千石。

　　二年,沅州路泸阳县饥,赈粜六千石。抚州、袁州、瑞州诸路饥,
发米六万石赈粜。松江府上海饥,发义仓粮赈之。安丰路饥,赈粜
麦四万二千四百石。庆元慈溪饥,遣官赈之。

　　三年,临江路新淦州、新喻州、瑞州民饥,赈粜米二万石。发钞
四十万,赈江浙饥民。发义仓米,赈蕲州及绍兴饥民两月。发钞一
万锭,赈宝坻县饥民。发义仓,赈溧阳州饥民。以米八千石、钞二千
八百锭,赈哈剌奴儿饥民。龙兴路南昌新建县饥,太皇太后发徽政
院粮三万六千七百七十石赈粜。

　　四年,赈京师、河南北被水灾者。龙兴路南昌州饥,以江西运粮
赈粜。

　　五年，濮州鄄城、范县饥，赈钞二千一百八十锭。冀宁路交城等县饥，赈米七千石。桓州饥，赈钞一千锭。云需府饥，赈钞五千锭。开平县饥，赈米两月。兴和、定昌等路饥，赈钞万五千锭。三不剌等处民饥，发米赈之。汀州路长汀县大水，户赈钞半锭，死者一锭。水达达民饥，赈粮三月。沂、莒二州饥，发粮赈粜。诸王脱欢脱木儿所部饥，以钞三万四千九百锭赈之。脱怜浑秃所部饥，以钞万一千三百五十七锭赈之。沈阳民饥，赈粜米一千石。八番顺元等处饥，赈钞二万二千锭。袁州饥，赈粜米五千石。胶、莒、密、潍等州饥，赈钞二万锭。

　　六年，邠州饥，赈米两月。福宁州大水，每户赈米两月。益都、般阳等路饥，发粟赈之。淮安路山阳县饥，赈钞二千五百锭，给粮两月。邢台县饥，赈钞三千锭。济南路历城饥，赈钞二千五百锭。赈怯里等十三站，每站一千锭。河南宜阳县大水，溺死者多，人给殡殓钞一锭，仍赈义仓两月。处州、庐州饥，以常平仓粜赈之。东平路民饥，赈之。

　　至正元年，湖南诸路饥，赈粜米十八万九千七十六石。济南滨沾化等县饥，以钞五万三千锭赈之。大都宝坻县饥，赈米两月。河间莫州、沧州等处饥，赈钞三万五千锭。晋州饶阳、阜平、安喜、灵寿四县饥，赈钞一万锭。般阳路长山等县饥，赈钞万锭。彰德路安阳等县饥，赈钞万五千锭。漳州河西务、彰德饥，赈钞万五千锭。赈阿剌忽等处被灾民三千九百二十户。扬州路崇明、通、泰等州海溢，溺死一千六百余人，赈钞万一千八百二十锭。

　　二年，大同，运京师粮赈之。顺宁保安县饥，赈钞一万锭。广平磁州饥，赈钞五万锭。彰德路安阳、临漳等县饥，赈钞二万锭。大同路浑源州饥，以钞六万二千锭、粮二万石赈之。大名路饥，以钞万二千锭赈之。河南路饥，以钞五万锭赈之。冀宁路饥，赈粜米二万石。顺德路平乡县饥，赈钞万五千锭。卫辉路饥，赈钞万五千锭。归德府睢阳县水，民饥，赈粜米万三千五百石。

　　三年，胶州及属邑高密地震，河南等处民饥，赈粜麦十万石。

　　四年,永平、澧州等路饥,赈之。巩昌陇西民饥,每户贷常平粟三斗。赈东昌、济南、般阳、庆元、抚州民饥。

　　五年,大都、永平、巩昌、兴国、安陆等处并桃源万户府民饥,赈之。汴梁、济南、邠州、瑞州等处民饥,赈之。

　　七年,河东大旱,民多饥死,遣使赈之。

　　八年,西北边军民饥,遣使赈之。

　　十二年,大名路开、滑、浚三州,元城十一县,水、旱、虫蝗,饥民七十一万六千九百八十口,给钞十万锭赈之。

　　十五年,上都饥,赈粜米二万石。

　　入粟补官,始于天历三年时,各路亢旱,用太师答剌罕等言举而行之。江南、陕西、河南等处定为三等,令富民依例出米,无米者折钞,陕西每石八十两,河南并腹里每石六十两,江南三省每石四十两,实授茶盐流官,让封父母者听。

　　陕西省:一千五百石之上,从七品。千石之上,正八品。五百石之上,从八品。三百石之上,正九品。二百石之上,从九品。一百石之上,上等钱谷官。八十石,中等。五十石,下等。三十石之上,旌门。

　　河南并腹里:二千石之上,从七品。一千五百石之上,正八品。一千石之上,从八品。五百石之上,正九品。三百石之上,从九品。二百石之上,上等钱谷官。一百五十之上,中等。一百石之上,下等。

　　江南三省:一万石之上,正七品。五千石之上,从七品。三千石之上,正八品。二千石之上,从八品。一千石之上,正九品。五百石之上,从九品。三百石之上,上等钱谷官。二百五十石之上,中等。二百石之上,下等。

　　先已入粟遥授虚名,今再入粟者,验其粮数,照依资品实授茶盐流官:

　　陕西:一千石之上,从七品。六百六十石之上,正八品。三百三十石之上，从八品。二百石之上，正九品。一百三十石之上，从九品。

河南并腹里：一千三百三十石之上，从七品。一千石之上，正八品。六百六十石之上，从八品。三百三十石之上，正九品。二百石之上，从九品。

江南三省：六千六百六十石之上，正七品。三千三百三十石之上，从七品。二千石之上，正八品。一千三百三十石之上，从九品。

先已入粟实授茶盐等官，今再入粟者，验其粮数加等升除：

陕西：七百五十石之上、五百石之上、二百五十石之上、一百五十石之上、一百石之上。河南并腹里：一千石之上、七百五十石之上、五百石之上、二百五十石之上。

僧道入粟：三百石之上，赐六字师号，敕省给之。二百石之上，四字师号，一百石之上，二字师号，礼部给之。

四川省富民入粟赴江陵者，依河南补官例。

至顺元年罢之；至正五年复入粟补官之令，以备赈济。后盗起，国用不足，十五年，榜行各路，命有司招徕，并遣兵部员外郎刘谦赍空名告身，至江南募民补官即任，以州县自五品至七品入粟有差。然百处无一应者。松江知府崔思诚集属县豪右大姓列庭下，不问有粟与否，辄施考掠，逼使就官。惟平江达鲁花赤六十不为使者威力所怵，极争其不可云。

元之京仓，属京畿漕运司者：曰相应仓，中统二年建；曰千斯仓，曰通济仓，曰万斯北仓，并中统二年建；曰永济仓，曰丰实仓，曰广贮仓，并至元四年建；曰永年仓，曰丰闰仓，并至元十六年建；曰万斯南仓，曰既盈仓，曰既积仓，曰盈衍仓，并至元二十六年建；曰大积仓，至元二十八年建；曰广衍仓，至元二十九年建；曰屡丰仓，皇庆二年建；曰大有仓，曰广贮仓，曰广济仓，曰丰穰仓，并皇庆二年建。

通州诸仓：曰乃积仓，曰及秭仓，曰富衍仓，曰庆丰仓，曰延望仓，曰足食仓，曰广储仓，曰乐岁仓，曰盈止仓，曰富有仓，曰南狄仓,曰德仁仓,曰林舍仓。太宗五年,诏:沿河以南州府达鲁花赤等官,各于濒岸置立河仓,差官收纳每岁税石,依限次运赴通州限立仓处,其差人取。辛卯、壬辰二年,原科每岁一石,添带一石,并附余者,拨燕京。命陈家奴、田芝等用意催督。其通州北起仓,仰达鲁花赤、管民官速修及拨守仓夫役。至元九年,中书工部奉省札:通仓、广盈两仓损坏,照常平仓省议,随路仓廒二年之内损坏者,勒监造官以己赀修补,若二年之外损坏者,官为修理。

河西务诸仓,属都漕运使者:曰大盈仓,曰充溢仓,曰崇墉仓,曰广盈北仓,曰广盈南仓,曰永备北仓,曰永备南仓,曰丰备仓,曰恒足仓,曰既备仓,曰足用仓,曰大京仓,曰丰积仓,曰大稔仓。至元二十四年,修河西务仓。三十年,平章政事不忽木奏:"河西务、通州仓储粮最多,俱在旷野东城红门内,近新河有隙地,复迁红门稍入五十余步,广其基址,数年间尽建仓屋,移贮河西务、通州粮甚便。"帝韪之,敕曰:"不必再虑,尽力为之可也。"

上都诸仓:曰体源仓,曰广济仓,曰云州仓。

宣德府仓:曰如京仓,曰御河仓。至元三年,省臣奏:"御河旁近,每岁露积粮多损。臣等议:今岁于沿仓筑仓贮米。"从之。

纳兰不剌仓。至元二十六年,丞相桑哥、平章阿鲁浑撒里等奏:"纳兰不剌建仓,宁夏府粮船顺流而下,易于交卸。忙安仓粮虽是溯流,亦得其便。迤北孔居烈里、火阿塞塔儿海里、镇海等处各军屯及和林运粮俱近。"进呈仓图,从之。

塔塔里仓。至治元年,河东宣慰司委官朔州知州答里牙赤言:"塔塔里诸屯田相视拟议各项事理,计禀中书省,移枢密院,逐于后:一,纳怜平远仓距黄河口十里,上年屯军所收子粒,见贮本仓。如蒙大同路委官,与东胜、云内二州正官,于年消钱雇夫买物修之,拨付万户府贮粮,较之移坼忙安仓所费,省十之九,公私俱便。一,忙安仓去黄河颇远,运粮不便,已别建新仓,移拆旧仓,并新建新安州故城内屯田万户公廨。"

甘州仓,元贞二年建,延祐三年展修。

　　常平仓,始于至元六年。其法:丰年米贱,官增价籴之,至米贵之时,官减价粜之。八年,以和籴粮及诸路仓所拨粮贮常平。是年,户部奏锭常平收籴粮斛,验各月时估之十分为率,添答二分,委各处正官提点,不得椿配百姓。十九年,复以官降斗斛,依添答之值,收籴,贫家缺食者即依例出粜焉。二十三年,定铁法,又以铁课籴充之。

　　凡真定路常平仓五:曰真定府仓,曰冀州仓,曰中山府仓,曰赵州仓,曰蠡州仓。洺磁路仓二:曰洺州仓,曰磁州仓。彰德路仓一。东平府仓一,博州路仓一。济宁路仓三:曰在城仓,曰兖州仓。曰单州仓。曹州仓一,德州仓一,濮州仓一,顺德路仓一。大名路仓五:曰大名路仓,曰开州仓,曰魏县仓,曰滑州仓,曰浚州仓。河间路仓三:曰在城仓,曰长芦仓,曰安陆仓。顺天路仓七:曰在城仓,曰祁州仓,曰易州仓,曰雄州仓,曰安州高阳仓。济南路仓二:曰在城仓,曰清县仓。南阳府等处三仓。南阳府仓五:曰在城仓,曰汝州仓,曰裕州仓,曰邓州仓,曰唐州仓。归德府仓四:曰在城仓,曰徐州仓,曰亳州仓,曰邳州仓,曰宿州仓。南京路仓六:曰南京仓,曰郑州仓,曰钧州仓,曰许州仓,曰陈州仓,曰蔡州仓,曰睢州仓。太原路仓七:曰在城仓,曰崞州仓,曰邠州仓,曰岚州仓,曰平定州仓,曰石州仓,曰坚州仓。平阳路仓五:曰在城仓,曰绛州仓,曰河中府仓,曰泽州仓,曰潞州仓,曰沁州仓,曰隰州仓,曰霍州仓。中都路仓五:曰中都仓,曰檀州仓,曰涿州仓,曰霸州仓,曰冠州仓在城仓。至元九年,敕添盖常平仓,命各路总管府摘差正官及坐去造作人员催督。每间约储粮千石。计料估值,于各路官钱下支买会计铁数,就于附近炉冶关造,其夫役,令各路于本管旁近丁多之户借用,官为日支盐米。所盖仓廒,须管完固,若近年损坏,罪及监造官,责令出资修葺。

　　义仓,始于至元七年,每社立一仓,社长主之。丰年验各家口数,每口留粟一斗,小口半之。无粟者,存留杂色粮,官吏不得拘检借贷。歉岁就给社户食之。皇庆二年，大司农司复请申明旧制，诏从之。

太宗九年，立燕京等十路惠民药局，以奉御田阔阔、太医齐楫等为局官，给钞五百两为规运之本。中统二年，诏成都路置惠民药局。三年，敕太医大使王猷、副使王为仁管领诸路医人惠民药局，四年，复置局于上都，每中统钞一百两，收息钱一两五钱。二十五年，以失陷官本，悉罢之。大德三年，又准旧例于各路分置焉。凡局皆以各路正官提调，上路总医二名，下路、府、州各一名，其所给钞，亦验民户多寡以为等差。各路钞本之数：

腹里，三千七百八十锭。

河南行省，二百七十锭。

湖广行省，一千一百五十锭。

辽阳行省，二百四十锭。

四川行省，二百四十锭。

陕西行省，二百四十锭。

江西行省，三百锭。

江浙行省，二千六百一十五锭。

云南，真贝一万一千五百索。

甘肃行省，一百锭。

新元史卷八一

志第四八

礼　一

郊祀上

　　礼之别,有五。虽三代以后,因时损益,然其纲要莫之能易焉。蒙古之礼,多从国之旧俗,春秋所谓狄道者也。世祖中统四年,始建太庙。至元元年,有事于太庙。八年,命刘秉忠、许衡定元正受朝仪,自是册立皇后、皇太子,群臣上尊号,进皇太后册宝,皆如元正仪。盖吉礼、宾礼、嘉礼,秩秩可观矣。蒙古不行二年之丧,无所谓凶礼也。其人以田猎为俗,无所谓搜苗狝狩也。其战胜攻取,无所谓治兵、振旅、献俘、告庙也,故军礼亦缺而不备焉。至于宗庙之祭享,世祖尝命赵璧等集议矣。然始以家人礼祔皇伯术赤、察合台,既而摈太宗、定宗、宪宗不预庙享之列,当时议礼诸臣未有言其失者。其诸所谓离乎夷狄,未能合乎中国者欤!今为《礼志》,博考遗文与其国俗。后有君子,以备参考云。

　　蒙古拜天之礼最重,国有大事则免冠解带跪祷于天。宪宗二年秋八月八日,始以冕服拜天于日月山。是年十二月,又用孔元措言,合祭昊天后土,始作神位,以太祖、睿宗配享。四年秋七月,祭天于日月山。七年秋,驻跸于军脑儿,洒马乳祭天。

　　世祖中统二年夏四月乙亥,躬祀天于旧桓州之西北,洒马湩以为礼,皇族之外无得而与焉。自是,每岁幸上都,以八月二十五日祭祀,谓之洒马妳子。用马一、羯羊八。彩段、练绢各九匹,缠白羊毛穗者九,貂鼠皮三,命蒙古觋及蒙古、汉人秀才达官四员领其事,再拜告天,又呼成吉思汗御名而祝之曰:托天皇帝福荫,年年祭赛者。礼毕,掌祭官四员各以祭币表里一赐之,余币及祭物则凡与祭者共分之。

十二年十二月,以受尊号,遣使豫告天地,下太常检讨唐、宋、金旧仪。于国阳历正门东南七里建祭台,设昊天上帝、皇地祇位二,行一献礼。其后国有大典礼,皆即南郊告谢焉。十三年五月,以平宋,遣使告天地,中书下太常议定仪物以闻。诏以国礼行事。

三十一年,成宗即位。夏四月壬寅,始为坛于都城南七里,翰林国史院检阅官袁桷进十议,礼官推其博,多采用之,语详桷传,不具录。

大德六年春三月庚戌,合祭昊天上帝、皇地祇、五方帝于南郊,遣左丞相哈剌哈孙摄事,为摄祀天地之始。

大德九年二月二十四日,右丞相哈剌哈孙等言:“去年地震星变,雨泽愆期,岁比不登,祈天保民之事有天子亲祀者三:曰天,曰祖宗,曰社稷。今宗庙、社稷岁时摄官行事,祭天国之大事也,陛下虽未及亲祀,宜如宗庙、社稷遣官摄祭。岁用冬至仪物,有司豫备,日期至则以闻。”诏曰:“卿言是也,其豫备仪物以待事。”

于是翰林、集贤、太常礼官皆会中书集议。博士疏曰:“冬至圆丘,惟礼昊天上帝,至西汉元始间,始合祭天地。历东汉至宋,千有余年,分祭、合祭,迄无定论。”集议曰:“《周礼》,冬至圆丘礼天,夏至方丘礼地。时既不同,礼乐亦异。王莽之制何可法也?今法循唐、虞、三代之典,惟祀昊天上帝。其方丘祭地之礼,续议以闻。”按《周礼》,坛壝三成,近代增外四成,以广天文从祀之位。集议曰:“依《周礼》三成之制。然《周礼疏》云:每成一尺,不见纵广之度。恐坛上陕隘,器物难容,拟四成制内减去一成,以合阳奇之数。每成高八尺一寸,以合乾之九九。上成纵广五丈,中成十丈,下成十五丈。四陛,陛十有二级。外设二壝，内壝去坛二十五步，外壝去内壝五十四步，壝各四门。坛设于丙巳之地，以就阳位。"按古者，亲祀冕无旒，服大裘而加衮。臣下从祀，冠服历代所尚，其制不同。集议曰："依宗庙见用冠服制度。"按《周礼·大司乐》云："凡乐，圆钟为宫，黄钟为角，太簇为徵，姑洗为羽，雷鼓雷鼗，孤竹之管，云和之琴瑟，云门之舞，冬至日于地上之圆丘奏之。若乐六变，则天神皆降，可得而礼矣。"集议曰："乐者所以动天地，感鬼神，必访求深知音律之人，审五声八音，以司肄乐。"

夏四月壬辰，中书复集议。博士言："旧制神位版用木。"中书议改用苍玉金字，白玉为座。博士曰："郊祀尚质，合依旧制。"遂用木主，长二尺五寸，阔一尺二寸，上圆下方，丹漆金字，木用松柏，贮以红漆匣，黄罗帕覆之。造毕，有司议所以藏。议者复谓，神主庙则有之，今祀于坛，对越在上，非若他神无所见也。所制神主遂不用。

七月九日，博士又言："古者祀天，器用陶匏，席用藁鞂。自汉甘泉雍畦之祀，以迄后汉、晋、魏、南北二朝、隋、唐，其坛壝玉帛礼器仪仗，日益繁缛，浸失古者尚质之意。宋、金多循唐制，其坛壝礼器，考之于经，固未能全合，其仪法具在，当时名儒辈出，亦未尝不援经而锭也，酌古今以行礼，亦宜焉。今检讨唐、宋、金亲祀、摄行仪注，并雅乐节次，合从集议。"太常议曰："郊祀之事，圣朝自平定金、宋以来，未暇举行，今欲修严，不能一举而大备。然始议之际，亦须酌古今之仪，垂则后来。请从中书会翰林、集贤、礼官及明礼之士，请明去取以闻。"中书集议曰："合行礼仪，非草创所能备。唐、宋皆有摄行之礼，除从祀受胙外，一切仪注悉依唐制修之。"

八月十二日，太常寺言："尊祖备天，其礼仪乐章别有常典，若俟至日议之，恐匆遽有误。"于是中书省臣奏曰："自古汉人有天下，其祖宗皆配天享祭。臣等与平章何荣祖议，宗庙已依时祭享，今郊祀专祀昊天为宜。"诏依所议行之。是岁南郊，配位遂省。

十一年，武宗即位。秋七月甲子，命御史大夫铁古迭儿即南郊告谢天地，主用柏，素质元书，为即位告谢之始。

至大二年冬十一月乙酉,尚书省臣及太常礼官言:"郊祀者国之大礼,今南郊之礼已行而未备,北郊之礼尚未举行。今年冬至南郊,请以太祖圣武皇帝配享。明年夏至北郊,以世祖皇帝配。"帝皆是之。十二月甲辰朔,丞相三宝奴、司徒田忠良、参政郝彬等奏曰:"南郊祭天于圆丘,大礼已举。其北郊祭皇地祇于方泽,并神州地祇、五岳四渎、山林川泽及朝日夕月,此有国家所当崇礼者也。当圣明御极而弗举行,恐遂废弛。"诏曰:"卿议甚是,其即行焉。"

至大三年春正月,中书礼部移太常礼仪院,下博士拟定北郊从祀、朝日夕月礼仪。博士李之绍、蒋汝砺疏曰:"按方丘之礼,夏以五月,商以六月,周以夏至,其丘在国之北。礼神之玉以黄琮,牲在黄犊,币用黄缯,配以后稷。其方坛之制,汉去都城四里,为坛四陛。唐去宫城北十四里,为方坛八角三,或每成高四尺,上阔十六步,设陛。上等陛广八尺,中等陛一丈,下等陛广一丈二尺。宋至徽宗始定为再成。历代制虽不同,然无出于三成之式。今拟取坤数用六之义,去都城北六里,于壬地选择善地,于中为方坛,三成四陛,外为三墙。仍依古制,自外墙之外,治四面稍令低下,以应泽中之制。宫室、墙围、器皿色,并用黄。其再成八角八陛,非古制,难用。其神州地祇以下从祀,自汉以来,历代制度不一,至唐始因隋制,以岳镇海渎、山林川泽、丘陵坟衍原隰,各从其方从祀。今盍参酌举行。"

秋九月,太常礼仪院复下博士,检讨合用器物。冬十月丙午,三宝奴、田忠良等复言:"曩奉旨举行南郊配位从祀,北郊方丘朝日夕月典礼。臣等议,欲祀北郊,必先南郊。今岁冬至祀圆丘,尊太祖皇帝配享,来岁夏至祀方丘,尊世祖皇帝配享。春秋朝日夕月,实合祀典。"诏曰:"所用仪物,其令有司速备之。"又言:"太庙故用瓦尊,乞代以银。"从之。十一月丙申有事于南郊,以太祖配,五方帝日月星辰从祀。时帝将亲祀南郊,不豫,仍遣大臣代祀。

仁宗延祐元年夏四月丁亥,太常寺臣请立北郊。帝谦逊未遑,北郊之议遂辍。

英宗至治二年九月,诏议南郊祀事。中书平章买闾、御史中丞曹立、礼部尚书张野,学士蔡文渊、袁桷、邓文原,太常礼仪院使王纬、田天泽,博士刘致等会都堂议。

一曰年分。按前代多三年一祫,天子即位已及三年,当有旨钦依。

二曰神位。《周礼·大宗伯》:"以禋祀祀昊天上帝。"注谓:"昊天上帝,冬至圆丘所祀天皇大帝也。"又曰"苍璧礼天。"注云:"此礼天以冬至,谓天皇大帝也。在北极,谓之北辰。"又云:"北辰天皇耀魄宝也,又名昊天上帝,又名太一帝君,以其尊大,故有数名。"今按《晋书·天文志·中宫》"钩陈口中一星曰天皇大帝,其神耀魄宝。"《周礼》所祀天神,正言昊天上帝。郑氏以星经推之,乃谓即天皇大帝。然汉、魏以来,名号亦复不一。汉初曰上帝,曰太乙,曰皇天上帝。魏曰皇皇帝天。梁曰天皇大帝。惟西晋曰昊天上帝,与《周礼》合。唐、宋以来,坛上既设昊天上帝,第一等复有天皇大帝,其五天帝与太一、天一等,皆不经见。本朝大德九年,中书圆议,止依《周礼》祀昊天上帝。至大三年圆议,五帝从享,依前代通祭。

三曰配位。《孝经》曰:"孝莫大于严父,严父莫大于配天。"又曰:"郊祀后稷以配天。"此郊之所以有配也。汉、唐以下,莫不皆然。至大三年冬十月三日,奉旨十一月冬至合祭南郊,太祖皇帝配,圆议取旨。

四曰告配。《礼器》曰:"鲁人将有事于上帝,必先有事于頖宫。"注:"告后稷也。告之者,将以配天也。"告用牛一。《宋会要》于致斋二日,宿庙告配,凡遣官牺尊笾豆,行一献礼。至大三年十一月二十一日,质明行事。初献摄太尉同太常礼仪院官赴太庙奏告,圆议取旨。

五曰大裘冕。《周礼》司裘"掌为大裘,以共王祀天之服",郑司农云:"黑羊裘,服以祀天,示质也。"弁师"掌王之五冕",注:"冕服有六,而言五者,大裘之冕盖无旒,不联数也。"《礼记·郊特牲》曰:"郊之祭也,迎长日之至也。祭之日,王被衮以象天,戴冕十有二旒,则天数也。"陆佃曰:"礼不盛服不充,盖服大裘以衮袭之也。谓冬祀服大裘,被之以衮。"开元及开宝《通礼》,銮驾出宫,服衮冕至大次,质明改服大裘冕而出次。《宋会要》:绍兴十三年,车驾自庙赴青城,服通天冠、绛纱袍,祀日服大裘衮冕,圆议用衮冕,取旨。

六曰匏爵。《郊特牲》曰:"郊之祭也,器用陶匏,以象天地之性也。"注谓:"陶瓦器,匏用酌献酒。"《开元礼》、《开宝礼》皆有匏爵。大德九年,正配位用匏爵有坫。圆议正位用匏,配位饮福用玉爵,取旨。

七曰戒誓。唐《通典》引《礼经》,祭前期十日亲戒百官及族人,太宰总戒群官。唐前礼七日,《宋会要》十日。《纂要》太慰南向,司徒、亚终献、一品、二品从祀北向,行事官以次北向,礼直官以誓文授之太尉读。今天子亲行大礼,止令礼直局管勾读誓文。圆议令管勾代太尉读誓,刑部尚书莅之。

八曰散斋、致斋。《礼经》前期十日,唐、宋、金皆七日,散斋四日,致斋三日,国朝亲祀太庙七日,散斋四日于别殿,致斋三日于大明殿。圆议依前七日。

九曰藉神席。《郊特牲》曰:"莞簟之安,而蒲越藁鞂之尚。"注:"蒲越藁鞂,藉神席也。"《汉旧仪》高帝配天绀席,祭天用六彩绮席六重。成帝即位,丞相衡、御史大夫谭以为天地尚质,宜皆勿修,诏从焉。唐麟德二年,诏曰:"自处以厚,奉天以薄,改用裀褥。上帝以苍,其余各视其方色。"宋以褥加席上,礼官以为非礼。元丰元年,奉旨不设。国朝大德九年,正位藁鞂,配位蒲越,冒以青缯。至大三年,加青绫褥,青锦方座。圆议合依至大三年于席上设褥,各依方位。

十曰牺牲。《郊特牲》曰:"郊特牲而社稷太牢。"又曰:"天地之牛角茧栗。"秦用骝驹。汉文帝五帝共一牲。武帝三年一祀,用太牢。光武采元始故事,天地共犊。隋上帝、配帝,苍犊二。唐开元用牛。宋正位用苍犊一,配位太牢一。国朝大德九年,苍犊二,羊、豕各九。至大三年,马纯色肥腯一,牲正副一,鹿一十八,野猪一十八,羊一十八。圆议依旧仪。神位配位用犊外,仍用马,其余并依旧日已行典礼。

十一曰香鼎。大祭有三,始烟为歆神,始宗庙则燔萧祼鬯,所谓臭阳达于墙屋者也。后世焚香,盖本乎,此非《礼经》之正。至大三年,用陶瓦香鼎五十,神座香鼎、香盒案各一。圆议依旧仪。

十二曰割牲。《周礼·司士》:"凡祭祀,帅其属而割牲,羞俎豆。"又《诸子》:"大祭祀正六牲之体。"《礼运》云:"腥其俎,熟其殽","体其犬豕牛羊。"注云:"腥其俎,谓豚解而腥之,为七体也。熟其殽,谓体解而爓之,为二十一体也。体其犬豕牛羊,谓分别骨肉之贵贱,以为众俎也。"七体,谓脊、两肩、两拍、两髀。二十一体,谓肩、臂、臑、膊、胳、正脊、脡脊、横脊、正胁、短胁、代胁并肠三、胃三、拒肺一、祭肺三也。宋元丰三年,详定礼文所言,古者祭祀有牲,有豚解,有体解。豚解则为七,以荐腥;体解则为二十一,以荐熟。盖犬豕牛羊,分别骨肉贵贱,其解之为体,则均也。皇朝马牛羊豕鹿,并依至大三年割牲用国礼。圆议依旧仪。

十三曰大次、小次。《周礼·掌次》:"王旅上帝,张毡案皇邸。"唐《通典》前祀三日,尚舍直长施大次于外壝东门之内道北,南向。《宋会要》前祀三日,仪鸾司帅其属,设大次于外壝东门之内道北,南向,小次于午阶之东,西向。《曲礼》曰:"践阼,临祭祀。"《正义》曰:"阼主阶也。天子祭祀履主阶行事,故云践阼。"宋元丰详定礼文所言,《周礼》宗庙无设小次之文。古者人君临位于阼阶。盖阼阶者东阶也,惟人主得位主阶行事。今国朝太庙仪注,大次、小次皆在西,盖国家尚右,以西为尊也。圆议依祀庙仪注。

续具末议:

一曰礼神玉。《周礼·大宗伯》:"以禋祀祀昊天上帝。"注:"禋之言烟也,周人尚臭,烟气之臭闻者。积柴实牲体焉,或有玉帛。"《正义》曰:"或有玉帛,或不用玉帛,皆不定之辞也。"崔氏云:天子自奉玉帛牲体于柴上,引《诗》'圭璧既卒',是燔牲玉也。盖卒者,终也;谓礼神既终,当藏之也。正经即无燔玉明证。汉武帝祠太乙,胙余皆燔之,无玉。晋燔牲币,无玉。唐、宋乃有之。显庆中,许敬宗等修旧礼,乃云郊天之有四圭,犹宗庙之有圭瓒也,并事毕收藏,不在燔列。宋政和祠制局言："古祭祀无不用玉，《周官》典瑞掌玉器之藏，盖事已则藏焉，有事则出而复用，未尝有燔瘗之文。今后大祀，礼神之玉时出而用，无得燔瘗。"从之。盖燔者取基烟气之臭闻。玉既无烟，又且无气，祭之日但当奠于神座，既卒事，则收藏之。

二曰饮福。《特牲馈食礼》曰：尸九饭，亲嘏主人。《少牢馈食礼》：尸十一饭，尸嘏主人。嘏，长也，大也。行礼至此，神明已飨，盛礼俱成，故胙受长大之福于祭之末也。自汉以来，人君一献才毕而受嘏。唐《开元礼》太尉未升堂，而皇帝饮福，宋元丰三年，改从亚终献。既行礼，皇帝饮福受胙。国朝至治元年亲祀庙仪注亦用一献毕饮福。

三曰升烟。禋之言烟也，升烟所以报阳也。祀天之有禋柴，犹祭地之瘗血，宗庙之祼鬯。历代以来，或先燔而后祭，或先祭而后燔，皆为未允。祭之日，乐六变而燔牲首，牲首亦阳也。祭终，以爵酒馔物及牲体，燎于坛。天子望燎，柴用柏。

四目仪注。《礼经》出于秦火之后，残缺脱漏，所存无几。至汉，诸儒各执所见。后人所宗，惟郑康成、王子雝，而二家自相矛盾。唐《开元礼》、杜佑《通典》，五礼略完。至宋《开宝礼》并《会要》与郊庙奉祠礼文，中间讲明始备。金国大率依唐、宋制度。圣朝四海一家，礼乐之兴，政在今日。况天子亲行大礼，所用仪注，必合讲求。大德九年，中书集议，合行礼仪依唐制。至治元年已有祀庙仪注，宜收大德九年、至大三年并今次新仪，与唐制参酌增损修之。侍仪司编排卤簿，太史院具报星位。分献官员数及行礼并诸执事官，合依至大三年仪制亚终献官，取旨。

是岁太皇太后崩，权止冬至南郊祀事。

泰锭四年春正月，御史台臣言："自世祖迄英宗咸未亲郊，惟武宗、英宗亲享太庙，陛下宜躬祀郊庙。"诏曰："朕当遵世祖旧典，其命大臣摄行祀事"。闰九月甲戌，郊祀天地，致祭五岳四渎、名山大川。

　　至顺元年，文宗将亲郊，十月辛亥太常博士言："亲祀仪注已具，事有未尽者，按前代典礼。亲郊七日，百官习仪于郊坛。今既与受戒誓相妨，合于致斋前一日，告示与祭执事者，各具公服赴南郊习仪。亲祀大庙虽有妨禁，然郊外尤宜严戒，往来贵乎清肃。凡与祭执事斋郎乐工，旧不设盥洗之位，殊非涓洁之道。今合于馔殿齐班厅前及斋宿之所，随宜设置盥洗数处，俱用锅釜温水置盆杓巾帨，令人掌管省谕，必盥洗然后行事，违者治之。祭日，太常院分官提调神厨，监视割烹。上下灯烛籸燎，已前虽有剪烛提调籸盆等官，率皆虚应故事，或减刻物料，烛燎不明。又尝见奉礼赞赐胙之后，献官方退，所司便服彻俎，坛上灯烛一时俱灭，因行杂人登坛攘夺，不能禁，甚为亵慢。今宜禁约，省牲之前，凡入墙门之人，皆服窄紫，有官者公服。禁治四墙红门，宜令所司添造关木锁铨，祭毕即令关闭，毋使杂人得入。其爇秸爵，事毕合依大德九年例焚之。"壬子，御史台臣言："祭日宜敕股肱近臣及诸执事人毋饮酒。"诏曰："卿言甚善，其移文中书禁之。"丙辰，监察御史杨彬等言："礼，享帝必以始祖为配，今未闻设配位，窃恐礼文有缺，又，先礼一日，皇帝必备法驾出宿郊次，其扈从近侍之臣未尝经历，宜申加戒敕，以达乎诚。"命与中书议行。十月辛酉，始服大裘衮冕，亲祀昊天上帝于南郊，以太祖配。自世祖混一六合，至文宗凡七世，而南郊亲祀之礼始克举焉。

　　至正三年十月十七日，亲祀昊天上帝于圆丘，以太祖皇帝配享，如旧礼。右丞相脱脱为亚献官，太尉、枢密知院阿鲁秃为终献官，御史大夫伯撒里为摄司徒，枢密知院汪家奴为大礼使，中书平章也先帖木儿、铁木儿达识二人为侍中，御史大夫也先帖木儿、中书右丞太平二人为门下侍郎，宣徽使达世帖睦尔、太常同治李好文二人为礼仪使，宣徽院使也先帖木儿执劈正斧，其余侍祀官依等第定拟。

　　前期八月初七日，太常礼院仪移关礼部，具呈都省，会集翰林、

集贤、礼部等官,讲究典礼。九月内,承奉部班都知孙玉铉具录亲祀
南郊仪注云:致斋日停奏刑杀文字,应侍享执事官员莅誓于中书
省。享前一日质明,备法驾仪仗暨侍享官分左右叙立于崇天门外,
太仆卿控御马立于大明门外,侍仪官、导驾官各具公服,备擎执,立
于致斋殿前。通事舍人二员引门下侍郎、侍中入殿相向立。侍中跪
奏请皇帝中严,就拜兴,退出。少顷,引侍中跪奏外办,就拜兴。皇
帝出致斋殿,侍中跪奏请皇帝升舆,侍仪官、导驾官引擎执前导,巡
辇路至大明殿西陛下。侍中跪奏请皇帝降舆升殿,就拜兴。皇帝入
殿,即御座。舍人引执事等官,叙于殿前陛下,相向立。通班舍人赞
起居,引赞鞠躬平身。舍人引门下侍郎、侍中入殿至御座前,门下侍
郎、侍中相向立。侍中跪奏请皇帝降殿升舆,就拜兴,侍仪官前导,
至大明殿门外,侍中跪奏请皇帝升舆,就拜兴。至大明门外,侍中跪
奏请皇帝降舆乘马,门下侍郎跪奏请车驾进发,就拜兴、动称警跸。
至崇天门外,门下侍郎跪奏请车驾少驻,敕众官上马,就拜兴,侍中
承旨,退称曰:"制可",门下侍郎退传制,敕众官上马,赞者承传,敕
众官于棂星门外上马。少顷,门下侍郎跪奏请车驾进发,就拜兴,动
称警跸。华盖伞扇仪仗百官左右前导,教坊乐鼓吹不作。至郊坛南
棂星门外,门下侍郎跪奏请皇帝权停,敕众官下马。侍中传制,敕众
官下马,自卑而尊与仪仗倒卷而左右驻立。驾至内棂星门,侍中跪
奏请皇帝降马,步入棂星门,由右偏门入。稍西,侍中跪奏请皇帝升
舆,就拜兴。侍仪官既导驾官引擎执前导,至大次殿门前,侍中跪奏
请皇帝降舆,入就大次殿,就拜兴。皇帝入就大次,帘降,宿卫如式。
侍中入跪奏。敕众官各退斋次,就拜兴。通事舍人承旨,敕众官各
还斋次。尚食进膳讫,礼仪使以祝册奏御署讫,奉出,郊祀令受而奠
于坫。

　　其享日丑时二刻,侍仪官备擎执,同导驾官列于大次殿前。通
事舍人引侍中、门下侍郎入大次殿。侍中跪奏请皇帝中严,服衮冕,就
拜兴,退。少顷,舍人再拜引侍中跪版奏外办,就拜兴,退出。礼仪
使入跪奏请皇帝行礼,就拜兴。帝卷出大次,侍仪官备擎执,导驾官

前导，皇帝至西墙门，侍仪官、导驾官擎执止于墙门外，近侍官、代礼官皆后从入。殿中监跪进大圭，礼仪使跪请皇帝执大圭，皇帝入行礼，礼节一如旧制，行礼毕，侍仪官备擎执，同导驾官前导，皇帝还至大次。通事舍人引侍中入跪奏，请皇帝解严，释衮冕。停五刻顷，尚食进膳如仪。所司备法驾仪仗，同侍享等官分左右，叙立于郊南棂星门外，以北为上。舍人引侍中入跪奏，请皇帝中严，就拜兴，退。少顷，再引侍中跪版奏外办，就拜兴。皇帝出大次，侍中跪奏请皇帝升舆，侍仪官备擎执，同导驾官前导，至棂星门外，太仆卿进御马，侍中跪奏请皇帝降舆乘马，就拜兴。门下侍郎跪奏请车驾进发，就拜兴，动称警跸。至棂星门外，门下侍郎跪请皇帝少驻，敕众官上马，就拜兴，侍中承旨退称曰："制可"，门下侍郎传制，敕众官上马，赞者承传，敕众官上马。少顷，门下侍郎跪奏请车驾进发，就拜兴。侍仪官备擎执，同导驾官前导，动称警跸。华盖仪仗伞扇众官左右前导，教坊乐鼓吹皆作。至丽正门里石桥北，舍人引门下侍郎下马，跪奏请皇帝权停，敕众官下马，赞者承传。敕众官下马，舍人引众官分左右，先入红门内，倒卷而北驻立，引甲马军士于丽正门内石桥大北驻立，依次倒卷至棂星门外，左右相向立。仗立于棂星门内，倒卷亦如之。门下侍郎跪奏请车驾进发。侍仪官备擎执，导驾官导由崇天门入，至大明门外，引侍中跪奏请皇帝降马升舆，就拜兴。至大明殿，引众官相向立于殿陛下。俟皇帝入殿升座，侍中跪奏请皇帝解严，敕众官皆退，通事舍人承旨敕众官皆退，郊祀礼成。

十五年冬十月甲子，帝谓右丞相定住等曰："敬天地，尊祖宗，重事也。近年以来，缺于举行，当选吉日，朕将亲祀郊庙。务尽诚敬，不必繁文。卿等其议典礼，从其简者行之。"遂命右丞翰栾、左丞吕思诚领其事。癸酉，哈麻奏言："郊祀之礼，以太祖配。皇帝出宫，至郊祀所，便服乘马，不设内外仪仗、教坊队子。斋戒七日，内散斋四日于别殿，致斋三日，二日于大明殿西幄殿，一日在南郊所。丙子，以郊礼，命皇太子爱猷识理达腊祭告太庙。十一月壬辰，亲祀上帝于南郊，以皇太子为亚献，摄太尉、右丞相定住为终献。帝息于政事,郊祀之礼亦从简杀,至以便服出宫,失礼甚矣。自至元十二年,冬十二月,用香酒脯醢行一献礼。而至治元年冬之祭告,泰定元年之正月,咸用之,自大德九年冬至,用纯色马一、苍犊一、羊鹿野豕各九。十一年秋七月,用马一、苍犊正副各一、羊鹿野豕各九。而至大中告谢五,皇庆至延祐告谢七,与至治三年各告谢二,泰定元年之二月,咸如大德十一年之数。泰定四年闰九月,特加皇地祇黄犊一,将祀之夕敕送新猎鹿二。惟至大三年冬至,正配位苍犊皆一,五方帝犊各一,皆如其方之色,大明青犊、夜明白犊皆一,马一,羊鹿野豕各十有八,兔十有二,而四年四月如之。其牺牲品物香酒,皆参用国礼,而丰约不同。

南郊之礼,其始为告祭,继而为大祀,皆摄事也,故摄祀之仪特详。

新元史卷八二
志第四九

礼　二

郊祀中

　　坛壝：地在丽正门外丙位，凡三百八亩有奇。坛三成，每成高八尺一寸，上成纵横五丈，中成十丈，下成十五丈。四陛午贯地子午卯酉四位陛十有二级。外设二壝。内壝去坛二十五步，外壝去内壝五十四步。壝各四门，外垣南棂星门三，东西棂星门各一。圆坛周围上下俱护以甓，内外壝各高五尺，墙四面各有门三，俱涂以赤。至大三年冬至，以三成不足以容从祀版位，以青绳代一成。绳二百，各长二十五尺，以足四成之制。

　　燎坛在外壝内丙巳之位，高一丈二尺，四方各一丈，周圆亦护以甓，东西南三出陛，开上南出户，上方六尺，深可容柴。香殿三间，在外壝南门之外，少西，南向。馔幕殿五间，在外壝南门之外，少东，南向。省馔殿一间，在外壝东门之外，少北，南向。

　　外壝之东南为别院。内神厨五间，南向；祠祭局三间，北向；酒库三间，西向。献官斋房二十间，在神厨南垣之外，西向。外壝南门之外，为中神门五间，诸执事斋房六十间以翼之，皆北向。两翼端皆有垣，以抵东西周垣，各为门，以便出入。齐班厅五间，在献官斋房之前，西向。仪鸾局三间，法物库三间，都监库五间，在外垣内之西北隅，皆西向。雅乐库十间，在外垣西门之内，少南，东向。演乐堂七间,在外垣内之西南隅,东向。献官厨三间,在外垣内之东南隅,西向。涤养牺牲所,在外垣南门之外,少东,西向。内牺牲房三间,南向。

神位:昊天上帝位天坛之中,少北,皇帝祇位次东,少却,皆南向。神席皆缘以缯,绫褥素座,昊天上帝色皆用青,皇地祇色皆用黄,藉皆以槁秸。配位居东,西向。神席绫褥锦方座,色皆用青,藉以蒲越。

其从祀圆坛,第一等九位。青帝位寅,赤帝位巳,黄帝位未,白帝位申,黑帝位亥,主用柏,素质元书;大明位卯,夜明位酉,北极位丑,天皇大帝位戌,用神位版,丹质黄书。神席绫褥座各随其方色,藉皆以槁秸。

第二等内官位五十有四。钩星、天柱、元枏、天厨、柱史位于子,其数五。女史、星纪、御女位于丑,其数三。自子至丑,神位皆西上。帝座、岁星、大理、河汉、析木、尚书位于寅,帝座居前行,其数六,南上。阴德、大火、天枪、元戈、天床位于卯,其数五,北上。太阳守、相星、寿星、辅星、三师位于辰,其数五,南上。天一、太一、内厨、荧惑、鹑尾、势星,天理位于巳,天一、太一居前行,其数七,西上。北斗、天牢、三公、鹑火、文昌、内阶位于午,北斗居前行,其数六。填星、鹑首、四辅位于未,其数三。自午至未,皆东上。太白、实沈位于申,其数二,北上。八谷、大梁、杠星、华盖位于酉,其数四。五帝内座、降娄、六甲、传舍位于戌,五帝内座居前行,其数四。自酉至戌,皆南上。紫微垣、辰星、陬訾、钩陈位于亥,其数四,东上。神席皆藉以莞席,内壝外诸神位皆同。

第三等中官百五十八位。虚宿、牛宿、织女、人星、司命、司非、司危、司禄、天津、离珠、罗堰、天桴、奚仲、左旗、河鼓、右旗位于子,虚宿、女宿、牛宿、织女居前行,其数十有七。月星、建星、斗宿、箕宿、天鸡、辇道、渐台、败瓜、扶筐、匏瓜、天弁、天棓、帛度、屠肆、宗心、宗人、宗正位于丑,月星、建星、斗宿、箕宿居前行,其数十有七。

自子至丑,皆西上。日星、心宿、天纪、尾宿、罚星、东咸、列肆、天市垣、斛星、斗星、车肆、天江、宦星、市楼、候星、女床、天籥位于寅,日星、心宿、天纪、尾宿居前行,其数十有七,南上。房宿、七公、氐宿、帝席、大角、亢宿、贯索、键闭、钩钤、西咸、天乳、招摇、梗河、亢池、周鼎位于卯,房宿、七公、氐宿、帝席、大角、亢宿居前行,其数十有五,北上。太子星、太微垣、轸宿、角宿、摄提、常陈、幸臣、谒者、三公、九卿、五内诸侯、郎位、郎将、进贤、平道、天田位于辰,太子星、太微垣、轸宿、角宿、摄提居前行,其数十有六,南上。张宿、翼宿、明堂、四帝座、黄帝座、长垣、少微、灵台、虎贲、从官、内屏位于巳,张宿、翼宿、明堂居前行,其数十有一,西上。轩辕、七星、三台、柳宿、内平、太尊、积薪、积水、北河位于午,轩辕、七星、三台、柳宿居前行,其数九。鬼宿、井宿、参宿、天尊、五诸侯、钺星、座旗、司怪、天关位于未,鬼宿、井宿、参宿居前行,其数九。自午至未,皆东上。毕宿、五车、诸王、觜宿、天船、天街、砺石、天高、三柱、天潢、咸池位于申,毕宿、五车、诸王、觜宿居前行,其数十有一,北上。月宿、昴宿、胃宿、积水、天谗、卷舌、天河、积尸、太陵、左更、天大将军、军南门位于酉,月宿、昴宿、胃宿居前行,其数十有二。娄宿、奎宿、壁宿、右更、附路、阁道、王良、策星、天厩、土公、云雨、霹雳位于戌,娄宿、壁宿居前行,其数十有二。自酉至戌,皆南上。危宿、室宿、车府、坟墓、虚梁、盖屋、臼星、杵星、土公吏、造父、离宫、雷电、腾蛇位于亥,危宿、室宿居前行,其数十有三,东上。

内壝内外官一百六位。天垒城、离瑜、代星、齐星、周星、晋星、韩星、秦星、魏星、燕星、楚星、郑星位于子,其数十有二。越星、赵星、九坎、天田、狗国、天渊、狗星、鳖星、农丈人、杵星、糠星位于丑,其数十有一。自子至丑,皆西上。车骑将军、天辐、从官、积卒、神宫、傅说、龟星、鱼星位于寅,其数八,南上。阵车、车骑、骑官、颉颃、折威、阳门、五柱、天门、衡星、库楼位于卯,其数十,北上。土司空、长沙、青丘、南门、平星位于辰,其数五,南上。酒旗、天庙、东瓯、器府、军门、左右辖位于巳,其数六,西上。天相、天稷、爟星、天记,外厨、

天狗、南河位于午,其数七。天社、矢星、水位、阙丘、狼星、弧星、老
人星、四渎、野鸡、军市、水府、孙星、子星位于未,其数十有三。自午
至未,皆东上。天节、九州殊口、附耳、参旗、九斿、玉井、军井、屏星、
伐星、天厕、天矢、丈人位于申,其数十有二,北上。天园、天阴、天
廪、天苑、天囷、刍槀、天庚、天仓、铁锧、天涢位于酉,其数十。外屏、
大司空、八魁、羽林位于戌,其数四。自酉至戌,皆南上。哭星、泣星、
天钱、天纲、北落师门、败臼、斧钺、垒壁阵位于亥,其数八,东上。

内壝外众星三百六十位,每辰神位三十自第二等以下,神位版
皆丹质黄书。内官、中官、外官则各题其星名。内壝外三百六十位,
惟题曰众星位。凡从祀位皆内向,十二次微左旋,子居子陛东,午居
午陛西,卯居卯陛南,酉居酉陛北。

器物之等,其目有八:

一曰圭币。昊天上帝苍璧一,有缫藉,青币一,檿玉一。皇地祇
黄琮一,有缫藉,黄币一。配帝青币一,黄帝黄琮一,青帝表圭一,赤
帝赤璋一,白帝白琥一,黑帝元璜一,币皆如其方色。大明青圭有
邸,夜明白圭有邸,天皇大帝青圭有邸,北极元圭有邸,币皆如其玉
色。内官以下皆青币。

二曰尊罍。上帝太尊、著尊、牺尊、山罍各一,在坛东南隅,皆北
向,西上。设而不酌者,象尊、壶尊各二,山罍四,在坛下午陛之东,
皆北向,西上。皇地祇亦如之,在上帝酒尊之东,皆北向,西上。配
帝著尊、牺尊、象尊各二,在地祇酒尊之东,皆北向,西上。设而不酌
者,牺尊、壶尊各二,山罍四,在坛下酉陛之北,东向,北上。五帝、日
月、北极、天昊,皆太尊一,著尊二。内官十二次,各象尊二。中官十
二次,各壶尊二。外官十二次,各概尊二。众星十二次,各散尊二。
凡尊各设于神座之左而右向,皆有坫,有勺,加幂,幂之绘以云,惟
设而不酌者无勺。

三曰笾豆登俎。昊天上帝、皇地祇及配帝,笾豆皆十二,登三,
簠二,簋二,俎八,皆有七箸,玉币筐二,匏爵一,有坫,沙池一,青瓷

牲盘一。从祀九位，笾豆皆八，簠一，簋一，登一，俎一，匏爵一，有
坫，沙池一，玉币筐一。内官位五十四，笾豆皆二，簠一，簋一，登一，
俎一，匏爵有坫，有沙池、币筐，十二次各一。中官百五十八，皆笾
一、豆一，簠一，簋一，俎一，匏爵，有坫、沙池、币筐，十二次各一。外
官位一百六，皆笾一、豆一，簠一，簋一，俎一，匏爵、坫、沙池、币筐，
十二次各一。众星位三百六十，皆笾一、豆一，簠一，簋一，俎一，匏
爵、坫、沙池、币筐，十二次各一。此笾、豆、簠、簋、登、爵、筐之数也。
凡笾之设，居神位左，豆居右，登、簠、簋居中，俎居后，笾皆有巾，巾
之绘以斧。

　　四曰酒齐。以太尊实泛齐，著尊实醴齐，牺尊实盎齐，山罍实三
酒，皆有上尊。马湩设于尊罍之前，注于器而祗之。设而不酌者，以
象尊实醴齐，壶尊实沈齐，山罍二实三酒，皆有上尊，以祀昊天上
帝。皇地祇亦如之。以著尊实泛齐，牺尊实醴齐，象尊实盎齐，山罍
实清酒，皆有上尊。马湩如前设之。设而不酌者，以牺尊实醴齐，壶
尊实沈齐，山罍三实清酒，皆有上尊，以祀配帝。以太尊实泛齐，以
著尊实醴齐，皆有上尊，九位同，以祀五帝、日月、北极、天皇大帝。
以象尊实醴齐，有上尊，十二次同，以祀内官。以壶尊实沈齐，有上
尊，十二次同，以祀中官。以概尊实清酒，有上尊，十二次同，以祀外
官。以散尊实昔酒，有上尊，十二次同，以祀众星。凡五齐之上尊，
必皆实明水。山罍之上尊，必皆实元酒。散尊之上尊，亦实明水。

　　五曰牲齐庶器。昊天上帝苍犊，皇地祇黄犊，配位苍犊，大明青
犊，夜明白犊，天皇大帝苍犊，北极元犊皆一，马纯色一，鹿十有八，
羊十有八，野豕十有八，兔十有二，盖参以国礼。割牲为七体。左肩
臂臑兼代胁、长胁为一体，右肩臂臑、代胁、长胁为一体，右髀肫胳为一体，脊
连背肤短胁为一体，膺骨脐腹为一体，项脊为一体，马首报阳升烟则用之。毛
血盛以豆，或青瓷盘。馔未入置俎上，馔入彻去之。笾之实，鱼鳙、糗
饵、粉糍、枣、乾橑、形盐、鹿脯、榛、桃、菱、芡、栗。豆之实，芹菹、韭
菹、菁菹、笋菹、脾折菹、酏食、鱼醢、豚拍、鹿臡、醓醢、糁食。凡笾之
用八者，无糗饵、粉糍、菱、栗。豆之用八者，无脾折菹、酏食、兔醢、

糁食。用皆二者，笾以鹿脯、乾枣，豆以鹿臡、菁菹。用皆一者，笾以鹿脯，豆以鹿臡。凡笾、簋用皆二者，簋以黍、稷，簠以稻、粱。用皆一者，簋以稷，簠以黍。实登以太羹。

六曰香祝。洗位正位香鼎一，香合一，香案一，祝案一，皆有衣，拜褥一，盥爵洗位一，罍一，洗一，白罗巾一，亲祀匜一，盘二。地祇配位咸如之。香用龙脑沈香。祝版长各二尺四寸，阔一尺二寸，厚三分，木用楸柏。从祀九位，香鼎、香合、香案，绫拜褥皆九，褥各随其方之色，盥爵洗位二，罍二，洗二，巾二。第二等，盥爵洗位二，罍二，洗二，巾二。第三等亦如之。内壝内，盥爵洗位一，罍一，洗一，巾一。内壝外亦如之。凡巾，皆有篚。从祀而下，香用沈檀降真，鼎用陶瓦。第二等十二次而下，皆紫绫拜褥十有二。亲祀御版位一，饮福位及大小次盥洗爵洗版位各一，皆青质金书。亚献、终献饮福版位一，黑质黄书。御拜褥八，亚终献饮福位拜褥一，黄道祵褥宝案二，黄罗销金案衣，水火鉴。

七曰烛燎。天坛椽烛四，皆销金绛纱笼。自天坛至内壝外及乐县南通北道，绛烛三百五十，素烛四百四十，皆绛纱笼。御位椽，烛六，销金绛纱笼。献官椽烛四，杂用烛八百，粃盆二百二十，有架。黄桑条去肤一车，束之置燎坛，以焚牲首。

八曰献摄执事。亚献官一，终献官一，摄司徒一，助奠官一，大礼使一，侍中二，门下侍郎二，礼仪使二，殿中监二，尚辇官二，太仆卿二，控马官六，近侍官八，导驾官二十有四，典宝官四，侍仪官五，太常卿丞八，光禄卿丞二，刑部尚书二，礼部尚书二，奉玉币官一，定撰祝文官一，书读祝册官二，举祝册官二，太史令一，御奉爵官一，奉匜盘官二，御爵洗官二，执巾官二，割牲官二，温酒官一，太官令一，太官丞一，良酝令丞二，廪牺令丞二，纠仪御史四，太常博士二，郊祀令丞二，太乐令一，大乐丞一，司尊罍二，亚终献盥洗官二，爵洗官二，巾篚官二，奉爵官二，祝史四，太祝十有五，奉礼郎四，协律郎二，爇烛官四，礼直官管勾一，礼部点视仪卫官二，兵部清道官二，拱卫使二，大都兵马使二，斋郎百，司天生二，看守粃盆军官一百二十。

仪注之节,其目有十:

一曰斋戒。祀前七日,皇帝散斋四日于别殿,致斋三日,其二日于大明殿,一日于大次,有司停奏刑罚文字。致斋前一日,尚舍监设御幄于大明殿西序,东向。致斋之日质明,诸卫勒所部屯门列仗。昼漏上水一刻,通事舍人引侍享执事文武四品以上官,俱公服,诣列殿奉迎。昼漏上水二刻,侍中版奏请中严,皇帝服通天冠、绛纱袍。昼漏上水三刻,侍中版奏外办,皇帝结佩出别殿,乘舆华盖伞扇侍卫如常仪,奏引至大明殿御幄,东向坐,侍臣夹侍如常。一刻顷,侍中前跪奏"臣某言,请降就斋",俯伏兴。皇帝降座入室,解严,侍享执事官各还本司,宿卫者如常。凡侍祠官受誓戒于中书省,散斋四日,致斋三日。守壝门兵卫与大乐工人,具清斋一宿。光禄卿以阳燧取明火供爨,以方诸取明水实尊。

二曰告配。祀前二日,摄太尉与太常礼仪院官恭诣太庙,以一献礼奏告太祖法天启运圣武皇帝之室。寅刻,太尉以下公服自南神门东偏门入,至横街南,北向立定。奉礼郎赞曰"拜",礼直官承传曰"鞠躬",曰"拜",曰"兴",曰"拜",曰"兴",曰"平立"。又赞曰"各就位。"礼直官诣太尉前曰"请诣盥洗位",引太尉至盥洗位,曰"盥手",曰"帨手",曰"诣爵洗位",曰"涤爵",曰"拭爵",曰"请诣酒尊所",曰"酌酒",曰"请诣神座前",曰"北向立",曰"稍前",曰"搢笏",曰"跪",曰"上香",曰"再上香",曰"三上香",曰"授币",曰"奠币",曰"执爵",曰"祭酒",曰"祭酒",曰"三祭酒。"祭酒于沙池讫,曰"读祝"。举祝官搢笏,跪对举祝版。读祝官跪读祝文毕,举祝官奠祝版于案,执笏兴,读祝官俯伏兴。礼直官赞曰"出笏",曰"俯伏兴",曰"拜",曰"兴",曰"拜",曰"兴",曰"平立",曰"复位",司尊彝、良酝令从降复位,北向立。奉礼郎赞曰"拜",礼直官承传再拜毕,太祝捧祝币降自太阶,诣望瘗位。太尉以下俱诣坎位焚瘗讫,自南神门东偏门以次出。

三曰车驾出宫。祀前一日，所司备仪从内外仗，侍祠官两行序立于崇天门外，太仆卿控御马立于大明门外，诸侍臣及导驾官二十有四人，俱于斋殿前左右分班立俟。通事舍人引侍中，奏请中严，俯伏兴。皇帝服通天冠、绛纱袍。少顷，侍中版奏外办，皇帝出斋室，即御座。群臣起居讫，尚辇进舆，侍中奏请皇帝升舆，华盖伞扇侍卫如常仪。导驾官导至大明门外，侍中进当舆前，跪奏请降舆乘马，导驾官分左右步导。门下侍郎跪奏请进发，俯伏兴，前称警跸。至崇天门外，门下侍郎奏请权停。敕众官上马，侍中承旨称"制可"，门下侍郎传制称"众官上马"，赞者承传"众官出棂星门外上马"。门下侍郎奏请进发，前称进跸。华盖伞扇仪仗与众官分左右前引，教坊乐鼓吹不作。至郊坛南棂星门外，侍中传制"众官下马"，赞者承传"众官下马"。下马讫，自卑而尊，与仪仗倒卷而北，两行驻立。驾至棂星门，侍中奏请皇帝降马，步入棂星门，由西偏门稍西。侍中奏请升舆。尚辇奉舆，华盖伞扇如常仪。导驾官前导皇帝乘舆至大次前，侍中奏请降舆。皇帝降舆入就次，帘降，侍卫如式。通事舍人承旨，敕众官各还斋次。尚食进膳讫，礼仪使以祝册奏请御署讫，奉出，郊祀令受之，各奠于坫。

四曰陈设。祀前三日，尚舍监陈大次于外墙西门之道北，南向。设小次于内墙西门之外道南，东向。设黄道裀褥，自大次至于小次，版位及坛上皆设之。所司设兵卫，各具器服，守卫墙门，每门兵官二员。外垣东西南棂星门外，设跸街清路诸军，诸军旗服各随其方之色。去坛二百步，禁止行人。祀前一日，郊祀令率其属扫除坛之上下。太乐令率其属设登歌乐于坛上，稍南，北向。设宫县二舞，位于坛南内墙南门之外，如式。奉礼郎设御版位于小次之前，东向。设御饮福位于坛上，午陛之西，亚终献饮福位于午陛之东，皆北向。又设亚终献、助奠、门下侍郎以下版位坛下御版位之后，稍南东向，异位重行，以北为上。又设司徒太常卿以下位于其东，相对北上，皆如常仪。又分设纠仪御史位于其东西二墙门之外，相向而立。又设御盥洗、爵洗位于内墙南门之内道西，北向。又设亚终献、盥洗、爵洗位于内壝南门之外道西,北向。又设省牲馔等位,如常仪。未后二刻,郊祀令同太史令俱公服,升设昊天上帝位于坛上北方,南向,席以槁秸,加神席褥座。又设配位于坛上西方,东向,席以蒲越,加神席褥座。礼神苍璧置于缫藉,青币设于筐,正位之币加燎玉,置尊所。俟告洁毕,权彻。毕祀日丑前重设。执事者实柴于燎坛,及设笾豆、簠簋、尊罍、匏爵、俎坫等事,如常仪。

五曰省牲器。祀前一日未后二刻,郊祀令率其属扫除坛之上下,司尊罍、奉礼郎率祠祭局以祭器入设于位。郊祀令率执事者以礼神之玉,置于神位前。未后三刻,廪牺令与诸太祝、祝史以牲就位,礼直官分引太常卿、光禄卿丞、监祭、监礼官、太官令丞等诣省牲位,立定。礼直官引太常卿、监祭、监礼由东壝北偏门入,自卯陛升坛,视涤濯。司尊罍跪举幂曰"洁"。告洁毕,俱复位。礼直官稍前曰"请省牲"。太常卿稍前,省牲毕,复位。次引廪牺令巡牲一匝,西向折身曰"充"。告充毕,复位。诸太祝俱巡牲一匝,复位。上一员出班,西向折身曰"腯"。告腯毕,复位。礼直官引太常卿、光禄卿丞、太官令丞、监祭、监礼诣省馔位,东西相向立。礼直官请太常卿省馔毕,退还斋所。廪牺令与诸太祝、祝史以次牵牲诣厨,授太官令。次引光禄卿、监祭、监礼等诣厨,省鼎镬,视涤溉毕,还斋所。晡后一刻,太官令率宰人以鸾刀割牲,祝史各取血及左耳毛实于豆,仍取牲首贮于盘,用马首。俱置于馔殿,遂烹牲。刑部尚书莅之,监实水纳烹之事。

六曰习仪。祀前一日未后三刻,献官诸执事各服其服,习仪于外壝西南隙地。其陈设、乐架、礼器等物,并如行事之仪。

七曰奠玉币。祀日丑前五刻,太常卿设烛于神座,太史令、郊祀令各服其服,升设昊天上帝及配位神座,执事者陈玉币于筐,置尊所。礼部尚书设祝册于案。光禄卿率其属,入实笾豆、簠簋、尊罍如式。祝史以牲首盘设于坛,大乐令率工人二舞入就位。礼直官分引监祭礼、郊祀令及诸执事官、斋郎入就位。礼直官引监祭礼按视坛之上下,退复位。奉礼赞再拜。礼直官承传,监祭礼以下皆再拜讫,又赞各就位。太官令率斋郎出诣馔殿，俟于门外，礼直官分引摄太尉及司徒等官入就位。符宝郎奉宝陈于宫县之侧，随地之宜。太尉之将入也，礼直官引博士，博士引礼仪使，对立于大次前。侍中版奏请中严，皇帝服大裘衮冕。侍中奏外办，礼仪使跪奏礼仪使臣某请皇帝行礼，俯伏兴。凡奏二人皆跪，一人赞之。帘卷出次，礼仪使前道，华盖伞扇如常仪。至西墙门外，殿中监进大圭，礼仪使奏请执大圭，皇帝执圭。华盖伞扇停于门外。近侍官与大礼使皆后从皇帝入门，宫县乐作。请就小次，释圭，乐止。礼仪使以下分立左右。少顷，礼仪使奏有司谨具，请行事。降神乐作，《天成之曲》六成。太常卿率祝史捧马首，诣燎坛升烟讫，复位。礼仪使跪奏请就版位，俯伏兴。皇帝出次，请执大圭，至位东向立，再拜。皇帝再拜，奉礼赞众官皆再拜讫，奉玉币官跪取玉币于篚，立于尊所。礼仪使奏请行事，遂前导，宫县乐作，由南墙西偏门入，诣盥洗位，北向立，乐止。搢大圭，盥手。奉匜官奉匜沃水，奉盘官奉盘承水，执巾官奉巾以进。盥帨手讫，执大圭，乐作，至午陛，乐止。升阶，登歌乐作，至坛上，乐止。宫县《钦成之乐》作，殿中监进镇圭，殿中监二员，一员执大圭，一员执镇圭。礼仪使奏请搢大圭，执镇圭，请诣昊天上帝神位前，北向立。内侍先设缫席于地，礼仪使奏请跪奠镇圭于缫席。奉玉币官加玉于币以授侍中，侍中西向跪进，礼仪使奏请奠玉币。皇帝受奠讫，礼仪使奏请执大圭，俯伏兴，少退再拜。皇帝再拜兴，平立。内侍取镇圭授殿中监，又取缫藉置配位前。礼仪使前导，请诣太祖皇帝神位前，西向立，奠镇圭及币并如上仪。乐止。礼仪使前导，请还版位。登歌乐作，降阶，乐止。宫县乐作，殿中监取镇圭、缫藉以授有司。皇帝至版位，东向立，乐止。请还小次，释大圭。祝史奉毛血豆，升自午陛，以进正位，升自卯陛，以进配位。太祝各迎奠于神座前，俱退立尊所。

八曰进馔。皇帝奠玉币还位，祝史取毛血豆以降，礼直官引司徒、太官令率斋郎奉馔入自正门，升殿如常仪。礼仪使跪奏请行礼，俯伏兴。皇帝出次。宫县乐作。请执大圭，前导由正门西偏门入，诣盥洗位,北向立,乐止。搢圭盥手如前仪。执圭,诣爵洗位,北向立,搢圭。奉爵官跪取匏爵于篚,以授侍中,侍中以进皇帝,受爵。执罍官酌水洗爵,执巾官授巾拭爵讫,侍中受之,以授捧爵官。执圭,乐作,至午陛,乐止。升阶,登歌乐作,至坛上,乐止。诣正位酒尊所,东向立,搢圭。捧爵官进爵,皇帝受爵。司尊者举幂,侍中赞酌太尊之泛齐。以爵授捧爵官,执圭。宫县乐作,奏《明成之曲》。请诣昊天上帝神座前北向立,搢圭跪,三上香,侍中以爵跪进皇帝。执爵,三祭酒,以爵授侍中。太官丞注马湩于爵,以授侍中,侍中跪进皇帝。执爵,亦三祭之,今有蒲萄酒与尚酝马湩各祭一爵,为三爵。以爵授侍中,执圭,俯伏兴,少退立。读祝,举祝官搢笏跪举祝册,读祝官西向跪读祝文,读讫,俯伏兴。举祝官奠祝于案,奏请再拜。皇帝再拜兴,平立。请诣配位酒尊所,西向立。司尊者举幂,侍中赞酌著尊之泛齐。以爵授捧爵官,执圭。请诣太祖皇帝神位前西向立。宫县乐作。侍中赞搢圭跪、三上香、三祭酒及马湩讫,赞执圭,俯伏兴,少退立。举祝官举祝,读祝官北向跪读祝文,读讫,俯伏兴。奠祝版讫,奏请再拜。皇帝再拜兴,平立。乐止。请诣饮福位北向立。登歌乐作。太祝各以爵酌上尊福酒,合置一爵以授侍中,侍中西向以进。礼仪使奏请再拜,皇帝再拜兴。奏请搢圭、跪受爵。祭酒啐酒以爵授侍中,侍中再以温酒跪进。礼仪使奏请受爵。皇帝饮福酒讫,侍中受虚爵兴,以授太祝。太祝又减神前胙肉加于俎,以授司徒。司徒以俎西向跪进皇帝,受以授左右。奏请执圭,俯伏兴,平立,少退。奏请再拜,皇帝再拜讫,乐止。礼仪使前导,还版位。登歌乐作,降自午陛,乐止。宫县乐作,至位,东向立,乐止。请还小次,至次释圭。文舞退,武舞进,宫县乐作,奏《和成之曲》,乐止。礼直官引亚终献官升自卯陛,行礼如常仪,惟不读祝,皆饮福而无胙俎。降自卯陛,复位。礼直官赞太祝彻笾豆。登歌乐作,奏《宁成之曲》,卒彻,乐止。奉礼赞赐胙,众官再拜,在位者皆再拜。礼仪使奏请诣版位,出次执圭,至位东向,再拜。皇帝再拜。奉礼赞曰“再拜”,赞者承传“在位者皆再拜”。送神乐作,《天成之曲》一成,止。礼仪使奏礼毕,遂前导皇帝还大次。宫县乐作，出门乐止，至大次释圭。

九曰望燎。皇帝既还大次，礼直官引摄太尉以下监祭礼诣望燎位，太祝各捧筐诣神位前，进取燔玉、祝币、牲俎并黍稷、饭笾、爵酒，各由其陛降诣燎坛，以祝币、馔物置柴上，礼直官赞"可燎半柴"，又赞'礼毕'，摄太尉以下皆出。礼直官引监祭礼、祝史、太祝以下从坛南，北向立定，奉礼赞曰"再拜"，监祭礼以下皆再拜讫，遂出。

十曰车驾还宫。皇帝既还大次，侍中奏请解严。皇帝释衮冕，停大次。五刻顷，所司备法驾，序立于棂星门外，以北为上。侍中版奏请中严，皇帝改服通天冠、绛纱袍。少顷，侍中版奏外办，皇帝出次升舆，导驾官前导，华盖伞扇如常仪。至棂星门外，太仆进御马如式。侍中前奏请皇帝降舆乘马讫，太仆卿执御，门下侍郎奏请车驾进发，俯伏兴退。车驾动，称警跸。至棂星门外，门下侍郎跪奏曰"请权停，敕众官上马。"侍中承旨曰"制可"，门下侍郎传制，赞者承传。众官上马毕，导驾官及华盖伞扇分左右前导。门下侍郎跪请车驾进发，俯伏兴。车驾动，称警跸。教坊乐鼓吹振作。驾至崇天门棂星门外，门下侍郎跪奏曰"请权停，敕众官下马"。侍中承旨曰"制可"，门下侍郎俯伏兴，退传制，赞者承传。众官下马毕，左右前引入内，与仪仗倒卷而北驻立。驾入崇天门，至大明门外，降马升舆以入。驾既入，通事舍人承旨敕众官皆退，宿卫官率卫士宿卫如式。

新元史卷八三
志第五〇

礼　三

郊祀下

摄祀之仪，其目有九：

一曰斋戒。祀前五日质明，奉礼郎率仪鸾局，设献官诸执事版位于中书省。献官诸执事位俱藉以席，仍加紫绫褥。初献摄太尉设位于前堂阶上，稍西，东南向。监察御史二位，一位在甬道上，西稍北，东向，一位在甬道上，东稍北，西向。监礼博士二位，各次御史，以北为上。次亚献官、终献官、摄司徒位于其南。次助奠官，次太常太卿、太常卿、光禄卿，次太史令、礼部尚书、刑部尚书，次奉璧官、奉币官、读祝官、太常少卿、拱卫直都指挥使，次太常丞、光禄丞、太官令、良酝令、司尊罍，次廪牺令、举祝官、奉爵官，次太官丞、盥洗官、爵洗官、巾篚官，次羃烛官，次与祭官。其礼直官分直于左右，东西相向。西设版位四列，皆北向，以东为上：郊祀令、太乐令、太祝、祝史，次斋郎。东设版位四列，皆北向，以西为上：郊祀、太乐丞、协律郎、奉礼郎，次斋郎、司天生。礼直官引献官诸执事各就位。献官诸执事俱公服，五品以上就服其服，六品以下皆借紫服。礼直局管勾进立于太尉之右，宣读誓文曰："某年某月某日，祀昊天上帝于圆丘，各扬其职，其或不敬，国有常刑。"散斋三日宿于正寝，致斋二日于祀所。散斋日治事如故，不吊丧问疾，不作乐，不判署刑杀文字，不决罚罪人，不与秽恶事。致斋日惟祀事得行，其余悉禁。凡与祀之官已斋而阙者，通摄行事。读毕，稍前唱曰"七品以下官先退"，复赞曰"对拜"，太尉与余官皆再拜乃退。凡与祭者，致斋之宿，官给酒馔。守壝门兵卫及大乐工人，皆清斋一宿。

二曰告配。祀前二日，初献官与太常礼仪院官恭诣太庙，奏告太祖皇帝本室，即还斋次。

三曰迎香。祝祀前二日，翰林学士赴礼部书写祝文，太常礼仪院官亦会焉。书毕，于公廨严洁安置。祀前一日质明，献官以下诸执事皆公服，礼部尚书率其属捧祝版，同太常礼仪院官俱诣阙廷，以祝版授太尉，进请御署讫，同香酒迎出崇天门外。香置于舆，祝置香案，御酒置辇楼，俱用金复覆之。太尉以下官比上马，清道官率京官行于仪卫之先，兵马司巡兵执矛帜夹道次之，金鼓又次之，京尹仪从左右成列前导，诸执事官东西二班行于仪仗之外，次仪凤司奏乐，礼部官点视成列，太尉仪院官导于香舆之前，然后控鹤舁舆案行，太尉等官从行至祀所。舆案由南棂星门入，诸执事官由左右偏门入，奉安御香、祝版于香殿。

四曰陈设。祀前三日，枢密院设兵卫各具器服守卫壝门，每门兵官二员，及外垣东西南棂星门外，设跸街清路诸军，诸军旗服，各随其方色。去坛二百步，禁止行人。祀前一日，郊祀令率其属扫除坛上下。大乐令率其属设登歌乐于坛上，稍南，北向。编磬一簴在西，编钟一簴在东。击钟磬者，皆有坐机。大乐令位在钟簴东，西向。协律郎位在磬簴西，东向。执麾者立于后。柷一，在钟簴北，稍东。敔一，在磬簴北，稍西。抟拊二，一在柷北，一在敔北。歌工八人，分别列于午陛左右，东西相向坐，以北为上，凡坐者皆藉以席加毡。琴一弦、三弦、五弦、七弦、九弦者，各二。瑟四，篪二，簴二，笛二，箫二，巢笙四，和笙四，闰余匏一，九曜匏一，七星匏一，埙二，各分立于午陛东西乐榻上。琴瑟者分列于北，皆北向坐。匏竹者分立于琴瑟之后，为二列重行，皆北向相对为首。又设圆宫悬乐于坛南，内壝南门之外。东方、西方，编磬起北，编钟次之。南方、北方，编磬起西，编钟次之。又设十二𨥰钟于编悬之间,各依辰位,每辰编磬在左,编钟在右,谓之一肆。每面三辰,共九架,四面三十六架。设晋鼓于悬内通街之东,稍南,北向。置雷鼓、单鼗、双鼗各二柄于北悬之内,通街之左右,植四楹雷鼗于四隅,皆左击右应。北悬之内,歌工四列。内二列在通街之东,二列于通街之西。每列八人,共三十二人,东西相向立,以北为上。柷一在东,敔一在西,皆在歌工之南。大乐丞位在北悬之外,通街之东,西向。协律郎位于通街之西,东向。执麾者立于后,举节乐正立于东,副正立于西,并在歌工之北。乐师二员,对立于歌工之南。运谱二人,对立于乐师之南。照烛二人,对立于运谱之南,祀日立于坛之上下,掌乐作乐止之标准。琴二十七,设于东西悬内:一弦者三,东一,西二,俱为第一列;三弦、五弦、七弦、九弦者各六,东西各四列;每列三人,皆北向坐。瑟十二,东西各六,共为列,在琴之后坐。巢笙十、箫十、闰余匏一在东,七星匏一、九曜匏一,皆在竽笙之侧。竽笙十、篪十、簇十、埙八、笛十,每色为一列,各分立于通街之东西,皆北向。又设文舞位于北悬之前,植四表于通街之东,舞位行缀之间。导文舞执氅仗舞师二员,执旌二人,分立于舞者行缀之外。舞者八佾,每佾八人,共六十四人,左手执籥,右手秉翟,各分四佾,立于通街之东西,皆北向。又设武舞,俟立位于东西县外。导武舞执氅仗舞师二员,执蘰二人,执器二十人,内单鼗二、单铎二、双铎二、金铙二、钲二、金镯二、执㩦者四人,扶铎二、相鼓二、雅鼓二,分立于东西县外。舞者如文舞之数,左手执干,右手执戚,各分四佾,立于执器之外。俟文舞自外逸,则武舞自内进,就立文舞之位,惟执器者分立于舞人之外。文舞亦退于武舞俟立之位。太史令、郊祀令各公服,率其属升设昊天上帝神座于坛上,北方,南向;席以槁秸,加褥座,置璧于缫藉,设币于篚,置酌尊所。皇地祇神座,坛上稍东,北方,南向;席以槁秸,加褥座,置玉于缫藉,设币于篚,置酌尊所。配位神座,坛上东方,西向;席以蒲越,加褥座,置璧于缫藉,设币于篚,置酌尊所。设五方五帝、日、月、天皇大帝、北极等九位,在坛之第一等;席以莞,各设玉币于神座前。设内官五十四位于圆坛第二等,设中官一百五十九位于圆坛第三等,设外官一百六位于内壝内,设众星三百六十位于内壝外;席皆以莞,各设青币于神座之首,皆内向。候告洁毕,权彻第一等玉币,至祀日丑前重设。执事者实柴于燎坛,仍设苇炬于东西。执炬者东西各二人,皆紫服。奉礼郎率仪鸾局,设献官以下及诸执事官版位,设三献官版位于内壝西门之外道南,东向,以北为上。次助奠位稍却,次第一等至第三等分献官,第四等、第五等分奠官,次郊祀令、太官令、良酝令、廪牺令、司尊罍,次郊祀丞、读祝官、举祝官、奉璧官、奉币官、奉爵官、太祝、盥洗官、爵洗官、巾篚官、祝史,次斋郎,位于其后。每等异位重行,俱东向,北上。摄司徒位于内壝东门之外道南,与亚献相对。次太常礼仪使、光禄卿、同知太常礼仪院事、太史令、分献分奠官、佥太常礼仪院事、供卫直都指挥使、太常礼仪院同佥院判、光禄丞,位于其南,皆西向,北上。监察御史二位,一位在内壝西门之外道北,东向;一位在内壝东门之外道北,西向。博士二位,各次御史,以北为上。设奉礼郎位于坛上稍南,午陛之东,西向;司尊罍位于尊所,北向。又设望燎位于燎坛之北,南向。设牲榜于外壝东门之外,稍南,西向;太祝、祝史位于牲后,俱西向。设省牲位于牲北;太常礼仪使、光禄卿、太官令、光禄丞、太官丞位于其北,太官令以下位皆少却。监祭、监礼位在太常礼仪使之西,稍却,南向。廪牺令位于牲西南,北向。又设省馔位于牲位之北,馔殿之南。太常礼仪使、光禄卿丞、太官令丞位在东,西向;监祭、监礼位在西,东向;俱北上。祠祭局设正配三位,各左十有二笾,右十有二豆,俱为四行。登三,铏三,簠簋各二,在笾豆间。登居神前,铏又居前,簠左、簋右,居铏前,皆藉以席。设牲首俎一,居中;牛羊豕俎七,次之。香案一,沙池、爵坫各一,居俎前。祝案一,设于神座之右。又设天地二位各太尊二、著尊二、牺尊二、山罍二于坛上东南,俱北向,西上。又设配位著尊一、牺尊二、象尊二、山罍二在二尊所之东,皆有坫,加勺幂,惟元酒有幂无勺,以北为上。马湩三器,各设于尊所之首,加幂勺。又设玉币篚二于尊所西,以北为上。又设正位象尊二、壶

尊二、山罍四于坛下午陛之西。又设地祇尊罍，与正位同，于午陛之
东，皆北向，西上。又设配位牺尊二、壶尊二、山罍四在酉陛之北，东
向，北上，皆有坫、幂，不加勺，设而不酌。又设第一等九位各左八
笾，右八豆，登一，在笾豆间，簠、簋各一，在登前，俎一，爵、坫各一
在簠、簋前。每位太尊二、著尊二，于神之左，皆有坫，加勺、幂，沙
池、玉币筐各一。又设第二等诸神每位笾二，豆二，簠、簋各一，登
一，俎一，于神座前。每陛间象尊二，爵、坫、沙池、币筐各一，于神中
央之座首。又设第三等诸神，每位笾、豆、簠、簋各一，俎一，于神座
前。每陛间设壶尊一，爵尊二，爵、坫、沙池、币筐各一，于神中央之
座首。又设内壝内诸神，每位笾、豆各一，簠、簋各一，于神座前。每
道间概尊二，爵、坫、沙池、币筐各一，于神中央之座首。又设内壝外
众星三百六十位，每位笾、豆、壝、簋、俎各一，于神座前。每道间散
尊二，爵、坫、沙池、币筐各一，于神中央之座前。自第一等以下，皆
用匏爵洗涤讫，置于坫上。又设正配位各笾一，豆一，簠一，簋一，俎
四，及毛血豆各一，牲首盘一。并第一等神位，每位俎二，于馔殿内。
又设盥洗、爵洗于坛下，卯陛之东，北向，罍在洗东加勺，篚在洗西
南肆，实以巾，爵洗之篚实以匏，爵加坫。又设第一等分献官盥洗、
爵洗位，第二等以下分献官盥洗位，各于陛道之左，罍在洗左，篚在
洗右，俱内向。凡司尊罍篚位，各于其后。

五曰省牲器，见亲祀仪。

六曰习仪，见亲祀仪。

七曰奠玉币。祀日丑前五刻，太常卿率其属，设椽烛于神座四
隅，仍明坛上下烛、内外积燎。太史令、郊祀令各服其服升，设昊天
上帝神座，槁秸、席褥如前。执事者陈玉币于篚，置于尊所。礼部尚
书设祝版于案。光禄卿率其属入实笾、豆、簠、簋。笾四行，以右为
上。第一行鱼鳔在前，糗饵、粉糍次之。第二行乾枣在前，乾橑形盐
次之。第三行鹿脯在前，榛实、乾桃次之。第四行菱在前，芡、栗次
之。豆四行，以左为上。第一行芹菹在前，笋菹、葵菹次之。第二行
菁菹在前，韭菹、饴食次之。第三行鱼盐在前，兔醢、豚拍次之。第

四行鹿脯在前,醓醢、糁食次之。簠实以稻、粱,簋实以黍、稷,登实以大羹。良酝令率其属入实尊、罍。太尊实以泛齐,著尊醴齐,牺尊盎齐,象尊醍齐,壶尊沈齐,山罍为下尊,实以元酒;其酒、齐皆以尚醴酒代之。太官丞设革囊马湩于尊所。祠祭局以银盒贮香,同瓦鼎设于案。司香官一员立于坛上。祝史以牲首盘,设于坛上。献官以下执事官,各服其服,就次所,会于齐班幕。拱卫直都指挥使率控鹤,各服其服,擎执仪仗,分立于外壝内东西,诸执事位之后,拱卫使亦就位。大乐令率工人二舞,自南壝东偏门以次入,就坛上下位。奉礼郎先入就位。礼直官分引监察御史、监礼博士、郊祀令、太官令、良酝令、廪牺令、司尊罍、太官丞、读祝官、举祝官、奉玉币官、太祝、祝史、奉爵官、盥爵洗官、巾篚官、斋郎,自南壝东偏门入,就位。礼直官引监祭、监礼,按视坛之上下祭器,纠察不如仪者。及其按视也,太祝先彻去盖幂,按视讫,礼直官引监祭、监礼退复位。奉礼郎赞"再拜",礼直官承传曰"拜",监祭礼以下皆再拜。奉礼郎赞曰"各就位,"太官令斋郎以次出诣馔殿,俟立于南壝门外。礼直官分引三献官、司徒、助奠官、太常礼仪院使、光禄卿、太史令、太常礼仪院同知佥院、同佥、院判、光禄丞,自南壝东偏门,经乐县内入就位。礼直官进太尉之左,赞曰"有司谨具,请行事",退复位。宫县乐作降神《天成之曲》六成,内圆钟宫三成,黄钟角、大簇徵、姑洗羽各一成。文舞《崇德之舞》。初乐作,协律郎跪,俯伏举麾兴,工鼓柷,偃麾,戛敔而乐止。凡乐作、乐止,皆仿此。礼直官引太常礼仪院使率祝史,自卯陛升坛,奉牲首降自午陛,由南壝正门经宫县内,诣燎坛北,南向立。祝史奉牲首升自南陛,置于户内柴上。东西执炬者以火燎柴,升烟燔牲首讫,礼直官引太常礼仪院使、祝史捧盘血,诣坎位瘗之。礼直官引太常礼仪院使、祝史,各复位。奉礼郎赞"再拜",礼直官承传曰"拜",太尉以下皆再拜讫,其先拜者不拜。执事者取玉币于篚,立于尊所。礼直官引太尉诣盥洗位,宫县乐奏黄钟宫《隆成之曲》,至位北向立,乐止。搢笏、盥手、帨手讫,执笏诣坛,升自午陛,登歌乐作大吕宫《隆成这曲》,至坛上,乐止。诣正位神座前,北向立,宫县乐奏黄钟宫《钦成之曲》，搢笏跪，三上香。执事者加璧于币，西向跪，以授太尉，太尉受玉币奠于正位神座前，执笏，俯伏兴，少退立，再拜讫，乐止。次诣皇地祇位，尊献如上仪。次诣配位神主前，奠币如上仪。降自午阶，登歌乐作如升坛之曲，至位乐止。祝史奉毛血豆，入自南壝门诣坛，升自午阶。诸太祝迎取于坛上，俱跪奠于神座前，执笏，俯伏兴，退立于尊所。

至大三年大祀，奠玉币仪与前少异，今存之以备互考。祀日丑前五刻，设坛上及第一等神位，陈其玉币及明烛，实笾、豆、尊、罍。乐工各入就位毕，奏礼郎先入就位。礼直官分引分献官、监察御史、监礼博士、诸执事、太祝、祝史、斋郎，入自中壝东偏门，当坛南重行西上，北向立定。奉礼郎赞曰"再拜"，分献官以下皆再拜讫，奉礼赞曰"各就位"。礼直官引子丑寅卯辰巳阶道分献官，诣版位，西向立，北上。午未申酉戌亥阶道分献官，诣版位，东向立，北上。礼直官分引监祭礼点视陈设，按视坛之上下，纠察不如仪者，退复位。太史令率斋郎出俟。礼直官引三献官并助奠等官入就位，东向立，司徒西向立。礼直官赞曰"有司谨具，请行事"，降神六成乐止。太常礼仪使率祝史二员，捧马首诣燎坛，升烟讫，复位。奉礼郎赞曰"再拜，三献"，司徒等皆再拜讫，奉礼郎赞曰"诸执事者各就位"，立定。礼直官请初献官诣盥洗位，乐作，至位，乐止。盥毕诣坛，乐作，升自卯阶，至坛，乐止。诣正位神座前，北向立，乐作，搢笏跪，太祝加玉于币，西向跪以授初献，初献受玉币奠讫，执笏俯伏兴，再拜讫，乐止。次诣配位神座前立，乐作，奠玉币如上仪，乐止。降自卯阶，乐作，复位，乐止。初献将奠正位之币，礼直官分引第一等分献官诣盥洗位，盥毕，执笏各由其阶升，诣各神位前，搢笏跪，太祝以玉币授分献官，奠讫，俯伏兴，再拜讫，还位。初，第一等分献官将升，礼直官发引第二等内壝内、内壝外分献官盥毕，盥洗官俱从至酌尊所立定，各由其阶道诣各神首位前奠，并如上仪。退立酌尊所，伺候终献酌奠，诣各神首位前酌奠。祝史奉正位毛血豆由午阶升，配位毛血豆由卯阶升，太祝迎于坛上，进尊于正配位神座前，太祝与祝史俱退于尊所。

　　八曰进熟。太尉既升奠玉币，太官令丞率进馔斋郎诣厨，以牲体设于盘，马牛羊豕鹿各五盘，宰割体段，并用国礼。各对举以行至馔殿，俟光禄卿出实笾、豆、簠、簋。笾以粉糍，豆以糁食，簠以粱，簋以稷。斋郎上四员，奉笾、豆、簠、簋者前行，举盘者次之。各奉正配位之馔，以序立于南墙门之外，俟礼直官引司徒出诣馔殿，斋郎各奉以序从司徒入自南墙正门。配位之馔，入自偏门。宫县乐奏黄钟宫《宁成之曲》，至坛下，俟祝史进彻毛血豆讫，降自卯陛以出。司徒引斋郎奉正位馔诣坛，升自午陛，太史令丞率斋郎奉配位及第一等之馔，升自卯陛，立定。奉礼赞诸太祝迎馔，诸太祝迎于坛陛之间，斋郎各跪奠于神座前。设笾于糗饵之前，豆于醓醢之前，簠于稻前，簋于黍前。又奠牲体盘于俎上，斋郎出笏，俯伏兴，退立定，乐止。礼直官引司徒降自卯陛，太官令率斋郎从司徒亦降自卯陛，各复位。其第二等至内墙外之馔，有司陈设。礼直官赞，太祝搢笏，立茅苴于沙池，出笏，俯伏兴，退立于本位。礼直官引太尉诣盥洗位，宫县乐作，奏黄钟宫《隆成之曲》，至位北向立，乐止。搢笏、盥手、帨手讫，出笏诣爵洗位，北向立。搢笏，执事者奉匏爵以授太尉，太尉洗爵、拭爵讫，以爵授执事者。太尉出笏，诣坛，升自午陛，一作卯陛。登歌乐作，奏黄钟宫《明成之曲》，至坛上，乐止。诣酌尊所，西向立，搢笏，执事者以爵授太尉，太尉执爵，司尊罍举幂，良酝令酌太尊之泛齐，凡举幂、酌酒皆跪，以爵授执事者。太尉出笏，诣正位神座前，北向立，宫县乐作，奏黄钟宫《明成之曲》，文舞《崇德之舞》。太尉搢笏跪，三上香。执事者以爵授太尉，太尉执爵三祭酒于茅苴，以爵授执事者，执事者奉爵退，诣尊所。太官丞倾马湩于爵，跪授太尉，亦三祭于茅苴，复以爵授执事者，执事者受虚爵以兴。太尉出笏，俯伏兴，少退，北向立，乐止。举祝官搢笏跪，对举祝版，读祝官搢笏跪，读祝文。读讫，举祝官奠版于案，出笏兴，读祝官出笏，俯伏兴，宫县乐奏如前曲。举祝、读祝官先诣皇地祇位前，北向立。太尉再拜讫，乐止。次诣皇地祇位，并如上仪，惟乐奏大吕宫。次诣配位，并如上

仪,惟乐奏黄钟宫,降自午陛,一作卯陛。登歌乐作如前降神之曲,至
位,乐止。读祝、举祝官降自卯陛,复位。文舞退,武舞进,宫县乐作,
奏黄钟宫《和成之曲》,立定,乐止。礼直官引亚献官诣盥洗位,北向
立。搢笏、盥手、帨手讫,出笏诣爵洗位,北向立。搢笏、执爵、洗爵、
拭爵,以爵授执事者。出笏诣坛,升自卯陛,至坛上酌尊所,东向一
作西向。立。搢笏授爵执爵,司尊罍举幂,良酝令酌著尊之醴齐,以
爵授执事者。出笏,诣正位神座前,北向立。宫县乐奏黄钟宫《熙成
之曲》,武舞《定功之舞》。搢笏跪,三上香,授爵执爵,三祭酒于茅
苴,复祭马湩如前仪,以爵授执事者。出笏,俯伏兴,少退立,再拜
讫,次诣皇地祇位、配位,并如上仪讫,乐止,降自卯陛,复位。礼直
官引终献官诣盥洗位,盥手、帨手讫,诣爵洗位,授爵执爵,洗爵拭
爵,以爵授执事者。出笏,升自卯陛,至酌尊所,搢笏授爵执爵,良酝
令酌牺尊之盎齐,以爵授执事者。出笏,诣正位神座前,北向立。宫
县乐作,奏黄钟宫《熙成之曲》,武舞《定功之舞》。上香、祭酒、马湩,
并如亚献之仪,降自卯陛。初终献将升坛时,礼直官引第一分分
献官诣盥洗位,搢笏、盥手、帨手、涤爵、拭爵讫,以爵授执事者。出
笏,各出其陛诣酌尊所,搢笏,执事者以爵授分献官,执爵,酌太尊
之泛齐,以爵授执事者。各诣诸神位前搢笏跪,三上香、三祭酒讫,
出笏,俯伏兴,少退,再拜兴,降复位。第一等分献官将升坛时,礼直
官引第二等、第三等、内壝内、内壝外众星位分献官,各诣盥洗位,
晋笏、盥手、帨手,酌奠如上仪讫,礼直官各引献官复位,诸执事者
皆退复位。礼直官赞太祝彻笾豆。登歌乐作大吕宫《宁成之曲》,太
祝跪以笾豆各一少移故处,卒彻,出笏,俯伏兴,乐止。奉礼郎赞曰
“赐胙”,众官再拜,礼直官承传曰“拜”,在位者皆再拜,平,立定。送
神宫县乐作,奏圆钟宫《天成之曲》一成止。

　　九曰望燎。礼直官引太尉,亚献助奠一员,太常礼仪院使,监
祭、监礼各一员等,诣望燎位。又引司徒,终献助奠、监祭、监礼各一
员,及太常礼仪院使等官,诣望瘗位。乐作,奏黄钟宫《隆成之曲》,
至位,南向立,乐止。上下诸执事各执篚进神座前,取燔玉及币祝

版。日月已上，斋郎以俎载牲体黍稷，各由其陛降，南行，经宫县乐，出东，诣燎坛。升自南陛，以玉币、祝版、馔食致于柴上户内。诸执事又以内官以下之礼币，皆从燎。礼直官赞曰"可燎"，东西执炬者以炬燎火半柴。执事者亦以地祇之玉币、祝版、牲体、黍稷诣瘗坎。焚瘗毕，礼直官引太尉以下官以次由南墙东偏门出，礼直官引监祭、监礼、奉玉币官、太祝、祝史、斋郎俱复坛南，北向立。奉礼郎赞曰"再拜"，礼直官承传曰"拜"，监祭、监礼以下皆再拜讫，各退出。太乐令率工人二舞以次出。礼直官引太尉以下诸执事官到齐班幕前立，礼直官赞曰"礼毕"，众官员揖毕，各退于次。太尉等官、太常礼仪院使、监祭、监礼展视胙肉酒醴，奉进阙庭，余官各退。

　　祭告三献仪，大德十一年所定。告前三日，三献官、诸执事官，具公服赴中书省受誓戒。前一日未正二刻，省牲器。告日质明，三献官以下诸执事官，各具法服。礼直官引监祭礼以下诸执事官，先入就位，立定。监祭礼点视陈设毕，复位，立定。太官令率斋郎出，礼直官引三献司徒、太常礼仪院使、光禄卿入就位，立定。礼直官赞曰"有司谨具，请行事"，降神乐作六成止。太常礼仪院使燔牲首，复位，立定。奉礼赞三献以下皆再拜，就位。礼直官引初献诣盥洗位，盥手讫，升坛诣昊天上帝位前，北向立。搢笏跪，三上香，奠玉币，出笏，俯伏兴，再拜讫，降复位。礼直官引初献诣盥洗位，盥手讫，诣爵洗位，洗拭爵讫，诣酒尊所，酌酒讫，请诣昊天上帝神位前，北向，搢笏跪，三上香，执爵三祭酒于茅苴，出笏，俯伏兴，俟读祝讫，再拜，平立。请诣皇地祇酒尊所。酌献并如上仪，俱毕，复位。礼直官引亚献，并如初献之仪，惟不读祝，降复位。礼直官引终献，并如亚献之仪，降复位。奉礼赞"赐胙"，众官再拜，在位者皆再拜。礼直官引三献司徒、太常卿、光禄卿、监祭礼等官，请诣望燎位，南向立定，俟燎玉币祝版。礼直官赞"可燎"，礼毕。

　　祭告一献仪，至元十二年所定。告前二日，郊祀令扫除坛壝内外,翰林国史院学士撰写祝文。前一日,告官等各公服捧祝版,进请御署讫,同御香上尊酒如常仪,迎至祠所斋宿。告日质明前三刻,礼直官引郊祀令率其属诣坛,铺筵陈设如仪。礼直官二员引告官等各具紫服,以次就位,东向立定。礼直官稍前曰"有司谨具,请行事",赞者曰"鞠躬",曰"拜",曰"兴",曰"拜",曰"兴",曰"平身"。礼直官先引执事官各就位,次诣告官前曰"请诣盥爵洗位"。至位,北向立,曰"搢笏",曰"盥手",曰"帨手",曰"洗爵",曰"拭爵",曰"出笏",曰"诣酒尊所",曰"搢笏",曰"执爵",曰"司尊者举幂",曰"酌酒"。良酝令酌酒,曰"以爵授执事者",告官以爵授执事者。曰"出笏",曰"诣昊天上帝、皇地祇神位前,北向立",曰"稍前",曰"出笏",曰"跪",曰"上香",曰"上香",曰"三上香",曰"祭酒",曰"祭酒",曰"三祭酒",曰"以爵授捧爵官",曰"出笏",曰"俯伏兴",曰"举祝官跪",曰"举祝",曰"读祝官跪",曰"读祝"。读讫,曰"举祝官奠祝版于案",曰"俯伏兴"。告官再拜,曰"鞠躬",曰"拜",曰"兴",曰"拜",曰"兴",曰"平身",引告官以下降复位。礼直官赞曰"再拜",曰"鞠躬",曰"拜",曰"兴",曰"拜",曰"兴",曰"平身",曰"诣望燎位",燔祝版半燎,告官以下皆退。瘗之其坎于祭所壬地,方深足以容物。

新元史卷八四
志第五一

礼　四

宗庙上

宗庙祭享之礼，割牲、奠马湩，以巫祝致辞，盖蒙古旧俗也。世祖中统元年秋七月丁丑，设神位于中书省，用登歌乐，遣必阇赤致祭焉。必阇赤，译言典书记者。十二月，初命制太庙祭器、法服。二年九月庚申朔，徙中书省，奉迁神主于圣安寺。辛巳，藏于瑞像殿。三年十二月癸亥，即中书省备三献官，大礼使司徒摄祀事。礼毕，神主复藏瑞像殿。四年三月癸卯，诏建太庙于燕京。十一月丙戌，仍寓祀事于中书省，以亲王合丹、塔察儿、王磐、张文谦摄事。

至元元年冬十月，奉安神主于太庙，初定太庙七室之制。皇祖、皇祖妣第一室，皇伯考、伯妣第二室，皇考、皇妣第三室，皇伯考、伯妣第四室，皇伯考、伯妣第五室，皇兄、皇后第六室，皇兄、皇后第七室。凡室以西为上，以次而东。二年九月，初命涤养牺牲，取大乐工于东平，习礼仪。冬十月己卯，享于太庙，尊皇祖为太祖。三年秋九月，始作八室神主，设祐室。冬十月，太庙成。丞相安童、伯颜言：“祖宗世数、尊谥庙号、配享功臣、增祀四世、各庙神主、七祀神位、法服祭器等事，皆宜以时定。”乃命平章政事赵璧等集议，上尊谥庙号，定为八室。烈祖神元皇帝、皇曾祖妣宣懿皇后第一室，太祖圣武皇帝、皇祖妣光献皇后第二室，太宗英文皇帝、皇伯妣昭慈皇后第三室,皇伯术赤、皇伯妣别土出迷失第四室,皇伯考察合台、皇伯妣也速伦第三室、第四室皇伯考、妣,旧列皇考、妣之后,今更易。第五室,皇考睿宗景襄皇帝、皇妣庄圣皇后第六室,定宗简平皇帝、钦淑皇后第七室,宪宗桓肃皇帝、贞节皇后第八室。十一月戊申,奉安神主于祜室,岁用冬祀,如初礼。

四年二月,初定一岁十二月荐新时物。六年冬,时享毕,十二月,命国师僧荐佛事于太庙七昼夜,始造木质金表牌位十有六,设大榻金椅奉安祜室前,为太庙荐佛事之始。七年十月癸酉,敕宗庙祝文书以国字。来年,太庙牲牢勿用豢豕,以野猪代之,果品勿市,取之内园。八年八月,太庙殿柱朽。从张易言,告于列室而后修,奉迁栗主金牌位与旧神主于馔幕殿,工毕奉安。自是修庙皆如之。丙子,敕冬享勿用牺牛。

十二年五月,检讨张谦言:"昔者因修太庙,奉迁金牌位于馔幕殿,设金椅,其栗主与旧主牌位各存箱内,安置金椅下,礼有非宜。今拟金牌位迁于八室,其祜室栗主与旧主牌位,宜用彩舆迁纳,置箱内为宜。"七月,修太庙,将迁神主别殿,遣官告祭。九月丁丑,敕太庙牲复用牛。十月己未,迁金牌位于八室。太祝兼奉礼郎申屠致远言:"窃见木主既成,又有金牌位,其日月山神主及中统初中书设祭神主,奉安无所。"博士议曰:"合存祜室栗主,旧置神主牌位,俱可随时埋瘗。"太常少卿以闻,诏曰:"其与张仲谦诸老臣议行之。"十三年正月,以平宋,遣官告祭祖宗于上都之近郊。八月,以铜爵二、豆二献于太庙。九月丙申,荐佛事于太庙,命即佛事处大祭。己亥,享于太庙,加荐羊鹿野豕。是岁,改作金主,太祖主曰"成吉思皇帝",睿宗题曰"太上皇也可那颜",皇后皆题名讳。

十四年正月,以白玉、碧玉、水晶爵六献于太庙。八月乙丑,诏建太庙于大都。十五年五月,太常卿还自上都,议庙制,据博士言同堂异室非礼,以古今庙制画图贴说,令博士李天麟赍往上都,分议可否以闻:

一曰都宫别殿,七庙、九庙之制。《祭法》曰:"天子立七庙,三昭三穆与太祖之庙而七,诸侯、大夫、士降杀以两。"晋博士孙毓以谓外为都宫,内各有寝庙,别有门垣。太祖在北,左昭右穆,以次而南是也。前庙后寝者,以象人君之居,前有庙而后有寝也。庙以藏主,以四时祭;寝有衣冠几杖象生之具,以荐新物。天子太祖百世不迁,宗亦百世不迁,高祖以上,亲尽则递迁。昭常为昭,穆常为穆,同为都宫,则昭常在左,穆常在右,而外有以不失其序。一世自为一庙,则昭不见穆,穆不见昭,而内有以各全其尊,必祫享而会于太祖之庙,然后序其尊卑之次。盖父子异宫,祖祢异庙,所以成事亡如事存之义。然汉儒论七庙、九庙之数,其说有二。韦元成等以谓周之所以七庙者,以后稷始封,文王、武王受命而王,是以三庙不毁,与亲庙四而七也。如刘歆之说,则周自武王克商,以后稷为太祖,即增立高圉、亚圉二庙于公叔、太王、王季、文王二昭二穆之上,已为七庙矣。至懿王时,始立文世室于三穆之上,至孝王时,始立武世室于三昭之上,是为九庙矣。然先儒多是刘歆之说。

　　二曰同堂异室之制。后汉明帝遵俭自抑,遗诏无起寝庙,但藏其主于光武庙中更衣别室。其后章帝又复如之,后世遂不敢加。而公私之庙,皆用同堂异室之制。先儒朱熹以谓至使太祖之位,下同孙子,而更僻处于一隅,无以见为七庙之尊;群庙之神,则又上厌祖考,不得自为一庙之主。以人情论之,生居九重,穷极壮丽,而设祭一室,不过寻丈,甚或无地以容鼎俎,而阴损其数,子孙之心,于此宜亦有所不安矣。且命士以上,其父子妇姑,犹且异处,谨尊卑之序,不相亵渎。况天子贵为一人,富有四海,而祖宗神位数世同处一堂,有失人子事亡如事存之意矣。

是年,太庙常设牢醴外,益以羊、鹿、豕、蒲萄酒。敕常德府岁贡苞茅。

　　十六年八月丁酉,以江南所获玉爵及玷四十九事,纳于太庙。十七年十二月甲申,告迁于太庙。癸巳,承旨和礼霍孙,太常卿太出、秃忽思等,以祏室内栗主八位并日月山牌位、圣安寺木主俱迁。甲午,和礼霍孙、太常卿撒里蛮率百官奉安太祖、睿宗二室金主于新庙,遂大享焉。乙未,毁旧庙。

十八年二月,博士李时衍等议:"历代庙制,俱各不同。欲尊祖宗,当从都宫别殿之制;欲崇俭约,当从同堂异室之制。"三月十一日,尚书段那海及太常礼官奏曰:"始议七庙,除正殿、寝殿、正门、东西门已建外,东西六庙不须更造,余依太常寺新图建之。"遂为前庙、后寝,庙分七室。

是时,东平人赵天麟献《太平金镜策》,其议宗庙之制曰:

> 天子立七庙,在都城内之东南。太祖中位于北,三昭在东,三穆在西,庙皆南向,主皆东向。都宫周于外,以合之墙,宇建于内,以别之门。堂、室、寝——分方庭砌堂,除区区异地,山节藻棁,以示崇高,重檐列楹,以示严肃,斲砻其桷,以示丽而不奢,覆之用茅,以示俭而有节,此庙之制度也。祖功宗德,百世不易。亲尽之庙,因亲而祧。祧旧主于太祖之夹室,祔新主于南庙之室中。昭以取其向明,而班乎昭,穆以取其深远,而常从其穆。穆祔而昭不动,昭祔而穆不迁。二世祧,则四世迁于二室,六世迁于四世,以八世祔昭之南庙。三世祧,则五世迁于三世,七世迁于五世,以九世祔穆之南庙。孙以子祔于祖,父尸由其昭穆之同,非有尊卑之辨。故祧主既藏祐则出,余则否,祔庙贵新,易其檐,改其涂,此庙之祧祔也。散斋七日,致斋三日,牲牷肥腯,旨酒嘉栗,粢盛丰洁,器皿具备,祠宜羔豚膳膏,芗萸宜腒膈膳膏,臊尝宜犊麛膳膏,腥焘宜鱻羽膳膏。膻设守祧所掌之遗衣,陈奕世递传之宗器,王后及宾,礼成九献,辟公卿士,奔执豆笾,此庙之时祭也。太祖庙主寻常东面,移昭南穆北而合食,就已毁未毁而制礼,四时皆陈,未毁而祭之,五年兼已毁而祭之,此庙之祫祭也。三年大祭,祭祖之所自出,以始祖配之,此庙之禘祭也。

其言皆援据古礼。世祖虽善其言,而不能尽用云。

　　二十一年三月丁卯,太庙正殿成,奉安神主。二十二年十二月丁未,皇太子薨。太常博士与中书翰林诸老臣议,宜加谥,立别庙奉祀。遂谥曰明孝太子,作金主。是月,丹太庙楹。二十三年九月,以太庙雨坏,遣官致告,奉安神主于别殿。二十五年五月,奉安神主于太庙。是年冬享,制用白马一。三十年十月朔,皇太子祔于太庙。

　　三十一年,成宗即位,追尊皇考明孝太子为皇帝,庙号裕宗。元贞元年冬十月癸卯,有事于太庙。中书省臣言:“去岁世祖、皇后、裕宗祔庙,以绫代玉册。今玉册、玉宝成,请纳诸各室。”帝曰:“亲飨之礼,祖宗未尝行之。其奉册以来,朕躬祝之。”命献官迎导入庙。大德元年十一月,太保月赤察儿等奏请庙享增用马,制可。二年正月,特祭太庙,用马一、牛一、羊鹿野豕天鹅各七,余品如旧,是为特祭之始。四年八月,以皇妣、皇后祔。六年五月戊申,太庙寝殿灾。

　　十一年,武宗即位,追尊皇考为皇帝,庙号顺宗。太祖室居中,睿宗西第一室,世祖西第二室,裕宗西第三室,顺宗东第一室,成宗东第二室。追尊先元妃为皇后,祔成宗室。睿宗、裕宗、顺宗并未践大位,入庙称宗,而黜太宗、定宗、宪宗不在六室之列,又跻顺宗于成宗之上,皆失礼之甚者也。至大二年春正月乙未,以受尊号,恭谢太庙,是为亲祀之始。十月,以将加谥太祖、睿宗,择日请太祖、睿宗尊谥于天,择日请光献皇后、庄圣皇后尊谥于庙,改金主,题写尊谥庙号。十二月乙卯,亲享太庙。奉玉册、玉宝。加上太祖圣武皇帝尊谥曰法天启运,庙号太祖,光献皇后曰翼圣。加上睿宗景襄皇帝曰仁圣,庙号睿宗,庄圣皇后曰显懿。其旧主以椟贮两旁,自是主皆范金作之。先是,太庙皆遣官行事,帝复欲如之。大司徒李邦宁谏曰:“先朝非不欲亲致享祀,诚以疾废礼耳。今逢继成之初,正宜开彰孝道以率天下,躬祀太室,以成一代之典。循习故事,非臣所知也。”帝曰:“善。”即日备法驾宿斋宫,且命邦宁为大司徒。三年,丞相三宝奴等言:“太祖祠祭用瓦尊,乞代以银。”从之。

　　四年闰七月,奉武宗神主,祔于太庙。

　　延祐七年六月,新作太祖幄殿。八月,祔仁宗及庄懿慈圣皇后于太庙。时议仁宗升祔,增置庙室。太常礼仪院下博士检讨历代典故,移书礼部、中书集议曰:"古者天子祭七代,兄弟同为一代,庙室皆有神主,增置庙室。"又议:"大行皇帝升祔太庙,七室皆有神主,增室不及。依前代典故,权于庙内止设幄座,面南奉安。今相视得第七室近南对室地位,东西一丈五尺,除设幄座外,余五尺,不妨行礼。"乃结彩为殿,置武宗室南,权奉神主焉。

十月戊子,英宗将以四时躬祀太庙,命太常礼官与中书、翰林、集贤等官集议,帝览其礼制曰:"此追远报本之道也,毋以朕劳而有所损,其一遵典礼。"丙寅,中书以躬谢太庙仪注进。十一月丙子朔,帝御斋宫。丁丑,备法驾仪卫,躬谢太庙,至棂星门驾止,有司进辇不御,步至大次,服衮冕端拱以竢。礼仪使请署祝,帝降御座正立书名。及读祝,敕高赞御名。至仁宗室,辄歔欷流涕,左右莫不感动。退至西神门,殿中监受圭,出降没阶乃授圭。甲辰,太常进时享太庙仪式。

至治元年正月乙酉,始命于太庙垣西北建大次殿。丙戌,始以四孟月时享,亲祀太室。礼成,坐北建大次殿。丙戌,始以四孟月时享,亲祀太室。帝服衮冕,以左丞相拜住亚献,知枢密院事曲绌终献。礼成,坐大次,谓群臣曰:"朕缵承祖宗丕绪,夙夜祇栗,无以报称,岁惟四祀,使人代之,不能致如在之诚,实所未安。自今以始,岁必亲祀,经终朕身。"

五月,中书省臣言:"以庙制事,集御史台、翰林院、太常院臣议。谨按前代庙室,多寡不同。晋则兄弟同为一室,正室增为十四间,东西各一间。唐九庙,后增为十一室。宋增室至十八,东西夹室各一间,以藏祧主。今太庙虽分八室,然兄弟为世,止六世而已。世祖所建前庙后寝,往岁寝殿灾。请以今殿为寝,别作前庙十五间,中三间通为一室,以奉太祖神主,余以次为室,庶几情文得宜。谨上太常庙制。"帝曰:"善,期以来岁营之。"十二月,以受尊号,宜谢太庙。拜住言:"世祖议行一献礼,武宗则躬行谢礼。"诏依武宗故事。

二年春正月丁丑,始陈卤簿,亲享太庙。丞相拜住奏建太庙前殿,议行祫禘配享之礼。三月二十三日,以新作太庙正殿,权止夏秋二祭。秋八月丙辰,太皇太后崩,太常院官奏:“国哀以日易月,旬有二日外,乃举祀事。有司以十月戊辰,有事于太庙,取圣裁。”帝曰:“太庙礼不可废,迎香去乐可也。”又言:“太庙兴工未毕,有妨陈宫县乐,请止用登歌。”从之。三年春三月戊申,祔昭献元圣皇后于顺宗室。夏四月六日,上都分省参议速速,以都堂旨,太庙夹室未有制度,再约台院等官议定。博士议曰“按《尔雅》曰‘室有东西厢曰庙’,注‘夹室前堂’。同礼曰‘西夹南向’,注曰‘西厢夹室。’此东西夹室之正文也。贾公彦曰,室有东西厢曰庙,其夹皆在序。是则夹者,犹今耳房之类也。然其制度,则未之闻。东晋太庙正室一十六间,东西储各一间,共十有八。所谓储者,非夹室与?唐贞观故事,迁庙之主,藏于夹室西壁,南北三间。又宋哲宗亦尝于东夹室奉安,后虽增建一室,其夹室仍旧。是唐、宋夹室,与诸室制度无大异也。五帝不相沿乐,三王不相袭礼。今庙制皆不合古,权宜一时。宜取今庙一十五间,南北六间,东西两头二间,准唐南北三间之制,垒至栋为三间,壁以红泥,以准东西序,南向为门,如今室户之制,虚前以准厢,所谓夹室前堂也。虽未尽合于古,于今事为宜。”六月,上都中书省以闻,帝从之。壬申,敕以太庙前殿十有五间,东西二间为夹室,南向。秋七月辛卯,太庙落成。

　　已而国有大故,晋王即皇帝位。有司疑于昭穆之次,集群臣议之。翰林学士吴澄议曰:“世祖混一天下,悉考古制,遵而用之。古者天子七庙,庙各有宫。太祖居中,左三庙为昭,右三庙为穆。神主各以次递迁。其庙之宫,如今之中书六部。夫省部之设,仿于金、宋。岂宗庙次序,而不考古乎?”然有司急于行事,竟如旧次云。十二月戊辰,追尊皇考晋王为皇帝,庙号显宗,皇妣晋王妃为皇后。庚午,盗入太庙,失仁宗及慈圣皇后神主。壬申,重作仁庙二金主。丙午,御史赵成庆言:“太庙失神主,乃古今莫大之变。由太常礼官不恭厥职,宜正其罪,以谢宗庙,以安神灵。”制命中书定罪。泰定元年春正月甲午,奉安仁宗及慈圣皇后二神主。丁丑,御史宋本、赵成庆、李嘉宾言："太庙失神主,已得旨,命中书定太常失守之罪。中书以为事在太庙署令,而太常官属居位如故。昔唐陵庙皆隶宗正。盗斫景陵门戟架,既贬陵令丞,而宗正卿亦皆贬黜。且神门戟架比之太庙神主,孰为轻重? 宜定其罪名,显示黜罚,以惩不恪。"不报。

先是,博士刘致建议曰:

窃以礼莫大于宗庙。宗庙者天下国家之本。礼乐刑政之所自出也。唐、虞、三代而下,靡不由之。圣元龙兴朔陲,积德累功,百有余年,而宗庙未有一定之制。方圣天子继统之初,定一代不刊之典,为万世法程,正在今日。

周制:天子七庙,三昭、三穆,昭处于东,穆处于西,所以别父子亲疏之序,而使不乱也。圣朝取唐、宋之制,定为九世,遂以旧庙八室而为六世,昭穆不分,父子并坐,不合《礼经》。新庙之制,一十五间,东西二间为夹室,太祖室既居中,则唐、宋之制不可依,惟当以昭穆列之。父为昭,子为穆,则睿宗当居太祖之东,为昭之第一世,世祖居西,为穆之第一世。裕宗居东,为昭之第二世。兄弟共为一世,则成宗、顺宗、显宗三室皆当居西,为穆之第二世。武宗、仁宗二室皆当居东,为昭之第三世。昭之后居左,穆之后居右,西以左为上,东以右为上也。苟或如此,则昭穆分明,秩然有序,不违《礼经》,可为万世法。

若以累朝定制,依室次于新庙迁安,则显宗跻顺宗之上,顺宗跻成宗之上。以礼言之,春秋闵公无子,庶兄僖公代立,其子文公遂跻僖公于闵公之上,史称逆祀。及定公正其序,书曰"从事先公"。然僖公犹是有位之君,尚不可居故君之上,况未尝正位者乎?

国家虽曰以右为尊,然古人所尚,或左或右,初无定制。古人右社稷而左宗庙,国家宗庙亦居东方。岂有建宗庙方位既依《礼经》,而宗庙之昭穆反不应《礼经》乎? 且如今朝贺或祭祀,宰相献官分班而立,居西则尚左,居东则尚右。及行礼就位,则西者复尚右,东者复尚左矣。

　　致职居博士,宗庙之事所宜建明,然事大体重,宜从使院移书集议取旨。

　　四月辛巳,中书省臣言:"世祖皇帝始建太庙。太祖皇帝居中南向,睿宗、世祖、裕宗神主以次祔西室,顺宗、成宗、武宗、仁宗以次祔东室。迩者集贤、翰林、太常诸臣言,国朝建太庙遵古制。古尚左,今尊者居右为少屈,非所以示后世。太祖皇帝居中南向,宜奉睿宗皇帝神主祔左一室,世祖祔右一室,裕宗祔睿宗室之左。显宗、顺宗、成宗兄弟也,以次祔世祖室之右,武宗、仁宗亦兄弟也,以祔裕宗室之左,英宗祔成宗室之右。臣等以其议近是,谨绘室次为图以献,惟陛下裁择。"从之。五月戊戌,祔显宗、英宗凡十室。

　　三年十二月,御史赵师鲁以大礼未举,言:"天子亲祀郊庙,所以通精诚,迓福厘,生烝民,阜万物,百王不易之礼也。宜讲求故事,对越以格纯嘏。"不报。四年,台臣复以为言,帝曰:"朕遵世祖旧制,其命大臣摄之。"

　　是年夏四月辛未,盗入太庙,失武宗神位及祭器。太常礼仪院官皆斥罢。壬申,重作武宗金主及祭器。甲午,奉安武宗神主。

　　致和元年正月,享太庙。御史邹惟享言:"时享太庙,三献官旧皆勋戚大臣。而近以户部尚书为亚献,人既疏远,礼难严肃。请仍旧制,以台省院重臣为亚献。"从之。

　　天历元年冬十月丁亥,毁显宗室。诏时享改用仲月。十一月,帝宿斋服衮冕,享于太庙。

　　元统二年四月,亲奉文宗神主祔于太庙,时寝庙未建,权于英宗室次结彩殿以奉安神主。御史台言:"宜因升祔有事于太庙。"从之。是年,罢夏季时享。

　　后至元三年正月,祔宁宗神主于太庙。八月,京师地大震,太庙梁柱裂,各室墙壁尽坏,文宗神主及御床皆碎。敕作文宗新主、玉册,依典礼祭告焉。十月,平章彻里帖木儿以星变,议减太庙四祭为一,御史吕思诚等十九人劾之,不听,竟罢冬享。自后二年、三年、四年一祭,以星变而减宗庙之祭享,其去恐惧修省之意远矣。如彻里帖木儿者,宜科以擅议宗庙之罪,帝乃信用其言,何也?

至正三年,帝有事于南郊,告祭太庙。至宁宗室,问曰:"朕宁宗兄也,当拜否?"太常博士刘闻对曰:"宁宗虽弟,其在位时陛下为之臣。春秋时,鲁闵公弟也,僖公兄也。闵公先为君,宗庙之祭,未闻僖公不拜。礼当拜。"从之。十五年十月,以郊祀,命皇太子祭告太庙。二十年十二月,诏:"太庙影堂祭祀,乃子孙报本之事。近以兵兴岁歉,累朝四祭减为春秋二祭,今宜复之。"然国事日棘,竟不能举行旧典云。

六年六月,诏毁文宗室。是月,监察御史言:"尝闻《五行传》曰:"简宗庙,废祭祀,则水不润下。近年雨泽愆期,四方多旱,而岁减祀事,变更成宪,原其所致,恐有感召。钦惟国家四海乂安,百有余年,列圣相承,典礼具备,莫不以孝治天下。古者宗庙四时之祭,皆天子亲享,莫敢使有司摄也。盖天子之职,莫在于礼,礼莫大于孝,孝莫大于祭。世祖皇帝自新都城,首建太庙,可谓知所本矣。《春秋》之法,国君即位,逾年改元,必行告庙之礼。伏自陛下即位以来,于今七年,未尝躬诣太庙,似为阙典。方今政化更新,并遵旧制,告庙之典,理宜亲享。"时帝在上都,台臣以闻,诏曰:"俟朕到大都行之。"

九月二十七日,中书省奏以十月初四日皇帝亲祀太庙,制曰:"可"。前期,告示以太师、右丞相马札儿台为亚献官,枢密院知院阿鲁秃为终献官,知院泼皮、翰林承旨老章为助奠官,大司农爱牙赤为七祀献官,侍中二人,门下侍郎一人,大礼使一人,执劈正斧一人,礼仪使四人,余各如故事。

凡大祭祀,尤贵马湩。将有事,敕太仆寺挏马官,奉尚饮者革囊盛送焉。其马牲既与三牲同登于俎,而割奠之馔,复与笾豆俱设。将奠牲盘酹马湩,则蒙古太祝升诣第一座,呼帝后神讳,以致祭年月日数、牲斋品物,致其祝语。以次诣列室,皆如之。礼毕,则以割奠之余,撒于南棂星门外,名曰抛撒茶饭。盖以国礼行事,尤其所重也。

割奠之礼,惟太常卿设之。桑哥为初献,乃有三献等官同设之仪。博士议曰："凡陈设祭品、实樽罍等事，献官皆不与也。独此亲设之，然后再升殿，恐非诚悫专一之道。且大礼使等官，尤非其职。"大乐署长："割奠之礼，宜别撰乐章。"博士议曰："三献之礼，实依古制。若割肉，奠葡萄酒、马湩，别撰乐章，是又成一献也。"又议："燔青脟与今烧饭礼合，不可废。形盐、糗饵、粉糍、饱食、糁食，非古。雷鼓、路鼓，与播鼗之制不同。摄祀大礼使终夕竖立，无其义。"知礼者皆有取于其言。英宗初，博士又言："今冬祭，即烝也，天子亲裸太室，功臣宜配享。"事亦弗果行。

庙制："至元十七年，新作于大都。前庙，后寝。正殿东西七间，南北五间，内分七室。殿陛二成三阶。中曰泰阶，西曰西阶，东曰阼阶。寝殿东西五间，南北三间，环以宫城，四隅重屋，号角楼。正南、正东、正西宫门三，门各五门，皆号神门。殿下道直东西神门曰横街，直南门曰通街，甓之。通街两旁井二，皆覆以亭。宫城外，缭以崇垣。馔幕殿七间，在宫城南门之东，南向。齐班厅五间，在宫城之东南，西向。省馔殿一间，在东城东门少北，南向。初献斋室，在宫城之东，东垣门内少北，西向。其南为亚终献、司徒、大礼使、助奠、七祀献官等斋室，皆西向。雅乐库在宫城西南，东向。法物库、仪鸾库在宫城之东北，皆南向。都监局在其东少南，西向。东垣之内，环筑墙垣为别院。内神厨局五间，在北，南向。井在神厨之东北，有亭。酒库三间，在井亭南，西向。祠祭局三间，对神厨局，北向。院门西向。百官厨五间，在神厨院南，西向。宫城之南，复为门，与中神门相值，左右连屋六十余间，东掩齐班厨，西值雅乐库，为诸执事斋房。筑崇墉以环其后，东西南开棂星门三，门外驰道，抵齐化门之通衢。

至治元年，诏议增广庙制。三年，别建大殿一十五间于今庙前，用今庙为寝殿，中三间通为一室，余十间各为一室，东西两旁际墙各留一间，以为夹室。室皆东西横阔二丈。南北入深六间，每间二丈。宫城南展后，凿新井二于殿南，作亭。东南隅、西南隅角楼，南神门、东西神门，馔幕殿、省馔殿、献官百执事斋室，中南门、齐班厅、雅乐库、神厨、祠祭等局，皆南徙。建大次殿三间于宫城之西北，东西棂星门亦南徙。东西棂星门之内，卤簿房四所，通五十间。

神主：至元三年，始命太保刘秉忠考古制为之。高一尺二寸，上顶圆径二寸八分，四厢合剡一寸一分。上下四方穿，中央通孔，径九分，以光漆题尊谥于背上。匮趺底盖俱方。底自下而上，盖从上而下。底齐趺，方一尺，厚三寸。皆准元祐古尺图。主及匮趺皆用栗木，匮趺并用元漆，设祏室以安奉。帝主用曲几，黄罗帕覆之。后主用直几，红罗帕覆之。祏室，每室红锦厚褥一，紫锦薄褥一，黄罗复帐一，龟背红帘一，缘以黄罗带饰。六年十二月十八日，国师奉旨造木质金表牌位十有六，亦号神主。设大榻金椅位，置祏室前。帝位于右，后位于左，题号其面，笼以销金绛纱，其制如楼。

祝有二：祝册，亲祀用之。制以竹，每副二十有四简，贯以红绒绦。而用胶粉涂饰，背饰以绛金绮。藏以楠木缕金云龙匣。涂金锁钥。韬以红锦囊，蒙以销金云龙绛罗复。拟撰读文、书祝、读祝，皆翰林词臣掌之。至大二年亲祀，竹册长一尺二寸，广一寸二分，厚三分。至治二年正月亲祀，竹册八副，每册二十有四简，长一尺一寸，广一寸，厚一分二厘。

祝板，摄祀用之，制以楸木，长二尺四寸，广一尺二寸，厚一分。其面背饰以精洁楮纸。

祝文，至元时，享于太祖室，称孝孙嗣皇帝臣某；睿宗室，称孝子嗣皇帝臣某。天历时，享自太祖至裕宗四室，皆称孝曾孙嗣皇帝臣某；顺宗室，称孝孙嗣皇帝臣某；成宗至英宗三室，皆称嗣皇帝臣某；武宗室，称孝子嗣皇帝臣某。

币：以白缯为之，每段长一丈八尺。

牲齐庶品：大祀，马一，用色纯者，有副；牛一，其角握，其色赤，有副；羊，其色白；豕，其色黑；鹿。凡马、牛、羊、豕、鹿牲体，每室七盘，单室五盘。太羹，每室三登；和羹，每室三鉶，笾之实，每室十有二品。豆之实，每室十有二品。凡祀，先期命贵臣率猎师取鲜獐鹿兔，以供脯臡醓醢。稻粱为饭，每室二簠；黍稷为饭，每室二簋。彝尊之实，每室十有一。明水元酒，用阴鉴取水于月，与井水同，酃用郁金为之。五齐三酒，酝于光禄寺。脺膋萧蒿，至元十八年五月弗用，后遂废。茅香以缩酒，至元十七年，始用沅州麻阳县包茅。天鹅、野马、塔剌不花，其状如獾。野鸡、鸧、黄羊、胡寨儿，其状如鸠。湩乳、葡萄酒，以国礼割奠，皆列室用之。羊一，豕一，笾之实二栗、鹿脯，豆之实二菁菹、鹿臡，簠之实黍，簋之实稷，爵尊之实酒，皆七祀位各用之。荐新鲔、野彘孟春用之。雁、天鹅，仲春用之。葑韭、鸭鸡卵，季春用之。冰、羔羊，孟夏用之。樱桃、竹笋、蒲荀、羊，仲夏用之。瓜、豚、大麦饭、小麦面，季夏用之。雏鸡，孟秋用之。菱芡、栗、黄鼠，仲秋用之。梨、枣、黍、粱、鹈老，季秋用之。芝麻、兔、鹿、稻米饭，孟冬用之。麕、野马，仲冬用之。鲤、黄羊、塔剌不花，季冬用之。至大元年春正月，皇太子言荐新增用影堂品物，羊羔、炙鱼、馒头、饼子、西域汤饼、圆米粥、砂糖饭羹，每月以配荐。

祭器：笾十有二，幂以青巾，巾绘彩云。豆十有四，一实毛血，一实脺膋。登三，鉶三，有柶。簠二，簋二，有匕箸。俎七，以载牲体，皆有鼎。后以盘贮牲体，盘置俎上，鼎不用。香案一，销金绛罗衣。银香鼎一，银香奁一，茅苴盘一，实以沙。已上并陈室内。燎炉一，实以炭。筐一，实以萧蒿黍稷。祝案一，紫罗衣，置祝文于上，销金绛罗覆之。鸡彝一，有舟；乌彝一，有舟，加勺；春夏用之。斝彝一，有舟；黄彝一，有舟，加勺；秋冬用之。虎彝一，有舟；蜼彝一，有舟，加勺；特祭用之。凡鸡彝、斝彝、虎彝以实明水，鸟彝、黄彝、蜼彝以实酃。牺尊二，象尊二，春夏用之。著尊二，壶尊二，秋冬用之。太尊二，山尊二，特祭用之。尊皆有坫勺，幂以白布巾，巾绘黼文。著

尊二,山罍二,皆有坫加幂。已上并陈室外。壶尊二,太尊二,山罍
四,皆有坫加幂,藉以莞席,并陈殿下,北向西上,设而不酌,每室皆
同。通廊御香案一,销金黄罗衣,银香奁一,贮御祝香,销金帕覆之,
并陈殿中央。罍洗所罍二,洗二,一以供爵涤,一以供盥洁。筐二,
实以璋瓒巾,涂金银爵。七祀神位,笾二,豆二,簠一,簋一,俎一,爵
一有坫,香案一,沙池一,壶尊二有坫加幂,七祀皆同。罍一、洗一、
筐一,中统以来,杂金宋祭器而用之。至治初,始造新器于江浙行
省,其旧器悉置几阁。

新元史卷八五
志第五二

礼　五

宗庙下

亲祀时享仪,其目有八:

一曰斋戒。前祀七日,皇帝散斋四日于别殿,治事如故,不作乐,停奏刑名事,不行刑罚。致斋三日,惟专心祀事,其二日于大明殿,一日于大次。致斋前一日,尚舍监设御幄于大明殿酉序,东向。致斋之日质明,诸卫勒所部屯列。昼漏下一刻,通事舍人引侍享执事文武四品以上官,俱公服诣别殿奉迎。二刻,侍中版奏请中严,皇帝服通天冠、绛纱袍。三刻,侍中版奏外办,皇帝结佩出别殿,乘舆,华盖伞扇侍卫如常仪,奉引至大明殿御幄,东向坐,侍臣夹侍如常。一刻顷,侍中前跪奏言请降就斋,俯伏兴。皇帝降座入室,侍享执事官各还所司,宿卫者如常。凡应祀官受誓戒于中书省。散斋四日,致斋三日。光录卿鉴取明水、火。火以供爨,水以实樽。

二曰陈设。祀前三日,尚舍监陈大次于西神门外道北,南向。设小次于西阶西,东向。设版位于西神门内,横街南,东向。设饮福位于太室樽彝所,稍东,西向。设黄道裀褥于大次前,至西神门,至小次版位西阶及殿门之外。设御洗位于御版位东,稍北,北向。设亚终献位于西神门内御版位稍南,东向,以北为上,罍洗在其东北。设亚终献饮福位于御饮福位后稍南,西向。陈设八宝黄罗案于西阶西,随地之宜。设享官宫县乐、省牲位,诸执事公卿御史位,并如常仪。殿上下及各室,设簠、簋、笾、豆、樽、罍、彝、斝等器,并如常仪。

三曰车驾出宫。祀前一日,所司备法驾卤簿于崇天门外。太仆卿率其属备玉辂于大明门外。千牛将军执刀于辂前,北向。其日质明,诸侍享执事官,先诣太庙祀所。诸侍臣直卫及导驾官于致斋殿前,左右分班立。通事舍人引侍中跪奏请中严,俯伏兴。皇帝服通天冠、绛纱袍。少顷,侍中版奏外办,皇帝出斋室,即御座。群臣起居讫,尚辇进舆,侍中奏请皇帝升舆。皇帝升舆,华盖伞扇侍卫如常仪。导驾官前导至大明门外,侍中进当舆前,跪奏请皇帝降舆升辂。皇帝升辂,太仆执御,导驾官分左右步导。门下侍郎进当辂前,跪奏请车驾进发。车驾动,称警跸,千牛将军夹而趋至崇天门外,门下侍郎跪奏请车驾少驻,敕众官上马。侍中承旨退,称曰'制可'。门下侍郎退,传制称众官上马。赞者承传敕众官上马。上马讫,门下侍郎奏请敕车右升,侍中前承制,退称曰"制可"。千牛将军升讫,门下侍郎奏请车驾进发。车驾动,称警跸。符宝郎奉八宝与殿中监部从在黄钺内,教坊乐前引,鼓吹不振作。将至太庙,礼直官引诸侍享执事官于庙门外,左右立班,奉迎驾至庙门,回辂南向。将军降立于辂左,侍中于辂前奉称侍中臣某请皇帝降辂,步入庙门。皇帝降辂导驾官前导,皇帝步入庙门稍西。侍中奏请皇帝升舆,尚辇奉舆,华盖伞扇如常仪。皇帝乘舆至大次,侍中奏请皇帝降舆入就大次。皇帝入就次,帘降,宿卫如式。尚食进膳如仪。礼仪使以祝版奏御署讫,奉出,太庙令受之,各奠于坫,置各室祝桑上。通事舍人承舍旨,敕众官各还斋次。

四曰省牲器。祀前一日未后三刻,廪牺令丞、太官令丞、太祝以牲就位。礼直官引太常卿、光录卿丞、监祭礼等官就位。礼直官请太常、监祭、监礼由东神门北偏门入,升自东阶。每位视涤祭器,司樽彝举幂曰"洁"。俱毕,降自东阶,由东神门北偏门出,复位,立定。礼直官稍前曰"请省牲",引太常卿视牲,退复位。次引廪牺令出班,巡牲一匝,西向折身曰"充"。诸太祝巡牲一匝,上一员出班西向折身曰"脤"毕,俱复位。蒙古巫祝致词讫,礼直官稍前曰"请诣省馔位",引太常卿、光禄卿、监祭、监礼、光禄丞、大官令丞诣省馔位,东西相向立定,以北为上。礼直官引太常卿诣馔殿内省馔。视馔讫,礼直官引太常卿置斋所。次引廪牺令丞、诸太祝以次牵牲诣厨,授太官令。次引光禄卿丞、监祭、监礼诣厨省鼎镬,视涤溉讫,各还斋所。太官令帅宰人以鸾刀割牲,祝史各取毛血,每位共实一豆,以肝洗于郁鬯及取膵脊,每位共实一豆,置于各位。馔室内,庖人烹牲。

五曰晨祼。祀日丑前五刻,诸享陪位官各服其服。光禄卿、良酝令、太官令入,实笾、豆、簠、簋、樽、罍,各如常仪。太乐令率工人二舞,以次入。奉礼郎赞者先入就位。礼直官引御史、博士及执事者以次各入就位,并如常仪。礼直官引司徒以下官升殿,分香设酒,如常仪。礼直官引太常官、御史、博士升殿,视陈设,就位。复与太庙令、太祝、宫闱令升殿。太祝出帝主,宫闱令出后主讫,御史及以上升殿官于当陛近西,北向立。奉礼于殿上赞奉神主讫,奉礼曰"再拜",赞者承传,诸官及执事者皆再拜,各就位。礼直官引亚终献等官,由南神门东偏门入,就位,立定。礼直官赞"有司谨具,请行事。"协律郎俯伏兴,举麾兴,工鼓柷,宫县乐作《思成之曲》,以黄钟为宫,大吕为角,太簇为征,应钟为羽,作文武九成止。乐奏将终,通事舍人引侍中版奏请中严。皇帝服衮冕,坐少顷,礼直官引博士,博士引礼仪使,对立于大次门外,当门北向。侍中奏外办,礼仪使跪奏请皇帝行礼,俯伏兴,帘卷。符宝郎奉宝陈于西陛之西黄罗案上。皇帝出大次,博士、礼仪使前导,华盖伞扇如仪,大礼使后从。至西神门外,殿中监跪进镇圭,皇帝执圭,华盖伞扇停于门外,近侍从入门。协律郎跪俯伏兴,举麾,工鼓柷,宫县《顺成之乐》作。至版位东向,协律郎偃麾,工戛敔,乐止。引礼官分左右侍立,礼仪使前奏请再拜,皇帝再拜。奉礼曰"众官再拜",赞者承传,凡在位者皆再拜。礼仪使奏请皇帝诣盥洗位,宫县作乐,至洗位,乐止。内侍跪取匜,兴,沃水。又内侍跪取盘,兴,承水。礼仪使奏请搢镇圭,皇帝搢圭,盥手讫,内侍跪取巾于篚,兴,以进,帨手讫,皇帝诣爵洗位,奉瓒官以瓒跪进，皇帝受瓒，内侍奉匜沃水。又内侍跪，奉盘承水，洗瓒讫，内侍奉巾以进，皇帝拭瓒讫，内侍奠盘匜，又奠巾于篚，奉瓒官跪受瓒。礼仪使奏请执镇圭，前导皇帝升殿，宫县乐作，至西阶下，乐止。皇帝升自西阶，登歌乐作，礼仪使前导皇帝诣太祖室樽彝所，东向立，乐止。奉瓒官以瓒莅瓒，司樽者举幂，侍中跪酌郁鬯讫，礼仪使前导，入诣太祖神座前，北向立。礼仪使奏请搢镇圭跪，奉瓒官西向立，以瓒跪进。礼仪使奏请执瓒、以鬯祼地，皇帝执瓒以鬯祼地，以瓒授奉瓒官。礼仪使奏请执镇圭、俯伏兴。皇帝俯伏兴，礼仪使前导出户外褥位。礼仪使奏请再拜。皇帝再拜讫，礼仪使前导诣每二室以下，鬯祼并如上仪。祼讫，礼仪使奏请还版位。登歌作乐，皇帝降自西阶，乐止。宫县乐作，至版位东向立，乐止。礼仪使奏请还小次，前导皇帝行，宫县乐作。将至小次，礼仪使奏请释镇圭，殿中监跪受，皇帝入小次，帘降，乐止。

六曰进馔。皇帝祼将毕，光禄卿诣馔殿视馔，复位。太官令率斋郎诣馔幕，以牲体设于盘，各对举以行，自南神门入。司徒出迎馔，宫县乐作，奏无射宫《嘉成之曲》。礼直官引司徒、斋郎奉馔升自太阶，由正门入。诸太祝迎于阶上，各跪奠于神座前。斋郎执笏俯伏兴，遍奠讫，乐止。礼直官引司徒、太官令率斋郎降自东阶，各复位。馔之升殿也，太官丞率七祀斋郎奉馔，以序跪于七祀神座前，退从殿上斋郎以次复位。诸太官令率割牲官诣各室，进割牲体置俎上，皆退。

七曰酌献。礼直官于殿上赞太祝立茅苴，礼仪使奏请诣盥洗位。帘卷，出次，宫县乐作，殿中监跪进镇圭，皇帝执镇圭至盥洗位，乐止，北向立。礼仪使奏请搢镇圭，执事者跪取匜，兴，沃水，又跪取盘，承水。礼仪使奏请皇帝盥手，执事者跪取巾于篚，兴，进。帨手讫，礼仪使奏请执镇圭，请诣爵洗位，北向立。礼仪使奏请搢镇圭，奉爵官以爵跪进。皇帝受爵，执事者奉匜沃水，奉盘承水。皇帝洗爵讫，执事者奉巾跪进。皇帝拭爵，执事者奠盘匜，又奠巾于篚，奉爵官受爵。礼仪使奏请执镇圭，升殿。宫县乐作，至西阶下，乐止。

升自西阶，登歌乐作，礼仪使前导诣太祖室樽彝所，东向立，乐止。礼仪使奏请搢镇圭执爵，奉爵官以爵跪进。皇帝受爵，司尊者举幂，良酝令跪酌牺樽之泛齐，以爵授执事者。礼仪使奏请执镇圭，皇帝执圭，入诣太祖神位前，北向立。宫县乐作，奏《开成之曲》。礼仪使跪奏请搢镇圭跪，又奏请三上香。三上香讫，奉爵官以爵授进酒官，进酒官东向以爵跪进。礼仪使奏请执爵，三祭酒于茅苴，以虚爵授进酒官，进酒官以授奉爵官，奉爵官退立樽彝所。进酒官进取酒案上所奠玉爵马湩，东向跪进，礼仪使奏请执爵祭马湩。祭讫，以虚爵授进酒官，进酒官进奠神案上，退。礼仪使奏请执圭，俯伏兴，司徒搢笏于俎前，奉牲西向以进。礼仪使奏请搢镇圭，皇帝搢圭，俯受牲盘，北向跪奠神案上。蒙古祝史致辞讫，礼仪使奏请执镇圭兴，前导出户外褥位，北向立，乐止。举祝官搢笏跪，对举祝版，读祝官北向跪，读祝文讫，俯伏兴，举祝官奠祝版讫，先诣次室。礼仪使奏请再拜。拜讫，礼仪使前导诣各室，各奏本室之乐。其酌献、进牲、祭马湩，并如第一室之仪。既毕，礼仪使奏请诣饮福位。登歌乐作，至位，西向立，乐止。登歌《厘成之乐》作，礼直官引司徒立于饮福位侧，太祝以爵酌上樽饮福酒，合置一爵，以奉侍中。侍中受爵，奉以立。礼仪使奏请皇帝再拜。拜讫，奏请搢镇圭跪。侍中东向以爵跪进，礼仪使奏请执爵，三祭酒，又奏请啐酒。啐酒讫，以爵授侍中。礼仪使奏请受胙，太祝以黍稷饭笾授司徒，司徒东向跪进。皇帝受，以授左右。太祝又以胙肉俎跪授司徒，司徒跪进。皇帝受，以授左右。礼直官引司徒退立。侍中再以爵酒跪进，礼仪使奏请皇帝受爵饮福。饮福讫，侍中受虚爵，兴，以授太祝。礼仪使奏请执镇圭，俯伏兴，又奏请再拜。拜讫，乐止。礼仪使前导还版位，登歌乐作，降自西阶，乐止。宫县乐作，至位乐止。礼仪使奏请还小次。宫县乐作。将至小次，礼仪使奏请释镇圭，殿中监跪受。入小次，帘降，乐止。文舞退，武舞进。先是皇帝酌献讫，将至小次，礼直官引亚献官诣盥洗位。盥洗讫，升自阼阶，酌献并如常仪。酌献讫，礼直官引亚献官诣东序，西向立。诸太祝各以酌罍福酒，合置一爵，一太祝捧爵进亚献之左,北向立。亚献再拜受爵,跪祭酒,遂啐饮。太祝进受爵,退,复于坫上。亚献兴再拜,礼直官引亚献官降复位。终献如亚献之仪。初终献既升,礼直官引七祀献官各诣盥洗位,搢笏盥帨讫,执笏诣神位,搢笏跪执爵,三祭酒,奠爵执笏,俯伏兴,再拜讫,诣次位,如上仪。终献毕,赞者唱"太祝彻笾豆"。诸太祝进彻笾豆,登歌《丰成之乐》作,卒彻乐止。奉礼曰"赐胙",赞者唱"众官再拜",在位者皆再拜。礼仪使奏请诣版位。帘卷,出次,殿中监跪进镇圭。皇帝执圭行,宫县乐作,至位乐止。送神《保成之乐》作,一成止。礼仪使奏请皇帝再拜,赞者承传,凡在位者皆再拜。礼仪使前奏礼毕,前导皇帝还大次。宫县《昌宁之乐》作,出门乐止。礼仪使奏请释镇圭,殿中监跪受,华盖伞扇引导如常仪。入大次,帘降。礼直官引太常卿、御史、太庙令、太祝、宫闱令升殿纳神主,降就拜位,奉礼赞升纳神主讫,再拜,御史以下诸执事者皆再拜,以次出。礼直官各引享官以次出,太乐令率工人二舞以次出,太庙令阖户以降乃退。祝册藏于柜。

　　八曰车驾还宫。皇帝既还大次,侍中奏请解严。皇帝释衮冕,停大次。五刻顷,尚食进膳。所司备法驾卤簿,与侍祀官序立于太庙棂星门外,以北为上。侍中版奏请中严,皇帝改服通天冠、绛纱袍。少顷,侍中版奏皇帝出次升舆,导驾官前导,华盖伞扇如仪。至庙门外,太仆卿率其属进金辂如式。侍中前奏请皇帝降舆升辂。升辂讫,太仆卿、门下侍郎奏请车驾进发,俯伏兴,退。车驾动,称警跸。至棂星门外,门下侍郎奏请车驾权停,敕众官上马。侍中承旨退称曰"制可。"门下侍郎退传制,赞者承传。众官上马毕,门下侍郎奏请敕车右升。侍中承旨退称"制可",千牛将军升讫,导驾官分左右前导,门下侍郎奏请车驾进发。车驾动,称警跸。符宝郎奉八宝与殿中监从,教坊乐鼓吹振作。驾至崇天门外垣棂星门外,门下侍郎奏请车驾权停,敕众官下马。赞者承传,众官下马。车驾动,众官前引入内石桥,与仪仗倒卷而北,驻立。驾入崇天门,至大明门外降驾,升舆以入。驾既入,通事舍人承旨敕众官皆退,宿卫官率卫士宿卫如式。

亲谢仪，其目有八：

一曰斋戒。前享三日，皇帝散斋二日于别殿，致斋一日于大次。应享官员受誓戒于中书省，如常仪。

二曰陈设，如前亲祀仪。

三曰车驾出宫。前享一日，所司备仪从、内外仗，与应享之官两行序立于崇天门外，太仆卿控御马立于大明门外，诸侍臣及导驾官二十四人，俱于斋殿前左右分班立候。通事舍人引侍中跪奏请中严，俯伏兴。少顷，侍中版奏外办，皇帝即御座。四品以上应享执事官起居讫，侍中奏请升舆。皇帝出斋殿，降自正阶，乘舆，华盖伞扇如常仪。导驾官前导至大明门外，侍中进当舆前，奏请降舆，乘马讫，导驾官分左右步导。门下侍郎跪奏请进发，俯伏兴，前称警跸。至崇天门，门下侍郎奏请权停，敕众官上马。侍中承旨退，称制可，门下侍郎退传制，称众官上马。赞者承传。众官出棂星门外，上马讫，门下侍郎奏请进发，前称警跸，华盖伞扇仪仗与众官左右前引，教坊乐鼓吹不振作。至太庙棂星门外，红桥南，赞者承传众官下马。下马讫，自卑而尊与仪仗倒卷而北，两行驻立。驾至庙门，侍中奏请皇帝下马，步入庙门。入庙门讫，侍中奏请升舆，尚辇奉舆，华盖伞扇如常仪。导驾官前导。皇帝乘舆至大次前，侍中奏请降舆，皇帝降舆入就位，帘降，侍卫如式。尚食进膳，如常仪。礼仪使以祝册奏御署讫，奉出，太庙令受之，各奠于坫，置各室祝案上。通事舍人承旨，敕众官各还斋次。

四曰省牲器，见前亲祀仪。

五曰晨祼。享日丑前五刻，光禄卿、良酝令、大官令入实笾、豆、簠、簋、樽、罍，各如常仪。太乐令率工人二舞，以次入就位。礼直官引御史及执事者以次入就位。礼直官引太常卿、御史升殿点视陈设，退复位。礼直官引司徒等官诣各室，分香设酒如常仪。礼直官复引太常卿及御史、太庙令、太祝、宫闱令升殿，奉出帝后神主讫，各退降就拜位,立定。奉礼于殿上赞奉神主讫,奉礼赞曰"再拜",赞者承传,御史以下皆再拜讫,各就位。礼直官引摄太尉由南神门东偏门入就位,立定。协律郎跪俯伏,举麾兴,工鼓柷,宫县乐作《思成之曲》以黄钟为宫,大吕为角,大簇为征,应钟为羽,作文舞九成止。太尉以下皆再拜讫,礼直官引太尉诣盥洗位,宫县乐作《肃宁之曲》,至位乐止,北向立,搢笏、盥手、帨手,执笏诣爵洗位,北向立,搢笏、洗瓒、拭瓒,以瓒授执事者。执笏升殿,宫县乐作,至阼阶下,乐止。升自阼阶,登歌乐作,诣太祖樽彝所,西向立,乐止。执事者以瓒奉太尉,太尉搢笏执瓒。司樽者举幂酌郁鬯讫,太尉以瓒授执事者,执笏诣太祖神位,搢笏跪,三上香。执事者以瓒奉太尉,太尉执瓒以鬯祼地讫,以虚瓒授执事者,执笏俯伏兴,退出户外,北向再拜讫,次诣各室,并如上仪。礼毕,降自阼阶,复位。

六曰进馔。太尉祼将毕,进馔如前仪。

七曰酌献。太尉既升祼,礼直官引博士,博士引礼仪使至大次前,北向立。通事舍人引侍中诣大次前,版奏请中严,皇帝服衮冕。坐少顷,侍中奏外办,礼仪使跪奏请皇帝行礼,俯伏兴。帘卷出次,礼仪使前导至西神门,华盖伞扇停于门外,近侍从入,大礼使后从。殿中监跪进镇圭,皇帝执圭入门,协律郎跪,俯伏兴,举麾,宫县《顺成之乐》作,至版位东向立,乐止。引礼官分左右侍立,礼仪使奏请皇帝再拜。奉礼曰"众官再拜",赞者承传,凡在位皆再拜。礼仪使奏请皇帝诣盥洗位,宫县乐作,至位乐止。内侍跪取匜,兴,沃水,又内侍跪取盘,承水。礼仪使奏请搢镇圭,皇帝搢圭盥手。内侍跪取巾于篚,兴,进。帨手讫,奉爵官以爵跪进。皇帝受爵,内侍奉匜沃水,又内侍奉盘承水。皇帝洗爵讫,内侍奉巾跪进。皇帝拭爵讫,内侍奠盘匜,又奠巾于篚,奉爵官受爵。礼仪使奏请执镇圭,导升殿,宫县乐作,至西阶下乐止。升自西阶,登歌乐作。礼仪使前导诣太祖室樽彝所,东向立,乐止。宫县乐作,奏《开成之曲》。奉爵官以爵莅樽,执事者举幂,侍中跪酌牺樽之泛齐,以爵授执事者。礼仪使前导,入诣太祖神位前,北向立。礼仪使奏请搢镇圭,跪,又奏请三上香。上香讫，奉爵官以爵授进酒官，进酒官东向以爵跪进，礼仪使奏请执爵祭酒。执爵三祭酒于茅苴讫，以虚爵授进酒官，进酒官受爵以授奉爵官，退立樽彝所。进酒官进徹神案上所奠玉爵马湩，东向跪进，礼仪使奏请执爵祭马湩。祭讫，以虚爵授进酒官，进酒官进奠神案上讫，退。礼仪使奏请执圭。俯伏兴，司徒搢笏跪俎前，举牲盘西向以进。礼仪使奏请搢镇圭，皇帝搢圭，俯受牲盘，北向跪，奠神案上讫，礼仪使奏请执圭兴，前导出户外褥位，北向立，乐止。举祝官搢笏跪，对举祝版。读祝官北向跪，读祝文讫，俯伏兴。举祝官奠祝版讫，先诣次室。次蒙古祝史诣室前致辞讫，礼仪使奏请再拜。拜讫，礼仪使前导诣各室，奏各室之乐。其酌献、进牲体、祭马湩，并如第一室之仪。既毕，礼仪使奏请诣饮福位。登歌乐作，至位，西向立，乐止。宫县《厘成之乐》作，礼直官引司徒立于饮福位侧，太祝以爵酌上樽福酒，合置一爵，以奉侍中，侍中受爵奉以立。礼仪使奏请皇帝再拜。拜讫，奏搢镇圭跪，侍中东向以爵跪进。礼仪使奏请执爵三祭酒，又奏请啐酒。啐讫，以爵授侍中。礼仪使奏请受胙，太祝以黍稷饭笾授司徒，司徒东向跪进，皇帝受，以授左右。太祝又以胙肉俎跪授司徒，司徒跪进，皇帝受，以授左右，礼直官引司徒退立。侍中再以爵酒跪进，礼仪使奏请皇帝受爵，饮福酒讫，侍中受虚爵兴，以授太祝。礼仪使奏请执镇圭，俯伏兴，又奏请再拜。拜讫，乐止。礼仪使前导还版位。登歌乐作，降自西阶，乐止。宫县乐作，至位乐止。奉礼于殿上唱太祝徹笾豆。宫县《丰宁之乐》作，卒徹，乐止。奉礼曰“赐胙”，赞者唱，众官再拜，在位者皆再拜，送神乐作《保成之曲》作一成，止。礼仪使奏请皇帝再拜，赞者承传，在位者皆再拜。拜讫，礼仪使前奏礼毕，皇帝还大次。宫县《昌宁之乐》作，出门，乐止。礼仪使奏请释镇圭，殿中监跪受，华盖伞扇如常仪。入次，帘降。礼直官引太常卿、御史、太庙令、太祝、宫闱令升殿纳神主讫，各降就位。赞者于殿上唱升纳神主讫，奉礼曰“再拜”，御史以下诸执事者皆再拜讫，以次出。通事舍人礼直官各引享官以次出，太乐令率工人二舞以次出，太庙令阖户讫降乃退。祝版藏于柜。

八曰车驾还宫。皇帝既还大次，侍中奏请解严。皇帝释衮冕，停大次。五刻顷，尚食进膳，如常仪。所司备仪从、内外仗，与从祀诸执事官两行序立于太庙棂星门外。侍中版奏外办，皇帝出次升舆，导驾官前导，华盖伞扇如常仪。至庙门，太仆卿进御马，侍中奉请皇帝降舆乘马。乘马讫，门下侍郎奏请进发，俯伏兴退，前称警跸。至棂星门外，门下侍郎奏请权停，敕众官上马。侍中承旨退称曰"制可"，门下侍郎退传制，赞者承传，众官上马毕，导驾官及华盖伞扇分左右前导，称警跸，教坊乐鼓吹振作。至崇天门棂星门外，门下侍郎奏请权停，敕众官下马。赞者承传，众官下马讫，左右前引入内石桥北，与仪仗倒卷而北，驻立。驾入崇天门，至大明门外降马，升舆以入。驾既入，通事舍人承旨敕众官皆退，宿卫官率卫士宿卫如式。

摄祀仪，其目有九：

一曰斋戒。享前三日，三献官以下凡与祭员，皆公服受誓戒于中书省。是日质明，有司设金椅于省庭，一人执红罗伞立于其左。奉礼郎率仪鸾局陈设版位，献官诸执事位，俱藉以席，乃加紫绫褥。设初献太尉位于省阶少西，南向；大礼使位于其东，少南，西向；监祭御使位二，于通道之西，东向；监礼博士位二，于通道之东，西向；俱北上。设司徒亚终献位于其南，北向，西上。次助奠七祀献官，次太常卿、光禄卿、光禄丞、书祝官、读祝官、太官令、良酝令、廪牺令、司樽彝、举祝官、太官丞、廪牺丞、奉爵官、奉瓒官、盥爵官二、巾篚官、蒙古太祝、巫祝、点视仪卫、清道官及与祭官，依品级陈设，皆异位重行。太庙令、太乐令、郊社令、太祝位于通道之西，北向，东上。太庙丞、太乐丞、郊社丞、奉礼郎、协律郎、司天生位于通道之东，北向，西上。斋郎位于其后。赞者引行事等官，各就位，立定。次引初献官立定。礼直官播笏，读誓文曰"某年某月某日，享于太庙，各扬其职，其或不敬，国有常刑。"散斋二日宿于正寝，致斋一日宿于祠所。散斋日治事如故，不吊丧问病，不作乐，不判署刑杀文字，不决罚罪人,不与秽恶事。致斋日惟享事得行,余悉禁,凡与享之官,已斋而阙者,通摄行事。七品以下官先退,余官再拜。礼直官赞“鞠躬”,“拜”,“兴”,“拜”,“兴”,“平身”,“礼毕”。守庙兵卫与太乐工人,俱清斋一宿。赴祝所之日,官给酒馔。

二曰陈设。享前二日,所司设兵卫于庙门,禁断行人。仪鸾局设幄幔于馔殿,所司设三献官以下行事执事官次于斋房之所。前一日,太乐令率其属设宫县之乐于庭中。东方、西方磬簴起北,钟簴次之。南方、北方,磬簴起西,钟簴次之。设十二镈钟于编县之间。各依辰位,树建鼓于四隅,置柷敔于北县之内。柷一在道东,敔一在道西。路鼓一在柷之东南,晋鼓一在其后,又路鼓一在柷之西南。诸工人各于其后。东方、西方,以北为上。南方、北方,以西为上。文舞在北,武舞在南,立舞表于酅缀之间。又设登歌之乐于殿上前楹间。玉磬一簴在西,金钟一簴在东,柷一在金钟北稍西,敔一在玉磬北稍东,搏拊二,一在敔北。一在柷北,东西相向。歌工次之,余工各位于县后。其匏竹者立于阶间,重行北向,相对为首。

享前一日,太庙令率其属扫除庭之内外。枢密院军官一员,率军人划除草秽,平治道路。又设七祀燎柴于庙门之外。又于室铺设神位于北牖下,当户南向。每位设黼扆一,紫绫厚褥一,薄褥一,莞席一,缫席二,虎皮次席二。时暄则用桃枝竹席,几在筵上。又设三献官拜跪褥位二,一在室内,一在室外。学士院定撰祝册讫,书祝官于馔幕具公服书祝讫,请初献官署御名讫,以授太庙令。又设祝案于室户外之右。又设三献官位于殿下横街之南,稍西,东向。亚献终献位稍却,助奠七祀献官又于其南。书祝官、读祝官、举祝官、太庙令、太官令、良酝令、廪牺令、太庙丞、太官丞位,又于其南。司樽彝、奉瓒官、奉爵官、盥洗巾篚、爵洗巾篚、蒙古太祝、蒙古巫祝、太祝、宫闱令及七祀司樽彝、盥洗巾篚,以次而南。又设斋郎位于其后。每等异位,重行,东向,北上。又设大礼使位于南神门东偏门稍北,北向。又设司徒、太常卿等位于横街之南,稍东,西向,与亚终献相对,司徒位在北,太常卿稍却。太常同知、光禄卿、金院、同金、院判、光禄丞、拱卫使,以次而南。又设监祭御史位二、监礼博士位二于横街之北,西向,以北为上。又设协律郎位在宫县乐簴西北,东向,大乐丞在乐簴之间。又设大乐令、协律郎位于登歌乐簴之间。又设牲榜于东神门外,南向。设太常卿位于牲位,南向。监祭御史位在太常卿之左,太官令次之,光禄丞、太官丞又次之,廪牺令位在牲西南,廪牺丞稍却,俱北向,以右为上。又设诸太祝位于牲东,西向,以北为上。又设蒙古巫祝位于牲东南,北向。又设首馔位于省馔殿前,太常卿、光禄卿、光禄丞、太官令位于东,西向;监祭、监礼位于西,东向;皆北上。太庙令陈祝版于室右之祝案,又率祠祭局设笾、豆、簠、簋。每室左十又二笾,右十又二豆,俱为四行。登三在笾豆之间,铏三次之,簠二、簋二又二次之,簠左簋右,俎七在簠簋之南,香案一次之,沙池又次之。又设每室樽罍于通廊,犩彝、黄彝各一,春夏用鸡彝、鸟彝、牺樽二、象樽二,秋冬用箸樽、壶樽、著樽二、山罍二,以次在本室南之左,皆加勺幂。为酌樽所,北向,西上。彝有舟坫幂。又设壶樽二、太樽二、山罍四,在殿下阶间,俱北向,望室户之左,皆有坫加幂,设而不酌。凡祭器,皆藉以席。又设七祀位于横街之南道东,西向,以北为上。席皆以莞。设神版位,各于座首。又设祭器,每位左二笾,右二豆,簠一、簋一在笾豆间,俎一在笾前,爵坫一次之,壶樽二在神位之西,东向,以北为上,皆有坫勺幂。又设三献盥洗、爵洗在通街之西,横街之南,北向。罍在洗西加勺,篚在洗东,皆实以巾。爵洗仍实以瓒,爵加盘坫,执罍篚者各位于后。又设七祀献官盥洗位于七祀神位前,稍北。罍在洗西,篚在洗东,实以巾。又实爵于坫。执罍篚者各位于后。

三曰习仪。享前二日,三献以下诸执事官员赴太庙习仪。次日早,各具公服乘马赴东华门,迎接御香至庙省牲。

四曰迎香。享前一日,有司告谕坊市,洒扫经行衢路,只备香案。享前一日质明,三献官以下及诸事官,各具公服,六品以下官皆借紫服,诣崇天门下。太常礼仪院官一员奉御香,一员奉酒,二员奉马潼,自内出。监祭、监礼奉礼郎、太祝分两班前导。控鹤五人,一人执伞，从者四人，执仪仗在前行。至大明门，由正门出，教坊大乐作。至崇天门外，奉香、酒、马湩者安置于舆，导引如前。行至外坦棂星门外，百官上马，分两班行于仪仗之外，清道官行于仪卫之先，兵马司之兵夹道次之，金鼓又次之，京尹仪从又次之，教坊大乐为一队次之。控鹤擎手各服其服，执仪仗左右成列次之，拱卫使居其中，仪凤司细乐又次之。太常卿与博士、御史导于舆前，献官、司徒、大礼使、助奠官从入至殿下，献官奉香、酒、马湩升自东阶，入殿内通郎正位安置。礼直官引献官降自东阶，由东神门北偏门出，释服。

五曰省牲器，见亲祀仪。

六曰晨祼。祀日丑前五刻，太常卿、光禄卿、太庙令率其属设烛于神位，遂同三献官、司徒、大礼使等每室一人，分设御香酒醴，以金玉爵斝，酌马湩、葡萄尚酝酒奠于神案。又陈笾豆之实。笾四行，以右为上。第一行鱼鱐在前，糗饵、粉糍次之。第二行，乾䕩在前，干枣、形盐次之。第三行，鹿脯在前，榛实、干桃次之。第四行，菱在前，芡、栗次之。豆四行，以左为上。第一行，芹菹在前，笋菹、葵菹次之。第二行，菁菹在前，韭菹、饱食次之。第三行，鱼醢在前，兔醢、豚拍次之。第四行，鹿臡在前，醓醢、糁食次之。簠实以稻梁，簋实以黍稷，登实以太羹，铏实以和羹，樽彝、斝彝实以明水，黄彝实以郁鬯，牺樽实以泛齐，象樽实以醴齐，著樽实以盎齐，山罍实以三酒，壶樽实以醍齐，太樽实以沈齐。凡齐之上樽实以明水，酒之上樽实以原酒，其酒齐以上酝代之。又实七祀之祭器，每位左二笾，栗在前，鹿脯次之。右二豆，菁菹在前，鹿臡次之。簠实以黍，簋实以稷，壶樽实以醍齐，其酒齐亦以上酝代之。陈设讫，献官以下行事执事官，各服其服，会于齐班厅。礼直官引太常卿、监祭、监礼、太庙令、太祝、宫闱令、诸执事官、斋郎，自南神门东偏门入就位，东西相向立定。候监祭、监礼按视殿之上下，撤去盖幂，纠察不如仪者，退复位。礼直官引太常卿、监祭、监礼、太庙令、太祝、宫闱令升自东阶，诣太祖室。蒙古太祝起帝主神幂，宫闱令起后主神幂。次诣每室，并如常仪毕，礼直官引太常卿以下诸执事官，当横街间，重行，以西为上,北向立定。奉礼郎赞曰“奉神主讫,再拜。”礼直承传,太常卿以下皆再拜讫,奉礼郎又赞曰“各就位。”礼直官引诸执事官各就位,次引太官率斋郎由南神门东偏门以次出。赞者引三献官、司徒大礼使、七祀献官、诸行事官,由南神门东偏门入,各就位,立定。礼直官进于初献官之左,赞曰“有司谨具,请行事”,退复位。协律郎跪,俯伏兴,举麾,兴,工鼓柷,宫县乐奏《思成之曲》九成,文舞九变。奉礼郎赞再拜,在位者皆再拜。奉礼又赞诸执事者各就位,礼直官引奉瓒、奉爵、盥爵、洗巾篚执事官各就位,立定。礼直官引初献官诣盥洗位,宫县乐作无射宫《肃宁之曲》,至位北向立定。搢笏、盥手、帨手,执笏诣爵洗位,至位北向立定。搢笏、执瓒、洗瓒、拭瓒,以瓒授执事者,执笏,乐止。登歌乐作,奏夹钟宫《肃宁之曲》,升自东阶,乐止。诣太祖酌樽所,西向立,搢笏,执事者以瓒授初献官,执瓒。司樽彝跪举幂,良酝令跪酌黄彝郁鬯,初献以瓒授执事者,执笏诣太祖神位前,北向立,搢笏跪,三上香。执事者以瓒授初献,初献执瓒以鬯灌于沙池,以瓒授执事者,执笏,俯伏兴,出室户外,北向立。再拜讫,诣每室裸鬯如上仪。俱毕,礼直官引初献降自东阶,登歌乐作,奏夹钟宫《肃宁之曲》。复位,乐止。

　　七曰馈食。初献既裸,如前进馔仪。

　　八曰酌献。太祝立茅苴于盘。礼直官引初献诣盥洗位,宫县乐作,奏无射宫《肃宁之曲》,至位北向立,搢笏、盥手、帨手,执笏诣爵洗位。至位,搢笏、执爵、洗爵、拭爵。以爵授执事者,执笏,乐止。登歌乐作,奏夹钟宫《肃宁之曲》,升自东阶,乐止。诣太祖酒樽所,西向立,搢笏执爵。司樽彝搢笏跪举幂,良酝令搢笏跪酌牺樽之泛齐,以爵授执事者,执笏。宫县乐作,奏无射宫《开成之曲》,诣太祖神座前,北向立,稍前,搢笏跪,三上香。执爵,三祭酒于茅苴,以爵授执事者,执笏,俯伏兴,平立。请出室出户外,北向立,乐止,俟读祝。举祝官搢笏跪,对举祝板,读祝官跪读祝文。读讫,举祝官奠祝版于案,执笏兴,读祝官俯伏兴。礼直官赞再拜讫,次诣每室,酌献如上仪,各奏本室之乐。献毕,宫县乐止。降自东阶,登歌乐作,奏夹钟宫《肃宁之曲》。初献复位,立定。文舞退,武舞进,宫县乐作,奏无射宫《肃宁之曲》。舞者立定,乐止。礼直官引亚献诣盥洗位。至位北向立,搢笏、执爵、洗爵、拭爵,以爵授执事者。升自东阶,诣太祖酌樽所,西向立,搢笏,执爵。司樽彝搢笏跪举幂,良酝令搢笏跪酌象樽之醴齐,以爵授执事者,执笏。宫县乐作,奏无射宫《肃宁之曲》。诣太祖神座前,北向立,稍前,搢笏跪,三上香,执爵,三祭酒于茅苴,以爵授执事者,执笏俯伏兴,平立,请出室户外,北向立。再拜讫,次诣每室,酌献并如上仪。献毕,乐止。降自东阶,复位立定。礼直官引终献,如亚献之仪,唯酌著樽之盎齐。礼毕,降复位。初终献将行,赞者引七祀献官诣盥洗位,搢笏、盥手、帨手讫,执笏诣酒樽所,搢笏、执爵、酌酒,以爵授执事者,执笏诣首位神座前,东向立,稍前,搢笏跪执爵,三祭酒于沙池,奠爵于案,执笏俯伏兴,稍退立,再拜讫,每位并如上仪。俱毕,七祀献官俟终献官降复位,立定。

九曰祭马湩。终献酌献将毕,礼直官分引初献亚献官、司徒、大礼使、助奠官、七祀献官、太常卿、监祭、监礼、太庙令丞、蒙古庖人、巫祝等升殿。每室献官一员各立于户外,太常卿、监祭、监礼以下立于其后。礼直官引献官诣神座前,蒙古庖人割牲体以授献官。献官搢笏跪奠于帝主神位前,次奠于后主神位前讫,出笏退就拜位,搢笏跪。太庙令取案上先设金玉爵斝马湩、葡萄尚酝酒,以次授献官,献官皆祭于沙池。蒙古巫祝致辞讫,宫县乐作同进馔之曲。初献出笏就拜兴,请出室户外,北向立。俟众献官毕立,礼直官通赞曰“拜”,“兴”,凡四拜。监祭、监礼以下从拜。皆作本朝跪礼。拜讫,退,登歌乐作,降阶,乐止。太祝彻笾、豆,登歌乐作,奏夹钟宫《丰宁之曲》。奉礼赞赐胙,赞者承传,众官再拜兴。送神乐作,奏黄钟宫《保成之曲》一成而止。太祝各奉每室祝版,降自太阶望瘗位,礼直官引三献、司徒、大礼使、助奠、七祀献官、太常卿、光禄卿、监祭、监礼视燔祝版,至位坎北南向跪,以祝版奠于柴,就拜兴。俟半燎,礼直官赞“可瘗”。礼直官引三献以下及诸执事者、斋郎等,由南神门东偏门出至揖位,圆揖。乐工二舞以次从出。三献之出也,礼直官分引太常卿、太庙令、监祭、监礼、蒙古太祝、宫闱令及各室太祝,升自东阶,诣太祖神座前,升纳神主,每室如仪。俱毕,降自东阶,至横街南,北向西上立定。奉礼赞曰"升纳神主讫,再拜",赞者承传,再拜讫,以次出。礼毕,三献官、司徒、大礼使、太常礼仪院使、光禄卿等官,奉胙进于阙庭。驾幸上都,则以驿赴奉进。

摄行告谢仪:告前三日,三献官以下诸执事官,各具公服赴中书省受誓戒。告前一日未正一刻,省牲器。至期质明,三献官以下诸执事者各服法服,礼直官引太常卿、监祭、御史、监礼博士、五令诸执事官先入就位。礼直官引监祭、监礼点视陈设毕,复位。礼直官引太常卿、监祭、监礼、太庙令、太祝、宫闱令奉迁各室神主讫,降自横街,北向立定。奉礼郎赞"再拜"在位官皆再拜讫,奉礼郎赞"各就位"讫,太官令、斋郎出。礼直官引三献、司徒、光禄卿、捧瓒、爵盥、爵洗官入就位,立定。礼直官赞"有司谨具,请行事,"降神乐作,九成止。奉礼郎赞"再拜",三献以下再拜讫,奉礼郎赞"诸执事者各就位",立定。礼直官引初献诣盥洗位,盥手,诣爵洗位,洗瓒。诣第一室酒樽所,酌郁鬯。诣神座前,北向跪,搢笏三上香,奠币执瓒,以鬯灌于沙池,执笏俯伏兴。出室户外,再拜讫,次诣各室,并如上仪。俱毕,降复位。司徒率斋郎进馔,如常仪。奠毕,降复位。礼直官引初献诣盥洗位,盥手,诣爵洗位,洗爵。诣第一室酒樽所,酌酒。诣神座前,北向搢笏跪,三上香,执爵三祭酒于茅苴,以爵授执事者,执笏俯伏兴,出室户外,北向立。俟读祝官读祝文讫,再拜。诣每室,并如上仪。俱毕,降复位。礼直官引亚献官盥手、洗爵、酌献,并如初献仪,惟不读祝。俱毕,降复位。礼直官引终献,并如亚献仪。俱毕,复位。太祝彻笾、豆,奉礼郎赞赐胙,众官再拜。在位官皆再拜讫,礼直官引三献官、司徒、太常卿、监祭、监礼视焚祝版币帛,礼直赞"可瘗"。礼毕,太常卿、监祭、监礼升纳神主讫,降自横阶。奉礼郎赞再拜,在位官皆再拜讫,退。

荐新仪：至日质明，太常礼仪院官属赴庙所，皆公服俟于次。太庙令率其属升殿，开室户，不出神主，设笾豆俎、酒醴、马湩及室户内外褥位。又设盥洗位于阶下，少东，西向。奉礼郎率仪鸾局设席褥版位于横街南，又设盥盆巾帨二所于齐班幕前。凡与祭执事官皆盥手讫，太常官诣神厨点视神馔。执事者奉所荐馔物，各陈馔幕内。太常官以下入就位，东西重行，北向立定。礼直官赞"皆再拜"，"鞠躬"，"拜"，"兴"，"拜"，"兴"，"平立"，"各就位"。礼直官引太常次官一员，率执事者出诣馔所，奉馔入自正门，升自太阶，奠各室神位前。执事者进时食，院官搢笏受而奠之。礼直官引太常礼仪使诣盥洗位，盥手、帨手。升殿诣第一室神位前，搢笏，执事者注酒于杯，三祭酒，又注马湩于杯，亦三祭之，奠杯于案。出笏，就拜兴，出室户外，北向立，再拜。每室俱毕，降复位，执事者皆降。礼直官赞"再拜"，"鞠躬"，"拜"，"兴""拜"，"兴"，"平立"。余官率执事者升徹馔，出殿阖户。礼直官引太常官以下俱出东神门外，圆揖。

国俗，每岁太庙四祭，用司禋监官一员，名蒙古巫祝。当省牲时，法服，同三献官升殿，诣室户告脯，还至牲所，以国语呼累朝帝后名讳而告之。明旦，三献礼毕，献官、御史、太常卿、博士复升殿，分诣各室。蒙古博儿赤跪割牲，太仆卿以朱漆盂奉马乳酌奠。巫祝以国语告神讫，太祝奉祝币诣燎位，献官以下复版位载拜，礼毕。

每岁，九九内及十二月十六日以后，于烧饭院中，用马一、羊三、马湩、酒醴、红织金币及里绢各三匹，命蒙古达官一员，偕蒙古巫觋，掘地为坎以燎肉，仍以酒醴、马湩杂烧之。巫觋以国语呼累朝御名而祭焉。

神御殿，旧称影堂。所奉祖宗御容，皆纹绮局织锦为之。大德十二年，敕丞相脱脱、平章秃坚帖木儿："成宗及贞慈静懿皇后御影，依大天寿万宁寺内御容织之。南木罕太子及妃，晋王及妃，依帐殿内小影织之。"延祐七年，敕平章伯帖木儿，选巧工及传神李肖岩，依世祖御容之制，画仁宗及庄懿慈圣皇后，高九尺五寸，阔八尺。至治三年，太傅朵歹、左丞善生、院使明理董阿进呈太皇太后、英宗御容，令画毕，复织之。天历二年，敕平章董阿、同知储政院阿木腹："朕令画皇妣、皇后御容，可令诸色府达鲁花赤阿咱、杜总管、蔡总管、李肖岩提调速画之。"其绘画用物：土粉五斤，明胶五斤，回回青八两，回回胭脂八两，回回胡麻一斤，心红三斤，泥金一两二钱，黄子红一斤，官粉三斤，紫八两，鸡子五十枚，生石青十一斤，鸦青暗花纻丝八十尺，五色绒八两，大红销红梅花罗四十尺，红绢四十尺，紫梅花罗七尺，紫檀轴一，椴木额条一，白银六两。

影堂所在：世祖帝后，大圣寿万安寺，裕宗帝后亦在焉。顺宗帝后，大普庆寺，仁宗帝后亦在焉。成宗帝后，大天寿万宁寺。武宗及二后，大崇恩福元寺，为东西二殿。明宗帝后，大天源延圣寺。英宗帝后，大永福寺。也可皇后，大护国仁王寺。泰定帝敕：奉北安王塑像于高梁寺，即护国仁王寺也。至元七年建，大德五年奉安昭睿顺圣皇后御容，故以北安王祔祀焉。世祖、武宗影堂，皆藏玉册十有二牒，玉宝一钮。仁宗影堂，藏皇太子玉册十有二牒，皇后玉册十有二牒，玉宝一钮。英宗影堂，藏皇帝玉册十有二牒，玉宝一钮，皇太子玉册十有二牒。凡帝后册、宝，以匣柜金锁钥藏于太庙，此其分置者。

其祭器，则黄金饼斝盘盂之属以十数，黄金涂银香盒碗碟之属以百数，银壶釜杯匜之属称是。玉器、水晶、玛瑙之器为数不同，有玻璃瓶、琥珀勺。世祖影堂真珠帘，又皆有珊瑚树、碧甸子山之属。

其祭之日：常祭每月初一日、初八日、十五日、二十三日，节祭元日、清明、雍宾、重阳、冬至、忌辰。其祭物，常祭以蔬果，节祭忌辰用牲。祭官便服，行三献礼。加荐用羊羔、炙鱼、馒头、饽子、西域汤饼、圆米粥、沙糖饭羹。

泰定二年，亦作显宗影堂于大天源延圣寺，天历元年废。旧有崇福、殊祥二院，奉影堂祀事，乃改泰禧院。二年，又改为太禧宗禋院，秩二品。既而，复以祖宗所御殿尚称影堂，更号神御殿。殿皆制名以冠之：世祖曰元寿，昭睿顺圣皇后曰睿寿，南必皇后曰懿寿，裕宗曰明寿，成宗曰广寿，顺宗曰衍寿，武宗曰仁寿，文献昭圣皇后曰昭寿，仁宗曰文寿，英宗曰宣寿，明宗曰景寿。且命学士拟其祭祀仪注，今缺。

又有玉华宫孝思殿在真定。世祖中统二年七月，命道士王道归于真定，建道观，赐名玉华宫，以忌日享祀太上皇、皇太后御容。本路官吏祭奠，太常博士按《宋会要》定其仪。所司前期置办茶饭、香果。质明，礼直官、引献官与陪位官以下，并公服入庙庭，西向立。俱再拜讫，引献官诣殿正阶下再拜，升阶至案前褥位，三上香，三奠酒讫，就拜兴。又再拜讫，引献官复位，与陪位官以下俱再拜，退。仁宗皇庆二年秋八月庚辰，命大司徒田忠良诣真定致祭，依岁例给御香酒并牺牲物钱中统钞一百锭。延祐四年，始用登歌乐，行三献礼。<small>旧志云：皇庆二年。彼此牴牾，未详孰是。</small>

七年，太常博士言："原庙之制隆古未闻。谨案：尚书黩于祭祀，时谓弗钦春秋之义，父不祭于支庶，君不祭于臣仆之家。圣朝建立七庙，崇奉孝享，可谓至矣。而睿宗皇帝神御别在真定路玉华宫，窃维有功德于天下者，莫如太祖、世祖。太祖不闻有原庙，世祖神御奉安大圣寿万安寺，岁时差官，以家人礼祭供，不用太常礼乐。今玉华宫原庙列在郡国，又非隆兴降诞之地，主者以臣仆之贱，供奉御容，非礼之甚。伏望稽前汉故事，致隆太庙。玉华宫照京师诸寺影堂例，只命有司以时祭供。罢遣太常礼乐，非独圣朝得典礼之正，抑且有司无亵渎之烦，礼官免失礼之责矣。"议上，帝从之，敕岁时本处依旧礼致祭。

其太祖、太宗、睿宗御容在翰林者，至元十五年十一月，命承旨和礼霍孙写太祖御容。十六年二月，复命写太上皇御容，与太宗旧御容，俱置翰林院，院官春秋致祭，二十四年二月，翰林院言旧院屋敝，新院屋才六间，三朝御容宜于太常寺安奉，后仍迁新院。至大四年，翰林院移署旧尚书省，有旨月祭。中书平章完泽等言："祭祀非小事，太庙岁一祭，执事诸臣受戒誓三日乃行事，今此轻易非宜。旧置翰林院御容，春秋二祭，不必增益。"从之。至治三年，迁置普庆寺，祀礼废。泰定二年八月，中书省臣言当祭如故，乃命承旨斡赤赍香酒至大都，同省臣祭于寺。四年，造影堂于石佛寺，未及迁。至顺元年七月，即普庆寺祭如故事。二年，复祀于翰林国史院。后至元六年，翰林院言："三朝御容祭所甚隘，兼岁久屋漏，于石佛寺新影堂奉安为宜。"中书省臣奏："此世祖定制，当仍其旧。"从之。

新元史卷八六

志第五三

礼　六

社稷　先农

元之秩祀,天子亲遣使致祭者三:曰社稷,曰先农,曰宣圣;有司常祀者五:曰社稷,曰宣圣,曰岳渎,曰风师、雨师,曰三皇;皆以社稷为首。至元七年十二月,有诏岁祀太社太稷。二十年,诏以春秋仲月上戊祭社稷。至延祐六年,始改用中戊。二十九年,建社稷坛。三十年七月,始用御史中丞崔彧言,于和义门少南,得地四十亩,为墙垣,近南为二坛,坛高五尺,方广五丈。社东稷西,相去约五丈。社坛土用青赤白黑四色,依方位筑之,中间实以常土,上以黄土覆之。筑必坚实,依方面以五色泥饰之。四面当中,各设一陛道。其广一丈,亦各依方色。稷坛一如社坛之制,坛南植松一株,惟土不用五色,其上四周纯用一色黄土。坛皆北向,立北壝于社坛之北,以砖为之,饰以黄泥。瘗坎二于稷坛之北,少西,深足容物。

二坛周围墙垣,以砖为之,高五丈,广三十丈,四隅连饰。内墙垣棂星门四所。外垣棂星门二所,每所门三,列戟二十有四。外墙内北垣下屋七间,南望二坛,以备风雨,曰望祀堂。堂东屋五间,连厦三间,曰齐班厅。厅之南,西向屋八间,曰献官幕。又南,西向屋三间,曰院官斋所。又其南,屋十间,自北而南,曰祠祭局,曰仪銮库,曰法物库,曰都监库,曰雅乐库。又其南,北向屋三间,曰百官厨。外垣南门西墙垣西南,北向屋三间,曰大乐署。其西,东向屋三间,曰乐工房。又其北,北向屋一间,曰馔幕殿。又北,南向屋三间,曰馔幕。又北稍东,南向门一间。院内南,南向屋三间,曰神厨。东向屋三间,曰酒库。近北少却,东向屋三间,曰牺牲房。井有亭。望礼堂后自西而东,南向屋九间,曰执事斋郎房。自北折而南,西向屋九间,曰监察执事房。此坛墙次舍之所也。

社主用白石,长五尺,广二尺,剡其上如钟。于社坛近南,北向,埋其半于土中。稷不用主。后土氏配社,后稷氏配稷。神位版二,用栗,素质黑书。社树以松,于社稷二坛之南各一株。此作主树木之法也。

祝版四,以楸木为之,各长二尺四寸,阔一尺二寸,厚一分。文曰:"维年月日,嗣天子敬遣某官某,敢昭告于太社之神"。配位曰后土之神。稷曰太稷之神,配位曰后稷之神。玉币,社稷皆黝圭一,缫藉,瘗玉一,以黝石代之,元币一。配位皆元币一,各长一丈八尺。此祝文玉币之式也。

牛一,其色黝,其角握,有副,羊四、野豕四。笾之实皆十,无糗饵、粉糍。豆之实亦十,无酏食、糁食。簠簋之实皆四,铏之实和羹五,齐皆以尚酝代之。香用沈龙涎。神席一,缘以黑绫,褥方七尺四寸。太樽、著樽、牺樽、山罍各二,有坫,加勺幂。象樽、壶樽、山罍各二,有坫幂,设而不酌。笾、豆各十有一,其一设于馔幕。铏三、簠三、簋三,其一设于馔幕。俎八,其二设于馔幕。盘一,毛血豆一,爵一,有坫,沙池一,玉币筐一,木栖一,勺一,香鼎一,香盒一,香案一,祝案一,皆有衣。红糅器一,以盛马湩。盥洗位二,罍二,洗二。白罗巾四,实以筐。朱漆盘五。已上,社、稷皆同。配位有象樽,无太樽。设而不酌者,无象樽,余皆与正位同。此牲齐祭器之等也。

馔幕、省馔殿、香殿,黄罗幕三,黄罗额四,黄绢帷一百九十五幅,献摄版位三十有五,紫绫拜褥百,蒲、苇席各二百,木镫笼四十,绛罗镫衣百一十,红挑镫十,剪烛刀二,铁粆盆三十有架,黄烛二百,杂用烛二百,麻粆三百,松明、清油各百斤。此馔幕板位烛燎之用也。

初献官一，亚献官一，终献官一，摄司徒一，助奠官二，太常卿一，光禄卿一，廪牺令一，太官令一，巾篚官四，祝史四，监祭御史二，监礼博士二，司天监二，良酝令一，奉爵官一，司樽罍二，盥洗官二，爵洗官二，太社令一，太社丞一，太乐令一，太乐丞一，协律郎二，奉礼郎二，读祝官一，举祝官二，奉币官四，剪烛官二，太祝七，斋郎四十有八，赞者一，礼直官三，与祭官无定员，此献摄执事之人也。

三十一年八月，初祀社稷，用堂上乐，岁以为常。凡祭之日以春秋二仲月上戊，延祐六年，用中戊，其仪注之节有六：

一曰迎香。前一日，有司告谕坊市，洒扫经行衢路，设香案。至日质明，有司具香酒楼攀，三献官以下及诸执事官各具公服，五品以下官、斋郎等皆借紫，诣崇天门，三献官及太常礼仪院官入，奏祝及御香、尚樽酒、马湩自内出。监祭御史、监礼博士、奉礼郎、太祝分左右两班前导。控鹤五人，一人执伞，四人执仪仗，由大明门正门出。教坊大乐作。至崇天门外，奉香酒、马湩者各安置于舆，导引如仪。至红门外，百官乘马分班行于仪仗之外，清道官行于仪卫之先，兵马司巡兵夹道次之，金鼓又次之，京尹仪从左右成列又次之，教坊大乐一队次之。控鹤弩手各服其服，执仪仗左右成列次之。拱卫使行其中，仪凤司细乐又次之。太常卿与博士御史导于舆前，献官、司徒、助奠官从于舆后。若驾幸上都，三献官以下及诸执事官则诣健德门外，皆具公服于香舆前北向立，异位重行。俟奉香酒官驿至，太常官受而奉之，各置于舆。礼直官赞"班齐"，"鞠躬"，"再拜兴"，"平立"。班首稍前搢笏跪，众官皆跪，三上香，出笏就拜兴，平立退复位，北向立，鞠躬，再拜兴，平立。众官上马，分班前导如仪。至社稷坛北神门外，皆下马，分左右入自北门，序立如仪。太常卿、博士、御史前导，献官、司徒、助奠等官后从。至望祀堂下，三献奉香、酒、马湩升阶，置于堂中黄罗幕下。礼直官引三献官以次而出，各诣斋次，释服。

二曰斋戒。前期三日质明,有司设三献官以下行事执事官位于中书省。太尉南向,监祭御史位二于其西,东向,监礼博士位二于其东,西向,俱北上。司徒、亚献、终献位于其南,北向。次助奠,稍却。次太常卿、光禄卿、太官令、司樽彝、良酝令、太社令、廪牺令、光禄丞、太乐令、太社丞。次读祝官、奉爵官、太祝、祝史、奉礼郎、协律郎、司天生、诸执事斋郎。每等异位重行,俱北向,西上。赞者引行事执事官各就位,立定。礼直官引太尉、初献就位,读誓曰:“某年某月某日上戊日,祭于太社太稷,各扬其职,其或不敬,国有常刑。”散斋二日,宿于正寝,致斋一日于祠所。散斋日治事如故,不吊丧问疾,不作乐,不判署刑杀文字,不决罚罪人,不与秽恶事。致斋日,惟祭事得行,其余悉禁。凡与祭之官已斋而阙者,通摄行事。七品以下官先退,余官对拜。守壝门兵卫与大乐工人,俱清斋一日。行礼官前期习仪于祠所。

三曰陈设。前期三日,所司设三献以下行事执事官次于斋房之内,及设馔幕四于西神门之外,稍南,西向,北上。今有馔幕殿在西壝门外,近北,南向。陈设如仪。前祭二日,所司设兵卫,各以其方色器服守卫壝门,每门二人,每隅一人。大乐令帅其属设登歌之乐于两坛上,稍北,南向。磬簴在东,钟簴在西,柷一在钟簴南稍东,敔一在磬簴南稍西。搏拊二,一在柷南,一在敔南,东西相向。歌工次之,余工位在县后。其匏竹者位坛下,重行南向,相对为首。太社令帅其属扫除坛之上下,为瘗坎二于壬地,方深足以容物,南出陛。前祭一日,司天监、太社令帅其属升,设太社、太稷神座各于坛上,近南,北向。设后土神座于大社神座之左,后稷神座于太稷神座之左,俱东向。席皆以莞,茵褥如币之色,设神位板各于座首。奉礼郎设三献官位于四神门之内道南,亚献、终献位稍却。司徒位道北,太常卿、光禄卿之位稍却。司天监、光禄丞又次之。太社令、太官令、良酝令、廪牺令、太社丞、读祝官、奉爵官、太祝以次位于其北,诸执事者及祝事、斋郎位于其后。每等异位重行,俱东向,南上。又设监祭御史位二,监礼博士位二,于太社坛子陛之东北,俱东向,南上。设奉礼郎位于稷坛之西北隅，赞者位于东北隅，俱东向。协律郎位二，于各坛上乐簴东北，俱南向。太乐令位于两坛乐簴之间，南向，司樽彝位于酌樽所，俱南向。设望瘗位于坎之南，北向。又设牲榜于西神门外，东向。诸太祝位于牲西，祝史次之，东向。太常卿、光禄卿、太官令位在南，北向，东上。监祭、监礼位于太常卿之东稍却，俱北向，东上。廪牺令位于牲东北，南向。又设礼馔于牲东，设省馔于礼馔之北，今有省馔殿设位于其北，东西相向，南上。太常卿、光禄卿、太官令位于西，东向，监祭、监礼位于东，西向，俱南上。礼部设板案各于神位之侧，司樽彝、奉礼郎帅执事者设玉币篚于酌樽所。次设笾豆之位，每位各笾十、豆十、簠二、簋二、铏三、俎五、盘一。又各设笾一、豆一、簠一、簋一、俎三于馔幕内。毛血别置一豆。设樽罍之位，社稷正位各太樽二、著樽二、牺樽二、山罍二，于坛上酉陛之西北隅，南向，东上。设配位各著樽二、牺樽二、象樽二、山罍二，在正位酒樽之西，俱南向，东上。又设正位各象樽二、壶樽二、山罍二，于坛下子陛之东，南向，东上。配位各壶樽二、山罍二，在西陛之南，西向，南上。又设洗位二，于各坛子陛之西北，南向。篚在洗东北肆，执罍篚者各位于其后。

　　祭日丑前五刻，司天监、太社令各服其服，帅其属升，设正配位神位板于坛上。又陈玉币，正位礼神之玉一，两圭有邸，置于匣。正配位币皆以元，各长一丈八尺，陈于篚。太祝取瘗玉加于币，实于篚，瘗玉以玉石为之，及礼神之玉各置于神座前。光禄卿帅其属，入实笾豆簠簋。每位笾三行，以右为上。第一行，乾䕩在前，干枣、形盐、鱼鲕次之。第二行，鹿脯在前，榛实、干桃次之。第三行，菱在前，芡、栗次之。豆三行，以左为上。第一行，芹菹在前，笋菹、葵菹、菁菹次之。第二行，韭菹在前，鱼醢、兔醢次之。第三行，豚拍在前，鹿臡、醓醢次之。簠实以稻梁，簋实以黍稷，铏实以羹。良酝令帅其属，入实樽罍。正位太樽为上，实以泛齐，著樽实以醴齐，牺樽实以盎齐，象樽实以醍齐，壶樽实以沈齐，山罍实以三酒。配位箸樽为上，实以泛齐，牺樽实以醴齐，象樽实以盎齐，壶樽实以醍齐，山罍实以三酒。凡齐之上樽实以明水,酒之上樽实以原酒,酒齐皆以尚酝代之。太常卿设烛于神座前。

四曰省牲器。前期一日午后八刻,诸卫之属禁止行人。未后二刻,太社令帅其属,扫除坛之上下。司樽彝、奉礼郎执事者,以祭器入设于位。司天监、太社令升,设神位板及礼神之玉币如仪。俟告洁毕,权撤,祭日重设。未后二刻,廪牺令与诸太祝、祝史以牲就位,礼直官、赞者分引太常卿、监祭、监礼、太官令于西神门外省牲位,立定。礼直官引太常卿,赞者引监祭、监礼,入自西神门,诣太社坛,自西陛升,视涤濯于上,执事者皆举幂曰“洁”。次诣太稷坛,如太社之仪讫,降复位。礼直官稍前曰“告洁毕,请省牲”,引太常卿稍前省牲讫,退复位。次引廪牺令出班巡牲一匝,东向折身曰“充”,复位。诸太祝俱巡牲一匝,上一员出班东向折身曰“腯”,复位。礼直官稍前曰“省牲毕,请就省馔位”,引太常卿以下各就位,立定。省馔毕,还斋所。廪牺令与太祝、祝史以次牵牲诣厨,授太官令。次引光禄卿以下诣厨省鼎镬,视涤溉毕,乃还斋所。脯后一刻,太官令帅宰人以鸾刀割牲,祝史以豆取血各置于馔幕。祝史又取瘗血贮于盘,遂烹牲。

五曰奠玉币。祭日丑前五刻,三献官以下行事执事官,各服其服。有司设神位板,陈玉币,实笾豆簠簋樽罍。俟监祭、监礼按视坛之上下,及撤去盖幂。未时二刻,太乐令帅工人入,奉礼郎、赞者入就位,礼直官、赞者入就位。礼直官赞者分引监祭、监礼,诸太祝、祝史、斋郎及诸执事官,自西神门南偏门入,当太社坛北墉下,重行南向立,以东为上。奉礼曰“再拜”,赞者承传,监祭、监礼以下皆再拜。次赞者分引各就坛上下位,祝史奉盘血,太祝奉玉币,由西阶升坛,各于樽所立。次引监祭、监礼按视坛之上下,纠察不如仪者,退复位。质明,礼直官、赞者各引三献以下行礼执事官入就位,皆由西神门南偏门以入。礼直官进初献之左,曰“有司谨具,请行事”,退复位。协律郎跪,俯伏举麾兴,工鼓柷,乐作八成,偃麾,戛敔乐止。礼直官引太常卿瘗血于坎讫,复位,祝史以盘还馔幕,以俟奉毛血豆。

奉礼曰"众官再拜",在位者皆再拜。又赞诸执事者各就位,礼直官、赞者分引执事官各就坛上下位。诸太祝各取玉币于篚,立于樽所。礼直官引初献诣太社坛盥洗位,乐作,至位南向立,乐止。搢笏,盥手,帨手,执笏诣坛,乐作,升自北陛,至坛上,乐止。诣太社神座前,南向立,乐作,搢笏跪。太祝加玉于币,东向跪以授初献,初献受币奠讫,执笏俯伏兴,稍退,再拜讫,乐止。礼直官引初献降自北陛,诣太稷坛盥洗位,乐作,至位乐止。盥洗讫,升坛奠玉币,并如太社后土之仪。奠毕,降自北陛,乐作,复位乐止。初献奠玉币将毕,祝史各奉毛血豆立于西神门外,俟奠玉币毕,乐止。祝史奉正位毛血入自中门,配位毛血入自偏门。至坛下,正位者升自北陛,配位者升自西陛,诸太祝迎取于坛上,各进奠于神位前,太祝、祝史俱退立于樽所。

　　六曰进熟。初献既奠玉币,有司先陈鼎入于神厨,各在于镬右。太官令出,帅进馔者诣厨,以匕升羊豕于镬,各实于一鼎,幂之。祝史以扃对举鼎,有司执匕以从,各陈于馔幂内。俟光禄卿出,帅其属实笾簠簋讫,乃去鼎之扃幂,匕加于鼎。太官令以匕升羊豕,各载于俎,俟初献还位,乐止。礼直官引司徒出诣馔所,帅进馔者各奉正配位之馔,太官令引以次自西神门入。正位之馔入自中门,配位之馔入自偏门。馔初入门,乐作,馔至陛,乐止。祝史俱进,撤毛血豆,降自西陛以出。正位之馔升自北陛,配位之馔升自西陛,诸太祝迎取于坛上,各跪奠于神座前讫,俯伏兴。礼直官引司徒、太官令及进馔者,自西陛各复位。诸太祝还樽所,赞者曰"太祝立茅苴于沙池。"礼直官引初献官诣太社坛盥洗位,乐作,至位南向立,乐止。搢笏,盥手,帨手,执笏诣爵洗位,至位南向立,搢笏,洗爵,拭爵,以爵授执事者,执笏诣坛,乐作,升自北陛,至坛上,乐止。诣太社酌樽所,东向立,执事者以爵授初献,初献搢笏执爵,司樽者举幂,良酝令跪酌太樽之泛齐,乐作。初献以爵授执事者,执笏诣太社神座前,南向立,搢笏跪。执事者以爵授初献,执爵三祭酒,奠爵,执笏俯伏兴,少退立,乐止。举祝官跪,对举祝板。读祝官西向跪,读祝文。读讫,俯伏兴,举祝官奠祝板于案,兴。初献再拜讫,乐止。次诣后土氏酌樽所,东向立。执事者以爵授初献,初献搢笏执爵,司樽彝举幂,良酝令跪酌著樽之泛齐,乐止。初献以爵授执事者,执笏诣后土神座前,西向立,搢笏跪。执事者以爵授初献,初献执爵三祭酒,奠爵讫,执笏俯伏兴,少退立,乐止。举祝官跪,对举祝板。读祝官南向跪,读祝文。读讫,俯伏兴,举祝官奠祝板于案,兴。初献再拜讫,乐止。降自北陛,诣太稷坛盥洗位,乐作,至位乐止。盥洗、升献,并如太社后土之仪。降自北陛,乐作,复位,乐止。读祝、举祝官亦降复位。亚献诣两坛盥洗升献,并如初献之仪。终献盥洗升献,并如亚献之仪。终献奠献毕,降复位,乐止,执事者亦复位。太祝各进彻笾豆,乐作,卒撤,乐止。奉礼曰“赐胙,众官再拜。”赞者承传,在位者皆再拜讫,送神乐作,一成止。礼直官进初献之左,曰“请诣望瘗位”,御史、博士从,乐作,至位北向立,乐止。初在位官将拜,诸太祝各执筐进于神座前,取瘗玉及币,斋郎以俎载牲体并黍稷爵酒,各由其陛降,置于坎讫,赞者曰“可瘗”,东西各二人置土半坎。礼直官进初献之左,曰“礼毕”,礼直官各引献官以次出。礼直官引监祭、太祝以下执事官,俱复于坛北墙下,南向立定。奉礼曰“再拜”,监祭以下皆再拜讫,出。祝史、斋郎及工人以次出。祝板燔于斋所。光禄卿、监祭、监礼展视酒胙讫,乃退。

其告祭仪,告前三日,三献官以下诸执事官,各具公服赴中书省受誓戒。告前一日,省牲器,告日质明,三献官以下诸执事各服其服,礼直官引监祭、监礼以下诸执事官入自北墙下,南向立定。奉礼郎赞曰“再拜。”在位官皆再拜讫,奉礼郎赞曰“各就位”,“立定”。监祭、监礼视陈设毕,复位立定。礼直官引三献、司徒、太常卿、光禄卿、入就位,立定。礼直官赞“有司谨具,请行事。”降神乐作,八成止。太常卿瘗血,复位立定。奉礼郎赞“再拜”。皆再拜讫,礼直官引初献官诣盥洗位,盥手讫,诣社坛正位神座前南向,搢笏跪,三上香,奠玉币,执笏俯伏兴。再拜讫,诣配位神座前西向,搢笏跪,三上香,奠币,执笏俯伏兴。再拜讫,诣稷坛盥洗位,盥手讫,升坛,并如

上仪。俱毕,降复位。司徒率斋郎进馔,奠讫,降复位。礼直官引初
献官诣盥洗位,盥手讫,诣爵洗位,洗爵讫,诣酒樽所酌酒讫,诣社
坛神位座前,南向立,搢笏跪,三上香,执爵,三祭酒于茅苴,爵授执
事者,执笏俯伏兴。俟读祝官读文讫,再拜兴,诣酒樽所酌酒讫,诣
配位神座前,西向搢笏跪,三上香,执爵,三祭酒于茅苴,爵授执事
者,执笏俯伏兴。俟读祝文讫,再拜兴,诣稷坛盥洗位,盥手,洗爵,
酌献,并如上仪。俱毕,降复位。礼直官引亚献,并如初献之仪,惟
不读祝。俱毕,降复位。礼直官引终献,并如亚献之仪。俱毕,降复
位。太祝撤笾豆讫,奉礼郎赞“赐胙”。众官再拜讫,礼直官引三献、
司徒、太常卿诣瘗坎位,南向立定。礼直官赞“可瘗”,礼毕出。礼直
引监祭、监礼、太祝、斋郎至北墉下,南向立定。奉礼赞“再拜”,皆再
拜讫,出。

　　至郡县之社稷:至元十年八月甲辰朔,颁诸路立社稷坛壝仪
式。十六年春三月,中书省下太常礼官定郡县社稷坛壝祭器制度、
祀祭仪式,图写成书,名《至元州郡通礼》。二十五年八月,浙东海右
道廉访司监治官王博文献议曰:“社稷起于上古,祀共工氏之子勾
龙为社,厉山氏之子柱为稷。至商汤,因旱迁社,以周弃代之。成周
之制,天子立五社,诸侯三社,皆以勾龙配社,周弃配稷。社坛在东,
稷坛在西。天子用太牢,诸侯用少牢,皆黝色。币用黑,日用甲。王
服缔冕,乐用太簇歌应钟舞咸池,用三献。后汉建武中,立大社稷。
二月八日及腊日一岁三祠,皆用太牢。郡县置社稷。太守令长侍祠。
魏立二社、一稷。梁以二十五家为社,春秋祠,水旱祷祈祠。隋开皇
初,用戊日。至唐,社以勾龙配,稷以后土配。亡宋因唐旧制,社坛
广五尺,高四尺,以五色土为之。稷坛在西,如社之制。社以石为主,
形如钟,长五尺,方二尺,剡其上象天方,其下象地,埋其半于地。其
垣饰以方色,屋用三门四十戟,其中植槐。元符二年,郡县坛社方二
丈五尺,高三尺四,出陛主高二尺五寸,方一尺余,如旧制,一壝二
十五步。绍兴式,社以后土勾龙氏配,稷以后稷氏配。先儒之说,谓
社稷皆土祇,有生育之功,勾龙、周弃能平水土,故用为后土及田正

之神。又曰社为土地之神，稷为五谷之神，故报而祭之。祭法当依汉、唐制，郡县各用羊一、豕一，先瘗血首，余以骨体荐。黑币二、樽二，笾、豆各八，簠、簋各一，俎八。每岁仲春、仲秋戊日黎明，郡县官各三献，以公服从事。"至元贞二年冬，太常寺始议准，置坛于城西南，二坛方广视太社，太稷杀其半。壶樽二，笾豆皆八，而无乐。牲用羊豕，余皆与太社、太稷同。三献官以州长贰为之。

先农之祀，始自至元九年二月，命祭先农如祭社之仪。七年六月，立籍田大都东南郊。至是，始祭先农。十四年二月戊辰，祀先农东郊。十五年二月戊午，祀先农，以蒙古胄子代耕籍田。二十一年二月丁亥，又命翰林学士承旨撒里蛮祀先农于籍田。武宗至大三年夏四月，从大司农请，建农、蚕二坛。博士议：二坛之式与社稷同，纵广一十步，高五尺，四出陛，外墙相去二十五步，每方有棂星门。今先农、先蚕坛位在籍田内，若内外墙，恐妨千亩，其外墙勿筑。是岁命祀先农如社稷，礼乐用登歌，日用仲春上丁，后或用上辛或甲日。祝文曰："维某年月日，皇帝敬遣某官，昭告于帝神农氏。"配神曰"于后稷氏。"祀前一日未后，礼直官引二献、监祭、监礼以下省牲馔如常仪。祀日丑前五刻，有司陈灯烛，设祝币，太官令帅其属入实笾豆樽罍。丑正，礼直官引先班入就位，立定，次引监祭监礼按视坛之上下，纠察不如仪者。毕，退复位，东北立。奉礼曰："再拜"。赞者承传再拜讫，奉礼又赞"诸执事者各就位。"。礼直官各引执事官各就位，立定。次引三献官并与祭等官以次入就位，西向立。礼直官于献官之右，赞"请行事"，乐作三成止。奉礼赞"再拜"，在位者皆再拜。太祝跪取币于篚，立于樽所。礼直官引初献官诣盥洗位，北向立，盥手帨手毕，升自东阶，诣神位前北向立，搢笏跪，三上香，受币奠币，执笏俯伏兴，少退，再拜讫，降复位，立定。太官令率斋郎设馔于神位前毕，俯伏兴，退复位。礼直官引初献再诣盥洗位，北向立，盥手、帨手，诣爵洗位，洗爵、拭爵，诣酒樽所酌酒毕，诣正位神位前北向立。搢笏跪，三上香，三祭酒于沙池，爵授执事者，执笏俯伏兴，北向立。俟读祝毕,再拜兴。次诣配位酒樽所,酌酒讫,诣神位前东向立。搢笏跪,三上香,三祭酒于沙池,爵授执事者,执笏俯伏兴,东向立。俟读祝毕,再拜,退复位。次引亚终献行礼,并如初献之仪,惟不读祝,退复位,立定。礼直官赞撤笾豆,乐作,卒撤,乐止。礼赞"赐胙",众官再拜。赞者承传,在位者皆再拜讫,乐作送神之曲,一成止。礼直官引斋郎升自东阶,太祝跪取币祝,斋郎捧俎载牲体及笾豆簠簋,各由其阶至坎位,北向立。俟三献毕,至立定。各跪奠讫,执笏俯伏兴。礼直官赞"可瘗",乃瘗。焚瘗毕,三献以次诣耕地所,耕讫而退。此其仪也。先蚕之祀未闻。

新元史卷八七
志第五四

礼　七

宣圣庙　　阙里庙　　郡县宣圣庙
岳镇海渎　　岳镇海渎常祀
风师雨师　　七祀　　三皇庙
武成王庙　　前代帝王庙　　周公庙
名山大川忠臣义士祠　　泉州神女
功臣祠　　城隍庙　　国俗祭祀

宣圣庙,太祖始置于燕京。

中统二年,诏:"先圣庙,国家岁时致祭,诸儒月朔释奠,宜洒扫清洁。今后禁约诸官员使臣及管工匠官,毋得于庙内亵渎,违者罪之。"三年,重修宣圣庙成。

至元十年二月,中书省议准:"衣冠所以彰贵贱,表诚敬,况国家大礼,先圣先师不必援释老二家之例,凡预执事官员及陪位诸儒,自当谨严仪礼以行。其事除执事官己各依品级制造公服外,陪位诸儒自备襕带唐巾,以行释奠之礼。"

大德十年,建文宣王庙于京师,行释奠礼,牲用太牢。

至大元年秋七月,加号先圣曰大成至圣文宣王。

延祐三年秋七月，诏释奠于先圣，以颜子、曾子、子思、孟子配享。封孟子父为邾国公，母为邾国宣献夫人。皇庆二年六月，以许衡从祀，又以先儒周敦颐、程颐、张载、邵雍、司马光、朱熹、张栻、吕祖谦从祀。

至顺元年，以汉儒董仲舒从祀。齐国公叔梁纥加封启圣王；鲁国太夫人颜氏，启圣王夫人，颜子，兖国复圣公；曾子，郕国宗圣公，子思，沂国述圣公；孟子，邹国亚圣公；河南伯程颢，豫国公；伊阳伯程颐，洛国公。是年十一月，兖国复圣公新庙落成。

元统二年，改封颜子考曲阜伯为杞国公，谥文裕；妣齐姜氏为杞国夫人，谥端献夫人；戴氏兖国夫人，谥贞素。又以益都邹县牧地三十顷给常祀。

至正十九年，以先儒杨时、李侗、胡安国、蔡沈、真德秀从祀，俱赠太师，追封时吴国公、侗越国公、安国楚国公、沈建国公、德秀福国公。二十二年，追谥朱熹父为献靖，改封熹齐国公。

其祝币之式：祝板三，各一尺二寸，广八寸，木用楸梓柏，文曰："维年月日，皇帝敬遣某官等，致祭于大成至圣文宣王。"于先师曰："维年月日，某官等致祭于某国公。"币三，用绢，各长一丈八尺。

其牲齐器皿之数：牲用牛一、羊五、豕五。以牺樽实泛齐，象樽实醴齐，皆三，有上樽；加幂，有勺，设堂上。太樽实泛齐，山罍实醴齐，有上樽。著樽实盎齐，牺樽实醴齐，象樽实沈齐，壶樽实三酒，皆有上樽，设堂下。盥洗位，在阼阶之东。以象樽实醴齐，有上樽，加幂有勺，设于两庑近北。盥洗位在阶下近南。笾十，豆十，簠二，簋二，登三，铏三，俎三，有毛血豆，正配位同。笾、豆皆二，簠一，簋一，俎一，从祀皆同。凡铜之器六百八十有一：宣和爵坫一，豆二百四十有八，簠、簋各一百一十有五，登六，牺樽、象樽各六，山樽二，壶樽六，著樽、太樽各二，罍二，洗二，龙杓二十有七，坫二十有八，爵一百一十有八。竹木之器三百八十有四：笾二百四十有八，篚三，俎百三十有三。陶器三，瓶二，香炉一。笾巾二百四十有一，簠簋巾二百四十有八，俎巾百三十有三，黄巾蒙单十。

其乐登歌。其日用春秋二仲月上丁，有故改用中丁。

其释奠之仪：省牲前期一日晡时，三献官、监祭官各具公服，诣省牲所阼阶，东西向立，以北为上。少顷，引赞者引三献官、监祭官巡牲一匝，北向立，以西为上。侍礼牲者折身曰"充"，赞者曰"告充"毕，礼牲者又折身曰"腯"，赞曰"告腯"毕，赞者复引三献官、监祭官诣神厨，视涤溉毕，还斋所，释服。释奠，是日丑前五刻，初献官及两庑分奠官二员，各具公服于幕次，诸执事者具儒服，先于神门外西序东向立，以北为上。明赞、承传赞先诣殿庭前再拜毕，明赞升露阶东南隅西向立，承传赞立于神门阶东南隅西向立。掌仪先引诸执事者各司其事，引赞者引初献官、两庑分奠官点视陈设。引赞者进前曰"请点视陈设"。至阶，曰"升阶"。至殿簷下，曰"诣大成至圣文宣王神位前"。至位，曰"北向立"。点礼毕，曰"诣兖国公神位前。"至位，曰"东向立。"点视毕，曰"诣邹国公神位前。"至位，曰"西向立。"点视毕，曰"诣东从祀神位前。"至位曰"东向立"。点视毕，曰：诣西从祀神位前。"至位，曰"西向立。"点视毕，曰"诣酒樽所"，曰"西向立"。点视毕，曰"诣三献爵洗位。"至阶，曰"降阶，至位，曰"北向立"。点视毕，曰"诣三献官盥洗位。"至位，曰"北向立"。点视毕，曰"请就次"。

方初献点视时，引赞二人各引东西庑分奠官曰："请诣东西庑神位前。"至位，东曰东，西曰西向立。点视毕，曰"诣先儒神位前"。至位，曰"南向立"。点视毕，曰"退诣酒樽所。"至酒樽所，东西向立。点视毕，曰"退诣分奠官爵洗位。"至位，曰"南向立"。点视毕，曰"请就次"。西庑分奠官点视毕，引赞曰"请诣望瘗位"。至位，曰"北向立"。点视毕，曰"请就次。初献官释公服，司钟者击钟，初献以下各服其服，齐班于幕次。

掌仪点视班齐，诣明赞报知，引礼者引监祭官、监礼官就位。进前曰"请就位"。至位，曰"就位，西向立。"明赞唱曰"典乐官以乐工进，就位。"承传赞曰"典乐官以乐工进，就位"明赞唱曰"诸执事者就位"，承传赞曰"诸执事者就位。"明赞唱曰"诸生就位"，承传赞曰

“诸生就位，”引班者引诸生就位。明赞唱曰“陪位官就位”，承传赞曰“陪位官就位”，引班者引陪位官就位。明赞唱曰“献官就位”，承传赞曰“献官就位”，引赞者进前曰“请就位”，至位，曰“西向立”。明赞唱曰“辟户”，俟户辟，迎神之曲九奏。

　　乐止，明赞唱曰“初献官以下皆再拜”，承传赞曰“鞠躬，拜，兴，拜，兴，平身”。明赞唱曰“诸执事者各司其事”。俟执事者立定，明赞唱曰“初献官奠币”。引赞者进前曰“请诣盥洗位。”盥洗之乐作，至位，曰“北向立”。搢笏，盥手，帨手，出笏，乐止。及阶，曰“升阶。”升殿之乐作。乐止，入门，曰“诣大成至圣文宣王神位前。”至位，曰“就位，北向立，稍前。”奠币之乐作。搢笏跪，三上香，奉币者以币授初献，初献受币奠讫，出笏就拜兴，平身少退，再拜，鞠躬，拜兴，拜兴，平身。曰“诣兖国公神位前。”至位，曰“就位，东向立。”奠币如上仪。曰“诣邹国公神位前。”至位，曰“就位，西向立。”奠币如上仪。乐止，曰“退复位”。及阶，降殿之乐作。乐止，至位，曰“就位，西向立。”

　　俟立定，明赞唱曰“礼馔官进俎。”奉俎之乐作，乃进俎，乐止，进俎毕。明赞唱曰“初献官行礼，”引赞者进前曰“请诣盥洗位。”盥洗之乐作。至位，曰“北向立”。搢笏，盥手，帨手，出笏。请诣爵洗位。至位，曰“北向立。”搢笏，执爵、涤爵、拭爵，以爵授执事者，如是者三，出笏。乐止。曰“请诣酒樽所。”及阶。升殿之乐作，曰“升阶。”乐止，至酒樽所，曰“西向立。”搢笏，执爵举幂，司樽者酌牺樽之泛齐，以爵授事者，如是者三，出笏。曰“诣大成至圣文宣王神位前。”至位，曰“就位，北向立。”酌献之乐作，稍前，搢笏跪，三上香，执爵三祭酒，奠爵，出笏，乐止。祝人东向跪读祝，祝在献官之左。读毕兴，先诣左配位，南向立。引赞曰“就拜兴，平身，少退，再拜，鞠躬，拜兴，拜兴，平身。”曰“诣兖国公神位前。”至位曰“就位，东向立。”酌献之乐作。乐止，读祝如上仪。曰“诣邹国公神位前。”至位，曰“就位，西向立。”酌献之乐作。乐止，读祝如上仪。曰“退复位。”至阶，降殿之乐作。乐止，至位，曰“就位，西向立。”

　　俟立定，明赞唱曰“亚献官行礼。”引赞者进前曰“请诣盥洗位。"至位,曰"北向立。"揖笏,盥手,出笏。请诣爵洗位,至位,曰"北向立。"揖笏,执爵、涤爵、拭爵,以爵授执事者,如是者三,出笏。请诣酒樽所,曰"西向立。"揖笏,执爵举幂,司樽者酌象樽之醴齐,以爵授执事者,如是者三,出笏。曰"诣大成至圣文宣王神位前。"至位,曰"就拜,北向立。"酌献之乐作。稍前,揖笏跪,三上香,执爵三祭酒,奠爵出笏,就拜兴,平身少退,鞠躬,拜兴,拜兴,平身。曰"诣兖国公神位前。"至位,曰"东向立。"酌献如上仪。曰"诣邹国公神位前。"至位,曰"西向立。"酌献如上仪。乐止,曰"退复位。"及阶,曰"降阶。"至位,曰"就位,西向立。"

　　明赞唱曰"终献官行礼",引赞者进前曰"请诣盥洗位"。至位曰"北向立"。揖笏,盥手,帨手,出笏。请诣爵洗位,至位,曰"北向立"。揖笏,执爵、涤爵、拭爵,以爵授执事者,如是者三,出笏。请诣酒樽所。至阶,曰"升阶"。至酒樽所,曰"西向立。"揖笏,执爵举幂,司樽者酌象樽之醴齐,以爵授执事者,如是者三,出笏。曰"诣大成至圣文宣王神位前。"至位,曰"就位,北向立,稍前。"酌献之乐作。揖笏跪,三上香,执爵三祭酒,奠爵,出笏,就拜兴,平身,少退,鞠躬,拜兴,拜兴,平身。曰"诣兖国公神位前。"至位,曰"东向立。"酌献如上仪。曰"诣邹国公神位前。"至位,曰"西向立"。酌献如上仪。乐止,曰"退复位"。及阶,曰"降阶"。至位,曰"就位,西向立。"

　　俟终献将升阶,明赞唱曰"分献官行礼。"引赞者分引东西从祀分献官进前曰"诣盥洗位。"至位,曰"北向立。"揖笏,盥手、帨手,出笏。诣爵洗位,至位,曰"北向立。"揖爵、涤爵、拭爵,以爵授执事者,出笏。诣酒樽所。至阶,曰"升阶。"至酒樽所,曰"西向立"。揖笏,执爵举幂,司樽者酌象樽之醴齐,以爵授执事者,出笏。诣东从祀神位前。至位,曰"就位,东向立,稍前"。揖笏跪,三上香,执爵三祭酒,奠爵,出笏,就拜兴,平身,稍退,鞠躬,拜兴,拜兴,平身,退,复位。及阶,曰"降阶",至位,曰"就位,西向立。"

　　引西从祀分献官同上仪,唯至神位前东向立。俟十哲分献官离位,明赞唱曰"两庑分奠官行礼"。引赞者进前曰"诣盥洗位。"至位,曰“南向立”。搢笏，盥手、帨手，出笏，诣爵洗位。至位，曰“南向立。”搢笏，执爵、涤爵、拭爵，以爵授执事者，出笏。曰“诣东庑酒樽所。”及阶曰“升阶”。至酒樽所，曰“北向立。”搢笏，执爵举幂，酌象樽之醴齐，以爵授执事者，出笏，诣东庑神位前。至位，曰“东向立，稍前”。搢笏跪，三上香，执爵三祭酒，奠爵，出笏，就拜兴，平身，稍退，鞠躬，拜兴，拜兴，平身，退，复位。至阶，曰“降阶”。至位，曰“就位，西向立。”

引西庑分奠官同上仪，唯至神位前，东向立作西向立。俟终献十哲，两庑分奠官同时复位。明赞唱曰“礼馔者撤笾豆”。撤豆之乐作，礼馔者跪，移先圣前笾豆，略离席，乐止。明赞唱曰“诸执事者退复位。”俟诸执事者至板位立定，送神之乐作。明赞唱曰“初献官以下皆再拜”，承传赞曰“鞠躬，拜兴，拜兴，平身”。乐止。明赞唱曰：“祝人取祝，币人取币，诣瘗坎。”俟撤祝币者出殿门，北向立。望瘗之乐作。明赞唱曰“三献官诣望瘗位”，引赞者进前曰“请诣望瘗位。”至位，曰“就位，北向立。”曰“可瘗。”埋毕，曰“退，复位。”至殿庭前，候乐止，明赞唱曰“典乐官以乐工出就位”，明赞唱曰：“阖户。”又唱曰“初献官以下退诣圆揖位”，引赞者引献官退诣圆揖位。至位，初献在西，亚终献及分献以下在东，陪位宫东班在东，西班在西。俟立定，明赞唱曰“圆揖”。礼毕，退复位，引赞者各引献官诣幕次更衣。

其饮福受胙，除国学外，诸处仍依常制。

阙里之庙，始自太宗九年，令先圣五十一代孙袭爵衍圣公元措修之，官给其费。而代祠之礼，则始于武宗。牲用太牢，礼物别给白金五十两，彩币表里各十有三匹。四年冬，复遣祭酒刘赓往祀，牲礼如旧。延祐之末，泰定、天历初载，皆循是典，锦币杂彩有加焉。

郡县宣圣庙：中统二年夏六月，诏：“宣圣庙及所在书院，有司岁时致祭，月朔释奠。”八月丁酉，命开平守臣释奠于宣圣庙。成宗即位，诏："曲阜林庙，上都、大都、诸路府州县邑庙学、书院，赡学土地及贡士庄，以供春秋二丁、朔望祭祀，修完庙宇。"自是天下郡邑庙学，无不完葺，释奠悉如旧仪。

岳、镇、海、渎代祀，自中统二年始。凡十又九处，分五道。后乃以东岳、东海、东镇、北镇为东道，中岳、淮渎、济渎、北海、南岳、南海、南镇为南道，北岳、西岳、后土、河渎、中镇、西海、西镇、江渎为西道。既而，又以驿骑迂远，复为五道，道遣使二人，集贤院奏遣汉官，翰林院奏遣蒙古官，出玺书给驿以行。中统初，遣道士，或副以汉官。至元十七年，立河渎庙于河中。又敕建西海神庙于河中，春秋致祭，一视河渎礼。二十一年，黄河清，遣官致祭。二十八年正月，帝谓中书省臣曰："五岳四渎祠事，朕宜亲往，道远不可。大臣如卿等又有国务，宜遣重臣代朕祠之，汉人选名儒及道士习祀事者。"

其礼物：则每处岁祀银香盒一，重二十五两，五岳组金幡二、钞五百贯，四渎织金幡二、钞二百五十贯，四海、五镇销金幡二、钞二百五十贯，至则守臣奉诏使行礼。皇帝登宝位，遣官致祭，降香幡盒如前礼，惟加银五十两，五岳各中统钞五百贯，四渎、四海、五镇各中统钞二百五十贯。或他有祷，礼亦如之。

其封号：至元二十八年春二月，如上东岳为天齐大生仁圣帝，南岳司天大化昭圣帝，西岳金天大利顺圣帝，北岳安天大贞元圣帝，中岳中天大宁崇圣帝。加封江渎为广元顺济王，河渎灵源宏济王，淮渎长源溥济王，济渎清源善济王，东海广德灵会王，南海广利灵孚王，西海广润灵通王，北海广泽灵祐王。成宗大德二年二月，加封东镇沂山为元德东安王，南镇会稽山为昭德顺应王，西镇吴山为成德永靖王，北镇医巫闾山为贞德广宁王，中镇霍山为崇德应灵王，敕有司岁时与岳渎同祀。是年，诏诸王驸马毋擅祀岳渎。先是，元年六月，诸王也儿干遣使乘驿祀岳渎，命追其驿券，仍切责之。因有是命。至正十一年四月，加封河渎神为灵源神祐宏济王，仍重建河渎庙。

岳、镇、海、渎常祀：至元三年夏四月，定岁祀岳、镇、海、渎之制：正月，东岳、镇、海、渎，土王日，祀泰山于泰安州，沂山于益都府界。立春日，祀东海于莱州界，大淮于唐州界。三月，南岳、镇、海、渎，立夏日，遥祭衡山，土王日，遥祭会稽山，皆于河南府界。立夏日，遥祭南海、大江于莱州界。六月，中岳、镇，土王日祀嵩山于河南府界，霍山于平阳府界。七月，西岳、镇、海、渎，土王日祀华山于华州界，吴山于陇县界。立秋日，遥祭西海、大河于河中府界。十月，北岳、镇、海、渎，土王日祀恒山于曲阳县界，医巫闾于辽阳广宁路界。立冬日，遥祭北海于登州界，济渎于济源县。祀官以所在守土官为之。既有江南，乃罢遥祭。时东平人赵天麟献《太平金镜策》，其论山川祭祀曰：“臣闻天子祭天地及天下之名山大川，诸侯祭社稷及名山大川之在其地者，大夫祭五祀，士祀宗庙，庶人祭祖考于寝。上得兼下，下不得僭上，皆有制以节之。今国家秩祀，既有礼部、太常寺、侍仪以备其节文，又诏所在官司岁时致祭五岳四渎名山大川，历代圣帝明王忠臣节士之载于祀典者，皆其宜也。窃见小民不安常典，妄祀明神，其类甚多，不可枚举。夫东岳者，天子告成之地，东方藩牧当祀之山。今乃有倡优之辈、货殖之徒，每年春季四方云聚，有不远千里而来者，干越礼典。亵渎神明，亦已甚矣。伏望陛下申明前诏，使天下郡县官各祭名山大川，圣帝明王忠臣节士之在其地者。凡下民当祭之神，则听之。如非祀典所当祀而祀者，禁之，无令妄渎。如是则巫风寝息，且亦富民之一助也。”

风、雨、雷师之祀，自至元七年十二月，大司农请于立春后丑日，祭风师于东北郊；立夏后申日，祭雷、雨师于西南郊。仁宗延祐五年，乃即二郊定立坛壝之制，其仪注阙。

七祀曰：户、司命、灶、中霤、门、厉、行，附祀神位于庙庭中街之东西向，其分为四时之祭，并与宋同。宋制：立春祭户、祭司命，立夏祭灶,季夏土王日祭中霤,立秋祭门、祭厉,立冬祭行。惟中霤特祭则遍设之。各位笾、豆各二,簠、簋各一,樽二,俎二。

三皇庙:至元十二年,立伏羲、女娲、舜、汤等庙于河中、绛州、洪洞、赵城。元贞元年,初命郡县通祀三皇,如宣圣释奠礼。太皞伏羲氏以勾芒氏之神配,炎帝神农氏以祝融氏之神配,轩辕黄帝氏以风后氏、力牧氏之神配。黄帝臣俞跗以下十人,姓名载于医书者,从祀两庑。有司岁春秋二季行事,而以医师主之。至正九年,江西湖东道廉访使文殊奴言:"三皇庙每岁春秋祀事,命太医官主祭,典礼未称。请如国子学春秋释奠,遣中省臣代祀,一切礼仪仿其制。"中书付礼部集礼官定议以闻,制可,命太常司定三皇祭礼,工部范祭器,江淮行省制雅乐器。十年九月,致祭。宣徽院供礼馔,光禄勋供内酝,太府供金帛,广源库供香炬,大兴府尹供牺牲,中书省奏拟三献官以次定诸执事。前一日,内降御香,三献官以下公服,备大乐仪仗,迎香至开天殿习祭仪。翰林院官具祝文曰:"皇帝敬遣某官某致祭。"

武成王,立庙于枢密院公堂之西,以孙武子、张良、管仲、乐毅、诸葛亮以下十人从祀。每岁春秋仲月上戊,以羊一、豕一、牺樽、象樽、笾、豆、俎、爵,枢密院遣官,行三献礼。

前代帝王庙:尧帝庙在平阳,中统五年建,至元二十四年敕春秋二仲上丙日祀帝尧庙。舜帝庙,河东、山东济南历山、濮州、湖南道州皆有之。禹庙在河中龙门,中统三年赐名建极宫。至元元年七月,龙门禹庙成,命侍臣持香致敬,有祝文。十二年二月,立伏羲、女娲、舜、汤等庙于河中解州、洪洞、赵城。十五年四月,修会川县盘古祠,祀之。二十四年闰二月,敕春秋二仲丙日,祀帝尧庙。致和元年,礼部移太常送博士议,舜、禹之庙合依尧祠故事,每岁春秋仲月上旬卜日,有司蠲洁致祭,官给祭物。至顺元年三月,从太常奉礼郎薛元德言,彰德路汤阴县北故羑里城周文王祠,命有司奉祀如故事。

周公庙在凤翔府岐山之阳。天历二年六月,以岐阳庙为岐阳书院,设学官,春秋释奠周文宪王如孔子庙仪。凡有司致祭先代圣君名臣,皆有牲无乐,其祭器不用笾、篚、簋,仪非酌献者,有司便服行礼,三上香,奠洒。

凡名山大川、忠臣义士之祠,所在有司祭之。其祀典之可考者:太祖十七年三月,封昆仑山为元极王,大盐池为惠济王。至元四年,封昔木土山为武成山,其神曰武定公,泉为灵渊,其神曰灵渊侯。泰定四年十月,改封建德路乌龙神为忠显灵泽普休孚惠王。致和元年四月,改封蒙山神为嘉惠昭应王,洞庭神为忠惠顺利灵济昭祐王。至元十四年,回水窝渊圣广源王加封善祐崇山灵济照应王;加封广惠安邱鼋众灵沛侯,加封灵需公。十六年,进封桑乾河洪济公为显应洪济公。十五年,封伯夷为昭义清惠公,叔齐为崇让仁惠公。二十一年加封卫辉路永清河神为洪济威惠王。大德三年,加解州盐池神惠康王曰广济资宝王,曰,永泽;浙西盐官州海神曰灵威宏祐公;吴大夫伍员曰忠孝威惠显圣王。延祐三年,敕卫辉、昌平修殷比干、唐狄仁杰祠。五年,加封楚大夫屈原为忠节清烈公。泰定元年,加封广德路山神张真人曰普济宁国路山神,广惠王曰福祐。二年,遣使祀武当、龙虎二山。置谏议书院于昌平,祀唐刘蕡。至正十八年,加封蕡文节昌平王。天历元年,加封汉关羽为显灵义勇武安英济王。至治二年,封蜀汉诸葛亮为威烈神显仁济王,封唐柳州刺史柳宗元为文惠昭灵公,加封唐司徒颜真卿为贞烈文忠公。令有司岁时致祭。二年,命加谥汉长沙王芮为长沙文惠王。至顺元年,加封秦蜀郡太守李冰为圣德广裕英惠王,其子二郎神为英烈昭惠灵显仁裕王,赐伯夷叔齐庙额曰圣清。后至元元年,封微子为仁靖公,箕子为仁献公,比干为仁显忠烈公,加封汉张飞为武义忠显英烈灵惠助顺王。又封徽州土神汪华为照忠广仁武烈灵显王,封真定滹沱河神为昭佑灵源侯。三年,封晋郭璞为灵应侯,封晋周处为英义武惠正应王。五年,加封孝女曹娥为慧感灵孝昭顺纯懿夫人。

泉州神女灵惠夫人,至元十五年,加号护国明著灵惠协己善庆显济天妃,天历元年,加号护国庇民广济福惠明著天妃,赐庙号曰灵慈,直沽、平江、周泾、泉、福、兴化等处皆有庙。皇庆以来,岁遣使斋香遍祭,金幡一,合银一锭,付平江漕司及本府官,用柔毛酒醴便服行事。祝文云"维年月日,皇帝特遣某官等致祭于护国庇民广济福惠明著天妃。"

功臣祠。至大四年,淮安忠武王伯颜庙于杭州,春秋二仲月次戊致祭,祀以少牢,用笾、豆、簠、簋,行酌献礼。若魏国文正公许衡庙在大名。河南王阿术庙在扬州。皇庆元年,又命河南行省建丞相阿术祠堂。延祐五年,敕杭州守臣岁时致祭。至治二年,赐祭田二十顷。东平忠宪王安童庙在东平,顺德忠献王哈剌哈孙庙在顺德、武昌者,皆岁时致祭。后至元六年,建太师木华黎祠堂。是年,又立阿喽罕、伯颜祠堂,皆家庙,官为建之者。

城隍庙,至元五年建于上都。七年,大都路建庙,封神曰祐圣王。天历二年八月,加王及夫人号曰护国保宁。

国俗祭祀。每岁十二月下旬择日于西镇国寺内墙下,洒扫平地,太府监供彩币,中尚监供细毡针线,武备寺供弓箭、环刀,束秆草为人形一,为狗一,剪杂色彩缎为之肠胃,选达官世家之贵重者交射之。非别速、札剌尔、乃蛮、忙古、台列班、塔达、珊竹、雪泥等氏族,不得与列。射至糜烂,以羊酒祭之。祭毕,帝后及太子嫔妃并射者,各解所服衣,俾蒙古巫觋祝赞之。祝赞毕,遂以与之,名曰脱灾。国俗谓之射草狗。

每岁十二月十六日以后,选日,用白黑羊毛为线,帝后及太子,自顶至手足，皆用羊毛线缠系之。坐于寝殿。蒙古巫觋念咒语，奉银槽贮火，置米糠于其中，沃以酥油，以其烟薰帝之身，断所系毛线，纳诸槽内。又以红帛长数寸，帝手裂碎之，唾之者三，并投火中。即解所服衣帽付巫觋，谓之脱旧灾、迎新福云。

世祖至元七年，以帝师八思巴之言，于大明殿御座上置白伞盖一，顶用素缎，泥金书梵字于其上，谓镇伏邪魔护安国刹。自后每岁二月十五日，于大殿启建白伞盖佛事，用诸色仪仗社直，迎引伞盖，周游皇城内外，云与众生被除不祥，导迎福祉。岁正月十五日，宣政院同中书省奏，请先期中书奉旨移文枢密院，八卫拨伞鼓手一百二十人，殿后军甲马五百人，抬舁监坛汉关羽神轿军及杂用五百人。宣政院所辖官寺三百六十所，掌供应佛像、坛面、幢幡、宝盖、车鼓、头旗三百六十坛，每坛擎执抬舁二十六人，钹鼓僧一十二人，大都路掌供各色金门大社一百二十队，教坊司云和署掌大乐鼓、板杖鼓、笙箫、龙笛、琵琶、筝、篥七色，凡四百人。兴和署掌妓女杂扮队戏一百五十人，祥和署掌杂把戏男女一百五十人，仪凤司掌汉人、回回、河西三色细乐，每色各三队，凡三百二十四人，凡执役者，皆官给铠甲袍服器仗，俱以鲜丽整齐为尚，珠玉金绣，装束奇巧，首尾排列三十余里。都城士女聚观。礼部官点视诸色队仗，刑部官巡绰喧闹，枢密院官分守城门，而中书省官一员总督视之。先二日，于西镇国寺迎太子游四门，舁座塑像，具仪仗入城。十四日，帝师率梵僧五百人，于大明殿内建佛事。至十五日，恭请伞盖于御座，奉置宝舆，诸仪卫队仗列于殿前，诸色社直暨诸坛面列于崇天门外，迎引出宫。至庆寿寺，具素食，食罢起行，从西宫门外垣海子南岸，入厚载红门，由东华门过延春门而西。帝及后妃、公主于五德殿门外，搭金脊五殿彩楼而观览焉。及诸队仗社直送金伞还宫，复恭置御榻上。帝师僧众作佛事，至十六日罢散。岁以为常，谓之游皇城。或有因事而辍，寻复举行。夏六月中，上都亦如之。

新元史卷八八
志第五五

礼　八

朝仪始末　元正受朝
皇帝即位受朝　皇帝上尊号受朝
太皇太后上尊号受朝
皇太后上尊号受朝太皇太后加上尊号受朝同前仪
摄行告庙　国史院进先朝实录
表章定制
外路迎拜诏赦及送宣授宣命官

　　元初,凡遇称贺,则群臣集帐殿前,无尊卑之班。执法官厌其喧杂,挥杖逐之,去而复集。世祖即位,翰林学士承旨王磐兼太常卿恐贻笑外国,请立朝仪。至元六年春正月甲寅,太保刘秉忠、大司农孛罗奉诏,使赵秉温、史杠访前代知礼仪者肄习朝仪。既而,秉忠奏曰:“一人习之,虽知之莫能行也。”诏许用十人。遂徵儒生周铎、刘允中、尚文、岳铉、关思义、侯佑贤、萧珽、徐汝嘉,从亡金故老乌古伦居贞、完颜复昭、完颜从愈、葛从亮、于伯仪及国子祭酒许衡、太常卿徐世隆,稽诸古典,参以时宜,沿情定制,而肄习之,百日而毕。
　　秉忠复奏曰:“无乐以相须,则礼不备。”诏搜访旧教坊乐工,得杖鼓色杨皓、笛色曹楫、前行色刘进、教师郑忠，依律运谱，被诸乐歌。六月而成，陈于万寿山便殿，帝听而善之。

秉忠及翰林、太常奏曰："今朝仪既定，请备执礼员。"诏丞相安童、大司农孛罗择蒙古宿卫士可习容止者二百余人，肄之期月。七年春二月，奏以丙子观礼。前期一日，布绵蒫金帐殿前，帝及皇后临观于露阶，礼文乐节，悉无遗失。冬十有一日戊寅，秉忠等奏请建官典朝仪，帝命与尚书省论定以闻。

八年春二月，立侍仪司，以忽都于思、也先乃为左右侍仪，奉御赵秉温为礼部侍郎兼侍仪司事，周铎、刘允中为左右侍仪使，尚文、岳忱为左右直侍仪事，关思义、侯佑贤为左右侍仪副使，萧琬、徐汝嘉为佥左右侍仪事，乌古伦居贞为承奉班都知，完颜复昭为引进副使，葛从亮为侍仪署令，于伯仪为尚衣局大使。夏四月，侍仪司奏请制内外仗，如历代故事。从之。秋七月，内外仗成。遇八月帝生日，号曰天寿圣节，用朝仪自此始。

泰定元年十二月，敕内外百官：凡行朝贺等礼，雨雪免朝服。至顺四年，中书省言："凡朝贺，遇雨，请便服行礼。"从之。元统二年十月朔，正内外官朝会仪班次，一依品位。时监察御史苏天爵言："迩年以来，朝仪虽设班位品秩，率越班行，均为衣紫，从五与正五杂居；共日服绯，七品与六品齐列。下至八品、九品，莫不皆然。夫既逾越班次，遂致行列不端，因忘肃敬之心，殊失朝仪之礼。今后朝贺行礼，听读诏敕，先尽省部院台正从二品衙门，次诸司局院，各验执事，辨官序，列正从班次。如有逾越品秩，差乱位序者，同失仪论，以惩不恪。"从之。自至元以后，至是复正朝会班次焉。

元正受朝。前期三日，习仪于圣寿万安寺。或大兴教寺。前二日，陈设于殿庭。至期大昕，侍仪使引导从护尉，各服其服，入至寝殿前，捧牙牌跪报外办，内侍入奏，出传制曰"可"。侍仪挽俯兴。皇帝出阁升辇，鸣鞭三。侍仪使拜通事舍人，分左右，引擎执护尉，劈正斧中行，导至大明殿外。劈正斧直正门北向立，导从倒卷序立，惟扇置于锜。侍仪使导驾时，引进使同内侍官，引宫人擎执导从，入至皇后宫庭，捧牙牌跪报外办。内侍入启，出传旨曰"可"，引进使俯伏兴。皇后出阁升辇，引进使引导从导至殿东门外，引进使分退立于至埊涂之次，引导从倒卷出。俟雨宫升御榻，鸣鞭三，劈正斧退立于露阶乐。司晨报时鸡唱毕，尚引引殿前班，皆公服，分左右入日精、月华门，就起居位，相向立。通班舍人唱曰"左右卫上将军兼殿前都点检臣某以下起居"，尚引唱曰"鞠躬"，曰"平身"，引至丹墀拜位，知班报班齐。宣赞唱曰"拜"，通赞赞曰"鞠躬"，曰"拜"，曰"兴"，曰"拜"，曰"兴"，曰"都点检稍前"。宣赞报曰"圣躬万福"，通赞赞曰"复位"，曰"拜"，曰"兴"，曰"拜"，曰"兴"，曰"平身"，曰"搢笏"，曰"鞠躬"，曰"三舞蹈"，曰"跪左膝，三叩头"，曰"山呼"，曰"山呼"，曰"再山呼"，凡传"山呼"，控鹤呼噪应和曰"万岁"，传"再山呼"，应曰"万万岁"。后仿此。曰"出笏"，曰"就拜"，曰"兴"，曰"拜"，曰"兴"，曰"拜"，曰"兴"，曰"平立"，宣赞唱曰："各恭事"。两班点检，宣徽将军分左右升殿，宿直以下分立殿前，尚厩分立仗南，管旗分立大明门南楹。

俟后妃、诸王、驸马以次贺献礼毕，典引引丞相以下，皆公服，入日精、月华门，就起居位。通班唱曰"义武百僚、开府仪同三司、录军国重事、监修国史、右丞相具官无常。臣某以下起居"，典引赞曰"鞠躬"，曰"平身"，引至丹墀拜位。知班报班齐。宣赞唱曰"拜"，通赞赞曰："鞠躬"，曰"拜"，曰"兴"，曰"拜"，曰"兴"，曰"平身"，曰"搢笏"，曰"鞠躬"，曰"三舞蹈"，曰"跪左膝，三叩头"，曰"山呼"，曰"山呼"，曰"再山呼"，曰"出笏"，曰"就拜"，曰"兴"，曰"拜"，曰"兴"，曰"拜"，曰"兴"，曰"平身"。侍仪使诣丞相前请进酒，双引升殿。前行乐工分左右，引登歌者及舞童、舞女，以次升殿门外露阶上。登歌之曲各有各，音中本月之律。先期，仪凤司运诸翰林院撰辞肄之。丞相至宇下褥位立，侍仪分左右北向立，俟前行色曲将半，舞旋列定，通赞唱曰"分班"，乐作。侍仪使引丞相由南东门入，宣徽使奉随至御榻前。丞相跪，宣徽使立于东南，曲终。丞相祝赞曰："溥天率土，祈天地之洪福，同上皇帝、皇后亿万岁寿。"宣徽使答曰："如所祝。"丞相俯伏

兴,退诣进酒位。尚酝官以觞授丞相,丞相搢笏捧觞,北向立,宣徽
使复位。前行色降,舞旋至露阶上。教坊奏乐,乐舞至第四拍,丞相
进酒,皇帝举觞。宣赞唱曰"殿上下侍立臣僚皆再拜",通赞赞曰"鞠
躬",曰"拜",曰"兴",曰"拜",曰"兴",曰"平身"。丞相三通酒毕,以
觞授尚酝官,出笏,侍仪使双引自南东门出,复位,乐止。至元七年进
酒仪:班首至殿前褥位立,前行进曲,尚酝官执空杯,自正门出,授班首。班首
搢笏执空杯,由正门入。至御榻前跪。俟曲终,以杯授尚酝官,出笏祝赞。宣徽
使曰"诺",班首俯伏兴。班首、宣徽使由南东门出,各复位。班首以下舞蹈山呼
五拜,百官分班,教坊奏乐。尚酝官进酒,殿上下侍立臣僚皆再拜。三进酒毕,
班首降至丹墀。至元十八年十二月二十八日,改今仪。

　　通赞赞曰:"合班"。礼部官押进奏表章、礼物二案至横阶下,宣
礼物舍人进读礼物目,至第二重阶。进俟表章官等,翰林国史院属
官一人。至宇下齐跪。宣表目舍人先读中外百司表目,翰林院官读
中书省表毕,皆俯伏兴,退,降第一重阶下立。俟进读礼物舍人升
阶,至宇下,跪读礼物目毕,俯伏兴,退。同降至横阶,随表章西行,
至右楼下,侍仪仍领之,礼物东行至左楼下,太府受之。宣赞唱曰
"拜",通赞赞曰"鞠躬",曰"拜",曰"兴",曰"平身",曰"搢笏",曰
"鞠躬",曰"三舞蹈",曰"跪左膝,三叩头",曰"山呼",曰"山呼",曰
"再山呼",曰"出笏",曰"就拜",曰"兴",曰"拜",曰"兴",曰"拜",
曰"兴",曰"平立"。僧、道、耆老、外国藩客,以次而贺。

　　礼毕,大会诸王宗亲、驸马、大臣,宴飨殿上,侍仪使引丞相等
升待殿侍宴,凡大宴,马不过一,羊虽多,必以兽人所献之鲜及脯
鯖,折其数之半,预宴之服,衣服同制,谓之质孙。宴飨乐节,见宴乐
篇。四品以上,赐酒殿上,典引引五品以下,赐酒于日精、月华二门
之下。宴毕,鸣鞭三。侍仪使导驾,引进使导后,还寝殿,如来仪。

　　天寿圣节受朝,如元正仪。前期一日,内外文武百官躬诣寺观,
启建祝延圣寿万安道场,至期满散。其日质明,朝臣诣阙称贺,外路
官员率同僚、儒生、乡老、僧、道、军人结彩香案,呈舞百戏,夹道祗

迎,就寺观望阙至香案下,设官属褥位。班立,先再拜。班首前跪,上香,舞蹈,叩头三呼万岁,就拜兴,再拜。礼毕,卷班就公所设宴而退。大德七年,中书省议,遇圣节元日,臣子之礼但当以敬为主,依照至元八年奉准仪式行礼。合用乐人,止就本处。在城者,无得于他处勾集及桩配诸行户百姓人等妆扮。社直所据筵会一切所需之物,官吏自备,并不得取敛于民。元贞二年,定军官准与民官一体行礼。

郊庙礼成受贺,如元正仪。

皇帝即位受朝。前期三日,习仪于万安寺。前二日,陈设于殿庭。前一日,设宣诏位于阙前。至期大昕,侍仪使引导从护尉,各服其服,至皇太子寝阁前,捧牙牌跪报外办。内侍传旨曰“可”,侍仪使俯伏兴。皇太子出阁,侍仪使前导,由崇天门入,升大明殿。引进史引导从至皇太子妃阁前,跪报外办。内侍出传旨曰“可”,引进俯伏兴,前导由凤仪门入。俟诸王以国礼扶皇帝登宝位毕,鸣鞭三。尚引引点检以下,皆公服,入就起居位。起居赞拜,如元正朝仪。两班点检、宣徽将军、宿直、尚厩、管旗,各恭事。侍后妃、诸王、驸马以次贺献礼毕,参议中书省事四人,以筐奉诏书,由殿左门入,至御榻前。参议中书省事跪奏诏文,俯伏兴,以诏受典瑞使押宝毕,置于筐,对举由正门出,乐作,至阙前,以诏置于案。文武百僚各公服就位北向立。侍仪使称有制,宣赞唱曰“拜”,通赞赞曰“鞠躬”,曰“拜”,曰“兴”,曰“拜”,曰“兴”,曰“平身”,曰“班首稍前”,典引引班首至香案前。通赞赞曰“跪”,曰“在位官皆跪”,司香赞曰“搢笏”,通赞赞曰“上香”,曰“上香”,曰“三上香”,曰“出笏”,曰“就拜”,曰“兴”,曰“复位”,宣赞唱曰“拜”,通赞赞曰“鞠躬”,曰“拜”,曰“兴”,曰“拜”,曰“兴”,曰“平身”。侍仪使以诏授左司郎中,郎中跪受,同译史稍西,升木榻,东向宣读。通赞赞曰“在位官皆跪”。读诏,先以国语宣读,随以汉语译之。读毕,降榻,以诏授侍仪使,侍仪使置于案。通赞赞曰“就拜”,曰“兴”,曰“拜”,曰“兴”,曰“拜”,曰“兴”,曰“搢笏”，曰“鞠躬”，曰“三舞蹈”，曰“跪左膝，三叩头”，曰“山呼，”曰“山呼”，曰“再山呼”，曰“出笏”，曰“就拜”，曰“兴”，曰“拜”，曰“兴”，曰：“拜”，曰“兴”，曰“平立”。典引引丞相以下皆公服入起居位。起居拜舞，祝颂进酒，献表，赐宴，并同元正受朝仪。宴毕，鸣鞭三。侍仪使导驾，引进使导后，入寝殿，如来仪。次日，以诏颁行。

皇帝上尊号受朝。前期二日，仪鸾司设大次于大明门外，又设进册案于殿内御座前之西，受宝案于其东，设受册案于御座上之西，受宝案于其东。侍仪司设册案于香案南，宝案又于其南。礼仪使位于前，册使、册副位于廷中，北面。引册、奉册、举册、读册、捧册官，位于右，引宝、奉宝、举宝、读宝、捧宝官位于左，以北为上。百官自金玉府迎册、宝，奉安中书省，如常仪。

前期一日，右丞相率公卿朝服，仪卫音乐，导册宝二案出自中书省，至阙前，控鹤奠案，方舆中道。册使等奉随入大次内，方舆奠案。侍仪使引册使以下。由左门以出，百官趋退。

至期大昕，右丞相以下百官，各公服集阙廷，仪仗护尉就位。侍仪使、礼仪使引导从导皇帝升大明殿，引进使引导从导皇后升殿。尚引引殿前班入起居位，起居山呼拜舞毕，宣赞唱曰“各恭事”。皇太子、诸王、后妃、公主以次升殿，鸣鞭三。侍仪使、引册、引宝导册宝由正门入，乐作。奉册使、右丞相率册官由右门入，奉宝使、御史大夫率宝官由左门入，至殿下，置册案于香案南，宝案又奠于其南，乐止。侍仪使、引册使以下就起居位，典引引群臣入就位。通班舍人唱曰“文武百僚具官臣某以下起居”，典引赞曰“鞠躬”，曰“平身”，引至丹墀拜位。宣赞唱曰“拜”，通赞赞拜、舞蹈、山呼，如常仪。

毕，承奉班都知唱曰“奉册使以下进上册宝”。侍仪司引册使以下进就位，乐作。掌仪赞曰“奉册宝官稍前，搢笏，捧册宝。”侍仪使前导，由中道升正阶，立于下。俟奉册使诸册官由右阶阶，奉宝使诸宝官由左阶阶毕俱由左门入，奉册、宝至御榻褥位前，册西、宝东，乐止。掌仪赞曰“奉册宝官稍前，以册宝跪置于案”，曰“出笏”，曰

"就拜"，曰"兴"，曰"平身"，曰"复位"，曰"奉册使以下皆跪"，曰"举册官兴，俱至案前跪"，曰"搢笏，取册于匣，置于盘，对举"，曰"读册官兴，俱至案前跪"，曰"读册"。读册官称臣某谨读册。读毕，举册官纳册于匣，兴，以授典瑞使，出笏，立于册案西南，典瑞使置于受册案。掌仪赞曰"举宝官兴，俱至案前跪，曰"搢笏，取宝于盝，对举"，曰"读宝官兴，俱至案前跪。"曰"读宝"。读宝官称臣某谨读宝。

读毕，举宝官纳宝于盝，兴，以授典瑞使，出笏，立于宝案东南，典瑞使置于受宝案。掌仪赞曰"奉册使以下皆就拜，"曰"兴"，曰"平身"。参议中书省事四人，以筐奉诏书，由殿左门入，至御榻前跪读诏文，如常仪，授典瑞使押宝毕，置于筐，对举，由正门出，至丹墀北，置于诏案。册使以下由南东门出，就位听诏，如仪。仪鸾使四人，舁进册宝案，由左门出。侍仪使引班首由左阶陞，前行色乐作，至宇下，乐止，舞旋至露阶立。班首入殿，宣徽使奉随，班首跪，宣徽使西北向立。班首致词曰："册宝礼毕，愿上皇帝、皇后万万岁寿。"宣徽使应曰："如所祝"。乐作。通赞宝曰"分班。"进酒毕，班首由南东门出，降阶，复位。乐止。通赞唱曰"合班"。奏进表章礼物，赞拜，舞蹈，山呼，锡宴，并如元正之仪。

至常朝朝参仪，元一代无之。至元中，监察御史马祖常言："百官朝见奏事，古有常仪。今国家有天下百年，典章文物屡复古制，惟朝仪之典不讲，实为缺漏。且夫群臣奏对之时，御史执简，史官执笔，缙绅佩玉，俨然左右。则虽有怀奸利、乞官爵者，亦不敢公出诸口。如蒙闻奏，命中书省会集文翰衙门官员讲究，参酌古今之宜，或三日、二日一常朝，则治道昭明，生民之福也。"祖常虽有此议，未见施行。

太皇太后上尊号受朝。前期二日，仪鸾司设进发册宝案于大明殿御座之前，掌谒设进册宝案于太皇太后殿座榻前，设受册宝案于座榻上，并册西、宝东。侍仪司设册使副位于廷中，北面，册官位右，宝官位左，礼仪使位于前，以北为上。太皇太后殿廷亦如之。

至期大昕,群臣皆公服,叙位阙前。侍仪使、礼仪使、引册使,引册,奉册、举册、读册、捧册官,由月华门入。侍仪使、礼仪使,引册副,引宝、奉宝、举宝、读宝、捧宝官,由日精门入。至露阶下,依板位立。侍仪使捧牙牌入至寝殿前,跪报外办,内侍入奏,出传制曰"可",侍仪使俯伏兴。皇帝出阁升辇,鸣鞭三;入大明殿,升御座,鸣鞭三。司晨报时鸡鸣毕,侍仪使、礼仪使、引册使以下升自东阶,由左门入,至御榻前,相向立。掌仪赞曰"奏中严",侍仪使捧牙牌跪奏曰"中严",又赞曰"就拜",曰"兴,平身",曰"复位",曰"礼仪使稍前跪",曰"册使以下皆跪"。礼仪使奏请进发太皇太后册宝,掌仪赞曰"就拜",曰"兴",曰"平身",曰"复位",曰"内谒者稍前",曰"搢笏,奉册宝上进",曰"册使副、捧册宝官稍前",曰"搢笏",曰"内谒者跪进册宝。"皇帝兴,以册授册使。册使跪受,兴,以授捧册官,出笏。以宝授册副,册副跪受,兴,以授捧宝官,出笏。侍仪使、礼仪使、引册、引宝官,导册宝由正门出,册使以下奉随至阶下。掌仪赞曰"以册宝置于案",曰"出笏,复位。"方舆昇行,乐作。侍仪使、礼仪使、引册、引宝前导,册使以下奉随,至圣宫前,奠案,乐止。

侍仪使以导从入至太皇太后寝殿前,跪报外办。掌谒入启,出传旨曰"可",侍仪使俯伏兴。侍仪使、掌谒前导太皇太后升殿。导太皇太后时,侍仪使入至大明殿,跪奏册宝至兴圣宫,请行礼。驾兴,鸣鞭三,侍仪使前引导从至兴圣宫,升御座。侍仪使出,至案所,乐作。方舆入,至露阶下奠案。册使副立于案前,册官东向,宝官西向。方舆分退,立于两庑,乐止。

尚引引殿前班入起居位,相向立,起居拜舞,如元正仪。礼毕,宣赞唱曰"各恭事",赞引册使以下退至起居位。通班舍人唱曰"摄某官具官<small>或太尉,具官无常</small>。臣某以下起居",引赞赞曰"鞠躬",曰"平身",进入丹墀,知班唱曰"班齐",宣赞唱曰"拜",通赞赞曰"鞠躬",曰"拜",曰"兴",曰"拜",曰"兴",曰"平身",宣赞唱曰"各恭事"。进至案前,依位立。宣赞唱曰"太尉以下进上册宝",掌仪赞曰"捧册前官稍前,搢笏,捧册宝。"侍仪使引册宝官前导,册使奉随,至御榻,进册宝案前。掌仪唱曰"跪",捧册宝官不跪,曰"以册宝置于案",曰"捧册宝官出笏复位",曰"太尉以下皆跪",曰"读、举册宝官兴,俱至案前跪"。掌仪赞曰"举册官搢笏,取册于匣,置于盘,对举"。曰"读册",读册官称臣某谨读册。读毕,举册官纳册于匣,掌仪赞曰"出笏",曰"举宝官搢笏,取宝于盝,对举",曰"读宝"。读宝官称臣某谨读宝。读毕,举读官纳宝于盝。掌仪赞曰:"出笏",曰"就拜",曰"兴",曰"平身",曰"众官皆兴",曰"复位",曰"太尉、司徒、奉册宝官稍前",曰"捧册宝官稍前",曰"搢笏",曰"捧册宝上进",曰"皇帝躬授太皇太后册宝",太皇太后以宝册授内掌谒,内掌谒置于案。皇帝兴,进酒。太皇太后举觞饮毕,皇帝复御座毕,掌仪赞曰"众官皆复位。"侍仪使、引册使以下,分左右,出就位。皇帝率皇后及后妃、公主降册丹墀,北面拜贺,升殿。皇太子及诸王拜贺,升殿。典引引百官入就起居位,通班舍人唱曰"文武百僚具官臣某以下起居",曰"鞠躬",曰"平身",引至丹墀拜位。知班报班齐,宣赞唱曰"拜",通赞赞曰"鞠躬",曰"拜",曰"兴",曰"拜",曰"兴",曰"平身"。侍仪使诣班首前请进酒,双引至殿宇下褥位立,俟舞旋列定,通赞唱曰"分班",乐作。侍仪使引班首出南东门入,宣徽使奉随,至御榻前,班首跪,曲终。班首祝赞曰"册宝礼毕,臣等不胜欣抃,愿上太皇太后、皇帝亿万岁寿"。宣徽使应曰"如所祝"。班首俯伏兴,退诣退酒位。以下并同元正仪。

皇太后上尊号受朝,同前仪。

太皇太后加上尊号受朝,同前仪。

摄行告庙。如受尊号,上太皇太后、皇太后册宝,册立皇后、皇太子,凡国家大典礼,皆告宗庙。前期二日,太庙令扫除内外,翰林国史院学士撰写祝文。前一日,告官等致斋一日。其日,告官等各服紫服,奉祝版,进请御署讫,差控鹤,用红罗销金案抬舁,覆以黄罗帕,并奉御香、御酒,如常仪,迎至祝所斋宿。告日质明前三刻,礼直官引太庙令率其属入庙殿,开室,陈设如仪。礼直官引告官等,各服紫服以次入就位，东向立定。礼直官稍前赞曰“有司谨具，请行事”。赞者曰“再拜”，在位者皆再拜。礼直官先引执事者各就位，次引告官诣盥洗、爵洗位，北向立。搢笏，盥手、帨手，洗爵，拭爵讫，执笏，请诣酒尊所，搢笏，执爵，司尊者举幂，良酝令酌酒，以爵授奉爵官，执笏，诣太祖室，再拜。执事者奉香，告官搢笏跪，三上香，执爵三祭酒，以虚爵授奉爵官，执笏，俯伏兴。举祝官搢笏跪，对举祝版，读祝官跪读祝文讫，奠祝于案，执笏俯伏兴。礼直官、赞告官再拜毕，每室并如上仪。告毕，引告官以下降，复位。再拜讫，诣望瘗燔祝，再拜，半燎，告官以下皆退。

国史院进先朝实录。是日大昕，诸司官具公服，立于光天门外。侍仪使引《实录》案以入，监修国史以下奉随，至光天殿前，分班立。皇帝升御座。宣赞唱曰“拜”，通赞赞曰“鞠躬”，曰“拜”，曰“兴”，曰“拜”，曰“兴”，曰“平身”。侍制四人奉《实录》，升自午阶，监修国史以下奉随，至御前香案南立，众官降，复位。应奉翰林文字升，至《实录》前，跪读表，读毕，俯伏兴，复位。翰林学士承旨升，至御前，分班立，俟御览毕，降复位。宣赞唱曰“监修国史以下皆再拜”，通赞赞曰“鞠躬”，曰“拜”，曰“兴”，曰“拜”，曰“兴”，曰“平身”。待制升，取《实录》，降自午阶，置于案，由光天门以出，音乐仪从前导，还国史院，置于堂上。通赞赞曰“鞠躬”，曰“拜”，曰“兴”，曰拜”，曰“兴”，曰“平身”，曰“搢笏”，曰“上香”，曰“上香”，曰“三上香”，曰“出笏”，曰“就拜”，曰“兴”，曰“拜”，曰“兴”，曰“拜”，曰“兴”，曰“平立”。百僚趋退。

表章定制。诸上表并为楷书，每幅六行或七行，后一幅或三行或五行，每行不限字数。第一幅前，用帖黄押下边，用信，其在下，上进谨封，字上用印。上表者，表以红罗夹复笺，以梅红罗单复封裹外路，仍盛以锁钥全表匣，饰以蟒。

表章回避字样：极、尽、归、化、忘、亡、忘、望同。播、晏、征、祚同。

霭、哀、爱同。奄、昧、驾、遐、仙、斯、司、四、死同。病、苦、没、泯、灭、凶、
祸、倾、颓、毁、偃、仆同。坏、破、晦、刑、伤、孤、坠、堕、服、布、孝、短、
夭、折、灾、要同。困、危、乱、暴、虐、昏、迷、遇、蹇、过、改、替、败、废、
寝、杀、绝、忌、忧、切、激、切、辱、旧系旧式。患、衰、囚、往、弃、丧、戾、
空、陷、厄、艰、忽、除、扫、摈、奸同。缺、落、典、宪、法、典字近用不驳。
奔、崩、摧、殄、陨、慕、稿、出、祭、奠、飨、享同。鬼、狂、藏、怪、渐、愁、
梦、幻、弊、疾、迁、尘、亢、蒙、隔、离、去、辞、追、考、板、荡、荒、右、
迤、师、剥、革、暌、违、尸同。挽、升、退、换、移、非字近用不驳。暗、了、
休、罢、覆、弟、断、收、诛、厌、讳、恤、罪、辜、愆、土、别、逝、誓同。众、
陵。土字近用不驳。右一百六十余字。其余可以类推。

　　外路迎拜诏献及送宣授、宣命官。凡元日外路拜表,拜表日质
明,望阙置香案,并设官属褥位,叙班立定,礼生赞拜,在位官皆再
拜,司吏捧表跪授班首,班首跪受,以授所差人,所差人跪受讫,班
首起立,礼生赞拜,在位官皆再拜讫。退。

　　凡外路迎拜诏赦,送诏赦官到,先遣人报班首,即率僚属吏从
人等,备仪从、音乐、香舆诣郭外迎接。见送诏赦官,即于道侧下马,
所差官亦下马,取诏赦置于舆中。班首诣香舆前上香讫。所差官上
马,在舆后。班首以下皆上马后从,鸣钲鼓作乐前导。至公所,从正
门入,所差官下马。执事者先于庭中望阙设诏赦案及香案并褥位,
又设所差官褥位在案之西,又设床于案之西南。所差官取诏赦置于
案,彩舆、香舆皆退。所差官称"有制",赞"班首以下皆再拜",班首
稍前跪。上香讫,复位所,再拜。所差官取诏赦授知事,知事跪受,
上名,司吏二员齐捧诏赦,同升宣读,在位皆跪,所读讫,诏赦置于
案,知事等复位,班首以下皆再拜,舞蹈,叩头,三称万岁。官吏叩头
中间,公吏等相应高声三呼万岁。就拜,兴,又拜,拜讫,班首以下与所
差官相见于行前。礼毕,所差官行,班首率僚属公吏,皆乐送至城门
外而退。

　　凡送宣授、宣命官,使者先遣人报知。受宣官率僚属吏从等,备

仪从、音乐、彩舆，二官并别司长官二员，所在府州取索排办音乐并彩舆、香舆。诣郭外迎接。望见使者，即于道侧下马，使者亦下马，取宣置彩舆中。受宣官诣香舆前，上香讫，退，遣人覆知使者，为未受宣命，未敢参见。使者在舆后，受宣官次行，皆上马从后，鸣钲鼓，作乐前导，至所居。如闲居官即使者入馆遣往报，受宣官令人传语取覆，给宣之日，先于本宅随即排办，仍报所在京府州郡，差知礼数人，并合用案褥等物。其京府州郡须合应付随本官往处馆，导引所居处。如本家无音乐、仪从者，更不排办。皆从正门入，使者下马，报事者先于庭中望阙设宣命案、极香案并褥位。使者褥位在宣案之西。使者取宣于彩舆，捧置案上。案上仍设衣褥。彩舆及香舆皆退。使者就褥位立，受宣官就望阙位立定。礼生赞"再拜，稍前跪，上香，又再拜"。使者称"有制赐卿宣命"，受宣命官又再拜跪，使者取宣于案，以授受宣官。受讫置于怀，就一拜兴，稍退，恭阅宣命讫，复置于怀，就褥位再拜，舞蹈，叩头，就拜兴，又再拜。受宣官近使者前，跪问圣躬万福，使者躬答曰"圣躬万福"。受宣官起，使者与受宣官及诸僚属相见于所前，礼毕。

凡受敕，其日受敕官具公服，就公所望阙设香案、褥位。如闲居官就本宅正所，送敕官立于香案之西，受敕官诣褥位立定。礼生赞"再拜"讫，搢笏，跪上香。送敕官奉敕以授受敕官。受敕官受敕置于怀，出笏，就拜兴，复位再拜。礼毕，与所差官相见。

新元史卷八九
志第五六

礼 九
谥 法

至元三年,追谥成吉思汗以下诸汗,是为上尊谥之始。三十一年,世祖崩。夏四月甲午,成宗即位。丙午,右丞相完泽及文武百官议上大行皇帝尊谥。壬寅,为坛于都城南七里。甲辰,遣司徒兀都带、平章政事不忽木、左丞张九思率百官请谥于南郊。五月戊午,遣摄太尉兀都带奉册上尊谥、庙号及国语尊称。是曰,完泽等议同上先帝、先后宏吉剌氏尊谥。凡历代上先帝、先后尊谥者,皆如之。至群臣赐谥,则始于中统二年赐金翰林修撰魏璠谥靖肃,补阙李大节谥贞肃。至大二年,定内外官三品以上者许请谥,若勋戚大臣赐谥不在此例。太常因革礼次谥法于诸神祀之下,今仍之。

君谥

神　一民无为曰神,应变无方曰神,能妙万物曰神,圣不可知曰神,道化宣民曰神,显仁藏用曰神。

圣　极深研几曰圣,穷理尽性曰圣,穷神知化曰圣,能享上帝曰圣,兼采众谋曰圣,裁成天地曰圣,百姓与能曰圣,供物成器曰圣,备道全美曰圣。

文　经纬天地曰文,齿德博闻曰文,修德来远曰文,德洽四国

曰文，微柔懿恭曰文，圣谥丕显曰文，化成天下曰文，纯穆不已曰
文。

武　克定祸乱曰武，禁暴戢兵曰武，克有天下曰武，睿智不杀
曰武，恤民除害曰武。

成　经德秉哲曰成，民和神福曰成，政立民安曰成，持盈守成
曰成，道兼圣智曰成。

康　安乐抚民曰康，能安兆民曰康，俊民用章曰康，久膺多福
曰康。

献　聪明睿智曰献，向惠德元曰献，智质有圣曰献。

懿　爱民质渊曰懿，体元居中曰懿，德浸光大曰懿。

章　法度大明曰章。

穆　布德执意曰穆，尊贤敬德曰穆，德政应和曰穆。

敬　威仪悉备曰敬，齐庄中正曰敬，全善典法曰敬，畏天爱民
曰敬。

元　主善行德曰元，行义悦民曰元，体仁长人曰元。

昭　圣德嗣服曰昭，德业升闻曰昭，智能察微曰昭。

景　耆意大图曰景，布义行刚曰景，緐义而成曰景，德行可仰
曰景。

孝　协时肇享曰孝，博施被物曰孝，继志述事曰孝，教刑四海
曰孝，德通神明曰孝。

宣　施而无私曰宣，重光奠丽曰宣，义问周达曰宣。

平　布纲治纪曰平，治而无眚曰平，布德均政曰平，无党无偏
曰平，治道如砥曰平。

桓　辟土服远曰桓。

庄　威而不猛曰庄，端恪临民曰庄。

僖　质渊学谏曰僖。

肃　刚德克就曰肃。

惠　慈仁好与曰惠，能安四方曰惠，子爱困穷曰惠，俭以厚下
曰惠。

安　宽裕和平曰安,所宝惟贤曰安,兆民赖庆曰安,中心宅仁曰安,修己宁民曰安。

明　照临四方曰明,潜诉不行曰明,圣能作则曰明,无幽不察曰明,任贤使能曰明,令闻不已曰明,奉若天道曰明,孝法天下曰明,奉养有节曰明,遏恶扬善曰明,视能致远曰明。

定　安民法故曰定,安民大虑曰定,仁能一众曰定,嗣成武功曰定。

简　易从有功曰简,平易无疵曰简,至德临下曰简。

隐　不显尸国曰隐。

翼　思虑深远曰翼,小心事天曰翼。

襄　辟土有德曰襄。

哀　德之不建曰哀。

烈　秉德事业曰烈,海外有截曰烈,业成无竞曰烈,丕承圣谟曰烈。

威　蛮夷率服曰威,信赏必罚曰威,德威可畏曰威。

愍　祸乱力作曰愍,使民悲伤曰愍,在国罹忧曰愍。

灵　乱而不损曰灵,好事鬼神曰灵,极知神事曰灵。

幽　壅遏不远曰幽,违礼乱常曰幽,暴民残义曰幽。

厉　杀戮不辜曰厉。

德　修文来远曰德,睿智日新曰德,尊贤亲亲曰德,忠和纯淑曰德。

质　中正无邪曰质,恬淡无为曰质。

靖　虚己鲜言曰靖,缉熙宥密曰靖,式典安民曰靖。

顺　慈和偏服曰顺,德合帝则曰顺,受天百禄曰顺。

思　追悔前过曰思。

宪　赏善罚奸曰宪,刑政四方曰宪,圣能法天曰宪。

仁　利泽万世曰仁,大德好生曰仁,率性安行曰仁。

义　除去天地之害曰义,理财正辞曰义,仁能制命曰义,能成其志曰义

礼　奉义顺则曰礼。

智　察言知人曰智。

钦　克慎成宪曰钦。

戴　典礼不愆曰戴,爱民好治曰戴。

怀　慈仁短折曰怀,民思其惠曰怀。

荒　好内怠政曰荒,内外淫乱曰荒,昏乱纪度曰荒,狎侮五常曰荒。

惑　以欲忘道曰惑,淫溺丧志曰惑,妇言是用曰惑。

夷　失礼基乱曰夷。

后妃谥

文　克嗣徽音曰文,慈惠爱民曰文,德美才秀曰文。

成　夙夜警戒曰成,曲直赴礼曰成,仁化纯礼曰成。

康　温良好学曰康,寿考且宁曰康,保民迪吉曰康,务德不争曰康。

献　贤德有成曰献。

懿　温柔圣善曰懿,柔克有光曰懿。

章　其言有文曰章,上下无私曰章。

穆　德化肃和曰穆。

敬　夙夜警戒曰敬,戒惧无违曰敬,戒尊师傅曰敬。

元　体仁内恕曰元,仁明道合曰元。

昭　容仪翼美曰昭,德礼不愆曰昭,高朗令终曰昭。

孝　慈惠爱亲曰孝,尊仁安义曰孝,先意承志曰孝,能奉祭祀曰孝,敬慎所安曰孝。

宣　圣善周闻曰宣,能布全德曰宣。

平　执事有制曰平,分不求多曰平。

庄　履正志和曰庄,端一克成曰庄,齐戒中礼曰庄。

僖　小心畏忌曰僖,见善用长曰僖。

恭　执心决断曰恭,能执妇道曰恭。

惠　淑质受谏曰惠,恩能及下曰惠。

安　务德不争曰安,庄敬尽礼曰安,敬而有礼曰安。

明　独见先知曰明,内治和礼曰明。

定　践行不爽曰定,审于事情曰定,德操纯固曰定。

简　一德不懈曰简。

正　其仪不忒曰正,精爽斋肃曰正,内外宾服曰正,诚心格非曰正,庄以率下曰正。息邪距诐曰正。

隐　远拂不成曰隐。

哀　遭难已甚曰哀。

烈　光有大功曰烈,安民有功曰烈。

勤　服劳无怨曰勤,能修其官曰勤。

贞　履正中馈曰贞,守数难犯曰贞,幽闲专一曰贞,恒德从一曰贞。

灵　死见鬼能曰灵,不勤成名曰灵。

幽　淫德灭国曰幽。

厉　挟邪违正曰厉,长舌阶祸曰厉。

节　巧而好度曰节,能固所守曰节,恭俭中礼曰节,好廉自克曰节,直道不挠曰节,临义不夺曰节。

德　富贵好礼曰德,仁而有化曰德,忧国进贤曰德。

质　直心靡他曰质。

靖　柔德教众曰靖,宽乐全终曰靖。

顺　和比于礼曰顺,柔德承天曰顺,德性宽柔曰顺,淑慎其身曰顺,德容如玉曰顺。

宪　行善可记曰宪。

忠　让贤尽诚曰忠,危身奉上曰忠,中能应外曰忠。

仁　功施于民曰仁,屈己逮下曰仁。

礼　奉义顺则曰礼,善自防闲曰礼。

钦　威仪悉备曰钦。

良　顺理习善曰良,温敬寡言曰良,孝悌成性曰良,小心敬畏曰良。

　　微　元德充美曰微。

　　柔　顺德丽贞曰柔，至顺法坤曰柔。

　　荒　纵乐无度曰荒。

　　惑　心志多穷曰惑。

　　戾　不悔前过曰戾，不思顺受曰戾。

　　臣谥

　　文　博闻多见曰文，敬直慈惠曰文，勤学好问曰文，修治班制曰文，与贤同升曰文。

　　武　除乱靖难曰武，帅众以顺曰武，折冲御侮曰武，赴敌无避曰武，辟土斥境曰武。

　　成　通达强立曰成，不忘久要曰成，佐相克忠曰成，德备礼乐曰成，德见于行曰成。

　　康　宽裕和平曰康，敬而有礼曰康，保卫社稷曰康，造道自行曰康，动而无妄曰康。

　　献　博闻多能曰献，智能翼君曰献，学于古训曰献。

　　懿　文德充实曰懿，秉彝好德曰懿，尚能不争曰懿。

　　章　温克令仪曰章，敬慎高明曰章。

　　穆　申情见貌曰穆，敬和在位曰穆。

　　敬　夙夜将事曰敬，陈善闭邪曰敬，死不忘君曰敬，难而不避曰敬，受命不迁曰敬，众方克就曰敬。

　　元　宣慈惠和曰元。

　　昭　明德有功曰昭。德音孔宣曰昭。

　　孝　秉德不回曰孝，思爱忘劳曰孝，从命不忿曰孝，富贵不骄曰孝，能守祭祀曰孝。

　　宣　俊达有德曰宣，力施四方曰宣。

　　平　政以行辟曰平，执事有制曰平，分不求多曰平。

　　桓　克敌服远曰桓，壮以有力曰桓。

庄　执德不矜曰庄。

僖　小心敬慎曰僖。

恭　好德不怠曰恭，貌敬行祗曰恭。

惠　宽裕不苛曰惠，柔质慈民曰惠，遗爱在民曰惠，分人以财曰惠，利而不费曰惠。

安　好和不争曰安。

明　总集殊异曰明，能视致远曰明，诚身自知曰明，守静知常曰明。

定　以劳定国曰定，克绥邦家曰定。

简　仕不躁进曰简，能行直道曰简。

隐　怀情不尽曰隐。

襄　执心克刚曰襄，协赞有成曰襄。

哀　处死非义曰哀。

毅　致果杀敌曰毅，勇而近仁曰毅，

勇　持义不挠曰勇，以义死事曰勇，临事屡断曰勇，胜敌壮志曰勇，临难不惧曰勇。

壮　胜敌克乱曰壮，死于原野曰壮，好力致勇曰壮，屡行征伐曰壮，武而不遂曰壮，武德刚毅曰壮，非礼弗履曰壮。

克　爱民作刑曰克，胜敌得俊曰克，胜己自私曰克。

勤　能修其官曰勤，广业不息曰勤，勤行世业曰勤，好学力行曰勤。

贞　大虑克就曰贞，直道不挠曰贞，清白守节曰贞，内外用情曰贞，不隐幽屏曰贞，图国荒死曰贞，名实不爽曰贞，事君无猜曰贞，固节干事曰贞。

愍　佐国逢难曰愍，危身奉上曰愍。

幽　暴民残义曰幽。

白　涅而不淄曰白，致虑忘机曰白。

德　刚塞简廉曰德，宽栗扰义曰德，直温强义曰德，辅世长民曰德，富贵好礼曰德。

匡　辅弼王室曰匡，以法正国曰匡，弥缝灾害曰匡，正君之过曰匡。

质　名实不爽曰质，言行相应曰质。

靖　仁敬鲜言曰靖。

顺　慈仁和民曰顺，克将君美曰顺。

宪　文武可法曰宪。

坚　磨而不磷曰坚。

忠　临患不忘国曰忠，虑国忘家曰忠，杀身报国曰忠，廉方公正曰忠，世笃勤劳曰忠，善则推君曰忠，死卫社稷曰忠，以德匡君曰忠，以孝事君曰忠，安不择事曰忠，中能应外曰忠。

仁　畜义丰功曰仁，杀身成志曰仁，克己复礼曰仁，宽信敏惠曰仁，功施于民曰仁，爱仁利物曰仁。

义　推功尚善曰义，以礼节行曰义，取而不贪曰义，行礼不疚曰义，见利能让曰义，以公灭私曰义，制事得宜曰义。

礼　躬俭中节曰礼，审节而和曰礼，著诚去伪曰礼。

智　敬而不忘曰智，尊明胜患曰智，摧芒折廉曰智，择任而往曰智，能治大官曰智，临事不惑曰智，知言知默曰智。

直　守道如矢曰直，言行不邪曰直，质而中正曰直，正人之曲曰直，折狱在中曰直，孝弟成性曰直，小心敬事曰直。

信　思难不越官曰信，周仁承命曰信，立言可复曰信，守礼不违曰信。

钦　肃敬而承上曰钦。

良　谋猷归美曰良。

类　勤施无私曰类，不忝前哲曰类。

度　心能制义曰度，进退可轨曰度，守法纬民曰度，从容有常曰度，礼仪次善曰度。

戴　典礼不愆曰戴，爱人好礼曰戴。

怀　仁敬短折曰怀，轨义去位曰怀。

荒　内外淫乱曰荒。

悫　诚以致志曰悫。

新元史卷九○
志第五七

礼　十

册立皇后　　册立皇太子
品官以下婚礼　　祃牙祭旗鼓
大丧　　品官丁忧　　品官以下丧礼
品官以下墓田之制

册立皇后之礼。前期二日,仪鸾司设发册宝案于大明殿御座前稍西,设发宝案稍东。掌谒设香案于皇后殿前,设册案于殿内座榻前稍西,宝案稍东。设受册案于座榻上稍西,设受宝案于稍东。侍仪司设板位,册使副位于廷中,北面,册官位于右,宝官位于左,礼仪使位于册案前,主节位于太尉左。皇后殿廷亦如之。

至期大昕,引赞叙太尉以下于阙廷,各公服。侍仪使、礼仪使、引册使、引册、奉册、举册、读册、捧册官,由月华门入。侍仪使、礼仪使、引册副,引宝、奉宝、举宝、读宝、捧宝官,由日精门入。至露阶下,依板位立。侍仪使捧牙牌入至寝殿前,跪报外办。内持入奏,出传制曰"可",侍仪使俯伏兴。皇帝出阁升辇,鸣鞭三。侍仪使引导从导皇帝入大明殿,升御座。鸣鞭三。

司晨报时鸡唱毕,尚引引殿前班入起居位,起居、赞拜、舞蹈、山呼,如仪。宣赞唱曰"各恭事"。引赞引册使以下入就位,掌仪舍人引承奉班都知、侍仪使、礼仪使、主节、捧册、捧宝官，升自左阶，由南东门入，至御座前，分左右相向立。掌仪赞曰"礼仪使稍前跪"，曰"太尉以下皆跪"。礼仪使跪奏请进发皇后册宝。掌仪赞曰"就拜"，曰"兴"，曰"平身"，曰"太尉以下皆兴"，曰"复位"。掌仪赞曰"内谒者稍前"，曰"搢笏"，曰"捧册宝跪进皇帝"，曰"以册宝授捧册宝官"，捧册宝官跪受，兴。掌仪赞曰"主节官搢笏持节"，礼仪使引节导册宝由正门出，至露阶，南向立。礼仪使称有制，承奉班都知唱曰"太尉以下皆再拜"，通赞曰"鞠躬"，曰"拜"，曰"兴"，曰"拜"，曰"兴"，曰"平身"。礼仪使宣制曰"命太尉某等持节授皇后册宝"，通赞赞曰："鞠躬"，曰"拜"，曰"兴"，曰"平身"。降至露阶下，依次就位。掌仪唱曰"以册宝置于案"，曰"出笏"，曰"复位"。方舆舁以行，乐作。侍仪使、礼仪使引太尉及册宝官，奉随至皇后宫庭奠案，乐止。掌仪唱曰"俸册宝官稍前，搢笏"。捧册宝使、太尉以下奉随由正阶阼，至案前。掌仪赞曰"以册宝置于案"，曰"出笏"，曰"复位"。侍仪使稍前跪报外办，内侍入启，出传旨曰："可"，侍仪使俯伏兴。

皇后出阁，诣褥位，太尉称制遣臣某等恭授皇后册宝。内侍赞礼曰"跪"，掌仪赞曰"太尉以下皆跪"。内侍赞皇后曰"上香"，曰"上香"，曰"三上香"，曰"拜"，曰"兴"，曰"拜"，曰"兴"。掌仪赞曰"太尉以下皆兴。"皇后升殿，立于座榻前。承奉班都知唱曰"太尉以下进册宝"，掌仪唱曰"捧册宝官稍前，搢笏"。捧册宝由正门至殿内。掌仪赞曰"以册宝跪至于案"，曰"捧册宝官出笏，兴，复位"，曰"太尉以下皆跪"，曰"举册官兴，至案前跪"，曰"搢笏，取册于匣，置于盘，封举"，曰"读册官兴，至案前跪"，曰"读册"。读册官称臣某谨读册，读毕，纳册于匣。掌仪赞曰"出笏，举宝官兴，至案前跪，搢笏，取宝于盝，对举"，曰"读宝官兴，至案前跪，"曰"读宝"。读宝官称臣某谨读宝。读毕，纳宝于盝。掌仪赞曰"出笏"，曰"太尉以下皆就拜"，曰"兴"，曰"平身"。捧册宝官以册宝授太尉，太尉以授掌谒，掌谒以册宝置于受册宝案。掌仪唱曰"太尉以下跪"，曰"众官皆跪"，太尉致祝辞曰："册宝礼毕，伏愿皇后与天同算。"司徒应曰："如所祝"。就

拜，兴，平身。太尉进酒，乐作。皇后饮毕，乐止。礼仪使引节引主
节由正门以出。侍仪使引太尉以下，由左门至阶下，北面立。承奉
班都知唱曰"太尉以下皆再拜"，通赞曰"鞠躬"，曰"拜"，曰"兴"，曰
"拜"，曰"兴"，曰"平立"。侍仪使引太尉以下还诣皇帝御座前，跪奏
曰："奉制授皇后册宝，谨以礼毕"。就拜，兴，由左门出，降诣旁折
位。

　　侍仪使引导从导皇后诣大明殿前谢恩，掌谒赞曰"拜"，曰
"兴"，曰"拜"，曰"兴"。侍仪使分退，掌谒导皇后升御座。典引引丞
相以下入起居位，起居赞拜如仪。侍仪使诣右丞相前请双酒，双引升
殿，至宇下褥位立。侍仪使分左右北向立，俟前行色曲将半，舞旋列
定，通赞唱曰"分班"。乐作。侍仪使引右丞相由南东门入，宣徽使
奉随至御榻前，右丞相跪，宣微使立于东南。曲终，右丞相祝赞曰
"册宝礼毕，臣等不胜庆抃，同上皇帝、皇后万万岁寿"。宣微使应
曰："如所祝"。右丞相俯伏兴，退诣进酒位。进酒、进表章礼物、赞拜、僧
道贺献、大宴殿上，并如元正仪。宴毕，鸣鞭三。侍仪使导驾，引进使导
后，还寝殿，如来仪。凡后妃妊身将及月辰，则移居于外毡帐。若诞皇子，则
赐百官以金银采段，谓之撒答海。

　　册立皇太子之礼。前期三日，右丞相率百僚至金玉局册宝案
前，舍人赞曰"鞠躬"，曰"拜"，曰"兴"，曰"拜"，曰"兴"，曰"平身"。
曰"班首稍前"，曰"跪"，曰"在位官皆跪"，曰"搢笏"，曰"上香"，曰
"上香"，曰"三上香"，曰"出笏"，曰"就拜"，曰"兴"，曰"拜"，曰
"兴"，曰"拜"，曰"兴"，曰"平身"。侍仪使、舍人分引群臣，仪卫音乐
导至中书省，正位安置。

　　前期二日，仪鸾司设发册案于大明殿御座西，发宝案于东。典
宝官设香案于太子殿前阶上，设册案于西，宝案于东；又设受册案
于殿内座榻之西，受宝案于东。侍仪司设板位，太尉、册使副位于大
明殿廷，太尉位居中，册官位于右，宝官位于左，礼仪使位于前，主
节官位于太尉之左。太子殿廷亦如之，乐位布置亦如之。右丞相率

百僚朝服,至中书省册宝案前,叙立定。舍人赞曰"鞠躬",曰"拜",曰"兴",曰"拜",曰"兴",曰"平身"。曰"班首稍前",曰"跪",曰"搢笏",曰"在位官皆跪",曰"上香",曰"上香",曰"三上香"。曰"出笏",曰"就拜",曰"兴",曰"拜",曰"兴",曰"拜",曰"兴",曰"平身"。舍人分引群臣,仪卫导从,音乐伞扇,导至阙前。控鹤奠案,方舆官舁之,由中道入崇天门,册使以下奉随至露阶下。方舆官置册案于西,宝案于东,分退立于两庑。册使副北面,引册官、举册官、读册官、捧册官位于册案西,东向。引宝官、举宝官、读宝官、捧宝官位于宝案东,西向。掌仪舍人赞曰"捧册官稍前",曰"搢笏",曰"捧册"。又赞曰"捧宝官稍前",曰"搢笏",曰"捧宝"。侍仪使、引进使、引册官、引宝官前导,捧册宝官次之,册使副以下奉随升大明殿午阶,由正门入,至进发册宝案前,册使副北面立,引册宝、引宝官、举册官、举宝官以下,分左右夹册宝案立。掌仪赞曰"以册宝置于案,"曰"出笏",曰"复位"。侍仪使引奉册使以下由左门出,百辟趋退。

　　至期大昕,引赞引册使以下,皆公服,叙位于阙廷。侍仪使导从皇帝出阁,鸣鞭三,升大明殿,登御座。尚引引殿前班入起居位,起居赞拜如仪,宣赞唱曰"各恭事"。引赞引册使以下入就位,掌仪舍人引承奉班都知、侍仪使、礼仪使、主节郎、捧册捧宝官,升自左阶,由左门入,至御座前,分左右立。掌仪赞曰"礼仪使稍前",曰"跪",曰"众官皆跪"。礼仪使奉请发皇太子册宝,掌仪唱曰"就拜",曰"兴",曰"平身",曰"众官皆兴",曰"复位"。曰"内谒者稍前",曰"搢笏",曰"捧册宝跪进皇帝",曰"以册宝授捧册宝官",捧册宝官跪受,兴。掌仪赞曰"主节郎搢笏持节",礼仪使引节导册宝由正门以出,至露阶南向立。礼仪使称有制,承奉班都知唱曰"太尉以下皆再拜",掌仪赞曰"鞠躬",曰"拜",曰"兴",曰"拜",曰"兴",曰"平身"。礼仪使宣制曰"上命太尉等持节授皇太子册宝",掌仪赞曰"鞠躬",曰"拜",曰"兴",曰"拜",曰"兴",曰"平身"。礼仪使引节导册宝,降至露阶下,依次就位。掌仪赞曰"以册宝置于案",曰"出笏",曰"复位"。方舆舁以行,乐作。侍仪使、礼仪使、主节前导,册使以下奉随由正门出。至阙前,方舁奠案,控鹤舁以行。至皇太子殿廷,控鹤奠案,方舆以行。入至露阶下奠案,方舆退,乐止。册使以下以次立,掌仪赞曰"捧册宝官稍前,搢笏,捧册宝。"侍仪使引节,主节导册宝以行,册使以下由正阶阼,节立于香案之西。掌仪赞曰"捧册宝官跪,以册宝置于案",曰"出笏",曰"兴",曰"就位"。右庶子跪报外备,内侍入启,出传旨曰"可",右庶子俯伏兴。

皇太子出阁,立于香案前,掌仪赞曰"皇太子跪",曰"上香",曰"上香",曰"三上香",曰"拜",曰"兴",曰"拜",曰"兴"。太尉前称制遣臣某等恭授皇太子册宝,复位。掌仪赞曰"皇太子拜",曰"兴",曰"拜",曰"兴"。请皇太子诣褥位,南向立。曰"皇太子跪",曰"诸执事官皆跪",曰"举册官兴,至案前",曰"跪",曰"读册"。读宝,曰"纳册于匣",曰"出笏"。掌仪唱曰"举宝官兴,至案前",曰:跪",曰"读宝"。读毕,曰"纳宝于盝",曰"出笏",曰"举册宝官、读册宝官皆兴,复位"。掌仪赞曰"太尉进授册宝",侍仪使引太尉、司徒至册宝案前,搢笏,以册宝跪进。皇太子恭受,以授左右庶子,左右庶子搢笏跪受。掌仪赞曰"皇太子兴,册使以下皆兴。"右庶子捧册,左庶子捧宝,导皇太子入殿。右庶子奠册于授册案,左庶子奠宝于受宝案。引节引主节立于殿西北,引赞引太尉以下降阶复位,北向立。承奉班都知唱曰"太尉以下皆再拜",掌仪赞曰"鞠躬",曰"拜",曰"兴",曰"拜",曰"兴",曰"平身"。乐作。侍仪使诣太尉前请进酒,太尉入至殿内,进酒毕,降复位。乐止。

侍仪使、礼仪使、主节导太尉以下还诣大明殿御座前,跪奏曰:"奉制授皇太子册宝,谨以礼毕"。俯伏兴,降诣位。侍仪使、左右庶子导皇太子诣大明殿御座前谢恩,右庶子赞曰"拜",曰"兴",曰"拜",曰"兴"。进酒。又赞曰"拜",曰"兴",曰"拜",曰"兴"。降殿,还府。

侍仪使诣右丞相前请进酒,双引升殿,至宇下褥位立,侍仪使分左右,北向立。俟前行色曲将半,舞旋列定,通赞唱曰"分班"。乐作。侍仪使、右丞相由南东门入,宣徽使奉随至御榻前。右丞相跪,宣徽使立于东南。曲终。右丞相祝赞曰："皇太子册宝礼毕,臣等不胜庆抃,同上皇帝、皇后万万岁寿"。宣徽使应曰"如所祝"。右丞相俯伏兴,退诣进酒位。进酒、进表章礼物、赞拜,如元正仪。驾兴,鸣鞭三。侍仪使导驾还寝殿,如来仪。

皇太子还府,升殿。典引引群臣入就起居位,通班自班西行至中道,唱曰"具官某以下起居",典引赞曰"鞠躬",曰"平身"。进就拜位,宣赞唱曰"拜",通赞赞曰"鞠躬",曰"拜",曰"兴",曰"拜",曰"兴",曰"平身"。侍仪使诣班首前请进酒,双引由左阶至殿宇下褥位立,侍仪分左右,北向立。俟前行色曲将半,舞旋列定,通赞唱曰"分班"。班首入自左门,右庶子随至座前。班首跪,右庶子立于东南。俟曲终,班首致祝词曰:"册宝礼毕,愿上殿下千秋之寿"。右庶子应曰:"如所祝"。班首俯伏兴,退至进酒位,搢笏,捧觞,北向立,右庶子退复位。俟舞旋至露阶,乐舞至第四拍,班首进酒。宣赞唱曰"文武百僚皆再拜",通赞赞曰"鞠躬",曰"拜",曰"兴",曰"拜",曰"兴",曰"平身"。班首自东门出,复位。乐止。通赞唱曰"合班"。中书押进笺及礼物案至横阶下,进读笺官由左阶陞,进读礼物官至阶下。俟进读笺官至宇下,先读笺目,次读笺。读毕,俯伏兴,降至阶下。进读礼物官升阶,至宇下,跪读礼物状毕,俯伏兴,退,同读笺官至横阶,随笺案西行,至右庑下,礼物案东行,至左庑下,各付所司。宣赞唱曰"拜",通赞赞曰"鞠躬",曰"拜",曰"兴",曰"拜",曰"兴",曰"平立"。右庶子导皇太子还阁。

品官以下婚姻之礼。至元八年,礼部议准,条件凡七:一曰议婚,身及主婚者无期以上丧服,及可成婚。先使媒氏通言,女氏许之,然后纳采。二曰纳采,系今之下定也。主人具书夙兴奉以告祠堂。人之大伦,于礼为重,宜告庙而后行,示不忘祖也。使子弟为使者,如女氏主人出见,使者奉书以告于祠堂,出以复书授使者,遂礼之。使者复命,婚主告于祠堂,或婚主亲往纳采者听。三曰纳币,系今之下财也。具书遣使如女氏授书,女氏复书,礼宾使者复命如纳采仪。已定筵会,以男家为主,会请女氏诸亲为客,先入坐。男家至门外陈列币物,令媒氏通报女氏主人,出门迎接相揖。俟女氏先入男家,以次随币而入,举酒请纳币。饮酒受币讫,女氏主人回礼。婚家饮酒毕,主人待客如常礼,许婚氏女子出见。四曰亲迎。前期一日,女氏使人张陈婚室。质明,婿家设位于室中,女家设次于外。主人告于祠堂,遂醮其子,而命之亲迎。婿出乘马至女家,俟于次。女家主人告于祠堂,遂醮其女,而命之。主人出迎婿入纳雁,姻家奉女登车,婿乘马先行,归车至,导妇以入。婿、妇交拜,就饮食毕,婿出复入脱服,独出主人礼赞。五曰妇见舅姑。明日夙兴,妇见舅姑,次见诸尊长者。若妇家,则馈于舅姑,舅姑享之。六曰庙见。三日,主人以妇见于祠堂。七曰,婿见妇之父母,受婿拜礼。次见妇党,诸妇亲家礼婿如常仪。若召赘之家,仍依时俗现行之礼。

蒙古军礼之仅见者。宪宗二年七月,命皇弟忽必烈征大理,诸王祃牙西行。七年六月,谒太祖行宫,祭旗鼓。八年十一月,令皇弟忽必烈祃牙于开平西北。其祃牙之礼与祭旗鼓之礼,均末闻。辽景宗将伐宋,命巫者祠兵神及祭旗鼓。盖辽金旧制,蒙古袭而用之。

凡帝后有疾度危殆,不可愈,则移居于外毡帐房。有不讳,则就殡殓其中。葬后,每日用羊二次烧饭以为祭,至四十九日而后已。其帐房则以颁赐近臣云。

宫车晏驾,棺用香楠木,中分为二,刳肖人形,其广狭长短,仅至容身而已。殓用貂皮袄、皮帽,其靴袜、系腰、盒钵,俱用白粉皮为之。殉以金壶瓶二,盏一,碗碟匙箸各一。殓讫,用黄金为箍四条以束之。乘舆用白毡青缘纳失失为帘,覆棺亦以纳失失为之。前行,用蒙古巫媪一人,衣新衣,骑马,牵马一匹,以黄金饰鞍辔,笼以纳失失,谓之金灵马。日三次,用羊奠祭。至所葬陵寝,取开穴时所起之土成块,依次排列之。棺既下,复依次掩覆之。有余土,则远置他所。送葬官三员,居五里外。日一次,浇饭祭之,三年然后返。

品官丁忧。蒙古及色目人不行三年之丧,汉人南人则行之。大德八年,诏:"三年之丧,古今通制,除应当恠薛人员、征戍军官外,其余官吏,父母丧亡,丁忧终制,方许叙仕,夺情起复者不拘此例。"九年,中书省奏,听从官吏丁忧。至大四年,诏:"官吏并许终制,以厚风俗。朝廷夺情起复,蒙古、色目人、管军官不拘此例。"延祐五年,监察御史许有壬言:"圣朝以孝治天下,考稽典礼,除蒙古、色目各从本俗,其余居官著为丁忧之制,将以美教化、厚人伦,为治之要道也。所谓夺情起复者,盖有道德可以范世,谋猷可以经国,天心简畀,人望素服,又边臣、宿将可任重寄,似此必用之人,谓之起复。谁曰不然。其或碌碌凡庸如冯翼霄,才无过于常人,行每乖于清议,徒以谀佞憸邪,亦复冒膺起复,实玷风教,宜明白奏闻。除上所知识必用之人,取自圣裁,其余人员,并遵旧制。"时不肖者多假借起复,以图荣进,故有壬言之。宁国万户府言:"本府知事孙显,父母俱没,系迁转之员,与军官不同,理合丁忧。"监察御史言:"切恐其余管军衙门首领官,亦有似此托为军职,不得丁忧者,伤风败俗,深为不便。宜遍行照会,如有违犯,断罪降叙。"刑部议从之。至正初,监察御史乌古孙良桢,以国俗父母死无忧制,又父死则妻从母,兄弟死则收其妻,上言:"纲常皆出于天,而不可变。议法之吏乃言国人不拘此例,诸国人各从本俗。是汉人、南人当守纲常,国人、诸国人不必守纲常也。名曰优之,实则陷之。外若尊之,内实侮之。推其本心,所以待国人者,不若汉人、南人之厚也。请下礼官、有司,及右科进士在朝者会议。自天子至于庶人,皆从礼制,以成列圣未遑之典,明万世不易之道。"奏上,不报。

品官以下丧礼。至元七年,中书省议:"民间殡葬,除纸钱外,纸糊房子、金钱、人马并彩帛,衣服、帐幕等物,应截日尽行禁断。"从之。二十一年,定品官遇有婚丧,止依品秩,合得仪从送迎外,禁断。

无官百姓人等，不得僭越。至大三年，皇太子令旨，禁教坊司乐人送殡。

延佑元年，江南行台御史王奉训言："伏以父母之丧三年，天下之通丧也。死敛葬祭，莫不有礼。礼曰：'披发徒跣，居于倚庐，寝苫枕块，哭泣于时。歠粥朝一溢米，夕一溢米。'又曰：'始死如有穷，既殡瞿瞿如，有求而弗得，既葬皇皇如，有望而弗至。'经曰：'食旨不甘，闻乐不乐。'此孝子哀感之情。'既敛既葬，祭以其时。期而小祥，又期大祥，三年禫祭，霜露既降，春雨既濡，凄怆怵惕，如将见之。'此孝子终身所不忘，岂拘于三年哉。去古日远，风俗日薄。近年以来，江南尤甚。父母之丧，小敛未毕，茹荤饮酒，略无顾忌。至于送殡，管弦歌舞，导引灵柩，焚葬之际，张筵排晏，不醉不已。泣血未乾，享乐如此。昊天之报，其安在哉！兴言及此，诚可哀悯。请今后除蒙古、色目合从本俗，其余人等居丧送殡，不得饮食动乐。违者诸人首告得实，示众断罪，所在官司中禁不禁者，罪亦如之。不惟人子有所惩劝，抑亦风俗少复淳古。"中书省议从之。

延佑二年，定丧服各从本俗。礼部议，方今丧服未有定制，除蒙古、色目人各从本俗，其余依乡俗，以麻布为之。江淮习俗，有戴布幞头、布袍为礼者，禁之。

丧礼图：

				五服
				高祖 齐衰
			族曾祖父母 缌麻	曾祖 齐衰
		族伯叔祖父母 缌麻	伯叔祖父母 小功	正祖 齐不期嫡 衰杖若孙
	族伯叔父母 缌麻	堂伯叔父母 小功	伯叔父母 齐不期 衰杖	父 斩三 衰年
族兄弟 缌麻	再从兄弟 小功	堂兄弟 大功	兄弟及妻 齐不期功 衰杖小	己 为后为 人者所
	再从侄 缌麻	堂侄及妇 小缌 功麻	侄及妇 齐不期功 衰杖小	子 长斩众杖 子衰子期
		堂侄孙 缌麻	侄孙及妇 小缌 功麻	孙 嫡齐不期大 孙衰杖众功
			曾侄孙 缌麻	曾 缌
				元 缌

图　　　　　　之

父三　母月				
父五　母月	族曾祖姑　缌麻			
父承同祖父　母母	从祖祖姑　室功嫁麻　小缌	族祖姑　室麻嫁服　缌不		
母　齐衰年　三	姑　室期嫁功　杖大	堂姑　室功嫁麻　小缌	族姑　室麻嫁服　缌不	
身后父　斩衰三年	姊妹　室期嫁功　杖大	堂姊妹　室功嫁麻　大缌	再从姊妹　室功嫁麻　小缌	族姊妹　室麻嫁服　缌不
妇嫡杖众大　妇妇期妇功	侄女　室期嫁功　杖大	堂侄孙女　室麻嫁服　缌不	再从侄女　室麻嫁服　缌不	
孙　麻	侄孙女　室期嫁麻　小缌			
孙　麻	侄曾孙女　室麻嫁服　缌不			
孙　麻				

·五服年月　斩衰三年齐衰三年　大功九月　小功五月　缌麻三月

外　族　服

母兄弟妻	外祖父母	母姊妹
	小　功	
母兄弟妻	妻父母	母姊妹
小　功	緦　麻	小　功
姑舅兄弟	妻	两姨兄弟
緦　麻	周　年	緦　麻
甥	婿	甥　妇
緦　麻	緦　麻	緦　麻
	外孙外孙妇	
	緦　緦	
	麻　麻	

左：姑舅兄弟　姑之子为外兄弟　舅之子为内兄弟

右：两姨兄弟　谓从母之亲　兄弟姊妹

三　殤　服

堂叔	叔	父	姑	堂姑
長三月	長九月 中七月 下五月		長九月 中七月 下五月	長三月
堂兄弟 長五月	兄弟 長九月 中七月 下五月	己身	姊妹 長九月 中七月 下五月	堂姊妹 長五月
母兄弟 長三月	侄 長九月 中七月 下五月	女子 長九月 中七月 下五月	侄女 長九月 中七月 下五月	母姊妹 長三月
	侄孫 長五月	嫡曾孫同 長九月 中七月 下五月	侄孫女 長三月	
		眾孫男女同 長九月 中七月 下五月		

小功哭之五日

緦麻哭之三日　未生三月者不哭

殤哭之以日易月　期哭之十三日　大功哭之九日

殤者男女未成人而死可哀傷男女已娶嫁許者皆不為殤也

十九至十六為長殤　十五至十二為中殤　十三至八歲為下殤

妇人出嫁各	女嫁为本族服					降本服一等
			高祖父母 缌麻 曾祖父母 小功			
	祖父兄 缌麻		祖父母 期年	祖姊妹 适人无服		
父堂兄弟 缌麻	伯叔父母 大功		父母	父姊妹 在室大功	堂父姊妹 适人无服	
堂兄弟 小功	兄弟 大功		己身	姊妹 在室大功	堂姊妹 适人无服	
堂侄 缌麻	侄 大功		外祖父母 缌麻	侄女 在室大功	堂侄女 缌麻	

三　父　八　母　服

同　居　继　父
谓功母不所无亲
之之适杖适大
无亲齐期者功
大从衰人亦之

不同居继父从	继母嫁人父
谓异齐元则	继子者齐若继服
先居衰不无	母从　衰不母
同者三同服	嫁之　杖从出
今　月居	而育　期或无

养　母	嫡　母	继　母	慈　母
养遗衰亲	妾父嫡齐	父齐同	妾子父子齐
同弃三母	生正母衰	再衰亲	无无命　衰
宗子年	子室　三	娶三母	子母之　三
及齐同	唤日　年	母年	妾而为　年

嫁　母	出　母
父嫁齐母齐期	父弃者　齐母齐期
亡适衰为衰	在被　衰为衰
母人杖子不	而出　杖子不
改者期乃杖	离之　期乃杖

乳　母	庶　母
小　己　缌	妾　唤　缌
年　者　麻	所　曰　麻
乳　三	生　庶　三
哺　月	子　母　月

妻 为 夫				
				夫 之 高　缌
			夫曾叔父之伯祖母　无　服	夫 之 曾　缌
		夫伯祖母堂叔父　无　服	夫伯叔祖父母　缌　麻	夫 祖　大
	夫从伯父之堂叔母　无　服	夫伯父堂叔母　缌　麻	夫伯叔父母　大　功	舅　斩衰三年
夫族兄弟　无　服	夫从兄之堂弟　无　服	夫堂兄弟　缌　麻	夫兄嫁妹姒妇　小　功	夫　斩　衰
	夫从堂侄　缌　麻	夫堂侄并妇　小缌功麻	妇并侄夫　不期大杖功	子　长齐三众杖子衰年子期
		夫堂侄孙　缌　麻	夫侄孙并妇　小缌功麻	孙　大　功
			夫曾侄孙　缌　麻	曾　缌
				元　缌

服　　族　　之				
祖父母 麻				
祖父母 麻	夫曾祖姑 无　服			
父　　母 功	夫祖姑 缌　麻	夫堂祖姑 无　服		
姑 齐衰三年	夫亲姑 小　功	夫堂姑 缌　麻	夫人堂姑 无　服	
主 三　年	夫姊妹 小　功	夫堂姊妹 缌　麻	夫从堂姊妹 无　服	夫族姊妹 无　服
妇 嫡杖众太 妇期妇功	夫侄女 周　年	夫堂侄女 小　功	夫从堂侄女 缌　麻	
夫 缌　麻	夫侄孙女 小　功	夫堂侄孙女 缌　麻		
孙 麻	夫曾侄孙女 缌　麻			
孙 麻				

品官以下墓田之制。一品,地九十步。二品,八十步。三品,七十步。四品,六十步。五品,五十步。六品,四十步。七品以下,二十步,庶人,九步。庶人墓田,四面距心各九步,四围相距共十八步。至元八年,禁墓上不得造房舍。至大元年,袁州路录事司照略案牍涂全周呈:“江南流俗以侈靡为孝。凡有丧葬,大其棺椁,厚其衣衾,广其宅兆,备存珍宝之器物,亦有将宝钞藉尸敛利,习以成风。非惟显失古制,于法似亦未合。每见厚葬之家,不发掘于不肖子孙,则开凿于强窃盗贼。令死者暴露骸骨,良可痛悯。拟请严为禁治,今后丧家,除衣衾棺椁依礼举葬外,不许辄用金银、宝玉、器玩装殓。违者,以不孝论。”中书省议从之。泰定二年,山东道廉访使许师敬,请颁族葬制,禁用阴阳相地邪说。时同知密州事杨仲益撰《周制国民族葬昭穆图》,师敬韪其言,奏请颁行天下焉。

新元史卷九一
志第五八

乐　一

制乐始末　　登歌乐器　　宫县乐器
节乐之器　　文舞器　　武舞器　　舞表
乐县

　　元之乐制,雅乐施于郊庙,宴乐施于朝廷之燕享。雅乐之制有三:曰乐器,曰乐章,曰乐舞。宴乐之制有二:曰乐器,曰乐仪。然所谓雅乐,本宋之《大晟乐》,乃方士魏汉津所造者,善乎吴渊颖之言也。太常所用乐,本《大晟》之遗法也。自东都不守,大乐氏奉其乐器北入燕都。燕都丧乱,又徙汴、蔡。汴、蔡陷没,而东平严侯独得其故乐部人。国初,征乐于东平,太常徐公典乐,奏于日月山,乞增宫县、登歌、文武二舞,令旧工教习以备大礼。故乐户子孙犹世籍河南,仅能肆其钟鼓铿锵,不复究其义矣。吾因考求前代之乐,自和岘以下更六七人,而议论莫之有定。前日之宿县者,未几则倏已改铸,或云乐失之清,或云乐过于浊,工冶卒且深厌其炉鞴鼓铸之劳,则或和铜齐以济之。当轩临视,虽以老师宿儒,终不能必悟其铜齐之轻重,而徒论其铜律之清浊也。迨夫崇宁之世,魏汉津乃以蜀一黥卒,造《大晟乐府》,遂颁行于天下。盖谓古之制乐者,惟黄帝、禹得乐之正。何则?圣人之禀赋上与天地阴阳为一体,声为律,身为度。

故黄帝、禹之制乐,实自身得之。臣请以圣主中指三节三寸定黄钟之律,中指之径围又据而定为度量权衡。乐以是制,则臣将见其合天地之正,备阴阳之和,而得夫金石清浊之宜矣。当是时,惟丞相蔡京神其说,先铸帝鼐成,复造金石钟虡,雕镂刻画。盖极后世之选巳。然以帝之指尺长,而乐律遂高,虽汉津亦自知之。尝私谓其弟子任宗尧曰:“律高则声过哀,而国乱是不久矣。”呜呼!汉津所制,岂复有加于和岘诸人所论之乐哉。然且至今沿袭相承,未闻有所改作,乐固不可以草创苟且而遽定也。虽然,崇宁之乐亦可变矣。盖古之论乐者,一曰古雅乐,二曰俗部乐,三曰胡部乐。古雅乐更秦乱而废,汉世惟采荆楚燕代之讴,稍协律吕以合八音之调,不复古矣。晋宋六朝以降,南朝之乐多用吴音,北国之乐仅袭北俗。及隋平江左,魏三祖清商等乐存者什四,世谓为华夏正声,盖俗乐也。至是沛国公郑译复因龟兹人白苏祇婆善胡琵琶,而翻七调,遂以制乐。故今乐家犹有大石、小石、大食、般涉等调。大食等国本在西域,而般涉即是般瞻,华言羽声。隋人且以是为太羽矣。由是观之,汉世徒以俗乐定雅乐,隋氏以来则以胡乐定雅乐,唐至元宗胡部,坐俗部立乐工肄乐。坐技不通,然后为立技。立技不精,然后使教雅乐。天下后世不复知古雅乐之正声矣。自唐历宋,大抵皆然。当《大晟乐》书之行教坊,色长张俣曾制《大乐元机赋》,论七音、六十律、八十四调,本不脱乎龟兹白苏祇婆之旧。正行四十大曲,常行小令四部弦管,此非胡与俗之杂行者乎!宜雅乐之未易遽复也。古来律历二事,更相为用。太史郭公一尝定历,诚旷世所未有。予谓宜依古法,缇室葭灰,随月候气。天地之中气既应,则钟律之中声当无不应者,要在久而后验,乐固不可以草创苟且而遽定也。呜呼,崇宁之乐亦可变矣!吾又安得夫伶伦荣瑗之徒,而与之论乐哉。

太祖入河西,征西夏旧乐用之,其制末详。太宗十年十一月,孔子五十一代孙衍圣公元措来朝,金之太常卿也。奏言:“今礼乐散失,金太常旧臣及礼册、乐器尚有存者,乞收录。”于是诏各处管民官,如有亡金知礼乐旧人,可并其家属徙赴东平,令元措领之。十一年,元措奉命至燕京,得金掌乐许政、掌礼王节及乐工翟刚等九十二人。十二年夏四月,始命制登歌乐,肄习于曲阜宣圣庙。六皇后称制三年,太常用许政所举大乐令苗兰诣东平,指授工人,造琴十张,一弦、三弦、五弦、七弦、九弦者各二。

宪宗二年三月五日,命东平万户严忠济立局,制冠冕、法服、钟磬、笋簴、仪物肄习。五月十三日,召太常礼乐人赴日月山。八月七日,郎中姚枢及魏祥卿、徐世隆等以乐工李明昌、许政、吴德、段楫、寇忠、杜延年、赵德等五十余人,见于行宫。帝问制作礼乐之始,世隆对曰:"尧、舜之世,礼乐兴焉。"时明昌等各执钟、磬、笛、箫、簴、埙、巢笙,于帝前奏之。曲终,复合奏之,凡三终。十一日,始用登歌乐祀昊天上帝于日月山。祭毕,命驿送乐工还东平。按旧史《徐世隆传》,世祖遣使至东平取登歌乐,世隆典领以行。未详孰是。

三年,世祖居潜邸,命勾当东平府公事宋周臣兼领大乐礼官、乐工人等,常令肄习,仍令万户严忠济依已降旨存恤。六年夏五月,世祖次滦州,下教命严忠济督宋周臣以所得礼乐旧人肄习,宜如故事勉行之,毋忽。冬十有一月,命乐工老不堪任事者,以子孙代之,不足者以他户补之。

中统元年春正月,命宣抚廉希宪等,召太常礼乐人至燕京。夏六月,命许唐臣等制乐器、公服、法服。秋七月十一日,用新制雅乐,享祖宗于中书省。礼毕,赐预祭官及礼乐人百四十九人钞有差。八月,命太常礼乐人复还东平。二年秋九月,敕太常少卿王镛领东平乐工,常加督视肄习,以备朝廷之用。初,大司农姚枢奏:"曲阜有太常雅乐,宪宗尝命东平守臣辇其工人乐器,至日月山上,亲临观之,饬东平守臣员缺充补,无辍讲习。今请以东平府详议官王镛兼充礼乐提举。"诏以镛特兼太常少卿。三年,复命镛教习大乐。

至元元年冬十有一月,括金乐器散在寺观民家者。先是,括到燕京钟、磬等器,凡三百九十有九事,下翟刚辨验给价。至是,大兴府又以所括钟、磬乐器十事来进。太常因言:"亡金散失乐器,若止于燕京拘括,似为未尽,合于各路各观民家括之,庶省铸造。"于是奏檄各道宣慰司,括到钟三百六十有七,磬十有七,镈一,送于太常。又中都、宣德、平滦、顺天、河东、真定、西京、大名、济南、北京、东平等处,括到大小钟、磬五百六十有九。其完者,景钟二,镈钟十六,大声钟十,中声钟一,小声钟二十有七,编钟百五十有五,编磬七,其不完者,景钟四,镈钟二十有三,大声钟十有三,中声钟一,小声钟四十五,编钟二百五十有一,编磬十有四。

三年,初用宫县、登歌乐、文武二舞于太庙。先是,东平万户严光范奏:"太常登歌乐器乐工已完,宫县乐、文武二舞未备,凡用人四百一十二,请以东平漏籍户充之,合用乐器,官为置备。"制可,命中书省臣议行。于是中书省左三部、太常寺、少府监,于兴禅寺置局,委官杨天佑,太祝郭敏董其事,大乐正翟刚辨验音律,充收受乐器官。丞相耶律铸又言:"今制宫县大乐,内编磬十有二簴,宜于诸处选石材为之。"太常寺以新拨宫县乐工、文武二舞四百一十二人,未习其艺,遣大乐署命许政往东平教之。大乐署言:"堂上下乐舞官员及乐工,合用衣服、冠冕、靴履等物,乞行制造。"中书礼部移准太常博士,议定制度,下所属制造。宫县乐器既成,大乐署郭敏开坐名数以上:编钟、磬三十有六簴,树鼓四,建鞞、应同一座。晋鼓一,路鼓二,鼗鼓二,相鼓二,雅鼓二,柷一,敔一,笙二十有七巢和竽。埙八,篪、箫、篴、笛各十,琴二十有七,瑟十有四,单铎、双铎、铙、镯、钲、麾、旌、纛各二,补铸编钟百九十有二,灵壁石磬如其数。省臣言:"太庙殿室向成,宫县乐器咸备,请征东平乐工赴京师肄习,以俟享庙。"从之。秋七月,新乐服成,乐工至自东平,敕翰林院定撰八室乐章,按中统四年至至元三年,皆以太祖为第一室,故仅有七室乐章。是年始追尊烈祖为第一室,故有八室也。大乐署编运舞节,俾肄习之。

冬十有一月,有事于太庙,宫县、登歌乐,文武二舞咸备。其迎送神曲曰《来成之曲》,送神或作《保成》。烈祖曰《开成之曲》,太祖曰《武成之曲》,太宗曰《文成之曲》,皇伯考赤术曰《弼成之曲》,皇伯考察合带曰《协成之曲》,睿宗曰《明成之曲》,定宗曰《熙成之曲》,

宪宗曰《威成之曲》。初献、升降曰《肃成之曲》，司徒奉俎曰《嘉成之曲》，文舞退、武舞进曰《和成之曲》，亚终献、酌献曰《顺成之曲》，彻豆曰《丰成之曲》。文舞曰《武定文绥之舞》，武舞曰《内平外成之曲》。第一成象灭王罕，二成破西夏，三成克金，四成收西域、定河南，五成取西蜀、平南诏，六成臣高丽、交趾。详见乐舞篇。

十有二月，籍近畿儒户三百八十四人为乐工。先是，召用东平乐工凡四百一十二人，中书以东平地远，惟留其户九十有二，余尽遣还，复入民籍。

六年，诏太保刘秉忠与许衡、徐世隆等起朝仪。秉忠奏曰："无乐以相须，则礼不备。"诏搜访旧教坊乐工，得杖鼓色杨皓，笛色曹植，前行色刘进，教师郑忠。依律运谱，被诸乐歌，六月而成，陈于万寿山便殿，帝听而善之。明年二月，秉忠奏以丙子观礼。前期一日，布绵蕝金帐殿前，帝与皇后临观，礼文乐节悉无遗失。

十一年秋八月，制内庭曲舞。中书以上皇帝册宝，下太常大乐署编运无射宫《大宁》等曲，及上寿曲谱。当时议殿庭用雅乐，后不果用。十一月，增乐工八百人隶教坊司。是年，敕中都路建习乐堂，使乐工肄业其中。

四年，太常寺言："自古帝王功成作乐，各有名，盛德形容，于是乎在。伏睹皇上践阼以来，留心至治，声名文物，思复承平之旧。首敕有司，修完登歌、宫县、八佾乐舞，以备郊庙之用。若稽古典，宜有徽称。谨案历代乐名，黄帝曰《咸池》、《龙门》、《大卷》，少昊《大渊》，颛顼《六茎》，高辛《五英》，唐尧《大咸》、《大章》，虞舜《大韶》，夏禹《大夏》，商汤《大濩》，周武《大武》。降及近代，咸有阙名。宋总名曰《大晟》，金总名曰《大和》。今采舆议，权以数名，伏乞详定。曰《大成》，按《尚书》'箫韶九成，凤凰来仪'，《乐记》曰'王者功成作乐'，《诗》云'展也大成'。曰《大明》，按《白虎通》言'如唐尧之德，能大明天人之道。'曰《大顺》，《易》曰'天之所助者顺'，又曰'顺乎天而应乎人'。曰《大同》，《乐记》曰'乐者为同，礼者为异'《礼运》曰'大道之行也，故人不独亲其亲，不独子其子，是之谓大同'。曰《大豫》，

《易》曰'豫顺以动,故天地如之。'《象》曰'雷出地奋,豫。先王以作乐崇德,殷荐之上帝,以配祖考'。"中书省遂定名曰《大成之乐》,乃上表称贺。表曰:"离日中天,已睹文明之化;豫雷出地,又闻正大之音,神人以和,祖考来格。钦惟皇帝陛下,润色洪业,游意太平,爰从龙邸之潜,久敬凤仪之奏。及登宝位,申命鼎司,谓虽陈堂上之登歌,而尚阙庭前之佾舞。方严禋祀,当备声容,属天语之一宣,乃春官之毕会,臣等素无学术,徒有汗颜。聿求旧署之师工,仍讨累朝之典故,按图索器,永言和声,较钟律于积黍之中,续琴调于绝弦之后,金而模,石而琢,簴斯竖,笋斯横,合八音而克谐,阅三岁而始就。列文武两阶之干羽,象帝王四面之宫庭。一洗哇淫之声,可谓盛大之举。既完雅器,未锡嘉名。盖闻轩、昊以来,俱有《咸》、《云》之号,《茎》、《英》、《章》、《韶》以象德,《夏》、《濩》、《武》、《勺》以表功。洪惟国朝,诞受天命,地大物巨,人和岁丰。宜符古记之文。称曰《大成之乐》。汉庭聚议,作章敢望于一夔;舜殿鸣弦,率舞愿观于百兽。"

十三年,以近畿乐户多逃亡,仅得四十有二,复征用东平乐工。十六年冬十月,命太常卿忽都于思召太常乐工。是月十一日,大乐令完颜椿等以乐工见于香阁,文郎魏英舞迎神黄钟宫曲,武郎安仁舞亚献无射宫曲。十八年冬十月,昭睿顺圣皇后将祔庙,制昭睿顺圣皇后室曲舞。

十九年,王积翁奏请征亡宋雅器至京师,置于八作司。

二十年冬闰十有一月,太常卿忽都于思奏:"大乐见用石磬,声律不协。稽诸古典,磬石莫善于泗滨,女真未尝得此。今泗在封疆之内,宜取其石以制磬。"从之,选审听音律大乐正赵荣祖及识辨磬材石工牛全,诣泗州采之。得磬璞九十,制编磬二百三十。命大乐令陈革等料简,应律者百有五。

二十一年大乐署言:"宜付本署收掌",中书命八作司与之,镈钟二十有七,编钟七百二十有三,特磬二十有二,编磬二十有八,铙六,单铎、双铎各五,钲、镎各八。

是年，复括江南乐工。明年正月，徙江南乐工八百家于京师。

二十三年，忽都于思又奏："太庙乐器，编钟、笙、匏，岁久就坏，音律不协。"遂补编钟八十有一，合律者五十，造笙匏三十有四。旧纪作二十六年事，误也。二十九年四月，太常太卿香山请采石增制编磬，遣孔铸驰驿往泗州，得磬璞五十八，制磬九十。大乐令毛庄等审听之，得应律磬五十有八，于是编磬始备。

三十年夏六月，初立社稷，命大乐许德良运制曲谱，翰林国史院撰乐章。其降送神曰《镇宁之曲》，初献、盥洗、升坛、降坛、望瘗位皆《肃宁之曲》，正配位奠玉币曰《亿宁之曲》，司徒奉俎彻豆曰《丰宁之曲》，正配位酌献曰《保宁之曲》，亚终献曰《咸宁之曲》。按祭社稷、先农及大德六年祀天地五方帝，乐章皆用金旧名。释奠宣圣，亦因宋不改。详乐章篇。三十一年，世祖、裕宗祔庙，命大乐署编运曲谱舞节，翰林定撰乐章。世祖室曰《混成之曲》，裕宗室曰《昭成之曲》。是年，初祀社稷用堂上乐，岁以为常。

大德六年三月，合祀昊天上帝、皇地祇、五方帝于南郊，撰定乐章。降神奏《乾宁之曲》，初献、盥洗奏《肃宁之曲》，初献、升降奏《肃宁之曲》，奠玉币奏《亿宁之曲》，迎俎奏《丰宁之曲》，酌献奏《嘉宁之曲》，亚终献奏《咸宁之曲》，彻俎奏《丰宁之曲》，送神奏《镇宁之曲》，望燎奏《肃宁之曲》。

大德九年，新建郊坛既成，命大乐署编运曲谱舞节，翰林撰乐章。十一月二十八日，祀圜丘用之。其迎送神曰《天成之曲》，初献奠玉币曰《钦成之曲》，酌献曰《明成之曲》，登降曰《隆成之曲》，亚终酌献曰《和成之曲》，奉馔彻豆曰《宁成之曲》，望燎如登降。惟用黄钟宫。文舞曰《崇德之舞》，武舞曰《定功之舞》。

十年，命江浙行省制造宣圣庙乐器，以宋旧乐工施德仲审较应律，运至京师。秋八月，用于庙祀宣圣。先令翰林新撰乐章，命乐工习之。降送神曰《凝安之曲》，初献、盥洗、升殿、降殿、望瘗皆《同安之曲》，奠币曰《明安之曲》，奉俎曰《丰安之曲》，酌献曰《成安之曲》，亚终献曰《文安之曲》，彻豆曰《娱安之曲》。盖旧曲也，新乐章不果用。时乐师皆江南人，肄业生徒则河北人，情性不相能。国子博士虞集亲教之，然后成曲焉。

十一年，武宗即位，祭告天地。命大乐署编运皇地祇酌献大吕宫一曲及舞节，翰林撰乐章。无名曲。九月，顺宗、成宗二室祔庙，下大乐署编运曲谱舞节，翰林撰乐章。顺宗室曰《庆成之曲》，成宗室曰《守成之曲》。

至大二年，亲享太庙。皇帝入门奏《顺成之曲》，盥洗、升殿用至元中初献升降《肃成之曲》，亦曰《顺成之曲》，出入小次奏《昌宁之曲》，迎神用至元中《来成之曲》，改曰《思成》，初献、摄太尉盥洗、升殿奏《肃宁之曲》，酌献太祖室仍用旧曲，名《开成》，《开成》本至元中烈祖曲名，其词则太祖旧曲也。睿宗室仍用旧曲，改名《武成》，此亦至元中太祖曲名，其词则'神祖创业'以下仍旧。皇帝饮福、登歌奏《厘成之曲》，新制曲。文舞退、武舞进，仍用旧曲，改名《肃宁》，旧名《和成》，其词"天生五材，孰能去兵"以下是也。亚终献、酌献仍用旧曲，改名《肃宁》，旧名《顺成》，其词"幽明精禋"以下是也。彻豆曰《丰宁之曲》，旧名《丰成》，词语亦异。送神曰《保成之曲》，皇帝出庙廷亦曰《昌宁之曲》。《太常集礼》曰："乐章据孔思逮本录之。国朝乐皆用成字，凡有宁字者，金曲也。国初，礼乐章之事，悉用前代旧工，循习故常，遂有用其旧者。亦有不用其词，而冒以旧号者，如郊祀先农等乐是也。"按至元四年，已改和成、顺成、丰成之名，而至大中反改从金旧，必无此理。此承孔思逮之误也。旧志第三卷大乐章，文舞退、武舞进奏《肃成之曲》，亚终酌奏《肃成之曲》，注：孔本作肃宁。可证。思逮误以肃成为肃宁也。

冬十有二月，始制先农乐章，以太常登歌乐祀之。先是，有命祀先农以登歌乐，如祭社稷之制。大乐署言"礼祀先农如社"，遂录祭社林钟宫《镇宁》等曲以上，盖金曲也。三年冬十月，置曲阜宣圣庙登歌乐。初，宣圣五十四代孙左三部照磨思逮言："阙里宣圣祖庙，释奠行礼久阙，祭服登歌之乐，未蒙宠赐。如蒙移咨江浙行省，于各处赡学祭余子粒内，制造登歌乐器及祭服，以备祭祀，庶尽事神之礼。"中书允其请，移文江浙制造。至是，乐器成，运赴阙里用之。十有一月，敕以二十三日冬至，祀昊天上帝于南郊，配以太祖，令大乐署运制配位及亲祀曲谱舞节,翰林撰乐章。皇帝出入中壝黄钟宫曲二,盥洗黄钟宫曲一,升殿登歌大吕宫曲一,酌献黄钟宫曲一,饮福登歌大吕宫曲一,出入小次黄钟宫曲一。皆无曲名。四年夏六月,武宗庙祔,命乐正谢世宁等编曲谱舞节,翰林侍讲学士张士观撰乐章,曲名《威成之曲》。

皇庆二年秋九月,用登歌乐祀太上皇睿宗。于真定玉华宫。自是岁用之。至延祐七年九月,敕议玉华宫岁享睿宗登歌大乐,太常博士言:“影堂用太常礼乐,非是。”十月,罢之。旧志作三月,今从本纪。延祐五年,命各路府宣圣庙置雅乐,选择习古乐师教肄生徒,以供春秋祭祀。六年秋八月,议置三皇庙乐,不果行。七年,仁宗祔庙,命乐正刘琼等编运酌献乐谱舞节,翰林譔乐章,曲名曰《歆成之曲》。

至治元年正月,始以四孟月时飨亲祀,太室备宫县、登歌二舞。二年冬十月,用登歌乐于太庙。以修庙工役未毕,妨陈宫县,止用登歌。泰定元年,英宗祔庙,下大乐署编运乐谱舞节,翰林撰乐章,曲曰《献成之曲》。文宗天历二年,明宗祔庙,下大乐署编运乐谱舞节,翰林定撰乐章,曲曰《永成之曲》。至顺元年十月,始祀昊天上帝于南郊,以太祖皇帝配,备宫县、登歌二舞。元统二年,文宗祔庙,行三献礼,乐用宫县。至正十月九月,始祭三皇庙,命翰林撰乐章。

金部:

编钟一簴,钟十有六,范金为之,笋簴横曰笋,植曰簴。皆雕绘树羽,涂金双凤五,中列博山,崇牙十有六,县以红绒组。簴跌青龙籍地,以绿油卧梯二,加两趺焉。笋两端金螭首,衔镮石壁翠,五色销金流苏,绦以红绒维之。铁枝者四,所以备欹侧。在太室以碍地甃,因易以石麟。簴额识以金饰篆字。击钟者以茱萸木为之,合竹为柄。凡钟未奏,覆以黄罗;雨,覆以油绢。磬亦然。元初,钟用宋、金旧器,其识曰“大晟”、“大和”、“景定”者是也。后增制,兼用之。

石部:

编磬一簨，磬十有六，石为之。县以红绒纠，簨跗狻猊。拊磬者，以牛角为之。余笋簨、崇牙、树羽、璧翣、流苏之制，并与钟同。元初，磬亦用宋、金旧器，至元中，始采泗滨灵壁石为之。

丝部：

琴十，一弦、三弦、五弦、七弦、九弦者各二。六皇后监国三年，始造。斲桐为面，梓为底，冰弦，木轸，漆质，金徽。长三尺九寸。首阔五寸二分，通足中高二寸七分，旁各高二寸；尾阔四寸一分，通足中高二寸，旁各高一寸五分。俱以黄绮夹囊贮之。琴卓髹以绿。

瑟四。其制，底面皆用梓木，面施彩色，两端绘锦。长七尺。首阔尺有一寸九分，通足中高四寸，旁各高三寸；尾阔尺有一寸七分，通足中高五寸，旁各高三寸五分，朱丝为弦，凡二十有五，各设柱，两头有孔，疏通相连。以黄绮夹囊贮之。架四，髹以绿，金饰凤首八。

竹部：

箫二，编竹为之。每架十有六管，阔尺有六分。黑柒金鸾凤为饰，鍮石钉铰，以黄纠绒维于人项，左右复垂红绒绦结。架以木为之，高尺有二寸，亦号排箫。韬以黄囊。

笛□，断竹为之。长尺有四寸，七孔，小号长笛。缠以朱丝，垂以红绒绦结。韬以黄囊。

篪二，制如笛，三孔。缠以朱丝，垂以红绒绦。韬以黄囊。

篪二，髹色如桐叶，七孔。缠以朱丝，垂以红绒绦结。韬以黄囊。

匏部：

巢笙四，和笙四，七星匏一，九曜匏一，闰余匏一，皆以斑竹为之。玄髹底，置管匏中，施簧管端，参差如鸟翼。大者曰巢笙，次曰和笙，管皆十九，簧如之。十三簧者曰闰余匏。九簧者曰九曜匏，七簧者曰七星匏。皆韬黄囊。

土部：

埙二，陶土为之。围五寸半，长三寸四分，形如称锤。六孔，上一，前二，后三。韬以黄囊。

革部：

搏拊二,制如鼓而小,中实以糠,外髹以朱,绘以绿云,系以青绒绦。两手用之,或搏或拊,以节登歌之乐。

木部:

柷一,以桐木为之,状如方桶,绘山于上,髹以粉,旁为圆孔,纳椎于中,椎以杞木为之。撞之以作乐。

敔一,制以桐木,状如伏虎,彩绘为饰,背有二十七钼锘刻,下承以盘。用竹长二尺四寸,破为十茎,其名曰籈,栎其背以止乐。

金部:

镈钟十有二簨,簨一钟,制视编钟而大,依十二辰位特县之,亦号辰钟。笋簨朱髹、涂金、彩绘飞龙。趺东青龙,西白虎,南赤豸,北元麟。素罗五色流苏。余制并与编钟同。

编钟十有二簨,簨十有六钟,制见《登歌》。此下乐器制与《登歌》同者,皆不重载。按至元元年,中都等处括到亡金乐器,其完者景钟二。此北京崇宁中所铸者,惟不知何以有二也。

石部:

编磬十有六簨,簨十有二磬,制见《登歌》。笋簨与镈钟同。

丝部:

琴二十有七,至元三年造。二弦者三,三弦、五弦、七弦、九弦者各六。

瑟十有二。按古制,琴惟五弦、七弦。宋太宗加为九弦,又作两仪琴二弦,更有一弦、三弦,皆非古。《大晟乐》罢一、三弦、九弦不用,又并七弦罢之。后俱复用。元沿袭宋制,不改。

竹部:

箫十,篪十,篴十。笛十。

匏部:

巢笙十。

竽十,竹为之。与巢笙皆十九簧,惟指法各异。

七星匏一,九曜匏一,闰余匏一。

土部：

埙八。

革部：

晋鼓一，长六尺六寸，面径四尺，围丈有二尺，穹隆者居鼓面三之一。穹径六尺六寸三分寸之一。面绘云龙为饰，其皋陶以朱髹之，下承以彩绘跗座，并鼓高丈余。在郊祀者，鞔以马革。按晋鼓，古所以鼓。金奏建于军。宋制晋鼓为乐节，乃李照之失。元误沿其制也。

树鼓四，每树三鼓。其制高六尺六寸，中植以柱，曰建鼓。

柱末为翔鹭，下施小圆轮。又为重斗，方盖，并缭以彩绘。四角有竿，各垂璧翣流苏。下以青狻猊四为跗。建旁挟二小鼓，曰鞞，曰应，树乐县之四隅。踏床、鼓桴，并髹以朱。按建、鞞、应三鼓同一座，亦沿宋制之误。

雷鼓二，制如鼓而小，鞔以马革，特其柄播之，旁耳自击。郊祀用之。

雷鼗二，亦以马革鞔之，为大小鼓三，交午贯之以柄。郊祀用之。

路鼓二，制如雷鼓，惟非马革。祀宗庙用之。

路鼗二，其制为大小二鼓，午贯之，旁各有耳，以柄摇之，耳往还自击，不以马革。祀宗庙用之。

木部：

柷一，敔一。

麾一，制以绛缯，长七尺，画升龙于上，以金涂龙首朱杠县之，乐长执之，举以作乐，偃以止乐。

照烛二，以长竿置绛罗笼于其末，然烛于中。夜暗，麾远难辨，乐正执之，举以作乐，偃以止乐。

纛二，制若旌幢，高七尺，杠首刻象牛首，下施朱绘盖为三重，以导文舞。

龠六十有四，木为之。象龠之制，舞人所执。

翟六十有四，木柄，端刻龙首，饰以雉羽，缀以流苏。舞人所执。

旌二，制如纛，杠首栖以凤，以导武舞。

干六十有四，木为之，加以彩绘。舞人所执。

戚六十有四，制若剑然。舞人所执。《礼记》注‘戚，斧也’。今制与古异。

金镯二，范铜为之。中虚，鼻象狻猊，木方跌。二人举镯，筑于跌上。

金钲二，制如铜盘，县而击之，以节乐。

金铙二，制如火斗，有柄，以桐为匡，疏其上如铃，中有丸。执其柄而摇之，其声铙铙然，用以止鼓。

单铎、双铎各二，制如小钟，上有柄，以金为舌，用以振武舞。两铎通一柄者，号曰双铎。

雅鼓二，制如漆筒，鞔以羊革，旁有两纽。工人持之，筑地以节舞。

相鼓二，制如搏拊，以韦为表，实之以糠。拊其两端，以相乐舞节。

鼗鼓二。

表四，木杆，凿方石树之，用以识舞人之兆缀。

凡郊祀、宗庙，用宫县三十六虡，登歌二虡。祀前一日，宿悬于庭中，东方、西方设十二镈钟，各依辰位。编钟处其左，编磬处其右。黄钟之钟起子位，在通街之西。蕤宾之钟起午位，在通街之东。每辰三虡，谓之一肆，十有二辰，凡三十六虡。树建鼙应于四隅，左枹右敔，设县中之北。歌工次之，三十二人，重行相向而坐。凡工坐者，高以机，地以毡。巢笙次之，箫次之，竽次之，篪次之，簏次之，埙次之，长笛又次之。夹街之左右，瑟翼柷敔之东西，在前行。路鼓、路鼗次之。

郊祀则雷鼓、雷鼗。闰余匏在箫之东，七星匏在西，九曜匏次之。一弦琴三列路鼓之东西，_{东一，西二。}三弦、五弦、九弦、九弦皆六，次之。晋鼓一，处县中之东南，以节乐。又设登歌乐于殿之前楹。_{殿陛之旁，设乐床，二乐工列于上。}搏拊二，歌工六，柷一，敔一，在门内，相向而坐。钟一虡在前楹之东。一弦、三弦、五弦、七弦、九弦琴五，次之。瑟二，在其东，笛一、篪一、箎一，在琴之南。巢笙、和笙各二，次之。埙一，在笛之南，闰余匏、排箫各一，次之，皆西上。磬一虡，在前楹之西。一弦、三弦、五弦、七弦、九弦琴五，次之。瑟二，在其西。一笛、一篪、一箎，在一瑟之南，巢笙、和笙各二，次之。埙一，在笛之南。七星匏、九曜匏、排箫各一，次之，皆东上。_{旧志前楹西五琴之下，夺二十三字，据王圻《续文献通考》补。}摄祀设宫县之乐于庭中。东方、西方，磬虡起北，钟虡次之，南方、北方磬虡起西，钟虡次之。设十二镈钟于编县之间，各依辰位。树建鼓于四隅，置柷敔于北县之内。柷一在道东，敔一在道西。路鼓一，在柷之东南。晋鼓一，在敔后。又路鼓一，在柷之西南。诸工人各于其后。东方、西方，以北为上。南方、北方，以西为上，文舞在北，武舞在南，立舞表于兆缀之间。又设登歌之乐于殿上前楹间。玉磬一虡，在西，金钟一虡，在东。柷一，在玉磬北，稍东。搏拊二，一在敔北。一在柷北，东西相向。歌工次之。余工各位于县后。其匏竹者，立于阶间，重行北向，相对为首。

新元史卷九二

志第五九

乐　二

郊祀乐章

　　成宗大德六年，合祭天地五方帝乐章：

　　降神，奏《乾宁之曲》，六成：

　　　　圜钟宫三成

　　惟皇上帝，监德昭明。祀考承天，治底隆平。

　　孝思维则，禋祀荐诚，神其降格，万福来并。

　　　　黄钟角一成词同前。

　　　　太簇征一成词同前。

　　　　姑洗羽一成词同前。

　　初献盥洗，奏《肃宁之曲》：

　　　　黄钟宫

　　明水在下，钟鼓既奏。有孚颙若，陟降左右。

　　辟公之处，多士裸将。吉蠲以祭，其帝其飨。

　　初献升降，奏《肃宁之曲》：

　　　　大吕宫

　　禋祀孔肃，盥荐初升。荐，《续通考》作洗。摄齐恭敬，

　　以荐惟馨。肃雍多士，来格百灵。降福受厘，

　　万世其承。

奠玉币，奏《亿宁之曲》：旧志缺，据《续通考》补。

　　大吕宫

宗祀配飨，肇举明禋。嘉玉既设，量币斯陈。

惟德格天，惟诚感神。于万斯年，休命用申。

迎俎，奏《丰宁之曲》：

　　黄钟宫

有硕斯俎，有涤斯牲。鸾刀屡奏，血脊载升。

礼崇茧栗，气达尚腥。上帝临止，享于克诚。

酌献，奏《嘉宁之曲》：

　　大吕宫

崇崇泰畤，穆穆昊穹。神之格思，胖蠁斯通。

仪樽载列，黄流在中。酒既和止，万福攸同。

亚献，奏《咸宁之曲》：

　　黄钟宫

六成既阕，三献云终。神具醉止，穆穆雍雍。

和风庆云，贲我郊宫。受兹祉福，亿载无穷。

献终词同前。

撤笾豆，奏《丰宁之曲》：

　　大吕宫

禋祀既备，神具宴禋，笾豆有楚，废撤不迟。

多士骏奔，乐且有仪。乃赐纯嘏，永佐丕基。

送神，奏《亿宁之曲》：

　　圜钟宫

殷祀既毕，灵驭载旋。礼洽和应，降福自天。

动植咸若，阴阳不愆。明明天子，亿万斯年。

望燎，奏《丰宁之曲》：

　　黄钟宫

享用百礼，旧志作享申，乃字误。庆洽百灵。奠玉高坛。

燔柴广庭。祥光达曙，灿若景星。神之降福，万国咸宁。

大德九年以后，定拟亲祀乐章：

皇帝入中壝：<small>出入小次。</small>

　　黄钟宫

赫赫有临，洋洋在上。克配皇祖，于穆来飨。

肇此大禋，乾文宏朗。披衮圆丘，巍巍元象。

皇帝盥洗：

　　黄钟宫

翼翼孝思，明德洽礼。功格元穹，有光帝始。

著我精诚，洁兹荐洗。币玉攸奠，永集嘉祉。

皇帝升坛：<small>降同。</small>

　　大吕宫

天行惟健，盛德御天。日月龙章，笋簴宫县。

蘋蘩尚明，礼璧苍圆。神之格思，香升燔烟。

降神，奏《天成之曲》：

　　圜钟宫三成

烝哉皇元，丕承帝眷。报本贯诚，于郊殷荐。

蘋蘩载陈，云门六变。神之格思，来处来燕。

　　黄钟角一成

　　太簇徵一成

　　姑洗羽一成<small>词并同前。</small>

初献盥洗，奏《隆成之曲》：

　　黄钟宫

肇禋南郊，百神受职。齐洁惟先，匪馨于稷。乃沃乃盥，祠坛是

陟。上帝监观，其仪不忒。

初献升坛，<small>降同。</small>奏《隆成之曲》：

　　大吕宫

于穆圜坛，阳郊奠位。孔惠孔时，吉蠲为馐。

降登祗若，百礼既至。愿言居歆，允集熙事。

奠玉币，正配位同。奏《钦成之曲》：

　　黄钟宫

谓天盖高，至诚则格。克祀克禋，骏奔百辟。
制币斯陈，植以苍璧。神其降康，俾我来益。

司徒捧俎，奏《宁成之曲》：

　　黄钟宫

我牲既洁，我俎斯实。笙镛克谐，笾豆有饎。
神来宴娭，歆兹明德。永赐繁禧，如几如式。

昊天上帝位酌献，奏《明成之曲》：

　　黄钟宫

于昭昊天，临下有赫。陶匏荐诚，声闻在德。
酌言献之，上灵是格。降福孔偕，时万时亿。

皇地祇位酌献：

　　大吕宫

至哉坤元，与天同德。函育群生，元功莫测。
合飨圜坛，旧典时式。申赐无疆，聿宁皇国。

大祖位酌献：

　　黄钟宫

礼大报本，郊定天位。皇皇神祖，反始克配。
至德难名，元功宏济。帝典式敷，率育攸暨。

皇帝饮福：

　　大吕宫

特牲享诚，备物循质。上帝居歆，百神受职。
皇武昭宣，孝祀芬苾。万福攸同，下民阴骘。

皇帝出入小次：

　　黄钟宫

惟天惟大，惟仁飨帝。旧志作惟帝乃字误据《续通考》改。以配祖考，
肃赞灵祉。定极崇功，永我昭事。升中于天，象物毕至。

文舞《崇德之舞》退，武舞《定功之舞》进，奏《和成之曲》：

　　　　黄钟宫

羽籥既竣，载扬玉戚。一弛一张，非舒非棘。

八音克谐，万舞有奕。永观厥成，纯嘏是赐。

亚终，奏《和成之曲》：

　　　　黄钟宫

有严郊禋，恭陈币玉。大糦是承，载祗载肃。

上帝居歆，馨香既饫。惠我无疆，介以景福。

徹笾豆，奏《宁成之曲》：

　　　　大吕宫

三献攸终，六乐斯遍。既右飨之，撤其有践。

洋洋在上，默默灵眷。明禋告成，于皇赐羡。

送神，奏《天成之曲》：

　　　　圜钟宫

神之来歆，如在左右。神保聿归，灵斿先后。

恢恢上圜，无声无臭。日监孔昭，思皇多祐。

望燎，奏《隆成之曲》：

　　　　黄钟宫

熙事备成，礼文郁郁，柴烟聿升旧志：误柴为紫。

灵光下烛。神人乐康，永膺戬谷。祚我丕年，

景命有仆。

皇帝出中壝：

黄钟宫

泰坛承光，寥廓元暧。畅我扬明，飨仪惟大。

九服敬宣，望教无外。皇拜天祐，照临斯届。

宗庙乐章

中统四年至至元三年，七室乐章：《太常集礼稿》云，此系卷牍

所载。

　　太祖第一室：

天垂灵顾，地献中方。帝力所拓，神武莫当。

阳谿昧谷，咸服要荒。昭孝明禋，神祖皇皇。

太宗第二室：

和林胜域，天邑地宫。缺　　　南北来同。百司分置，

胄教肇崇。润色祖业，德仰神宗。

睿宗第三室：

珍符默授，畴昔自天。爰生圣武，宝祚开先。

霓旌回狩，龙驾游仙。追远如生，皇慕颙然。

皇伯考术赤第四室：

威武鹰扬，家位克当。从龙远拓，千万里疆。

诞总虎旅，驻压西方。航海梯山，东西来王。

皇伯考察合带第五室：

雄武军威，滋多历年。深谋远略，协赞惟专。

流沙西域，饯日东边。百国畏服，英声赫然。

定宗第六室：

三朝承休，恭已优游。钦绳祖武，其德聿修。帝慈赐寿，德泽期

周。蠲饎惟香，祈飨于幽。

宪宗第七室：

龙跃潜居，风云会通。知民病苦，轸念宸衷。夔门之旅，继志图

功，俎豆敬祭，华仪孔隆。

至元三年至十七年，八室乐章：《太常集礼》云：周取所藏《仪注》所
录舞节同。

迎神，奏《来成之曲》，九成：至大迎神曲词同，但改《来成》为《思
成》。

　　黄钟宫三成

齐明盛服，翼翼灵眷，礼备多仪，乐成九变。

烝烝孝心，若闻且见。肸蚃端临，来宁来燕。

　　大吕角二成词同黄钟。

　　太簇征二成词同黄钟。

　　应钟羽二成词同黄钟。

初献盥洗，奏《肃成之曲》：再诣盥洗同。至大以后，名《顺成之曲》，词律同。

　　无射宫

天德维何，如水之清。维水内耀，配彼天明。

以涤以濯，牺象光晶。孝思维则，式荐忱诚。

初献升殿，登歌乐奏《肃成之曲》：降同。

　　夹钟宫

祀事有严，太官有恤。陟降靡违，礼容翼翼。

笾豆旅陈，钟磬翕绎。于昭吉蠲，神保是格。

司徒捧俎，奏《嘉成之曲》：别本所录亲祀乐章词同。

　　无射宫

色纯体全，三牺五牲。鸾刀屡奏，毛炰截羹。

神具厌饫，听我磬声。居歆有永，胡考之宁。

烈祖第一室，奏《开成之曲》：按前此以太祖为第一室，故仅有七室乐章。是年，始追尊烈祖为第一室，故定撰八室乐章。

　　无射宫

于皇烈祖，积厚流长。大勋未集，爰伐用张。

笃生圣嗣，奄有多方。赐我景福，万世无疆。

太祖第二室，奏《武成之曲》：

　　无射宫

天扶昌运，混一中华。爰有真人，奋起龙沙。

际天开宇，亘海为家。肇修禋祀，万世无涯。

太宗第三室，奏《文成之曲》：

　　无射宫

纂成前烈，底定丕图。礼文简省，禁网宽疏。

还风太古，跻世华胥。三灵顺协，四海无虞。

皇伯考术赤第四室，奏《弼成之曲》：

　　无射宫

神支挺秀,右壤疏封。创业艰难,相我祖宗。叙亲伊迩,论功亦崇。春秋祭祀,万世攸同。

皇伯考察合带第五室,奏《协成之曲》:

无射宫

玉牒期亲,神支懿属。论德疏封,展亲分玉。

相我祖宗,风栉雨沐。昔同其劳,今共兹福。

睿宗第六室,奏《明成之曲》:

无射宫

神祖创业,爰着戎衣。圣考抚军,代行天威。

河南底定,江北来归。贻谋翼子,奕叶重辉。

定宗第七室,奏《熙成之曲》:

无射宫

嗣承丕祚,略洽重熙。堂构既定,垂拱无为。

边庭闲暇,田里安绥。歆兹禋祀,万世攸宜。

宪宗第八室,奏《威成之曲》:

无射宫

羲驭未出,萤爝腾光。大明丽天,群阴披攘。

百神受职,四海宁康。愔愔灵韶,德音不忘。

文舞《武定文绥之舞》退,武舞《内平外成之舞》进,奏《和成之曲》:别本所录亲祀乐章词同。

无射宫

天生五材。孰能去兵。恢张宏业,我祖天声。

干戈曲盘,濯濯厥灵。于赫七德,展也大成。

亚献行礼,奏《顺成之曲》:终献,词律同。

无射宫

幽通神明,所重精禋。清宫肃肃,百礼具陈。

九韶克谐,八佾姚姚。灵光昭答,天休日申。

撤笾豆,登哥乐奏《丰成之曲》:

夹钟宫

豆笾苾芬,金石锵铿。礼终三献,乐奏九成。

有严执事,进撤无声。神保聿归,万福来宁。

送神,奏《来成之曲》:或作《保成》。

　　黄钟宫

神主在室,神灵在天。礼成乐闋,旧志作闵,字误。

神返幽元。降福冥冥,百顺无愆。于皇孝思,

于万斯年。

至元十八年冬十月,世祖皇后祔庙,酌献乐章:《太常集礼》云:卷
牍所载。

　　黄钟宫旧志夺去,据《续通考》补。

徽柔懿哲,温默靖恭。范仪宫闱,任姒同风。

敷天宁谧,内助多功。淑德祔庙,万世昌隆。

亲祀禘祫乐章:未详年月。《太常集礼》云,别本所录。以时考之,疑至
元三年以前拟用,详见《制乐始末》。

皇帝入门,宫县奏《顺成之曲》:

　　无射宫

熙熙雍雍,六合大同。维皇有造,典礼会通。

金奏王夏,祗款神宫。感格如响,嘉气来丛。

皇帝升殿,奏《顺成之曲》:

　　夹钟宫按:至大升殿,词律同。

皇明烛幽,沿时制作。宗庙之威,降登时若。

趍以采茨,声容有恪。曰艺曰文,监兹衍乐。

皇帝诣罍洗,宫县奏《顺成之曲》:《太常集礼》云,至元四年用此,
曲,名日《肃成》。至大以后用此词律同。

　　无射宫

酌彼行潦,维挹其清。洁齐以祀,祀事昭明。

肃肃辟公,沃盥乃升。神之至止,歆于克诚。

皇帝诣酌樽所,宫县奏《顺成之曲》:

　　无射宫

灵庭愔愔，乃神攸依。文为在礼，载斟匪祈。

皇皇穆穆，玉佩声稀。列侯百辟，济济威仪。

迎神，宫县奏《思成之曲》。至元四年，名《来成之曲》，词律同。

司徒捧俎，宫县奏《嘉成之曲》。至元四年，词律同。

酌献始祖，宫县奏《庆成之曲》：

　　　无射宫

启运流光，幅员既长。敬恭祀事，郁邑芬芳。

德以舞象，功以歌扬。式歌且舞，神享是皇。

诸庙奏《熙成》、《昌成》、《鸿成》、《乐成》、《康成》、《明成》等曲。
词缺。

文舞退，武舞进，宫县奏《肃成之曲》。至元四年，名《和成之曲》，词
律同。

亚终献，宫县奏《肃成之曲》。至元四年，名《顺成之曲》，词律同。

皇帝饮福，登歌奏《厘成之曲》：

　　　夹钟宫

诚通恩降，灵慈昭宣。左右明命，六合大全。

啐饮椒馨，纯嘏如川。皇人寿谷，亿万斯年。

撤豆，登歌奏《丰成之曲》：

　　　夹钟宫

三献九成，礼毕乐阕。于豆于登，于焉靖撤。

多士密勿，乐且有仪。能事脱颖，孔惠孔时。

送神，奏《保成之曲》：

　　　黄钟宫

云车之来，不疾而速。风驭言还，闻其怳惚。

神心之欣，孝孙之禄。燕翼无疆，景命有仆。

武宗至大以后，亲祀乐章：《太常集礼》云，孔思逮本所录。

皇帝入门，奏《顺成之曲》。别本，亲祀禘祫乐章，词律同。

皇帝盥洗，奏《顺成之曲》。至元四年，名《肃宁之曲》，词律同。

皇帝升殿，登歌乐奏《顺成之曲》。别本，亲祀乐章，词律同。

皇帝出入小次,奏《昌宁之曲》:《太常集礼》云,此金曲,思逮取之。详见《制乐始末》。案《金史·礼志》载此曲:"肃肃来止"作"有来肃肃","成仪孔彰"作"礼仪卒度","神之休之"作"孔时孔惠。"

　　无射宫

于皇神宫,象天清明。肃肃来止,相维公卿。

威仪孔彰,君子攸宁,神之休之,绥我思成。

迎神,奏《思成之曲》:至元四年,名《来成之曲》,词律同。

　　黄钟宫三成

齐明盛服,翼翼灵眷。礼备多仪,乐成九变。

烝烝敆心,若闻且见。脿蠁端临,来宁来燕。

　　大吕角二成

　　大簇徵二成

　　应钟羽二成词并同上。

初献盥洗,奏《肃成之曲》。别本,亲祀乐章,名《顺成之曲》,词律同。

初献升殿,降同。登歌乐奏《肃宁之曲》。至元四年,名《肃成之曲》,词律同。按凡用宁字者,皆沿金曲之名,未改正也。此曲在至元时已名清成,至此反称肃宁。后撤豆一曲,在至元亦称丰成,至此复称丰宁,皆孔本之误。

太祖第一室,奏《开成之曲》。至元四年,名《武成之曲》,词同。

睿宗第二室,奏《武成之曲》。至元四年,名《明成之曲》,词同。

世祖第三室,奏《混成之曲》:

　　无射宫

于昭皇祖,体健乘乾。龙飞应运,盛德光前。

神功耆定,泽被垓埏。诒厥孙谋,亿千万年。

裕宗第四室,奏《昭成之曲》:

　　无射宫

天启深仁,须世而昌。追惟显考,敢后光扬。

徽仪肇举,礼备音锵。皇灵监止,降厘无疆。

显宗第五室,奏《德成之曲》:按文宗毁显宗庙室,故旧志缺第五室,今据下文泰定十室乐舞补。

　　无射宫

乐章缺。

顺宗第六室,奏《庆成之曲》:

　　无射宫

龙潜于渊,德昭于天。承休基命,光被纮埏。

洋洋如临,笾豆牲牷。惟明惟馨,皇祚绵延。

成宗第七室,奏《守成之曲》:

　　无射宫

天开神圣,继世清宁。泽深仁溥,乐协韶英。

宗枝嘉会,气和惟馨。繁禧来格,永被皇灵。

武宗第八室,奏《威成之曲》:

　　无射宫

绍天鸿业,继世隆平。惠孚中国,威靖边庭。

厥功惟茂,清庙妥灵。歆兹明祀,福禄来成。

仁宗第九室,奏《歆成之曲》:

　　无射宫

绍隆前绪,运启文明。深仁及物,至孝躬行。

惟皇建极,盛德难名。居歆万祀,福禄崇成。

英宗第十室,奏《献成之曲》:

　　无射宫

神圣继作,式是宪章。诞兴礼乐,躬事烝尝。

翼翼清庙,烨有耿光。于千万年,世仰明良。

皇帝饮福,登歌乐奏《厘成之曲》:

　　夹钟宫

穆穆天子,禋祀太宫,礼成乐备,敬撤诚通。

神胥乐止,赐之醇酏。天子万世,福禄无穷

文舞退,武舞进,奏《肃成孔本作肃宁。之曲》。至元四年,名《和成之曲》,词律同。

亚终献行礼，宫县奏《肃成之曲》至元四年，名《顺成之曲》，词律同。

撤笾豆，登歌乐奏《丰宁之曲》。至元四年，名《丰成之曲》，词律同。

送神，奏《保成之曲》。至元四年，名《来成之曲》，词律同。

皇帝出庙廷，奏《昌宁之曲》：按此亦沿孔本之误。

   无射宫

缉熙维清，吉蠲至诚。上仪具举，明德荐馨。

已事而竣，欢通三灵。先祖是皇，来燕来宁。

文宗天历三年，明宗祔庙，酌献，奏《永成之曲》：

   无射宫

猗那皇明，世赞神武。敬天弗违，时潜时旅。

龙旗在涂，言受率土。不遐有临，永赐多祜。

   社稷乐章

降神，奏《镇宁之曲》：

   林钟宫二成

以社以方，国有彝典。大哉元德，基祚绵远。

农功万世，于焉报本。显相默佑，降监坛坤。

   太簇角二成

锡民地利，厥功甚溥。昭代典礼，清声律吕。

谷旦于差，洋洋来下。相此有年，根本日固。

   姑洗征二成

平厥水土，百谷用成。长扶景运，宜歆德馨。

五祀为大，千古举行。感通肸蚃，登歌镇宁。

   南宫羽二成

币齐虔修，粢盛告备。仓庾坻京，繄维之赐。

按繄维，疑当作繄谁。崇坛致恭，幽光孔迩。享于精诚。

休祥毕至。

初献盥洗，奏《肃宁之曲》：当作《肃成之曲》，此沿孔思逮本之误。

   太簇宫

礼备乐陈，辰良日吉。挹彼樽罍，馨哉黍稷。

濯溉揭虔,维巾及幕。万年严祀,跄跄受职。

初献升坛,奏《肃宁之曲》:

    应钟宫

春祈秋报,古今彝章。民天是资,神灵用彰。

功崇礼严,人阜时康。雍雍为仪,燔芬苾香。

正酌位奠玉币,奏《亿宁之曲》:

    太簇宫

地祇向德,稽古美报。币帛斯陈,圭璋式缫。

载烈载燔,肴羞致告。雨旸时若,丕图永保。

司徒捧俎,奏《丰宁之曲》:

    太簇宫

我稼既同,群黎遍德。我祀如何,牲牷孔硕。

有翼有严,随方布色。报功求福,其仪不忒。

正位酌献,奏《保宁之曲》:

    太簇宫

异世同德,于皇圣昭。降兹嘉祥,卫我大宝。

生乃蒸民,俾德覆帱。厥作课将,有相之道。

配位酌献,奏《保宁之曲》:

    太簇宫

以御田祖,皇家秋祀。有民人焉,盍究本始。

惟叙惟修,谁实介止。酒旨且多,盛德宜配。

亚终献,奏《咸宁之曲》:

    太簇宫

以引以翼,来处来燕。豆笾牲牢,有楚有践。

庸答神休,神亦赐羡。土谷是依,成此醻献。

撤豆,奏《丰宁之曲》:

    应钟宫

文治修明,相成田功。功为特殊,仪为特隆。

终如其初,诚则能通。明神毋忘,时和岁丰。

送神,奏《镇宁之曲》:

　　林钟宫

不屋受阳,国所崇敬。以兴来岁,苞秀坚颖。

云辂莫驻,神其谛听。景命有仆,与国同永。

望瘗位,奏《肃宁之曲》:

　　太簇宫

雅奏肃宁,繁厘降格。筐厥元黄,丹诚烜赫。

肇祀以归,瞻言咫尺。万年攸介,丕承帝德。

　　先农乐章

降神,奏《镇宁之曲》:

　　林钟宫二成

民生斯世,食为之天。恭惟大圣,尽心于田。

仲春劝农,明祀吉蠲。馨香感神,用祈丰年。

　　太簇角二成

耕种务农,振古如兹。爰粒烝庶,功德茂垂。

降嘉奏艰,国家攸宜。所依惟神,庸洁明粢。

　　姑洗徵二成

俶载平畴,农功肇敏。千耦耕耘,同徂隰畛。

田祖丕灵,为仁至尽。丰岁穰穰,延洪有引。

　　南宫羽二成

群黎力耕,及兹方春。维时东作,笃我农人。

我黍既华,我稷宜新。由天降康,永赖明神。

初献盥洗,奏《肃宁之曲》:

　　太簇宫

洞酌行潦,真足为荐。奉兹洁清,神在乎前。

分作甘霖,沾溉芳甸。慎于其初,诚意攸见。

初献升坛,奏《肃宁之曲》:

　　应钟宫

有椒其馨,维多且旨。式慎尔仪,降登庭止。

黍稷稻粱，民无渴饥。神嗜饮食，永绥嘉祉。

正配位奠玉币，奏《亿宁之曲》：

　　　太簇宫

奉币维恭，前陈嘉玉。聿昭盛仪，肃雍纯穆。

南亩深耕，麻麦禾菽。用祈三登，膺受多福。

司徒捧俎，奏《丰宁之曲》：

　　　太簇宫

奉牲孔嘉，登俎丰备。地官骏奔，趋进光辉。

肥硕蕃孳，歆此诚意。有年斯今，均被神赐。

正位酌献，奏《保宁之曲》：

　　　太簇宫

宝坛巍煌，神应如响。备脯咸有，牲体苾芳。

洋洋如在，降格来享。秉诚罔怠，群生瞻仰。

配位酌献，奏《保宁之曲》：

　　　太簇宫

酒清斯香，牲硕斯大。且列觞俎，精意先会。

民命维食，秄莠毋害。我仓万亿，神明攸介。

亚终献，奏《咸宁之曲》：

　　　太簇宫旧志缺，据《续通考》补。

至诚攸感，肸蠁潜通。百谷嘉种，爰降时丰。

祈年孔凤，稼穑为重。俯歆醴齐，载扬歌颂。

撤豆，奏《丰宁之曲》：

　　　应钟宫

有来雍雍，存诚敢柜。废撤不迟，灵神攸嗜。

孔惠孔时，三农是宜。眉寿万岁，谷成丕乂。

送神，奏《镇宁之曲》：

　　　林钟宫

焄蒿悽怆，万灵来唉。灵神具醉，聿吉旋归。

岁丰时和，风雨应期。皇图万年，永膺洪禧。

望瘗位,奏《肃宁之曲》:

　　　无射宫旧志缺,据《续通考》补。

礼成文备,歆受清祀。加牲兼币,陈玉如仪。

灵驭言旋,面阴昭瘗。集兹嘉祥,常致丰岁。

　　　宣圣乐章因宋旧曲,不改。

迎神,奏《凝安之曲》:

　　　黄钟宫三成

大哉宣圣,道尊德崇。宋志作德尊。

维持王化,斯文是宗。典祀有常,精纯并隆。

神其来格,于昭盛容。

　　　大吕角二成

生而知之,有教无私。成均之祀,威仪孔时。

惟兹初丁,洁我盛粢。永言其道,万世之师。

　　　大簇徵二成

巍巍堂堂,其道如天。清明之象,应物而然。

时维上丁,备物荐诚。维新礼典,乐谐中声。

　　　应钟羽二成

圣王生知,阐乃儒规。诗书文教,万世昭垂。

良日惟丁,灵承丕爽。宋志作不爽,是也。疑字误。揭此精虔,神其来享。

初献盥洗,奏《同安之曲》:

　　　姑洗宫

右文兴化,宪古师经。明祀有典,吉日惟丁。

丰牺在俎,雅奏在庭。周迴陟降,福祉是膺。

初献升殿,奏《同安之曲》:降同。

　　　南吕宫

诞兴斯文,经天纬地。功加于民,实千万世。

笙镛和鸣,粢盛丰备。肃肃降登,歆兹秩祀。

奠币,奏《明安之曲》:

南吕宫

自生民来，谁底其盛。惟王神明，度越前圣。

粢币具成，礼容斯称。黍稷惟馨，宋志作非馨。

惟神之听。

捧俎，奏《丰安之曲》：

姑洗宫

道同乎天，人伦之至。有享无穷，其兴万世。

既洁斯牲，粢明醑旨。不懈以忱，神之来塈。

大至成圣文宣王位酌献，奏《成安之曲》：

南吕宫

大哉圣王，实天生德，作乐以崇，时祀无斁。

清酤惟馨，嘉牲孔硕。荐羞神明，庶几昭格。

兖国复圣公位酌献，奏《成安之曲》：

南吕宫

庶几屡空，渊源深矣。亚圣宣献，百世宜祀。

吉蠲斯辰，昭陈樽篚。旨酒欣欣，神其来止。

郕国宗圣公酌献，奏《成安之曲》：

南吕宫

心传宗恕，一以贯之。爰述大学，万世训彝。

惠我光明，尊闻行知。继圣迪后，是享是宜。

沂国述圣公酌献，奏《成安之曲》：按宗圣、述圣二曲，宋乐章无，皆新增。

南吕宫

公传自曾，孟传自公。有嫡绪承，允得其宗。

提纲开蕴，乃作中庸。侑于元圣，亿载是崇。

邹国亚圣公酌献，奏《成安之曲》：

南吕宫

道之由兴，于皇宣圣。维公之传，人知趋正。

与飨在堂，情文斯称。万年承休，假哉天命。

亚献,奏《文安之曲》：终献同。

姑洗宫

百王宗师,生民物轨。瞻之洋洋,神其宁止。

酌彼金罍,惟清且旨。登献惟三,于嘻成礼。

饮福受胙。与盥洗同,惟国学释奠亲祀用之,摄事则不用,外路州县并皆用之。

撤豆,奏《娱安之曲》：

南吕宫

牺象在前,豆笾在列。以享以荐,既芬既洁。

礼成乐备,人和神悦。祭则受福,率樽无越。

送神,奏《凝安之曲》：

黄钟宫

有严学宫,四方来崇。恪恭祀事,威仪雍雍。

歆兹惟馨,飙驭回复。明禋斯毕,咸膺百福。

望瘗。与盥洗同。

右释奠乐章,皆宋人旧曲。惟增郕国、沂国酌献之曲。按延祐三年,始增子思、孟子配享,今乐章有郕、沂二公酌献之词,则此十六乐章乃延祐三年所定。又元朝有撰易乐曲,而未及用者,今并附于后。

迎神,奏《文明之曲》：

天纵之圣,集厥大成。立言垂教,万世准程。

庙庭孔硕,樽俎既盈。神之格思,景福来并。

盥洗,奏《昭明之曲》：

神既宁止,有孚颙若。罍洗在庭,载盥载濯。

匪惟洁修,亦新厥德。对越在兹,敬恭惟则。

升殿,奏《景明之曲》：降同。

大哉圣功,薄海内外。礼隆秩宗,光垂昭代。

陟降在庭,摄齐委佩。莫不肃雍,洋洋如在。

奠币,奏《德明之曲》：

圭衮尊崇,佩绅列侑。笾豆有楚,乐具和奏。
式陈量币,骏奔左右。天眷斯文,繄神之祐。
文宣王酌献,奏《诚明之曲》:
惟圣监格,享于克诚,有乐在县,有硕斯牲。
奉醴以告,嘉荐惟馨。绥以多福,永底隆平。
兖国公酌献,奏《诚明之曲》:
潜心好学,不违如愚。用舍行藏,乃与圣俱。
千载景行,企厥步趋。庙食作配,祀典弗渝。
郕国公酌献。缺。
沂国公酌献。缺。
邹国公酌献,奏《诚明之曲》:
洙泗之传,学穷性命。力距杨墨,以承三圣。
遭时之季,孰识其正。高风仰止,莫不肃敬。
亚献,奏《灵明之曲》:终献同。
庙成奕奕,祭祀孔时。三爵具举,是飨是宜。
于昭圣训,示我民彝。纪德报功,配于两仪。
送神,奏《庆明之曲》:
礼成乐备,灵驭其旋。济济多士,不懈益虔。
文教兹首,儒风是宣。祐我缺。

　　三皇庙乐章
降神,奏《咸成之曲》:
　　黄钟宫三成
于皇三圣,神化无方。继天立极,垂宪百王。
聿崇明祀,率由旧章。灵兮来下,休有烈光。
降神,奏《宾成之曲》:
　　大吕宫二成
帝德在人,日用不知。神之在天,矧可度思。
辰良日吉,祾事有仪,感以至诚,尚右享之。
降神,奏《顾成之曲》:

太簇征二成

大道之行，肇自古先。功烈所加，何千万年。
是尊是奉，执事孔虔。神哉沛兮，泠风驭然。
降神，奏《临成之曲》：

应钟羽二成

雅奏告成，神斯降格。妥安有位，清庙奕奕。
肸蠁潜通，丰融烜赫。我其承之，百世无斁。
初献盥洗，奏《蠲成之曲》：

姑洗宫

灵斿戾止，式燕以宁。吉蠲致享，惟寅惟清。
挹彼注兹，沃盥而升。有孚颙若，交于神明。
初献升殿，奏《恭成之曲》：

南吕宫

斋明盛服，恪恭命祀，洋洋在上，非远具迩。
左右周旋，陟降庭止。式礼莫愆，用介多祉。
奠币，奏《祇成之曲》：

南吕宫

骏奔在列，品物咸备。礼严载现，式陈量币。
惟兹筐实，肃将忱意，灵兮安留，成我熙事。
初献降殿。与升殿同。
捧俎，奏《□成之曲》：

姑洗宫

我祀如何，有牲在涤。既全且洁，为俎孔硕。
以将以享，其仪不忒。神其迪尝，纯嘏是赐。
初献盥洗。与前同。
初献升殿。与前同。
大皞伏羲氏位酌献，奏《□成之曲》：

南吕宫

五德之首，巍巍圣神。八卦有作，诞开我人。

物无能称,原酒在樽。歆监在兹,惟德是亲。

炎帝神农氏位酌献,奏《□成之曲》:

　　南吕宫

耒耜之利,人赖以生。鼓腹含哺,帝力难名。

欲报之德,黍稷非馨。眷言顾之,享于克诚。

黄帝有熊氏位酌献,奏《□成之曲》:

　　南吕宫

为衣为裳,法乾效坤。三辰顺序,万国来宾。

典祀有常,多仪具陈。纯精邈达,非借弥文。

配位酌献,奏《□成之曲》:

　　南吕宫

三圣俨临,孰侑其食。惟尔有神,同功合德。

丕拥灵休,留娱嘉席,历世昭配,永永无极。

初献降殿,与前同。

亚献,奏《□成之曲》:终献同。

　　姑洗宫

绥节安歌,载升贰觞。礼成三终,申荐令芳。

凡百有职,罔敢怠遑。神具醉止,欣欣乐康。

撤豆,奏《□成之曲》:

　　南吕宫

笾豆有践,殷荐亶时。礼文疏洽,废撤不迟。

慎终如始,进退无违。神其祚我,绥以繁厘。

送神,奏《□成之曲》:

　　黄钟宫

夜如何其,明星煌煌。灵逝弗留,飚举云翔。

瞻望靡及,德音不忘。庶回景睨,发为祯祥。

望瘗,奏《□成之曲》:

　　姑洗宫

工祝致告,礼备乐终,加牲兼币,讫莅愈恭。精神斯馨,惠泽无穷。储休赐美,万福来崇。

新元史卷九三
志第六〇

乐　三

郊祀乐舞　　宗庙乐舞
泰宗十室乐舞

郊祀降神文舞，崇德之舞。《乾宁之曲》六成。

圜钟宫三成。始听三鼓。一声钟，一声鼓，凡三作，后仿此。一鼓，稍前，开手立；二鼓'合手，退后；三鼓，相顾蹲。三鼓毕，间声作。二声钟，一声鼓。一鼓，稍前，舞蹈；二鼓，举左手，收，左揖；三鼓，举右手，收，右揖；四鼓，高呈手；五鼓，两两相向蹲；六鼓，稍前，开手立；七鼓，退后，俯伏；八鼓，举左手，收，左揖；九鼓，举右手，收，右揖；十鼓，稍前，开手立；十一鼓，合手，退后，躬身；十二鼓，伏，兴，仰视；十三鼓，舞蹈，相向立；十四鼓，复立，交篇。正蹲；十五鼓，躬身，受。终听三鼓。止。

黄钟角一成。始三听鼓。一鼓，稍前，舞蹈。二鼓，合手，退后。三鼓，相顾蹲。三鼓毕，间声作。一鼓，稍前，舞蹈。二鼓，高呈手。三鼓，两两相向蹲。四鼓，举左手，收，左揖。五鼓，举右手，收，右揖。六鼓，稍前，开手。七鼓，复立，正揖。八鼓，两两相向，交篇，正蹲。九鼓，复位立。十鼓，稍前，开手立。十一鼓，合手，退后。躬身。十二鼓，伏，兴，仰视。十三鼓，举左手，收，开手，正蹲。十四鼓。举右

手,收,开手,正蹲。十五鼓,躬身,受。终听三鼓。止

太簇征一成。始听三鼓。一鼓,稍前,开手立。二鼓,合手,退后。三鼓,相顾蹲。三鼓毕,间声作,一鼓,稍前,舞蹈。二鼓,复位,躬身。三鼓,高呈手。四鼓,举左手,收,左揖。五鼓,举右手,收,右揖。六鼓,两两相向,交籥,正蹲。七鼓,复位,躬身。八鼓,舞蹈,相向立。九鼓,复位,俯伏。十鼓,举左手,收,左揖。十一鼓,举右手,收,右揖。十二鼓,伏,兴,仰视。十三鼓,舞蹈,相向立。十四鼓,复位,交籥,正蹲。十五鼓,躬身,受。终听三鼓。止。

姑洗羽一成。始听三鼓。一鼓,稍前,开手立。二鼓,合手,退后,三鼓,相顾蹲。三鼓毕,间声作。一鼓,稍前,舞蹈。二鼓,复位,正揖。三鼓,高呈手。四鼓,推左手,收,左揖。五鼓,推右手,收,右揖。六鼓,两两相向,交籥,正蹲。七鼓,复位,俯伏。八鼓,舞蹈,相向立。九鼓,复位,躬身。十鼓,伏,兴,仰视。十一鼓,举左手,收,左揖。十二鼓,举右手,收,右揖。十三鼓,舞蹈,相向立。十四鼓,复位,交籥,正蹲。十五鼓,躬身,受。终听三鼓。止。

昊天上帝位酌献文舞。崇德之舞。《明成之曲》,黄钟宫一成。始听三鼓。一鼓稍前,开手立。二鼓,合手,退后。三鼓,相顾蹲。三鼓毕,间声作。一鼓,稍前,舞蹈,相向立。二鼓,复位,相顾蹲。三鼓,复位,开手立,四鼓,合手,正揖。五鼓,举左手,收,左揖。六鼓,举右手,收,右揖。七鼓,两两相向,交籥,正蹲。八鼓,复位,正揖。九鼓,稍前,开手立。十鼓,退后,俯伏。十一鼓,稍前,开手立。十二鼓,推左手,收。十三鼓,推右手,收。十四鼓,三叩头,拜舞。十五鼓,躬身,受。终听三鼓。止。

皇地祇酌献,大吕宫一成。始听三鼓。一鼓,稍前,开手立。二鼓,合手,退后。三鼓,相顾蹲。三鼓毕,间声作。一鼓,稍前,舞蹈,相向立。二鼓,复位,正揖。三鼓,举左手,收,左揖。四鼓,举右手,收,右揖。五鼓,高呈手。六鼓,两两相向,交籥,正蹲。七鼓,复位,俯伏。八鼓,舞蹲,相向立。九鼓,复位,躬身。十鼓,交籥,正蹲。十一鼓,两两相向,开手,正蹲。十二鼓,伏,兴,仰视。十三鼓,舞蹈,

相向立。十四鼓，三叩头，拜舞。十五鼓，躬身，受。终听三鼓。止。

太祖位酌献，黄钟宫一成。始听三鼓。一鼓，稍前，开手立。二鼓，合手，退后。三鼓，相顾蹲。三鼓毕，间声作。一鼓，稍前，舞蹈。二鼓，复位，正揖。三鼓，举左手，收，左揖。四鼓，举右手，收，右揖。五鼓，高呈手。六鼓，两两相向，交篴，正蹲。七鼓，复位，俯伏。八鼓，舞蹈，相向立。九鼓，复位，躬身。十鼓，交篴，正蹲。十一鼓，两两相向，开手，正蹲，十二鼓，伏，兴，仰视。十三鼓，合手，正揖。十四鼓，叩头，拜舞。十五鼓，躬身，受。终听三鼓。止。

亚献、酌献武舞，定功之舞。黄钟宫一成。始听三鼓。一鼓，稍前，开手立。二鼓，合手，退后，按腰立。三鼓，相顾蹲。三鼓毕，间声作。一鼓，稍前，左右扬干戚。二鼓，退后，相顾蹲。三鼓，举左手，收。四鼓，举右手，收。五鼓，左右扬干戚，相向立。六鼓，复位，相顾蹲。七鼓，呈干戚。八鼓，复位，按腰立。九鼓，刺干戚，十鼓，复位，推左手，收。十一鼓，推右手，收。十二鼓，稍前，开手立。十三鼓，左右扬干戚。十四鼓，复位，按腰，相顾蹲。十五鼓，躬身，受。终听三鼓。止。

终献武舞，黄钟宫一成，始听三鼓。一鼓，稍前，开手立。二鼓，合手，退后，按腰立。三鼓，相顾蹲。三鼓毕，间声作。一鼓，稍前，左右扬干戚。二鼓，退后，高呈手。三鼓，复位，相顾蹲。四鼓，左右扬干戚，相向立。五鼓，复位，举左手，收。六鼓，举右手，收。七鼓，面向西，开手，正蹲。八鼓，呈干戚。九鼓，复位，按腰立。十鼓，刺干戚。十一鼓，两两相向立。十二鼓，复位，左右扬干戚。十三鼓，退后，相顾蹲。十四鼓。三叩头，拜舞。十五鼓，躬身，受。终听三鼓。止。

宗庙，世祖至元三年入室时享，文舞武定文绥之舞。降神，《来成之曲》九成。

黄钟宫三成，始听三鼓，一鼓，稍前，开手立。二鼓，退后，合手。三鼓，相顾蹲。三鼓毕，间声作，一鼓，稍前，舞蹈，次合手而立。二鼓，正面高呈手，住。三鼓，退后，收手蹲。四鼓，正面躬身，兴身立。

五鼓，推左手，右相顾，左揖。六鼓，皆推右手，左相顾，右揖。七鼓，稍前，正面开手立。八鼓，举左手，右相顾，左揖。九鼓，举右手，左相顾，右揖。十鼓，稍退后，俯身而立。十一鼓，稍前，开手立。十二鼓，合手，退后，相顾蹲，十三鼓，稍进前，舞蹈。十四鼓，退后，合手，相顾蹲。十五鼓，正面躬身，受。终听三鼓。止。

大吕角二成，始听三鼓。一鼓，稍前，开手立。二鼓，退后，合手。三鼓，相顾蹲。三鼓毕，间声作。一鼓，稍进前，舞蹈，合手立。二鼓，举左手，住，收右足。三鼓，举左手，住，收左足。四鼓，两两相向而立。五鼓，稍前，高呈手，住。六鼓，舞蹈，退后立。七鼓，稍前，开手立。八鼓，合手，退后蹲。九鼓，正面归俏立。十鼓，推左手，收右足，推右手，收左足。十一鼓，举左手，收右足。举右手，收左足。十二鼓，稍进前，正面仰视。十三鼓，稍退后，相顾蹲。十四鼓，合手，俯身立。十五鼓，正面躬身，受。终听三鼓。止。

太簇征二成，始听三鼓。一鼓，稍前，开手立。二鼓，退后，合手。三鼓，相顾蹲。三鼓毕，间声作，一鼓，稍进前，舞蹈，次合手立。二鼓，俯身而正面揖。三鼓，稍进前，高呈手立。四鼓，收手，正面蹲。五鼓，举左手，住，收右足。六鼓，举右手，收左足，收手。七鼓，两两相向而立。八鼓，稍前，高仰视。九鼓，稍退，收手蹲。十鼓，举左手，住而蹲。十一鼓，举左手，收手而蹲。十二鼓，正面归俏，舞蹈。十三鼓，俯身，正揖。十四鼓，交籥翟，相顾蹲。十五鼓，正面躬身，受。终听三鼓。止。

应钟羽二成，始听三鼓。一鼓，稍前，开手立。二鼓，退后，合手，三鼓，相顾蹲。三鼓毕，间声作。一鼓，稍进前，舞蹈，次合手立。二鼓，两两相向立。三鼓，举左手，收右足，左揖。四鼓，举右手，收左足，右揖。五鼓，归俏，正面立。六鼓，稍进前，高呈手，住。七鼓，收手，稍退，相顾蹲。八鼓，两两相向立。九鼓，稍前，开手蹲。十鼓，退后，合手对揖。十一鼓，正面归俏立。十二鼓，稍进前，舞蹈，次合手立。十三鼓，垂左手而右足应。十四鼓，垂右手，而左足应。十五鼓，正面躬身，受。终听三鼓。止。

烈祖第一室文舞,《开成之曲》,无射宫一成。始听三鼓,一鼓,稍前,开手立。二鼓,稍退,合手。三鼓,相顾蹲。三鼓毕,间声作。一鼓,稍进前,舞蹈,合手立。二鼓,稍退,俯身,开手立,三鼓,垂左手,住,收右足。四鼓,垂右手,收左足。五鼓,左侧身相顾,左揖。六鼓,右侧身相顾,右揖。七鼓,正面躬身,兴身立。八鼓,两两相向,合手立。九鼓,相顾,高呈手,住。十鼓,收手,舞蹈。十一鼓,舞左而收手立。十二鼓,舞右而收手立。十三鼓,扬左手,相顾蹲。十四鼓,扬右手,相顾蹲。十五鼓,稍前,正面躬身,受听三鼓。止。

太祖第二室文舞,《武成之曲》,无射宫一成。始听三鼓。一鼓,稍前,开手立。二鼓,退后,合手。三鼓,相顾蹲。三鼓毕,间声作。一鼓,稍前,舞蹈,次合手立。二鼓,正面高呈手,住。三鼓,两两相向而对揖。四鼓,正面归佾,舞蹈,次合手立。五鼓,稍前,开手蹲,收手立。六鼓,稍退,合手蹲,收手立。七鼓,举左手而左揖。八鼓,举右手而右揖。九鼓,推左手,住而正蹲。十鼓,推右手正蹲。十一鼓,开手执籥翟,正面俯视。十二鼓,垂左手,收右足。十三鼓,垂右手,收左足。十四鼓,稍前,正面仰视而立。十五鼓,稍前,正面躬身,受。终听二鼓。止。

太宗第三室文舞,《文成之曲》无射宫一成,始听三鼓。一鼓,稍前,开手立。二鼓,退后,合手。三鼓,相顾蹲,三鼓毕,间声作。一鼓,稍进前,舞蹈。二鼓,两相向而高呈手立。三鼓,稍前,开手立,相顾蹲。四鼓,退后,合手立,相顾蹲。五鼓,垂左手而右足应。六鼓,垂右手而左足应。七鼓,推左手,住,左揖。八鼓,推右手,住,右揖。九鼓,稍前,仰视,正揖。十鼓,举左手,住,收右足。十一鼓,举右手,住,收左足。十二鼓,稍前,舞蹈。十三鼓,稍前,开手而相顾立。十四鼓,退后,合手立。十五鼓,稍前,正面躬身,受。终听三鼓。止。

皇伯考术赤第四室文舞,《弼成之曲》,无射宫一成。始听三鼓。一鼓,稍前,开手立。二鼓,退后,合手。三鼓,相顾蹲。三鼓毕,间声作。一鼓,稍进前,舞蹈。二鼓,合手;俯身,相顾蹲。三鼓,正面高呈手，住。四鼓，稍前，舞蹈，次合手立。五鼓，垂左手，右相顾，收手立。六鼓，垂右手，左相顾，收手立。七鼓，稍前，高仰视，收手正面立。八鼓，再退，高执篲翟，相顾蹲。九鼓，舞蹈，次合手而立。十鼓，举左手，住，收右足。十一鼓，举右手，住，收左足。十二鼓，稍前，开手立，收手蹲。十三鼓，稍前，退后，合手立。十四鼓，俯身，合手而立。十五鼓，稍前，正面躬身，受。终听三鼓。止。

皇伯考察合台第五室文舞，《协成之曲》，无射宫一成，始听三鼓。一鼓，稍前，开手立。二鼓，退后，合手。三鼓，相顾蹲。三鼓毕，间声作。一鼓，稍进前，舞蹈，次合手立。二鼓，开手，相顾蹲。三鼓，合手，相顾蹲。四鼓，稍前，高呈手，住。五鼓，举左手，右相顾，左揖。六鼓，举右手，左相顾，右揖。七鼓，推左手，住，收右足。八鼓，推右手，收左足。九鼓，稍前，舞蹈，次合手立。十鼓，开手正蹲，收，合手立。十一鼓，稍前，正面仰视立。十二鼓，交龠翟，相顾蹲。十三鼓，各尽举左手而住。十四鼓，各尽举右手，收手立。十五鼓，稍前，正面躬身，受。终听三鼓。止。

睿宗第六室文舞，《明成之曲》，无射宫一成，始听三鼓。一鼓，稍前，开手立。二鼓，退后，合手。三鼓，相顾蹲。三鼓毕，间声作。一鼓，稍前，舞蹈。二鼓，稍前，开手立。三鼓，退后，合手立。四鼓，垂左手，相顾蹲。五鼓，垂右手，相顾蹲。六鼓，稍前，正面仰视立。七鼓，舞左手，住，收右足，收手。八鼓，舞右手，住，收左足，收手。九鼓，两相向，合手而立。十鼓，推左手，推右手。十一鼓，皆举左右手。十二鼓，正面高呈手立。十三，退后，合手，俯身。十四，鼓，开手，高呈篲翟，相顾蹲。十五鼓，正面稍前，躬身，受。终听三鼓。止。

定宗第七室文舞，《熙成之曲》，无射宫一成。始听三鼓。一鼓，稍前，开手立。二鼓，退后，合手。三鼓，相顾蹲。三鼓毕，间声作。一鼓稍前，舞蹈。二鼓，两相向，高呈手立。三鼓，垂左手，而右足应。四鼓，垂右手而左足应。五鼓，稍前，开手立。相顾蹲。六鼓，退后，合手立，相顾蹲。七鼓，举左手，住，收右足。八鼓，举右手，住，收左足。九鼓，推左手，左揖。十鼓，推右手，左揖。十一鼓，稍前，舞蹈。

十二鼓,退后,正揖。十三鼓,稍前,开手,相顾立。十四鼓,退后,合手立。十五鼓,稍前,正面躬身,受。终听三鼓。止。

宪宗第八室文舞,《威成之曲》,无射宫一成。始听三鼓。一鼓,稍前,开手。二鼓,退后,合手。三鼓,相顾蹲。三鼓毕,间声作。一鼓,进前舞蹈,次合手立。二鼓,高呈手,住。三鼓,举左手,右顾。四鼓,举右手,左顾。五鼓,推左手,右揖。六鼓,推左手,左揖。七鼓,两相向,交龠翟,立。八鼓,正面归俏,合手立。九鼓,稍前,舞蹈,收手立。十鼓,退后,正揖。十一鼓,俯身,正面揖。十二鼓,高仰视。十三鼓,垂左手。十四鼓,垂右手。十五鼓,正面躬身,受。终听三鼓。止。

亚献武舞,内平外成之舞。《顺成之曲》,无射宫一成。始听三鼓。一鼓,侧身,开手。二鼓,合手。三鼓,相顾蹲。三鼓毕,间声作。一鼓,皆稍进前,舞蹈。次按腰立。二鼓,按腰相顾蹲。三鼓,左右扬干戚,收手按腰。右以象灭王罕。四鼓,稍退,舞蹈,按腰立。五鼓,两两相向,按腰立。

六鼓,归俏,开手,蹲。七鼓,面西,收手按腰立,八鼓,侧身击干戚,收手立。右以象破西夏。九鼓,正面归俏,躬身,次兴身立。十鼓,稍进前,舞蹈,次按腰立。十一鼓,左右推手次按腰立。十二鼓,跪左膝,叠手,呈干戚,住。右以象克金国。十三鼓,收手按腰,兴身立。十四鼓,两相向而相顾蹲。十五鼓,正面躬身,受。终听三鼓。止。

终献武舞,《顺成之曲》,无射宫一成。始听三鼓。一鼓,侧身,开手立。二鼓,合手,按腰。三鼓,相顾蹲。三鼓毕,间声作。一鼓稍进前,舞蹈,次按腰立。二鼓,开手,正面蹲,收手按腰。三鼓,面西,舞蹈,次按腰立。四鼓,面南,左手扬干戚,收手按腰。五鼓,侧身击干戚,收手按腰立。右以象收西域、定河南。六鼓,两两相向立。七鼓,归俏,正面开手蹲,收手按腰。八鼓,东西相向,躬身,受。右以象收西蜀、平南诏。九鼓,归俏,舞蹈,退后,次按腰立。十鼓,推左右手,躬身,次兴身立。十一鼓,进前舞蹈,次按腰立,右以象臣高丽、服交趾。十二鼓,两两相向,按腰蹲。十三鼓,归佾,左右扬手,按腰立。十四鼓,正面开手,俯视。十五鼓,收手,按腰躬身,受。终听三鼓。止。

泰定十室迎神文舞,《思成之曲》。

黄钟宫三成。始听三鼓。一鼓,稍前,开手立。二鼓,合手,退后。三鼓,相顾蹲。三鼓皆毕,间声作。一鼓,稍前,舞蹈。二鼓,高呈手。三鼓举左手,收,左揖。四鼓,举右手,收,右揖。五鼓,退后,相顾蹲。六鼓,两两相向立。七鼓,复位,俯伏。八鼓,举左手,开手,正蹲。九鼓,举右手,开手,正蹲。十鼓,稍前,开手立。十一鼓,合手,退后,躬身。十二鼓,伏,兴,仰视。十三鼓,舞蹈,相向立。十四鼓,复位,交龠,正蹲。十五鼓,躬身,受。终听三鼓。止。

大吕角二成。始听三鼓。一鼓,稍前,舞蹈。二鼓,合手,退后。三鼓,相顾蹲。三鼓毕,间声作。一鼓,稍前,舞蹈。二鼓,举左手,收,左揖。三鼓,举右手。收,右揖。四鼓,高呈手。五鼓,两两相顾蹲。六鼓,稍前,开手立。七鼓,复位,正揖。八鼓,两两相向,交龠,正蹲。九鼓,复位,正揖。十鼓,举左手,收,左揖。十一鼓,举右手,收,右揖。十二鼓,伏,兴,仰视。十三鼓,舞蹈,相向立。十四鼓,复位,立。十五鼓,躬身,受。终听三鼓。止。

太簇征二成。始听三鼓。一鼓,稍前,开手立。二鼓,合手,退后。三鼓,相顾蹲。三鼓毕,间声作。一鼓,稍前,舞蹈。二鼓,复位,躬身。三鼓,高呈手。四鼓,两两相向,交龠,正蹲。五鼓,复位。立。六鼓,舞蹈,相向立。七鼓,举左手,收,左揖。八鼓,举右手。收,右揖。九鼓,稍前,舞蹈。十鼓,退后,俯伏。十一鼓,稍前,开手立。十二鼓,推左手,收。十三鼓,推右手。收。十四鼓,三叩头,拜舞。十五鼓,躬身,受。终听三鼓。止。

应钟羽二成。始听三鼓。一鼓,稍前,开手立。二鼓,合手,退后,三鼓,相顾蹲。三鼓毕,间声作。一鼓,稍前,舞蹈。二鼓,复位,正揖。三鼓,高呈手。四鼓,稍前,开手立。五鼓,退后,躬身。六鼓,推左手,收。七鼓,推右手,收。八鼓,舞蹈,相向立。九鼓,复位,躬身。十鼓,交爵,正蹲。十一鼓,两两相向,开手,正蹲。十二鼓,举左手,收,左揖。十三鼓,举右手,收,右揖。十四鼓,三叩头,拜舞。十五鼓,躬身,受。终听三鼓。止。

初献酌献太祖第一室文舞,《开成之曲》,无射宫一成,始听三鼓。一鼓,稍前,开手立。二鼓,合手,退。三鼓,相顾蹲。三鼓毕,间声作。一鼓,稍前,舞蹈,相向立。二鼓,复位,正揖。三鼓,推左手,收。四鼓,推右手,收。五鼓,三叩头,拜舞。六鼓,两两相向,交爵,正蹲,七鼓,复位立。八鼓,稍前,舞蹈。九鼓,复位,俯伏。十鼓,高呈手,正揖。十一鼓,两两相向蹲。十二鼓,复位,开手立。十三鼓,合手,正揖。十四鼓,伏,兴,仰视。十五鼓,躬身,受。终听三鼓。止。

睿宗第二室文舞,《武成之曲》,无射宫一成,始听三鼓,一鼓,稍前,开手立。合手,退后。二鼓,三鼓,相顾蹲。三鼓毕,间声作。一鼓,稍前,舞蹈。二鼓,复位,正揖。三鼓,高呈手。四鼓,稍前,开手立。五鼓,退后,躬身。六鼓,举左手,收,左揖。七鼓,举右手,收右揖。八鼓,舞蹈,相向立。九鼓,复位立。十鼓,推左手,收。十一鼓,推右手。收。十二鼓,伏,兴,仰视。十三鼓,两两相向蹲。十四鼓,复位,交爵,正蹲。十五鼓,躬身,受。终听三鼓。止。

世祖第三室文舞,《混成之曲》,无射宫一成,始听三鼓。一鼓,稍前,开手立。二鼓,合手,退后。三鼓,相顾蹲。三鼓毕,间声作。一鼓,稍前,舞蹈。二鼓,高呈手。三鼓,交爵,正蹲。四鼓,两两相向,开手,正蹲。一鼓,伏,兴,仰视。六鼓,举左手,收,左揖。七鼓,举右手,收,右揖。八鼓,退后,躬身。九鼓,稍前,开手立。十鼓,举左手,收,左揖。十一鼓,举右手。收,右揖。十二鼓,高呈手,正揖。十三鼓,舞蹈,相顾蹲。十四鼓,三叩头,拜舞。十五鼓,躬身,受。终听三鼓。止。

裕宗第四室文舞,《昭成之曲》,无射宫一成。始听三鼓。一鼓,稍前,开手立。二鼓,合手,退后。三鼓,相顾蹲。三鼓毕,间声作。一鼓,稍前,舞蹈。二鼓,退后,高呈手。三鼓,举左手,收,左揖。四鼓,举右手,收,右揖。五鼓,稍前,开手立。六鼓,退后,躬身。七鼓,两两相向,交龠,正蹲。八鼓,伏,兴,仰视。九鼓,推左手,收,左揖。十鼓,推右手,收,右揖。十一鼓,稍前,舞蹈。十二鼓,退后,相顾蹲。十三鼓,高呈手。十四鼓,三叩头,拜舞。十五鼓,躬身,受。终听三鼓。止。

显宗第五室文舞,《德成之曲》,无射宫一成。始听三鼓。一鼓,稍前,开手立。二鼓,合手,退后。三鼓,相顾蹲。三鼓毕,间声作。一鼓,稍前,舞蹈。相向立。二鼓,复位,正揖。三鼓,举左手,收。四鼓,举右手。收。五鼓,伏,兴,仰视。六鼓,两两相向立。七鼓,复位,交龠,正蹲。八鼓,退后,躬身。九鼓,稍前,开手立。十鼓,举左手,收,左揖。十一鼓,举右手,收,右揖。十二鼓,高呈手。十三鼓,复位,正蹲。十四鼓,三叩头,拜舞。十五鼓,躬身,受。终听三鼓。止。

顺宗第六室文舞,《庆成之曲》,无射宫一成。始听三鼓。一鼓,稍前,开手立。二鼓,合手,退后。三鼓,相顾蹲。三鼓毕,间声作。一鼓,稍前,舞蹈。二鼓,复位,相顾蹲。三鼓,稍前,开手立。四鼓,合手,正揖。五鼓,举左手,收,左揖。六鼓,举右手,收,右揖。七鼓,两两相向,交龠,正蹲。八鼓,复位立。九鼓,稍前,开手立。十鼓,伏,兴,仰视。十一鼓,举左手,收,相顾蹲。十二鼓,举右手,收,相顾蹲。十三鼓,高呈手,正揖。十四鼓,三叩头,拜舞。十五鼓,躬身,受。终听三鼓。止。

成宗第七室文舞,《守成之曲》,无射宫一成,始听三鼓,一鼓,稍前,开手立。二鼓,合手,退后,三鼓,相顾蹲。三鼓毕,间声作。一鼓,稍前,舞蹈,二鼓,退后,躬身。三鼓,举左手,收,左揖。四鼓,举右手,收,右揖。五鼓,伏,兴,仰视。六鼓,两两相向,交龠,正蹲。七鼓,复位,正揖。八鼓,高呈手。九鼓,举左手,收,左揖。十鼓,举右手,收,右揖。十一鼓,开手立。十二鼓,合手,正揖。十三鼓,稍前,舞蹈。十四鼓,三叩头,拜舞。十五鼓躬身,受。终听三鼓。止。

武宗第八室文舞,《威成之曲》,无射宫一成,始听三鼓。一鼓,稍前。开手立。二鼓,合手,退后。三鼓,相顾蹲。三鼓毕,间声作。一鼓,稍前,舞蹈。二鼓,复位,正揖。三鼓,高呈手。四鼓,稍前,开手立。五鼓,退后,躬身。六鼓,举左手,收,左揖。七鼓,举右手,收,右揖。八鼓,舞蹈,相向立。九鼓,复位立。十鼓,举左手。收,左揖。十一鼓,举右手,收,右揖。十二鼓,伏,兴,仰视。十三鼓,两两相向立。十四鼓,复位,交龠,正蹲。十五鼓,躬身,受。终听三鼓。止。

仁宗第九室文舞,《歆成之曲》,无射宫一成,始听三鼓。一鼓,稍前,开手立。二鼓,合手,退后。三鼓,相顾蹲。三鼓毕,间声作。一鼓,稍前,舞蹈,相向立。二鼓,复位,正揖。三鼓,高呈手。四鼓,推左手,收。五鼓,推右手,收。六鼓,稍前,开手立。七鼓,退后,躬身。八鼓,两两相向立。九鼓,复位,交龠,正蹲。十鼓,举左手,收,左揖。十一鼓,举右手,收,右揖。十二鼓,稍前,舞蹈。十三鼓,复位,正揖。十四鼓,伏,兴,仰视。十五鼓,躬身,受。终听三鼓,止。

英宗第十室文舞,《献成之曲》,无射宫一成。始听三鼓,一鼓,稍前,开手立。二鼓,合手,退后。三鼓,相顾蹲。三鼓毕,间声作。一鼓,稍前,舞蹈,相向立。二鼓,举左手,收,左揖。三鼓,举右手,收,右揖。四鼓,高呈手。五鼓,伏,兴,仰视。六鼓,两两相向蹲。七鼓,退后,俯伏。八鼓,复位,交龠,正蹲。九鼓,稍前,开手立。十鼓,复位,躬身。十一鼓,稍前,舞蹈。十二鼓,复位,正揖。十三鼓,舞蹈,两两相向立。十四鼓,三叩头,拜舞。十五鼓,躬身,受。终听三鼓。止。

亚献武舞,《肃宁之曲》,无射宫一成。始听三鼓。一鼓稍前,开手立。二鼓,合手,退后,按腰立。三鼓,相顾蹲。三鼓毕,间声作。一鼓,稍前,左右扬干戚。二鼓,退后,相顾蹲。三鼓,高呈手。四鼓,左右扬干戚。五鼓,呈干戚。六鼓,复位,按腰立。七鼓,刺干戚。八鼓,两两相向,开手,正蹲。九鼓,复位,举左手,收。十鼓,举右手,收。十一鼓,稍前,开手立。十二鼓,退后,按腰立。十三鼓,左右扬干戚，相向立。十四鼓，复位，按腰相顾蹲。十五鼓，躬身，受。终听三鼓。止。

终献武舞，《肃宁之曲》，无射躬宫一成。始听三鼓，一鼓，稍前，开手立。二鼓，合手，退后，按腰立。三鼓，相顾蹲。三鼓毕，间声作。一鼓，稍前，左右扬干戚。二鼓，退后，高呈手。三鼓，举左手，收。四鼓，举右手，收。五鼓，面向西，开手，正蹲。六鼓，复位，左右扬干戚。七鼓，躬身，受。八鼓，呈干戚。九鼓，复位，按腰立。十鼓，刺干戚。十一鼓，两两相向立。十二鼓，复位，按腰立。十三鼓，退后，相顾蹲。十四鼓，三叩头，拜舞。十五鼓，躬身，受。终听三鼓。止。

天历三年新制乐舞。

明宗酌献武舞，《永成之曲》，无射宫一成，始听三鼓。一鼓，合手，稍前，开手立。二鼓，退后立。三鼓，相顾蹲。三鼓毕，间声作。一鼓，向前，舞蹈，相向立。二鼓，复位。三叩头，拜舞。三鼓，两两开手，正蹲。四鼓，复位，俯伏。五鼓，交籥，正蹲。六鼓，伏，兴，仰视。七鼓，躬身。八鼓，稍前，开手立。九鼓，复位，正揖。高呈手。十鼓，举左手，收。左揖。十一鼓，举右手，收，右揖。十二鼓，正揖。十三鼓，两两交籥，相揖。十四鼓，复位。十五鼓，躬身，受。终听三鼓。止。

礼前一日，宿县于庭中，立四表于横街之南，稍东，设舞位于县北。文郎左执籥，右秉翟。武郎左执干，右执戚。皆六十四人，享日，与工人先入就位。舞师二人，执纛二人，引文舞分立于表南舞，及执籥者俟立于宫县之左右。器：鼗二，双铎一，单铎二，铙二，钟二，二器用六人。钲二，相鼓二，凡二十人。文舞进，舞师二人，执旌二人，引武舞进，立其处。文舞还立于县间。

凡宗庙之乐，九成，舞九变。黄钟之宫三成，三变，大吕之角二成，二变。太簇之征二成，二变。应钟之羽二成，二变。圜丘之乐六成，舞六变。夹钟之宫三成，三变。黄钟之角一成，一变。太簇之征一成，一变。姑洗之羽一成，一变。

　　舞师四人皆执柽，执蘥二人，执旌二人，祭则前舞，以为舞容。舞人从南表向第一表，为一成，则一变。从第二至第三，为二成。从第三至北第四表，为三成，舞人各转身南向于北表之北，还从第一至第二，为四成。从第二至第三，为五成。从第三至南第一表，为六成。若八变者，更从南北向第二，为七成。又从第二至第三，为八成。若九变者，又从第三至北第一，为九成。

新元史卷九四
志第六一

乐　四

大乐职掌　宴乐之器　乐队

　　大乐署，令一人，丞一人，掌郊社、宗庙之乐。凡乐，郊社、宗庙，则用宫县，工二百六十有一人；社稷，则用登歌，工五十有一人；二乐用工三百一十有二人，代事故者五十。前祭之月，召工习乐及舞。祀前一日，宿县于庭中。东方、西方，设十二镈钟，各依辰位。编钟处其左，编磬处其右。黄钟之钟起子位，在通街之西。蕤宾之钟居午位，在通街之东。每辰三簴，谓之一肆，十二辰，凡三十六簴。树建鞞应于四隅，左枹右敔，设县中之北。歌工次之，三十二人，重行相向而坐。巢笙次之，箫次之，竽次之，龠次之，篪次之，埙次之，长笛又次之。夹街之左右，瑟翼柷敔之东西，在前行。路鼓、路鼗次之。郊祀则播鼓、播鼗。闰余匏在箫之东，七星匏在西，九曜匏次之。一弦琴列路鼓之东西，东一，西二。三弦、五弦、七弦、九弦次之。晋鼓一，处县中之东南，以节乐。一弦琴三，五弦以下皆六。凡坐者，高以杌，地以毡。立四表于横街之南，稍东。设舞位于县北。文郎左执龠，右秉翟；武郎左执干，右执戚；皆六十有四人。享日与工人先入就位。舞师二人，执蘥二人，引文舞分立于表南。武舞及执器者，俟立于宫县之左右。器：鼗二，双铎二，单铎二，铙二，錞二，二镯，六人。钲二，相鼓二，雅鼓二，凡二十人。文舞退，舞师二人、执旌二人，引武舞进，立其处。文舞还立于县侧。又设登歌乐于殿之前楹，殿陛之旁，设乐床一，乐工列于上。搏拊二，歌工六，柷一，敔一，在门内，相向而坐。钟一簴，在前楹之东。一弦、三弦、五弦、七弦、九弦琴五，次之。瑟二，在其东，笛一，簫一，箎一在琴之南，巢笙、和笙各二，次之。埙一，在笛之南。闰余匏、排箫各一，次之，皆西上。磬一簴，在前楹之西。一弦、三弦、五弦、七弦、九弦琴五，次之。埙一，在笛之南。七星匏、九曜匏、排箫各一，次之，皆东上。凡宗庙之乐九成，舞九变。黄钟之宫，三成，三变，大吕之角，二成，二变。太簇之徵，二成，二变。应钟之羽，二成二变。圜丘之乐六成，舞六变。夹钟之宫，三成，三变。黄钟之角，一成，一变。太簇之徵，一成，一变。姑洗之羽，一成，一变。社稷之乐八成：林钟之宫二成，太簇之角二成，姑洗之徵二成，南吕之羽二成。凡有事于宗庙，大乐令位于殿楹之东，西向；丞位于县北，通街之东，西向；以肃乐舞。

协律郎二人，掌和律吕，以合阴阳之声。阳律六：黄钟子，太簇黄，姑洗辰，蕤宾午，夷则申，无射戌。阴吕六：大吕丑，夹钟卯，仲吕巳，林钟未，南吕酉，应钟亥。文之以宫、商、角、徵、羽、变宫、变徵，播之以金、石、丝、竹、匏、土、革、木。凡律管之数，九九相乘，八十一以为吕；三分去一，五十四以为徵；三分益一，七十二以为商；三分去一，四十八以为羽；三分益一，六十四以为角。如黄钟为宫，则林钟为徵，太簇为商，南吕为羽，姑洗为角，应钟为变宫，蕤宾为变徵，是为七声十二律，还相为宫，为八十四调。凡大祭祀皆法服，一人立于殿楹之西，东向；一人立于县北通街之西，东向；以节乐。堂上者主登歌，堂下者主宫县。凡乐作，则跪，俯伏，举麾以兴，工鼓柷以奏；乐止则偃麾，工戛敔而乐止。今执麾者代执之，协律郎特拜而已。

乐正二人，副二人，掌肄乐舞、展乐器、正乐位。凡祭，二人立于殿内，二人立于县间，以节乐。殿内者视献者奠献用乐作止之节，以笏示照烛，照烛举偃以示堂下。若作登歌，则以笏示柷敔而已。县间者示堂上照烛。及引初献，照烛动，亦以笏示柷敔。

乐师一人，运谱一人，掌以乐教工人，凡祭，立于县间，皆北上，相向而立。

舞师四人，皆执挺，挺，牙仗也。执纛二人，执旌二人，祭则前舞以为舞容。舞人从南表向第一表，为一成，则一变。从第二至第三，为二成。从第三至北第四表，为三成。舞人各转身南向于北表之北，还从第一至第二，为四成，从第二至第三，为五成。从第三至南第一表，为六成，若八变者，更从南北向第二，为七成。又从第二至第三，为八成。若九变者，又从第三至北第一，为九变。

执麾一人，从协律郎以麾举偃而节乐。

照烛二人，掌执笼烛而节乐。凡乐作止，皆举偃其笼烛。一人立于堂上门东，视殿内献官礼节，麾烛以示县间。一人立于堂下县间，俟三献入导初献至位，立于左。初献行，皆前导，亚、终则否。凡殿下礼节，则麾其烛以示上下。初献诣盥洗位，乃偃其烛，止亦如之。俟初献动为节，宫县乐作，诣盥洗位，洗拭瓒讫，乐止，诣阶，登歌乐作，升自东阶，至殿门，乐止，乃立于阶侧以俟。晨祼讫，初献出殿，登歌乐作，至板位，乐止，司徒迎馔至横街，转身北向，宫县乐作，司徒奉俎至各室遍奠讫，乐止。酌献，初献诣盥洗位，宫县乐作，诣爵洗位，洗拭爵讫，乐止。出笏，登歌乐作，升自东阶，至殿门，乐止，初献至酒樽所，酌讫，宫县乐作，诣神位前，祭酒讫，拜、兴、读祝，乐止。读讫，乐作，再拜讫，乐止。次诣每室，作止如初。每室各奏本室乐曲，俱献毕，还至殿门，登歌乐作，降自东阶，至板位，乐止。文舞退，武舞进，宫县乐作，舞者立定，乐止。亚献行礼，无节步之乐，至酒樽所，酌酒讫，出笏，宫县乐作，诣神位前，奠献毕，乐止。次诣每室，作止如初。俱毕，还至板位，皆无乐。终献乐作同亚献，助奠以下升殿，奠马湩，至神位，蒙古巫祝致词讫，宫县乐作，同司徒进馔之曲，礼毕，乐止，出殿，登歌乐作，各复位，乐止。太祝撤笾豆，登歌乐作，卒撤，乐止，奉礼赞拜，众官皆再拜讫，送神，宫县乐作，一成而止。

兴隆笙，制以楠木，形如夹屏，上锐而面平，缕金雕镂枇杷、宝相、孔雀、竹木、云气，两旁侧立花板，居背三之一。中为虚柜，如笙之匏。上竖紫竹管九十，管端实以木莲苞。柜外出小橛十五，上竖小管，管端实以铜杏叶。下有座，狮象绕之，座上柜前立花板一，雕镂如背，板间出二皮风口，用则设朱漆小架于座前，系风囊于风口，囊面如琵琶，朱漆杂花，有柄，一人按小管，一人鼓风囊，则簧自随调而鸣。中统间，回回国所进，以竹为簧，有声而无律。玉宸乐院判官郑秀乃考音律，分定清浊。增改如今制。其在殿上者，盾头两旁立刻木孔雀二，饰以真孔雀羽，中设机。每奏，工三人，一人鼓风囊，一人按律，一人运动其机，则孔雀飞舞应节。

殿庭笙十，延祐间增制，不用孔雀。兴隆笙，世祖所作。或曰西域所献，而世祖损益之。凡宴会之日，此笙一鸣，众乐皆作，笙止，众乐亦止。

琵琶，制以木，曲首，长颈，四轸，颈有品，阔面，四弦，面饰杂花。

筝，如瑟，两头微垂，有柱十三弦。

火不思，制如琵琶，直颈，无品，有小槽，圆腹如半瓶榼，以皮为面，四弦，皮绷同一孤柱。

胡琴，制如火不思，卷颈，龙首，二弦，用弓捩之，弓之弦以马尾。

方响，制以铁，十六枚，悬于磬簴，小角槌二。廷中设，下施小交足几，黄罗绡金衣。

龙笛，制如笛，七孔，横吹之，管首制龙头，衔同心结带。

头管，制以竹为管，卷芦叶为首，窍七。

笙，制以匏为底，列管于上，管十三，簧。

箜篌，制以木，阔腹，腹下施横木，而加轸二十四，柱头及首，并如凤喙。

云璈，制以铜，为小锣十三，同一木架，下有长柄，左手持，而右手以小槌击之。

箫，制如笛，五孔。

戏竹，制如簸，长二尺余，上系流苏香囊，执而偃之，以止乐。

鼓，制以木为框，冒以革，朱漆杂花，面绘复身龙，长竿二。廷中设，则有大木架，又有击挝高座。

杖鼓，制以木为框，细腰，以皮冒之，上施五彩绣带，右击以杖，左拍以手。

札鼓，制如杖鼓而小，左持而右击之。

和鼓，制如大鼓而小，左持而右击之。

籈，制如筝而七弦，有柱，用竹轧之。

羌笛，制如笛而长，三孔。

拍板，制以木为板，以绳联之。

水盏，制以铜，凡十有二，击以铁箸。

乐音王队：元旦用之。引队大乐礼官二员，冠展角幞头，紫袍涂金带，执笏。次执戏竹二人，同前服。次乐工八人，冠花幞头，紫窄衫，铜束带。龙笛三，杖鼓三，金鞚小鼓一，板一，奏《万年欢》之曲。从东阶升，至御前，以次而西，折绕而南，北向立。后队进，皆仿此。次二队，妇女十人，冠展角幞头，紫袍，随乐声进至御前，分左右相向立。次妇女一人，冠唐帽，黄袍，进北向立定，乐止，念致语毕，乐作，奏《长春柳》之曲。次三队，男子三人，戴红发青面具，杂彩衣，次一人，冠唐帽，绿襕袍角带，舞蹈而进，立于前队之右。次四队，男子一人，戴孔雀明王像面具，披金甲，执叉，从者二人，戴毗沙神像面具，红袍，执斧。次五队，男子五人，冠五梁冠，戴龙王面具，绣氅，执圭，与前队同时进，北向立。次六队，男子五人，为飞天夜叉之像，舞蹈以进。次七队，乐工八人，冠霸王冠，青面具，锦绣衣，龙笛三，觱栗三，杖鼓二，与前大乐合奏《吉利牙》之曲。次八队，妇女二十人，冠广翠冠，销金绿衣，执牡丹花，舞唱前曲，与乐声相和，进至御前，北向，列为九重，重四人，曲终，再起，与后队相和。次九队，妇女二十人，冠金梳翠花钿，绣衣，执花鞚稍子鼓，舞唱前曲，与前队相和。次十队，妇女八人，花髻，服销金桃红衣，摇日月金鞚稍子鼓，舞唱同前。次男子五人，作五方菩萨梵像，摇日月鼓，次一人，作乐音王菩萨梵像,执花鞀稍子鼓,齐声舞前曲一阕,乐止。次妇女三人,歌《新水令》、《沽美酒》、《太平令》之曲终,念口号毕,舞唱相和,以次而出。

寿星队:天寿节用之。引队礼官乐工大乐冠服,并同乐音王队。次二队,妇女十人,冠唐巾,服销金紫衣,铜束带。次妇女一人,冠平天冠,服绣鹤氅,方心曲领,执圭,以次进至御前,立定,乐止,念致语毕,乐作,奏《长春柳》之曲。次三队,男子三人,冠服舞蹈,并同乐音王队。次四队,男子一人,冠金漆弁冠,服绯袍,涂金带,执笏;从者二人,锦帽,绣衣,执金字福禄牌。次五队,男子一人,冠卷云冠,青面具,绿袍,涂金带,分执梅、竹、松、桩、石,同前队而进,北向立。次六队,男子五人,为乌鸦之像,作飞舞之态。进立于前队之左,乐止。次七队,乐工十有二人,冠云头冠,销金绯袍,白裙,龙笛三,觱栗三,札鼓三,和鼓一,板一,与前大乐合奏《山荆子》带《袄神急》之曲。次八队,妇女二十人,冠凤翘冠,翠花钿,服宽袖衣,加云肩、霞绶、玉佩,各执宝盖,舞唱前曲。次九队,妇女三十人,冠玉女冠,翠花钿,服黄销金宽袖衣,加云肩、霞绶、玉佩,各执棕毛日月扇,舞唱前曲,与前队相和。次十队,妇女八人,服杂彩衣,被槲叶、鱼鼓、简子。次男子八人,冠束发冠,金掩心甲,销金绯袍,执戟。次为龟鹤之像各一。次男子五人,冠黑纱帽,服绣鹤氅,朱履,策龙头藜杖,齐舞唱前曲一阕,乐止。次妇女三人,歌《新水令》、《沽美酒》、《太平令》之曲终,念口号毕,舞唱相和,以次而出。

礼乐队:朝会用之。引队礼官乐工大乐冠服,并同乐音王队。次二队,妇女十人,冠黑漆弁冠,服青素袍,方心曲领,白裙,束带,执圭;次妇女一人,冠九龙冠,服绣红袍,玉束带,进至御前,立定,乐止,念致语毕,乐作,奏《长春柳》之曲。次三队,男子三人,冠服舞蹈同乐音王队。次四队,男子三人,皆冠卷云冠,服黄袍,涂金带,执圭。次五队,男子五人,皆冠三龙冠,服红袍,各执劈正金斧,同前队而进,北向立。次六队,童子五人,三髻,素衣,各执香花,舞蹈而进,乐止。次七队,乐工八人,皆冠束发冠,服锦衣白袍,龙笛三,觱栗三,杖鼓二,与前大乐各奏《新水令》、《水仙子》之曲。次八队,妇女二十人,冠笼巾,服紫袍,金带,执笏,歌《新水令》之曲,与乐声相和,进至御前,分为四行,北向立,鞠躬拜,兴,舞蹈,叩头,山呼,就拜,再拜毕,复趁声歌《水仙子》之曲一阕,再歌《青山口》之曲,与后队相和。次九队,妇女二十人,冠车髻冠,服销金蓝衣,云肩,佩绶,执孔雀幢,舞唱与前队相和。次十队,妇女八人,冠翠花唐巾,服锦绣衣,执宝盖,舞唱前曲。次男子八人,冠凤翅兜牟,披金甲,执金戟。次男子一人,冠平天冠,服绣鹤氅,执圭,齐舞唱前曲一阕,乐止,次妇女三人,歌《新水令》、《沽美酒》、《太平令》之曲终,念口号毕,舞唱相和,以次而出。

说法队:引队礼官乐工大乐冠服,并同乐音王队。次二队,妇女十人,冠僧伽帽,服紫禅衣,皂绦;次妇女一人,服锦袈裟,余如前,持数珠,进至御前,北向立定,乐止,念致语毕,乐作,奏《长春柳》之曲。次三队,男子三人,冠、服、舞蹈,并同乐音王队。次四队,男子一人,冠隐士冠,服白纱道袍,皂绦,执尘拂;从者二人,冠黄包巾,服锦绣衣,执令字旗。次五队,男子五人,冠金冠,披金甲,锦袍,执戟,同前队而进,北向立。次六队。男子五人,为金翅雕之像,舞蹈而进,乐止。次七队,乐工十六人,冠五福冠,服锦绣衣,龙笛六,觱栗六,杖鼓四,与前大乐合奏《金字西番经》之曲。次八队,妇女二十人,冠珠子菩萨冠,服销金黄衣,缨络,佩绶,执金浮屠白伞盖,舞唱前曲,与乐声相和,进至御前,分为五重,重四人,曲终,再起,与后队相和。次九队,妇女二十人,冠金翠菩萨冠,服销金红衣,执宝盖,舞唱与前队相和。次十队,妇女八人,冠青螺髻冠,服白销金衣,执金莲花。次男子八人,披金甲,为八金刚像。次一人,为文殊像,执如意;一人为普贤像,执西番莲花;一人为如来像;齐舞唱前曲一阕,乐止。次妇女三人,歌《新水令》、《沽美酒》、《太平令》之曲终,念口号毕,舞唱相和,以次而出。

至正十四年,制天魔舞,亦宴乐之乐队也。以宫女三圣奴、妙乐奴、文殊奴等十六人,按舞名为十六天魔,首垂发数辫,戴象牙佛冠,身披璎珞,大红销金长短裙,金杂袄,云肩,合袖天衣,绶带,鞋袜,各执噶布喇完之器。内一人,执铃、杵奏乐。又宫女十一人,练槌髻,勒帕常服,或用唐帽、窄衫,所奏乐用龙笛、头管、小鼓、篆、筝、琵琶、笙、胡琴、响板、拍板,以宦者长寿、拜布哈管领。遇宫中赞佛,则按舞奏乐。宦官受秘密戒者得入,余不得预。

达达乐曲。大曲:曰哈八儿图,曰口温,曰也葛傥兀,曰畏兀儿,曰闵古里,曰起土苦里,曰跋四土鲁海,曰舍舍弹,曰摇落四,曰蒙古摇落四,曰闪弹摇落四,曰阿耶儿虎,曰桑歌儿苦不干,江南谓之孔雀,双手弹。曰答罕,江南谓之白翎雀,双手弹。曰苦只把失。品弦小曲:曰阿思兰扯弼,同盏曲,双手弹。阿林捺花红,曰哈儿火赤哈赤,黑雀儿叫。曰洞洞伯,曰曲买,曰者归,曰牝畴兀儿,曰把担葛失,曰削浪沙,曰马哈,曰相公,曰仙鹤,曰河下水花。

回回曲:曰优里,曰马黑某当当,曰清泉当当。

新元史卷九五
志第六二

舆服一

皇帝冕服　　皇太子冠服
三献官以下祭服　　都监库
社稷祭服　　宣圣庙祭服
百官冠服　　仪卫服色　　乐服
质孙　　服色等第

　　孔子有言："大矣哉吴王,未能言冠而欲冠也。"宪宗二年,用冕服祭天于日月山。是时,毡裘毳幕,百度草创,独汲汲然效先王之法服,与夫差之冠何以异。是故用夏变夷,必自衣冠始焉。自宪宗以下,至世祖始制祭服;至成宗祭服始有法服、公服之别;至武宗始议亲祀,冕无旒,服大裘而加衮冕;至英宗始服衮冕享于太庙,备卤簿,造五辂;至文宗始服大裘、衮冕亲祀昊天上帝于南郊。《春秋》之义,予夷狄者不一而足也。岂不信欤。今为《舆服志》,其类有四:曰冕服,曰玺宝,曰舆辂,曰仪卫队仗。观其因时损益,彬彬然以为一代之法,虽唐宋亦何以尚之哉。

　　至元六年七月,制太常祭服。大德六年三月,祭天于丽正门外,分献官以下诸执事各具公服行礼。大礼用公服自此始。九年十一月,冬至祭享,用冠服,依宗庙现用者制,其后祭祀或合祀天地,献摄执事,续置冠服,于法服库收掌法服二百九十有九,公服二百八十,窄紫二百九十有五。武宗即位,博士李之绍、王天祐疏陈:亲祀冕无旒,服大裘以黑羔皮为之,而加衮冕,不果用。延祐元年十二月,定百官士庶服色等第。至治元年,帝亲享太室,服衮冕。二年,始陈卤簿,亲享太庙。至顺元年,帝服大裘、衮冕,亲祀南郊。冕服之制,至是始定云。

皇帝衮冕,制以漆纱,上覆曰綖,青表朱里。綖之四周,匝以云龙。冠之口围,萦以珍珠。綖之前后,旒各十二,以珍珠为之。綖之左右,系黈纩二,系以元紞,承以玉瑱,纩色黄,络以珠。冠之周围,珠云龙网结,通翠柳调珠。綖上横天河带一,左右至地。珠钿窠网结,翠柳朱丝组二,属诸笄,为缨络,以翠柳调珠。簪以玉为之,横贯于冠。

衮龙服,制以青罗,饰以生色销金帝星一、日一、月一、升龙四、复身龙四、山三十八、火四十八、华虫四十八、虎蜼四十八。

裳,制以绯罗,饰以文绣,凡一十六行。每行藻二、粉米一、黼二、黻二。

中单,制以白纱,绛缘,黄勒帛副之。

蔽膝,制以绯罗,有襮。绯绢为里,袍上着之,绣复身龙。

玉佩,珩一、琚一、瑀一、冲牙、璜二。冲牙以系璜,珩下有银兽面,涂以黄金,双璜夹之。次又有衡,下有冲牙。傍别施双的以鸣,用玉。

大带,制以绯白二色罗,合缝为之。

玉环绶,制以纳失失,上有三小玉环,下有青丝织网。

红罗靴,制以红罗为之。高勒。

履,制以纳失失,有双耳,带钩,饰以珠。

袜,制以红绫。

至元十二年,十一月,博士议拟:冕天板长一尺六寸,广八寸,前高八寸五分,后高九寸五分,身围一尺八寸三分,用青罗为表,红罗为里,周回缘以黄金。天板下四面,珠网结子,花素坠子,前后共二十有四旒,以珍珠为之。青碧线织天河带,两头各有珍珠金翠旒三节,玉滴子节花全。红线组带二,上有珍珠金翠旒,玉滴子,下有金铎二。梅红绣款幔带一,黈纩二,珍珠垂系,上用金荸子二。簪窠款幔组带钿窠各二,内组带窠四,并镂玉为之。玉簪一,项面镂云龙。衮衣,用青罗夹制,五彩间金,绘日、月、星辰、山、龙、华虫、宗彝。正面日一,月一,升龙四,山十二,上下襟华虫、火各十二对,虎蜼各六对。背星一,升龙四,山十二,华虫,火各十二对,虎蜼六对。中单,用白罗单制,罗领襈裾。裳一,带襈裾全,红罗八幅夹造。上绣藻、粉米、黼、黻,藻三十三,粉米十六,黼三十二,黻三十二。蔽膝一,带襈裾,红罗夹造八幅,上绣升龙二。绶一幅,六彩织造,红罗托里。小绶三色,同大绶,销金黄罗绶头全,上间施二玉环,并碾云龙。绯白大带一,销金黄带头,钿窠二十有四。红罗勒帛一,青罗抹带一。佩二,玉上、中、下瑵各一,半月各二,并碾玉为云龙纹。玉滴子各二,并珍珠穿造。金篦钩,兽面,水叶环钉全。凉带一,红罗里,镂金为之;上为玉鹅七,挞尾束各一,金攀龙口,玳瑁衬钉。舄一,重底,红罗面,白绫托里,如意头,销金黄罗缘口,玉鼻,饰以珍珠。金绯罗锦袜一鞴。

大德十一年九月,博士议:唐制,天子衮冕,垂白珠十二旒,以组为缨,色如其绶,黈纩充耳,玉簪导。玄衣纁裳,凡十二章。八章在衣,日、月、星辰、山、龙、华虫、火、宗彝;四章在裳,藻、粉米、黼、黻。襈领为升龙,皆织成之。龙章以下,每章一行,每行十二。白纱中单,黼领,青缥襈裾,黻加龙、山、火三章。毳冕以上,火、山二章。绣冕,山一章。玄冕无章。革带、大带、玉佩、绶、袜,与上同。舄加金饰。享庙、谒庙及朝遣上将、征还饮至、践祚加元服、纳后、元日受朝及临轩册拜王公则服之。又宋制,天子服有衮冕,广尺二寸,长四寸,前后十有二旒,二纩,并贯珍珠。又有珠旒十二,碧凤衔之,在珠旒外。冕板,以龙鳞锦表,上缀玉为七星,傍施琥珀饼、犀各二十四,周缀金丝网钿，以珍珠杂宝玉，加紫云白鹤锦里。四柱饰以七宝，红绫里。金饰玉簪导，红丝缘组带。亦谓之平天冠。衮服青色，日、月、星、山、龙、雉、虎蜼七章，红裙，藻、火、粉米、黼、黻五章，红蔽膝，升龙二，并织成，间以云彩，饰以金钑花钿窠，装以珍珠、琥珀、杂宝玉，红罗褾裾，绣五章，青缥襈裙。六彩绶一，小绶三，结三，玉环三。素大带，朱里，青罗四绅带二，绣四绅盘结。绶带饰并同衮服。白带中单，青罗袜带，红罗勒帛，鹿卢玉具剑，玉缥首镂白玉双佩，金饰，贯珍珠。金龙凤革带，红袜赤舄，金钑花，四神玉鼻。祭天地宗庙、受册尊号、元日受朝、册皇太子则服之。事未果行。

至延祐七年七月，英宗命礼仪院使八思吉斯传旨，令省臣与太常礼仪院速制法服。八月，中书省会集翰林、集贤、太常礼仪院官讲议，依秘书监所藏前代帝王衮冕法服图本，命有司制如其式。

皇太子冠服：衮冕，玄衣，纁裳，中单，蔽膝，玉佩，大绶、朱袜，赤舄。

至元十二年，博士拟衮冕制，用白珠九旒，红丝组为缨，青纩充耳，犀簪导。青衣、朱裳，九章。五章在衣，山、龙、华虫、火、宗彝；四章在裳，藻、粉米、黼、黻。白纱中单，青襈襈裾。革带，涂金银钩䚢。蔽膝，随裳色，为火、山二章。瑜玉双佩，四彩织成大绶，间施玉环三。白袜朱舄，舄加金涂银扣。

大德十一年九月，照拟前代制度。唐制，皇太子衮冕，垂白珠九旒，红丝组为缨，青纩充耳，犀簪导。玄衣、纁裳，九章。五章在衣、龙、山、华虫、火、宗彝；四章在裳，藻、粉米、黼、黻，织成之，每行一章，黼、黻重以为等，每行九。白纱中单，黼领，青襈襈裾。革带，金钩䚢，大带。蔽膝，随裳色，火、山二章，玉具剑，金宝饰玉缥首，瑜玉双佩。朱组带大绶，四彩赤白缥绀，纯朱质，长丈八尺，首广九寸。小双绶，长二尺六寸，色同大绶，而首半之，间施玉环三。珠袜赤舄，加金饰，侍从祭祀及谒庙、加元服、纳妃服之。宋制，皇太子，衮冕，垂白珠九旒，红丝组为缨，青纩充耳。犀簪导。青衣、朱裳，九章。五章在衣,山、龙、华虫、火、宗彝;四章在裳,藻、粉米、黼、黻。白纱中单,青褾襈裾。革带,涂金银钩䚢。蔽膝,随裳衣,火、山二章。瑜玉双佩,四彩织成大绶,是施玉环三。白袜、朱舄、舄加涂金银饰。加元服、从祀、受册、谒庙,朝会服之。已拟其制,未果造。

三献官及司徒、大礼使祭服:笼巾貂蝉冠五,青罗服五,领、袖、襕、俱用皂绫。红罗裙五,皂绫为襕。缃罗蔽膝五,其罗花样俱系牡丹。白纱中单五,黄绫带。红组金绶绅五,红组金译语纳失失,各佩玉环。象笏五,银束带五,玉佩五,白罗方心曲领五,赤革履五对,白绫袜五对。

助奠以下诸执事官冠服:貂蝉冠、獬豸冠、七梁冠、六梁冠、五梁冠、四梁冠、三梁冠、二梁冠二百,青罗服二百,领、袖、襕俱用皂绫。红绫裙二百,皂绫为襕。红罗蔽膝二百,紫罗公服二百,用梅花罗。白纱中单二百,黄绫带。织金绶绅二百,红一百九十八,青二,各佩铜环二。铜束带二百,白罗方心曲领二百,铜佩二百,展角幞头二百,涂金荔枝带三十,乌角带一百七十,皂靴二百对,赤革履二百对,白绫袜二百对,象笏三十,银杏木笏一百七十。

凡献官诸执事行礼,俱衣法服。惟监察御史二,冠獬豸,服青绶。凡迎香、读祝及祀日遇阴雨,俱衣紫罗公服。六品以下,皆得借紫。

都监库、祠祭局、仪鸾局、神厨局头目长行人等:交角幞头五十,窄袖紫罗服五十,涂金束带五十,皂靴五十对。

大德六年春三月,祭天于丽正门外丙地,命献官以下诸执事各具公服行礼。是时,大都未有郊坛,大礼用公服自此始。九年冬至祭享,用冠服,依宗庙见用者制。其后节次祭祀,或合祀天地,增祀位从配,献摄职事,续置冠服,于法服库收掌。法服二百九十有九,公服二百八十,窄紫二百九十有五。至大间,太常博士李之绍、王天祐疏陈,亲祀冕无旒,服大裘而加衮,裘以黑羔皮为之。臣下从祀冠服,历代所尚,其制不同。集议得依宗庙见用冠服制度。

社稷祭服:青罗袍一百二十三,白纱中单一百三十三,红梅花罗裙一百二十三,蓝织锦铜环绶绅二,红织锦铜环绶绅一百一十七,红织锦玉环绶绅四,红梅花罗蔽膝一百二十三。革履一百二十三,白绫袜一百二十三,白罗方心曲领一百二十三,黄绫带一百二十三,佩一百二十三,铜珩璜者一百一十九,玉珩璜者四,蓝素纻丝带一百二十三,银带四铜带一百一十九,冠一百二十三,水角簪金梁冠一百七,纱冠一十,獬豸冠二,笼巾纱冠四,木笏一百二十三,紫罗公服一百二十三,黑漆幞头一百二十三,展角全二色罗插领一百二十三,镀金铜荔枝带一十,角带一百一十三,象笏一十三枝,木笏一百一十枝,黄绢单包复一百二十三,紫纻丝抹口青毡袜一百一十三,皂靴一百二十三,窄紫罗衫三十,黑漆幞头三十,铜束带三十,黄绢单包复三十,皂靴三十,紫纻丝抹口青毡袜三十。

宣圣庙祭服:献官法服,七梁冠三,簪全。鸦青袍三,绒锦绶绅三,各带青绒网并铜环二。方心曲领三,蓝结带三,铜佩三,红罗裙三,白绢中单三,红罗蔽膝三,革履三,白绢袜全。

执事儒服,软角唐巾,白襕插领,黄鞓角带,皂靴各九十有八。

大德十年六月,全州儒学学正涂庆安呈:“春秋释奠,天寿圣节行礼,诸儒诸各服唐巾、襕带,学正师儒之官却以常服到班陪祀,似无旌别,路府州学正,合无与巡检案牍吏目典史一体制造服色。”礼部议从之。

曲阜祭服:连蝉冠四十有三,七梁冠三,五梁冠三十有六,三梁冠四,皂纻丝鞋三十有六緉,舒角幞头二,软角唐巾四十,角簪四十有三,冠缨四十有三副,凡八十有六条。象牙笏七,木笏三十有八,玉佩七,凡十有四系。铜佩三十有六,凡七十有二系。带八十有五,蓝鞓带七,红鞓带三十有六,乌角带二,黄鞓带、乌角偏带四十,大红金绶结带七,上用玉环十有四。青罗大袖夹衣七,紫罗公服二,褐罗大袖衣三十有六,白罗衫四十,白绢中单三十有六,白纱中单七,大红罗夹蔽膝七,大红罗夹裳、绯红夹蔽膝三十有六,绯红夹裳四,黄罗夹裳三十有六,黄罗大带七,白罗方心曲领七,红罗绶带七,黄绢大带三十有六,皂靴、白羊氄袜各四十有二对,大红罗鞋七緉,白绢夹袜四十有三緉。

百官公服,文武品从公服。至元二十四年闰二月,中书省奏准,文资官定例三等服色,军官拟依随依官员一体制造。

一品紫罗服,大独科花,直径五寸。二品紫罗服,小独科花,直径三寸。三品紫罗服,散答花,直径二寸,无枝叶。四、五品紫罗服,小杂花,直径一寸五分。六、七品,绯罗服,小杂花,直径一寸。八、九品,绿罗服,无纹。俱大袖、盘领、右衽。

幞头之制,漆纱为之,展其角。

笏,制以牙,上圆下方,或以银杏木为之。

偏带,正从一品以玉,或花,或素;二品以花犀;三品、四品以黄金为荔枝;五品以下以乌犀。并八胯,鞓用朱革。

靴,以皂皮为之。

典史、巡检、提控、都吏目、站官俱系未入流,茶合罗窄衫,舒脚幞头。黑角束带。

仪卫服色:交角幞头,其制,巾后交折角。

凤翅幞头,制如唐巾,两角上曲,而作云头,两旁覆以两金凤翅。

学士帽,制如唐巾,两角如匙头下垂。

唐巾,制如幞头,而撆其角,两角上曲作云头。

控鹤幞头,制如交角,金缕其额。

花角幞头,制如控鹤幞头,两角及额上,簇象生杂花。

锦帽,制以漆纱,后幅两旁,前拱而高,中下,后画连钱锦,前额作聚纹。

平巾帻,黑漆革为之,形如进贤冠之笼巾,或以青,或以白。

武弁,制以皮,加漆。

甲骑冠,制以皮,加黑漆,雌黄为缘。

抹额,制以绯罗,绣宝花。

巾,制以绝,五色,画宝相花。

兜鍪,制以皮,金涂五色,各随其甲。

衬甲,制如云肩,青锦质,缘以白锦,中以毡,里以白绢。

云肩,制如四垂云,青缘,黄罗五色,嵌金为之。

裲裆,制如衫。

衬袍,制用绯锦,裼裲裆。

士卒袍,制以绢绝,绘宝相花。

窄袖袍,制以罗或绝。

辫线袄,制如窄袖衫,腰作辫线细摺。

控鹤袄,制以青绯二色锦,圆答宝相花。

窄袖袄,长行舆士所服,绀绝色。

乐工袄,制以绯锦,明珠琵琶窄袖,辫线细摺。

甲,覆膊、掩心、捍背、捍股,制以皮,或为虎纹、狮子纹,或施金铠锁子纹

臂韝,制以锦,绿绢为里,有双带。

锦螣蛇,束麻长一丈一尺,里以红锦。

束带,红鞓双獭尾,黄金涂铜胯,余同腰带而狭小。

绦环,制以铜,黄金涂之。

汗胯,制以青锦,缘以银褐锦,或绣扑兽,间以云气。

行縢,以绢为之。

鞋,制以麻。

鞲鞋,制以皮为履。而长其靿,缚于行縢之内。

云头靴,制以皮,帮嵌云朵,头作云象,鞲束于胫。

乐服:乐正副,舒脚幞头,紫罗公服,乌角带,木笏,皂靴。

照烛,服同前,无笏。

乐师,服绯,冠、笏同前。

运谱,服绿,冠、笏同前。

舞师,舒脚朴头,黄罗绣抹额,紫服,金铜荔枝带,皂靴。

执旌,平冕,前后各九旒五就,青生色鸾袍,黄绫带,黄绢袴,白绢袜赤革履。

执纛,青罗巾,余同执旌。

乐工,介帻冠,绯罗生色鸾袍,黄绫带,皂靴。

歌工,服同乐工。

执麾,服同上,惟加平巾帻。

舞人,青罗生色义花鸾袍,缘以皂绫,平冕冠。

执器,服同乐工,毋追冠,一名武弁。加以抹。

至元二年闰五月,大乐署言:堂上下乐舞官员及乐工,合用衣冠冠冕靴履等物,乞行制造。太常寺下博士议定:乐工副四人,乐师二人,照独二人,运谱二人,皆服紫罗公服,皂纱幞头,舒脚,红鞓角带,木笏,皂靴。引舞色长四人,紫罗公服,皂纱幞头展角。黄罗绣南花抹额。

质孙,汉言一色服也。内庭大宴则服之。冬夏之服不同,然无定制。凡勋戚大臣近侍,赐则服之。下至于乐工、卫士,皆有其服,精粗之制,上下之别,虽不同,总谓之质孙云。

天子质孙,冬之服凡十有一等,服纳失失、金锦也。怯绵里,剪茸也。则冠金锦暖帽。服大红、桃红、紫蓝、绿宝里,宝里,服之有襕者也。则冠七宝重顶冠,服红黄粉皮,则冠红金答子暖帽,服白粉皮,则冠白金答子暖帽,服银鼠,则冠银鼠暖帽,其上并加银鼠比肩。俗称曰襻子答忽。夏之服凡十有五等,服答纳都纳失失,缀大珠于金锦。则冠宝项金凤钹笠。服速不都纳失失,缀小珠于金锦。则冠珠子卷云冠。服纳失失,则帽亦如之。服大红珠宝里红毛子答纳,则冠珠缘边钹笠。服白毛子金丝宝里,则冠白藤宝贝帽。服驼褐毛子,则帽亦如之。服大红、绿、蓝、银褐、枣褐、金绣龙五色罗,则冠金凤项笠,各随其服之色。服金龙青罗,则冠金凤顶漆纱冠。服珠子褐七宝珠龙答子,则冠黄牙忽宝贝珠子带后檐帽。服青速夫金丝阑子,速夫,回回毛布之精者也。则冠七宝漆纱带后檐帽。

百官质孙,冬之服凡九等,大红纳失失一,大红怯绵里一,大红冠素一,桃红、蓝、绿官素各一,紫、黄、鸦青各一。夏之服凡十有四等,素纳失失一,聚线宝里纳失失一。大红明珠答子一,桃红、蓝、绿、银、褐各一,高丽鸦青云袖罗一,驼褐、茜红、白毛子各一,鸦青官素带宝里一。

服色等第:仁宗延祐元年冬十有二月,定服色等第,诏曰:"比年以来,所在士民,靡丽相尚,尊卑混淆,僭礼费财,朕所不取。贵贱有章,益明国制,俭奢中节,可阜民财。"命中书省定立服色等第于后:

一,蒙古人不在禁限,及见当怯薛诸色人等,亦不在禁限,惟不许服龙凤纹。龙谓五爪二角者。

一,职官除龙凤纹外,一品、二品服浑金花,三品服金答子,四品、五品服云袖带襕,六品、七品服六花,八品、九品服四花。职事散官从一高。系腰,五品以下许用银,并减铁。

一,命妇衣服,一品至三品服浑金,四品、五品服金答子,六品以下惟服销金,并金纱答子。首饰,一品至三品许用金珠宝玉,四品、五品用金玉珍珠,六品以下用金,惟耳环用珠玉。同籍不限亲疏,期亲虽别籍,并出嫁同。凡后妃及大臣之妻,皆戴姑姑,高围二尺许,用红色罗,唐步摇之遗制也。

一器皿。谓茶酒器。除钑造龙凤纹不得使用外,一品至三品许用金玉,四品、五品惟台盏用金,六品以下台盏用镀金,余并用银。

一,帐幕,除不得用赭黄龙凤纹外,一品至三品许用金花刺绣纱罗,四品、五品用刺绣纱罗,六品以下用素纱罗。

一,车舆除不得用龙凤纹外,一品至三品许用间金妆饰银螭头,绣带、青幔,四品、五品用素狮头、绣带、青幔,六品至九品用素云头，素带、青幔。

一，鞍辔，一品许饰以金玉，二品、三品饰以金，四品、五品饰以银，六品以下并饰以鍮石铜铁。

一，内外有出身，考满应入流，见役人员服用，与九品同。

一，授各投下令旨、钧旨，有印信，见任勾当人员亦与九品同。

一，庶人除不得服赭黄，惟许服暗花纻丝绸绫罗毛毳，帽笠不许饰用金玉，靴不得裁制花样。首饰许用翠花，并金钗锛各一事，惟耳环用金珠碧甸，余并用银。酒器许用银壶瓶台盏盂镟，余并禁止。帐幕用纱绢，不得赭黄，车舆黑油，齐头平顶皂幔。

一，诸色目人，除行营帐外，其余并与庶人同。

一，诸职官致仕，与见任同。解降者，依应得品级。不叙者，与庶人同。

一，父祖有官，既没年深，非犯除名不叙之限，其命妇及子孙与见任同。

一，诸乐艺人等服用，与庶人同。凡承应妆扮之物，不拘上例。

一，皂隶公使人，惟许服绸绢。

一，娼家出入，止服皂褙子，不得乘坐车马，余依旧例。

一，今后汉人、高丽、南人等投充怯薛者，并在禁限。

一，服色等第，上得兼下，下不得僭上。违者，职官解见任，期年后降一等叙，余人决五十七下。违禁余物，付告捉人充赏。有司禁治不严，从监察御史、廉访司究治。

御赐之物，不在禁限。

新元史卷九六
志第六三

輿服二

皇帝玺宝　诸王以下印章　牌面
舆辂　仪仗

玺宝。中统二年，定用御宝制。宣命：一品、二品用玉，三品至五品用金。其文曰"皇帝行宝"者，即位时所制，惟用之诰救。别铸宣命金宝行之。至元六年，作玉玺大小十纽，其制未闻。天历二年，作玉玺二：一曰天历之宝，一曰金章国宝，命虞集篆文。至正元年，诏刻宣文、至正二宝。九年，作至正珍秘小玉印，又作小玉玺二：一曰明政殿宝，一曰洪禧，命杨瑀篆文。洪禧玺，纯白，龟纽黑色。

皇太后、皇后皆玉宝，皇太子金宝。至大元年，仁宗为皇太子受金宝，遣使求四方经籍，以玉刻印章，近侍掌之。

诸王印三寸二分，赤金二百十三两九钱；金印三寸一分五厘，赤金二锭六两；金镀银印准上，白银八十三两，镀金赤金八钱。

驸马印正二三台，银五十六两四钱；金印三等：兽纽、螭纽、驴纽；金镀银印二等：驼纽、龟纽；银印龟纽。

正一品印，三寸三台，银八十两五钱。从一品，二寸八分三台，银八十两。正二品，二寸六分两台，银六十五两。从二品，二寸五分两台，银六十五两。正三品，二寸四分，银五十五两。从三品，二寸三分,铜三斤十二两。正四品,二寸二分,铜三斤八两。从四品,二寸一分,铜三斤四两。正五品,二寸五厘,铜三斤。从五品,二寸,铜二斤十四两。正六品,一寸九分五厘,铜二斤十一两。从六品,一寸九分,铜二斤十两。正七品,一寸八分五厘,铜二斤八两。从七品,一寸八分五厘,铜二斤四两。正八品,一寸七分五厘,铜二斤四两。从八品,一寸七分,铜二斤二两。正九品,一寸六分五厘,铜二斤。从九品,一寸六分,铜一斤十四两。

凡印文皆用蒙古字。蒙古、色目人或不能执笔花押,例以象牙或木刻印之。宰辅及近侍官至一品者,奉命则用玉图书押字,非特赐不敢用。

军官牌面:正一品,三珠虎符。从一品,二珠虎符。正、从二品,一珠虎符。正、从三品,虎符。正、从四品,正、从五品,俱金牌。正、从六品,正、从七品,俱银牌。

至元十四年,命中外军官所佩金银符,以丝色系于肩披,庶无亵渎。著为令。十五年,诏虎符旧用畏兀儿字,今易以国字。二十一年,更定虎符。

大德十一年,命给金虎符等,必由中书省。时省臣言:"旧制金虎符及金银符,典瑞院掌之,给则由中书省,事已则复归典瑞院。今出入多不由中书,下至商人结纳近侍奏请,以致泛滥,出而无归。臣等请核之。自后除官及奉使应给者,非由中书省勿给。"从之。

又有海青金银符,有奏则驰驲以闻。中统二年,以海青银符二、海青金符十,给中书省,量军国事情缓急,付驰驲者佩之。

至天历元年,以黄金符镌文曰"翊忠徇义迪节同勋",赐西域亲军副都指挥使钦察。后至元五年,以七宝玉书龙虎金符,赐丞相伯颜。则一时特典,非常制。

至治元年,诏中书及太常礼仪院礼部定制卤簿玉辂,以平章政事张珪、留守王伯胜、将作院使明里董阿、侍仪使移剌徒满,董其事。是年,玉辂成。明年,亲祀太庙,御之。复命造四辂,工未成而罢。

　　玉辂。青质，金装，青绿藻井，栲栳轮盖。外施金装雕木云龙，内盘碾玉福海圆龙一，顶上匝以金涂输石耀叶八十一。上围九者二，中围九者三，下围九者四。顶轮衣三重，上二重青绣云龙瑞草，下一重无文。轮衣内黄屋一，黄素绲丝沥水，下周垂朱丝结网，青绲丝绣小带四十八，带头缀金涂小铜铃，青绲丝绣络带二。顶轮平素面夹用青绲丝。盖四周垂流苏八，饰以五色茸线结网五重，金涂铜钹五，金涂木珠二十有五。又系玉杂佩八，珩璜冲瑀全，金涂输石钩挂十六，黄茸贯顶天心直下十字绳二，各长三丈。盖下立朱漆柱四。柱下直平盘，虚柜，中栿三十，下外桄二。漆绘犀、象、鹦鹉、锦雉、孔雀，隔窠嵌装花板。柜周朱漆勾栏，云拱地霞叶百七十有九，下垂牙护泥虚板，并朱漆画瑞草。勾兰上碾玉行龙十，碾玉蹲龙十，孔雀羽台九，水精面火珠七，金圈焰铜照八。舆下周垂朱丝结网，饰以金涂输石铎三百，彩画输石梅萼嵌网眼中。舆之长辕三，界辕勾心各三，上下龙头六。前辕引手玉螭头三，并系以蹲龙。后辕方䡴头三，桄头十六，绖以蹲龙三。辕头衡一，两端玉龙头二，上列金涂铜凤十二，含以金涂铜铃。舆之轴一，轮二。轴之擎罗二，明辖蹲龙绖，并青漆。轮之辐各二十四，毂首压贴金涂铜毂叶八十一，金涂输石擎耳恋攀四。柜之前，朱漆金装云龙辂牌一，牌字以玉装缀。辂之箱，四壁雕镂漆画填心隔窠龟文华板。上层左画青龙，右画白虎，前画朱雀，后画玄武。辂之前额，玉行龙二，奉一水精珠，后额如之。前两柱青茸铃索五，贴金鸾和大响铜铃十，金涂输石双鱼五。下朱漆轼柜一，柜上金香球、金香宝、金香合、银灰盘各一，并黄丝绶带。辂之后，朱漆后轼一，金涂曲戌，黄绲丝销金云龙门帘一，绯绲丝绣云龙带二。辂之中，金涂输石较展玉龙椅一，靠背上金涂圈焰玉明珠一。左建太常旗，十有二旒，青罗绣日、月、五星、升龙。右建阘戟一，九旒，皂罗绣云龙。中央黄罗线青黑黼文两旗，绸杠，并青罗，旗首金涂输石龙头二，金涂铜铃二，金涂输石钹青缨绥十二重，金涂木

珠流苏十二重。龙椅上,方座一,绿褥一,皆锦。销金黄罗夹帕一,
方舆地褥二,勾阑内褥八,皆用杂锦绮。青漆金涂输石铰叶踏道一,
小褥五重。青漆雕木涂金龙头行马一,小青漆梯一,青漆柄金涂长
托叉二,短托叉二,金涂首青漆推竿一,青茸引辂索二,各长六丈
余,金涂铜环二,黄茸绥一。辂马、诞马,并青色。鞍辔鞦勒缨拂靷,
并青韦,金饰。诞马青织金纻丝屉四。青罗锁金绢里笼鞍六。盖辂
黄绢大蒙帕一,黄油绢帕一。驾士平巾大袖,并青绘纻丝为之。

　　至治元年,英宗亲祀太庙,诏中书及太常礼仪院、礼部定拟制
卤簿五辂。以平章政事张珪、留守王伯胜、将作院使明里董阿、侍仪
使乙剌徒满董其事。是年,辂成,明年,亲祀御之。后复命造四辂,
工未成而罢。

　　金辂。赤质,金装青绿,藻井,栲栳轮盖。外施金装雕木云龙,
内盘真金福海圆龙一,顶上匝以金涂输石耀叶八十一。上围九者
二,中围九者三,下围九者四。顶轮衣三重,上二重大红绣云龙瑞
草,下一重无文。轮衣内黄屋一,黄素纻丝沥水,下垂朱丝结网一
周,大红纻丝绣小带四十八,带头缀金涂小铜铃三百,大红纻丝绣
络带二。顶轮平素面夹用绯纻丝。盖之四周垂流苏八,饰以五色茸
线结网五重,金涂输石杂佩八,珩璜冲瑀全,金涂输石钩掛十有六,
黄绒贯顶天心直下十字绳二。盖下立朱漆柱四,柱下直平盘,虚柜,
中棂三十,其下外桄二,漆绘犀、象、鹦鹉、锦雉、孔雀,隔窠嵌装花
板。柜上周遭朱漆勾阑,云拱地霞叶一百七十有九,下垂牙护泥虚
板,并朱漆画瑞草。勾阑上金涂输石行龙十二,金涂输石蹲龙十,孔
雀羽台九,水精面火珠七,金圈焰铜照八。舆下垂朱丝结网一遭,饰
以金涂输石铎子三百,彩画输石梅萼嵌网眼中。舆之长辕三,界辕
勾心各三,上下龙头六。前辕引手金涂输石螭头三,并系以蹲龙。后
辕方篡头三,桄头十六,系以蹲龙三。辕头衡一,两端金涂输石龙头
二,上列金涂铜凤十二,含以金涂铜铃。舆之轴一,轮二。轴之挈罗
二,明辖蹲龙绖,并漆以赤。轮之辐各二十有四,毂首压贴金涂铜毂

叶八十有一，金涂输石擎耳恋攀四。柜之前，朱漆金装云龙辂牌一，金涂铁曲戍。辂之箱，四壁雕镂漆画填心隔窠龟文花板，上层左画青龙，右画白虎，前画朱雀，后画玄武。辂之前额，金行龙二，奉一水精珠，后额亦如之。前两柱绯绒铃索五，贴金鸾和大响铜铃十，金涂输石双鱼五。下朱漆轼柜一，柜上金香球一，金香宝一，金香合，银灰盘一，并黄绠丝绥带。辂之后，朱漆后轼一，金涂曲戍，黄绠丝销金云龙门帘一，绯绠丝绣云龙带二。辂之中，黄金装铰龙椅一，靠背上金涂圈焰玉明珠一。左建太常旗，十有二斿，绯罗绣日、月、五星、升龙。右建阘戟一，九斿，绯罗绣云龙。中央黄罗绣青黑黼文两旗，绸杠，并大红罗。旗首金涂输石龙头二，金涂铜铃二，金涂输石铍朱缨缕十二重，金涂木珠流苏十二重。龙椅上，金锦方座子一，绿可贴金锦也。褥一，销金黄罗夹帕一，方舆地锦褥一，绿可贴褥一。勾阑内，可贴条褥四，蓝绠丝条褥四，朱漆金涂输石铰叶踏道一，小可贴条褥五重。朱漆雕木涂金龙头行马一，小朱漆梯一，朱漆柄金涂长托叉二，短托叉二，金涂首朱漆推竿一，红绒引辂索二，金涂铜环二，黄绒执绥一。辂马、诞马，并赤色。鞍辔鞦勒缨拂套项，并赤韦，金装。诞马红织金绠丝屈四副，红罗销金红绢里笼鞍六。盖辂黄绢大蒙帕一，黄油绢帕一。驾士平巾大袖，并绯绣绠丝为之。

　象辂。黄质，金装，青绿藻井，栲栲轮盖。外施金装雕木云龙，内盘抽金象牙雕福海圆龙一，顶上匝以金涂输石耀叶八十有一。上围九者二，中围九者二，下围九者四。顶轮衣三重，上二重黄绣云龙瑞草，下一重无文。轮衣内黄屋一，黄素绠丝沥水，下垂朱丝结网一遭，黄绠丝绣小带四十有八，带头缀金涂小铜铃三百，黄绠丝绣络带二。顶轮平素面夹用黄绠丝。盖之四周垂流苏八，饰以五色茸线结网五重，金涂铜铍五，金涂木珠二十有五。又系金涂输石杂佩八，珩璜冲瑀全，金涂输石钩掛十有六，黄绒贯顶天心直下十字绳二。盖下立朱漆柱四，柱下直平盘，虚柜，中棵三十，下外桄二，漆绘犀、象、鹦鹉、锦雉、孔雀，隔窠嵌装花板。柜上周遭朱漆勾阑，云拱地霞叶百七十有九，下垂牙护泥虚板，并朱漆画瑞草。勾阑上描金象牙雕行龙十,蹲龙十,孔雀羽台九,水精面火珠七,金圈焰铜照八。舆下垂朱丝结网一遭,饰以金涂输石铎子三百,彩画输石梅萼嵌网眼中。舆之长辕三,界辕勾心各三,上下龙头六。前辕引手描金象牙雕螭头三,并系以蹲龙。后辕方罳头三,光头十有六,系以蹲龙三。辕头衡一,两端描金象牙雕龙头二,上列金涂铜凤十二,含以金涂铜铃。舆之轴一,轮二。轮之挈罗二,明辖蹲龙绖,并漆以黄。轮之辐各二十有四,毂首压贴金涂铜毂叶八十有一,金涂输石擎耳恋攀四。柜之前,朱漆金妆云龙辂牌一,金涂铁曲戍。辂之箱,四傍雕镂漆画填心隔窠龟文花板,上层左画青龙,右画白虎,前画朱雀,后画玄武。辂之前额,描金象牙雕行龙二,奉一水精珠,后额如之。前两柱黄绒铃索五,贴金鸾和大响铜铃十,金涂输石双鱼五。下朱漆轼柜一,柜上金香球一,金香宝一,金香合一,银灰盘一,并黄䌽丝绶带。辂之后,朱漆后轼一,金涂曲戍,黄䌽丝销金云龙门帘一,绯䌽丝绣云龙带二。辂之中,黄金装铰描金象牙雕龙椅一,靠背上金涂圈焰玉明珠一。左建太常旗一,十有二斿,黄罗绣日、月、五星、升龙。右建阘戟一,九斿,黄罗绣云龙。中央黄罗绣青黑黼文两旗,绸杠,并黄罗。旗首金涂输石龙头二,金涂铜铃二,金涂输石钹黄缨緌十二重,金涂木珠流苏十二重。龙椅上,金锦方座一,绿可贴褥一。勾阑内,可贴条褥四,蓝䌽丝条褥四,黄漆金涂输石铰叶踏道一,小可贴条褥五重。黄漆木涂金龙头行马一,小黄漆梯一,黄漆柄金涂长托叉二,短托叉二,金涂首黄漆推竿一,黄绒引辂索二,金涂铜环二,黄绒执绥一。辂马、诞马,皆黄色。鞍辔鞦勒缨拂套顶,并金妆,黄韦。诞马银褐织金䌽丝屉四副,黄罗销金黄绢里笼鞍六。盖辂黄绢大蒙帕一,黄油绢帕一。驾士平巾大袖,并黄绣䌽丝为之。

　　革辂。白质,金装,青绿藻井,栲栳轮盖。外施金装雕木云龙,内盘描金白檀雕福海圆龙一,顶下匝以金涂输石耀叶八十有一。上围九者二,中围九者三,下围九者四。顶轮衣三重,上二重素白绣云龙瑞草,下一重无文。轮衣内黄屋一,黄素地䌽丝沥水,下垂朱丝结网一遭,素白䌽丝绣小带四十有八,带头缀金涂小铜铃三百,素白纻丝绣络带二。顶轮平素面夹用白素纻丝。盖之四周垂流苏八，饰以五色绒线结网五重，金涂铜钹五，金涂木珠二十有五。又系金涂输石杂佩八，珩璜冲瑀全，金涂输石钩掛十有六，黄绒贯顶天心直下十字绳二。盖下立朱漆柱四，柱下直平盘，虚柜，中棂三十，下外桄二，漆绘革鞔犀、象、鹦鹉、锦雉、孔雀，隔窠嵌装花板。柜上周遭朱漆勾阑，云拱地霞叶百七十有九，下垂牙护泥虚板，并朱漆画瑞草。勾阑上描金白檀行龙十，摆白蹲龙十，孔雀羽台九，水精面火珠七，金圈焰铜照八。舆下垂朱丝结网一遭，饰以金涂输石铎子三百，彩画输石梅萼嵌网眼中。舆之长辕三，界辕勾心各三，上下龙头六。前辕引手摆白螭头三，并系以蹲龙。后辕方罨头三，桄头十有六，系以蹲龙三。辕头衡一，两端摆白龙头二，上列金涂铜凤十二，含以金涂铜铃。舆之轴一，轮二。轴之挈罗二，明辖蹲龙绖，皆漆以白。其轮之辐各二十有四，毂首压贴金涂铜毂叶八十有一，金涂输石擎耳恋攀四。柜之前，朱漆金装云龙辂牌一，金涂铁曲戍。辂箱之四傍，雕镂革鞔漆画填心，隔窠龟文花板，上层左画青龙，右画白虎，前画朱雀，后画玄武。辂之前额，白檀行龙二，奉一水精珠，后额如之。前两杆素白绒铃索五，贴金鸾和大响铜铃十，金涂输石双鱼五。下朱漆革鞔轼柜一，柜上金香球一，金香宝一，金香合一，银灰盘一，皆黄纻丝绶带。辂之后，朱漆革鞔后轼一，金涂曲戍，黄纻丝销金云龙门帘一，绯纻丝绣云龙带二。辂之中，金装铰白檀雕龙椅一，靠背上金涂圈焰玉明珠一。左建太常旗一，十有二旒，白罗绣日、月、五星、升龙。右建阘戟一，九旒，素白罗绣云龙。中央黄罗绣青黑黼文两旗，绸杠，并素白罗，旗首金涂输石龙头二，金涂铜铃二，金涂输石钹素白缨绥十有二重，金涂木珠流苏十有二重。龙椅上，金锦方座一，绿可贴褥一，销金黄罗夹帕一，方舆地金锦褥一，绿可贴褥一。勾栏内，可贴条褥五重。素白漆雕木涂金龙头行马一，小白漆梯一，白漆柄金涂长托叉二，短托叉二，金涂首白漆推竿一，金绒引辂索二，金涂铜环二，黄绒执绥一。辂马、诞马，皆白色。鞍辔鞦勒缨拂套项，皆白韦，金装。诞马白织金纻丝屜四副，白罗销金白绢里笼鞍

六。盖轵黄绢大蒙帕一，黄油绢帕一。驾士平巾大袖，皆白绣纻丝
为之。

　　木辂。黑质，金装，青绿藻井，栲栳轮盖。外施金装雕木云龙，
内盘描金紫檀雕福海圆龙一，顶上匝以金涂输石耀叶八十有一。上
围九者二，中围九者三，下围九者四。顶轮衣三重，上二重皂绣云龙
瑞草，下一重无文。轮衣内黄屋一，黄素纻丝沥水，下垂朱丝结网一
遭，皂纻丝绣水带四十有八，带头缀金涂小铜铃三百，皂纻丝绣络
带二。顶轮平素面夹用檀褐纻丝。盖之四周，垂流苏八，饰以五色
绒线结网五重，金涂铜铍五，金涂木珠二十五。又系金涂输石杂佩
八，珩璜冲瑀全，金涂输石挂钩十有六，黄绒贯顶天心直下十字绳
二。盖下立朱漆柱四，柱下直平盘，虚柜，中棁三十，下外桃二，漆绘
犀、象、鹦鹉、锦雉、孔雀，隔窠嵌装花板，柜上周遭朱漆勾阑，云拱
地霞叶百七十有九，下垂牙护泥虚板，皆朱漆画瑞草。勾阑上金嵌
镍铁行龙十，蹲龙十，孔雀羽台九，水精面火珠七，金圈焰铜照八。
舆一垂朱丝结网一遭，饰以金涂输石铎子三百，彩画输石梅萼嵌网
眼中。舆之长辕三，界辕勾心各三，上下龙头六。前辕引手金嵌镍
铁螭头三，皆绖以蹲龙。后辕方罨头三，桃头十有六，系以蹲龙三。
辕头衡一，两端金嵌镍铁龙头二，上列金涂铜凤十二，含以金涂铜
铃。舆之轴一，轮二。轴之挈罗二，明辖蹲龙绖，并漆以黑。轮之辐
各二十有四，毂首压贴金涂铜毂叶八十有一，金涂输石擎耳恋攀
四。柜之前，朱漆金装云龙辂牌一，金涂铁曲戍。辂之箱，四傍雕镂
漆画填心，隔窠龟文花板，上层左画青龙，右画白虎，前画朱雀，后
画玄武。辂之前额，金嵌镍铁行龙二，奉一水精珠，后额如之。前两
柱皂绒铃索五，贴金鸾和大响铜铃十，金涂输石双鱼五。下朱漆轵
柜一，柜上金香球一，金香宝一，金香合一，银灰盘一，皆黄纻丝绶
带。辂之后，朱漆后轵一，金涂曲戍，黄纻丝销金云龙门帘一，绯纻
丝绣云龙带二。辂之中，金装乌木雕龙椅一，靠背上金涂圈焰玉明
珠一。左建太常旗一，十有二斿，皂罗绣日、月、五星、升龙。右建阘
戟一，九斿，皂罗绣云龙。中央黄罗绣青黑黼文两旗，绸杠，并皂罗，

旗首金涂输石铍紫缨绶十有二重,金涂流苏十有二重。龙椅上,金锦方座一,绿可贴褥一,销金黄罗夹帕一,方舆地金锦褥一,绿可贴褥一,勾阑内,可贴条褥四,蓝绉丝条褥四,黑漆金涂输石铰叶踏道一,小可贴条褥五重。黑漆雕木涂金龙头行马一,小黑漆梯一,黑漆柄金涂长托叉二,短托叉二,金涂首黑漆推竿一,皂绒引辂索二,金涂铜环二,黄绒执绥一。络马、诞马,并黑色。鞍辔鞦勒缨拂套项,皆以浅黑韦,金妆。诞马紫织金绞丝屉四副,紫罗销金紫绢里笼鞍六。盖辂黄绢大蒙帕一,黄油绢帕一。驾士平巾大袖,紫绣绉丝为之。

腰舆。制以香木。后背作山字牙,嵌七宝装云龙屏风,上施金圈焰明珠,两傍引手。屏风下施雕镂云龙床。坐前有踏床,可贴锦褥一。坐上貂鼠缘金锦条褥,绿可贴方坐。

象轿。驾以象,凡巡幸则御之。

职官以下车舆,除不得用龙凤外,一品至三品许用金装饰银螭头绣带青幔,四品五品用素狮头绣带青幔,六品至七品用素云头素带青幔,庶人黑油齐头平顶皂幔。鞍辔,一品许饰以金玉,二品、三品饰以金,四品、五品饰以银,六品以下饰以输石铜铁。

中统元年九月,初置拱卫仪仗。至元八年,造内外仪仗。延祐七年十二月,英宗即位,始造卤簿。平章政事拜住进卤簿图,帝以唐制用万二千三百人为耗财,定大驾为三千二百人,法驾二千五百人。至治元年,卤簿成。其目:曰仪仗,曰崇天卤簿,曰外仗,曰仪卫。

皂纛,国语读如秃。建缨于素漆竿,凡行幸,则先驱建纛,夹以马鼓。居则置纛于月华门西之隅室。

绛麾,金涂竿,上施圆盘朱丝拂,三层,紫罗袋韬之。

金节,制如麾,八层,韬以黄罗云龙袋。

引导节,金涂龙头朱漆竿,悬五色拂,上施铜钹。

朱雀幢,制如节而五层,韬以红绣朱雀袋。

青龙幢,制如前,韬以碧绣青龙袋。

白虎幢,制如前,韬以素绣白虎袋。

玄武幢,制如前,韬以皂绣绸玄武袋。

镊稍,制如节,顶刻镊牛首,有袋,上加碧油。

绛引幡,四角,朱绿盖,每角垂罗文杂佩,系于金铜钩竿,竿以朱饰,悬五色间晕罗,下有横木板,作碾玉文。

告止幡,绯帛错彩为告止字,承以双凤,立仗者红罗销金升龙,余如绛引。

传教幡,制如告止幡,错绿为传教字,承以双白虎,立仗者白罗绛云龙。

信幡,制如传教幡,错彩为信字,承以双龙,立仗者绘飞凤。

黄麾幡,制如信幡,错彩为黄麾篆。

龙头竿绣氅,竿如戟,无钩,下有小横木,刻龙头,垂朱绿盖,每角缀珠佩一带,带末有金铜铃。

围子,制以金涂攒竹杖,首贯铜钱,而以紫绢冒之。

副竿,制以木,朱漆之。

火轮竿,制以白铁,为小车轮,建于白铁竿首。轮及竿皆金涂之,上书西天咒语,帝师所制。常行为亲卫中道,正行在劈正斧之前,以法佛卫,以祛邪僻,以镇轰雷焉。盖辟恶车之意也。

豹尾竿,制如戟,系豹尾,朱漆竿。

宝舆方案,绯罗销金云龙案衣,绯罗销金蒙槾复,案傍有金涂铁鞠四,龙头竿结绶二副之。

香蹬,朱漆案,黄罗销金云龙案衣,上设金涂香炉一、烛台二,案旁金涂铁鞠四,龙头竿结绶二副之。

香案,朱漆案,绯罗销金云龙案衣,上设金香炉、合一,余同香蹬,殿庭陈设,则除龙头竿结绶。

诏案,制如香案。

册案,制如前。

宝案,制如前。

表案，制如香案，上加矮阑，金涂铁鞃四，竿二副之，绯罗销金蒙复。

礼物案，制如表案。

交椅，银饰之，涂以黄金。

杌子，四脚小床，银饰之，涂以黄金。

鸣鞭，绿柄，鞭以梅红丝为之，梢用黄茸而渍以蜡。

鞭桶，制以紫绌表，白绢里，皮缘两末。

蒙鞍，青绵缘，绯锦复。

水瓶，制如汤瓶，有盖，有提，有嘴，银为之，涂以黄金。

鹿卢，制如叉字，两头卷，涂金妆钑，朱丝绳副之。

水盆，黄金涂银妆钑为之。

净巾，绯罗销金云龙，有里。

香球，制以银，为座上插莲花炉，炉上罩以圆球，镂细缊旋转文于上，黄金涂之。

香合，制以银，径七寸，涂黄金钑云龙于上。

金拂，红犛牛尾为之，黄金涂龙头柄。

唾壶，制以银，宽缘，虚腹，有盖，黄金涂之。

唾盂，制以银，形圆如缶，有盖，黄金涂之。

外办牌，制以象牙，书国字，背书汉字，填以金。

外备牌，制如前。

中严牌，制如前。

时牌，制同外备而小。

板位，制以木，长一尺二寸，阔一尺，厚六分，白髹黑字。

大伞，赤质，正方，四角铜螭首，涂以黄金，紫罗表，绯绢里。诸伞盖，宋以前皆平顶，今加金浮屠。

紫方伞，制如大伞而表以紫罗。

红方伞，制如大伞而表以绯罗。华盖，制如伞而圆顶隆起，赤质，绣杂花云龙，上施金浮屠。曲盖，制如华盖，绯沥水，绣瑞草，曲柄，上施金浮屠。

导盖，制如曲盖，绯罗沥水，绣龙，朱漆直柄。

朱伞,制如导盖而无文。

黄伞,制如朱伞而色黄。

葆盖,金涂龙头竿,悬以缨络,销金圆裙,六角葆盖。

孔雀盖,朱漆,竿首建小盖,盖顶以孔雀毛,径尺许,下垂孔雀尾,檐下以青黄红沥水围之,上施金浮屠,盖居竿三之一,竿涂以黄金,书西天咒语,与火轮竿义同。

朱围扇,绯罗绣盘龙,朱漆柄,金铜饰,导驾团扇,戗金线。

大雉扇,制稍长,下方而上椭,绯罗绣象雉尾,中有双孔雀,间以杂花,下施朱漆横木连柄,金铜装。

中雉扇,制如大雉扇而减小。

小雉扇,制如中雉扇而减小。

青沥水扇,制圆而青色,四周沥水以青绢。

罕,朱滕结网,二螭首,衔红丝拂,中有兽面,朱漆柄,金铜装。

毕,制形如扇,朱滕网,中有兽面,朱漆柄,金铜装。

旗、扇锜,即坐也。旗锜,制十字木于下,上四枝交拱,置窍于其上以树旗。扇锜,制如栀,形小,六木拱于上,而制作精于旗锜,并漆以朱。

风伯旗,青质,赤火焰脚。

雨师旗,青质,赤火焰脚。

雷公旗,青质,赤火焰脚。

电母旗,青质,赤火焰脚。

金星旗,素质,赤火焰脚。

水星旗,黑质,赤火焰脚。

木星旗,青质,赤火焰脚。

火星旗,赤质,青火焰脚。

土星旗,黄质,赤火焰脚。

摄提旗,赤质,赤火焰脚。

北斗旗,黑质,赤火焰脚,画七星。

角宿旗,青质,赤火焰脚。

亢宿旗,青质,赤火焰脚。

氐宿旗,青质,赤火焰脚。

房宿旗,青质,赤火焰脚。

心宿旗,青质,赤火焰脚。

尾宿旗,青质,赤火焰脚。

箕宿旗,青质,赤火焰脚。

斗宿旗,青质,赤火焰脚。

牛宿旗,青质,赤火焰脚。

女宿旗,青质,赤火焰脚。

虚宿旗,青质,赤火焰脚。

危宿旗,青质,赤火焰脚。

室宿旗,青质,赤火焰脚。

壁宿旗,青质,赤火焰脚。

奎宿旗,青质,赤火焰脚。

娄宿旗,青质,赤火焰脚。

胃宿旗,青质,赤火焰脚。

昴宿旗,青质,赤火焰脚。

毕宿旗,青质,赤火焰脚。

觜宿旗,青质,赤火焰脚。

参宿旗,青质,赤火焰脚。

井宿旗,青质,赤火焰脚。

鬼宿旗,青质,赤火焰脚。

柳宿旗,青质,赤火焰脚。

星宿旗,青质,赤火焰脚。

张宿旗,青质,赤火焰脚。

翼宿旗,青质,赤火焰脚。

轸宿旗,青质,赤火焰脚。

日旗,青质,赤火焰脚,绘日于上,奉以云气。

月旗,青质,赤火焰脚,绘月于上,奉以云气。

祥云旗,青质,赤火焰脚,绘五色云气。

合璧旗,青质,赤火焰脚,绘云气日月。

连珠旗,青质,赤火焰脚,绘五星。

东岳旗,青质,赤火焰脚,绘神人,冠七梁冠,黄襕,青袍,绿裳,白中单,素蔽膝,执圭。

南岳旗,赤质,青火焰脚,绘神人,冠七梁冠,黑襕绯袍,绿裳,黄中单,朱蔽膝,执圭。

中岳旗,黄质,赤火焰脚,绘神人,冠七梁冠,皂襕,黄袍,绿裳,白中单,珠蔽膝,执圭。

西岳旗,白质,赤火焰脚,绘神人,冠七梁冠,青襕,白袍,绯裳,白中单,素蔽膝,执圭。

北岳旗,黑质,赤火焰脚,绘神人,冠七梁冠,红襕,皂袍,绿裳,白中单,素蔽膝,执圭。

江渎旗,赤质,青火焰脚,绘神人,冠七梁冠,青襕,朱袍,跨赤龙。

河渎旗,黑质,赤火焰脚,绘神人,冠七梁冠,皂襕,黄袍,跨青龙。

淮渎旗,素质,赤火焰脚,绘神人,冠七梁冠,皂襕,素袍,乘青鲤。

济渎旗,青质,赤火焰脚,绘神人,冠七梁冠,皂襕,青袍,乘一鳖。

天下太平旗,赤质,青火焰脚,错采为字。

皇帝万岁旗,赤质,青火焰脚,错采为字。

吏兵旗,黑质,赤火焰脚,绘神人,具甲兜鍪,绿臂韝,杖剑。

力士旗,白质,赤火焰脚,绘神人,武士冠,绯袍,金甲,汗胯,皂履,执戈盾。

东天王旗,青质,赤火焰脚,绘神人,武士冠,衣金甲,绯裲裆,右手执戟,左手奉塔,履石。

南天王旗,赤质,青火焰脚,绘神人,冠服同前。

西天王旗,白质,赤火焰脚,绘神人,冠服同前。

北天王旗,黑质,赤火焰脚,绘神人,冠服同前。

大神旗,黄质,黄火焰脚,详见牙门旗下。

牙门旗,赤质,赤火焰脚,绘神人,冠武士冠,铠甲,裲裆,衬肩,包脚,汗胯,束带,长带,大口裤,执戈戟。

金鼓旗,黄质,黄火焰脚,书金鼓字。

朱雀旗,赤质,赤火焰脚,绘朱雀,其形如鸾。

玄武旗,黑质,黑火焰脚,绘龟蛇。

青龙旗,青质,赤火焰脚,绘蹲龙。

白虎旗,白质,赤火焰脚,绘蹲虎。

龙君旗,青质,赤火焰脚,绘神人,冠通真冠,服青绣衣,白裙,朱履,执戟,引青龙。

虎君旗,白质,赤火焰脚,绘神人,冠流精冠,服素罗绣衣,朱裙,朱履,执斩蛇剑,引白虎。

大黄龙负图旗,青质,青火焰脚,绣复身黄龙,背八卦。

小黄龙负图旗,赤质,青火焰脚,绘复身黄龙,背八卦。

五色龙旗,五色质,五色直脚,无火焰。

大四色龙旗,青赤黄白四色质,具火焰脚。

小四色龙旗,制同大四色,直脚,无火焰脚。

应龙旗,赤质,赤火焰脚,绘飞龙。

金鸾旗,赤质,火焰脚,绘鸾而金色。

鸾旗,制同前,而绘以五彩。

金凤旗,赤质,青火焰脚,绘凤而金色。

凤旗,制同前,而绘以五彩。

五色凤旗,五色质,五色直脚,无火焰。

大四色凤旗,青赤黄白四色质,火焰脚,色随其质,绘凤。

小四色凤旗,制同前,直脚,无火焰。

玉马旗,赤质,青火焰脚,绘白马,两髆有火焰。

駃騠旗,赤质,青火焰脚,绘白马。

飞黄旗,赤质,赤火焰脚,形如马,色黄,有两翼。

驺骎旗,青质,青火焰脚,绘兽形如马,白首,虎文,赤尾。

龙马旗,赤质,青火焰脚,绘龙马。

麟旗,赤质,青火焰脚,绘麒麟。

飞麟旗,赤质,青火焰脚,绘飞麟。其形五色身,朱翼,两角,长爪。

黄鹿旗,赤质,青火焰脚,绘兽如鹿,而色深黄。

兕旗,赤质,青火焰脚,绘兽似牛,一角,青色。

犀牛旗,赤质,青火焰脚,绘犀牛。

金牛旗,赤质,青火焰脚,绘兽形如牛,金色。

白狼旗,赤质,青火焰脚,绘白狼。

辟邪旗,赤质,赤火焰脚,绘兽形似鹿,长尾,二角。

赤熊旗,赤质,赤火焰脚,绘兽如熊,色黄。

三角兽旗,赤质,赤火焰脚,绘兽,其首类白泽,绿发,三角,青质,白腹、跋尾绿色。

角端旗,赤质,赤火焰脚,绘兽如羊而小尾,顶有独角。

骑牙旗,赤质,青火焰脚,绘兽形似麋,齿前后一齐。

太平旗,赤质,青火焰脚,金描莲花四,上金书天下太平字。

骏鹙旗,赤质,青火焰脚,绘鸟似山鸡而小,冠背黄,服赤,项绿,尾红。

苍乌旗,赤质,青火焰脚,绘鸟如乌而色苍。

白泽旗,赤质,赤火焰脚,绘兽虎首朱发而有角,龙身。

东方神旗,绿质,赤火焰脚,绘神人,金兜牟,金铠甲,仗剑。已下四旗,所绘神同。

西方神旗,白质,赤火焰脚。

中央神旗,黄质,赤火焰脚。

南方神旗,赤质,青火焰脚。

北方神旗,黑质,赤火焰脚。

凡立仗诸旗,各火焰脚三条,色与质同,长一丈五尺,杠长二丈一尺。牙门、太平、万岁,质长一丈,横阔五尺。日、月、龙君、虎君,横坚并八尺。余旗并竖长八尺,阔兴尺。

车辐,朱漆,八棱,施以铜钉,形如柯舒。

吾杖,朱漆,金饰两末。

镫杖,朱漆棒首,标以金涂马镫。

殳,制如稍而短,黑饰两末,中画云气,上缀朱丝拂。

骨朵,朱漆棒首,贯以金涂铜锤。

列丝骨朵,制如骨朵,加纽丝丈。

卧瓜,制形如瓜,涂以黄金。卧置,朱漆棒首。

立瓜,制形如瓜,涂以黄金,立置,朱漆棒首。

长刀,长丈有奇,阔上窄下,单刃。

仪刀,制以银,饰紫丝纷锴。

横刀,制如仪刀而曲,鞘以沙鱼皮,饰绦革纷锴。

千牛刀,制如长刀。

剑,班鞘,饰以沙鱼皮,剑口两刃。

班剑,制剑,鞘黄质,紫班,又金铜装,紫丝纷锴。

刀盾之刀,制如长刀而柄短,木为之,青质有环,紫丝纷锴。

刀盾之盾,制以木,赤质,画异兽,执人右刀左盾。

朱滕络盾,制同而朱其质。

绿滕络盾,制同而绿其质。

戟,制以木,有枝,涂以黄金,竿以朱漆。

小戟飞龙掌,制如戟,画云气,上缀飞掌,垂五色带,末有铜铃,掌下方而上两角微椭,绘龙于其上。

钑戟,制如戟,无飞掌而有横木。

稍,制以木,黑质,画云气,上刻刃,涂以青,五色稍并同而质异。

攒,制如戟,锋两旁微起,下有镈锐。

叉,制如戟而短,青饰两末,中白,画云气,上缀红丝拂。

斧,双刃,斧贯于朱漆竿首。

钺,金涂铁钺,单刃,脑后系朱拂,朱漆竿。

劈正斧,制以玉,单刃,金涂柄,银镈。

仪镈斧,制如斧,刻木为之,柄以朱,上缀小锦幡,五色带。

弓矢。

弩,制如弓而有臂。

服,制以虎豹皮,或暴绿文,金铜装。

靫,制以黑革。

兰,弩矢室。

象鞴鞍,五彩装明金木莲花座,绯绣攀鞍绦,紫绣襜襦红锦屉,鍮石莲花跋尘,锦缘毡盘,红牦牛尾缨拂,并胸攀鞦。攀上各带红牦牛尾缨拂,鍮石胡桃钑子,杏叶铰具,绯皮筓头铰具。莲花座上,金涂银香炉一。

元初,既定占城、交趾、真腊,岁贡象,育于析津坊海子之阳。行幸则蕃官骑引,以导大驾,以驾巨辇。

驼鼓,设金装校具,花罽鞍褥橐篚,前峰树皂纛,或施彩旗,后峰树小旗,络脑、当胸、后鞦,并以毛组为筓勒,五色璪玉,毛结缨络,周缀铜铎小镜,上施一面有底铜㧊小鼓,一人乘之,击以毛绳。凡行幸,先鸣鼓于驼,以威振远迩,亦以试桥梁伏水而次象焉。

骡鼓,制似驼而小。

马鼓,筓勒、后勒、当胸,皆缀红缨拂铜铃,杏叶铰具,金涂钯,上插雉尾,上负四足小架,上施以华鼓一面,一人前引。凡行幸,负鼓于马以先驰,与纛并行。

诞马,缨筓绯凉铁。

御马,鞍筓缨复全。

珂马,铜面,雉尾鼻拂,胸上缀铜杏叶、红丝拂,又胸前腹下,皆有攀,缀铜铃,后有跋尘,锦包尾。

新元史卷九七
志第六四

輿服三

崇天卤簿　外仗　仪卫

中道。

顿递队：象六，饰以金装莲座，香宝鞍鞯鞦辔屬勒，犛牛尾拂，跋尘，铰具。导者六人，驭者南越军六人，皆弓花角唐帽，绯绝销金褾衫，镀金束带，乌靴，横列而前行。次驼鼓九，饰以镀金铰具，辔饰屬笼旗鼓缨枪。驭者九人，服同驭象者，中道相次而行。次舍人二人，四品服，骑分左右，夹驼而行。次青衣一人，武弁，青绝衫青勒帛，青靴，执青杖。次清道官四人，本品服，骑。次信幡二，垫者二人，引护者四人，武弁，黄绝生色宝相花袍，黄勒帛，黄靴。次骡鼓六，饰骡以镀金铰具，辔屬笼旗鼓缨枪。驭者六人，服同驭驼者。次告止幡二，执者二人，引护者四人，武弁，绯绝生色宝相花袍，红勒帛，红靴。次传教幡二，执者二人，引护者四人，武弁，黄绝生色宝相花袍，黄勒帛，黄靴，并分左右。次桥道顿递使一人，本品服，骑。中道，舍人、清道官、桥道顿递使从者凡七人，锦帽，紫褾衫，小银束带，行縢鞋袜。后凡从者之服，皆同此。

纛矟队：金吾将军二人，交角幞头，绯罗绣抹额，紫罗绣辟邪裲裆，红锦衬袍，锦螣蛇，金带，乌靴，横刀，佩符，骑，皆分左右。次弩而骑者五人,锦帽,青绌生色宝相花袍,铜带,绿云靴。次稍而骑者五人,锦帽,绯绌生色宝相花袍,铜带,朱云靴。次纛一,执者一人,夹者四人,护者二人,皆锦帽,紫生色宝相花袍,镀金带,紫云靴。押纛官二人,皆骑,本品服。次马鼓四,饰如骔鼓,驭四人,服同御骔。次佩弓矢而骑者五人,服同执弩者。押衙四人,骑而佩剑,锦帽,紫绌生色宝相花袍,镀金带,云头靴。幞稍者四人,骑,锦帽,绯绌生色宝相花袍,铜带,朱靴。控马八人,锦帽,紫衫,银带,乌靴。次稍而骑者五人,服佩同执弩者。金吾将军、押纛官从者四人,服同前队。

朱雀队:舍人一人,四品服,骑而前。次朱雀旗一,执者一人,引护者四人,锦帽,绯绌生色凤花袍,铜带,朱云靴,皆佩剑而骑,护者加弓矢。次金吾折冲一人,交角幞头,绯绌绸抹额,紫罗绣辟邪裲裆,红锦衬袍,金带,锦螣蛇,乌靴,横刀,佩弓矢而骑,帅甲骑凡二十有五,弩五人,次弓五人,次稍五人,次弓五人,次稍五人,皆冠甲骑冠,朱画甲,青勒甲缘,镀金环,白绣汗胯,束带,红靴,带弓箭器仗,马皆朱甲,具装珂饰全。舍人、金吾折冲从者凡二人,服同前队。

十二旗队:舍人一人,四品服,骑而前。金吾果毅二人交角幞头,绯罗绣抹额,紫罗绣辟邪裲裆,红锦衬袍,金带,锦螣蛇,乌靴,横刀,佩弓矢,骑分左右。帅引旗骑士五,皆锦帽,黄生色宝相花袍,银带,乌靴。次风伯旗左,雨师旗右,雷公旗左,电母旗右,执者四人,骑,青甲旗冠,绿甲,青勒甲缘,镀金环,白绣汗胯,束带,青云靴,马皆青甲珂饰。次五星旗五,执者五人,甲骑冠,五色画甲,青勒甲缘,镀金环,白绣汗胯,束带,五色靴,马甲如其甲之色,珂饰。次北斗旗一,执者一人,甲骑冠,紫画甲,青勒甲缘,镀金环,白绣汗胯,束带,紫云靴,马甲随其甲之色,珂饰。左右摄提旗二,执者二人,甲骑冠,朱画甲,青勒甲缘,镀金环,束带,红云靴,马朱甲,珂饰。执副竿者二人,骑,锦帽,黄生色宝相花袍,银带,乌靴。执稍而护者五人,骑,服同执副竿者。舍人、金吾果毅从者凡三人,服同前队。

门旗队:舍人二人,四品服。监门将军二人,皆交角幞头,绯绌绣抹额,紫罗绣狮子裲裆,红锦衬袍,金带,乌靴,横刀,佩弓矢,骑,马甲、珂饰全。次门旗二,执者二人,锦帽,绯绝生色狮子文袍,铜革带,红云靴,剑而骑。引护者四人,服佩同执人,而加弓矢,骑。次监门校尉二人,骑,服佩同监门将军,分左右行。次鸾旗一,执者一人,引护者四人,锦帽,五色绝生色瑞鸾花袍,束带行,五色云靴,佩剑,护人加弓矢,皆骑。舍人、监门将军、监门校尉从者凡六人,服同前队。

云和乐:云和署令二人,朝服,骑,分左右。引前行,凡十有六人,戏竹二,排箫四,箫管二,龙笛二,板二,歌工四,皆展角花幞头,紫绝生色云花袍,镀金带,紫靴。次琵琶二十,笙十有六,箜篌十有六,篡十有六,方响八,头管二十有八,龙笛二十有八,已上工百三十有二人,皆花幞头,绯绝生色云花袍,镀金带,朱靴。次杖鼓三十,工人花幞头,黄生色花祆,红生色花袍,锦臂构,镀金带,乌靴。次板八,工人服色同琵琶工人。次大鼓二,工十人,服色同杖鼓工人。云和署令从者二人,服同前队。

殿中黄麾队:舍人二人,四品服。殿中侍御史二人,本品服,皆骑。次黄麾一,执者一人,夹者二人,骑,武弁,绯绝生色宝相花袍,红勒帛,红云靴。舍人、殿中侍御史从者凡四人,服同前队。

太史钲鼓队:太史一人,本品服,骑。引交龙捆鼓左,金钲右,异四人,工二人,皆武弁,绯绝生色宝相花袍,红勒帛,红靴。次司辰郎一人,左,典事一人,右,并四品服,骑。太史、司辰郎、典事从者三人,服同前队。

武卫钑戟队:武卫将军一人,交角幞头,绯罗绣抹额,紫罗绣瑞鹰裲裆,红锦衬袍,锦膢蛇,金带,横刀,骑。领五色绣幡一,金节八,甲右,罕左,朱雀、青龙、白虎幢三,横布导盖一,中道叉四。武卫果毅二人,服佩同武卫将军。钑二十,戟二十,徒五十有九人,武弁,绯绝生色宝相花袍,红勒帛,红靴。武卫将军、武卫果毅从者凡三人,服同前队。

龙墀旗队:舍人二人,四品服。中郎将二人,服佩同钑戟队武卫将军,骑,分左右。帅骑士凡二十有四人,执旗者八人。天下太平旗,中道,中岳帝旗左,中央神旗右。次日旗在左,月旗右。次祥云旗二,分左右。次皇帝万岁旗,中道。执人皆黄绅巾,黄绅生色宝相花袍,黄勒帛,黄云靴,横刀。引者八人,青绅巾,青绅生色宝相花袍,青勒帛,青云靴,横刀,执弓矢。护者八人,绯绅巾,绯绅生色宝相花袍,红勒帛,红云靴,横刀,执弓矢。舍人、中郎将从者凡四人,服同前队。

御马队:舍人二人,四品服。引左右卫将军二人,绯罗绣抹额,紫罗绣瑞马裲裆,红锦衬袍,锦螣蛇,金带,乌靴,横刀,皆骑,分左右行。御马十有二匹,分左右,饰以璎辔鞍复。驭士控鹤二十有四人,交角金花幞头,红锦控鹤袄,金束带,鞬鞋。次尚乘奉御二人,四品服,骑,分左右行。舍人、左右卫将军从者四人,服同前队。

拱卫控鹤第一队:拱卫指挥使二人,本品服,骑,分左右。帅步士凡二百五十有二人,负剑者三十人,次执金吾杖者五十人,次执斧者五十人,次执镫杖者六十人,次执列丝骨朵者三十人,皆分右右。次携金水瓶者一人,左,金盆者一人,右。次执列丝骨朵者三十人,皆分左右,皆金镂额交角幞头,青质孙控鹤袄,涂金荔枝束带,鞬鞋。拱卫指挥使从者二人,服同前队。

安和乐:安和署令二人,本品服,骑,分左右行。领押职二人,弓角凤翅金花幞头,红质孙加襕袍,金束带,花靴。次扎鼓八,为二重,次和鼓一,中道,次板二,次龙笛四,次头管二,次羌笛二,次笙二,次篥二,左右行,次云璈一,中道,工二十有四人,皆弓角凤翅金花幞头,红锦质孙袄,金荔枝束带,花靴。从者二人,服同前队。

金吾援宝队:舍人二人,四品服。引金吾将军二人,交角幞头,绯罗绣抹额,紫罗绣辟邪裲裆,红锦衬袍,锦螣蛇,横刀,佩弓矢,皆骑,分左右。前引驾十二重,甲士一十二骑,弩四,次弓四,次矟四,为三重。次香案二,金炉、合各二,分左右,舁士十有六人,侍香二人,骑而从。次典瑞使二人,本品服,骑而左右引八宝。受命宝左,传国宝右,次天子之宝左,皇帝之宝右,次天子行宝左,皇帝行宝右,次天子信宝左,皇帝信宝右。每舆宝盝,销金蒙复,衬复,案舆红销金衣,龙头竿,结绶,舁士八人,朱团扇四人,凡九十有六人,皆交角金花幞头,青红锦质孙袄,每舆前青后红,金束带,鞒鞋。援宝三十人,交角金花幞头,窄紫衫,销金红汗胯,金束带,乌鞋,执金缕黑杖。次符宝郎二人,四品服,骑,分左右。次金吾果毅二人,服佩同金吾将军,骑,分左右。次稍四人,次弓四人,次弩四人,为三重。舍人、金吾将军、侍香、典瑞使、符宝郎、金吾果毅从者凡十有二人,服同前队。

殿中伞扇队:舍人二人,四品服,骑,分左右。领骑而执旗者四人,日月合璧旗左,五星连珠旗右,次金龙旗左,金凤旗右,黄绅巾,黄绅生色宝相花袍,黄勒帛,黄靴,佩剑。骑而引旗者四人,青绅巾,青绅生色宝相花袍,青勒帛,青靴,佩剑,执弓矢。骑而护旗者四人,红绅巾,红绅生色宝相花袍,红勒帛,红靴,佩剑,执弓矢。次朱团扇十有六,次小雉扇八,次中雉扇八,次大雉扇八,为十重。重四人。次曲盖二,红方伞二,次紫方伞二,次华盖二,次大伞二,执者五十人,武弁,红绅生色宝相花袍,红勒帛,红靴。舍人从者二人,服同前队。

控鹤围子队:围子头一人,执骨朵,由中道,交角幞头,绯锦质孙袄,镀金荔枝带,鞒鞋。领执围子十有六人,分左右,交角金花幞头,白衬肩,青锦质孙袄,镀金荔枝带,鞒鞋。次朱伞,中道,次金脚踏左,金椅右。服如围子头。拱卫指挥使一人,本品服,骑,中道。控鹤二十人,服同上。拱卫指挥使从者二人,服同前队。

天乐一部:天乐署令二人,本品服,骑,分左右。领押职二人,弓角凤翅金花幞头,红锦质孙袄,加襕,金束带,花靴。次琵琶二,箜篌二,火不思二,板二,筝二,胡琴二,笙二,头管二,龙笛一,响铁一,工十有八人,徒二人,皆弓角凤翅金花幞头,红锦质孙袄,镀金束带,花靴。

控鹤第二队:金拱卫司事二人,本品服,骑,分左右。帅步士凡七十有四人,执立瓜者三十有六人,分左右,次捧金杌一人左,鞭桶一人右,次蒙鞍一人左,伞手一人右。次执立瓜者三十有四人,分左

右,皆交金花幞头,绯锦质孙袄,镀金荔枝带,鞜鞋。佥拱卫司事从
者二人,服同前队。

殿中导从队:舍人二人,四品服,骑,左右。引香镫案一,黄销金
盘龙衣,金炉合,结绶,龙头竿,舁者十有二人,交角金花幞头,红锦
质孙控鹤袄,镀金束带,鞜鞋。侍香二人,骑,分左右。次警跸三人,
交角幞头,紫窄袖衫,镀金束带,乌靴。次舍人二人,四品服,骑。引
天武官二人,执金钺,金凤翅兜牟,金锁甲,青勒甲绦,金环绣汗胯,
金束带,马珂饰。次金骨朵二,次幢二,次节二,分左右。次金水盆
左,金椅右,次蒙复左,副执椅右,次金水瓶、鹿卢左,销金净巾右。
次金香球二,金香合二,分左右。次金唾壶左,金唾盂右。金拂四,
扇十,分左右。次黄伞,中道,伞衣从。凡骑士三十人,服如警跸,加
白绣汗胯。步卒四人,执椅二人,蒙复一人,伞衣一人。服如舁香镫徒。
舍人、天武官从者六人,服同前队。

控鹤第三队:拱卫直钤辖二人,本品服,骑。引执卧瓜八十人,
服如第二队。

导驾官:引进使二人,分左右前行。次给事中一人左,起居注一
人右,侍御史一人左,殿中侍御史一人右,次翰林学士二人左,集贤
学士一人右,次御史中丞一人左,同知枢密院事一人右,次御史大
夫一人左,知枢密院事一人右。次侍仪使四人,中书侍郎二人,黄门
侍郎二人,侍中二人,皆分左右。次仪仗使一人左,卤簿使一人右。
次礼仪使二人,分左右。持劈正斧一人,中道。次大礼使一人左,太
尉一人右。皆本品服,骑。从者三十人,惟执劈正斧官从者二人,服
同前队。

羽林宿卫:舍人二人,四品服,前行。次羽林将军二人,交角幞
头,绯罗绣抹额,紫罗绣瑞鹰裲裆,红锦衬袍,锦䗶蛇,金带,乌靴,
横刀,佩弓矢,皆骑,分左右。领宿卫骑士二十人,执骨朵六人,次执
短戟六人,次执斧八人,皆弓角金凤翅幞头,紫袖细褶辫线袄,束
带,乌靴,横刀。舍人、羽林将军从者凡四人,服同前队。

检校官:分布中道之外,外仗之内。顿递队,监察御史二人,本品

服。次鸁稍队,循仗检校官二人。次朱雀队,金吾中郎将二人,皆交
角幞头,绯罗绣抹额,紫罗绣辟邪裲裆,红锦衬袍,锦螣蛇,金带,乌
靴,佩仪刀,加弓矢。次十二旗队,兵部侍郎二人,本品服。次门旗
队,纠察仪仗官二人,本品服。次云和乐部,金吾将军二人,服佩如
金吾中郎将。知队仗官二人,本品服。次武卫钑戟队,监察御史二
人,本品服。次外道左右牙门巡仗,监门中郎将二人,交角幞头,绯
罗绣抹额,紫罗绣狮子裲裆,红锦衬袍,锦螣蛇,金带,乌靴,佩仪
刀,弓矢。次金吾援宝队,兵部尚书二人,次循仗检校官二人。次殿
中伞扇队,监察御史二人,次礼部尚书二人,皆本品服。次围子队,
知队仗官二人。次金吾大将军二人,服同金吾将军,各鸁稍从。次
殿中导从,纠察队仪仗官二人。次循仗检校官二人。次羽林宿卫队,
左点检一人左,右点检一人右,紫罗绣瑞麟裲裆,余同金吾大将军。
领大黄龙负图旗二,执者二人,夹者八人,骑,锦帽,五色绳巾,五色
绳生色云龙袍,涂金束带,五色云靴,佩剑,夹者加弓矢,并行中道。
控鹤外,外仗内。前后检校,仗内知班六人,展角幞头,紫窄衫,涂金
束带,乌靴。丞奉班都知一人,太常博士一人,皆朝服,骑,门检校
官,前后巡察宿直将军八人,服佩同左右点检,夹辂交检校三卫。

　　陪辂队:诞马二匹,珂饰,缨镳,青屉。乘黄令二人,本品服,分
左右。次殿前将军二人,交角幞头,绯罗绣抹额,紫罗绣辟邪裲裆,
红锦衬袍,锦螣蛇,金带,乌靴,横刀,骑。玉辂,太仆卿驭,本品服。
千牛大将军骖乘,交角幞头,红抹额,绣瑞牛裲裆,红锦衬袍,锦螣
蛇,金带,乌靴,横刀。左右卫将军,服如千牛大将军,惟裲裆绣瑞虎
文。陪辂辂马六匹,珂饰,缨镳,青屉,牵套鞶带步卒凡八十有二人,
驭士四人,驾士六十有四人,行马二人,踏道八人,推竿二人,托叉
一人,梯一人,皆平巾,青帻,青绣云龙花袍,涂金束带,青靴。教马
官二人,进辂职长二人,皆本品服。夹辂将军二人,金凤翅兜牟,金
锁甲,绦环,绣汗胯,金束带,绿云花靴。青沥水扇二。次千牛备身
二人,皆分左右,交角幞头,绯罗绣抹额,紫罗绣瑞牛裲裆,红锦衬
袍,金带,乌靴,横刀,佩弓矢。献官二人,殿中监六人,内侍十人,皆

本品朝服,骑,分左右。千牛备身后,骑而执弓矢者十人,尚衣奉御四人,尚食奉御二人,尚药奉御二人,皆骑,本品服。次腰舆,黄纻丝销金云龙蒙复,步卒凡十有三人,舁八人,道扇四人,黄伞一人,皆交角金花幞头,红质孙控鹤袄,金束带,鞯鞋。尚舍奉御二人,骑左,尚辇奉御二人,骑右,皆朝服。从者三十有四人,服同前队。

大神牙门旗队:都点检一人,骑,交角幞头,绯罗绣抹额,紫罗绣瑞麟裲裆,红锦衬袍。次监门大将军二人,分左右,骑,服如都点检,惟裲裆紫绣狮文。门凡三重。亲卫郎将帅甲士,分左右,夹辂而阵,绕出辂后,合执氅者二,为第一门。翊卫郎将帅护尉,夹亲卫而阵,绕出辂后,合为第二门,监门校尉二人,骑。左右卫大将军帅甲士,执五色龙凤旗,夹护尉而阵,绕出辂后,合牙门旗二,为第三门,监门校尉二人主之。服色详见外仗。

云和乐后部:云和署丞二人,本品服,骑,分左右。领前行,戏竹二,排箫二,箫管二,歌工二,凡十人,皆骑,花幞头,紫绅生色花袍,涂金带,乌靴。次琵琶四,筝四,箜篌四,篥四,头管六,方响二,龙笛六,杖鼓十,工四十人,皆骑,服同上,惟绅色红。从者二人,服同前队。

后黄麾队:玄武幢一,绛麾二,徒三人,皆武弁,紫绅生色龟云花袍,紫罗勒帛,紫靴。次黄麾,执者一人,夹者二人,皆骑。豹尾一,执者一人,夹者二人,皆骑,武弁,紫生色宝相花袍,紫勒帛,紫靴。

玄武黑甲掩后队:金吾将军一人,骑,中道,交角幞头,绯罗绣抹额,紫罗绣辟邪裲裆,红锦衬袍,金带,锦螣蛇,乌靴,佩刀。后卫指挥使二人,骑,分左右,服同各卫指挥使,帅甲骑五十有七人,玄武旗一,执者一人,夹者二人。小金龙凤黑旗二,执者二人,皆黑兜弁,金饰,黑甲绦环,汗胯,束带,靴,带弓矢器仗,马黑金色狮子甲,珂饰。稍四十人,弩十人,黑兜弁,黑甲绦环,汗胯,束带,靴,带弓矢器仗,马黑甲,珂饰。执卫司㦸稍二人,锦帽,紫生色辟邪文袍,镀金带,乌靴。从者三人,服同前队。

金鼓队:金鼓旗二,执者二人,引护者八人,皆五色绅巾,生色宝相花五花袍,五色勒帛,靴,佩剑,引护者加弓矢,分左右。次折冲都尉二人,交角幞头,绯罗绣抹额,紫罗绣辟邪裲裆,红锦衬袍,金带,锦螣蛇,骑。帅步士凡百二十人,鼓二十四人,钲二十四人,并黄绅巾,黄绅生色宝相花袍,黄勒帛,黄靴。角二十四人,红绅巾,红绅生色宝相花袍,红勒帛,红靴。车辐棒二十四人,长刀二十四人,并金饰青兜弁,青甲绦环,白绣汗胯,束带,青云靴。

清游队:舍人二人,四品服,骑导。金吾折冲二人,交角幞头,绯罗绣抹额,紫罗绸辟邪裲裆,红锦衬袍,金带,锦螣蛇,横刀,佩弓矢,骑,分左右,帅步士百有十人。白泽旗二,执者二人,引护者八人。次执弩二十人,次执矟二十人,次执弓二十人,次执矟二十人,次弩执弓二十人,皆甲骑冠,金饰,绿画甲绦环,白绣汗胯,束带,绿云靴,佩弓矢器仗,马金饰朱画甲,珂饰,分左右。

㲉飞队:铁甲㲉飞,执矟者十有二人,甲骑冠,铁甲,佩弓矢,器仗,马铁甲,珂饰。次金吾果毅二人,交角幞头,绯绅绣抹额,紫罗绣辟邪裲裆,红锦衬袍,金带,锦螣蛇,横刀,弓矢,骑。次虞候㲉飞,执弩二十人,锦帽,红生色宝相花袍,涂金带,乌靴。

殳仗队:领军将军二人,交角幞头,绯绅绣抹额,紫罗绣白泽裲裆,红锦衬袍,金带,锦螣蛇,乌靴,横刀,骑。帅步士十五人,执殳二十五人,执叉二十五人,错分左右,皆五色绅生色巾,宝相花五色袍,五色勒帛,五色云头靴。领军将军从者二人,锦帽,紫裰衫,小银束带,行膝,鞋袜。

诸卫马前队:舍人二人,四品服,骑导。左右卫郎将二人,交角幞头,绯绅绣抹额,紫罗绣绸瑞马裲裆,红锦衬袍,金带,锦螣蛇,乌靴,横刀,佩弓矢,骑,分左右,帅骑士百五十有六人。前辟邪旗左,应龙旗右,次玉马旗左,三角旗右,次黄龙负图旗左,黄鹿旗右,次飞麟旗左,𫘧𫘦旗右,次鸾旗左,凤旗右,次飞黄旗佐,麒麟旗右。执旗十有二人,生色黄袍,巾,勒帛,靴。引旗十有二人,服同执人,惟袍色青。护旗十有二人,生色红袍,巾,勒帛,靴。执弓六十人,锦帽,青生色宝相花袍,涂金带,乌靴。执矟六十人,服如执弓者,惟袍色红。每旗,弓五,矟五。从者四人,服同前队。

二十八宿前队:舍人二人,四品服,骑导。领军将军二人,紫罗绣白泽裲裆,余如前队。左右卫郎将皆骑,帅步士百十有二人。前井宿旗左,参宿旗右,各五盾从。次鬼宿旗左,觜宿旗右,各五弓从。次柳宿旗左,毕宿旗右,各五盾从。次星宿旗左,昴宿旗右,各五盾从。次张宿旗左,胃宿旗右,各五弓从。次翼宿旗左,娄宿旗右,各五矟从。次轸宿旗左,奎宿旗右,各五盾从。执旗十有四人,生色黄袍,巾,勒帛,靴。引旗十有四人,服如执人,惟袍巾色青。护旗十有四人,服如执人,惟袍巾色红。执刀盾者三十人,弓矢者二十人,矟者二十人,皆五色兜牟,甲,条环,白绣汗胯,束带,五色云靴。舍人、领军将军从者四人,服同前队。

领军黄麾仗前队:舍人二人,四品服,骑导。领军将军二人,服佩如二十八宿旗队领军将军,骑,分左右,帅步士凡一百五十人,绛引幡十,次龙头竿绣氅十,皆分左右。次江渎旗左,济渎旗右。次小戟十,次弓十,皆分左右。次南方神旗左,西方神旗右。次镗十,次绿滕络盾加刀十,皆分左右。次南岳帝旗左,西岳帝旗右。次龙头竿氅十,次朱滕络盾刀十,皆分左右。次南天王旗左,西天王旗右。次小戟十,次弓十,皆分左右。次龙君旗左,虎君旗右。次镗十,次绿滕络盾刀十,皆分左右。凡执人一百三十人,武弁,五色生色宝相花袍,勒帛,靴。引旗十人,青生色宝相花袍巾,勒帛,靴。护旗十人,服同,惟袍巾色红。

殳仗后队:领军将军二人,骑,帅步士凡五十人。殳二十有五,又二十有五,错分左右。服佩同前队。

左右牙门旗队:监门将军二人,骑,紫绣狮子裲裆,余如殳仗队领军将军之服佩。次牙门旗四,每旗执者一人,引夹者二人,并黄绔巾,黄绨生色宝相花袍,黄勒帛,黄云靴,皆骑。次监门校尉二人,骑,服佩同监门将军。从者四人,服同前队。

左右青龙白虎队:舍人二人,四品服,骑导。领军将军二人,服佩同殳仗队之领军将军,骑,分左右,帅甲士凡五十有六人,骑。青龙旗左,执者一人,夹者二人,从以执弩五人,弓十人,稍十人,皆冠青甲骑冠,青铁甲,青绿金环,束带,白绣汗胯,青云靴。白虎旗右,执者一人,夹者二人,从以执弩五人,弓十人,稍十人,皆冠白甲骑,冠白铁甲,青绿金环,束带,白绣汗胯,白云靴。舍人、领军将军从者四人,服同前队。

二十八宿后队:舍人二人,四品服,骑导。领军将军二人,骑,分左右,帅步士百十有二人。角宿旗左,壁宿旗右,从以执弓者五人。次亢宿旗左,室宿旗右,各从以执穦者五人。次氐宿旗左,危宿旗右,各从以执盾者五人。次房宿旗左,虚宿旗右,各从以执弓者五人。次心宿旗左,女宿旗右,各从以执穦者五人。次尾宿旗左,牛宿旗右,各从以执盾者五人。次箕宿旗左,斗宿旗右,各从以执弓者五人。舍人、领军将军从者四人,执夹、引从服佩,皆同前队。

诸卫马后队:舍人二人,四品服,骑导。左右卫果毅都尉二人,骑,分左右。帅卫士百五十有六人。角端旗左,赤熊旗右,次兕旗左,太平旗左,次骓骊旗左,驼牙旗右,交犀牛旗左,骏狊旗右,次苍乌旗左,白狼旗右,次龙马旗左,金牛旗右。舍人、左右卫果毅都尉从者四人,执夹、引从服佩,同前队。

左右领军黄麾后队:舍人二人,四品服,骑导。领军将军二人,骑,皆分左右,帅步士百六十人。龙头氅十,次朱縢络盾加刀十,皆分左右。次吏兵旗左,力士旗右。次小戟十,次弓十,皆分左右。次东天王旗左,北天王旗右。次锽十,次绿縢络盾加刀十,皆分左右。次东岳帝旗左,北岳帝旗右。次龙头竿氅十,次朱縢络盾加刀十,皆分左右。次东方神旗左,北方神旗右。次小戟十,次弓十,皆分左右。淮渎旗左,河渎旗右,次锽十,次绿縢络盾加刀十,皆分左右。次绛引幡十,分左右,掩后。舍人、领军将军从者四人,执夹服佩,并同前队。

左右卫仪刀班剑队:舍人二人,四品服,骑导。左右卫中郎将二人,交角幞头,绯罗绣抹额,紫罗绣瑞马裲裆,红锦衬袍,锦縢蛇,金带,乌靴,骑,分左右,帅步士凡四十人。班剑二十人,仪刀二十人,并锦帽,红生色宝相花袍,涂金束带,乌靴。舍人、左右卫中郎将从者四人,服同前队。

供奉宿卫步士队:供奉中郎将二,交角幞头,绯绝绣抹额,紫罗绣瑞马裲裆,红锦衬袍,锦䖾蛇,金带,乌靴,横刀,佩弓矢,骑,分左右,帅步士凡五十有二人。执短戟十有二人,次执列丝十有二人,次叉戟十有二人,次斧十有六人,分左右,夹玉辂行。皆弓角金凤翅幞头,紫细摺辫线袄,涂金束带,乌靴。

亲卫步士队:亲卫郎将二人,服同供奉中郎将,骑,皆分左右,帅步士凡百四十有八人。执龙头竿氅四人,次小戟十人,次氅二人,次仪镗十人,次氅二人,次小戟十人,次氅二人,次仪镗十人,次氅二人,次小戟十人,次氅二人,次仪镗十人,次氅二人,次小戟十人,次氅二人,次仪镗十人,次氅二人,次小戟十人,皆分左右。夹供奉宿卫队。次氅二人,次仪镗十人,次氅二人,次小戟十人,次氅二人,次仪镗十人,次氅二人,折绕宿卫队后,而合其端为第一门。士皆金兜牟,甲,青勒甲绦,金环,绿云靴。

翊卫护尉队:翊卫郎将二人,服同亲卫郎将,骑。帅护尉骑士百有二人,皆交角金花幞头,窄袖紫衫,红销金汗胯,涂金束带,乌靴。执金装骨朵,分左右,夹亲卫队行,折绕队后,而合其端为第二门。

左右卫甲骑队:左右卫大将军二人,服如翊卫郎将,帅骑士百人。执青龙旗五人左,青凤旗五人右。次青龙旗五人左,赤凤旗五人右。次黄龙旗五人左,黄凤旗五人右。次白龙旗五人左,白凤旗五人右。次黑龙旗五人左,黑凤旗五人右。次五色凤旗二十五居左,五色龙旗二十五居右,曲绕辂后,合牙门旗为第三门。士皆冠甲骑,冠金饰,朱画甲,青勒甲绦,镀金环,白绣汗胯,红靴,佩弓矢器仗,马青金毛狮子甲,珂饰。

左卫青甲队:左卫指挥使二人,骑,服紫罗绣雕虎裲裆,余同左右卫大将军,帅骑士三十有八人。执大青龙旗一人左,大青凤旗一人右,次小青龙旗一人左,小青凤旗一人右,次大青凤旗一人左,大青龙旗一人右,每旗从以持青稍者四人。次小青凤旗一人左,小青龙旗一人右。皆从以持青稍者三人。皆青兜牟,金饰青画甲,青绦,涂金环,汗胯,束带,靴,佩弓矢器仗,马青金毛狮子甲,珂饰。折绕陪门。

前卫赤甲队:前卫指挥使二人,骑,服佩同前卫指挥使,帅骑士凡四十有八人。执大赤凤旗一人左,大赤龙旗一人右,次小赤凤旗一人左,小赤龙旗一人右,次大赤龙旗一人左,大赤凤旗一人右,次小赤龙旗一人左,小赤凤旗一人右,每旗从以持朱稍者四人。次执大赤凤旗一人左,大赤龙旗一人右,皆从以持朱稍者三人。皆朱兜牟,金饰朱画甲,绦环,汗胯,束带,靴,佩弓矢器仗,马朱甲,珂饰。从者二人,服同前队。折绕陪门。

中卫黄甲队:中卫指挥使二人,骑,服同前卫指挥使,帅骑士凡五十有八人。执大黄龙旗一人左,大黄凤旗一人右,次小黄龙旗一人左,小黄凤旗一人右,次大黄凤旗一人左,大黄龙旗一人右,次小黄凤旗一人左,小黄龙旗一人右,次大黄龙旗一人左,大黄凤旗一人右,每旗从以持黄稍者四人。次小黄龙旗一人左,小黄凤旗一人右,皆从以持黄稍者三人。皆黄兜牟,金饰黄甲,绦环,汗胯,束带,靴,佩弓矢器仗,马黄甲,珂饰。从者二人,服同前队。折绕陪门。

右卫白甲队:右卫指挥使二人,骑,服同中卫指挥使,帅骑士凡七十有四人。执大白凤旗一人左,大白龙旗一人右,次小白凤旗一人左,小白龙旗一人右,次大白龙旗一人左,大白凤旗一人右,次小白龙旗一人左,小白凤旗一人右,次大白凤旗一人左,大白龙旗一人右,每旗从以持白稍者四人。次小白凤旗一人左,小白龙旗一人右,次大白龙旗一人左,大白凤旗一人右,皆从以持白稍者五人。皆白兜牟,金饰白甲,绦环,汗胯,束带,靴,佩弓矢器仗,马白甲,珂饰。从者二人,服同前队。折绕陪门。

牙门四:监门中郎将二人,服佩同各卫指挥使,骑,分左右。次左卫,次前卫。次中卫,次右卫。牙门旗各二,色并赤。监门校尉各二人,骑,服佩同各卫之执旗者。从者十人,服同队。

殿上执事

挈壶郎二人，常直漏刻。冠学士帽，服紫罗窄袖衫，涂金束带，乌靴。漏刻直御榻南。

司香二人，掌侍香，以主服御者国语曰速古儿赤摄之。冠服同挈壶。香案二，在漏刻东西稍南。司香侍案侧，东西相向立。

酒人，凡六十人：主酒国语曰答剌赤。二十人，主湩国语曰哈剌赤。二十人，主膳国语曰博儿赤。二十人。冠唐帽，服同司香。酒海直漏南，酒人北面立酒海南。

护尉四十人，以质子在宿卫者摄之。质子，国语曰睹鲁花。冠交角幞头，紫梅花罗窄袖衫，涂金束带，白锦汗胯，带弓矢，佩刀，执骨朵，分立东西宇下。

警跸三人，以控鹤卫士为之。冠交角幞头，服紫罗窄袖衫，涂金束带，乌靴，捧立于露阶。每乘出入，则鸣其鞭以警众。

殿下执事

司香二人，亦以主服御者摄之。冠服同殿上司香。香案直露阶南，司香东西相向立。

护尉，凡四十人，以户郎国语曰玉典赤。二十人、质子二十人摄之。服同宇下护尉，夹立阶戺。

右阶之下，伍长凡六人，都点检一人，右点检一人，左点检一人。凡宿卫之人及诸门者、户者皆属焉。如怯薛歹、八剌哈赤、玉典赤之类是也。殿内将军一人，凡殿内佩弓矢者、佩刀者、诸司御者皆属焉。如火儿赤、温都赤之类是也。殿外将军一人，宇下护尉属焉。宿直将军一人，黄麾立仗及殿下护尉属焉。右无常官，凡朝会，则以近侍重臣摄之。服白帽，白衲袄，行縢，履袜，或服其品之公服，恭事则侍立。舍人授以骨朵而易笏，都点检以玉，右点检以玛瑙，左点检以水精，殿内将军以玛瑙，殿外将军以水精，宿直将军以金。

左阶之下，伍长凡三人，殿内将军一人，殿外将军一人，宿直将军一人,冠服同右,恭事则侍立。舍人授以骨朵而易笏,殿内将军以玛瑙,殿外将军以水精,宿直将军以金。

司辰郎二人,一人立左楼上,服视六品,候时,北面而鸡唱;一人立楼下,服视八品,候时,捧牙牌趋丹墀跪报。露阶之下,左黄麾仗内,设表案一,礼物案一,舆士凡八人,每案四人。前二人冠缕金额交角幞头,绯锦宝相花窄袖袄,涂金束带,行縢,鞋袜。后二人冠服同前,惟袄色青。

围人十人,国语曰阿塔赤。冠唐巾,紫罗窄袖衫,青锦缘白锦汗胯,铜束带,乌靴,驭立仗马十,覆以青锦缘绯锦鞍复,分左右,立黄麾仗南。

侍仪使二人,引进使一人,通班舍人一人,尚引舍人一人,阅仗舍人一人,奉引舍人一人,先舆舍人一人。纠仪官凡四人,尚书一人,侍郎一人,监察御史二人。知班三人,视班内失仪者,白纠仪官而行罚焉。皆东向,立右仗之东,以北为上。

侍仪使二人,引进使一人,承奉班都知一人,宣表目舍人一人,宣表修撰一人,宣礼物舍人一人,奉表舍人一人,奉币舍人一人,尚引舍人一人,阅仗舍人一人,奉引舍人一人,先舆舍人一人。押礼物官凡二人:工部侍郎一人,礼部侍郎一人。纠仪官凡四人:尚书一人,侍郎一人,监察御史二人。知班三人,视班内如左右辇路。宣辇舍人一人,通赞舍人一人,户郎二人,承传赞席前,皆西向,立左仗之西,以北为上。凡侍仪使、引进使、尚书、侍郎、御史,各服其本品之服。承奉班都知、舍人,借四品服。知班,冠展角幞头,服紫罗窄袖衫,涂金束带,乌靴。

护尉三十人,以质子在宿卫者摄之,立大明门阃外,冠服同宇下护尉。

承传二人,控鹤卫士为之,立大明门楹间,以承传于外仗。冠服同警跸,执金柄小骨朵。

殿下黄麾仗黄麾仗凡四百四十有八人,分布于丹墀左右,各五行。

　　右前列,执大盖二人,执华盖二人,执紫方盖二人,执红方盖二人,执曲盖二人,冠展角幞头,服绯绝生色宝相花袍,勒帛,乌靴。

　　次二列,执朱团扇八人,执大雉扇八人,执中雉扇八人,执小雉扇八人,执朱团扇八人,冠武弁,服同前执盖者。

　　次三列,执黄麾幡十人,武弁,青绝生色宝相花袍,青勒帛,乌靴。执绛引幡十人,武弁,绯绝生色宝相花袍,绯勒帛,乌靴。执信幡十人,冠服同上,其色黄。执传教幡十人,冠服同上,其色白。执告止幡十人,冠服同上,其色紫。

　　次四列以下,执葆盖四十人,武弁,服绯绝生色宝相花袍,青勒帛,乌靴。执镗斧四十人,冠服同上,其色黄。执小戟蛟龙掌四十人,冠服同上,其色青。左列亦如之。皆以北为上。押仗四人,行视仗内而检校之。冠服同警跸者。

　　殿下旗仗 旗仗执护引屏,凡二百二十有八人,分左右以列。

　　左前列,建天下太平旗第一,牙门旗第二,每旗执者一人,护者四人,皆五色绯巾,五色绝生色宝相花袍,勒帛,云头靴,执人佩剑,护人加弓矢。后屏五人,执稍,朱兜鍪,朱甲,云头靴。

　　左二列,日旗第三,龙君旗第四,每旗执者一人,护者四人,后屏五人,巾服执佩同前列。

　　右前列,建皇帝万岁旗第一,牙门旗第二,每旗执者一人,护者四人,后屏五人,巾服执佩同左前列。

　　右二列,月旗第三,虎君旗第四,每旗执者一人,护者四人,后屏五人,巾服执佩同前列。

　　左次三列。青龙旗第五,执者一人,黄绝巾,黄绝生色宝相花袍,勒帛,花靴,佩剑;护者二人,朱白二色绝巾,二色绝生色宝相花袍,勒帛,花靴,佩剑,加弓矢。天王旗第六,执者一人,巾服同上;护者二人,青白二色绝巾,二色生色宝相花袍,勒帛,花靴,佩剑,加弓矢;后屏五人,执稍,朱兜鍪,朱甲,云头靴。风伯旗第七,执者一人,护者二人,后屏五人,巾服佩执同天王旗。雨师旗第八,执者一人,护者二人，后屏五人，巾服佩执同青龙旗。雷公旗第九，执者一人，巾服佩同上；护者二人，青紫二色绅巾，二色绅生色宝相花袍，勒帛，花靴，佩剑，加弓矢；后屏五人，执稍，白兜鍪，白甲，云头靴。电母旗第十，执者一人，护者二人，后屏五人，巾服执佩同风伯旗。吏兵旗第十一，执者一人，护者二人，巾服佩同雷公旗；后屏五人，执稍，黄兜鍪，黄甲。右次三列，白虎旗第五，执者一人，黄绅巾，黄绅生色宝相花袍，勒帛，花靴，佩剑；护者二人，青朱二色绅巾，二色绅生色宝相花袍，勒帛，花靴，佩剑，加弓矢；后屏五人，执绅，朱兜鍪，朱甲，云头靴。江渎旗第七，执者一人，护者一人，后屏五人，巾服执佩同天王旗。河渎旗第八，执者一人，巾服佩同上；护者二人，青紫二色绅巾，二色绅生色宝相花袍，勒帛，花靴，佩剑，加弓矢；后屏五人，执稍，黄兜鍪，黄甲，云头靴。淮渎旗第九，执者一人，巾服佩同上；护者二人，青朱二色绅巾，二色绅生色宝相花袍，勒帛，花靴，佩剑，加弓矢；后屏五人，巾服执佩同白虎旗。济渎旗第十，执者一人，巾服佩同上；护者二人，朱白二色绅巾，二色绅生色宝相花袍，勒帛，花靴，佩剑，加弓矢；后屏五人，执稍，青兜鍪，青甲，云头靴。力士旗第十一，执者一人，护者二人，后屏五人，巾服佩拟同河渎旗。二十二旗内，拱卫直指挥使二人，分左右立，服本品朝服，执玉斧。次卧瓜一列，次立瓜一列，次列丝一列，冠缕金额交角幞头，绯锦宝相花窄袖袄，涂金荔枝束带，行縢，履袜。次镫仗一列，次吾仗一列，次班剑一列，并分左右立，冠缕金额交角幞头，青锦宝相花窄袖袄，涂金荔枝束带，行縢，履袜。

左次四列，朱雀旗第十二，执者一人，黄绅巾，黄绅生色宝相花袍，勒帛，花靴，佩剑；护者二人，青白二色绅巾，二色绅生色宝相花袍，勒帛，花靴，佩剑，加弓矢；后屏五人，执稍，朱兜鍪，朱甲，云头靴。木星旗第十三，执者一人，巾服佩同上；护者二人，青朱二色绅巾，二色绅生色宝相花袍，勒帛，花靴，佩剑，加弓矢；后屏五人，执稍，青兜鍪，青甲，云头靴。荧惑旗第十四，执者一人，巾服佩同上；护者二人，青紫二色绅巾，二色绅生色宝相花袍，勒帛，花靴，佩剑，加弓矢;后屏五人,巾服执同。土星旗第十五,执者一人,护者二人,巾服佩同荧惑旗;后屏五人,执稍,黄兜鍪,黄甲,云头靴。太白旗第十六,执者一人,护者二人,巾服佩同木星旗;后屏五人,执稍,白兜鍪,白甲,云头靴。水星旗第十七,执者一人,护者二人,巾服佩同太白旗;后屏五人,执稍,紫兜鍪,紫甲,云头靴。鸾旗第十八,执者一人,巾服佩同上;护者二人,朱白二色缬巾,二色缬生色宝相花袍,勒帛,花靴,佩剑,加弓矢;后屏五人,巾服执同木星旗。

右次四列,玄武旗第十二,执者一人,黄缬巾,黄缬生色宝相花袍,勒帛,花靴,佩剑;护者二人,朱白二色缬巾,二色缬生色宝相花袍,勒帛,花靴,佩剑,加弓矢;后屏五人,紫兜鍪,紫甲,云头靴,执稍。东岳旗第十三,执者一人,护者二人,巾服佩同玄武旗;后屏五人,执稍,青兜鍪,青甲,云头靴。

南岳旗第十四,执者一人,巾服佩同上,护者二人,青甲二色缬巾,二色缬生色宝相花袍,勒帛,花靴,佩剑,加弓矢;后屏五人,执槊,朱兜鍪,朱甲。中岳旗第十五,执者一人,巾服佩同上;护者二人,紫青二色缬巾,二色缬生色宝相花袍,勒帛,花靴,佩剑,加弓矢;后屏五人,执稍,黄兜鍪,黄甲,云头靴。西岳旗第十六,执者一人,巾服佩同上,护者二人,朱青二色缬巾,二色缬生色宝相花袍,勒帛,花靴,佩剑,加弓矢;后屏五人,执稍,白兜鍪,白甲。北岳旗第十七,执者一人,护者二人,巾服佩同南岳旗;后屏五人,巾服执同玄武旗。麟旗第十八,执者一人,护者二人,后屏五人,巾服执佩同西岳旗。

左次五列,角宿旗第十九,亢宿旗第二十,氐宿旗第二十一,房宿旗第二十二,心宿旗第二十三,尾宿旗第二十四,箕宿旗第二十五。每旗,执者一人,黄缬巾,黄缬生色宝相花袍,勒帛,花靴,佩剑;护者二人,青朱二色缬巾,二色缬生色宝相花袍,勒帛,花靴,佩剑,加弓矢;后屏五人,青兜鍪,青甲,执稍。

右次五列,奎宿旗第十九,娄宿旗第二十,胃宿旗第二十一,昴宿旗第二十二,毕宿旗第二十三,觜宿旗第二十四,参宿旗第二十五。每旗，执者一人，黄绅巾，黄绅生色宝相花袍，勒帛，花靴，佩剑；护者一人，青朱二色绅巾，二色绅生色宝相花袍，勒帛，花靴，佩剑，加弓矢；后屏五人，执稍，白兜鍪，白甲。

左次六列，斗宿旗第二十六，牛宿旗第二十七，女宿旗第二十八，虚宿旗第二十九，危宿旗第三十，室宿旗第三十一，壁宿旗第三十二。每旗，执者一人，黄绅巾，黄绅生色宝相花袍，勒帛，花靴，佩剑；护者二人，朱白二色绅巾，二色绅生色宝相花袍，勒帛，花靴，佩剑，加弓矢；后屏五人，执稍，紫兜鍪，紫甲。

右次六列，井宿旗第二十六，鬼宿旗第二十七，柳宿旗第二十八，星宿旗第二十九，张宿旗第三十，翼宿旗第三十一，轸宿旗第三十二。每旗，执者一人，黄绅巾，黄绅生色宝相花袍，勒帛，花靴，佩剑；护者二人，朱白二色绅巾，二色绅生色宝相花袍，勒帛，花靴，佩剑，加弓矢；后屏五人，执稍，朱兜鍪，朱甲。

宫内导从

警跸三人，以控鹤卫士为之，并列而前行，掌鸣其鞭以警众。服见前。

天武二人，执金钺，分左右行，金兜鍪，金甲，蹙金素汗胯，金束带，绿云靴。

舍人二人。服视四品。主服御者凡三十人，速古儿赤也。执骨朵二人，执幢二人，执节二人，皆分左右行。携金盆一人，由左；负金椅一人，由右。携金水瓶、鹿卢一人，由左；执巾一人，由右。捧金香球二人，捧金香合二人，皆分左右行。捧金唾壶一人，由左；捧金唾盂一人，由右。执金拂四人，执升龙扇十人，皆分左右行。冠交角幞头，服紫罗窄袖衫，涂金束带，乌靴。

劈正斧官一人，由中道，近侍重臣摄之。侍仪使四人，分左右行。

佩弓矢十人，国语曰火儿赤。分左右，由外道行，服如主服御者。

佩宝刀十人，国语曰温都赤。分左右行，冠凤翅唐巾，服紫罗辫线袄,金束带,乌靴。

中宫导从

舍人二人,引进使二人,中政院判二人,同金中政院事二人,金中政院事二人,中政院副使二人,同知中政院事二人,中政院使二人,皆分左右行,各服其本品公服。内侍二人,分左右行,服视四品。

押直二人,冠交角幞头,紫罗窄袖衫,涂金束带,乌靴。小内侍凡九人,执骨朵二人,执葆盖四人,皆分左右行;执伞一人,由中道行;携金盆一人由左,负金椅二人由右。服紫罗团花窄袖衫,冠、带、靴如押直。

中政使一人,由中道,捧外办象牌,服本品朝服。

宫人,凡二十人,携水瓶、金鹿卢一人,由右;执销金净巾一人,由左。捧金香球二人,捧金香合二人,分左右。捧金唾壶一人,由左;捧金唾盂一人,由右。执金拂四人,执雉扇十人,各分左右行。冠凤翅缕金帽,销金绯罗袄,销金绯罗结子,销金绯罗系腰,紫罗衫,五色嵌金黄云扇,瓘玉束带。

进发册宝五星旗,摄提旗,北斗旗,二十八宿旗,日月旗,祥云旗,合璧旗,连珠旗,五岳旗,四渎旗。

清道官二人,警跸二人,并分左右,皆摄官,服本品朝服。

云和乐一部,署令二人,分左右。次前行戏竹二,次排箫四,次箫管四,次板二,次歌四,并分左右。前行内琵琶二十,次筝十六,次箜篌十六,次纂十六,次方响八,次头管二十八,次龙笛二十八,为三十三重。重四人。次杖鼓三十,为八重。次板八,为四重。板内大鼓二,工二人,舁八人。本工服并与卤簿同。法物库使二人,服本品服。次朱团扇八,为二重。次小雉扇八,次中雉扇八,次大雉扇八,分左右,为十二重。次朱团扇八,为二重。次大伞二,次华盖二,次紫方伞二,次红方伞二,次曲盖二,并分左右。执伞扇所服。并同立仗。

围子头一人,中道。次围子八人,分左右。服与卤簿内同。

安和乐一部,署令二人,服本品服。札鼓六,为二重,前四,后二。次和鼓一,中道。次板二,分左右。次龙笛四,次头管四,并为二重。次羌管二,次笙二,并分左右。次云璈一,中道。次篥二,分左右,乐工服与卤簿内同。

伞一,中道,椅左,踏右,执人皂巾,大团花绯锦袄,金涂铜束带,行縢,鞋袜。

拱卫使一人,服本品服。

舍人二人,次引宝官二人,并分左右,服四品服。

香案,中道,舆士控鹤八人,服同立仗内表案舆士。侍香二人,分左右,服四品服。

宝案,中道,舆士控鹤十有六人,服同香案舆士。方舆官三十人,夹香案宝案,分左右而趋,至殿门,则控鹤退,方舆官舁案以升。唐巾,紫罗窄袖衫,金涂铜束带,乌靴。

引册二人,四品服。

香案,中道,舆士控鹤八人,服同宝案舆士。侍香二人,分左右,服四品服。册案,中道,舆上控鹤十有六人,服同宝案舆士。方舆官三十人,夹香案册案,分左右而趋,至殿门,则控鹤退,方舆官舁案以升。巾服与宝案方舆官同。

葆盖四十人,次阅仗舍人二人,服四品服。次小戟四十人,次仪锽四十人,夹云和乐伞扇,分左右行,服同立仗。

拱卫使二人,服本品朝服。交班剑十,次吾仗十二,次斧十二,次镫仗二十,次列丝十,皆分左右。次水瓶左,金盆右。次列丝十,次立瓜十。次金杌左,鞭桶右;蒙鞍左,伞手右。次立瓜十,次卧瓜三十。并夹葆盖、小戟、仪锽,分左右行。服并同卤簿内。

拱卫外舍人二人,服四品服,引导册诸官。次从九品以上,次从七品以上,次从五品以上,并本品朝服。

金吾折冲二人,牙门旗二,每旗引执五人。次青稍四十人,赤稍四十人,黄稍四十人,白稍四十人,紫稍四十人,并兜鍪甲靴,各随稍之色,行道册官外。

册案后,舍人二人,服四品服。次太尉右,司徒左。次礼仪使二人,分左右。次举册官四人右,举宝官四人左;次读册官二人右。读宝官二人左。次阁门使四人,分左右。并本品服。

知班六人,分左右,服同立仗,往来视诸官之失仪者而行罚焉。

册宝摄官

上尊号册宝,凡摄官二百十有六人:奉册官四人,奉宝官四人,捧册官二人,捧宝官二人,读册官二人,读宝官三人,引册官五人,引宝官五人,典瑞官三人,纠仪官四人,殿中侍御史二人,监察御史四人,阁门使三人,清道官四人,点试仪卫五人,司香四人,备顾问七人,代礼三十人,拱卫使二人,押仗二人,方舆一百六十人。

上皇太后册宝,凡摄官百五十人,摄太尉一人,摄司徒一人,礼仪使四人,奉册官二人,奉宝官二人,引册官二人,引宝官二人,举册官二人,举宝官二人,读册官二人,读宝官二人,捧册官二人,捧宝官二人,奏中严一人,主当内侍十人,阁门使六人,充内臣十三人,纠仪官四人,代礼官四十二人,掌谒四人,司香十二人,折冲都尉二人,拱卫使二人,清道官四人,警跸官四人,方舆官百二十人。

太皇太后册宝,摄官同前。

授皇后册宝,凡摄官百八十人:摄太尉一人,摄司徒一人,主节官二人,礼仪使四人,奉册官一人,奉宝官二人,引册官二人,引宝官二人,举册官二人,举宝官二人,读册官二人,读宝官二人,内臣职掌十人,宣徽使二人,阁门使二人,代礼官三十七人,侍香二人,清道官四人,折冲都尉二人,警跸官四人,中宫内官九人,纠仪官四人,接册内臣二人,接宝内臣二人,方舆官七十四人。

授皇太子册,凡摄官四十有九人:摄太尉一人,奉册官二人,持节官一人,捧册官二人,读册官二人,引册官二人,摄礼仪使二人,主当内侍六人,副持节官五人,侍从官十一人,代礼官十六人。

新元史卷九八
志第六五

兵　一

宿卫之制　　盆军之制　　军户

蒙古起朔方，兵制简易。部众自十五岁以上，七十岁以下，尽金为兵。非其部族者，谓之探马赤军。及取中原，盆民兵谓之汉军。得宋降兵，谓之新附军。

世祖至元七年，始定军籍及补替交换之法。南北混一之后，以蒙古、探马赤军屯于中原之地。江淮以南，则以汉军、新附军戍焉。又命亲王将重兵镇抚西北边及和林。内建五卫以象五方，置都指挥使领之。凡诸卫、诸万户，皆兴屯垦以赡军食，大抵仿唐人府卫之制而变通之。其规画可谓宏远者矣。

然不及百年，兵力衰耗，而天下亡于盗贼。何也？其失在军官世袭，使纨绔之童駿，握兵符、任折冲，故将骄、卒惰，不可复用也。

今汇其兵制之可考者，著于篇。而站赤、弓手、鹰房、铺递之类，前志所有者亦附而存之。

夫因武备之堕弛，以召夷狄、盗贼之祸，自唐、宋以来往往如此。若元人之事，尤为后世之殷鉴者哉。

太祖始选千百户及白身之子弟八十人为宿卫，七十人为护卫散班。及即位，增为一万人，宿卫一千，带弓箭人一千，护卫散班八

千。以功臣也孙贴额等领之，分番入直，每三日而一更易，谓之怯薛
歹，译言番直卫宿之众。

其后以博尔忽、博尔术、木华黎、赤老温为佐命元功，俾世为怯
薛之长。凡申、酉、戌日，博尔忽领之。博尔忽早卒，代以别速部，太
祖自领之，为也可怯薛。也可者，译言第一也。亥、子、丑日，博尔术
领之，为第二怯薛。寅、卯、辰日，木华黎领之，为第三怯薛。巳、午、
未日，赤老温领之，为第四怯薛。赤老温卒，常以右丞相领之。

凡怯薛长之子孙，或为帝所亲信，或以宰相荐，或以次即袭职，
虽官卑勿论。而四怯薛之长，或又命大臣总之，然不常设。

其执事之名：侍左右带刀及弓箭者，曰云都赤、阔端赤。管鹰
者，曰火儿赤、昔宝赤、怯怜赤。书写圣旨者，曰札里赤。主文史者，
曰必阇赤。主饮食者，曰博尔赤。司阍者，曰八剌赤。掌酒者，曰答
剌赤。管车马者，曰兀剌赤、莫伦赤。尚衣服者，曰速儿赤。牧驼者，
曰帖麦赤。牧羊者，曰火你赤。捕盗者，曰忽剌罕赤。奏乐者，曰虎
儿赤。分番入直，皆统于四怯薛之长。而云都赤，尤为侍御之亲近
者，或二人、四人，多则八人，虽宰相奏事，无云都赤侍侧，则不敢
进。故中书省移咨诸行省，必曰某日云都赤某值日焉。

太宗即位，申明宿卫之制，自后皆遵为故事。凡太祖以下所御
斡耳朵，皆设宿卫，给事左右，如平时。天历二年，汰其冗滥，武宗、
仁宗位下，各定为八百人，英宗位下卫，增七百人。中书省臣言，旧
给事人有失职者，诏百人。旧史本纪：是年，枢密院奏：奉旨裁省卫士，今
定大内四宿卫之士，每宿卫不过四百人，累朝宿卫之士不过二百人，四怯薛当
留者各百人。彼此抵牾，未知谁是。至正七年，中书省臣言："兵费不给，
各位怯薛冗食甚，乞加简汰。"帝牵于众请，诏三年后减之。

至侍卫亲军之属，中统二年，谕武卫亲军都指挥使李伯祐，汰
本军老弱，以精锐代之，以宋降将王青为总管，教武卫军习射。三
年，以侍卫亲军都指指使董文炳兼山东东路经略使，共领武卫军
事。又命山东行省撒吉思，每千户内选二人充侍卫军。至元二年，
增侍卫亲军一万人，内女直人三千，高丽人三千，阿海三千，益都路

一千,每千人置千户以领之。三年,改武卫为侍卫亲军,分左右翼。是年五月,帝谓枢臣曰:"侍卫亲军非朕命,不得充他役。其修琼华岛士卒,即日放还。"四年,谕东京等路宣抚使,命于所管户内,以十等为率,从上第三等选侍卫亲军千八百人。若第三等不敷,于二等户内金补,并其家属赴中都应役。八年,改立左、右、中三卫,掌宿卫扈从,兼屯田。十六年,又置前、后二卫,始备五卫,以象五方。是年,选扬州新附军二万人,充侍卫亲军。十八年,阿沙阿剌言:"今春,奉命总领河西军三千人,带虎符金牌者甚众。征伐之重,无官置何以驭之。"枢密院以闻。乃立唐兀卫亲军都指挥使司。二十三年,依唐兀卫例,立钦察卫,后至治二年分为左、右两卫。二十四年,立贵赤卫。二十六年,枢密院官暗伯奏:"以六卫六千人,塔剌海宇可所掌大都屯田三千人,江南镇守军一千人,总一万人,立武卫亲军都指挥使司,掌修治城隍及中都工役之事。"二十九年,枢密院臣言:"六卫内领汉军万户见存者六千户,拟分为三等。力足以备车马者二千五百户,每甲令备马十五匹、牛车二辆。力足以备车者五百户,每甲令备牛车三辆。其三等户,惟习战斗,不任他役。庶各勤其事,兵亦精锐。"从之。

元贞元年,立西域亲军都指挥使司,又改立虎贲亲军都指挥使司。先是,至元十六年立虎贲军,十七年置都指挥使,至是始立都指挥,置司。二年,诏蒙古侍卫所管探马赤军人子弟,投诸王位下者,悉遵世祖成宪,发还原役充军。二年,禁军将擅易侍卫军,蒙古军以家奴代役者罪之,令其奴别入军籍,以其主资产之半畀之。军将故纵者,罢其职。

大德九年,改蒙古侍卫指挥使司为左右翊蒙古侍卫亲军都指挥使司。

至大二年,立左、右阿速卫亲军都指挥使司。初,至元九年立阿速拔都达鲁花赤,二十三年为阿速军攻镇巢残伤者众,诏以镇巢七百户属之,总为一万户,隶前后二卫。至是始改立焉。又有威武阿速军亲军都指挥使司,建置年分阙。三年,定康礼军籍,立康礼卫亲军都指挥使司。诸王阿只吉火郎撒所部探马赤军属康礼氏者,亦遣使乘传置籍云。

皇庆元年,改隆镇上万户府为隆镇卫亲军都指挥使司。初,睿宗尝于居庸关立南北口屯军,至元二十五年以南北口上千户所领之,至大四年始改隆镇上万户府。至是,又改隆镇卫。后又以哈儿鲁千户所隶之。

延祐元年,隆禧院奏:"世祖影殿有卫士守之,今武宗御容安在大崇恩寺,请依例调军守卫。"从之。

至治元年,增太庙卫士八百人,命金院哈散等领之。十二年,右丞相拜住言:"先脱别帖木儿叛时没入亦乞列思人一百户,与今所收蒙古子女三千户,清州彻匠二千户,合为行军五千,请立宗仁卫以统之。"于是命拜住总卫事,给虎符牌面如右率卫府。

天历元年,立龙翊卫亲军都指挥使司,以左钦察卫唐吉失等九千户隶之。

至顺二年,改宣忠扈卫扈军都万户府为宣忠斡罗思扈卫亲军都指挥使司。未几,散遣扈卫亲军六百人归原籍。是年,改东路蒙古军万户府为东路蒙古侍卫亲军都指挥使司。

至正二年,立宣镇侍卫府,命伯颜领宣镇侍卫军。

至皇太后之宿卫:曰左、右都威卫。至元十六年世祖以新收侍卫亲军一万户,属东宫,立侍卫亲军都指挥使司。三十一年复属皇太后,改隆福宫左都威卫使司。皇庆元年,以王平章所领一千人,立屯田。至元二十一年,枢密院奏以五投下探马赤军属之东宫。二十二年,改蒙古侍卫亲军指挥使司。三十一年,改隆福宫右都威卫使司。所谓五投下者,木华黎部将按察儿、孛罗、笑乃觸、不里海拔都儿所领之探马赤也。

曰中都威卫。大德十一年,立大同等处侍卫亲军都指挥使司。至大四年,皇太后修五台寺,遂移属徽政院,增以京兆兵三千人。延祐元年,改为中都威卫使司。七年,以属徽政院不便,命枢密院总之,改为忠翊侍卫亲军都指挥使司。

曰卫候直都指挥使司。至元元年，裕宗招集控鹤一百三十五人。三十一年，徽政院增为六十五人，立卫候司领之。元贞元年，皇太后复以晋王校尉一百人隶焉。大德十年，增以怀孟从行控鹤二百人，改卫候直都指挥使司。至大元年，复增至六百人。至治二年，罢。四年，隶于皇后位下。后复置焉。

皇太子之宿卫，曰左右卫率府。至大元年，诏以中卫兵万人，立卫率府。时仁宗为皇太子，曰："世祖立五卫，象五方也。其制犹中书之六部，不可易。"遂令江南行省、万户府选锐卒一万人，为东宫卫士，立卫率府以统之。延祐元年，改忠翊府，复改为御临亲军都指挥使司，又改为羽林亲军。英宗为皇太子，改为左卫率府。延祐五年，以詹事秃满迭儿所管速怯那儿万户府及辽东女直两万户府、旧志有女直侍卫亲军万户府、高丽女直汉军万户府，即辽东女直两万户府。右翼屯田万户府兵，合为右翼率府。

凡大朝会，则列宿卫之兵为围宿军。至元二十六年，命大都侍卫军内起一万人赴上都，以备卫宿。至大四年，皇太子令，以大朝会，调蒙古、汉军三万人备卫宿，乃遣使发山东、河北、河南、江北诸路军至京师，复命都府左右翼、右都威卫整器仗车骑。皇庆元年六月，命卫率府军士备围宿，守隆福宫内外禁门。复增置百户一员，调钦察、贵赤、西域、唐兀、阿速等卫军九十人，守诸掖门。又命千户一员、百户一员，备巡逻。延祐三年，以诸侯王来朝，命卫宿军六千人增至一万人。未几，又增色目军一万人。枢密院臣言："围宿军不及数，其已发各卫地远不能如期至，可选刘草苇及青塔寺工役军，先备守卫。其各卫还家者，亦发二万五千人，令备车马器械，俱会京师。"从之。六年，知枢密院事塔失帖木儿言："诸汉人不得点围宿军，图籍系军数者，虽御史亦不得预知，此国制也。比者，领围宿官言：中书命司计李处恭巡视守仓库军，有旷役者，则罪之。而李司计擅取军数，笞士卒，在法为过。臣等议，宜令中书与枢密遣人案之，验实以闻。"从之。是年，命知枢密院事众嘉领围宿，发五卫军代羽林卫军。至治元年，帝幸石佛寺，以垣墙疏坏，命枢密副使术温台等领卫宿军,以备巡逻。天历二年,枢密院臣言:"去岁奉旨调军把守围宿。时各翼军人皆随处出征,亦有溃散者。故不及依次调遣,止于右翼侍卫及右都威卫内,发一千一百二十六名以备围宿。今岁车马行幸,臣议于河南、山东两都督府内选兵一千人,以备扈从。"从之。盖调镇戍之兵充围宿,非旧法也。

大祭祀,则为仪仗军。至元十二年,上尊号告祭天地、宗庙,调左右中三卫五千人为跸街清路军。至大二年,上尊号,枢密院调卫军一千备仪仗。三年,上皇太后尊号,行册宝礼,用内外仪仗军及五色甲马军二百人。四年,合祭天地、太庙、社稷,跸街清道及守内外坛壝门,用卫军一百八十人。是年,奉迎武宗玉册祔庙及祭享太庙,俱用跸街清路军一百五十人。皇庆元年,天寿节行礼,用内外仪仗军一千人。至治元年,命有司选控鹤卫士及色目、汉军以备仪仗。是年定卤簿队仗,用三千二百三十人,仍用仪仗军一千九百五十人以备仪仗。天历元年,亲祭太庙内外,用仪仗军并五色甲马军一千六百五十名。二年,正旦行礼,用仪仗军一千人享太庙,用跸路清街军一百人,看守粑盆军一百人。天寿节行礼,用仪仗军一千人。皇后册宝,用仪仗军一千二百人。

车驾巡幸,则为扈从军。至元十七年,发忙古𩣡、抄儿赤所领河西军及阿鲁黑麾下二百人,入备扈从。至大二年,皇太后将幸五台山,中书省臣议:"昔大太后尝幸五台,于住夏探马赤及汉军内各起扈从军三百人,今请如故事。"从之。是年,枢密院臣言:"来岁车驾巡幸,请调六卫军骑卒六千人备车马器仗,与步卒二千人扈从。"允之。

车驾巡幸,警夜以备非常,则为巡逻军。皇庆元年,丞相铁木迭儿奏:"每岁幸上京,于各宿卫中留卫兵三百七十人,以备巡逻。今岁多盗贼,宜增留一百人。"从之,仍令枢密院中书省分领焉。延祐七年,诏留守司及虎贲司官,每夜率众巡逻。

守护仓库,则为看守军。镇守海口侍卫亲军屯储都指挥使司,建置年分阙。至元二十五年,以卫军二十人,分守大都城外丰润、丰实、广贮、通济四仓,又调卫军五人看守枢密院粮仓。大德四年,调军五百人,看守新开河闸。延祐三年,岭北行省乞军守卫仓库,命于丑汉所属万户摘探马赤军三百人与之。

岁漕以卫军弹压,则为镇遏军。延祐元年,枢密院臣奏:“江浙运粮八十三万余石,前来直沽,请差军人镇遏。”诏依年例,调军一千人,命右卫副都指挥使伯颜领之。三年,海运至直沽,枢密院臣奏:“今岁军数不敷,乞调卫军五百人巡遏。”从之。七年,调海运镇遏军一千人,如旧例。

太宗元年,诏诸王并众官人投下金军事理,有妄分彼此者,罪之。每一牌子金军一名,限年二十以上、三十以下者充之,仍立千户、百户、牌子头。其隐匿不实及知情不首,并隐藏逃役军人,皆处死。

七年,金宣德、西京、平阳、太原、陕西五路人匠充军,命各处管匠头目,除织匠及和林建宫殿人匠外,应有回回、河西、汉儿匠人并札鲁花赤及札也种田人等,通验丁数,每二十名金军一名。

八年,诏燕京路保州等处,每二十名金军一名,命答不叶儿领之。真定、河间、邢州、大名、太原等路,除先金军人外,于断事官忽都虎新籍民户三十七万二千九百七十二名数内,每二十丁金军一名,亦命答不叶儿领之。蒙古旧制:家有男子十五以上、七十以下,无众寡皆为兵。至是始有金军之制焉。

十三年,谕总管万户刘黑马:“据斜烈奏,忽都虎等元籍诸路民户一百万四千六百五十六户,除逃亡外,有七十二万三千九百一十户,总金军一十万五千四百七十一名,点数过九万七千五百十五人余。今年蝗旱,民力艰难,往往在逃。今后止验在民户金军,仍命逃户复业者免三年军役。”

定宗二年,诏:“蒙古户,每百户以一名充拔都儿。”

宪宗六年,皇弟忽必烈奏请续金内地汉军,从之。

世祖中统元年,罢解州盐司一百人。初,盐司原籍一千户,一十户佥军一名。阿蓝答儿倍其役。帝以重困民,立罢之。

三年,诏:"真定、彰德、邢州、洺磁、东平、大名、平阳、太原、卫辉、怀孟等路,有旧属按札儿、勃罗、笑乃觲、阔阔不花、不里海拔都儿所管探马赤军,乙卯岁为民户,亦有佥充军者。若壬寅、甲寅两次佥定,已入籍册者,令从各万户出征;其漏者及入蒙古、汉人民户内者,悉佥为军。"三年,谕山东东路经略司:"益都路匠人已前曾经佥把者,宜遵别路之例从军。"凤翔府屯田军准充平阳军数,仍于凤翔屯田。刁国器所管重佥军九百一十五人,即日放遣为民。陕西行省言:"士卒戍金州者,诸奥鲁已服役,今重劳苦。"诏罢之。并罢山东、大名、河南诸路新佥防城兵。

四年,诏:"统军司及管军万户、千户等,遵太祖之制,令各官以子弟入朝充秃鲁花(译言质子也)。"其制:万户,秃鲁花一名,马一十匹,牛二具,种田人四名。千户见管军五百或五百以上者,秃鲁花一名,马六匹,牛一具,种田人二名;所管军不及五百,其家富实、子弟健壮者,亦出秃鲁花一名,马、牛、种田人同。凡万户、千户子弟充秃鲁花者,挈其妻子同行。若贫乏者,于本万户内不应出秃鲁花之人,通行经济。或无亲子,或幼弱未及成丁者,以弟侄代充,俟其子年及十五岁替换。凡隐匿代替,及妄称贫乏者,罪之。是年,谕成都路行枢密院:"近年军人多逃亡事故者,可于各奥鲁内尽实佥补,自乙卯年定入军籍之数,悉佥起之。"是年,水达达及乞烈宾地合佥镇守军,命亦里不花佥三千人,付塔匣来领之;并达鲁花赤之子及其余近上户内,亦令佥军,听亦里不花节制。

至元二年,陕西四川行省言:"新佥军七千人,若发民户,恐致扰乱。今巩昌已有旧军三千,诸路军二千,余二千人不必发民户,当以便宜起补。"从之。

四年,佥蒙古军,每户二丁、三丁者一人,四丁、五丁者二人,六丁、七丁者三人。诏:"佥平阳、太原民户为军,除军、站、僧、道、也里可温、塔失蛮、儒人等户外,于系官、投下民户、运司户、人匠、打捕鹰房、金银铁冶、丹粉锡碌等,不论是何户计,验酌中户内丁多堪当人户、金军三千人,立之百户、牌头子,赴东川出征。"复于京兆、延安两路金军一千人,如平阳、太原例。二月,诏:"河南路验酌中户内丁多堪当人户,金军四百二十人,归之枢密院,俾从军,复其徭役。南京路,除邠州、南宿州外,依中书省议定应金军户,验丁数,金军二千人。"五年诏益都李璮金军,仍依旧数充役。是年,中书省臣言:"金起秃鲁花官员,皆已迁转,或物故黜退者,于内复有贫难蒙古人氏,除随路总管府达鲁花赤、总管及掌兵万户,合令应当,其次官员秃鲁花宜放罢,其自愿留质听之。"

六年,金怀孟、卫辉路丁多人户充军。二月,金民兵二万赴襄阳。三月,诏益都起金一万人,人给钞二十五贯。其淄莱路各处非李璮旧管者,金五百二十六人,其余诸人户,亦令酌验丁数,金事起遣。

九年,河南行省请益兵,敕诸路金军三万。

十年,合剌请于渠江之北云门山及虎头山立二戍,请益兵二万。敕拨京兆新金军五千与之。四川行省言:"宋昝万寿攻成都,拟于京兆等路金新军六千为援。"从之。五月,罢金回回军,金陕西探马赤军。

十一年,诏延安府、沙井、静州等处种田白达达户,金军出征。敕随路所金新军,其户丝银均配于民户者,并除之。是年,颍州屯田总管李珣言:"近为金军事,乞依徐、邳州屯田例,每三丁,一丁防城,二丁纳粮,可金丁壮七百余人,并保甲丁壮,令珣统领,守颍州,代见屯纳合监战军马别用。"从之。

十二年,金辽东蒙古及平阳、西京、延安等路达鲁花赤千户、百户等官子弟出征。敕再金登、莱州丁壮八百人,付五州经略司。五月,正阳万户刘复亨乞金河西等户为军,讨镇巢军及滁州。敕遣使与萧州达鲁花赤,同验各色户计物力富强者,金起之。

十四年,诏上都、隆兴、西京、北京四路捕猎户,金选丁壮军二千人防守上都。中书省议:从各路搭配二十五户内,取军一名,选善骑射者充之。敕河南已金军万人后免为民者,复籍为兵,付行中书省。枢密院言："两都、平滦猎户新佥军二千，皆贫无力者，宜存恤其家。"从之。

十三年，免沂、莒、胶、密、宁海五州所括民为防城军者，复其租税二年。

十五年，佥军万人征云南。

十六年，罢太原、平阳、西京、延安路新佥军还籍。自是终世祖之世，不复佥发云。是年，诏河西未佥军及富强有力者，佥六百人为军。二十年，又佥河西秃鲁华年及十五者充军，则补军籍之漏，与佥于民户者不同。

元之军户，定于至元十九年。三月，枢密院取会到诸色军数，呈准尚书省勾集诸路管军民首领官，赴都从新攒籍，分拣军户，呈中书省议准施行，其条件凡十有二事：

一，至元七年终以前历年军籍内。

一，正军并贴户，若本路收差当役者，凭籍依旧当军。

一，军籍攒定以后补替交换并贴户，除至元六年终以前有省断文凭者，依已断为定外，其余户计止从见役当军。

一，七十二万正军并贴户，历年不曾攒报，亦不曾佥补，见在军前应役，及津贴军钱；若各处收差科役者，除差当军。

一，正军放罢为民或为人匠，其元拨贴户在各处收差科役者，改正除差，从枢密定夺。

一，各处攒报军籍，有作无籍户收差者，除至元六年终以前经官改断者，依已断为定外，其余户计依旧津贴当军。

一，军驱就招为婿，无论出舍不出舍，与妇家同户当军。

一，历年佥军之后，为有事故令别户补替者，拟两户内留一户，丁力多者充军，丁力少者当差。

一，军内雇觅良民，照依原约，限满日出离，无原约者买便。

一，私走小路军户，谓逃军。凭准至元四年军官报院家口花名册,省部断为民者,依已断为定。

一,益都等路元金旧军内同贴户,计二百余户,依例壬子年同户者,分付军户一同当军;不同户者,除籍为民。

一,河南保甲丁壮军户,合凭至元七年河南行省军民官一同查定家口花名册。

一,诸军奥鲁,仰军民官司常加优恤。军前合用军需物料,由所管官司移文取发,依例应付,勿得横泛科差。

四月,枢密院奏,与中书省尚书商定分拣军户法,请降旨依例定夺。其条画凡五事:

一,军籍内壬子年同籍亲属,除至元六年终以前有省断文凭者,依已断为定;不经省断,及至元七年以后收当差役者,除差同户当军。

一,至元七年以前军籍内里攒合并户计,依旧当军;今次手状内不在合并户计,除为民。

一,正军有雇觅惯熟人出军者听,军官不得代替本役军人。

一,女婿出舍者,如至元七年以前军籍有名,同里攒户例,当军。如定籍以后出舍,有同户主昏者归本户,无者,止津贴军户,从枢密院定夺。

一,乙未、壬子年本主户下漏籍驱口,或另籍或不曾附籍在后,本主于军籍内攒报者,为良作贴户;若附籍驱口军籍内漏报者,除至元六年终以前有省断文书,依已断为定;不经省断及至元六年以后收差者,为良作贴户。

九月,诏诸军贴户及同籍亲戚驱奴投诸王贵官以避役者,悉还之本军。惟匠艺精巧者,以名闻。自是,天下之兵,户籍伍符,永为定制,不能更易焉。

若各路炮手军,则分拣于至元七年。初,太祖、太宗招各路人匠充炮手。壬子年,附籍。中统四年,拣定,除正军外,余同民户当差。至元四年,以正军困难,取元充炮手民户津贴,以其间有能与不能者影占，故命各路分拣之。

十年五月，禁乾讨虏人。其愿充军者，立牌甲，隶于万户、千户。八月，禁军官举债，不得重息，违者罪之。襄阳生券军至都，释其械系，听自立部伍，俾征日本。

十一年，便宜总帅府言："本路军经今已四十年，或死或逃，无丁不能起补。乞选择堪与不堪丁力，放罢贫乏及无丁者。"从之。

十二年，莱州酒税官王贞等言："国家讨平残宋，吊伐为事，何尝有图利之心。彼无籍小人，假乾讨虏名目，俘掠人口，悉皆货卖，以充酒食之费，辱国实甚。其招讨司所收乾讨虏军人，可悉罢之，第其高下，籍为正军，命各万户管领，一则得其实用，二则正王师吊伐之名，实为便益。"从之。

十四年，长清县尹赵文昌言："切见军人冒矢石、犯霜露，倾家以给军需，捐躯以卫社稷，观其劳苦，实可哀悯。乃管军人等，不知存恤，纵令父兄子弟将军人家属非理占使。又以放债为名，勒军人使用，不及数月，本利相停，设有愆迟，辄加罪责。军人含冤抱屈，不敢诣官陈诉，致使久而靠损，深未为便。"枢密院韪其议，命诸路禁治施行。十二月，枢密院臣言："收附亡宋新军附官并通事、马军人等，军官不肯存恤，逃亡者众，乞招诱之。"于是遣行省左丞陈岩等分拣堪当军役者，收系充军，其生券军，官给牛种屯田。

十五年，枢密院臣言："至元八年，于军籍中之为富商大贾者一百四十三户，各增一名，号余丁军。今东平等路诸奥鲁总管府言：往往人亡产乏，不能兼充，乞免其余丁。"从之。十二月，定诸军官在籍者，除百户、总把外，其元帅、招讨、万户、总管府户，或首领官，俱合再当正军一名。

十六年五月，淮西道宣慰司昂吉儿，请招谕亡宋通事军。初，宋之边将招纳北人及蒙古人为通事，遇之甚厚，每战皆列于前，顾效死力。及宋亡，无所归，廷议欲编之军籍，未暇也。至是昂吉儿请抚而用之，以备异日征戍。从之。

十七年，诏江淮诸路招集答剌罕军。初用兵江南，募死士从军者,号答剌罕,属之刘万奴部下。及宋平,其人皆无所归,群聚剽掠。至是,命诸路招之,仍使万奴部领,听范文虎、李庭节度。

十八年二月,并贫乏军人三万户为一万五千户,取贴户津贴正军充役。六月,枢密院议:"正军贫乏无丁者,令富强丁多贴户,权充正军应役。验正军物力,却令津济贴户。其正军仍为军头如故。"

二十年二月,命各处行枢密院造新附军籍册。六月,从丞相伯颜议,括宋手号军人八万三千六百人,立牌甲,设万户、千户统之。

二十一年,江东道佥事马奉训言:"刘万奴乾讨虏军,私相纠合,结为徒党,莫若散之各翼万户、千户、百户、牌甲内管领为便。"诏问:乾讨虏人欲从脱欢出征虏掠耶?抑欲散放还家耶?回奏:众言,自围襄樊渡江以后,与国家效力,愿还家休息。遂从之。籍亡宋手记军。宋之兵制,手记军死,以兄弟若子承代。诏依汉军例籍之,毋涅手。

二十二年十一月,御史台言:"宋之盐军内附,初有五千人。除征占城运粮死亡者,今存一千一百人,皆性凶暴,民患苦之,宜使屯田自赡,庶绝其扰。"从之。十二月,从枢密院请,定军籍条例。旧例丁力强者充军,弱者出钱,故有正军、贴户之籍。行之久,而强者弱,弱者强,与旧籍不符。其同户异籍者,又私订年月以相更代。至是革之。

二十四年,枢密院臣言:"居军贴户,有正军已死者,有充工匠者,其放为民者,有元系各投下户回付者,似此歇少一千三百四十户,乞差人分拣贫富,定贴户、正军。"从之。

二十九年,江西行省言:"亡宋之末,本为募军数少,于民间选择壮丁、义士等名目。归附后,依旧为民。岂期军民长官不肯奉公,递互计较,展转刁蹬贩卖,至于贫愚不能申诉,终身充役者有之。在后因攒册已定,官府无由改正。既定之后,管军官教使军人妄指百姓,或以为军人户下人口,或称与军官亲戚,或称归附时随某官捍御某处,擅行越蹿管民官司,称直勾追监收扰害,勒使承当军役。自军民各另之后,其弊愈甚。本省虽严行禁约,缘为军民不相统摄,事有未孚。参详各翼新附军人,俱有定籍,民户已有抄数,户册宜各依原籍,不许军官径直差人勾扰百姓充军,似为便当。"中书省韪其议,从之。大抵分拣军户之后,以用兵江南,或籍军官子弟,或籍余丁,又或籍未成丁者为渐丁。洎宋平,则籍新附军,又从丞相伯颜请,括宋手号军而籍之。凡至元九年所拣定者,为七十二万正军,其余皆无可考。以元之兵籍,汉人不闻其数,惟枢密长官一二人知之,故有国百年而内外兵数之多寡,人莫得而详焉。

三十三年,枢密院议:"本路官吏不肯用心体覆,将贫难无力军人不行申报,却将有力军人徇情捏合虚报贫难者,依刷军例断没罢职施行。"

大德三年,枢密院奏:"江南平定之后,军马别无调度,所司不知抚养,以致军前歇役者日多,起补之间,官吏又贪缘作弊。乞戒中外军官奥鲁官,各修乃职,严行禁治,违者轻罪从枢密院点降,重者闻奏。"其颁降之条画:

一,贫难逃户,限一百日出首,复业者免本罪,给付旧产,并免役三年。复业后再逃者,杖六十七,邻右知而不首及藏匿者,并减二等科断。

一,军户和雇和买杂泛差役,除出征边远者全行蠲免,其余有物之家,奥鲁官凭给有司印文,官给价钞,和雇和买依例应付;无物之家,不得配撞科派。

一,军户限地四顷之外,其余地亩税银依前体例送纳。

一,奥鲁官不得骚扰军户,擅科军差。

一,一切军需,管军官常切用心提调,无致损失。

一,诸翼军人,并须选惯习壮丁常加教练,管军官不得徇私受贿,令亲丁、驱口买名代替。

一,军前私放钱债,虚钱实契,至归还时多余取利者,追征没官,酌量治罪。

一,军官不得多余占使私役军人,尤不得擅科钱物。

一,衣装粮料,并仰本翼正官公同给散,不得中间克扣,违者罪之。

一，奥鲁官不得重役贫难军户，有徇私隐蔽者罪之。

一，军人诉讼，须经所属官司，自下而上陈告，如理断不公者，许诉于肃政廉访司。若有凶徒恶党，闪避军役，风闻公事，恐吓官吏钱物者，严行治罪。

大德元年，御史台议："军官万户、千户、百户，各有被使札也定数。近年各处军官，除合得札也外，又行多余差占正军，作祗侯、曳刺、知印等名色，既无定例，合行禁治。"从之。

至大四年，颁存恤军人条画：

一，探马赤军累次佥起渐丁，以致气力消乏，除至元九年籍定军人外，已后续佥渐丁，权宜在家存恤津助旧军，其渐丁军千户、百户、奥鲁官并行革罢。

一，因军人气力消乏，侍卫汉军每牌子内各一名一年，迤南汉军每牌子内各二名二年，自下轮流，以恤兵力。

一，各路存恤六年贫难军人，今已限满，依已降诏书内直姑屯田军户，一体在家存恤。

一，州县奥鲁官抚养军人，能使逃亡复业者优加升擢。

一，行省、宣慰司、都元帅府提调官员及汉人、蒙古军官，非奉枢密院明文，毋得以点视为名，非理骚扰，其内外管军官，若有便利于军者，申呈枢密院次第施行。

皇庆元年，中书省臣奏：放军户李田哥等四百户为民。初，李马哥等属诸王脱脱，乙未年入民籍，高丽林衍乃颜叛，佥为军户。至元九年定籍，以在七十二万户之外，改为民。至大四年，枢密院又奏为军户。至是，省臣言之，令遵乙未年之籍。后枢密院复改为军户焉。

至军人所掠买者，谓之驱口，又名撒花人口，亦曰投祥户。至元六年定蒙古军驱条画：凡探马赤告争驱口，令主奴对证，属实者，分付本主。驱死其妻子承伏，委是本户掳买者，亦付之本主。若主奴并无显证，又当军站民匠等差役者，依旧应差。

大德六年,定逃驱杖七十七,诱引窝藏者六十七,邻人并社长里正知而不首捕者三十七,仍于逃驱名下追钞一锭,给捉获人充赏。

新元史卷九九
志第六六

兵　二

镇　戍

　　元初用兵四方，凡险要之地，则留兵戍之。然因时建置，旋即裁罢，故其事无可考。

　　中统元年五月，诏汉军万户各于本管新旧军内摘发军人，备衣甲器仗，差官领赴燕京近地屯驻。万户史天泽，一万四百三十五人；张马哥二百四十人；解成一千七百六十人；糺叱剌四百六十六人；斜良拔都八百九十六人；扶沟马军奴一百二十九人；内黄帖木儿一百四十四人；赵奴怀四十一人；鄢陵胜都古六十五人。十一月，命右三部尚书怯列门、平章政事赵壁领蒙古、汉军于燕京近地屯驻，平章塔察儿领武卫军一万人屯驻北山，汉军、质子军及金到民间诸投下军于西京、宣德屯驻。复命怯列门为大督，管领诸军勾当，分达达军为两路，一赴宣德、德兴，一赴兴州。其诸万户汉军则令赴潮河屯守。后复以兴州达达军合入德兴、宣德，命汉军各万户悉赴怀来、缙山川中屯驻。是为分兵镇戍之始。

　　三年十月，诏田德实所管固安质子军九百十六户及平滦州刘不里剌所管质子军四百户，还元管地面屯驻。

　　至元七年，以金州军八百隶东川统军司，还成都，忽郎吉军戍东川。

十一年正月，以忙古带等新旧军一万一千五百人戍建都。调襄阳府生券军六百人、熟券军四百人，由京兆府镇戍鸭池，命金州招讨使钦察部领之。十二月，调西川王安抚、杨总帅军与火尼赤相合，与丑汉、黄兀剌同镇守合答城。

十二年二月，诏以东川新得城寨，逼近夔府，恐南兵来侵，发巩昌路补金军三千人戍之。三月，选五州丁壮四千人，戍海州、东海。

十三年十月，命别速斛、忽别列八都儿二人为都元帅，领蒙古军二千人、河西军一千，戍斡端城。

十五年三月，分扬州行省兵于隆兴府。初，置行省，分兵诸路调遣，江西省军为最少，至是以江西地阔，阻山谿之险，命帖木儿不花领兵一万人赴之，合元帅塔出军，以备战守。四月，诏以伯颜、阿术所调河南新金军三千人，还守庐州。六月，命荆湖北道宣慰使塔海调遣夔府诸军。七月，诏以塔海征夔军之还戍者，及扬州、江西舟师，悉付水军万户张荣实将之，守御江中。八月，命江南诸路戍卒，散归各所属万户屯戍。初，渡江所得城池，发各万户部曲士卒以戍之，久而亡命死伤者众，续至者多不著行伍，至是纵还各营，以备屯戍。安西王相府言：“川蜀既平，城邑山砦洞穴凡八十三所，其渠州礼义城等处凡三十三年，宜以兵镇守，余悉撤去。”从之。九月，诏发东京、北京军四百人，往戍应昌府，其应昌旧戍士卒，悉令散归。十一月，定军、民异属之制，及蒙古军屯戍之地。先是，以李璮叛，分军、民为二，而异其属。后因平江南，军官始兼民职，遂因之。凡以千户守一郡，则率其麾下从之，百户亦然，不便。至是，令军民各异属，如初制。士卒以万户为率，择可屯之地屯之，诸蒙古军士，散处南北及还各奥鲁者，亦皆收聚。令四万户所领之众屯河北，阿术二万户屯河南，以备调遣，余丁定其版籍，编入行伍，俾各有所属，遇征伐则遣之。

十六年二月，命万户孛术鲁敬，领其麾下旧有士卒守湖州。先是，以唐、邓、均三州士卒二百八十八人属敬麾下，后迁戍江陵府。至是，还之。四月，定上都戍卒用本路元籍军士。国制，郡邑镇戍士卒,皆更相易置,故每岁以他郡兵戍上都,军士罢于转输。至是,以上都民充军者四千人,每岁令备镇戍,罢他郡戍兵。六月,碉门、鱼通及黎、雅诸处民户,不奉国法,议以兵戍其地。发新附军五百人、蒙古军一百人、汉军四百人,往镇戍之。七月,以西川蒙古军七千人、新附军三千人,付皇子安西王。命阇里帖木儿以戍杭州军六百九十人赴京师,调两淮招讨小厮蒙古军,及自北方回探马赤军代之。八月,调江南新附军五千驻太原,五千驻大名,五千驻卫州。又发探马赤军一万人,及夔府招讨张万之新附军,俾四川西道宣慰使也罕的斤将之,戍斡端。

十七年正月,诏以他不罕守建都,布吉鯀守长河西之地,无令迁易。三月,同知浙东道宣慰司事张铎言:“江南镇戍军官不便,请以时更易之。”国制,既平江南,以兵戍列城,其军官皆世守不易,故多与富民树党,因夺民田宅居室,蠹有司政事,为害滋甚。铎上言,以为皆不迁易之敝,请更其制,限以岁月迁调,庶使初附之民,得以安业云。五月,命枢密院调兵六百人,守居庸关南、北口。七月,广州镇戍军,初以丞相伯颜等麾下二千五百人从元帅张宏范征广王,因留戍焉。岁久皆贫困,多死亡者。至是,命更代之。复以扬州行省四万户蒙古军,更戍潭州。十月,发炮卒千人入甘州,备战守。十二月,八番罗甸宣慰司塔海请增戍卒。先是,以三千人戍八番,后征亦奚不薜,分摘其半。至是师还,宣慰司复请益兵,以备战守,从之。

十八年正月,命万户张珪率麾下往就潭州,还其祖父所领亳州军并统之。二月,以合必赤军三千戍扬州。十月,高丽王并行省皆言,金州、合浦、固城、全罗州等处,沿海上下,与日本正当冲要,宜设立镇边万户府屯镇,从之。十一月,诏以征东留后军,分镇庆元、上海、澉浦三处上船海口。

十九年二月,命唐兀鯀戍沿江州郡,视便宜置军镇戍,及谕鄂州、扬州、隆兴、泉州等四省,议用兵戍列城。徙浙东宣慰司于温州,分军戍守江南,自归州以及江阴至三海口,凡二十八所。四月,调扬州合必赤军三千人镇泉州。又潭州行省以临川镇地接古城及未附黎洞,请立总管府,一同镇戍,从之。七月,以隆兴、西京军士代上都戍卒,还西川。先是,上都屯戍士卒,其奥鲁皆在西川,而戍西川者,多隆兴、西京军士,每岁转饷,不胜劳费,至是更之。

二十年八月,留蒙古军千人戍扬州,余悉纵还。扬州所有蒙古士卒九千人,行省请以三分为率,留一分镇戍。史塔剌浑曰:"蒙古士卒悍勇,孰敢当,留一千人足矣。"从之。十月,发乾讨虏军千人,增戍福建行省。先是,福建行省以其地险,常有盗负固为乱,兵少不足以备战守,请增蒙古、汉军千人。枢密院议以刘万奴所领乾讨虏军益之。

二十一年四月,诏潭州蒙古军依扬州例,留一千人,余悉放还诸奥鲁。十月,增兵镇守金齿国,以其地民户刚狠,旧尝以汉军、新附军三千人戍守,令再调探马赤、蒙古军二千人,令药剌海率赴之。

二十二年二月,诏改江淮、江西元帅招讨司为上、中、下三万户府,蒙古、汉人、新附诸军,相参作三十七翼。上万户:宿州、蕲县、真定、沂郯、益都、高邮、沿海,七翼。中万户:枣阳、十字路、邳州、邓州、杭州、怀州、孟州、真州,八翼。下万户:常州、镇江、颍州、庐州、亳州、安庆、江阴水军、益都新军、湖州、淮安、寿春、扬州、泰州、弩手、保甲、处州、上都新军、黄州、安丰、松江、镇江水军、建康,二十二翼。每翼设达鲁花赤、万户、副万户各一人,以隶所在行院。

二十四年五月,调各卫诸色军士五百人于平滦,以备镇戍。十月,诏以广东系边徼之地,山险人稀,兼江西、福建贼徒聚集,不时越境作乱,发江西行省忽都帖木儿麾下军五千人往镇守之。

二十五年二月,调扬州省军赴鄂州,代镇守士卒。三月,诏黄州、蕲州、寿昌诸军还隶江淮省。始三处旧置镇守军,以近鄂州省,尝分隶领之,至是军官以为言,遂仍其旧。辽阳行省言,懿州地接贼境,请益兵镇戍。从之。四月,调江淮行省全翼一下万户军,移镇江西省。从皇子脱欢士卒及刘二拔都麾下一万人,皆散归各营。十一月,增军戍咸平府,以察忽、赤儿思合言其地实边徼,请益兵镇守,以备不虞。

二十六年二月，命万户刘得禄以军五千人，镇守八番。

二十七年六月，调各行省军于江西以备镇戍，俟盗戚平息，而后纵还。九月，以元帅那怀麾下军四百人守文州。调江淮省下万户府军于福建镇戍。十一月，江淮行省平章不怜吉歹言："先是，丞相伯颜及元帅阿术、阿塔海等守行省时，各路置军镇戍，视地之轻重，而为之多寡。厥后忙古饣代之，悉更其法，易置将吏士卒，殊失其宜。今福建盗贼已平，惟浙东一道地极边恶，贼所巢穴，请复还三万户以戍守之。合剌带一军戍沿海明、台，亦怯烈一军戍温、处，札忽带一军戍绍兴、婺州，其宁国、徽州初用士兵，后皆与贼通，今尽迁之江北，更调高邮、泰州两万户汉军戍之。扬州、建康、镇江三城，跨据大江，人民繁会，置七万户府。杭州行省诸司府库所在，置四万户府。水战之法，旧止十所，今择濒海沿江要害二十二所，分兵阅习，伺察诸盗。钱塘控扼海口，旧置战舰二十艘，今增置战舰百艘，海船二十艘。"枢密院以闻，悉从之。

二十八年二月，调江淮省探马赤军及汉军二千人，从脱欢太子扬州屯驻。二十九年，以咸平府、东京所屯新附军五百人，增戍女真地。

三十年正月，诏西征探马赤军八千，分留一千或二千，余令放还。皇子奥鲁赤、大王术伯言，切恐军散辈生，宜留四千，还四千。从之。五月，命思播黄平、镇远拘刷亡宋避役手号军人，以增镇守。七月，调四川行院新附军一千人戍松山。

元贞元年七月，枢密院官奏："刘二拔都儿言，初鄂州省安置军马之时，南面止是潭州等处，后得广西海外四州、八番洞蛮等地，疆界阔远，阙少戍军，复增四万人。今将元属本省四翼万户军分出，军力减少。臣等谓刘二拔都儿之言有理，虽然江南平定之时。沿江安置军马，伯颜、阿术、阿塔海、阿里海牙、阿剌罕等，俱系元经攻取之人，又与近臣月儿鲁、孛罗等枢密院官同议安置者。乞命通军事、知地理之人，议增减安置，庶后无弊。"从之。

二年五月，江浙行省言："近以镇守建康、太平保定万户府全翼军马七千二百一十二名，调属湖广省，乞分两淮戌兵于本省沿海镇遏。”枢密院官议：“沿江军马，系伯颜、阿术安置，勿令改动，止于本省元管千户、百户军内，发兵镇守之。”制可。九月，诏以两广海外四州城池戌兵，岁一更代，往来劳苦；给俸钱，选良医，往治其疾病者，命三、二年一更代之。

三年二月，调扬州翼邓新万户府全翼军马，分屯蕲、黄。

大德元年二月，陕西平章政事脱烈伯领总帅府军三千人，收捕西番回，诏留总帅军百人及阶州旧军、秃思马军各二百人守阶州，余军还元翼。湖广省请以保定翼万人，移镇郴州，枢密院官议：“此翼乃张柔所领征伐旧军，宜迁入鄂州省屯驻，别调兵守之。”七月，招收亡宋左右两江士军千人，从思明上思等处都元帅昔剌不花言也。十一月，河南行省平章政事孛罗欢言：“前扬州立江淮行省，江陵立荆湖行省，各统军马，上下镇遏。后江淮省移于杭州，荆湖省迁于鄂州，黄河之南，大江迤北，汴梁古郡设立河南江北行省，通管江淮、荆湖两省元有地面。近年并入军马，通行管领，所属之地，大江最为紧要，两淮地险人顽，宋亡之后，始来归顺。当时沿江一带，斟酌缓急，安置定三十一翼军马镇遏，后迁调十二翼前去江南，余有一十九翼，于内调发，止存元额十分中一二。况两淮、荆襄自古要隘之地，归附至今，虽即宁静，宜虑未然。乞照沿江元置军马，迁调江南翼分，并各省所占本省军人，发还元翼，仍前镇遏。”省院官议，以为“沿江安置三十一翼军马之说，本院无此簿书，问之河南省官孛鲁欢，其省亦无枢密院文卷，内但称至元十九年伯颜、玉速帖木儿等共拟其地，安置三万二千军，后增二千，总三万四千。今悉令各省差占及逃亡事故者还充役足矣。又孛鲁欢言，去年伯颜点视河南省见有军五万二百之上，又若还其占役事故军人，则共有七、八万人。此数之外，脱欢太子位下有一千探马赤、一千汉军，阿剌八赤等哈剌鲁一在其地，设有非常，皆可调用。据各省占役，总计军官、军人一万三千八百八十一名，军官二百九名，军人一万三千六百七十二名，内汉军五千五百八十名，新附军八千二十八名，蒙古军六十四名。江浙省占役军官、军人四千九百五十七名,湖广省占役军官、军人七千六百三名,福建省占役军官、军人一千二百七十二名,江西省出征收捕未回新附军四十九名,悉令还役。江西省出征河南行省见占本省军人八千八百三十三名,亦宜遣还镇遏。"有旨,两省各差官赴阙辨议。

二年正月,枢密院臣言:"阿剌斡、脱忽思所领汉人、女直、高丽等军二千一百三十六名内,有称海对阵者,有久戍四、五年者,物力消乏,乞于六卫军内分一千二百人,大同屯田军八百人,彻里台军二百人,总二千二百人往代之。"制可。三月,调各省合并镇守军,福建所置者合为五十三所。江浙所置者合为二百二十七所,江西元立屯军镇守二百二十六所,减去一百六十二所,存六十四所。

三年三月,沅洲贼人啸聚,命以阳万户府镇守辰州,镇巢万户府镇守沅州、靖州,上均万户府镇守常州、澧州。

五年三月,诏河南省占役江浙省军一万一千四百七十二名,除洪泽、芍陂屯田外,余令发还元翼。

七年四月,调碉门四川军一千人,镇守罗罗斯。

八年二月,以江南海口军少,调蕲县王万户翼汉军一百人、宁万户翼汉军一百人、新附军二百人守庆元,自乃颜来者蒙古军三百人守定海。

至大二年七月,枢密院臣言:"去年日本商船焚掠庆元,官军不能敌。江浙省言,请以庆元、台州沿海万户府新附军往陆路镇守,以蕲县、宿州两万户府陆路汉军移就沿海屯镇。臣等议,自世祖时,伯颜、阿术等相地之势,制事之宜,然后安置军马,岂可轻动。前行省忙古斛等亦言,以水陆军互换迁调,世祖有训曰:'忙古斛得非狂醉而发此言。以水路之兵习陆路之技,驱步骑之士而从风水之役,难成易败,于事何补。'今欲御备奸宄,莫若从宜于水路沿海万户府新附军三分取一,与陆路蕲县万户府汉军相参镇守。"从之。

四年十月,以江浙省尝言:"两浙沿海濒江隘口,地接诸番,海寇出没,兼收附江南之后,三十余年,承平日久,将骄卒惰,帅领不得其人,军马安置不当,乞斟酌冲要去处,迁调镇遏。"枢密院官议:"庆元与日本相接,且为倭商焚毁,宜如所请,其余迁调军马,事关机务,别议行之。"十二月,云南八百媳妇、大小彻里等作耗,调四川省蒙古、汉军四千人,命万户襄家靬部领,赴云南镇守。其四川省言:"本省地方,东南控接荆湖,西北襟连秦陇,阻山带江,密迩番蛮,素号天险,古称极边重地,乞于存恤歇役六年军内,调二千人往。"从之。

皇庆元年十一月,诏江西省瘴地内诸路镇守军,各移近地屯驻。

延祐四年四月,河南行省言:"本省地方宽广,关系非轻,所属万户府俱于临江沿淮上下镇守方面,相离省府,近者千里之上,远者二千余里,不测调度,猝难相应。况汴梁国家腹心之地,设立行省,别无亲临军马,较之江浙、江西、湖广、陕西、四川等处,俱有随省军马,惟本省未蒙拨付。"枢密院以闻,命于山东河北蒙古军、河南淮北蒙古两军都万户府,调军一千人与之。十一月,陕西都万户府言:"碉门探马赤军一百五十名,镇守多年,乞放还元翼。"枢密院臣议:"彼中亦系要地,不宜放还,止令于元翼起遣一百五十名,三年一更镇守。元调四川各翼汉军一千名,镇守碉门、黎、雅,亦令一体更代。"

泰定四年三月,陕西行省尝言:"奉元建立行省、行台,别无军府,唯有蒙古军都万户府,远在凤翔置司,相离三百五十余里,缓急难用。乞移都万户府于奉元置司,军民两便。"及后陕西都万户府言:"自大德三年,命移司酌中安置,经今三十余年,凤翔离成都、土番、甘肃俱各三千里,地面酌中,不移为便。"枢密议:"陕西旧例,未尝提调军马,况凤翔置司三十余年,不宜移动。"制可。十二月,河南行省言:"所辖之地,东连淮、海,南限大江,北抵黄河,西接关陕,洞蛮草贼出没,与民为害。本省军马俱在濒海沿江安置,远者二千,近者一千余里,乞以炮手、弩军两翼,移于汴梁,并各万户府摘军五千名。"枢密院议:"世祖命知地理省院官共议,于濒海沿江六十三处安置军马。时汴梁未尝置军，扬州冲要重地，置五翼军马并炮手、弩军。今亲王脱欢太子镇遏扬州，提调四省军马，此军不宜更动。设若河南省果用军，则不塔剌吉所管四万户蒙古军内，三万户在黄河之南、河南省之西，一万户在河南省之南，脱别台所管五万户蒙古军俱在黄河之北、河南省东北，阿剌帖木儿、安童等两侍卫蒙古军在河南省之北，共十一卫翼蒙古军马，俱在河南省周围屯驻，又本省所辖一十九翼军马，俱在河南省之南，沿江置列。果用兵，即驰奏于诸军马内调发。"从之。

天历元年八月，调诸卫兵守居庸关及卢儿岭，又遣左卫率使秃鲁将兵屯白马甸，隆镇卫指挥使斡都蛮将兵屯太和岭，又发中卫兵守迁民镇。是时，泰定帝崩，燕帖木儿遣使迎文宗于江陵，故分兵拒守，以御上都。遣隆镇卫指挥使也速台儿将兵守碑楼口，撒敦守居庸关，唐其势屯古北口，河南行省遣前万户孛罗等将兵守潼关。九月，枢密院臣言："河南行省军列戍淮西，距潼关、河中不远。湖广行省军唯平阳、保定两万户号称精锐，请发蕲宿戍军一万人及两万户军为三万，命湖广参政郑昂霄、万户脱脱木儿将之，并黄河为营，以便征调。"从之。命襄阳万户杨克忠、邓州万户孙节以兵守武关，以知行枢密院事也速台儿将兵行视太行诸关，发折叠弩分给守关军士，遣民军守归州峡诸隘。分山东丁壮万人守御益都、般阳、诸处海港。命冀宁、晋宁两路所辖代州之雁门关、崞州之阳武关、岚州之大涧口、皮库口，保德州之寨底、天桥、白羊三关，石州之坞堡口，汾州之向阳关，隰州之乌门关，吉州之马头、秦王岭二关，灵石县之阴地关，皆穿斩叠石，调丁壮戍之。

二年二月，湖广行省调兵镇播州及归州。

至顺元年令巩昌都总帅府调兵千人戍四川开元，敕上都兵马司二员，率兵由偏岭至明安巡逻，以防盗贼。

二年，镇西武靖王搠思班言蒙古军及哈剌章、罗罗斯诸种人叛者，或诛或降，其余党不能保其不反侧，请留荆王也速哥等各领所部屯戍三岁，以示威重。从之。仍命豫王阿剌忒纳失里分兵给探马赤三百、乞赤伯三百，共守一年以镇摄之。枢密院臣言："天历兵兴，以扬州重镇尝假淮东宣慰司以兵权，今事已平，宜以所部复戍河南。又征西元帅府自泰定初调兵四千一百人戍龙剌、亦集乃，期以五年为代，今已十年，逃亡者众，宜加优恤，使来岁五月代还。"从之。

至正六年，山东盗起，诏中书参知政事锁南班至东平镇遏。

七年，两淮运使宋文瓒上言："江阴、通、泰，江海之门户，而镇江、真州次之，国初设万户以镇其地。今戍将非人，致使盗贼来往无常。集庆花山劫贼才五十六人，官军万数不能进讨，反为所败。宜急选智勇，任以兵柄，以图后功。不然，东南五省之地，恐非国家所有。"不报。中书省臣言："请拨达达军与扬州旧军于河南水陆关隘戍守，东堑徐、邳，北至夹马营，遇贼掩捕。"从之。

十五年，又命河南行省参知政事洪丑驴守御河南，陕西行省参知政事述律朵儿守御潼关，宗王札牙失里守御兴元，陕西行省参知政事阿鲁温沙守御商州，通政院使朵来守御山东。又令河南行省参知政事塔失帖木儿领元管陕西军马，守御河南。七月，令亲王失列门以兵守曹州，山东宣慰使马某火者以兵分守沂州、莒州等处。命知枢密院事塔儿麻监藏及四川行省左丞沙剌班等以兵屯中兴，湖广行省参知政事桑哥、亦秃浑及秃秃守御襄阳，参知政事哈林秃等守御沔阳。又命淮南行省平章政事蛮子海牙守御镇江南岸，湖广行省左丞卜兰奚等守御蕲、黄。

十六年，命宣让王帖木儿不花、威顺王宽彻不花以兵镇遏怀庆路。

十七年，以贼犯七盘，令察罕帖木儿以军守陕州、潼关。监察御史脱木儿言："为今之计，当遴选名将以守河北，进可以制河南之侵，退可以攻山东之寇。"从之。九月，以纽的该总诸军守御东昌。

十八年，诏察罕帖木儿还兵镇冀宁。

二十年，命孛罗帖木儿部将方脱脱守御岚、兴、保德等州。又命孛罗帖木儿守石岭关以北，察罕帖木儿守石岭关以南；俱不从。自是,朝廷之命始不行于阃外焉。

新元史卷一〇〇
志第六七

兵　三

马　政

　　蒙古，游牧之国，札木合称太祖之强曰，有骟马七十二匹。王罕饮青马乳，太祖尤慕羡之。盖国俗如此。

　　世祖混一之后，牧马之地，东越耽罗，北逾火里秃麻，西逾甘肃，南暨云南。又大都、上都及玉你伯牙、折连怯呆儿，周回万里，皆监牧之野。在朝置太仆寺典御马，及供宗庙影堂山陵祭祀，与玉食之。

　　挏乳取之百姓者曰抽分，有兵事则和买民马，和买不及则用拘刷之法，亦军政之大者也。

　　太祖定制：千、百户之子选为护卫，傔从十人或五人，所乘马于千、百户内取之。牌头之子，则取于十户之内。牧马者曰哈赤，曰哈剌赤，有千户、百户世其官。

　　至元六年，敕科取乳牝马，除蒙古千户百户牌甲外，其只鲁瓦觯处业经寻常科取，勿再索之，若已拘刷者还之。七年，始立群牧所，掌阿塔思马匹。二十二年，立大都等路群牧都转运司，以掌刍秣之事，未几罢。二十四年，改群牧所为太仆寺。

　　皇庆元年，立经正监，掌蒙古之牧地。又立群牧监，掌兴圣宫御位下之马。

延祐七年,太仆寺官忠嘉、阿剌帖木儿奏:"所管各项官挚畜,去岁风雪倒死,差人计点,每三十匹为一群,六马补一,牝马两补一,用官印烙讫,取勘实有数目。"从之。

至治三年,敕每三年于各爱麻选骣马之良者以千数,给尚乘寺备驾仗及宫人出入之用。

泰定元年,太仆卿浑丹等奏,自耽罗选牛八十三头至此,不习水土,乞付哈赤,换作三岁乳牛,印烙入官。是年,浑丹等又奏,各爱麻马多耗损,请市马一万匹以实之。俱从之。二年,太仆寺卿燕帖木儿奏,各处官马短少,太仆寺官及怯薛人赴各处点数明白,以册上。三年,太仆寺卿阔怯、燕帖木儿等又奏,系官马匹已备有细数,再遣太仆寺官至各处核点。

天历二年,立典牧监,掌皇太子御位下之马。是年,敕各属内哈赤,黑面玉马、五明马、桃花马,于三等毛色内选择进呈。又马主隐匿有毛色牝牡马亦里玉烈者,或首告发露,以马与首人,杖一百七下。又敕异样马,命都儿阿鲁赤专掌之。经正监,别赐草地自为一群,太仆寺卿撒敦等奏:"旧制:皇帝登宝位,太仆官亲至各处点视官马,请依例差官点数。"敕如所请。

至顺元年,云南行省言:"亦乞不薛之地所牧国马,岁给盐,以每月上寅日饲之,则马健无病。比因伯忽之乱,云南盐不到,马多死。"诏令四川行省以盐给之。

凡车驾巡幸,太仆卿以下皆从。先驱马出建德门外,取其有乳者以行。自天子以及诸王、百官,各以脱罗毡置撒帐,为取乳室。车驾还,太仆卿先期征马五十酝都来京师。酝都,承乳车之名也。既至,使哈赤、哈喇赤之为大官者亲秣之黑马乳,以奉玉食,谓之细乳。诸王以下,亦供马乳。谓之粗乳自世祖以下,诸陵寝各有酝都,取马乳以供祭祀,号金陵挤马。逾五年,尽以畀守陵者。

官马以印烙马之左股,号大印子马,其印有兵古、贬古、阁卜川、月思古、幹栾等名。自夏至冬,逐水草以居。十月,各归本地,朝廷遣太仆寺官驰驿阅视,较其多寡,产驹即烙印取勘收除,现在数目,造蒙古、回回、汉字册籍以上。凡病死者三,则令牧马偿大牝马二;病死者二,则偿以一;病死者一,则偿以一牝羊;无马,则以羊驼折纳。

其籍于太仆寺者,总数不可考。惟至大元年,中书省言:"去岁诸卫饲马九万四千匹外"则饲马十一万九千余匹,可以略见其大概云。其御位下、正宫位下、随朝诸色目人员,甘肃、土番、耽罗、云南、占城、芦州、河西、亦乞不薛、和林、斡难、怯鲁连、阿忽马乞、哈喇木连、亦乞里思、亦思浑察、称海、阿察脱不罕、折连怯呆儿等处草地,内及江南、腹里诸处,应有系官孳生马、牛、羊、驼、驴点数之处,一十四道牧地,各千户、百户等名目如左:

一,东路折连怯呆儿等处,玉你伯牙、上都周围,哈喇木连等处,阿剌忽马乞等处,斡金川等处,阿察脱不罕,甘州等处,左手永平等处,右手固安等处,云南亦乞不薛,芦州,益都,火里秃麻,高丽耽罗国。

一,折连怯呆儿等处御位下:

折连怯呆儿地哈喇赤千户买买的、撒台、怯儿八思、阔阔来、塔失帖木儿、哈喇那海、伯要虢、也的思、撒的迷失、教化、太教木儿、塔都、也先、木薛肥、不思塔八、不儿都麻失、不颜台、撒敦。

按赤、忽里哈赤千户下百户脱脱木儿。

兀鲁兀内土阿八剌哈赤阔阔出。

彻彻地撒剌八。

薛里温你里温斡脱忽赤哈剌帖木儿。

哈思罕地僧家奴。

玉你伯牙断头山百户哈只。

一,甘州等处御位下:

口千子哈剌不花一所。

奥鲁赤一所。

阿剌沙阿兰山兀都蛮。

亦不剌金一所。

宽彻千。

塔塔安地普安。

胜回地刘子总管。

阔阔思地。

太帖木儿等。

甘州等处杨住普。

拨可连地撒儿吉思。

只哈秃屯田地安童一所。

哈剌班忽都拙思牙赤耳眉。

一，左手永平等御位下：

永平地哈剌赤千户六十。

乐亭地拙里牙赤、阿都赤、答剌赤迷里迷失、亦儿哥赤马某撒儿答。

香河按赤定住、亦马赤速哥帖木儿。

河西务爱牙赤孛罗㬚。

漷州哈剌赤脱忽察。

桃花岛青昔宝赤班等。

　　大斡耳朵位下：河西务玉提赤百户马札儿。

一，右手固安州四怯薛八剌哈赤平章那怀为长：

固安州哈剌赤脱忽察，哈赤忽里哈赤、按赤不都儿。

真定昔宝赤脱脱。

左卫哈剌赤塔不㬚。

青州哈剌赤阿不花。

涿州哈剌赤不鲁哈思。

一，云南亦奚卜薛帖木儿不花为长。

一，芦州。

一，益都哈剌赤忽都帖木儿。

一，火里秃麻太胜忽儿为长。

一，高丽耽罗。

和买马

太宗十年,敕札鲁花赤胡都虎、塔鲁虎觯、讹鲁不等:自今诸路系官诸物,并由燕京、宣德、西京经过,其三路铺马,难以迭办,今验紧慢,定铺口数目,通由天下户数科定协济。三路旧户二百一十七户,四分著马一匹,新户四百三十四户,八分著马一匹。旧户一百六十九户,二分著牛一头,新户三百三十八户,四分著牛一头。现以南路分,牛马难得,约量定价,马一匹银三十两,牛一头银二十两,若自愿置头匹分付者听。合得协济路分,东平府验户二十三万四千五百八十五户内,有复数民户时重数讫五千八百五十户为不见新旧,权作旧户免征外,实征二十二万八千七百三十五户,内有本路课税所勘当新旧户,照铺头口分例,别行科征送纳,总合著马七百八十五匹五分五厘,牛一千一十七头二分四厘,旧户十一万五千二百四十七户,合著马五百二十九匹一分五厘,牛六百八十一头八分,新户十一万三千四百八十八户,合著马三百五十九匹四分,牛三百三十五头四分四厘。民户二十三万二千六百二十九户,重数户、课税所户在内,标拨与宗王口温不花、中书吾图撒合里并探马赤查刺温火儿赤一千七百五十八户。宗王口温不花拨讫一百户内,旧户三户,新户九十七户,中吾图撒合里拨讫新户三百四十五户。秃赤怯里探马赤拨讫新户六户。查刺温火儿赤伴等回回大师拨讫新户三十户。曹王讹可拨讫新户十户。罗伯成拨讫新户三户。夺沽儿兀兰拨讫新户七户。查刺温火儿赤等以下出气力人,拨讫一百八十三户,乞里觯并以下出气力人,拨讫户三百三十六户。笑乃觯并以下出气力人,拨讫户四百六十七户。孛里海拔都,拨讫一百户。课课不花,拨讫五十五户。合丹拨讫一百十六户。是时无和买之例,惟科定各路民户合著马若干匹,以协济燕京、宣德、西京三路铺马。

中统元年,始敕宣抚司于本路和买骒马一万匹,依市价课银一锭买马五匹,临时斟酌高低定价。凡有骒马之家,五匹存留一匹。有职事官吏亦许存留一匹。和买见数印烙讫,达鲁花赤管民官管押至开平府交割。计燕京路二千四百匹,真定路八百匹,北京路二千匹,平阳路八百匹,东平路八百匹,济南、滨州两路四百匹,大名路四百匹,西京等路二千四百匹。

二年,帝谕中书省曰:前阿里不哥败于昔木土脑儿,今北方雪大,又将复至。据随路无论何人等,马匹尽数和买,每五匹价银一锭。又谕陕西、四川等路和买马匹,其数目先差使臣奏闻。

四年,谕中书省,据阿术差来使臣抹喜奏,马区阙少,可于东平、大名、河南路宣慰司今年差发内,不论回回、通事、斡脱并僧、道、答失蛮、也里可温、畏兀儿、诸色人马匹,每钞一百两,通滚和买肥壮马七匹,付阿术等给与军人。总计和买一千五百五十匹:都元帅阿术一千六十四匹,长寿十九匹,怀都六十九匹,也先不花三百九十八匹。

十四年,敕中书省收到和买马匹内,盲者、瘤者、嗓者、怀驹者印烙毕,俱分付本主。又漕运司牵船马匹,别委本司印烙,沿途官给刍秣应付人夫槽飦。

二十年,丞相火鲁火孙等奏:“忙古骒拔都军二千人,每人给马二匹。今见有一千匹,乞降价再买五十匹。每三匹内,两牝马,一骒马。于大王只必铁木儿、驸马昌吉两位下民户内,并甘、肃州、察罕八哈剌孙数处,差人和买。”从之。

二十六年,尚书省奏和买马并支放钞数。

　一,至元钞一万锭,差官管押前去各处:燕南河北道至元钞二千四百锭,山东东西道钞二千锭,河南等路一千八百锭,太原路、平阳路各一千锭,保定路、河间路各三百锭,平滦路二百锭,本部开支发付都城诸衙门马匹钞四百锭,大都路钞六百锭。陕西等处行省就用保官钱支放。

　一,委本道宣慰司、各路总管府官一同和买。

　一,站赤,每正马一匹,收留贴马二匹,余仿上和买。

　一,差官押运钞数至彼,依数收管呈省,其和买事止责本路官吏。

一，马四岁以上堪中和买；至年老之马，若肥壮亦行和买。

一，权豪势要之家隐占马匹，决杖一百七下，其马没官。

一，各路官员若同心办集马匹，肥壮别议奏闻；其怠慢及马劣者治罪。

一，除陕西行省、平阳、太原径赴河东山西道宣慰司交纳外，其余各路每三百匹作一运，如沿途比原纳膘分，但有瘦弱、倒死，勒令押马官陪偿治罪。

一，和买，开马具原主名姓、毛齿，膘分、价直呈省。

一，探马赤、唐兀、秃鲁花军人，除原有马数不在收买之限，不得转买他人马匹。犯者，买主、卖主各决一百七下，马与价俱没官。

一，马价以中统钞为则：骟马，每匹上等五锭，中四锭，下三锭；曳剌马，每匹上等四锭，中等三锭，下等二锭；小马，每匹上等三锭，中等二锭二十五两，下等一锭。是年，丞相桑哥奏："与月儿鲁等共议，京兆等二十四处郡县免和买。彼处所有之马，若也速孱儿、井忽兰、帖哥烈所领军内有上马者，与之，其余腹里郡县所有之马，若尽买之，窃恐绝。种户、军站户马，免买，各处科一万匹，但买骟马、牡马，不买牝马。"从之。

三十年，中书平章帖哥、剌真等奏："前者为收马事，令臣等议奏，今与枢密院、御史台阿老瓦丁、伯颜、赛因襄加孱等共议，凡请俸人员，令出俸钱买马一万匹。今用马之时，有司无钱更买一万匹。若再拘刷，恐损民力。乞减价与五锭买之。"帝曰："朕不知，卿等裁之。前者，昔宝赤辈言：真定种田人，或一百，或二百人骑马猎兔，似此等马，皆当拘之。"剌真又奏："众议斟酌一马价五锭，臣等恐太多，作三锭，若何？"又奉诏："朕不知，卿等裁之。前者刷马事，盖暗伯以李拔都儿之言上请，卿等与暗伯共议以闻。"于是月儿鲁、帖哥、暗伯、剌真、李拔都等共奏：各省科买马一万匹。诏如所请。

大德五年，中书省议拟，于上都、大同、隆兴三路和买马匹，隆兴路委本路总管也里忽里，河东宣慰司委本道宣慰使法忽鲁丁，上都留守司委本司副达鲁花赤撒哈秃,不妨本职提调。依和买十岁以下、四岁以上堪中肥牡骟马、曳剌马小匹,每匹通滚价直,不过中统钞五锭。又变通至元旧制,稍增其价焉。

括马

又名刷马。至元十一年,括诸路马五万匹。二十三年,丞相安童奏:"定议中原括马斡儿脱、达鲁花赤官,回回、畏兀儿并闲居富户,有马者,三分取二,汉人尽所有拘取。又军、站、僧、道、也里可温、答失蛮欲马何用,乞亦拘之。"又奏:"马价续当给降,隐藏及买卖之人乞斟酌轻重杖之。"帝曰:"此卿等事,卿自裁之。"总计刷到马十万二千匹:

一,赴上都交纳八万匹:大都路一万匹,保定、太原等路各六千匹,真定、安西等路各七千匹,延安、平滦等路各二千四百匹,河间、大名等路各六千匹,东平、济南等路各四千匹,北京路八千匹,广平路三千匹,顺德路二千匹,益都路五千匹。

一,赴大都交收,省部差官择好水草牧放听候起遣,马二万二千匹:彰德路三千匹,卫辉路一十匹,怀孟路一千匹,东昌路二千匹,淄莱路一千匹,济宁路二千匹,恩州路五百匹,德州路五百匹,高唐州五百匹,冠州三百匹,曹州七百匹,濮州五百匹,泰安州五百匹,宁海州五百匹,南京路三千匹,归德府路一千匹,河南府路一千匹,南阳府一千匹,平阳路二千匹。为灾伤赈济,量拟马数。

二十四年,帝自将讨乃颜,括河南僧道马匹,总计一千五百三匹。百官以职守不扈从,献马以给卫士。又括平滦路马匹。二十五年,括隆兴府一百四十三匹,交付北征军人。又敕太原路应付阿只吉大王位下七百步行人,每名骟马二匹及两月粮。

二十六年,答思、秃剌、帖木儿等奏:所领渐丁无马。敕隆兴府拘刷给之。又丞相桑哥等奏:"臣等议,行省官骑马五匹,宣慰司官、三品官各骑马三匹,四、五品官各骑马二匹。五品以下各骑一匹。军官、军站马免刷。"从之。

二十七年,中书省奉敕移咨各省:除军官、站户、品官合留马外,不论是何人户,应有马匹尽数拘刷到官。总计九千一百三十七匹:江淮省六千二百五十四匹,福建省二百三十匹,湖广省一千八百二十匹,江南省六百九十六匹,四川一百三十六匹。支拨六千八百十三匹:哈剌赤收三千二百九十六匹,贵赤卫收一千五十七匹,四怯薛阿塔赤等收一千三百九十九匹,起赴上都。阿速卫等收二千一百八十八匹。见在马一百十五匹札付太仆寺收管讫。

三十年,诏叛王仍不悔过,用军之际,随处行省括马十万匹,后偿其直。其合行事理:

一,诸人应有马匹,除病嗓不堪者及带驹牝马打讫退印,分付原主,其余尽数收括,若将堪中马匹隐弊,及不行印烙者,当该官吏断罪罢职。

一,养马之家,应尽数赴官,如有隐藏影占抵换马匹者,决杖一百七下,马没官,其价钱付告人充赏。

一,站户正马一匹,许留贴马三匹,其余马匹尽数赴官印烙。

一,探马赤、阿速、贵赤、唐剌赤、唐玉、秃鲁花、大都六卫军马免刷,余正军贴户应有马匹尽数别用印记印烙讫,分付各主知,在听候。

一,押马官从各处官司与差去官一同拣选,知会牧养头匹达鲁花赤、色目上官管押前来,每运不过一百匹。

一,官员存留马:一品五匹,二品四匹,三品三匹,四、五品二匹,六品以下一匹。听除官员,色目人二品以上留二匹,三品至九品留一匹。汉人一品至五品受宣官留一匹,受敕官不须存留。

一,外路在闲官员,除受宣色目官留一匹,其余受敕以下并汉官马匹,无论受宣、受敕尽行赴官印烙解纳。

一,随朝衙门并六部断事官、通事、译史、令史、宣使、奏差、知印人等，旧有马匹者止留一匹，无者毋得劫行置买，违者杖五十七下。其马没官。

一，差去官并各处刷马官、押马官等，不得抵换马匹，及取受钱物，看循面情，违者治罪。

又中书平章政事帖哥、剌真等奏："在前刷马，皆由一道赴都，聚为一处，骚扰百姓，践踏田禾，马亦倒毙。今各处刷马，宜分数道赴都。"敕从之。计刷马十一万八千五百匹：江南行省马二万四千匹。江浙省一万匹，福建省马二千匹，两省马到宿迁县，计会都省所委官指拨，由泰安州、东平路分三道至大都。湖广马八千匹，江西省马四千匹，由汴梁、怀孟两路至太原、大同迤北交纳。腹里行省、宣慰司，并直隶省部路分，马九万四千五百匹，河南省马二万匹，汴梁等五路并荆湖等处马，由怀孟路至太原、大同迤北交纳。淮东道马至宿迁县，由泰安州、东平路、益都路分三道至大都，淮西道马由大名路至大都。陕西、辽阳两行省收拾马匹现数，就本省地面牧放。陕西省八千匹，付阿难答大王收管。辽阳省五千匹，四川省一千匹，押赴陕西省，交割牧放。山东宣慰司一万五千匹，从便赴大都。河东道宣慰司一万匹，大同迤北交纳。直隶省部路分十二处：直赴上都交纳者，平滦路二千匹；由太原路至大同迤北交纳者，卫辉路一千匹、彰德路二千匹、怀孟路一千匹；从便赴大都交纳者，大都路八千匹、保定路四千匹、恩州三百匹、冠州二百匹、大名路四千匹、河间路四千匹；由飞狐口，大同迤北交纳者，真定路五千匹、广平路二千匹、顺德路一千五百匹。

大德二年，丞相完泽、平章赛典赤等奏："臣等观世祖皇帝时刷马五次，后一次括十万匹，虽行讫文书，止得七万余匹。为刷马之故，百姓养马者少。今乞不定数目，除怀驹、带马驹外，三岁以上者皆刷之。"帝从之。又诏："刷马之故，为迤北军人久在军前，欲再添赴敌军数，以此拘刷耳。"

总计马十一万一千七百五十五匹；

行省三万七千二百一十二匹；

河南省一万六千八百七十二匹，

陕西省一万八千四百十九匹，

四川省一千八百七十二匹；

辽阳省一万六十二匹；

腹里七万四千五百四十二匹：

大都路八千二百二十三匹，

保定路二千九百六十七匹，

河间路三千二百十九匹，

济南路六千二百二十三匹，

般阳路二千七十七匹，

益都路五千二百四十四匹，

高唐州二百三十六匹，

恩州二百四十四匹，

冠州二百十八匹，

德州一千二百八十五匹，

曹州一千六百五十六匹，

东昌路一千三百二匹，

济宁路二千六百五匹，

广平路二千二百三十三匹，

真定路八百六十七匹，

濮州一千九十八匹，

彰德路二千八百四十一匹，

大名路三千三百八十二匹，

顺德路一千十一匹，

东平路一千六百三十二匹，

泰安州一千一百三十四匹，

平滦路三百五十四匹，

卫辉路二百九十六匹，

宁海州二百三匹，

怀孟路一千六百六十七匹，

平阳路九千八百六十八匹，

大同路二千八百四十四匹，

太原路九千五百十六匹。

未几，平章政事赛典赤、暗都赤等奏："民间闻刷马，私下其直卖之。臣等今罢马市，察私卖者罪之。世祖皇帝时拘刷都城合骑、合纳官者，皆令印烙讫，无印字者刷之，以此不乱。今难于在先怯薛歹、诸王、公主、驸马等皆在都城中，依例合刷、合回主者不可印烙。蒙古怯薛歹等乞依汉人例，有隐藏者罪之。"诏如所请。

三年，枢密院奏："前者奉敕振给红胖袄军物力，今省臣议，每人支马价五锭。臣等谓虽有给钞之名，虚费不得用，因与省臣议：察忽真、念不烈百姓，又忙哥歹百姓及河西不曾刷马之地，和尚、先生、也里可温、答失蛮马匹尽行拘刷。依例与直，如更短少，然后再支马价。"帝曰："卿等议是也。不敷则以钱给之。"

四年，遣刘深等征八百媳妇，敕云南行省：每军士给马五匹，不足则补以牛。

至大三年，丞相别不花奏："西面察八儿诸王，久不奉朝命，今始来降，振起其军站物力，应刷马给之。"敕准腹里、行省刷马四万一百三十匹。腹里路分三万四千三百二十四匹：晋宁路二千七百七十五匹，冀宁路二千三百匹，真定路九百四十六匹，怀孟路六百八十二匹，广平路一千二百四十三匹，顺德路六百七十三匹，彰德路四百五十四匹，卫辉路六千二匹，中都留守司五百九十九匹，大都路四千八百八十八匹，保定路四百三十六匹，河间路九百四十五匹，德州路一百九十匹，曹州路三百四十一匹，大名路一千二百十五匹，济南路七百二十三匹，高唐州一百六匹，恩州一百五匹，永平路五百二十六匹，冠州一百三十三匹，东昌路二百十四匹，濮州四百二十六匹，益都路一千六百二十四匹，济宁路四百四十八匹，般阳路一千十三匹，东平路二百十九匹，广平路四十七匹，泰安州一百九十六匹，宁海州六百三十五匹，塔思哈剌牧马官、卫尉、太仆院使、床兀儿平章等收之。行省刷马一万五千八百九匹:河南江北行省七千七百九匹,中都刷马、大宗正府札鲁花赤、别帖木儿平章等收之;湖广行省二千六百四十二匹,中都刷马官、别帖木儿平章等收之;江浙行省三千四百五十八匹,大都刷马官、刑部尚书王伯胜收之;江西行省二千匹,中都刷马官、别帖木儿平章等收之。除事故寄留,倒死走失及给散站马外,收马三万一千四百四十六匹。凡刷马,以军事急,和买不及,故科民马以应之。今诸王入朝,以和买赐之可矣。亦刷行省之马,使百姓受累,非制也。

延祐三年,右丞相帖木迭儿等奏:"起遣河南行省所管探马赤军,各给马二匹,千户、百户、牌头内有骟马、牧马、牝马皆行,不足于附近州县拘刷四马以上之马,各贴为二匹。"

四年,帖木迭儿等又奏:"前者军人上马之时,大都、上都西路拘刷马匹,今济南、益都、般阳等路,又北京一带,辽阳省所辖各路,并未拘刷,乞依例刷之。"俱从之。总计二十五万五千二百九十一匹。腹里十六万四千五百二十三匹:上都留守司二千六百二十匹,冀宁路二万八千二百八十匹,晋宁路一万六千二百九十匹,益都路一万八千七百三十八匹,大同路二千二百四十匹,济宁路五千九百三十六匹,般阳路六千四百三十四匹,河间路一万七百五十二匹,永平路三千二百六十六匹,恩州二百七十六匹,德州三千一百十九匹,怀孟路一千七百三十三匹,宁海州二千六百二十五匹,兴和路七百五匹,保定路三千八百八十九匹,大都路一万六千九百六十一匹,濮州六千六百二十匹,顺德路一千五百二十匹,卫辉路一千六百七十六匹,彰德路二千六百六十五匹,高唐州六百五匹,广平路二千一百六十一匹,大名路二千二百六十二匹,泰安州一千一百八十七匹,济宁路八千六十七匹,真定路九千八百七十二匹,东昌路三千三百三十六匹,冠州七百三十二匹,曹州二千四百四匹,东平路八百九十二匹。辽阳省所辖七千九百六十八匹:广宁路九百匹,辽阳路四百五十九匹,沈阳路三百八十三匹,开元路六百五十二匹,金、复州万户府二千一百四十二匹,大宁路三千一百五匹,懿州

四百二十六匹。河南省八万二千八百匹,各交付四万户蒙古军人:
淮东道九千七十二匹,荆湖北道五千九百二十三匹,南阳府五千三
百二十一匹,安庆路三千七百七十五匹,归德府五千三百十二匹,
汝宁府七千六百四匹,汴梁路二万二千二十七匹,襄阳府三千七十
二匹,安丰路七千七百二十二匹,扬州路一千一百五十五匹,德安
府三千五百六十四匹,河南府二千六百三十九匹,庐州路五千四百
十一匹,黄州路二千一百三匹。

五年,中书省奏:"阿撒罕等叛乱之时,陕西省不分军民站赤一
概拘刷马匹。后各回复原主。前年各路刷马之时,不及陕西。今军
站辛苦,乞刷陕西省马匹以赡之。"皇太后懿旨亦欲差人拘刷。敕:
"依延祐四年定例,差官与各路正官同刷堪中马匹,印烙明白交
割。"其章程,视至元三十年稍有损益,不具录。

六年,参议中书省钦察等奏:"去岁奉命拘刷陕西省马匹,今行
省官及台官上言:阿撒罕等叛乱,骚扰百姓,拘收马匹,又兼年谷不
登,百姓阙食,乞罢刷马之事,臣等谓其言有理,万户齐都军五千
人,请止给两匹骒马、一匹牝马之价。"从之。

七年,右丞相帖木迭儿等奏:"起遣押当吉译言贫民。回籍,奏准
于汉地和买马三万匹给散。今年为整治军力,钱币空虚,权于附近
州县刷马三万匹给之,俟秋成拨还其值。"总计刷到马一万三千三
百十三匹:河间路三千八百六十一匹,大都路五千二百七十七匹,
保定路二千一百五十六匹,永平路二千十九匹。是年七月,帖木迭
儿等又奏:"怯薛歹用马,乞于大同、兴和、冀宁三路依前例差人拘
刷。"总计马一万三千四百五十二匹:兴和路四百六匹,大同路三千
八百八十八匹,冀宁路八千一百六十四匹。延祐五年以恤军站刷马,
六年,以起遣押当吉刷马,又以怯薛歹用马刷之,皆非军事,盖拘刷
益滥矣。

致和元年九月,文宗自江陵入大都,平章速速等启:"战士即日
用马,乞令大都南北二城,除见任官外,回回及答失蛮等骒、马,限
二日内赴总管府交纳,违限不纳者重罪。"又丞相燕帖木儿、别不

花,平章速速,郎中自当,员外郎举里,都事朵来等启:"遣断事官揑古、兵部侍郎罕赤赴真定路刷马,除见在官员、军站户、兵户,计三岁以下及怀驹、引驹马匹外,其余不论是何人等,尽行拘刷,隐匿及换易者,依条断罪。"别不花等又启:"前河间、保定、真定等路降钞,以四锭、五锭为率,和买马匹。军事急,比及和买,诚恐迟误,乞拘刷三路马匹。俱奉令旨准,敬此。"

天历元年,平章政事速速等奉准拘刷晋宁、冀宁二路马匹。敕遣吏部员外郎辛钧赴冀宁路,同知保禄赴晋宁路。速速等又请拘刷山东各路,从之。总计腹里刷到马匹一万七千六百九十五匹:真定路二千四百匹,河间路八百二十匹,保定路八百二十六匹,益都路三千六百十一匹,济南路一千五百二十八匹,东平府八百二十匹,东昌路二百三十六匹,濮州路三百五十一匹,济宁路一千三匹,泰安州二百四十四匹,曹州四百二十六匹,高唐州二百十二匹,德州四百八十六匹,般阳路三百三十二匹,大都路四千二百六十八匹。河南省刷到三万九千八百二十八匹:淮东道六千七百九十匹,荆湖北道九千一百七十九匹,汴梁路九千三百二匹,黄州路一千五十一匹,庐州路五千二百十一匹,安丰路三千一百七匹。

后至元二年,敕汉人、南人、高丽人,凡有马者,悉拘之。时盗贼窃发,以拘刷为防乱之计,尤非政体云。

抽分羊马

太宗五年,敕田镇海、猪哥、咸得卜、刘黑马、胡土花,小通事合住,绵厕哥、木速、孛伯,百户阿散纳、麻合马、忽赛因、贾熊、郭运成并各官员等,据斡鲁朵商贩回回人等,其家有马、牛、羊及一百者,取牝牛、牝羊一头入官,牝马、牝牛、牝羊及十头,亦取牝马、牝牛、牝羊一头入官,有隐漏者尽没之。

定宗五年,敕诸色人等马牛羊群,十取其一,隐匿者罪之。

宪宗二年,敕诸色人孳畜,百取其一,隐匿者及官吏受财故纵者,不得财而骚扰者,皆有罪。

大德七年,兵部议:"抽分羊马人员,每岁扰累州县,苦虐人民。拟令宣徽院立法,严切拘钤。至抽分时,各给印押差札,开写所委官吏姓名,不得多带人员及长行头匹,经由通政院倒给铺马分例,前去各该路府州县,同本处管民正官,依例抽分羊马牛只,随即用印烙讫,趁好水草牧放。如抽分了毕,各取管民官印署保结公文,申覆本院,委官押领,依限赴都交纳。其余一切搭盖棚圈并常川马匹草料饮食等物,不须应付,庶革扰民欺诳之弊。"从之。

八年,中书省奏:"旧例,一百口羊内抽分一口,不及一百者,见群抽分一口,探马赤羊马牛不及一百者,免抽分。今御史台及行省官皆言见群抽分一口损民,拟后三十口者抽分一口,不及者免,实于官民便益。臣等谓,应依先例一百口内抽分一口,见群三十口内抽分,不及三十口者免。宣徽院差选见役廉慎人,与各处管民官一员,公同抽分,将在先滥委之人罢斥。"从之。

皇庆元年,枢密院奏:"世祖皇帝定例,探马赤军马牛羊等一百口抽分一口,与下户贫乏军人接济物力。去年中书省奏遣爱牙赤军中,再加抽分一半马牛羊,一半钞锭、毡子等物。如此重叠,军力必至消之。乞止依薛禅皇帝定例施行为便。"敕:"军人与百姓不同,其依旧例行之。"

延祐元年,中书省奏:"前哈赤节次阅讫官牝羊三十余万口,本欲孳生以备支持。因年远,哈赤等将孳生羯羊不肯尽实到官,宣徽院失于整治,致为哈赤等所私用。每岁支持羊口,皆用官钱收买。又每遇抽分时,将百姓羊指作官羊夹带映庇,不令抽分。拟依照原定则例,从实抽分。若有看循作弊,从严究治。哈赤牧放官羊,亦仰从实分拣,除牝羊并带羔羊存留孳生外,应有堪中羯羊印烙,见数拘收,如有隐匿者,从严追断施行。"总计抽分之地,凡十有五,曰:虎北口,南口,骆驼岭,白马甸,迁民镇,紫荆关,丁宁口,铁门关,浑源口,沙净州,忙兀仓,车坊,兴和等处,辽阳等处,察罕脑儿。

新元史卷一〇一
志第六八

兵　四

军粮　站赤　急递铺　弓手
打捕鹰房

　　元初用兵四方,士卒以私财自赡,贫者助以贴户。故上无养兵之费,而兵易足。至世祖定军户之籍,凡蒙古、探马赤、汉军,皆月给米五斗、盐一斤,别以米四斗赡其家。及收宋降兵,籍为新附军,以无贴户,月给米六斗、盐一斤,所谓军人盐粮例也。

　　至元二十二年,中书省议:“除渐长成丁军人收系充军依例外,据各军阵户病没者之妻子照勘明白,每月支粮四斗施行。”

　　二十四年,湖广行省言:“蒙古、汉军及新附军人,摘拨占城、云南、沿海、两广、福建等处,近者不下三五千里,远者至万余里,俱系烟瘴极边重地。凡去军人,易染疾病。况兼久戍资财罄尽,得替还家,新附地方不肯应附饮食,必因饥困骚扰居民,深为未便。”中书省议:“两广、福建、镇守军人得替还家,自起程日每日支行粮一升,至过江停罢。其余镇守军人不在此例。”是年,诏新附军人并诸色人匠停支蕰菜钱。

　　元贞元年,湖广炮手军匠万户府言:“新附军人请以正军米六斗养赡家人,将养家米四斗、盐一斤支付本军。”中书省奏准,从便施行。

延祐七年，诏管军官吏人等克减军人衣粮者，虽经赦免，仍追赃给主。

至病军各翼，又置安乐堂以养之。至元二十一年，诏军前患病者，令高手医工用药看治，仍仰首领官专一随时考较，验病死军人多寡，以施赏罚。至大元年，江陵路录事李贞言："各处安乐堂，盖为过往病军所置。后遇病军死者，请比照养济院事例，官为敛瘗，定立名碑，俾家人识验。实为养生葬死，无憾之一。"户部议从之。

站赤，译言驿传也，立于太宗元年，敕：诸马站、牛铺，每一百户置车十，各站有米仓，站户十，岁纳米一石，使百户一人掌之。

四年，诏诸路官并站赤人等："使臣无牌面文字，始给马之驿官及元差官，皆罪之。有牌面文字而不给驿马者，亦罪之。若系军情急速，及送纳御用诸物，虽无牌面文字，亦验数应付车牛。"

中统元年，云州置站户，取迤南诸州站户籍内选中、上户应当。马站户，马一匹；牛站户，牛二只。不论亲、驱，每户取二丁，及家属安置于立站处。

五年，诏："站户贫富不等，每户限田四顷，免岁赋，以供铺马祇应。"

至元元年，中书省奏：六部并为四部，据别路站赤铺站数目，宜令本部检校，其区处条画：

一，委本户管民正官督勒管站，照觑铺马。

一，四户养马一匹，有倒死者，验数补买。若管站者妄行科敛钱物，依条重断。

一，依验使臣分例，应付当日首思，令本站官暗偿。

一，站户买马，仰本管官先行看视，须择买肥壮者，无得听从站户止图省价滥收。

一，管站官不得私骑站马，违者罪之。

一，遇使臣经过，宜辨验札子，毋得止验来贴关子倒换。

一，诸站牧地，管民官与本站官打量亩数，明示界限，勿得互相侵乱,亦不得挟势冒占民田。

一,使臣经过起数,仰总府取会,每月不过次月初十日以内申部。

一,使臣不得违例多骑铺马,及娄索站赤钱物。

一,各路站赤,委府州县达鲁花赤长官提调。

是时,良乡县马站,四月之内起至一万三千三百余匹,故省臣严为限制,颁于各路焉。

七年,省部官议定:"各路总府在域驿,设官二员,于见役人员内选用,州县驿设头目二名,如见役人就令依上任事,不系站户,则/就本站马户内别行选用。除脱脱禾孙依旧外,其余见设总站官,悉罢之。"十一月,立诸站都统领使司。往来使臣,令脱脱禾孙诘问。

八年,中书省议:"铺子马札,初用蒙古字,各处站赤未能尽识,宜绘马匹数目,复以省印覆之,庶无疑惑。"因命各处取给铺马标附文籍,其马匹数付驿吏房书写毕,就左右司用墨,印给马数,自省印印讫,别行附籍发行墨印,左右司封掌。

九年,诸站都统领司言:"朝省诸司局院,及外路诸官府应差驰驿使臣所赍札子,从脱脱禾孙辨诘,无脱脱禾孙处,令总管府验之。"

十一年,令各路站赤,直隶总管府,其站户家属,令元籍州县管领。

十七年,诏:"江淮诸路增置水站。除海青使臣,及事干军务者,方许驰驿。余者自济州水站为始,兼令乘船。"

十八年,诏:"除上都、榆林迤北站赤外,不须支给官钱,验其闲剧,量增站户,协力自备首思当站。"

二十五年,腹里路分三十八处,年销祇应钱不敷,增给钞三千九百八十一锭,并元额七千一百六十九锭,总中统钞一万一千五十锭,分上下半年给。是年,命南方站户,以粮七十石出马一匹为则,或十石之下八、九户共之,或二三十石之上两三户共之,免一切杂泛差役。若有纳粮百石之下、七十石之上,自请独当站马一匹者听之。

二十九年，命通政院分官四员，整治江南四省站赤，给印与之。

三十年，江浙行省言："各路递运站船，若止以六户供给一艘，除苗不过十四五石，力寡不能当役。请令各路除苗不过元额二十四石，自六户以上，或至十户，通融金发。"从之。

大德八年，御史台言："各处站赤合用祗应官钱，多不依时拨降，又或数少不给，令站户轮当库子，陪备应办。莫若验使臣起数，实支官钱，所在官司依时拨降，令各站提领收掌祗待，毋得科配小民，以为便益。"从之。

至大三年，中书省臣言："江浙杭州驿，半年之内使人过者千二百余。有桑兀宝丁等进鸦、鹘、狮、豹，留二十七人，食肉四千二百余斤。请自今远方，以奇珍百宝来者，依例进。其商人自有所献者，令自备资力。"从之。

皇庆元年，监察御史言："燕南河北军站人户，远年逃窜，有司不肯诣实申报，止是桩配见户包当。其各站提领百户与州县通同作弊结揽，诡名添价，贩买驴畜，营私益己。又提点官等总领亲戚退闲官吏，假借威势，俵散香茶等物，致站户逃移消乏。令于部分拟定约束，官民便益。"兵部议从之。又札御史台，令廉访司严加纠治焉。

延祐五年，中书省臣言："昨奉兵部言，各站设置提领，止受部札，行九品印，职专车马之役，所领站赤多者二三千，少者六七百户，比之军民，体非轻细。今拟各处馆驿，除令、丞外，见役提领不许交换。"从之。

七年，诏蒙古、汉人站赤依世祖旧制，归之通政院。是年，诏腹里、江南汉地站赤，令达鲁花赤提调，州县官勿与。

至顺元年，火鲁孙一十五狗驿狗多死，赈粮两月，狗死者给钞补之。

凡给驿传玺书，谓之铺马圣旨，颁于中书省者，谓之铺马札子。遇军务之急者，又以金字圆符为信，银字者次之。

　　至元十九年,诏给各行省铺马圣旨,扬州、鄂州、泉州、隆兴、占城、安西、四川、西夏、甘州每行省五道。十月,增给各省铺马圣旨,西川、京兆、泉州十道。甘州、中兴各五道。

　　二十年,和林宣慰司给铺马圣旨二道,江淮行省增给十道,都省遣使繁多,亦增二十道给之。十一月,增给甘州行省铺马圣旨十道,总之为二十道。十二月,增各省及转运司铺马圣旨三十五道:江淮行省十道,四川行省十道,安西转运司分司二道,荆湖行省所豁湖南宣慰司三道,福建行省十道。

　　二十一年,增给各处铺马札子,荆湖占城等处,本省二十道,荆湖北道宣慰司二道,所辖路分一十六处,每处二道;山东运司二道;河南运司七道;宣德府三道;江西行省五道;福建行省所辖路分七处,每处二道;司农司五道;四川行省所辖顺元路宣慰司三道,思州、播州两处宣慰司各三道;都省二十九道;阿里海涯所治之省,铺马圣旨十道,所辖宣慰司二处各三道。

　　二十二年,给陕西行省并各处宣慰司行工部等处铺马札子一百二十六道。

　　二十三年,福建、东京两省,各给圆牌二面。奥鲁赤出使交阯,先给圆牌二面,创立三处宣慰司,给札子起马三十匹。

　　二十四年,增给尚书省铺马圣旨一百五十道,并先给降一百五十道,共三百道。七月,给中兴路、陕西行省、广东宣慰司沙不丁等官铺马圣旨一十三道。二十五年,增给辽阳行省铺马札子五道。十一月,福建行省元给铺马圣旨二十四道,增给札子六道。二十六年,给光禄寺铺马札子四道。三月,给海道运粮万户府铺马圣旨五道。四月,四川绍庆府给铺马札子二道,成都府六道,龙兴行省增给五道,太原府宣慰司及储峙提举司给降二道。八月,给辽东宣慰司铺马札子五道,江淮行省所辖浙东道宣慰司三道,绍兴路总管府给降二道,甘肃行省所辖亦集乃总管府、河州、肃州三路给六道。十一月,增给甘肃行省铺马圣旨七道。

　　二十七年,增给陕西行省铺马圣旨五道。二月,都省增给铺马圣旨一百五十道,江淮行省一十五道。六月,给营田提举司铺马圣旨二道。九月,江淮行省所辖徽州路水路不通,给铺马圣旨二道。

二十八年,增给省除之任官,铺马圣旨三百五十道。

三十年,立南丹州安抚司,给铺马圣旨二道。三月,两淮都转盐使司增给铺马圣旨起马五匹。五月,给淘金运司铺马圣旨起马五匹,大司农司起马二十匹。八月给刘二拔都圆牌三面,铺马圣旨一十五道。十月,增给济南盐运司铺马圣旨一道。

三十一年,给福建运司铺马圣旨起马五匹。

至大三年,给嘉兴、松江、瑞州路及汴梁等处总管府铺马圣旨各三道。四年,诏拘收各衙门铺马圣旨,命中书省定议以闻。省臣言:"始者,站赤隶兵部,后属通政院。今通政院怠于整治,站赤消乏,合依旧命兵部领之。"从之。省臣又奏:"昨奉旨以站赤属兵部。今丞相帖木迭儿等议,汉地之驿令兵部领之,其铁烈干、纳邻、末邻等处蒙古站赤,仍付通政院司。"帝曰:"何必如此,但令罢通政院,悉隶兵部可也。"七月,复立通政院,领蒙站赤。十一月,给中政院铺马圣旨二十道。

皇庆元年,增给陕西行台铺马圣旨八道。六月,中书省臣言:"典瑞监掌金字圆牌及铺马圣旨三百余道,至大四年凡圣旨皆纳之于翰林,而以金字圆牌不收,增置五十面。盖圆牌遣使,初为军情大事而设,不宜滥设,自今不纳牌面,不经中书省、枢密院者宜勿与。"从之。

延祐六年,沙、瓜州立屯储总管府,给铺马圣旨六道。

泰定元年三月,遣官赈给帖里干、木怜、纳怜等一百一十九站,钞二十一万三千三百锭、粮七万六千二百四十四石八斗。北方站赤,每加津济,至此为最盛云。

中书省所辖腹里各路站赤,总计一百九十八处:

陆站一百七十五处,马一万二千二百九十八匹,车一千六十九辆,牛一千九百八十二只,驴四千九百八头。

水站二十一处,船九百五十只,马二百六十六匹,牛二百只,驴三百九十四头,羊百口。

牛站二处,牛三百六只,车六十辆。

河南江北等处行中书省所辖,总计一百七十九处,该一百九十六站:

陆站一百六处,马三千九百二十八匹,车二百一十七辆,牛一百九十二只,驴五百三十四头。

水站九十处,船一千五百一十二只。

辽阳等处行中书省所辖,总计一百二十处:

马六千五百一十五匹,车二千六百二十一辆,牛五千二百五十九只。

狗站一十五处,元设站户三百,狗三千只,后除绝亡倒死外,实在站户二百八十九,狗二百一十八只。

江浙等处行中书省所辖,总计二百六十二处:

马站一百三十四处,马五千一百二十三匹。

轿站三十五处,轿一百四十八乘。

步站一十一处,递运夫三千三十二户。

水站八十二处,船一千六百二十七只。

江西等处行中书省所辖,总计一百五十四处:

马站八十五处,马二千一百六十五匹,轿二十五乘。

水站六十九处,船五百六十八只。

湖广等处行中书省所辖,总计一百七十三处:

陆站一百处,马二千五百五十五匹,车七十辆,牛五百四十五只,坐轿一百七十五乘,卧轿三十乘。

水站七十三处,船五百八十只。

陕西行中书省所辖八十一处:

陆站八十处,马七千六百二十九匹。

水站一处,船六只。

四川行中书省所辖:

陆站四十八处,马九千八十六匹,牛一百五十头。

水站八十四处,船六百五十四只,牛七十六头。

云南诸路行中书省所辖站赤七十八处:

马站七十四处,马二千三百四十五匹,牛三十只。

水站四处,船二十四只。

甘肃行中书省所辖三路:

脱脱禾孙马站六处,马四百九十一匹,牛一百四十九只,驴一百七十一头,羊六百五十口。

世祖受京兆分地,自燕京至开平府,复自开平府至京兆,始验地理远近,人数多寡,立急递站铺。每十里或十五里、二十里,则设一铺,于各州县所管民户及漏籍户内佥起铺兵。

中统元年,诏:"随处官司,设传递铺驿,每铺置铺兵五人,各处县官,置文簿一道付铺,遇有转递文字,当传铺即注名件到铺时刻,及转递人姓名于簿上,令转送人取下铺押字交收时刻还铺。稽滞者罪之。"铺兵一昼夜行四百里。各路总管府委有俸正官一员,每季亲行提点。州县亦委有俸末职,上下半月照例。有稽迟及磨擦损坏文字,即将铺司铺兵科罪。

三年,定中书省文字转递外,其余官府文字不得由急递铺转送。各路总管府并总管军官文字直申省者转递,不系申省者勿入递。

至元八年,令各处成造军器由急递铺转送。又尚书省定例,随路帐册重十斤以下、可以担负者,许入递。

九年,左补阙祖立福合言:"诸路急递铺名,不合人情。急者急速也,国家设官署名字,必须吉祥者为美,宜更定之。"遂更为通远铺。

二十年,留守司言:"初立急递铺时,取不能当差贫民,除其差发充铺兵,又不敷者,于漏籍户内贴补。今富人欲避差发,永充铺兵,宜择其富者,令充贴户,站户之贫者充铺兵。"从之。

二十八年,中书省以近年衙门众多,文书繁冗,整治急递铺事例。凡入递文字，其常事皆付承发司随所投去处，类为一缄，排日发遣。其省部急速之事，方置匣子发遣。其匣子入递，随名造册呈省，或合添设户数亦仰明白议拟呈省。仍令各铺照原行体例，并节续禁治条陈事理施行。又省部议："亡宋收附以来，诸国悉平，比中统、至元之初入递文字，何啻百倍，若必以昼夜四百里责之切，恐往返频数疲劳不能解送。拟照原奉圣旨事意，除边远军情紧急，差委使臣勾当外，应人入递文字，责令总铺依例类缄发遣。限一昼夜行三百里，江河风浪险阻不拘此限。并不得将文册十斤以上及一切诸物入递，违者送所在官司究问。"

至治三年，命各处急递铺，每十铺设一邮长，于州县籍记司吏内差充，一岁之内能尽职者，从优补用，不能，提调官量轻重罪之。铺兵每名，十二时辰轮子一个，铺历一本，二司行下一本，行省咨诸路申上一本，夹板一副，铃攀一副，袖绢三尺，蓑衣一领，红绰屏一座，并牌旗软绢袱包一条，回历一本。

弓手，主捕盗贼。京师南北城兵马司外，则各州县皆置之。

中统五年，颁建都诏书内一款：随处府州驿路，应置巡马及马步弓手。于本路不论是何投下当差户计，及军、站、人匠、打捕鹰房、斡脱、窑冶、诸色户计内，每一百户取中户一名充役，与免本户差发，在九十九户内均摊。若有失盗，勒令弓手立限盘捉。凡州县相距五、七十里所有村店及二十户以上者，设立巡防弓手，令本县长官提调。若无村店处，或五、七十里创立聚落店舍，亦须及二十户。其巡军设别，不在户数之内。关津渡口，必当置弓手处，不在此限。其夜禁之法：三更之点钟声绝，禁人行，五更三点钟声动，听人行。有急速公事及丧病产子者，不在此限。

至元三年，省部议："随路户数不同，兼军站不在差发之内，似难均摊。拟斟酌京府司县合用人数，止于本处包银丝线并止纳包银户计，每一百户选差中户一名当役，其差发令九十九户包纳。"从之。

八年,御史台言:"诸路宜选年壮熟娴弓马之人,以备巡捕之职。弓手数少者,亦宜增之。除捕盗外,不得别行差占。"

十六年,分大都南北两城兵马司,各主捕盗之任。南城三十二处,弓手一千四百名。北城十七处,弓手七百九十五名。

大德七年,以弓手粮税应民户包纳,其中奸弊甚多。定合计征粮,验实均包之法。

延祐二年,从江南行台请,以各处弓手,往往致害人命,役三年者罢之,别于相应户内补换。

打捕鹰房户,多取移居、放良及漏籍孛兰奚、还俗僧道,及招收亡宋旧役等户充之。其差发,除纳地税、商税,依例出军等六色宣课外,并免其杂泛差役。自太宗八年,抄籍分属御位下及诸王公主驸马各投下。世祖时,行尚书省重定其籍,永为定制焉。凡捕猎,自正月初一日始,至七月二十八日,除毒禽、猛兽外,禽兽孕卵者不得捕打,禁捕野猪、鹿、兔,违者罪之。诈称打捕户捕猎者,罪之。

至元八年,禁捕天鹅、雌老仙鹤、鹘,违者没其妻子,与拿获人。十六年,诏:应管打捕鹰房人匠官,多将富民滥收,影射差徭。已收户内有不系此色人,不习此等业者,俱还民籍,违者罪之。大德三年,禁捕秃鹙打捕户折纳皮旧例:虎皮貂折貂皮五十张,熊皮一折十五张,鹿皮一折七张,豺一、青狼皮一、折五张,粉獐皮一折三张,金钱豹皮一折四十张,土豹一折十张,蓟叶豹金丝绒皮一折六张,山狼皮一折五张,狐皮一折二张。利用监新定纳:貂皮、羊麂鹿皮及麋鹿一折七张,豹皮、花熊皮一折十五张,例鼠皮一折一张,鸡翎鼠皮十折一张,飞生鼠十折一,山分鼠四折一,鼠扫张鼠皮五折一张。

御位下打捕鹰房官:

一所,权官张元,大都路宝坻县置司,元额七十七户。

一所,王阿都赤,世袭祖父职,掌十投下、中都、顺天、真定、宣德等路诸色人匠打捕等户,元额一百四十七户。

一所,管领大都等处打捕鹰房民户达鲁花赤石抹也先,世袭祖父职,元额一百一十七户。

一所,管领大都路打捕鹰房等官李脱欢帖木儿,世袭祖父职,元额一百二十八户。

一所,宣授管领大都等处打捕鹰房人匠等户达鲁花赤黄也速觯儿,世袭祖父职,元额五十户。

一所,管领鹰房打捕人匠等户达鲁花赤移剌帖木儿,世袭祖父职,元额一百五十七户。

一所,宣授管领打捕鹰房等户达鲁花赤阿八赤,世袭祖父职,元额三百五十五户。

一所,宣授管领大都等路打捕鹰房人户达鲁花赤寒食,世袭祖父职,元额二百四十三户。

诸王位下:

汝宁王位下,管领民匠打捕鹰房等户官,元额二百一户。

不赛因大王位下,管领本投下大都等路打捕鹰房诸色人匠达鲁花赤都总管府,元额七百八十户。

天下州县所设猎户:

腹里打捕户,总计四千四百二十三户。

河东宣慰司打捕户,五百九十八户。

晋宁路打捕户,三百三十二户。

大同路打捕户,百一十五户。

冀宁路打捕户,二百五十一户。

上都留守司打捕户,三百九十七户。

宣德提领所打捕户,一百八十二户。

山东宣慰司打捕户,三百九十七户。

宣德提领所打捕户,一百八十二户。

山东宣慰司打捕户,一百户。

益都路打捕户,四十三户。

济南路打捕户,三十六户。

般阳路,二十一户。

东平路,三十四户。

曹州,八十四户。

德州,一十户。

濮州,三十户。

泰安州,五户。

东昌路,一户。

真定路,九十一户。

顺德路,一十九户。

广平路,一十九户。

冠州,五户。

恩州,二户。

彰德,三十七户。

卫辉路,一十六户。

大名路,二百八十六户。

保安路,三十一户。

河间路,二百五十二户。

随路提举司,一千一百九十一户。

河间鹰房府,二百七十六名。

都总管府,七百五十六。

辽阳大宁等处打捕鹰房官捕户,七百五十九户。

东平等路打捕鹰房捕户,三百九户。

随州、德安、河南、襄阳、怀孟等处打捕鹰房官捕户,一百七十二户。

叉捕提领所捕户,四十户。

高丽鹰房总管捕户,二百五十户。

河南等路打捕鹰房官捕户,一千一百四十二户。

益都等处打捕鹰房官捕户,五百二十一户。

河北、河南、东平等处打捕鹰房官捕户,三百户。

随路打捕鹰房总管捕户,一百五十九户。

真定、保定等处打捕鹰房官捕户,五十户。

淮安路鹰房官捕户,四十七户。

扬州等处打捕鹰房官捕户,七十二户。

宣徽院管辖淮东、淮西屯田打捕总管府司属打捕衙门,提举司十处,千户所一处,总一万四千三百二户。

淮安提举司,八百五十八户。

安东提举司,九百一十二户。

招泗提举司,四百六十五户。

镇巢提举司,二千五百四十户。

蕲黄提举司,一千一百一十二户。

通泰提举司,七百四十九户。

塔山提举司,六百四十四户,

鱼网提举司,二千五百一十九户。

打捕手号军上千户所打捕军,六百四户。

新元史卷一〇二
志第六九

刑法上

刑律上

　　元之刑法，论者，谓得之仁厚，失之纵弛；是不然。蒙古初入中原，百司裁决率依金律。至世祖，始取见行格例，颁之有司，为《至元新格》。然帝临时裁决，往往以意出入增减，不尽用格例也。其后挟私用谲之吏，贪缘放效，舞法自专，是谓任意而不任法，非纵弛之过也。呜乎！以世祖之仁明，成宗之宽恕，不能损益古今，权衡中外，以制一代之刑典。乃谓古今不必相沿，中外不必强同，其去整齐画一之规远矣。今博采旧闻，为《刑法志》，俾后之人有以推究其得失焉。

　　太祖六年，败金人于乌沙堡，得金降将郭宝玉，宝玉上言，建国之初，宜颁新令。帝从之。于是颁条画五章，如出军不得妄杀，刑狱惟重罪处死，其余杂犯量情笞决，是也。是为一代制法之始。
　　及中原略定，州县长吏生杀任情，甚至没人妻女。耶律楚材奏曰：“囚当大辟，必待报。违者论死。”从之。
　　太宗即位，楚材又条便宜十八事，如：州县非奉上令敢擅行科差者，罪之。蒙古、回鹘、河西人种地不纳税者，死；监主自盗官物者，死；应犯死罪者，具由申奏待报，然后行刑；皆著为令。

六年，帝在达兰达巴之地，大会诸王、百官，颁条令曰：

凡当会不赴而私宴者，斩。

诸入宫禁，从者男女，以十人为限。

军中十人，置一甲长，听其指挥，专擅者罪之。

其甲长以事来宫中，即置权摄一人、甲外一人，二人不得擅自往来，违者罪之。

诸公事非当言而言者，拳其耳；再犯，笞；三犯，杖；四犯，论死。

诸千户越万户前行者，以木镞射之。百户、甲长、诸军有犯者，其罪同。不遵此法者，斥罢之。

诸人或居室，或在军中，毋敢喧呼。

盗马一、二匹者，即论死。

诸人马不应绊于克哷苏噜克内者，辄没与畜虎豹人。

诸妇人制济逊燕服不如法者，及妒者，乘以骟牛徇部中，论罪，即聚财为更娶。

宪宗时，世祖在潜邸，驻跸桓、抚二州，燕京断事官伊啰翰齐与布智儿等，一日杀二十八人。其一人盗马者，已杖而释之。有献环刀者，乃追还杖者，手试刃斩之。帝闻而责之曰："凡死罪，当详谳而后行刑。今一日杀二十八人，冤滥多矣。况已杖而复斩之。此何刑也。"布智儿惭惧不能对。

及即位，颁建元诏书内一款："凡犯罪至死者，如府州审问狱成，便行处断，则死者不可复生，断者不可复续。案牍繁冗，须吏断决，万一差误，人命至重，悔将何及。朕实哀之。今后凡有死刑，仰所在有司推问得实，具情事始末及断定招款，申宣抚司再行审复无疑，呈中书省奏闻，待报处决。"

中统四年，中书省奏准条画：鞫、勘罪囚，仰达鲁花赤、管民官一同研问，不得转委通事、必阇赤人等推勘；妇人犯罪有孕应拷及决杖笞者，须候产后百日决遣；临产者，召保听候出产二十日，复追入狱，无保及犯死罪者，令妇人入禁省视。

五年，颁立中书省诏书内一款："诸州司县，但有疑惑，不能决断者，与随即申解本路上司，若仍有疑惑不能决者，申部，犯死罪枷杻收禁，妇人去杻，杖罪以下锁收。"又颁建都诏书内一款："失盗，勒令当该弓手立三限收捕。如限内不获，其捕盗官，强盗停俸两月，窃盗一月外，弓手如一月不获强盗的，决一十七下，窃盗七下；两月，强盗再决二十七下，窃盗一十七下；三月，强盗再决三十七下，窃盗二十七下。如限内获贼及半者，全免本罪。

至元八年，始禁用金《泰和律》。

十一年，禁用宋鞭背黥面及诸滥刑。

十六年，御史中丞崔彧言："宪曹无法可守，是以奸人无所顾忌，宜定律令以为一代之法。"命与御史大夫月鲁那演议之。

二十三年，中书省臣言："比奉旨为盗者毋释，今窃盗数贯及佩刀微物与童幼窃物者，悉令配役。臣等议：一犯者杖释，再犯依法配役为是。"帝曰："朕以汉人徇私，用《泰和律》处断，致盗贼滋众，故有是言。人命至重，今后非详谳者，勿辄杀人。"

二十七年，江淮行省平章政事沙不丁以仓库官盗窃官粮，请依宋法黥面、断其腕。帝曰："此回回法也。"不听。

是年，命中书参知政事何荣祖以公规、治民、御盗、理财等十事，辑为一书，名曰《至元新格》。二十八年，书成，敕刻板颁行，俾百司遵守。其刑律条件之可考者：

诸杖罪五十七以下，司县断决；八十七以下，散府、州、军断决；一百七以下，宣慰司、总管府断决。

配流、死罪，依例勘审完备，申刑部待报，申札鲁忽赤者亦同。

诸季报罪囚，当该上司，皆须详视，但有淹滞，随即举行。

其各路推官，既使专理刑名，察狱有不平者，即听推问明白，咨申本路改正。若推问已成，他司审理或有不实、不尽，听招状问实待报。若犯人翻案，家属称冤，听牒本路移推，其证验已明者，不在移推之例。

　　诸见禁罪囚,各处正官每月分轮检视,凡禁系不究,淹滞不决,患病不治,并囚粮依时不给者,须随时讯问,肃政廉访司依上审察。

　　其京师狱囚,中书省、刑部、御史台、札鲁忽赤各须委问官一员,审理冤者,辨明迟者,督催释者,断遣。

　　诸鞫问罪囚,必先参照元发事件,详审研究,并用证佐追究。若事情疑似,赃伏已明,而隐匿不招者,与连职官员同署依法拷问。其指告不明,无证佐可据者,须以理推寻,不得辄加拷掠。

　　诸行省、行院,凡于所属,若管民官抚治不到,以致百姓逃亡,管军官镇守不严,以致盗贼滋兴,须审其所由,依理究治。

　　诸行院到任,取会所管地方,见有草贼起数,严谕各处军民官,各使镇守有法,招捕得宜。仍将见有起数,先行报院。每季具已未招捕起数,咨院呈省施行。

　　诸草贼招捕,既平之后,仍须区处得宜,严责各管官司,毋令疏失。

　　诸捕盗官,如能巡警尽心,使境内盗息者为上;虽有过失起数,而限内全获者为次。其因失盗,累经责罚,未获数多者为下。到选之日,考其实际,以定升降。

　　其江南现有草贼去处,若平治有法,另议闻奏升擢。

　　诸狱讼原告明白,易为穷治。官司凡受词状,即须仔细详审。若指陈不明,及无证验者,省会别具的实文状,以凭勾问。其所告情事重大,应掩捕者不拘此例。

　　诸狱讼之繁,婚、田为甚。其各处官司,宜使媒人通晓不应成婚之例,使牙人知买卖田宅违法之例,写状词人知应告不应告之例,仍取管不违甘给文状,以塞起讼之源。

　　诸诉婚姻家财田宅债负,若不系违法重事,并听社长以理谕解,免使妨废农务,烦扰官司。

　　诸词讼,若证验无疑,断例明白,而官吏看详,故有枉错者,虽事已改正,其原断情由,仍须究治。

诸官司听讼事理,自始初究问,及中间施行,至末后归结,另置簿朱销。其肃政廉访司专行照刷,无致淹滞。大致取一时所行事例,编为条格,而已不比附旧律也。

三十一年,刑部尚书尚文以远近禀决狱制不一,请依古律令以定宪章。不报。

元贞元年,御史台臣言:"先朝决狱,随罪轻重,笞杖异施,今止用杖,乞如旧制。"帝不允。

二年,命中书参知政事何荣祖等更定律令。帝谕荣祖曰:"律令,良法也。宜早定之。"对曰:"臣所择者三百八十条,一条有该三四事者。"帝曰:"古今异宜,不必相沿,但取宜于今者。"

大德五年,诏:"凡狱囚禁系,累年疑不能决者,令廉访司申省台详谳。"仍为定例。是年,定强窃盗条格:凡盗人孳畜者,取一偿九。

七年,定诸改补钞罪例:为首者杖二百有七,从者减二等;再犯,从者杖与首同。诏:凡为匿名书,辞语重者,诛之;轻者,配流;皆没其妻子。定大都南北兵马司奸盗等罪,六十七以下付本路。七十七以上,付也可札鲁忽赤。是年,谕中书省、枢密院、御史台,内外大小衙门官吏军民人等曰:"庆赏刑罚,国之大柄,二者不可偏废。朕自即位以来,恪遵世祖成宪,优礼臣下,期于履正奉公,以称朕怀,不务出此。若平章政事伯颜,暗都剌,右丞八都马辛等,营私纳贿,蒙蔽上下,以致政失其平,民受其弊。今已籍没家资,役戍边远,明正其罪。是用更张,以清庶务。以近年所定赃罪条例,互有重轻,特敕中书省集议,酌古准今,为十二章,自今伊始,凡内外有官守者,其洗心涤虑,奉职忠勤,无俾吾民重困,式符委任责成之意。"所谓十二章者,枉法五章,曰:一贯至十贯,四十七下,不满贯者,量情决断,依例除名;曰:十贯以上至二十贯,五十七下;曰:二十贯以上至三十七贯,七十七下;曰:"三十贯以上至一百贯,八十七下;曰:二百贯以上,一百七下。不枉法七章:一贯至二十贯,四十贯本等叙,不满贯者，量情断罪，解见任别行求仕；二十贯以上至五十贯，五十七下，注边远一任；五十贯以上至一百贯，六十七下，降一等；一百贯以上至一百五十贯，七十七下，降二等；一百五十贯以上至二百贯，八十七下，降三等；二百贯以上至三百贯，九十七下，降四等；三百贯以上，一百七下，除名不叙。所谓枉法者，断令有理，一受讫无理人钱物；一受讫有罪人钱物脱放；一受讫有罪人钱物，刑及无辜；一教令有罪人妄指平民，取受钱物；一违例卖官，及横差民户充仓库官、袛待、头目、乡里正等，诈取钱物。不枉法者：一，馈献率敛津助人情推收过割，因事索要勾事纸笔等钱，及仓库院务搭带分例关津批验等钱，其事多端，不能尽举；一，与钱人本宗事无理或有罪，买嘱官吏求胜脱免，虽已受赃，其事未曾枉法结绝，合从不枉法论，其赃物结没；一，与钱人本宗事无理，或买嘱官吏求胜脱免者，不论其事已未结绝及自首，俱合没官；一，与钱人本宗事虽有理，用钱买嘱官吏，要将对讼人凌虐重断，不遂其意，告发到官，即系行赇，亦合没官；一，营求勾当赃钱，及求仕人虽依理合用，当该官吏不曾刁蹬乞取行赇，疾早定夺，或不遂其意告发到官者；一，骗胁科敛等钱，畸零不能给散，或不能尽见出钱，入花名随事议设；一，与钱人本宗事有理，官吏刁蹬取受，告发到官，合给主。终元之世，科赃罪皆依十二章决罚，屡申明其制，以儆官吏焉。

八年，诏："内郡、江南人，凡为盗黥，三次者，谪戍辽阳；诸色人及高丽三次，免黥，谪戍湖广。"未几，仍禁黥面法不用。

至大二年，皇太子言："宣政院先奉旨，殴西僧者，截其手，詈者断其舌。此法昔所未闻，有乖国典，乞更其令。"从之。是年，中书省臣言："律令者，治国之急务，当以时损益。世祖有旨：金《泰和律》勿用，令老臣通法律者参酌古今，从新定制。至今尚未行。臣等谓，律令重布，未可轻议。请自世祖即位以来所行条格，校雠归一，遵而行之。"未几，尚书省臣又言："国家地广人众，古所未有，累朝格例前后不一，执法之吏轻重任意。请自太祖以来所行政令九千余条，删除繁冗，使归于一。"并从之。于是刑律之出入抵牾者，始稍稍改正云。

仁宗即位，又命右丞相阿散，平章政事、商议中书省事刘正等，择开国以来法制事例，汇集折衷，以示所司。其大纲有三：一曰诏制，二曰条格，三曰断例。经纬于格例之间，非内外职守所急者，亦附载之，名曰别敕。延祐三年，书成，敕枢密院、御史台、翰林国史、集贤院诸臣相与是正之。至治三年，又命枢密副使完颜纳丹、侍御史曹伯启、也可札鲁忽赤普颜、集贤学士钦察、翰林直学士曹元用等，就前书而损益之，名曰《大元通制》，仍取延祐二年以后所未类者附著焉。凡诏制为条九十四，条格为条一千一百五十有一，断例为条七百一十有七，令类五百七十有七，共二千五百三十九条。其类二十有一：曰名例，曰卫禁，曰职制，曰祭令，曰学规，曰军律，曰户婚，曰食货，曰十恶，曰奸非，曰盗贼，曰诈端，曰诉讼，曰斗殴，曰杀伤，曰禁令，曰杂犯，曰捕亡，曰恤刑，曰平反，曰赎刑。

名例为法之本：一曰五刑，笞刑六，自七下至五十七，每十为一等加减；杖刑五，自六十七至一百七，每十为一等加减；徒刑五，徒一年，杖六十七，年半，杖七十七，二年，杖八十七，二年半，杖九十七，三年，杖一百七，每杖丨及徒半年为一等加减；流刑三，二千里比徒四年，二千五百里比徒四年半，三千里比徒五年；死刑二，斩、凌迟处死。

一曰五服：斩衰，三年子为父，妇为夫之父之类；齐衰有三年杖期，不杖期，五月、三月之别，为母，为夫之父母之类；大功，有九月殇七月之别，为同堂兄弟，为姑姊妹适人者之类；小功，五月，为伯叔祖父母、父母，为再从兄弟之类；缌麻，三月，为族兄弟，为族曾父母之类。

一曰十恶：谋反，谓谋危社稷；谋大逆，谓毁宗庙山陵及宫阙；谋叛，谓背国从伪；恶逆，谓殴及谋杀祖父母、父母，杀伯叔父母、姑兄姊、外祖父母、夫之祖父母父母者；不道，谓杀一家非死罪三人及支解人、造畜、蛊毒、魇魅者；大不敬，谓盗大祀神御之物、乘舆服物，盗及伪造御宝，合和御药误，不如本方，及封题误，若造御膳误

犯食忌，御幸舟船误不牢固，指斥乘舆及对捍制使而无人臣之礼
者；不孝，谓告言诅詈祖父母、父母，及祖父母、父母在，别籍异财，
若供养有阙，居父母丧身自嫁娶，若作乐释服从吉，闻祖父母、父母
丧，匿不举哀，诈称祖父母、父母死者；不睦，谓谋杀及卖缌麻以上
亲，殴告夫及大功以上亲，小功尊属；不义，谓本属府主、刺史、县
令、见受业师吏卒杀本部五品以上官长，及闻夫丧匿不举哀，若作
乐释服从吉，及改嫁者；内乱，谓奸小功以上亲父祖妾及与和者。

一曰八议：议亲，谓皇帝袒免以上亲及太皇太后、皇太后缌麻
以上亲，皇后小功以上亲；议故，谓故旧议贤，谓有大德行议能，谓
有大才业议功，谓有大功勋议贵，谓职事官三品以上、散官二品以
上及爵一品者议勤，谓有大勤劳议宾，谓承先代之后为国宾者。

至狱具，则有枷、杻、锁、镣、杖五者之制。枷长五尺以上、六尺
以下，阔一尺四寸以上、一尺六寸以下。杻长一尺六寸以上、二尺以
下，阔三寸，厚一寸。锁长八尺以上、一丈二尺以下。镣连环重三斤。
杖长三尺二寸，毋以筋胶装钉。凡三等：笞杖，大头径二分七厘，小
头径一分七厘；杖徒，大头径三分二厘，小头径二分二厘；讯杖，大
头径五分五厘，小头径二分二厘。决讯者，并用小头。

笞杖以七起数者：世祖建元以前，断狱皆用成数，如匿税者笞
五十，犯私盐者杖七十，私宰马牛者杖一百，旧法犹有存者。大德
中，刑部尚书王约言：“国朝用刑宽恕，笞杖十减其三，故笞一十减
七，今之杖一百者，宜止九十七，不当又加十也。”议者惮于改正，其
事遂寝。

至于死刑，有斩无绞，以绞斩相去不至县绝，且从降一等言之，
斩之降即为杖一百七籍流，犹有幸不至死之理焉。

延祐六年，更定诸盗例：

一，强盗持杖伤人，虽不得财，皆死。不伤人、不得财，断一
百七，徒三年。但得财，断一百七，交出军。二十贯，为首者绞，
为从者一百七，出军，不持杖伤人，造意为首下手者绞。不曾伤
人、不得财，断八十七，徒二年。十贯以下，断九十七，徒二年

半。至二十贯，断一百七，徒三年。至四十贯，为首者黥，余人断一百七，出军。

一，因盗而奸，同强盗伤人论。余人依例断罪。

一，两次作贼者，黥。

一，初犯偷盗驼、马、牛，为首者断一百七，出军；为从断九十七，徒三年。

一，盗驴骡，为首者断八十七，徒二年；为从断七十七，徒一年半。

一，盗羊猪，为首者断七十七，徒一年半；为从断七十七，徒一年。

一，盗财物三百贯以上者，断一百七，出军。一百贯以上者，断一百七，徒三年。自一百贯至四十贯，凡四等，共杖以十为差，徒以半年为差。十贯以上者，断六十七，徒一年；以下者，六十七，断放；为从者，减一等断配，以至元钞为则。已行不得财者，五十七；谋而未行者，四十七，断放。

一，曾经出军徒配再犯者，黥。

一，经断放，十贯以下者，再犯，为首者出军，为从，徒三年。

一，籍记拘检者，经五年不犯，听保甲除籍。如能告及捕获强盗者，一名减二年，二名除籍；窃盗，一名减一等，五名除籍。除籍后再犯，终身拘籍。

天历二年，更定迁徙例，凡应徙者，验所居远近，移之千里，在途遇赦，皆得放还。如不悛再犯，徙于本省不毛之地，十年无过，则量移之。其人死，妻子听归原籍。著为令。

元统元年，定妇人犯私盐罪，著为令。

后至元元年，中书员外郎陈思谦言："强盗但伤事主者，皆得死罪。而故杀从而加功之人，与斗而杀人者，例杖一百七下，得不死，与私宰牛马之罪无异。是视人与牛马等也。法应加重。因奸杀者，所奸妻妾同罪，律有明文。今止科奸罪，似失推明。"敕刑部改定，著为令。

二年，诏："强盗皆死。盗牛马者劓。盗骡驴者鲸额，再犯劓。盗羊豕者墨项，再犯鲸，三犯劓。劓后再犯者死。盗诸物者，倍价偿之。"著为令。

自大德以来，窃盗依例刺断，只鲸面而已，无劓法。元之末造，欲重惩盗窃，以遏乱源，至用古肉刑之法，然无救于亡也。

赎刑之例四：诸牧民官公罪之轻者，诸职官犯夜者，诸年老七十以上者、幼十五以下不任杖责者，诸罪人癃笃残疾不任杖责者。元贞元年刑部议准，每杖笞一下，拟罚赎中统钞一贯。

新元史卷一〇三
志第七〇

刑法下

刑律下　蒙古人及僧道讯断法
赦令

　　刑律之条格,画一之法也。断例,则因事立法,断一事而为一例者也,诏制,则不依格例而裁之,自上者也。

　　中统二年,陕西四川行省乞就决边方重刑,帝不许。

　　三年,江汉大都督史权以赵百户挈众逃归,斩之。诏:"自今部曲犯重罪,鞫问得实,必先奏闻,然后置于法。"

　　至元二年,诏:"随路私商,曾入南界者,首实充军。"

　　五年,田禹坐妖言,赦减死流之远方。济南王保和坐妖言惑众,赦诛首恶五人,余勿论。是年,诏遣官审理诸路冤滞。正犯死罪明白,各正典刑,其杂犯死罪以下量断遣之。

　　七年,尚书省契勘旧例,居父母丧及夫丧而嫁娶者,徒三年,各离之,知而为婚者,各减三等。今议得定立格限,自至元八年正月一日为始已前,有居父母丧、夫丧内婚娶者,准以婚书为定,后犯者依法断罪听离。

　　八年,四川行省也速带儿言:"比因饥馑,盗贼滋多,宜加显戮。"诏群臣议之。安童以为强盗偷窃,一皆处死,恐非所宜;罪至死者,仍依旧待命。从之。尚书省臣言:"在先重囚待报,直至秋分已后施行,每半年内多趱下淹住。议得以后重囚,经省部推问,再交监察御史覆审,无冤不待秋分,逐旋施行。"从之。是年,敕有司毋留狱讼以致越讼,违者官民皆罪之。

十一年,有司断死罪十五人,诏加审覆,其十三人,因斗殴杀人免死充军,余令再三审覆以闻。

十四年,敕犯盗者皆处死,符宝郎董文忠言:"盗有强、窃,赃有多少,似难悉置重典。"帝韪其言,遽命止之。

十五年,顺德路总管张文焕、太原府达鲁花赤太不花,以按察使发其奸赃,遣人诣省自首,反以罪诬按察使。御史台臣奏,按察使即有罪,亦不应因事反告,宜待文焕等事决,方听其讼。其后同知扬州总管府事董仲威坐赃罪,行省方按其事,仲威反诬行省官以他事。诏免仲威官,没其产十之三。二事同,而科断之不一如此。收括阑遗官也先阔阔带等坐易官马阑遗人畜,敕免其罪,以诸路官兼管收括阑遗,如官吏隐匿及擅易马匹、私配妇人者,没其家。

十六年,诏有官守不勤于职者,勿论汉人、回回皆论死,且没其妻子。是时阿合马用事,奸赃狼藉,故劝帝严刑峻法,以钳士大夫之口焉。敕诸路所捕盗,初犯赃多者死,再犯脏少者从轻罪论。阿合马言:"有盗以旧钞易官库新钞百四十锭者,议者谓罪不应死,盗者之父执役臣家,臣如徇议者之言,宁不自畏。"诏论死。

十九年,和礼和孙言:"去年中山府奸民薛宝住为匿名书来上,妄效东方朔事,欺妄朝廷,希觊官爵。"敕诛之。又言:"自今应诉事者,必须实书其事,赴省、台陈告。敢以匿名书告事,重者处死,轻者流远方,能发其事者,给犯人妻子,仍以钞赏之。"从之。耶律铸言:"前奉诏,杀人者死,仍征烧埋银二十两。后止征二锭,其事太轻。臣等议,依蒙古人例,犯者没一女入仇家,无女者征银四锭。"从之。是年,王著、高和尚杀阿合马,帝震怒,戮著等,并杀枢密副使张易,皆醢之。其后,帝悟阿合马之奸,追论其罪,剖棺戮尸,醢其二子,又戮其第三子,剥皮以徇。帝欲重惩奸吏,故用法特严。然剥皮及菹醢之法,唐、宋以来所未有也。

二十年，禁云南没人口为奴及黥其面者。旧制，云南重囚，便宜处决。帝恐滥及无辜，敕今后凡大辟罪，仍须待报。刑部尚书呈："鞫问罪囚，笞、杖、枷、锁，凡诸狱具，已有圣旨定制。自阿合马擅权以来，专用酷吏为刑部官，谓如刑部侍郎王仪独号惨刻，自创用绳索法，能以一索缚囚，令其遍身痛苦，若复稍重，四肢断裂。至今刑部称为王侍郎绳索，非理酷虐，莫此为甚。今参详内外官司，推勘罪囚狱具，合依定制，不得用王侍郎绳索。各处推官司狱以至押狱禁卒人等，皆当择用循良，庶得政平讼理。"又御史台准中丞崔少中牒："鞫狱之制，自有定制。比年以来，外路官府酷法虐人，有不招承者，跪于瓷芒碎瓦之上，不胜痛楚，人不能堪，罪之有无，何求不得。其余法外惨刻，又不止此。今后似此鞫问之惨，自内而外，通行禁断。如有违犯官吏，重行治罪，似合体国家恤刑之至意，去酷吏娄虐之余风，天下幸甚。"中书省并照验施行。

二十二年，西川赵和尚自称宋福王后，真定刘驴儿有三乳，自以为异，谋不轨，皆磔之。至元四年，刑部议谋反者处死，家人断鹰房子种田，无磔裂之刑也。至是则奉诏敕所降云。

二十八年，敕江南重囚，依旧制闻奏处决。监察御史言："沙不丁、纳速剌丁灭里克、王巨济、琏真珈、沙的、教化，皆桑哥党羽，受赃肆虐，使江南之民愁怨载路，今或系狱，或释之，此臣所未喻者。"帝曰："桑哥已诛，灭里纳速剌丁下狱，惟沙不丁，朕姑释之耳。"其后，纳速剌丁灭里以盗取官民钞十三万锭，忻都以征理逋负、迫杀五百二十人，皆伏诛。王巨济无赃，帝以与忻都同恶，并诛之。中书省臣言："妄人冯子振尝为诗讽桑哥，及桑哥败，即告撰桑哥德政碑者，引喻失当，乞治罪。"帝曰："诸臣何罪，使以讽桑哥为罪，则在廷诸臣谁不誉之者，朕亦尝誉之矣。"释不问。

二十九年，怀孟路河内县民刘跷、搭盖，小薛大王扫里，本路笑薛同知笞刘跷背一十七下，身死。分司佥事赵朝列牒肃政廉访司，称："尝读唐《贞观政要》所载，太宗阅铜人，见人之五脏，皆系于背，诏天下勿鞭背。可谓人君知爱民之本，为万世之龟鉴也。今朝廷用刑，自有定制。有司不据科条，辄因暴怒，滥用刑辟，将有罪之人，褫去衣服，笞背考讯，往往致伤人命，深负朝廷好生之德。若不禁治，事关至重。"中书省议准，禁治施行。

元贞元年，湖州司狱郭圮诉浙西廉访司佥事张孝思多取赇饷，孝思下圮于狱。行台令御史杨仁往鞫，而江浙行省平章政事铁木而逮孝思至省讯问，又令其属官与仁同鞫圮事。仁不从，行台以闻。诏省、台遣官鞫问，既引服，皆杖之。

二年，御史台臣言："官吏受赇，初讯辞服，继以审覆，而有司徇情，致令异词者，乞加等论罪。"从之。诏诸人告捕盗者，强盗一名质钞五十贯，窃盗半之，应捕者又半之，皆征诸犯人；无可征者，官给之。

大德元年，大都路总管沙的坐赃当罢，帝以故臣子，特减其罪，俾还旧职。崔彧言不可，帝曰："卿与中书省臣戒之，若复然，则置之死罪矣。"是年，温州路平阳州民陈空崖坐禅说法，旗号伪写罗平国治正元年。敕陈空崖及为首诸人并处斩，没其妻子财产。

四年，前行省参知政事张颐孙及其弟珪伏诛于隆兴市。初，颐孙为新淦富人胡制机养子，后制机生子而卒，颐孙利其资，与弟珪谋杀制机子，赂县吏获免。其仆胡宗诉主之冤于官。敕诛颐孙兄弟，还其资于胡氏。晋州达鲁花赤捏克伯诈称母死奔丧，给假，到解州迎其妻子。敕将捏克伯罢职断罪，仍追离职月日俸还官。

五年，敕军士杀人奸盗者，令军、民官同鞫。中书省臣言："旧制，京师州县捕盗止从兵马司，有司不与，遂致淹滞。自今轻罪乞令有司决遣，重者从宗正府听断，庶不留狱，且民不冤。"从之。御史台臣言："军官元帅、百户、千户等子弟，承袭承替，就带原降虎符，比之民官优宠甚重。请今后军官但犯一切不公不法罪名者，无分轻重，依十三等例，与民官一体科断。"从之。

五年，河南民殷丑厮等诈称神灵，扇惑人众。殷丑厮及信从、知情不举者，皆处斩，没其妻子。

六年，诏千户、百户等自军中逃归，先事而逃者罪死，败而后逃者杖之，没其妻女。又军官除边远出征外，其余遇祖父母、父母丧，依民官例立限奔赴。

七年，南剑路达鲁花赤忻都因事受赃，又挟仇故杀原告人徐仲言。忻都，阿合马之从子也。以遇赦，敕除名，永不叙用，倍征烧埋银。

九年，河间民王天下奴弑父，磁州民田圣童弑母，并磔于市。吏部主事贾廷瑞言："近年以来，府州司县官失其人，奉法不虔，受成文吏，舞弄出入，以资渔猎。愚民冒法，小有词诉，根连株累，动至千百，罪无轻重，即入监禁，百端扰害，不可胜言。若不申明制令，严加戒饬，则吏弊不除。今后除奸盗诈伪杖罪以上罪状明白，依例监禁，其余自笞罪以下杂犯罪名及根连证干之人，不许似前监收，止令随衙待对。若果有逃避，根捉到官，比本犯断决。"刑部议："贾奉训所言事理盖为路府州县官吏不能奉职，至有差池，若选材得人，自然不至冤滥。以此参详小民犯法情罪，轻重不一，拟合临事详情区处。如有违枉等事，廉访司照例纠之。"中书省从刑部议。

至大二年，福建廉访司言："古制，一罪先发，已经论决，余罪后发，其轻若等，则勿论重者，通计前罪，以充后数。矧今所犯赃罪分为十二章，各有差等，设若一罪先发，已经断罢，余罪后发，系在被断日月之前，合无酌古准今，其轻若等，则与拟免，比前罪重者，验赃计其所剩杖数决断，准复追赃免断，依例黜降，似为情法相应。"中书省依刑部议从之。是年，武昌妇人刘氏诣御史台诉三宝奴夺其所进亡宋玉玺一、金椅子一、夜明珠二。敕中书省臣及御史中丞冀德方、也可札鲁忽赤别铁木儿、中政使搠只等杂问。刘氏称故翟万户妻，三宝奴谪武昌时，与刘氏往来。及三宝奴贵，刘氏以追逃婢至京，谒三宝奴于其家，不答。入其西廊，见榻上有逃婢所窃宝鞍及其手缝锦帕，以问三宝奴，又不答。忿恨而出，即求书状人乔瑜为状，因尹荣往见察院吏李节，入诉于台。狱具，以刘氏为妄。有旨斩乔瑜，笞李节，杖刘氏及尹荣归之原籍。

三年，宁王阔阔出谋为不轨，越王秃剌子阿剌纳失里许助之。

事觉，阔阔出下狱，赐其妻完者死，窜阿剌纳失里及其祖母母妻于伯铁木儿所。以畏兀儿僧铁里等二十四人同谋，或知谋不首，并磔于市。

延祐元年，晋宁民侯喜儿兄弟五人并坐法当死。帝恻然曰："彼一家不幸而有此事，其择情轻者一人杖之，俾养父母，毋绝其祀。"三年，敕："大辟罪临刑，敢有刳割者，以重罪论。凡鞫囚，非强盗，毋加酷刑。"

五年，御史台臣言："诸司近侍隔越中书省闻奏者，请如旧制治罪。"从之。六年，帝御嘉禧殿，谓札鲁忽赤买闾曰："札鲁忽赤人命所系，其详阅狱辞。事无大小，必谋于同僚。疑不能决者，与省台臣集议以闻。"七年，中书省臣奏："各处合流辽阳狱囚，无分轻重，一概发奴儿干地。而彼中别无种养生业。岁用衣粮，重加劳费。今肇州路有屯田，拟流囚照依所犯重者，发奴儿干地，轻者于肇州从宜安置，屯种自赡，似为便益。"从之。刑部言："方今庶务，惟刑为重，平反冤狱，乃居官者职所当为。比因升等减资之路，于是侥幸之徒不计事理虚实，欲图升进。往往锻炼成狱，反害无辜。所在官司，亦不详谳，取具体察公文，咨申省部定拟。平反明白，固亦有之，然冒滥者十常八九。若不定拟平反通例，深为未便。今后内外官员，如能平反重刑三名以上，量升一等，犯流配五名者，拟减一资，名数不及者，从优定夺。其吏员事不干己，而能平反者，量进一等迁调。其或冒滥不实，罪及保勘体察官司，庶革侥幸之弊。"中书省议从之。

至治元年，上都留守贺伯颜坐便服迎诏弃市，籍其家。是时，铁木迭儿复相，修旧怨。既杖杀杨朵儿只、萧拜住，又陷贺伯颜于死。终元之世，奸臣舞文法以害正人，铁木迭儿儿一人而已。英宗执法严，参议中书省事乞列监坐鬻官，刑部以法当杖，皇太后命笞之，帝曰："不可，法者天下之公，徇私而轻重之，何以示天下。"卒正其罪。斡鲁思讦其父母，又驸马许纳子速怯讦其父谋叛，其母私从人。帝曰："人子事亲，有隐无犯，今有过不谏，复讦于官，岂人子所忍为。"命斩之。真人蔡逎泰杀人论死，刑部尚书不答失里坐受其金，范德郁坐诡随,俱杖免。

三年,禁故杀子女诬平民者。四川行省平章政事赵世延,坐其弟不法事系狱待对,其弟逃匿,诏出之,仍著为令,逃者百日不出,则释待对者。八思吉思下狱,帝谓左右曰:"法者,祖宗所制,非朕所得私也。八思吉思虽事朕久,今有罪,其论如法。"八月,帝遇弑于南坡。泰定帝即位,讨贼也先铁木儿、完者、锁南、秃满等,皆伏诛。又遣旭迈杰等诛铁失、失秃儿、赤斤铁木儿于大都,并戮其子孙。监察御史脱脱等言:"铁木迭儿包藏祸心,离间亲藩,使先帝孤立,卒罹大祸。其子锁南亲与逆谋,乞正其父子之罪,以快元元之心。又月鲁、秃秃哈、速敦,皆铁失之党,不宜宽宥。"于是锁南、月鲁、秃秃哈、速敦皆伏诛。监察御史许有壬又言:"萧拜住、杨朵儿只、贺伯颜,天下皆知其无罪。铁木迭儿,盗弄威权,致之必死。御史观音保、锁咬儿哈的迷失、李谦亨、成圭,虽以言事忤旨,实为铁木迭儿父子所媒孽。又复阴庇逆贼铁失,使先帝暴崩,皆铁木迭儿为之张本也。近奉旨,免其抄籍。窃谓刑赏大节,尤当得宜,拟合依旧断没其诸子家产。先因事发,获免之后,分张别居,足见预为三窟之计。合一并籍没,仍将家属迁徙远方,以谢天下。"从之。

泰定元年,太尉不花、平章政事即烈,坐矫制以寡妇古哈强配撒梯,被鞫,诏以世祖旧臣,原其罪。

二年,息州民赵丑厕、郭菩萨妖言弥勒佛当有天下,有司以闻,命宗正府、刑部、枢密院、御史台及河南行省官杂鞫之。郭菩萨伏诛,杖流其党。

三年,潮州判官钱珍挑推官梁楫妻刘氏,不从,诬楫下狱杀之。事觉,珍饮药死。诏戮其尸。

天历元年,中书省臣言:"凡有罪者,既籍其家资,又没其妻子,非古者罪人不孥之意。今后请勿没人妻子。"从之。太尉不花率所部剽掠居庸以北,盗入其家杀之,兴和路当盗死罪,刑部议:"不花不道,众所闻知,幸为盗杀,而本路隐其残剽之罪,独以盗闻,于法不当。"中书省臣以闻,帝从其议。御史台臣言:"也先捏将兵擅杀官吏,俘掠子女货财。"诏刑部鞫之,籍其家,杖一百七,流南宁府,后复为御史所劾,以不忠、不敬,伏诛。

二年,中书省臣言:"近籍没钦察家,其子年十六,请令与母同居,仍请自今以后有罪籍官犯子,他人不得陈乞,亦不得没为官奴。"从之。陕西行台御史孔思迪言:"人伦之中,夫妇为重。比见内外大臣得罪就刑者,其妻子即断付他人,似与国朝旌表之意不符,夫亡终制之令相反。况以失节之妇,配有功之人,又与前贤所谓娶失节者以配,是已失节之意不同。今后负国之臣籍没奴婢财产,不必罪其妻子,当典刑者则孥戮之,不必断付他人。请著为令。"从之。

至顺元年,枢密使言:"征戍云南军士逃归,法当死。"诏曰:"如临阵而逃,死宜也。非临阵逃者,辄论死,何视人命之易耶!其杖而流之。"御史台臣言:"内外官吏令家人受财,以其干名犯义,罪止杖四十七解任,贪污者缘此犯法愈多。请依十二章,计赃多少论罪。"从之。御史中丞和尚坐受妇人为赂,遇赦原罪。监察御史言。"和尚所为贪纵,有污台纲,罪虽见原,理宜追夺所受制命,禁锢终身。"从之。

二年,湖广参知政事彻里帖木儿与速速、班丹俱出怨言,鞫问得实,刑部议彻里帖木儿、班丹杖一百七,速速处死。会赦,彻里帖木儿流广东,班丹流广西,速速徙海南。诏籍其家,速速禁锢终身。燕铁木儿言:"安庆万户锁住坐家人事系狱,久未款伏,宜若无罪,乞释之。"制可。宁国路泾县民张道杀人为盗,弟吉从而不加功,系狱七年不决,吉母老,无他子。中书省以闻,敕免死,杖而释之。御史台臣言:"储政使撒儿不花侍潜邸时,受马七十九匹,盗用官库物,天历初遇贼即逃,擅开城门。度支卿纳哈出矫增制令,又受诸王斡即七宝带一、钞一百六十锭。臣等议其罪,均宜杖一百七,除名。"从之。只里哈苔儿坐赃罪当流,以唐其势舅释之。安西王阿难答之子月鲁帖木儿,与畏兀僧玉你达八的刺板的、国师必剌忒纳失里沙津爱护持,谋不轨。事觉,三人皆处死,仍籍其家,以必剌忒纳失里妻丑丑赐通政副使伯蓝。天历初,御史台臣屡请勿籍罪人妻子,著为令矣。然未几,仍不依条格。大抵文宗之世,刑法畸轻畸重,皆出燕铁木儿之意,帝亦不专决也。

后至元三年,诏除人命重事之外,凡盗贼等狱,不须俟五府官审,有司依例决之。

六年,诏今后有罪者,勿籍其妻女以配人。

凡蒙古人居官犯法,择蒙古官断之,行杖亦如之。四怯薛及诸王、驸马投下蒙古、色目人等,犯奸盗诈伪者,从太宗正府谳之。其蒙古人相犯者,婚姻、债负、斗殴、私奸杂犯,不系官军捕捉者,从本奥鲁归断。其余干碍人命,强窃盗贼,印造伪钞之类,即系管民官应捕事理,令有司约会奥鲁官一同问之。军民相干之词讼,管民官约会管军官问之,僧俗相干之词讼,管民官约会行宣政院问之。

至元十二年,刑部议准:"蒙古军人自行相犯,若有蒙古奥鲁员,合与京兆、南京一体施行。如无管领奥鲁头目,止从官司讯断。"

九年,中书省议准:"蒙古人除犯死罪,监房收禁,不得一面拷掠外,据真奸、真盗之犯,达鲁火赤与众官人一同讯问得实,去犯人系腰合钵散收,其余杂犯轻罪依理对证,不得一面捉拿监收。"

三十年,敕:"管民官、奥鲁官、运司并投下相关公事,管民官与各管官司约会,一同鞫问,如行移三次不到,止从管民官依理归结。情重者,申刑部断之。"

大德五年,敕军士杀人奸盗者,令军民官同鞫。中统二年,凤翔府龙华寺僧超道谋作乱,遇赦,没其财羁管,京兆僧司同谋苏德全从军自效。

大德六年,诏自今僧官、僧人犯罪,御史台与内外宣政院同鞫。宣政院徇情不公者,听御史台治之。

七年,奉使宣抚耶律希尚、刘赓言:"平阳僧察力微犯法非一,有司惮其豪强,不敢诘问,闻臣等至,潜逃京师。"中书省臣言,宜捕送其所,令省、台、宣政院遣官杂治。从之。

八年,诏:"凡僧奸盗杀人者,听有司专决。"

延祐六年，敕："畏兀儿哈迷里人自行相犯，委付头目讯断，若与百姓相争，委头目与有司官同鞫。"

七年，敕："回回诸色人等，结绝不得者，归有司官讯断。"

赦令，历代所同。独以修佛事而释重囚，则惟蒙古有之。

元贞元年，用帝师奏，释大辟三人，杖以下四十七人。二年，释罪囚二十人。

六年四月己丑朔，释重囚三十八，人给钞一锭。庚辰，释重囚疑重者。七年，中书右丞答剌罕言："僧人修佛事毕，必释重囚，有杀人及妻妾杀夫者皆指名释之。生者苟免，死者含冤，于福何有？"帝嘉纳之，然九年仍释上都囚三人，不能尽用其言。

十一年，武宗即位，帝师奏释大辟囚三十人，杖以下百人。

至大二年，以皇太后有疾，释大辟囚百人。

皇庆三年，以作佛事，释囚徒二十九人。

延祐元年，释流以下罪囚。三月，以僧人作佛事，择释狱囚，命中书省审察。六年，以天庆节，释重囚一人。七月，皇姊大长公主祥哥剌吉作佛事，释全宁府重囚二十七人。敕按问全宁有司官，阿从不法，仍追囚还狱，命分简奴儿干及流囚罪稍轻者屯田肇州。是年，以作佛事，释大辟囚七人，流以下六人。

英宗即位，拜住以受尊号，请释狱囚，不允。至治二年，西僧灌顶，疾请释罪囚，帝曰："释囚祈福，岂为师惜，朕思恶人屡赦，反害善人，何福之有？"不允。西僧为奸利，假祈福之说以释重囚，元之秕政也，独英宗能斥之，然亦遵为故事。

三年，敕都功德使阔儿鲁至京师，释大辟囚三十一人，杖五十七以上六十九人。

泰定元年，释笞罪以为两宫祈福。三年，以帝师修佛事，释重囚三人。

至顺二年，作佛事，释在京囚死罪者十人，杖罪四十七人，三年，以作佛事，释御史台所囚定兴刘县尹及刑部囚二十六人。

新元史卷一〇四

列传第一

后　妃

烈祖宣懿皇后

太祖光献翼圣皇后

忽鲁浑皇后以下附

太祖忽兰皇后

古儿八速皇后以下附

太祖也遂皇后

察合皇后以下附

太祖也速干皇后

合答安皇后以下附

太祖完颜皇后

太宗孛剌合真皇后

昂灰二皇后以下附

太宗昭慈皇后

定宗钦淑皇后

拖雷妃显懿庄圣皇后

宪宗贞节皇后

也速儿皇后以下附

世祖帖古伦皇后

世祖昭睿顺圣皇后

喃必皇后以下附

真金太子妃徽仁裕圣皇后

成宗贞慈静懿皇后

成宗卜鲁罕皇后

忽帖泥皇后

答剌麻八剌元妃昭献元圣皇后

武宗宣慈惠圣皇后

速哥失里皇后以下附

武宗仁献章圣皇后

武宗文献昭圣皇后

武宗伯忽笃皇后

仁宗庄懿慈圣皇后

答里麻失里皇后

英宗庄静懿圣皇后

牙八忽都鲁皇后以下附

甘剌麻元妃宣懿淑圣皇后

泰定帝八不罕皇后

亦怜真皇后以下附

明宗八不沙皇后
明宗真裕徽圣皇后

按出罕皇后以下附

文宗不答失里皇后
宁宗答里忒迷失皇后
惠宗答纳失里皇后
惠宗伯颜忽都皇后
惠宗完者忽都皇后

木纳失里皇后以下附

附诸公主

　　蒙古因突厥、回鹘旧俗，汗之妻曰可敦，贵妾亦曰可敦，以中国文字译之，皆称皇后。其庶妾则称妃子。终元之世，后宫位号只皇后、妃子二等。世祖至元十年，以魏初建议，授察必皇后册宝，用汉礼册。皇后自此始，是为正宫皇后。其余虽称皇后，无册封之礼焉。今博采前闻，为《后妃传》。其母以子贵，为皇太后者，并列于篇。

　　烈祖宣懿皇后斡勒忽讷氏，讳诃额伦。

　　先为蔑儿乞部人也客赤列都所娶。也客赤列都御后行至斡难河，烈祖出猎见后美，与族人捏坤太石、答里斡赤斤共劫之。后使也客赤列都策马疾走，烈祖追不及，以后归，遂纳焉。生四子，为太祖及合撒儿、哈准、斡赤斤，一女，为帖木伦公主。

　　烈祖崩，太祖方十三岁，同族欺其母子寡弱。一日，俺巴孩之二妻，曰斡儿伯，莎合台，春祭，饮族人酒。后后至，分胙不及，后怒曰：

"也速该虽死,我子宁虑不成人。今膰肉独不我与,他日且弃我矣。"斡儿伯、莎合台亦怒,明日徙帐去,与后母子绝。是时,烈祖部众皆叛去,后骑而追之,持旄纛以麾叛众,还其大半。

太祖既长,娶光献皇后孛儿台。也客赤列都之兄蔑儿乞部长脱黑脱阿欲为其弟复仇,率三部蔑儿乞之众来袭。后率太祖等骑马入不儿罕山,使光献皇后驾牛车从之,为蔑儿乞人所掠。脱黑脱阿曰:"昔也速该夺吾弟之妻,今吾亦夺其子妇,可以相报矣。"始解围而去。

及札木合与泰亦赤兀等部以三万人来攻,太祖分所部为十三翼以拒之,后率斡勒忽讷人为第一翼,战于答兰版朱思之地。

太祖即皇帝位,尊为太后,分部众万人与之,后意不足。二年,巫者阔阔出谮合撒儿于太祖,太祖惑其言,执合撒儿将杀之。后闻之,驾白驼车驰至太祖帐中,盛怒谯责太祖。太祖惶恐谢罪,然卒夺合撒儿部众,后郁郁不乐。未几崩。至元三年定庙制世次,追上尊谥,祔烈祖为太庙第一室。

太祖光献翼圣皇后,孛思忽儿宏吉剌氏,讳孛儿台。与诃额伦太后同宗异族。祖曰达而罕。父曰特因,又称为特薛禅。太祖九岁,烈祖挈往舅家,欲为之乞婚。道遇特薛禅,奇太祖状貌,又夜梦白海青挟日月而飞集其掌,心喜为吉征,乃邀烈祖至其家,以后字焉。烈祖返,留太祖为赘婿,及将崩,始命蒙力克召太祖归。

太祖既娶后,蔑儿乞人来袭。太后有媪曰豁阿黑臣,闻车马声殷地,疾告太后。太后与诸子及博儿术、者勒蔑各骑一马入不儿罕山。后无马,豁阿黑臣乘以花牛车,中道轴折,为蔑儿乞人所获。太祖乃乞师于王罕及札木合,尽虏蔑儿乞部众。后及豁阿黑臣遇太祖于乱兵中,控其马缰,遂与太祖同返。

太祖与札木合自幼为俺答,至是益德之,同牧于豁儿豁纳黑主不儿。岁余,札木合意叵测,后劝太祖避之,事具《札木合传》。

太祖称尊号,巫者阔阔出笞辱皇弟斡赤斤,泣告于太祖。后闻之,愀然曰:"汗在,而小臣横恣如是。倘百年后,其能畏惮汗之子孙乎!"太祖乃命斡赤斤拉杀阔阔出。后明识善断,能持大体,尤为太祖所重。

生四子,曰:术赤、察合台、太宗、拖雷,五女,曰:火臣别吉、扯扯亦坚、阿剌海别吉、秃满伦、阿儿塔隆。至元二年,追谥光献皇后,祔太祖庙。至大二年,加谥光献翼圣皇后后,守第一斡儿朵。次后者,曰:忽鲁浑皇后,阔里杰担皇后,脱忽思皇后,帖木伦皇后,亦怜真八剌皇后,不颜忽秃皇后,忽胜海妃子。

太祖忽兰皇后,兀洼思蔑儿乞部长答亦儿兀孙之女也。答亦儿兀孙从乃蛮太阳汗与太祖战于纳忽山。太阳罕败死,答亦儿兀孙大惧请降,将纳女于太祖。太祖使裨将纳牙逆之,阻于兵。纳牙周慎,止后途中三日。太祖疑纳牙有私,欲罪之。后力自陈,既幸,知其不欺,由是益重纳牙。后有宠,太祖征西域,独以后从。生一子,曰阔列坚,以母故,视如嫡子。

后守第二斡儿朵。次后者:曰古儿八速皇后,本乃蛮亦难察汗之妻,太阳汗之后母也。乃蛮败,为太祖所获,依蒙古礼纳之,有宠。曰亦乞列真皇后,曰脱忽思皇后,曰也真妃子,也里忽秃妃子,察真妃子,哈喇真妃子,氏族皆佚。又有乃蛮女,失其名,生子术儿彻,早卒。

太祖也遂皇后,塔塔儿也客扯连之女。太祖灭四部塔塔儿,先得其妹也速干,有宠,因言:"有姊尤美,新嫁,不知流落何地。"太祖曰:"若得汝姊,汝能为之下乎?"也速干允之。时也遂与其婿匿于林中,太祖搜获之。也速干果让姊而居。

其次一日,太祖宴军中,也遂侍,忽顾而叹息。太祖觉有异,命在会者各退就所部而立,最后一少年仓皇不知所适。诘之,乃也遂前夫也,太祖命斩之,而宠也遂如故。

太祖将征西域,也遂请曰:"兵凶战危,汗出师万里,诸子皆不在侧，倘一旦不讳，谁当为嗣，愿以告部众。"太祖大惊曰："此大事，微汝言，吾几忘之。"由是始定立太宗。

后从征西夏，太祖出猎坠马，因不豫。也遂与近侍脱栾扯儿必力劝班师，太祖虽不用其言，而心以为忠。既灭西夏，尽以俘虏赐之。

后守第三斡儿朵，次曰忽鲁哈剌皇后，曰阿失仑皇后，曰秃儿哈剌皇后，氏族均佚；曰察合皇后，蒐名氏西夏主李安全之女，太祖伐西夏，围中兴府，安全献女乞和；曰阿昔迷失皇后，曰完者都皇后，曰浑都鲁歹妃子，曰忽鲁灰妃子，曰剌伯妃子，氏族均佚。

初，太祖灭塔塔儿，有小儿兄弟二人，曰忽里，曰哈喇蒙都，为太祖所收养。及稍长，也遂言于太祖，请使忽里兄弟收塔塔儿之余众，得千人。也遂有弟曰胡土虎，为右翼千户。胡土虎之弟生女曰奴忽丹，为诸王阿八哈妃。

太祖也速干皇后，也遂皇后之妹；生一子曰察兀儿，早卒。守第四斡儿朵，次：曰忽答罕皇后，氏族佚。

曰合答安皇后，速勒逊都氏功臣赤老温之妹。太祖为泰亦兀赤人所获，脱走至赤老温家，后匿太祖于羊毛车中。追者至，欲搜车，后曰："天暑如此，羊毛中能匿人乎？吾与汝乃一家人，顾疑我如此。"追者乃去。太祖灭泰亦兀赤，其夫为乱兵所杀，后望见太祖，亟呼："帖木真救我。"太祖遽令释之，以旧恩纳焉。

曰斡者忽儿皇后，曰燕里皇后，氏族均佚；曰秃该妃子，与朵列格捏均为蔑儿乞部长脱黑脱阿长子忽秃之妻。太祖败蔑儿乞，虏秃该及朵列格捏，以朵列格捏赐太宗，而自纳秃该。曰完者妃子，曰金莲妃子，曰完台妃子，曰奴伦妃子，曰卯真妃子，氏族均佚。

又有谟盖皇后，贝格林部长阿体耶讷赤之女，无所出。太祖崩，太宗甚礼重之，察合台欲娶之，太宗不与。又有肃良合妃子，高丽人，佚其名；八不别及妃子，佚其氏族。其所守斡儿朵均未详。

太祖公主皇后,完颜氏,金卫绍王女也。太祖围燕京,金宣宗纳女请和。太祖命阿剌浅使于金,金诸帝女未嫁者七人,后最秀慧,宫中称为小姐姐。宣宗封为岐国公主,以遣嫁焉。引见阿剌浅,即拜后于阶下,又请后北乡拜,后不敢拒。于是金人使丞相完颜福兴送后至太祖营,并媵护、驾将十人,细军百人,童男、女各五百人,彩绣衣三千袭,马三千匹,金宝称是。后母钦圣夫人袁氏亦从之。太祖以其为贵主,礼重之。国人呼为公主皇后。太祖于四斡儿朵之外,又为后建斡儿朵于斡儿洹水西。邱处机至西域,道过和林,后与西夏公主各遣使送寒具等食。后年甚高,阿里不哥僭位和林时尚在焉。

太宗孛剌合真皇后,次曰昂灰二皇后,氏族均佚。太宗在潜邸,以宪宗为子,命昂灰皇后抚育之。次曰忽帖尼三皇后,乞里吉思氏,生二子:曰阔端,曰灭里。宪宗二年,迁后于阔端所居地之西。

又有土拉起那妃子,本蔑儿乞部长答亦思兀妻,太祖灭蔑儿乞,以土拉起那赐太宗。

太宗昭慈皇后乃马真氏,讳朵列格捏,号六皇后。先为蔑儿乞部长脱黑脱阿长子忽秃妻,太祖灭蔑儿乞,以后赐太宗。生一子,为定宗。太宗崩,后称制五年;复归政于定宗,而国事犹决于后;事具本纪。至元二年,追上尊谥,祔太宗庙。

定宗钦淑皇后斡兀立氏,讳海迷失,号三皇后。定宗崩,后临朝称制者四年。宪宗即位,后始归政焉。二年,后与皇孙失烈门厌禳事觉,谪失烈门于没赤脱之地,赐后死。至元三年,追上尊谥,祔定宗庙。

定宗在潜邸,其元妃曰乌兀儿黑迷失,蔑儿乞氏,卒年未详。

显懿庄圣皇后克烈氏,讳唆鲁忽帖塔尼,太宗母弟拖雷妃,宪

宗、世祖母也。父札合敢不，克烈部长王汗弟，奔于乃蛮。太祖灭乃
蛮，札合敢不献二女以降，长曰亦巴合，次即后。太祖纳亦巴合，而
以后赐拖雷。

　　蒙古俗，父之遗产多归幼子，太祖临崩，部兵十二万九千人，拖
雷分十万一千，诸将多其旧部。拖雷早卒，宪宗、世祖尚幼，事皆决
于后。后有才智，能驭众，尤与太祖长孙拔都亲厚。太宗崩，与诸王
大臣共立定宗，后主赏赍之事，优渥异常，故内外称善。定宗崩，拔
都首建议立宪宗，众从之，位遂定。宪宗二年，后崩。世祖至元二年，
追上尊谥曰庄圣皇后，祔睿宗庙。武宗至大二年十月，加谥曰显懿
庄圣皇后。三年十月，上玉册焉。

　　宪宗贞节皇后，宏吉剌氏，讳忽都台，特薛禅孙忙哥陈女也，早
崩。至元二年，追上尊谥，祔宪宗庙。

　　后初崩，宪宗即以其妹也速儿继后位。次曰出卑三皇后，佚其
氏族。宪宗八年，从伐宋，留驻六盘山。明年秋七月，宪宗崩，九月，
后亦卒。次曰亦乞烈氏皇后，昌王孛秃子锁郎哈女。次曰明里忽都
鲁皇后，佚其氏族，泰定三年尚在，诏后守班秃大王营帐。次曰火里
差皇后，火鲁剌思氏，宪宗在潜邸，太宗为帝娶火里差为妃，后亦称
皇后。又有失力吉妃子，伯要兀氏。

　　世祖帖古伦皇后宏吉剌氏，按陈孙脱怜女也，事世祖于潜邸为
元妃，守第一斡儿朵。

　　世祖昭睿顺圣皇后宏吉剌氏，讳察必，按陈女也。貌甚美，侍世
祖于潜邸，最有宠。生皇太子真金。

　　世祖伐宋，渡江围鄂州，宪宗崩于合州，皇弟阿里不哥留守和
林，其党阿蓝答儿等劝之自立，乘传发山后兵，去开平仅百余里。后
使人诘之曰："发兵大事也，太祖曾孙真金在此，何故不使知之？"阿
蓝答儿意沮。阿里不哥使脱里出行省燕京敛民兵，后闻之，密使人

驰报世祖,趣班师。迨世祖北归,事乃定。

中统三年,立为皇后。至元十年十月,授册宝。元代册皇后礼,自后始。

后性仁明,随事讽谏,多裨时政。有怯薛官请割京师城外地为牧场,奏可,以图进。后欲谏,至帝前,先阳责太保刘秉忠曰:"汝汉人明达者,言则主听,何为不谏。初定都时,以地牧马无不可者,今军民分业已定,奈何夺之?"世祖默然,事遂寝。

性俭素,尝以令旨取太府监缯帛各一端。世祖谓军国所需,非私家物也,后自是率宫人亲执女工,拘旧弓弦练之,缉为绸,制衣,其韧比缯绮。宣徽院旧羊臑皮置不用,后取之缉为地毯。胡帽无檐,世祖苦日光眩目,以语后。后即益前檐,世祖大悦,命为式。又制一衣,前有裳无衽,后长倍前,亦无领袖,缀以两襻,谓之比甲,便骑射,时多效之。

宋平,幼主入朝上都,大宴,众皆欢甚。世祖察后色不怿,曰:"今我平江南,自此不用兵,众皆喜,尔胡不然?"后跪奏::"妾闻自古无千岁之国,毋致吾母子及此幸矣!"时宋府库宝物陈于殿前,世祖召视之,后遍视即去。世祖遣宦者追问,欲取何物。后曰:"宋人贮蓄以遗子孙,其子孙不能守,而归于我,我何取焉!"宋全太后至上都,不习风土,其宫人安定夫人陈氏、安康夫人朱氏及二小姬皆自缢邸中。世祖怒,命枭其首。全太后大惊怖,后乘间从容为奏,听回江南,不允,再三请。世祖曰:"尔妇人无远虑,彼一国之母,遗民尚在,苦听南归,万一浮言偶动,即难保全,非所以爱之也。时加存恤可耳。"后由是日厚全氏。

翰林学士王思廉尝进读《通鉴》,至唐太宗怒魏征,长孙皇后朝服拜贺得贤臣事,世祖命内官引思廉诣后阁前复讲之。后曰:"是诚有益圣德,复有类此者,汝宜以时进读。"其贤明多类此。

十八年二月,崩。二十一年,世祖上尊号,亦追上皇后尊号曰贞懿昭圣顺天睿文光应皇后。三十一年,成宗即位,追上尊谥曰昭睿顺圣皇后,祔世祖庙。

后守第二斡儿朵。其次曰南必皇后，翁吉剌氏，纳陈孙仙童之女，或曰按陈之女。至元二十年，册为皇后。时世祖春秋高，大臣多因后白事。生一子曰铁灭赤，早卒。

守第三斡耳朵者曰塔剌海皇后、奴罕皇后，并佚其氏族。

守第四斡儿朵者曰乌式真皇后，许兀慎氏，功臣博尔忽之女也，生子曰脱欢，曰爱牙赤。次阔阔伦皇后，佚其氏族。

又有速哥答思皇后，泰定三年诏守世祖斡儿朵。又八八罕妃子、撒不忽妃子，并佚其氏族。

徽仁裕圣皇后宏吉剌氏，讳伯蓝也怯赤，又讳阔阔真，皇太子真金妃，成宗母也。

先是世祖出猎，道渴，至一帐，见一女子于缲驼茸，从求马潼。曰："马潼固有之，但我父母诸兄皆不在，我女子难以与汝。"世祖欲去。又曰："我独居此，汝自来去，于礼不宜。父母即归，盍姑待之。"须臾果归。出马潼饮焉。世祖既去，叹息曰："此女仓卒知礼若是，岂非佳妇耶！"后诸臣请择太子妃，俱不当上意。有老臣尝从猎，知此事，且闻后未字，具白世祖，大喜，纳为太子妃。

后性孝谨，善事中宫，起居服御无纤介不至，世祖每称为贤德妇。一日，世祖幸视太子疾，见床第间设织金卧具。世祖责曰："我尝以汝为贤，何奢靡如此？"妃跪答曰："常时不敢用，今以太子病，恐侵湿气，乃陈之。"即时撤去。

成宗即位，尊皇考为帝，庙号裕宗，尊后为皇太后，设太后官属，置徽政院。后院官受献浙西田七百顷，籍位下，后曰："江南率土，皆国家所有，具我一寡妇人，安用是耶！"即命中书省尽罢之。后有弟求官，后不悦曰："汝非其人也，勿以累我。"后果黜。

大德四年二月崩，上尊谥曰裕圣皇后，祔裕宗庙，葬先陵。至大三年十月，加谥徽仁裕圣皇后。

裕宗又有安真迷失妃子，无子，氏族佚。

后长子曰晋王甘麻剌，生泰定帝；次子曰答剌麻八剌，生武宗、仁宗。虽神器代易，陵替失序，而入继正统者，罔非其裔胄云。

成宗贞慈静懿皇后宏吉剌氏，讳失怜答里，斡罗陈女也。侍帝藩邸为元妃，生一子曰德寿太子，帝未即位卒。武宗至大三年，上尊谥，祔成宗庙。

成宗卜鲁罕皇后伯牙吾氏，驸马脱思忽之女。元贞元年，立为后。大德三年十月，授册宝。

时帝多疾，后居中用事，然颇信任相臣哈剌哈孙，举措不挠，号为绥静。

八年正月，地震平阳，后召平章爱薛问曰：“灾异若此，殆下民所致耶？”对曰：“天地示警，于民何与？”后深然之。京师尝建天寿万宁寺，中塑秘密佛，形象诡亵，后幸寺，见之恶焉，以帕蒙面，寻敕毁去。群臣欲上尊号，帝不许，后因自请。帝曰：“朕病日久，国事多废不举，奚以此虚文为耶！”议遂寝。后用事久，颇专制。

十年，出帝兄答剌麻八剌元妃与其子爱育黎拔八达居于怀州，而妃长子怀宁王海山方总兵居朔方。明年，帝崩无子，后恐其兄弟立修怨，乃召安西王阿难答至京师，谋立之。丞相阿忽台等欲奉后垂帘听政，而哈剌哈孙已密报爱育黎拔八达先入，以计诛阿忽台等，清宫禁，迎立其兄，是为武宗。既杀安西王，并构后以交通之罪，迁居东安州，寻赐死。

成宗又有忽帖尼皇后，乞儿吉思氏。

昭献元圣皇后宏吉剌氏，讳答吉，鲁王按陈孙浑都帖木儿女，成宗同母兄答剌麻八剌元妃，武宗、仁宗母也。世祖初以宫人郭氏赐答剌麻八剌，后乃纳后。

大德九年，成宗不豫，后及仁宗出居怀州。成宗崩，仁宗自怀州奉后还京师，平内难，迎武宗即位，尊皇考为帝，尊后为皇太后。是年冬，朝后于隆福宫，上皇太后册宝。

至大元年三月，为后建兴圣宫。当武宗守边时，后尝亲祷于五台山。明年正月，遂复幸五台山，修佛事。诏高丽王璋从之。四月，立兴圣宫江淮财赋总管府。三年，又以兴圣宫鹰坊等户四千，分处辽阳，建万户府统之。是年十月，率皇太子诸王群臣朝，上徽号曰仪天兴圣慈仁昭懿寿元皇太后。越日，后恭谢太庙，武宗更推广恩意，诏赦天下。仁宗践位，加上尊号曰全德泰宁福庆皇太后。英宗立，尊为太皇太后，上尊号曰徽文崇祐太皇太后。是日，御大明殿受朝贺。越日，以礼成，复告庙。元世诸皇后，光耀尊宠，莫有其比焉。

后居东朝，颇仁俭，宫女皆教治女工。每幸上都，必敕鹰坊卫士先往，毋害民稼。性敏给，有权数，历佐三朝，威福已出。内则黑驴母亦烈失八用事，外则幸臣失列门、纽邻及丞相铁木迭儿相率贪缘为奸，以至箠辱平章张珪等，紊乱纲纪。仁宗恐伤后意，不穷问。

仁宗崩，后命铁木迭儿复为右丞相，御史中丞杨朵儿只、中书平章政事萧拜住忤后旨，铁木迭儿矫诏杀之。失列门又以太后命更易朝官，英宗曰："此岂除官时耶，且先帝旧臣不宜轻动。俟朕即位，议于宗亲、元老，贤者任之，邪者黜之可也。"事遂已。

初，后以武宗长子和世㻋英伟，英宗弱，易制，群小亦以立明宗为不利于己，共拥戴英宗。既即位，太后来贺，见帝刚毅之色，退曰："我不拟养此儿也。"遂饮恨成疾。至治二年九月崩。明年，上尊谥，祔顺宗庙。

武宗宣慈惠圣皇后宏吉剌氏，讳真哥，按陈裔孙进不剌之女。至大三年正月，册为后，无子。仁宗皇庆二年，立长秋寺，掌后宫政，秩三品。泰定四年，崩。八月，上尊谥。惠宗元统二年，诏立武宗庙后主。丞相伯颜与群僚议曰："先朝真哥皇后无子，不祔庙。今所当祔者，其明宗母，抑文宗母也。惠宗为明宗长子，伯颜意有在，而群臣亦依违莫决。太常博士逯鲁曾对曰："真哥皇后，早膺册宝，则文、明二母皆妾也。今以无子之故，不为立主，而以妾母为正，是为臣而废先君之后，为子而追封先父之妾，于礼不可。昔燕王慕容垂即位，追废母后,而尊其生母配享先王,为万世笑。岂宜复蹈其失乎!"集贤学士陈颢素疾鲁曾,乃曰:"唐太宗册曹王明之母为后,是亦二后也,奚为不可?"鲁曾曰:"尧之母为帝喾妃,尧立为帝,未闻尊为后以配喾皇。上为大元天子,不法尧、舜,而法唐太宗耶?"唐太宗初欲立曹王明母为后,魏征谏止,无册立事。颢盖妄为驳难,其言不伦,众皆是鲁曾议。于是升祔礼定,以后配焉。

武宗又有速哥失里皇后,按陈从孙哈儿只之女,亦无子。又有完者歹皇后,氏族佚。有妃洪氏,不知所由进,最有宠。每七夕,结彩楼于台上,妃登楼散彩,令宫人俯拾之。帝又于仲秋夜月,与众嫔御泛舟太液池,设女军夹以数船,左曰凤队,右曰鹤团,冠服旗旄,瑰奇诀丽,令互相冲击为戏。有骆妃善歌舞,为帝奏月照临之曲,夜分乃罢。太液池在万岁山北,旧名琼花岛,引金河水出石龙口,注方池,伏流至山半仁智殿后,有石琢蟠龙昂首喷出,东西流入池。山前白石桥长二百尺,迤至池中坻上,东为灵圃,多蓄珍禽奇兽。至元四年,赐今名,车驾岁幸上都,必先宴百官于此云。

武宗仁献章圣皇后亦乞烈氏,讳寿童,世祖皇子安西王忙哥剌女奴兀伦公主所出。初为帝妃,生明宗。天历二年,追上尊谥曰。至正六年,改谥曰庄献嗣圣皇后。

武宗文献昭圣皇后唐兀氏,讳缺。亦帝妃,生文宗。天历二年,追上尊谥。

武宗伯忽笃皇后,怯烈氏,年十三,侍武宗于潜邸。后从昭献元圣皇后出居怀州。后性敏给周慎,昭献皇后爱之。英宗即位,命主太祖完颜氏皇后斡尔朵。至治三年,徙居世祖迭只斡尔朵。昭献皇后崩,出私财三千五百贯作顺圣寺以奉昭献神御,又作崇源寺以奉英宗神御。

仁宗庄懿慈圣皇后宏吉剌氏，讳阿纳失失里，生英宗。皇庆二年三月，立为后，上册宝，遣官祭告天地于南郊及太庙，改典内院为中政院，秩正二品。先仁宗崩。英宗即位，追上尊谥，祔庙。册曰："至孝所以扬亲，易名所以表行。矧为天下母而养弗逮，履天子位而报则丰。"又曰："昊天不吊，景命靡常。"词极悲痛云。

仁宗又有答里麻失里皇后，氏族佚。

英宗庄静懿圣皇后亦乞烈氏，讳速哥八剌，驸马昌王阿失之女，成宗女昌国大长公主益里海牙所出也。至治元年二月，册为后，无子。泰定四年六月，崩，上尊谥。英宗南坡之变，典礼缺如。后至元二年，始与武宗、明宗后祔庙。

英宗又有牙八忽都鲁皇后、朵儿只班皇后。铁失之妹为第二皇后，当为牙八忽都鲁。铁失弑英宗，伏诛，御史许有壬以皇后犹在宫中，请加贬废，后不知所终。

宣懿淑圣皇后宏吉剌氏，讳普颜怯里迷失，晋王甘剌麻元妃，泰定帝母也。至元三年九月，泰定帝即皇帝位，十二月戊辰，追尊为皇太后。

泰定帝八不罕皇后，宏吉剌氏，按陈孙斡留察儿之女。泰定元年三月，册为后。二年，封后父为威靖王。初，后侍帝藩邸，生子阿速吉八。元年，立为皇太子。帝崩，皇太子即位，后不知所终。文宗诏徙后于东安州，崩年失。

帝又有皇后七人：曰亦怜真八剌，曰忽剌，曰也速，曰撒答八剌，曰卜颜怯里迷失，曰失烈帖木儿，曰铁你。亦怜真八剌皇后，亦乞烈氏，昌国大长公主益里海牙女，二年，与帝受佛戒于帝师。撒答八剌皇后，帝姊寿宁公主女也，三年，纳之宫中，先卒。余氏族俱佚。文宗时，太平王燕帖木儿尝娶帝后为夫人，其名亦佚。

又妃二人：曰必罕，曰速哥答里，皆宏吉剌氏兖王买住罕女也。

天历初,俱徙东安州。

明宗八不沙皇后,乃马真氏,泰定帝甥寿宁公主之女,侍帝潜邸,生宁宗。天历二年八月,明宗暴崩,文宗入临,燕铁木儿以后命奉皇帝宝授于文宗。是年,立宁徽寺掌后中宫事,又奉后钞万锭帛二千匹供费用。后命帝师率群僧为帝修佛事于大天源延圣寺七日,又命道士建醮于玉虚、天宝、太乙、万寿四宫及武当、龙虎二山。至顺元年,复诏有司供后币二百匹。四月,文宗不答失里皇后与宦者谋弑后,寻崩。或云不答失里皇后推后坠地炉中而崩。后至元二年,祔庙。

明宗贞裕徽圣皇后,罕禄鲁氏,讳迈来迪,郡王阿儿厮兰之裔。祖曰阿里术兀,父曰帖木迭儿。明宗为周王时,北行过其部,帖木迭儿以后进,生惠宗。文宗既复位,忌之,以明宗言帝非己子,自高丽迁于广西,命奎章阁学士虞集草诏告中外,事具本纪。后至元二年,追上尊谥。

明宗又有后六人:曰按出罕,曰月鲁沙,曰不颜忽都,曰野苏,曰脱忽思,曰阿梯里,氏族皆佚。脱忽思皇后尝守明宗斡儿朵,至顺二年赐湘潭户四万为汤沐邑。然当时文移,称娘子不称皇后焉。惠宗时,哈麻提调宁徽寺,出入脱忽思宫中,为御史海寿所劾。宁徽寺者,掌脱忽思位下钱粮,脱忽思泣诉于帝,帝为夺海寿官。

文宗不答失里皇后,宏吉剌氏,顺宗女鲁国大长公主祥哥剌吉所出。祖父帖木儿,父驸马琱阿不剌,皆封鲁王。天历元年,册立为皇后。二年二月,授册宝。生皇太子阿剌忒纳答剌,早卒。又生燕帖古思、太平讷二皇子。

后笃信释教,尝以银五万两助建大承天护圣寺,又赐籍没张珪家田四百顷。

至顺三年八月,文宗崩,丞相燕帖木儿请立燕帖古思,后不从。

文宗大渐时,命传位于明宗子。明宗长子妥欢帖木儿谪静江,燕帖木儿谓后曰:"阿婆且权守大位,妥欢帖木儿居南徼瘴疠之地,未审存亡,我与宗室诸王徐议之可也。"至是年十月,始以明宗次子懿璘质班留京师,白于后,宣遗命而立之,是为宁宗,甫七岁,后同听政。十一月,奉册宝尊后为皇太后,御兴圣宫,受朝贺。

是月,宁宗崩,燕帖木儿复请立燕帖古思。后曰:"天位至重,吾子尚幼,明宗长子妥欢帖木儿在广西,今十三岁矣,其迎立之。"约传位于燕帖古思,若武、仁故事。燕帖木儿知事不获已,乃奉皇太后诏旨,遣使迎惠宗于静江。

明年六月,惠宗即位,为皇太后置徽政院,设官三百六十六员。二年,上尊号曰赞天开圣仁寿徽懿昭宣皇太后。至元二年冬,复上尊号曰贞文慈祐储善衍庆福元太皇太后,仍临朝称制。先议尊为太皇太后,参知政事许有壬谏以为非礼,不听。时南台御史太不花亦奏以叔母不宜加太皇太后尊称,后初闻之怒,徐曰:"风宪有臣如此,可谓能守祖宗法矣。"赐金币以旌其直。六年六月丙申,诏曰:

　　昔我皇祖武宗传位仁宗,定议易世之后,舍子传侄。祖母太皇太后惑于憸慝,俾皇考明宗出封云南。英宗遇弑,正统寝偏,我皇考以武宗之嫡,逃居朔漠,及泰定升退,宗王大臣同心翼戴,肇启大事,时以近地,先迎怀王,暂总机务。继揆天理人伦不当,窃据假让位之名,以玺绂来上,我皇考推诚不疑,授以皇太子宝,使守青宫。乃包藏祸心,迎谒行在,与其臣月鲁不花、也里牙、明理董阿等谋为不轨,使我皇考饮恨上宾。归而再御宸极,思欲自解于天下,乃谓夫何数日之间,宫车宴驾。海内闻之,靡不切齿。

　　又私图传子,虚构邪言,嫁祸八不沙皇后,谓朕非明宗之子,俾出居遐陬。祖宗大业,几于不继。内怀愧慊,则杀也里牙以杜口。及其将死,哀鸣畏在天之震怒,始议立明考之嗣,冀逭冥诛。叔母不答失里自谋称制,贪引童婚,舍明考之冢嗣,而立朕弟懿璘质班,曾未匝月,奄复不年,诸王大臣以贤以长,扶朕践阼。国之大政,迟未躬亲。

　　赖天之灵,权奸屏黜,顾念治必本于尽孝,事莫先于正名,永惟鞠育罔极之恩,忍忘不共戴天之义。既往之罪,不可胜诛,其命太常撤去图帖睦尔在庙之主。不答失里本朕之婶母,乃阴构奸臣,弗顾非礼,僭膺太皇太后尊号,迹其闺门之祸,离间骨肉,罪恶尤重,揆之大义,削去鸿名,可东安州安置。燕帖古思昔在幼冲,情虽可原,理难同处,惟朕终不蹈覆辙,专务残酷,可放诸高丽。当时贼臣月鲁不花、也里牙已死,其以明理董阿明正典刑。

后至东安州,寻赐死。文宗固有罪,然后舍其爱子而立兄之子,割情蹈义,非由箝制。一旦反覆,使母子具殒,追缘衅閦,报亦酷焉。

　　宁宗答里也忒迷失皇后,宏吉剌氏。至顺三年十月,帝即位,立为皇后。时年甚幼,至正二十八年崩,祔宁宗庙。

　　惠宗答纳失里皇后,伯牙吾氏,太平王燕帖木儿女也。至顺四年六月,帝即位,七月立为皇后。元统二年,授册宝。

　　惠宗立,非燕帖木儿意,而后颇有宠,性贪冒黯货。时诏立盐局,官自卖盐,后亦命宦者孛罗帖木儿取盐十万引入中政院,帝又命发两舻船下番为后营利。

　　至元二年,后兄左丞相唐其势与太师伯颜争权,坐谋逆诛。弟塔剌海逃入宫,匿后座下,后以衣蔽之,左右曳出斩首,血溅后衣。伯颜奏曰:“岂有兄弟为逆,而皇后护之者。”遂并执后。后呼帝曰:“陛下救我。”帝畏伯颜,乃曰:“汝兄弟为逆,岂能相救。”于是迁后出宫。伯颜寻进鸩弒后于开平民舍。

　　惠宗伯颜忽都皇后,宏吉剌氏,武宗宣慈惠圣皇后之侄,毓德王孛罗帖木儿女也。后至元三年三月,册为后。生皇子真金,二岁而夭。后性简重节俭,不妒忌,动中礼法。待妾媵、太子皆有恩意。

时第二皇后奇氏有宠,居兴圣西宫,帝希幸东内。左右或以为言,后无纤微怨望见于言色。从帝巡上都,次中道,一夕帝欲临幸,使内官驰告,后不可曰:"暮夜非至尊往来之候。"中使往复者三,竟不纳。帝益贤之。至正十四年,后母卒,帝加礼赙钞三百锭,后居坤德殿,终日端坐,未尝妄逾阃阈。二十五年八月,崩,年四十二。奇后见后遗衣质敝,大笑曰:"正宫所服何至斯耶!"皇太子自太原归,哭之极哀。

惠宗完者忽都皇后,奇氏,高丽人。其家微也。故事,高丽国岁献媵妾,徽政院使秃满迭儿进为宫女,主供茗饮,寻见宠幸。生子爱猷识理达腊,后立为皇太子。时答纳失里皇后方骄妒,知当帝意,数箠辱之。及后遇害,帝欲立焉,丞相伯颜争不可。伯颜罢,学士沙剌班希旨请立第二皇后,居兴圣宫,改徽政院为资政院。

后为人狷黠,务自矫饰,无事则取《女孝经》、史书,访问历代皇后有贤行者为法。四方贡献珍味,非荐太庙不敢先食。京师大饥,命官作糜粥赈之。又出金银粟帛,令宦者朴不花置冢,瘗遗骼十余万,复命僧建水陆大会度之。太子既长,帝为建端本堂,命儒臣教授国法。帝与太子多受佛戒,帝师因启后曰:"太子向学佛法颇开悟,今乃使习孔子教,恐坏真性。"后曰:"我虽居深宫,不明道德,尝闻自古及今治天下者,须用孔子教,舍此则为异端。佛法虽好,不可以治天下,安可使太子不读书耶?"帝师惭退。其后正位中宫,诞日百官进笺贺,后诫左丞相沙蓝答里曰:"自世祖以来,正宫皇后寿日未尝进笺。近年虽有,不合典礼。"却之。其假托正谊如此。"

帝怠弃政事,后与太子邃谋内禅,使朴不花喻意丞相太平,太平不答。复诏太平至宫,举酒赐之,申前说,太平依违而已。帝亦知后意,怒而疏之。

然后颇盗威柄,赏罚由己。朴不花有罪被劾,后讽御史大夫佛家奴为疏辨。佛家奴谋再劾之,后嗾御史转奏谪潮河。

后族奇氏在高丽者,怙势骄横,高丽王伯颜帖木儿怒,尽杀之。

后谓皇太子曰："汝年已长,不能为我复仇耶?"皇太子乃请帝废高丽王,立其弟塔思帖木儿留京师者为王,以奇氏族子三宝奴为太子,将作同知崔帖木儿为丞相,将兵万人送之至鸭绿江,为伏兵所败,余十七骑而返。

时中书平章政事孛罗帖木儿镇大同,与太子有嫌。帝亦愤其跋扈,命太尉扩廓帖木儿讨之。孛罗帖木儿遂举兵犯阙。及入都城,嗾监察御史武起宗言后挠乱国政,宜迁居于外。帝弗听,孛罗帖木儿遂矫制幽后于诸色总管府,使其党姚伯颜不花守之。太子先奔太原。寻逼后入宫,取印章,伪为书以召太子。复幽后旧所。后数纳美女求脱,至百日,始释之。及孛罗帖木儿伏诛,太子还,后又密令扩廓帖木儿以重兵拥入,劫帝禅位。扩廓帖木儿知其意,将至京师,散遣诸军,阴谋遂沮。

会伯颜皇后崩,中书省又以太子故,请后正尊位,奏改资政院,兼主中政院。帝初不许,俄授册宝,进爵奇氏三世为王,至正二十五年十二月也。先是,后为第二皇后时,监察御史李泌言:"世祖有誓:子孙不得与高丽女子共事宗庙。陛下践世祖之位,何忍忘世祖之言,乃以高丽女并位宫中。今灾异屡起,河决地震,盗贼滋蔓,皆阴盛阳微之渐。乞仍降为妃,庶使三辰定位,灾异可息。"不听。卒成亡国之祸云。元称西夏、高丽,不举其国,举其部族曰唐兀氏、肃良合氏。至是,乃以后为肃良合氏诏天下。二十八年,明兵破大都,从帝北奔。二十九年,崩。

帝多内嬖其妃嫔可考者,有龙、程、张、戈、支、祁诸妃。又有木纳失里皇后称三皇后,宏吉刺氏,居隆福宫,至正三年卒。龙妃尤嗜利,帝赐缯绮,率纂组奇瑰,与他珍异动以巨万,令宦者货于左掖门内,售者麕至,名其地曰绣市焉。

史臣曰:蒙古之兴,由于宣懿皇后,以一寡妇,提挈孤子,卒能奋于艰难,弼成大业,虽《诗》、《书》所载,何以尚之。中叶以后,昭献淫恣,徇嬖宠之言,不立周王,祸延数世,元祚由此替矣。惠宗惑于孽后，宠遇无节，揆其政刑紊乱，虽不尽由帷闼，而启衅召戎，则奇后实为之导焉。呜乎，是亦褒阎之亚匹欤！

元制，皇女及诸王女皆称公主，记载不备。甄其可考者，附于《后妃传》后。

烈祖女帖木伦，封昌国大长公主，适昌王孛秃。

太祖女火臣别吉，封昌国大长公主，适孛秃为继室。

太祖女扯扯亦坚公主，适卫拉特部长忽都哈别吉子土拉而吉。

太祖女阿剌海别吉，封赵国大长公主，始适汪古部长长子不颜昔班，改适其兄子镇国，再适赵王孛要合。太祖征西域，公主留漠南，号监国公主。公主性明敏，有智数，侍女数千人，给事左右。军国大事，虽木华黎亦禀命焉。

太祖女秃满伦，封郓国公主，适赤窟驸马。

太祖女阿儿塔隆公主，适斡勒忽讷部长泰赤子札费畐儿薛禅塔出古列坚，为宣懿皇后兄弟之子。定宗时，阿儿塔隆坐事赐死。

太祖女也立可敦，封高昌公主，适畏兀儿亦都护巴而术阿儿忒的斤。拉施特书：太祖女布亦塞克，许字宏吉剌部长帖儿该阿蔑，嫌其貌陋，不欲娶，太祖杀之。东西书译音迥别，未知为太祖第几女。又拉施特书：千户布哈古而干娶太祖女，然则太祖固不止五女也。

太宗女唆儿哈罕，封鲁国公主，适纳合驸马。

太宗兄术赤女大鲁罕公主，适斡亦剌惕部长忽都合子脱列勒赤。

睿宗拖雷女也速不花，封鲁国大长公主，适斡陈驸马。

睿宗拖雷女薛木罕，封赵国公主，适鄃王聂古解，再适察忽驸马。

太祖孙女薛只干，封鲁国公主，适纳陈驸马

太祖弟合赤温子阿勒赤歹大王女，封昌国大长公主，适昌王札忽尔臣。

定宗女巴巴哈儿公主，适亦都护大赤哈儿的斤。

定宗女叶里迷失,封赵国大长公主,适赵王君不花。

宪宗女伯雅伦,封昌国大长公主,适昌王忽怜。

宪宗女失林公主,适宏吉剌部长术臣驸马,卒,以其妹为继室,失名及封号。

世祖女月烈,封赵国大长公主,适赵王爱不花,先追封皇姑齐国大长公主,后改封。

世祖女襄家真,封鲁国大长公主,始适斡罗陈为继室,改适纳陈子帖木儿,再适帖木儿之弟蛮子台。

世祖女兀鲁真,封昌国公主,适孛花驸马。

世祖女忽都鲁坚迷失公主,适高丽王王昛,封安平公主,追封皇姑齐国大长公主。元贞二年,公主从昛入朝。及归高丽,宫中芍药盛开,左右采以献。公主忽泣下,数日而卒。高丽世子谞疑昛姜杀之,事具《高丽传》。

世祖女茶伦,封昌国大长公主,适帖监干驸马。

太宗子阔出太子女安秃,封昌国大长公主,适昌王琐郎哈。

太宗孙女卜鲁罕,封高昌公主,适高昌王纽林的斤,卒,以其妹八卜乂公主为继室。

太宗子阔端太子孙女朵而只思蛮,封高昌公主,适高昌王帖木儿补化。

宪宗孙女卜兰奚,封昌国大公主,适昌王忽怜为继室。

宪宗曾孙女买的,封昌国大长公主,适昌王阿失为继室。

世祖孙女脱脱灰公主,适秃满答儿驸马,晋封荣寿大长公主。

真金太子女忽答迭迷失,封赵国大长公主,适赵王阔里吉思。

真金太子女南阿不剌,封鲁国大长公主,适蛮子台为继室。

安西王忙哥剌女奴兀伦公主,适锁郎哈为继室。

安西王阿难答女兀鲁真公主,适纽林的斤为继室。

成宗女益里海涯,封昌国大长公主,适昌王阿失。

成宗女爱牙失里,封赵国大长公主,适阔里吉思为继室。

成宗女普纳,适鲁王桑哥不剌,封郓安大长公主,进号皇姑鲁国大长公主。

晋王甘剌麻女卜答失里，封蓟国大长公主，适高丽王谞。

晋王甘剌麻女寿宁大长公主。

晋王甘剌麻女阿剌的纳八剌，封赵国公主，适赵王注安。

答剌麻八麻太子女祥哥剌吉，封鲁国大长公主，适彁阿不剌駙马。早寡守节，不从诸叔继尚。女为文宗皇后。天历二年，诏曰："朕思庶民若此，犹当旌表，况在懿亲。赵世延、虞集等可议封号以闻。"乃晋封徽文懿福贞寿大长公主。

营王也先帖木儿女亦怜只班，封濮国大长公主，适沈王王焘。

仁宗女阔阔伦公主，适特薛禅孙脱罗本。

魏王阿不哥女金童，封曹国大长公主，适王焘为继室。

魏王阿不哥女宝塔失怜公主，封徽懿鲁国大长公主，适高丽王颛。

明宗女不答昔你，封明慧贞懿大长公主。

明宗女月鲁公主，适嗣昌王沙蓝朵儿只。

新元史卷一〇五
列传第二

烈祖诸子

哈撒儿 也生哥　势都儿　　**哈准** 按只吉歹
哈丹　**帖木哥斡赤斤** 塔察儿　乃颜
别克帖儿　　**别勒古台** 口温不花　不花

　　烈祖神元皇帝六子：宣懿皇后生太祖皇帝，次哈撒儿，次哈准，次帖木哥斡赤斤；太祖异母弟别克帖儿，次别勒古台。

　　哈撒儿，少太祖二岁，有勇力，善射。幼与太祖奉宣懿皇后居斡难河上，泰亦赤兀人来袭，哈撒儿独弯弓御之。敌不敢逼，遥谓之曰：“吾但取汝兄帖木真，无预汝事。”太祖得乘间逸去。事具本纪。

　　太祖称汗，以哈撒儿为兀勒都赤，领宿卫。癸亥，太祖与王汗战于哈兰真，哈撒儿别居哈剌温山，妻子为王汗所掠，独挈幼子脱忽走免，至巴泐渚纳始与太祖会，太祖大喜。明年，太祖将袭王汗，遣哈撒儿左右合里兀答儿、察兀儿该，谬为哈撒儿之言，往绐王汗曰：“吾兄离我，不知何往，缘道求之亦不得其踪迹。我妻子在父王汗所，我何归哉！我今露宿于野，仰视星辰，终夕不寐，思还事父王汗。倘念前劳，许我自效，遣亲信一人来与我盟，则我束手归命矣。”王汗信之，遣其将亦秃儿干盛血于牛角，往莅盟，与合里兀答儿等同行中途，遇太祖伏兵。合里兀答儿恐亦秃儿干惊走，乃下马伪言马蹄中有碎石,将抉去之。亦请亦秃儿干下马,遂执以归,太祖畀哈撒儿杀之。进袭王汗于彻彻乐温都尔,大破之,王汗走死。

甲子,太祖伐乃蛮,命哈撒儿将中军,军容甚盛,乃蛮太阳汗望见,大惧退,上纳忽山,一战擒之。论功以哈撒儿为第一,予以恩赏,凡哈撒儿子孙,位次在宗室之上。

太祖即皇帝位,有狂人阔阔出妄言祸福,为太祖所敬信。阔阔出恶哈撒儿,率其兄弟殴之。哈撒儿诉于太祖,太祖不怿曰:"汝自负无敌,奈何为人所辱。"哈撒儿垂涕而出。阔阔出因言:"天神有命,使哈撒儿代帖木真为汗管百姓。不除哈撒儿,事未可知。"太祖执哈撒儿欲杀之。会宣懿皇后知其事,奔救之。时太祖方褫哈撒儿冠带,严词诘责,见后至,惶恐甚。后手解哈撒儿缚,盛气趺坐,出两乳加于膝上,谓太祖曰:"汝昔在抱,哺我一乳尽,哈准、斡赤斤二人不能尽我一乳,惟哈撒儿哺我二乳兼尽之,使我胸臆舒畅。是以汝多才智,哈撒儿有勇力。哈撒儿为汝执弓矢,讨捕叛亡。今诸部略定矣,汝无所用之,宜其见杀也。太祖顿首谢罪,事始解。然太祖终夺哈撒儿所分降众大半,才余一千四百户。哈撒儿位下千户者卜客惧罪,亡入巴儿忽真。者卜客,木华黎之叔父,八十五功臣之一也。

九年,太祖伐金,兵分三路。哈撒儿率斡陈诸延、主儿赤歹、布札循太行而东,为左路,取蓟、平、滦等州,与太祖围中都。会金人乞和,乃班师。未几卒。

相传哈撒儿有四十子,惟五子知名:曰也古,曰脱忽,曰也生哥,曰巴忽儿达儿,曰哈拉儿珠。

也古与也生哥从诸王会于奎腾敖拉之地,拥立宪宗。二年,以也古为征东元帅,与高丽降人洪福源率兵渡鸭绿江,拔高丽禾山、东州、春州、三角山等城,以私怨袭诸王塔剌儿营。事闻,宪宗褫其兵权,以札剌台豁儿赤往代之。也古卒,子火鲁火孙嗣。

也生哥,从太祖伐西夏,至益鲁塔斯之地。太祖疾大渐,诸王惟也生哥侍侧。也古既罢,也生哥仍率所部从札剌台征高丽,先后攻拔其光州、玉果等城。宪宗崩,也生哥与东路诸王拥戴世祖。阿里不哥叛,从世祖讨之,为前锋,败其将出木哈儿。车驾东还,留也生哥守和林。中统二年,阿里不哥伪请降,突攻也生哥,遂陷和林。世祖再亲征,赐以金印。也生哥精力强健,年七十有五,须发无白者。也古、脱忽身躯皆短,也生哥独伟岸,肖其父哈撒儿,卒,子爱每根嗣,卒。

子势都儿嗣。至元二十四年,乃颜叛于辽东,势都儿与合丹应之,遣其将帖哥攻咸平府,约海都为犄角。后悔罪,来降。

子八不沙,元贞二年,与诸王也只里等驻夏于晋王怯鲁剌之地。大德七年,以败海都功赐金银钞币有差。十一年七月,封齐王。至大四年十一月,诸王不里牙屯等诬八不沙不法,诏审不里牙屯等于河南。

八不沙弟黄兀儿子月鲁帖木儿,延祐三年封保恩王,六年进封恩王,泰定元年嗣为齐王,给金印,天历元年以兵袭陷上都,执丞相倒剌沙,论功第一。二年,卒。

子失列门嗣,至正十二年,献马万匹于京师。

巴忽儿达儿与也古、脱忽、也生哥皆哈撒儿妃阿尔坛可敦所出。

哈拉儿珠,其母阔阔真,哈撒儿之仆妇,有美色。哈拉儿珠在襁褓,为阿尔坛所抚养。太宗即位,察合台遣使上言:“从前共饮食之人,今渐少,请可汗选旧人来,与商国事。”于是,太宗命哈拉儿珠往,佐察合台,阿尔坛携其孙彻儿吉歹从之。彻儿吉歹,巴忽儿达儿之长子也。

哈拉儿珠子七人:曰帖木儿,曰沙里,曰木哥都,曰忽图哥,曰沙儿速克塔,曰孟岱儿,曰呼尔达喀。

彻儿吉歹子五人:曰乞卜察克,曰苏图,曰库克,曰图丹土喝塔,曰台儿极儿。后察合台后王博拉克与旭烈兀子阿八哈构兵,哈拉儿珠、彻儿吉歹相谓:“可汗命吾等西来,宜从阿八哈。”乃迎降。阿八哈厚抚之,使苏图、库克从其子阿鲁浑使图丹土喝塔,管仓储。以台儿极儿不能任事,使扈从左右。沙儿速克塔、孟岱儿、呼儿达喀等，皆待以亲王之礼。巴忽儿达儿四世孙，有吐哥帖木哥，为义阑克汗。

哈准，少太祖四岁，早卒。

子按只吉带，从太祖军中。太祖获札木合，不肯杀，付于按只吉带。按只吉带截其手足，杀之。太祖二年，皇子术赤平林木中百姓，赐按只吉带降民二千户。太宗二年，从伐金。四年正月，偕诸王口温不花等将万骑先渡河，会拖雷大军，败金人于三峰山。五年，偕定宗，将左翼兵，讨蒲鲜万奴于辽东，擒万奴。八年，大举伐宋，皇子阔出卒于军，按只吉带代之。太宗崩，乃马真皇后称制，按只吉带与大将察罕等数伐宋，攻略江淮间，为宋人所畏。宪宗之立，预定策功。宪宗与世祖皆重其为人，有大事必使议之。卒。

子察忽剌嗣，察忽剌卒，子忽剌忽儿嗣，中统初有拥戴功，卒。

子胜纳哈儿嗣，至元中，从北安王那木罕御海都于北庭。二十四年，乃颜叛，遣使阴结胜纳哈儿，其使人为土土哈所执。事觉，胜纳哈儿设宴召土土哈等皆不往，计无所逼。未几，诏胜纳哈儿入朝，将由东道。土土哈言于北安王曰：“彼分地在东，是纵虎入山林也。”乃令从西道，至大都。既至，夺其王，封丞相。桑哥言：、胜纳哈儿印文曰‘皇侄贵宗之宝’宝非人臣所宜用，因其分地改铸济南王印为宜。”从之，以授其从兄弟也只里。

也只里，察忽剌之子，不预乃颜逆谋，为叛王火鲁火孙所攻。皇孙钱木耳帅土土哈等援之，乃免。二十七年，置王傅，秩正四品。元贞初，以兵五千戍兀鲁斯。明年，与诸王也里干、八不沙等，从晋王甘剌麻驻客鲁涟河。大德六年，又与安西王阿南答等驻和林。成宗崩，也只里与阿难答、明理帖木儿等谋奉皇后称制，为武宗所杀。

哈丹，亦按只吉带子，太宗八年，分拨五户丝济南五万五千二百户。宪宗四年，又分拨济南漏籍二百户。哈丹不嗣王位，号为秃鲁干，国语头人也。

乃颜叛，哈丹率所部应之。乃颜伏诛，哈丹与诸叛党北遁，诸王薛彻干、驸马忽怜等复败之。哈丹走,渡猇河。既而,哈丹纠叛王八剌哈赤等再出,复为诸王爱牙哈赤等所却。

二十五年,叛王火鲁火孙与哈丹合谋内犯。夏四月,诏皇孙铁木耳北讨,都指挥使土土哈败火鲁火孙于兀鲁灰河。是时,玉昔帖木儿督师与哈丹战于帖里揭,失利。秋八月,哈丹兵屯于托吾儿、贵列儿二河之间,王师累战不能克,流矢中李庭左胁及右股。庭裹创,选锐卒潜负火炮,夜溯列贵儿河上游燃之,敌马惊逸。适土土哈还至合剌温,帅师来应。黎明进战,大破之,哈丹帅余众遁走。时已初冬,玉昔帖木儿声言明春再举,潜与诸王乃蛮台分帅诸将兼程而进。至霸郎儿,骁将伯帖木儿与叛党忽都秃儿千战,杀裨将五人,生擒叛王曲儿,先践冰渡黑龙江。哈丹逆战复败,乃率余众出没于女真、高丽之境为流寇。

二十六年二月,入犯葫卢口。为开元府治中兀颜牙兀格所败。六月,乃蛮台又败之于托吾儿河。

二十七年,哈丹再犯辽东,又北寇开元。九月,行省平章彻里帖木儿与战于瓦法,大败之,哈丹遂窜高丽。二十月,诏辽阳行省摘蒙古军万人,分戍双城及婆娑府诸城,防其回窜。

二十八年,彻里帖木儿帅师入高丽,与哈丹子老的战于鸭绿江上,失利。世祖命乃蛮台、薛彻干代之,仍以伯帖木儿为先锋。先是,哈丹窜高丽,陷其和州、登州,杀人而食,得妇女聚麀而脯之。至是,又逾铁岭,入交州道,陷阳根,攻原州。雉狱城乡贡进士元冲甲,以数十人突击,却之。州兵稍集,斩贼将暗都剌等六十八人。哈丹锐气益挫。薛彻干又败哈丹于禅定州。逾数日,乃蛮台军踵至,遂约高丽人夹击哈丹于燕岐山,大败之。哈丹帅精骑千余渡河而遁,高丽将韩希愈从蒙古军追之。贼中有一善射者,射我军应弦辄倒;希愈持枪策马,突入贼阵刺杀之,揭其首于竿,以示贼,贼气夺。哈丹父子溃围走,伯帖木儿将百骑追之,虏其妻孥。哈丹尚有八骑,伯帖木儿余三骑,再战,两骑士皆重伤不能进,伯帖木儿单骑追之。日暮,竟失哈丹所在,乃还。

二十九年哈丹又涉海南袭高丽。塔出与博罗欢追讨之,斩其子老的于阵,哈丹赴水死,俘其二妃以献

帖木哥斡赤斤,烈祖幼子,少太祖六岁。国语谓主灶曰斡赤斤,幼子受父母遗产,当主灶,故凡幼子称斡赤斤。人因称帖木哥为斡赤斤那颜。

太祖既灭王汗,乃蛮太阳汗约汪古部长阿剌忽失夹攻,欲夺蒙古弧矢。阿剌忽失执送其使,太祖与诸将议伐乃蛮。众皆以方春马瘦为词,斡赤斤愤言:"公等马瘦,我马独肥?且公等不闻彼之大言乎!"彼能来,我亦能往,何故坐而致敌。"

别勒古台亦言:"男子与弧失共命,若被夺于人,何以自立。不如战死,以弧矢殉葬。"议遂决。是役竟擒太阳汗,灭乃蛮。

太祖二年,平林木中百姓,分降人于子弟。宣懿皇后及斡赤斤共得万人,以古出等四千户领之。斡赤斤好治宫室园囿,太祖以季弟,故特爱之,号为国王,其子位于诸皇子之上。车驾征西域,命以本部兵留守漠北,卓帐于胪朐河东南。太祖末年,收辽王耶律薛阇土地,以别勒古台镇广宁,辖辽西;而东京、临潢二道地在辽东,移斡赤斤镇之。

太宗崩,乃马真皇后临朝称制,斡赤斤引兵至和林,人心震骇。斡赤斤有一子在太宗左右,皇后使诘问其父。时定宗已至叶密尔河,斡赤斤闻之乃曰:"吾来奔丧,非有他也。"遂东归。皇后召诸王大将,议立定宗,斡赤斤亦至。定宗即位,究斡赤斤称兵之事,不欲显言其事,命亲王蒙哥、鄂尔达往按之,戮其将校数人,余置不问。斡赤斤以寿卒。相传有子孙八十人。

长子只不干早卒,嫡孙塔察儿未受朝命。其庶兄脱迭欲废嫡自立,必阇赤撒吉思与火鲁火孙驰白乃马真皇后,乃授塔察儿以皇太弟宝,嗣为国王。宪宗之立,塔察儿帅东路诸王也孙格等来会,预定策功。宪宗六年,命与驸马特尔格伐宋,次东平,士卒有掠人羊豕者;宪宗闻之,立遣使者究治,于是军中肃然。七年,塔察儿复率师

伐宋，围樊城，霖雨连月，乃班师。八年，塔察儿略地至江北而还，与诸王会于世祖军中。中统二年，拜中书平章政事。阿里不哥叛，从世祖讨之。昔木土之战，塔察儿与太丑台为左翼，又与亲王不者克分兵追阿里不哥败之。寻代忽鲁不花为左丞相，世祖甚重之。凡召宗王议事，塔察儿必预焉。卒，子阿术鲁嗣。

阿术鲁卒，子乃颜嗣。自斡赤斤至乃颜，前后五六十年，世据辽东。海都叛，乃颜潜与通谋。至元二十一年，北京宣慰使亦力撒合察其有异志，密请备之。二十三年二月，廷议罢山北辽东道开元等路宣慰司，立东京等处行中书省。三月，徙省治于咸平路，仍严女真水达达弓矢之禁。东路诸王多不自安，而女真水达达失业，亦怨望。朝廷微闻之，为罢东京行省，复北京、咸平等三宣慰司，且弛女真水达达弓矢之禁。然乃颜叛志已决，遣使与诸王胜纳哈儿、也不干相结，并约海都为犄角，海都允之。

二十四年二月，辽东宣慰使塔出，使人驰驿上变。诏塔出领军一万，与皇子爱牙赤同力御之。以诸王彻里帖木儿节制东道诸军，毋许乃颜擅发。夏四月，乃颜举兵反。世祖遣也先传谕北道等处宣慰司，凡隶乃颜所部者，禁其仕米，毋得乘马持弓矢。又遣近侍阿沙不花北使于诸王纳牙，说之入朝，以孤其势。五月，车驾亲征，发上都。六月壬戌，次撒里秃鲁。时大军未集，乃颜将塔不带、金刚奴以兵六万逼行在而阵，我军远来疲乏，又敌众我寡，不得地势。诸将欲退，博罗欢以为不可。世祖乃张曲盖，据胡床，尚食帖哥从容进酒。塔不带等疑有伏，不敢犯。是夜，李庭引壮士十人，潜至敌垒，燃火炮，贼惊扰，明日遂退。博罗欢以师乘之，转战二日，斩其驸马忽伦、万户阇里铁木儿。乃颜遣哈丹帅万骑来援，为我前锋将玉哇失所败。追至不里大都伯塔塔之地，又败之。是时，玉昔帖木儿别将由它道以师来会，遂分军为二：蒙古军，玉昔帖木儿将之；汉军，李庭将之。进次辽河失剌斡儿朵之地，与乃颜遇。乃颜军号十万，以车环卫为营。王师三十营，间以汉军步队，皆执长矛、大刀进退，时与骑卒叠乘一马，及敌，则下马先进。乘舆驾四象，上有战台，建中军旗鼓，自辰至午，大破其众，擒乃颜诛之，并获其辎重千余乘。其党叛王势都儿等复犯咸平，塔出从爱牙赤自沈州进击，败之。转战，渡辽水，射杀其将帖古歹。又与叛王曲迭儿等战，败之，追北至金山。于是辽东叛党略尽。八月乙丑，车驾还上都。

乃颜既诛，世祖以塔察儿别子乃蛮台领其部众，至元二十八年，追讨哈丹入高丽有功。至大元年，封寿王。

塔察儿诸孙脱脱，延祐三年封辽王，英宗遇弑，泰定帝入承大统，脱脱度有赦，挟仇杀诸王妃、公主百余人，分其畜产。泰定元年，御史傅岩起、李嘉宾劾其乘国家祸难，诛锄骨肉，罪恶已彰，如使归藩，是纵虎出柙，宜别选近族代袭其位。不报。已而，御史董鹏南等连劾之，仍不报。致和元年，泰定帝崩于上都。九月，文宗自立于大都，上都诸王分道伐之，留脱脱居守。齐王月鲁帖木儿袭上都，脱脱兵败，为月鲁帖木儿所杀。

南台御史言："辽王脱脱自祖父以来，屡为叛逆，盖因所封地大物博。今宜削王号，处其子孙远方，而析原封分地。"事不果行。天历二年，诏封牙纳失里为辽王，以脱脱故印与之。

别克帖儿，或言为烈祖前妻子，或言其母为塔喀式。太祖幼与别克帖儿交恶，诉于宣懿皇后："别克帖儿与别勒古台夺我鱼，又夺哈撒儿之雀，请杀之。"宣懿皇后戒之曰："尔兄弟除影子外无安答，除马尾外无鞭，奈何相贼害？独不见阿兰可敦五子之前事乎！"太祖不听，卒与哈撒儿射杀别克帖儿。别克帖儿将死，谓太祖曰："汝杀我则可，勿杀别勒古台，留为汝异日效力。"后竟如其言。

别勒古台，母曰豁阿巴海，秃马敦氏。蔑儿乞之难，豁阿巴海与光烈皇后同被掠，太祖以王汗、札木合之众大破蔑儿乞，迎光烈皇后归。别勒古台亦求其母，有告以豁阿巴海所在者。别勒古台入自门右，其母自门左避出，语人曰："无面目见儿辈也。"遂走匿林中，别勒古台竟不得其母。故捕得蔑儿乞人，辄拟以鸣镝，诘之曰："将吾母来!"凡杀蔑儿乞男子三百余人,以其妇女为婢媵。

太祖称汗,使哈撒儿与忽必来等一处带刀,使哈准与博尔术等带弓箭,使别勒古台与合剌勒歹脱忽剌温二人掌驭马。太祖大宴宗人于斡难河上,别勒古台掌太祖乞列思,播里掌薛彻别乞乞列思。乞列思,译言牧场也。播里从者盗太祖马缰,为别勒古台所获,播里庇之,斫别勒古台创甚。太祖大怒,别勒古台曰:"今将举大事,岂可为我一人使兄弟交恶,且我创不至死,请宥之。"太祖尤韪其言。后太祖诛薛彻别乞,播里来降,太祖使别勒古台与播里搏。播里勇冠诸将,能以一手按别勒古台于地。至是,恐怵太祖。佯败匍伏不起。别勒古台回顾太祖,太祖啮下唇以示意,遂杀之。太祖之意,非修旧怨,盖欲除异日之患云。

太祖攻略诸部,别勒古台冲锋陷阵,战必先登。太祖尝曰:"有哈撒儿之射,别勒古台之勇,此我之所以取天下也。"

太祖平四种塔塔儿,密与亲族议:"塔塔儿吾父仇,其男子高如车轴者,尽杀之,余分为奴婢。"议既定,别勒古台出见塔塔儿人也客扯连,泄其事。也客扯连语其党,吾辈毋徒死,可人袖一刀,各杀彼一人以藉背。于是蒙古人死者甚众。事定,太祖深咎之,命以后议大事,别勒古台毋与闻,须议事中决,进一樽酒,方许其入见焉。

太祖即位,分别勒古台三千户,又使长札鲁忽赤,别刻一印赐之。定宗崩,别勒古台与诸王、大将会于奎腾敖拉之地,共立宪宗。后以寿卒。别勒古台,人谓其百妇、百子,妻、子至前,有不识者。三子知名:曰罕秃忽,曰也速不花,曰口温不花。

罕秃忽,性刚猛,从宪宗南伐数有功。卒。

子霍历极嗣,以病废不能治事。世祖俾居广宁,统其部众。至大三年卒。子塔出嗣。

塔出,性温良,好学,通知经史。

塔出之从父兄弟按灰者,尝代诸王脱脱镇云南。至顺元年冬,坐击伤巡检张恭,杖六十谪广宁路探马赤,后至元二年为也客札鲁忽赤。

也速不花子爪都,世祖中统三年,以推戴功,封广宁王。至元十三年,赐金印。时方与河平王昔里吉等从皇子北平王屯阿力麻里,诸王脱黑帖木儿等劫北平王,奉昔里吉以叛,爪都亦与其谋。及伯颜北讨,爪都悔罪来归。塔察儿国王请诛之,世祖念其前劳,谪往屯河为探马赤,躬薪樵之役。从者请代,自谓前日得罪,今以此补过云。

口温不花,太宗六年,帅师伐宋,获其将何太尉。九年,口温不花复伐宋,围光州,使张柔、巩彦晖、史天泽攻拔之。别攻蕲州,降随州,略地至黄州。宋人惧,请和,乃还。张德辉尝言于世祖,请宗室中贤如口温不花者主兵,其为时人推重如此。子曰灭里吉台,曰瓮吉剌台。

至元十三年,瓮吉剌台奉命与驸马丑汉帅所部五百人戍哈答城,以罪谪婺州。二十六年,台州贼杨镇龙寇东阳、义乌,瓮吉剌台帅兵讨之,以功赦还。后从晋王甘剌麻屯客鲁涟河。延祐间卒。先是,瓮吉剌台得罪,以其子彻里帖木儿袭广宁王。至元二十四年,敕彻里帖木儿节制诸军,乃颜征东诸侯兵,谕彻里帖木儿毋发。子按浑察袭广宁王。

史臣曰:元之宗系藏于石室金柜,外廷不得而知,故旧史《宗室表》疏舛最甚。至拉施特《蒙古部族考》,其言宜足征矣。然烈祖诸子世次,往往有灼然谬误者,意者拉施特官西域,与东藩见闻隔绝,故无从考订欤?今为列传,其世次皆本于《部族考》。正误缺疑,庶几尚论者有取焉。

新元史卷一〇六
列传第三

太祖诸子一

术赤　拔都　伯勒克　忙哥帖木儿　脱脱　月思别
鄂尔达　昔班　土斡耳　托克帖木儿

太祖皇帝八子：光献皇后生术赤，次察合台，次太宗，次拖雷；忽兰皇后生阔列坚；也速干皇后生察兀儿；乃蛮女生术儿彻；塔塔儿女生兀鲁赤。

术赤，性卞急，骁勇善战，为诸将所服。不嗜杀，尝攻塔塔儿部，俘获者多蒙全宥。太祖二年，将右翼兵征和林西北诸部，以不哈为向导。斡亦刺酋忽都哈别乞迎降，遂进攻土绵斡亦速于施黑寺特之地。于是斡亦刺、不里牙特、巴儿浑、兀儿速特、哈卜哈纳思、康哈思诸部悉降。乞儿吉思酋也迪亦纳勒、阿勒迪额儿、斡列别克的斤亦望风归款，献白海青、白骟马、黑貂等方物。复降失必儿、客思的音、巴亦特、秃哈思、田列克、脱额列思、塔思、巴只吉等部，皆林木中百姓也。师还，太祖因忽都哈别乞先降，以皇女扯扯坚尚其子亦纳勒赤，以术赤女豁儿哈妻亦纳勒赤之兄。

六年，太祖伐金，术赤与察合台、太宗分下云内、东胜、武、朔等州。八年，复与察合台、太宗循太行而南，攻下保、遂、安肃、安、定、邢、洺、磁、相、卫，辉、怀、孟，掠泽、潞、辽、沁、平阳、太原、吉、隰，降汾、石、岚、忻、代、武等州。

十一年，从太祖北还。乃蛮酋古出鲁克袭据西辽，乘大军南伐，煽诱诸部为乱，秃马特与乞儿吉思皆叛应之。十二年，命术赤讨乞儿吉思，仍以不哈为先锋，追败其众于亦马儿河，返至谦河，涉冰北行，尽降乌思、康哈思、田列克、客失的迷、槐因亦而干等部。是时，速不台败蔑儿乞于吹河，蔑儿乞酋脱黑脱阿之子善射，称为墨尔根，速不台擒之送于术赤。命之射，前矢中的，后矢劈前矢之簳亦中的，术赤大喜，遣使告于太祖，请赦之。太祖曰："蔑儿乞，吾深仇。留善射仇人，将为后患。"命杀之。术赤率诸将搜捕乃蛮、蔑儿乞余众，师将返。西域主阿剌哀丁自将来追，诸将以众寡不敌，且奉命剿乃蛮、蔑儿乞，不宜与邻国构兵。术赤曰："遇敌而逃，何以归见吾父及诸弟。"遂战，我军败其左翼。会阿剌哀丁子札剌勒哀丁以右翼来援，术赤乃敛兵而退。及夕，多爇火以为疑兵，未晓即驰去。归见太祖，大蒙将许焉。

十四年，从太祖征西域，分克八儿真、养吉干、毡的等城。

十五年，与察合台、太宗共围乌尔鞬赤城，久不下。太祖改命太宗总统诸军，乃拔之。事具《西域传》。

十七年，西域略定，太祖率大军北还，命哲别、速不台循里海之西征奇卜察克，留术赤屯于咸海、里海之间，为二将声援。十九年，哲别、速不台平奇卜察克，复败斡罗斯兵，擒其二酋献于术赤，诛之。术赤自锡尔河北倘塔之地，西逾乌拉岭至奇卜察克东境，抚定诸部，使哲别、速不台班师。二十年卒，年四十九。

初，光献皇后孕术赤时，为蔑儿乞人所掠，太祖乞师王汗与札木合，袭败蔑儿乞，返光献皇后。已而举子，遂名之曰术赤。术赤译言客也。或谓光献皇后姊为王汗妃，王汗闻光献皇后被掠，告于蔑儿乞使返之，中途术赤生，仓卒无褓襁，搏面盛之，置于骑上而归。太祖曰："此不速之客也。"故名以术赤。

然卒以此为诸弟所轻，尤与察合台不协。太祖将征西域，也遂皇后问："倘有不讳，诸子中以何人为嗣?"太祖召诸子问之，先及术赤,未对。察合台曰:"术赤为蔑儿乞种,岂可以辱社稷。"术赤怒趋搏察合台,时阔阔搠思侍侧,谓察合台曰:"可汗艰难百战以平诸部,汝贤明之母实佐之,今汝诬蔑如此,独不为汝母地乎?"察合台乃请立太宗,而己与术赤任征讨之事。术赤亦允之。太祖曰:"吾疆域甚广,分王诸子可也。"于是立太宗为嗣,而以咸海西南与咸海、里海之北封术赤,以锡尔河东之地封察合台云

术赤自以长子,不得袭父位,又封地绝远,恒怏怏不乐。太祖至锡尔河,屡召之,以疾不至。又命其西略依必而、西毕利、布而嘎尔等部,亦称疾不行。太祖滋不悦。二十年,太祖既还行宫,有蒙古人自西来,询术赤病状,对曰:"见其出猎,未闻有疾也。"太祖怒,命察合台、太宗率师逮问之。无何,术赤凶问至,太祖大恸,欲诛妄言者,而人已逸去。遂命斡赤斤往莅其丧,定嗣子之位。

术赤十四子知名者:曰鄂尔达,曰拔都,曰伯勒克,曰脱哈帖木儿,曰昔班,曰唐古忒,曰土斡耳,曰伯勒克察尔,曰乞剌乌堪,曰桑库,曰领台,曰谟罕默德,曰乌都,曰库马帖木儿。

拔都,术赤第二子。与兄鄂尔达相友爱,鄂尔达自以才不如弟,乃让位于拔都,斡赤斤遂定拔都为嗣。未几,太祖崩,斡赤斤驰归。拔都与兄鄂尔达、弟伯勒克、脱哈帖木儿、昔班、唐古忒、伯勒克察耳来会葬,奉太宗即位。

太宗七年,以奇卜察克、斡罗斯诸部未定,出师讨之。命拔都为统帅,速不台副之。太宗位下定宗、合丹,术赤位下鄂尔达、昔班、唐古忒、伯勒克,察合台位下贝达儿、不里,拖雷位下宪宗、不者克,太宗庶弟阔列坚,皆从行。

八年,速不台首入布噶尔都城,其酋望风纳款。未几又叛,速不台讨平之。诸王各率所部会于浮而嘎河布而嘎之地。

九年,入奇卜察克,其别部酋八赤蛮窜匿浮而嘎河森林中,一日数迁,踪迹无定。大军入林搜捕,见空营一病妪在焉,询之,则八赤蛮已遁入海岛中。迹至,出不意擒之,里海以北诸部悉降。是年

冬,克巴而脱拉及惹勒忒城、沙而克芯城,进至倭而那城,坚守不下。拔都决端河水灌之,遂入斡罗斯。毛儿杜因人与斡罗斯有兵怨,导大军自东南入,取勃蛮思克等城。南境诸王幼里与其弟罗曼分守烈也赞、克罗姆讷二城,乞援于物拉的米尔王攸利第二。大军招降烈也赞,幼里不从,乃筑长围困之。攻六日,城陷,幼里阖门皆死。攸利第二遣其子兀薛佛罗特帅众来援,而烈也赞已陷,乃战于克罗姆讷城下。罗曼阵殁,兀薛佛罗特逃归,大军遂攻拔克罗姆讷。是役也,阔列坚创甚卒,因屠克罗姆讷城。北进至莫斯科,攻五日拔之,获攸利第二之孙,东趋特拉的米尔都城。时攸利第二令其子兀薛佛罗特及木思推思老弗哀居守,而自引兵北驻昔提河,以待乞瓦王牙罗思剌弗哀、珀列思剌弗哀勒王士委阿脱思剌弗哀之援兵。大军至,令攸利第二之孙在城下招降,不肯从,乃杀之,分军下苏斯达耳城而归。

十年春,合围物拉的米尔,凡七日,城陷,自此分数军,一月之间下攸利掖甫等十余城。时攸利第二尚屯昔提河上,我军至,破其营,攸利第二与二侄俱战没,军士得脱者十才二、三。拔都一军益北趋那怀郭罗特,未及城百八十里,阻于淖而退。遂转而西南,一军攻秃里思哥城,其王瓦夕里坚守不下,杀蒙古兵数千。拔都命合丹、不里助攻,阅四十九日始克之,屠城,血流成渠,获瓦夕里,投血渠中毙之,谓其城曰卯危八里克。是时,伯勒克击败奇卜察克,其酋霍滩西北奔马加。秋,合丹等征撒耳柯思,获其酋秃勘,杀之。昔班、不者克、不里别将侵奇卜察克属部蔑里姆。是冬,蒙哥、不里、合丹合军围阿速部蔑乞思都城。

十一年春正月,拔之。分军东渡亦的勒河,直至乌拉岭西北。拔都休息士马,乃谋攻斡罗斯南部。计掖甫者,斡罗斯之旧都,南部名城也。攸利第二战没,其弟计掖甫王牙罗思剌弗哀往援弗及,乘蒙古军退,遂入物拉的米尔,嗣其兄位。而扯耳尼哥王米海勒亦乘其北行,转据计掖甫。

十二年,拔都军至珀列思剌弗哀勒城,降之,攻下扯耳尼哥城。

城人以沸汤浇土卒,死伤颇众。退而东掠戛鲁和城,至端河,虽绝计掖甫之旁援,而阻于帖尼博耳河不得渡。宪宗驻兵河东,遣人谕降计掖甫,使者被杀。冬,帖尼博耳河冰合,拔都率全军渡河,米海勒奔波兰,令其将狄米脱里居守。大军昼夜环攻,克之。狄米脱里伤而未死,拔都嘉其忠勇,释不诛。复下哈力赤城,达尼耳王亦遁。斡罗斯之南部略定。

乃谋攻波兰及马加,皆斡罗斯西南境之邻国也。波兰王波勒斯拉物死,分地与四子为四部:曰康拉忒,治撒洛赤克城;曰亨力希,治伯勒斯洛城;曰波勒司拉布哀,治克拉克城;曰米司拉弗哀,治低而贝城。马加王贝拉治格兰城,滨杜恼河,而常驻河东之派斯特城。波兰在东北,马加在西南,两国相倚如辅车,而马加三面环山,险阨四塞,用兵尤不易。拔都乃议东南北五路进兵,而以贝达尔统北路一军攻波兰诸部。贝达尔转战至不威迷亚部东南,为拔都声援,事具《贝达尔传》。拔都未入马加,先遣英吉利人谕降,自屯哈力赤以待之。马加王贝拉不肯降,亦不设备,仅遣其众守喀而巴特山口,伐木塞途以拒我军。

十二年春,拔都率诸将攻喀而巴特山口,守兵尽溃。贝拉亟召各部兵赴援,未至,游骑已抵派斯特城。贝拉欲俟援兵,天主教士乌孤领以为怯,出城拒战。拔都麾诸军退乌孤领,逐之。其所将皆客兵,失道陷淖中,又身擐铁甲行迟,我军攒射之,尽殪。惟乌孤领脱归。既而,援兵大集,拔都引还,屯于赛育河、色克河合流之下游。时雪消水涨,我军三面阻水,据桥,地势险固,又林木丛杂,可隐蔽。贝拉追至,见桥东有守兵,乃驻于赛育河西,以千人守桥,环车为营,悬盾于车上,俨如壁垒,然举动皆为我军所见。相持数日,拔都知敌懈可乘,下令夜进,一军夺桥,一军绕至下游潜渡。有斡罗斯逃人,漏其事于马加诸部长,皆不信。惟贝拉弟廓落曼与乌孤领信之,引众巡桥,见我军已至桥西,却之,增守卒而反。遂酣寝,以为无患。既而,我军以炮击守卒,皆遁。下游之军亦济而成列,乃四面攻之,而开西南十面,使之走。众遂瓦解,逸者十无二、三,河水尽赤。乌孤领死之，廓落曼走丕思脱，欲往地中海，以创其死。贝拉遁入林中，辗转至土拉斯部，合于其婿波勒司拉弗哀。拔都获贝拉之印，使降人伪为贝拉，谕令居民安堵无恐，军虽失利，终必大捷。居民见伪谕，信之，无迁徙者。大军至，悉俘之。遂渡赛育河，至丕思脱。先是，廓洛曼劝城人避去，不从。至是，尽为大兵所戮。

合丹一军由马加东南马拉儿境间道，攻鲁甲城，克之。又募日耳曼人为向导，而以俘卒前驱，将士督攻于后，积尸填堑，践而仰登，连拔蜗拉丁、丕勒克诸城，遂偕定宗、不里、拨绰等与拔都军合。

拔都欲攻格兰城，格兰人守杜恼河，凿冰以防西渡。已而，天寒冰合，我军欲试坚否，放牛马以诱之。格兰人践冰过，驱牛马而西。拔都知冰坚可渡，乃万骑俱进，所向无不披靡

拔都自留攻格兰，使合丹追贝拉。初贝拉至土拉斯，旋西入奥斯大里亚境。其王劝贝拉扼杜恼河，蒙古兵未必能西渡。贝拉至韦敦贝而克城，遇其孥，乃偕赴阿格拉姆城觇敌动静，遣使乞援于天主教王及德意志国，皆不应。合丹至阿格拉姆，贝拉复走特劳恩城，入于地中海。合丹追不及，引兵趋塞而维亚部，大掠耳拉孤萨城、喀滔城，旋奉拔都命东返。

拔都围格兰城，立炮三十架攻之。守将曰锡门日，斯巴尼亚人也，坚守不下。乃分军西略奥斯大里亚境，至地中海北维尼斯部。又一军分柯伦贝而克城、韦而乃斯达城，皆旋退。

太宗凶问至，乃马真皇后称制元年春，拔都率诸军东返，中途奇卜察克叛，讨平之。

二年春，拔都至浮而嘎河，定宗奔丧先归。拔都与定宗有隙，知皇后将立定宗，遂托病迁延不行。速不台谏，不从。

定宗即位三年，西巡叶密尔河，拔都恐来谒，至阿勒塔克山，闻定宗崩而止。

定宗皇后不发丧，先赴于睿宗妃及拔都，自请摄政以待立君。拔都允之，召诸王大将于阿勒塔克议立君，皇后亦使预会。有建议拔都最长当立者，拔都不可，众曰："王既不自立，请审择一人，以践

大位。"拔都曰:"我国家幅员甚广,非聪明睿智能效法太祖者,不胜任。我意在蒙哥。"众应曰:"然。"议遂定。

明年,拔都遣伯勒克、脱哈帖木儿将兵卫宪宗而东,大会诸王于斡难河、克鲁伦河之间,奉宪宗即位。时皇后欲援先朝故事,立其子,诸王觊觎者尤众。定策之功,推拔都第一。拔都能疏财,得将士心,皆称为赛因汗。赛因译言好也。拔都建斡尔朵于浮而嘎河下游,曰萨莱。每岁春,溯浮而嘎河东岸,北至布而嘎尔之斡尔朵。秋则还驻萨莱,名曰阿勒泰斡尔朵,译言金顶帐也。建喀山城于浮而嘎河东岸,亦建萨莱于黑海北撒吉剌之地,使其子撒里答居之。斡罗斯诸王皆受封于拔都,奉约束惟谨。宪宗二年,法兰西王路易第九使其臣胡卜洛克来聘,未几小阿美尼亚王海屯亦来朝。六年,拔都卒,年四十八。

拔都子有名者:曰撒里答,曰托托罕,曰安狄万,曰乌拔奇。宪宗六年,撒里答入朝,闻父卒,宪宗令归嗣父位,中道卒。宪宗立其子乌拉赤,尚幼,命拔都元妃波拉克勒听政。未数月,乌拉赤亦卒。拔都弟伯勒克嗣。

伯勒克,术赤第三子。信天方教,常集教士于斡尔朵,讲论教律。太祖子孙入天方教者,自伯勒克始。伯勒克括斡罗斯户口,计丁出赋。凡城邑及千户以上者,设官一人,而以八思哈三人总之:一治苏斯达尔城,一治勒冶赞城,一治谟洛姆城。田赋十取一,牛羊马税百取一。凡教士皆免之。

哈力赤王达尼尔逐蒙古官,拒命。伯勒克使忽仑萨赫讨之,不敢进,乃命布仑台代将其军。布仑台,拔都旧将也,谕达尼尔归顺,助攻力拖部。达尼尔从之,使其弟伐力拖降其部众。后达尼尔子弟从诸垓、帖列布喀伐波兰,俱有功。

宪宗崩,阿里不哥僭号,立察合台孙阿鲁忽以为己援。伯勒克附世祖,阿里不哥使阿鲁忽伐之,为伯勒克所败。阿里不哥降,伯勒克亦罢兵。

旭烈兀平报达,戮教民无算,又术赤后从征报答者,或以罪死,或暴卒,疑皆为旭烈兀所害。伯勒克使诺垓兴师问罪,战于得耳奔得,旭烈兀败退。埃及王比拔而斯与旭烈兀有兵怨,知伯勒克同教,遣使者赍哈里发家乘来聘,伯勒克厚礼使者遣归。时伯勒克亦使人于埃及,贻书请合攻旭烈兀,埃及王复书赠以可兰经及缠头布一方。

旭烈兀卒,子阿八哈嗣位。至元元年,诺垓攻阿八哈,伤目而退。伯勒克率大军继之,卒于军中。

托托罕子忙哥帖木儿嗣,其母卫拉特氏,太祖驸马朵拉勒赤之女也。时世祖使铁连使于海都,且令至忙哥帖木儿处计事。忙哥帖木儿许夹攻海都。其后海都拒命,忙哥帖木儿果伐之。然终与海都连和,助以军五万败旭烈兀后王傅拉克。

斡罗斯诸王互相谗,洛斯多王喝来伯潜勒冶赞王罗曼。至元十六年,忙哥帖木儿召罗曼至,杀之。喝来伯之子亦谮罗曼之子于诺该,十五年,诺该引兵侵勒冶赞。是年,阿速部叛,忙哥帖木儿讨平之。十七年,忙哥帖木儿伐波兰,攻柳勃林城,进至森地米尔,为波兰人所败。十八年,忙哥帖木儿卒。

弟脱脱蒙哥嗣。物拉的米尔王狄迷特里之弟安得富阿来三德勒委,持谗其兄于脱脱蒙哥。十九年,脱脱蒙哥伐物拉的米尔,直至诺拂郭罗特,狄迷特里奔于诺垓。二十年,诺垓仍命狄迷特里返物拉的米尔,又诱库尔斯克、鄂儿斯克王鄂列克附已。鄂列克不从,诺垓伐之。配思克暇洛郭尔王士委托司拉弗哀亦不附于诺垓者,为诺垓所杀。

二十二年,托托罕长子巴而图之二子秃拉布哈、昆逐克与忙哥帖木儿二子阿力贵赤、古列儿废脱脱蒙哥,四人同治国事。

二十三年,忙哥帖木儿第五子脱脱率众入得耳奔得,以攻宗王阿鲁浑,军锋甚锐。秃拉布哈等忌之,脱脱乃退军,潜引诺垓为助。

诸垓设宴延秃拉布哈诸王至，伏兵杀之。

脱脱即位，时至元二十七年也。诸垓既辅立脱脱，后复与脱脱不协。诸垓旋卒。斡罗斯诸部诉物拉的米尔王狄迷特里，三十一年，脱脱遣兵讨之，狄迷特里奔于诸物哥罗特。自忙哥帖木儿后，诸王自擅，不复奉朝廷之命。海都卒，其子察八儿降，脱脱首先效顺。至大元年六月，遣月鲁哥十二人使于脱脱。皇庆元年，脱脱卒。忙哥帖木儿孙月思别嗣。

月思别，父曰土古儿。既嗣位，延祐元年遣使来朝。月思别初立，诸将多异议，且以月思别奉回教为嫌，定计乘宴饮杀之。或于席上示月思别以目，月思别托故出，询有变，即驰去，引兵捕诸将杀之。是时，月思别甫十三岁，人皆服其智勇。

至治三年二月，遣使来朝。十二月，又遣锡拉来朝。泰定三年十二月，月思别献文豹，赐金银钞币有差。至顺元年三月，遣诸王，分使月思别及燕只吉台、不赛因。至正元年八月，月思别遣使来朝。三年七月，遣南忽里等来朝，贡方物。术赤位，有旧赐平阳、晋州、永州分地，岁赋中统钞二千四百锭，久未给之，亦未置总管府领其事。后至元二年，月思别遣使来求岁赐。三年，中书省议置总管府，秩正三品。至五年，始颁赐焉。

初，物拉的米尔王狄迷特里卒，立其叔父弥海勒第二。莫斯克王攸利第三觊得狄迷特里之位，脱脱以弥海勒第二年长当立，不允。及月思别立，攸利第三娶其妹，遂约蒙古入侵物拉的迷尔。弥海勒第二奔于特威亚之地，攸利第三追之，反为所败。其妻及蒙古将士多为弥海勒第二所获，知为贵主，礼而归之。月思别之妹道卒。攸利第三乃诬以鸩杀，诉于月思别。月思别怒，召弥海勒第二至，继察其诬，释不治。适月思别至高喀斯山，未令弥海勒第二即归，攸利第三贿月思别左右矫命杀之，袭其位而受封焉。已而，弥海勒第二子德弥特里诉父冤，月思别召攸利第三入朝，使与面质。德弥特里

见攸利第二,忿发,拔刀斩之。月思别杀德弥特里,封其弟阿来克三
德为德拉的米尔王,以雪其父之冤,时至治三年也。未几,物拉的米
尔乱作,执蒙古官杀之,阿来克三德奔普斯廓甫城。月思别遣兵讨
平其乱,召阿来克三德入朝,不至。月思别命莫斯科王伊万第一逮
问阿来克三德,旋入朝请罪。伊万第一忌阿来克三德之得民,不为
己利,谮于月思别而杀之。延祐五年,月思别侵不赛因之境,为其将
出班所却。后至元六年卒

　　子札尼别嗣。至正十三年九月,献撒哈剌、察赤儿、米昔儿弓、
刀、锁子甲及青白马各二匹,赐钞二百锭。自后至元二年以后,不赛
因卒,其国内乱蜂起,台白利司之民皆避乱至奇卜察克。至正十五
年,札尼别自将入阿特而佩占,杀乱将阿失甫,据台白利司,令其子
毕儿谛伯克守之,而自归。次年卒。
　　毕儿谛伯克北归嗣位,未几卒。继毕尔谛伯克者为科儿纳,继
科而纳者为努鲁斯。自此国亦乱,诸王起兵相争,皆鄂尔达、昔班、
脱哈帖木儿三王之后,非拔都胄裔焉。
　　继努鲁斯者曰起西耳,昔班之后,其子曰汗莫尔都特。继汗莫
尔都特曰帖木儿合札,鄂尔达之后。继帖木儿合札曰汗穆力特合
札,脱哈帖木儿之后。继汗穆力特合札曰科脱鲁合札,又为鄂尔达
之后。继科脱鲁合札曰普拉特合札,昔班之后忙哥帖木儿之子。继
普拉特合札曰阿西士萨克,脱哈帖木儿之后。继阿西士萨克曰阿勃
达亚拉,鄂尔达之后。继阿勃达亚拉曰哈散,脱哈帖木儿之后,立于
至正二十七年。又历四汗,至谟罕默德普拉克,为托克塔迷失所废。

　　鄂尔达,术赤长子。拔都以鄂尔达让位于己,分以东方锡尔河
北等地。其斡儿朵色尚白,以别于金斡尔朵。部人称拔都后王为西
奇卜察克汗,鄂尔达后王为东奇卜察克汗。
　　鄂尔达卒,子科齐嗣,卒,子伯颜嗣,卒,子萨西卜克嗣,卒,子
爱必散嗣,卒,弟穆巴尔克合札嗣,爱必散之子漆穆泰嗣,卒,其

孙乌鲁斯嗣，屡败驸马帖木儿之兵。先是穆巴尔克合札之孙托克帖米斯得帖木儿之助，欲为奇卜察克总汗，乌鲁斯忌之，杀其父而逐之。托克帖米斯乞援于于帖木儿，而终不能胜。乌鲁斯卒，子托克脱起嗣。未几，又卒，弟帖木耳没里克嗣，懦不任事，降于托克帖米斯。自此白斡尔朵之汗位，为托克帖米斯所夺，复伐西奇卜察克，大败之，废其汗谟罕默德普拉克，东、西奇卜察克为一，金斡儿朵之地亦并于白斡儿朵。然托克帖米斯方西伐斡罗斯，国内空虚，昔班后王迁其部落以实之。托克帖米斯大败斡罗斯兵，焚其莫斯科都城，后复为帖木儿所败，事具《帖木儿传》。托克帖米斯败归，乌鲁斯之子帖木儿科得鲁得逐之。托克帖米斯奔于力陶，明永乐四年卒。

昔班，术赤第五子，从拔都伐斡罗斯有功。拔都使居鄂尔达牧地之北，西至于乌拉河。其斡儿朵，色尚蓝。或曰：昔班从拔都伐马加，战胜有功，拔都授以马加汗名号，师还，拔都以北边地与之。昔班之六世孙孟古帖木儿与月思别同时。

土斡耳，术赤第七子。其孙诺该，为拔都后王任事，以斡济称，后忤脱脱意，谪处浮尔嘎河之东，其子孙散居乌拉河、恩拔河之间。

托克帖木儿，术赤第十三子。分地在浮而嘎河上，后忙哥帖木耳赐以克雷木、几富两地。其后人因在喀散、喀西莫甫、克雷木三地立国称汗。以分地南北俱近金斡尔朵，故拔都后王嗣位之际，托克帖木儿后王恒起而相争。

史臣曰：术赤可谓骁将，非治国之才。太祖不传位于术赤宜也。或疑其惭于察合台，不亦诬乎。拔都为宗王之长，又建大功，拥戴宪宗以安社稷。宗子维城，拔都无愧焉。

新元史卷一〇七
列传第四

太祖诸子二

察合台　合剌旭烈兀　也速蒙哥　阿鲁忽
博拉克　笃哇　也先不花　怯伯　笃来帖木儿
贝达尔　不里秃剌　阿剌忒纳失里

　　察合台，太祖第二子也。太祖以其性刚，使阔阔搠思辅导之。其后分封西域，又使受教于博尔术。

　　太祖十四年，亲征货勒自弥，濒行，也遂皇后请择诸子定嗣大位者。太祖韪其言，召诸子，首问术赤：“汝为长子，有何言？”术赤未及对，察合台言：“彼蔑儿乞种，儿辈安能下之。”术赤大怒，谓察合台：“汝除刚狠外，有何能？与汝较射，如胜我，则斩我拇指。与汝搏，如胜我，则我甘伏地不起。”兄弟汹汹相搏，太祖默然。阔阔搠思趋进，责察合台。太祖亦曰：“术赤，我之长子，汝辈勿妄言。”察合台微笑，乃白于太祖，请与术赤分任军旅之事，窝阔台敦厚可奉教训嗣大位。于是太宗之位遂定。

　　是年，太祖以大军薄讹打剌城，分兵四道，留察合台与太宗攻之。城酋坚守，攻五月，入其外城。又一月，克内城，擒其酋哈那儿只克，槛送行在，诛之。十五年，又与术赤及太宗以右翼军攻兀笼格赤城，术赤与察合台不协，师久无功，各以军事来告。太祖廉得其实，改命太宗总兵事。太宗和解二兄，军复振，始克之。城人巷战七昼夜，遗民尚十余万，以妇孺工匠从军；余则驱为前敌，凡蒙古兵一人分二十四人。十六年，太祖亲攻塔里堪城，察合台与太宗自货勒自弥上谒。太祖复进攻八米俺，察合台长子莫图根中流矢卒。太祖最爱此孙，及城破，遇生物悉戮之，名其地曰卯库尔干。察合台不知莫图根之死。一日，诸子侍食，太祖佯发怒，察合台惶惧伏地，谓如不从父命则死。太祖问："汝此言诚否？"察合台力矢不敢妄言，太祖乃告以莫图根之死，令勿悲哀。察合台闻言忍泪，侍食如故，既而出，痛哭野外而返。太祖自西域班师，攻西夏，命察合台以本部兵防后路。

太祖临崩，遗命传位太宗，且曰："察合台虽不在侧，不至背吾遗命。"太宗即位之时，斡赤斤持太宗左手，察合台持太宗右手，为诸王之长焉。自斡赤斤以下，皆拜于堂下。察合台问："以兄拜弟，礼乎？"耶律楚材进曰："王虽兄为臣，臣宜拜君。"察合台始从之。太宗敬礼察合台，每事必谘之。遣诸王长子从拔都征斡罗斯，及立中外站赤，皆察合台赞成其事。太宗崩，明年察合台亦卒。察合台长于听讼明断，人不敢欺，为部人所称服。子曰莫图根，曰也速蒙哥，曰贝达儿，曰撒巴。

察合台卒，莫图根子合剌旭烈兀监国，以私憾杀阿母河行省长官阔儿吉思，时论冤之。定宗即位，以传孙不传子为非，命也速蒙哥嗣父位。也速蒙哥淫湎，国事废弛。定宗崩，拔都等拥立宪宗于斡难河，也速蒙哥后期不至。

宪宗元年，命合剌旭烈兀杀也速蒙哥代之。合剌旭烈兀奉命，未至其国而卒。其妃倭耳干纳杀也速蒙哥，自为监国，以俟朝命。

中统初，阿里不哥僭号和林，贝达尔之子阿鲁忽附之，阿里不哥使嗣汗位。倭耳干纳归于阿里不哥。既而，阿里不哥征兵饷，阿鲁忽不与，且杀其使者，乃来降。

世祖中统三年，与定宗子禾忽大王合兵攻阿里不哥，大败之，斩其大将哈剌不花。阿鲁忽恃胜不设备，又为阿里不哥所袭败，事具《阿里不哥传》。其后阿里不哥使倭耳干那及马思忽惕来议和，阿鲁忽遂以国俗娶倭耳干那为妃。

至元三年，阿鲁忽卒，倭耳干那复立合剌旭烈兀之子谟八里克沙，年少，世祖命其从父博拉克归辅之，欲借其力以制叛王海都。博拉克废谟八里克沙而自立。是时海都与术赤后王忙哥帖木儿相持，博拉克乘机侵其分地，海都乃乞和于忙哥帖木儿，回军与博拉克战于昔剌河，大败。后忙哥帖木儿以兵五万助之，始转败为胜。博拉克退至昔剌河南，胁布哈尔、撒马儿罕等城输军实以备再战。太宗诸孙乞卜察克说与海都连和，于是布哈尔等地海都分其岁入。博拉克与海都修好，思攘阿母河南呼拉商部以益己封，海都许分兵助之。

至元五年冬，博拉克遣马思忽惕使于旭烈兀后王阿八哈，阳谓西域之地本属公家，太祖四子皆得分其岁入，阴则探行军之道路，侦阿八哈之虚实。既至，阿八哈厚款之，赠以太祖御服，出岁计簿示无余财。马思忽惕既获岁计簿，不辞而去。追者及诸河，已在舟中矣。察合台孙尼古塔尔将兵从旭烈兀西征，遂留事阿八哈，博拉克贻以箭，藏书籥中，约为内应。尼古塔尔所部万人屯角儿只，自从阿八哈，既见书，奔还角儿只。阿八哈召之，虑事泄，不敢往，率其部曲欲从得而盆脱出里海北，以归博拉克，为希拉们所阻，战败，希拉们获之，槛送阿八哈。马思忽惕既返，博拉克遂出师，令察合台后人曰阿赫每特，曰卜里，曰匿贝克，曰牙不孤，自忒耳昧城渡阿母河；定宗孙察拔特与奇卜察克、谟八里克沙自阿母叶城渡河；大将曰葛喀扯，曰贝那尔，自机洼渡河，大将格喀出自敏克世拉克渡河。博拉克悉括民马，备战骑，括民牛，剥皮以制盾。先遣使告布勤八脱吉斯曰："嘎自尼及阿母河东居中之地皆应属我祖察合台，速以相让。"布勤八脱吉斯不应。博拉克自率大军渡河，阿八哈将昔扯克先隶奇卜察克，闻旧主至，来降，且馈以马。奇卜察克分馈于博拉克，其大将札拉儿台诮奇卜察克自得良马，以下驷赠人。奇卜察克怒而争，诉博拉克祖，札拉儿台不为剖曲直。奇卜察克夜率所部，北趋阿母河；追之不及。未几，察拔特亦去。博拉克召海拉脱酋射姆沙丁至，许以呼拉商界之，毋助阿八哈，复令籍呼拉商富民姓名以献。

　　至元七年，阿八哈自阿特耳佩占进兵。世祖使臣梅喀伯为博拉克所获，乘间逸去，遇阿八哈，以敌情告。阿八哈进至徒思，使往议和，许割嘎自尼、起而漫二部。博拉克与诸将议之，约速耳谓："可许"，茫孤耳谓："已入敌境，宜乘胜而进，且阿八哈西边多事，未必自至。"札拉儿台亦谓："既欲讲好，何必渡阿母河。"博拉克乃遣谍三人往侦阿八哈至否，逻者获之。阿八哈使伪为急递，噪而入，言北兵已过得而盆脱，即仓皇传令移营御北兵，勿带辎重，杀谍者而故纵其一谍者，以所见闻归报。博拉克亟进，见空营遗辎重，益信为实，前行将出山，突遇阿八哈大军。阿拔台将中军，牙世摩特将左翼，布勤八脱吉斯将右翼，起儿漫、法而斯、罗耳诸部兵皆从之。然博拉克诸将犹力战。牙世摩特之军为札拉儿台所败，左翼将苏纳台年逾九十，见事亟，下马席地坐，麾兵再接，众益奋。博拉克大败坠马，援他骑而上，始得脱。败兵过阿母河不能成列，至布哈尔仅有五千人。博拉克以坠马受伤，肩舆入城，使弟亦速尔往告海都。海都拘之，旋引兵自至。海都至，而博拉克已卒，或云中毒死。诸将立撒巴子聂古伯。九年，聂古伯自将与海都战，殒于阵。察合台四世孙托喀帖木儿嗣，十一年卒。

　　海都立博拉克之子笃哇，由是笃哇甘心从叛，海都势益张。自至元二十年至大德末，数与海都入寇，事具《海都传》。海都死，部下欲立其子斡罗思，笃哇以己之得国，借察八儿之力，遂援立察八儿。是时笃哇兵屡败，乃与察八儿、明理帖木儿聚谋，以大德七年通款于武宗。事闻，成宗遣诸王灭怯秃、月鲁帖木儿使于察八儿。八年，笃哇、察八儿皆遣使归命。既而笃哇与察八儿因子弟构衅，十年战于忽毡、撒马儿罕之界，察八儿败。再战，笃哇败，乃议和。笃哇乘其无备袭之，武宗又使月赤察儿掩取察八儿之部众，察八儿以三百骑降于笃哇，溃众亦多归之。自是，海都分地尽为笃哇所有。是岁，笃哇卒。

　　子宽阇嗣。至大元年，宽阇遣万户也列门合散进呈太祖时所造西域户口青册,赐金银钞币有差。宽阇卒,其族父达里忽嗣,察合台曾孙也。未几,笃哇次子怯伯乘其宴饮杀之。怯伯暂摄国事。国人立笃哇长子也先不花。时皇庆二年也。

也先不花与旭烈兀后王合儿班答构兵,杀其入贡使者,复引兵入寇,事具《合儿班答传》。仁宗遣万户拜住以金印赐合儿班答大臣薄拉,并见合儿班答议事,中途遇也先不花,疑为间谍,执之。拜住曰:"皇帝遣使者通岁时聘问礼,无它意。"也先不花左右曰:"使者往来,皆有启边生事形迹,汝此行宜得要领,不实言则榜掠汝。"

拜住曰:"王所问,实不知,且王从何处得此言?"也先不花曰:"阿必失哈尝言之。"且曰:"合儿班答,上近支,吾等疏属,存与否不可知,后使者当有处分。今汝往彼,必生事,其速吐情实。"拜住力辩阿必失哈之言不可信。左右曰:"彼统兵九万,岂诡辞求免者。"乃缚拜住两手挞之。拜住出玺书示之。始曰:"彼果无罪。"遂夺其虎符,因于也先不花营中。延祐元年,也先不花入寇。谓拜住曰:"我已入汝境矣。"拜住曰:"兄弟之国无内外,此地亦王地也,王何所疑。"因徐言:"太祖有训:人不可以信谗,谗言入则亲戚乖离,贻笑邻国。使者妄生异同,致王有疑心,皆拜住等之罪,敢请死。"也先不花解颜曰:吾遣汝通好,何如?"拜住谢不胜任。未几,也先不花卒。

弟怯伯复立,数寇边。延祐七年,遣拜住入朝,仁宗复遣拜住以都元帅使于怯伯。怯伯受命,拊膺谢曰:"强宇牧安自此始矣。"拜住又言:"昔定宗欲征拔都王,因灭谷真薛禅谏,遂中辍。拜住不才,愿踵灭谷真薛禅后,以效死。"怯伯从其言入奏,兵事始弭。至治元年,拜住归,至上都,入见嘉禧殿,拜浙东道宣慰使。怯伯亦奏,除拜事非吾所预,请语朝廷大臣,使拜住得建牙纛,为诸侯表率云。是年,怯伯卒。子燕只吉台嗣,未几卒。

弟笃来帖木儿嗣。至治二年,遣使来朝贡纹豹,又贡海东青鹘。三年,遣使贡葡萄酒。英宗曰:"朕非欲其土地人民,但吾民不罹边患,军士免于劳役,斯幸矣。今既来降,当厚赐以安之。"卒。

弟答里麻失里与其子桑札儿同为汗。天历元年,明宗南还京师,漠北诸王皆劝进,答儿麻失里以兵扈从。笃来帖木儿晚年,呼拉商人忽辛郭耳忒以察合台后王不奉摩哈默得教,起兵抗命,据呼拉商以叛。答失麻失里合诸王兵讨之,以国相喀斯庚汗总其军。元统元年,克呼拉商,忽辛败遁。明年,答失麻失理卒,从子真吉赛嗣,卒,弟不站嗣,卒,笃哇孙额不坚子也速帖木儿嗣。

自怯伯以后,札剌亦儿、速勒都思、巴鲁剌思、阿鲁剌惕四族专权,境内分为二十五汗国。也速帖木儿卒,太宗后人阿里以奉摩哈默得教为国人所推,嗣汗位,不称汗而称苏尔滩。卒,国人立宽阇孙谟罕默德,卒,立不里五世孙合占。国相喀斯庚罕叛之,合占败死。喀斯庚汗立太宗后裔达尼斯乃赤,未几喀斯庚汗又弑之,立笃哇曾孙巴颜合里,寻废巴颜合里,立也孙帖木儿之子帖木儿沙,后又废帖木儿沙而立阿密而。喀斯庚汗与不赛音奎尔德部构兵,败死。时阿密而亦卒,子德克尔克帖木儿嗣,卒,子义利阿斯赫戞,嗣。

初,德克尔克帖木儿使义利阿斯赫戞守撒马尔罕,以喀斯庚汗驸马帖木儿佐之。其子义律亚斯与帖木儿不协,帖木儿谋杀其父子,事泄,出奔。及义利阿斯赫戞嗣位,帖木儿势复振,使义律亚斯攻之,大败,事具《帖木儿传》。义利阿斯赫戞卒,帖木儿乃废义律亚斯,立燕只吉歹孙喀普尔西阿特为汗。是时主权日替,人称喀普尔西特为草秆阿王,言其中空易折,至明洪武三年为帖木儿所废,国亡。

贝达尔,察合台第三子。从拔都征奇卜察克、斡罗斯诸部。拔都分军五路入波兰,贝达尔将北路一军,留攻森地米尔,败其援兵。进至拉谛波而,由梅仑入奥斯马加,至白吕门之属部谟拉费牙。白吕门王曰文测斯拉物,留兵守其都城及劳昔司城,以五千骑援谟拉费牙,其将曰斯德姆贝而克,有勇名,文测斯拉物戒以勿野战,但守鄂而谋次、白伦二城。斯德姆至白伦,见城守已固,分城兵千人与已所部至鄂而谋次。时贝达尔前锋已至城外,城上缚草为人以诳敌。须臾,集矢如猬。攻三日不下。贝达尔诱城兵出,又不应,以为敌不足虑，遂分兵四掠。斯德姆乘其无备，夜袭之，大军失利，贝达尔殁于阵。子阿鲁忽嗣合剌旭烈兀为汗。阿鲁忽二子，曰出班、基颜，常率所部从笃哇攻海都。

　　不里，谟图堪长子。从拔都平阿速等部。拔都奏捷，大宴亦的勒河上。拔都自以年长，先举盏自酌。不里与定宗皆怒，不终宴上马去。不里言："拔都与我齐位，乃妄自尊大。彼妇人有髯者，我举踵可以蹴之。"定宗与额勒只吉歹之子合儿合孙亦附合不里，诋拔都。拔都奏其事。时定宗奉太宗命入朝，太宗大怒，不见定宗，欲谪定宗及合儿合孙皆为探马赤，且命拔都遣使告于察合台。时诸王蒙哥与廷臣晃豁儿台、掌吉等建议曰："成吉思汗有训：阃外事从外断，阃内事从内断。今不里等事在阃外，乞委拔都处置为宜。"

　　太宗怒稍息，召定宗切责之，仍使与合儿合孙至拔都处听其处分，不里事告察合台知之。定宗及不里等遂与拔都有隙。定宗崩，拔都翼戴宪宗，不里附失列门，与其逆谋。宪宗二年，杀定宗皇后用事诸臣，以不里付拔都。先是，不里与其部将言，与拔都同为太祖子孙，不如拔都得额提勒河岸之游牧地。拔都闻而憾之。至是，诘以醉时敢呼我名当斩，遂杀之。

　　不里子：曰阿卜失哈，曰哈萨儿，曰帖木儿不花，曰阿只吉。

　　中统元年，世祖遣阿卜失哈、哈萨儿守察合台分地，以防阿里不哥。行至陕西，为叛党所获致于阿里不哥，杀之。

　　帖木儿不花，至元二十八年封肃远王。元贞二年，从辽王脱脱讨吐蕃。

　　阿只吉，封威远王，以翊戴世祖特被信任。北平王那木罕为叛王脱黑帖木儿等所劫执，世祖命阿只吉率所部镇别失八里，自太和岭至别失八里置新驿以速邮递。后叛王笃哇扰天山南北，阿只吉与西平王奥鲁赤御之失利，以旧恩不之罪也。卒，子秃剌袭领其军。

　　秃剌，少以勇力闻。大德十一年，成宗崩，左丞相阿忽台等潜谋立安西王阿难答，推皇后伯牙吾氏称制，中外汹汹。仁至自怀庆，引秃剌入内缚阿忽台等诛之,大事遂定。武宗即位,第功封越王,赐金印,以绍兴路为其分地。秃剌怏怏,有怨望意。至大元年秋,武宗幸凉亭,将乘舟,秃剌前止之。帝曰:"尔何为?朕欲登舟。"秃剌曰:"人有常言:一箭中麋,毋曰自能,百兔未得,不可遽止。"盖国俗相靳之语也。帝由是衔之。既而大宴万岁山,秃剌醉,解其腰带掷于地,嗔目谓帝曰:"尔与我者只此耳!"帝益疑其有异志。二年春,命楚王牙忽都、丞相脱脱、平章赤因铁木儿鞫之,辞伏,遂赐死。

子西安王阿剌忒纳失里。至大三年,宁王阔阔出谋为不轨,事连可剌忒纳失里,窜于诸王伯帖木儿分地。泰定元年,命阿剌忒纳失里镇沙州,赐钞三千锭。四年,又赐六千锭。天历二年十一月,因翊戴有劳,以其父越王印赐之。至顺二年,中书省行言:"越王秃剌,在武宗时,以绍兴路为食邑,岁赐本路租赋钞四万锭。今其子阿剌忒纳失里袭王封,宜岁给其半。"从之。子答里麻以军功封西安王。

秃剌弟忽都铁木儿,至治三年封威远王,赐金印。

新元史卷一〇八
列传第五

太祖诸子三

拖雷上　旭烈兀　出伯　阿八哈　台古塔儿

　　拖雷，太祖第四子也。甫能言，太祖为泰亦赤兀人所虏，额诃伦太后及家人皆谓不能免；拖雷独曰："我父乘栗色马归矣。"咸以为妄语。翼日，太祖果至，乘锁儿罕失剌所赠之栗色马；众始奇之。稍长，英武有干略。太祖亲征，常携以自随，呼为那阔儿，译言伴当也。

　　太祖七年，攻金德兴府，不克。使拖雷与驸马赤苦师师再往。先登，毁其楼橹，拔之。八年，从太祖攻雄、霸、莫、河间、沧、献、深、祁、蠡、冀、恩、濮、开、滑、博、济、泰安、济南、滨、棣、益都、淄、潍、登、莱、沂诸州路，皆望风款服。

　　十四年从伐货勒自弥，别将一军渡阿母河，略定呼拉商部，事具《西域传》。

　　二十年，太祖分封诸子，拖雷分斡难河上源及合剌和林之地，太祖四大斡儿朵所在也。其后皇孙阔出等来求赏，太祖曰："吾产业已尽与拖雷，彼家主也，可向拖雷索之。"国俗，少子守父遗产，故太祖独以旧居之地与拖雷云。

　　二十二年，太祖崩于灵州，诸皇子奉梓宫北还，葬毕，各归本部。拖雷监国以待立君。

　　又明年春，召集忽里勒塔，译言大会议也。国俗，承大位者必经忽里勒塔之议定。太宗虽有太祖之前命,犹遵国俗,召诸王驸马及诸大将会议。众议多拥戴拖雷,太宗亦固辞,于是犹豫不决者四十余日。已而斡赤斤与察合台决计遵太祖前命,乃扶太宗即位。拖雷进酒,诸王、驸马、诸大将脱帽九顿首,称"可汗万岁"者三。太宗自御帐出,先拜日,而后受贺焉。

二年,太宗伐金,拖雷帅子蒙哥及诸王阿勒赤台、口温不花等,各以所部兵从行。渡漠,至官山,遂入河东,拔韩城、蒲城。金大将合达、布哈守凤翔,进攻之,前军战不利。

明年二月,克凤翔。五月,从太宗避暑官山,集诸王、大将议伐金之策。先是,有降人李国昌言于拖雷:"金人迁汴二十年,恃黄河潼关为固。若出宝鸡,道汉中,不一月可抵唐、邓。金人失险,首尾不相顾,我取之如探囊底物矣。"拖雷然其计。及是以闻,太宗从之。遂定议三道进兵,期以明年春会汴。

先遣搠不罕如宋假道,至青野原,为宋将张宣所杀。时拖雷已将右军由凤翔渡渭,过宝鸡,入小潼关,欲沿汉水而下。闻宋杀使人,大怒,遂总三万骑入大散关,破凤州,径趋华阳,出武休关,围兴元府,屠洋州。分　军由沔西取大安军。撤屋为筏,渡嘉陵江。入八关堡,取葭萌,略地至西水县,破城寨百四十而还。十一月,至兴元、洋州间,与东军合,进至饶风关,遂取金、房二州,破宋兵于武当山,趋均州。十二月戊辰,由峭石滩浮骑渡汉水而北,遣夔曲涅帅千骑驰白行在。

太宗方欲渡河,分兵南应拖雷。会夔曲涅至,即日使返报,约南北会师。拖雷既渡汉,谍知合达、布哈步骑十五万,据邓州西之禹山以待。拖雷总七提控兵,凡三万骑。金兵四倍之,惟步多骑少。拖雷悉留辎重,轻骑以进。丙子,日未出,次禹山,见金步骑傅山前后阵,因命我军分布如雁翅,转山麓出敌阵之后,以锐骑突之。金人不得不战,至以短兵相接,我军少却。别将在西者,望见布哈躬擐甲骑而督阵,亦自阵后袭之。金将蒲察定住力战,为所却。遂退匿光化对岸枣林中,昼作食,夜骑以待。遣谍十人,敝衣羸马,亡入金师,泣

诉饥寒。金人信之，与之酒食，置阵后。十人乘间逃归，尽得敌之虚
实。庚辰，金大兵过林后，我军突出攻之。敌弃辎重走，不复成列，
我军夜追之。比至邓，敌已入城。围之三日，不下，相持至岁除。

　　四年正月壬午朔，金人耀兵城外。拖雷不与战，集诸将议，以顿
兵坚城下，非计。明日，悉率大军逾邓而北，命札剌儿将三千骑殿。
合达等虑我军直袭汴京，亦弃邓蹑我军之后。甲午，我军次五朵山。
明日，晓行，大雾失道。金人以万骑抄我军，札剌儿战，失利，多所折
伤。拖雷怒其失律，以额勒只吉歹代之。我军驻沙河北，命失吉忽
都虎以五千骑诱敌。敌夺桥而进，我军不与战，南渡沙河。敌欲安
营，我军复渡河袭之，金人不得食宿。明日，雨雪，拖雷自以万骑尾
敌后，且战且行。至黄榆店，距钧州二十五里，雨雪不能进，两军对
垒相持。拖雷命终夜鼓噪以扰之。

　　丙申，雪益甚。时太宗已由白坡济河，先遣诸王口温不花等帅
万骑来会，伐大树塞敌前路。会合达等得金主密谕，言北骑已过怀
孟，促入援。丁酉，雪不止，金将杨沃衍拔树开道，完颜彝率所部为
前锋。

　　至三峰山，彝先据山上，武仙、高英军于山西南，樊泽、杨沃衍
军于东北。拖雷欲击之，诸将请俟车驾至，破之未晚。拖雷曰："机
不可失，脱彼入城，未易图也。况大敌当前，敢以遗君父乎？"乃佯却
以诱之。金将按忒木、张惠见我军势却，即挥兵乘高而下。我军回
拒之。须臾，雪大作，白雾弥天，人不相觌。战地多麻田，往往耕四
五过，积雪盈尺，人马所践，泥淖没胫。金军中有三日不食者，被甲
胄僵立雪中，枪槊冻结如椎。拖雷合南北两军围之数重，令军士番
休，析薪爇火，割牛羊肉炙而啖之。久之，料敌惫，故开钧州路纵之
走，伏军于前路夹击之。金师大溃，声如山崩。天忽开霁，日光皎然，
金之精锐尽为我军所杀。合达、彝、沃衍以数百骑走入钧州。布哈
走汴，至望京桥就获。

　　明日，车驾至按行战地，顾谓拖雷曰："微汝不能破敌神速如
此！"拖雷逊谢而已。闻者服其不伐。从拔钧州，获合达、彝，杀之。

寻从拔许州。遂围汴。

夏四月，扈驾北还，避署官山。五月，太宗不豫，暴喑。六月，疾甚。师巫言："金国山川神，以我杀戮过多，为祟，非牺牲所能禳，惟子弟可以代之。"拖雷乃祷于天，请以身代，取衅祓之水而自饮焉。数日，太宗疾果瘳。拖雷从还漠北，行至阿剌合的思而卒，年四十。

宪宗即位，追上尊号，谥曰英武皇帝，庙号睿宗。至元二年，改谥景襄皇帝。至大二年，加谥仁圣景襄皇帝。子十一人：长宪宗，次忽都秃、世祖、旭烈兀、阿里不哥、不者克、末哥、岁哥都、雪别台，二子失名。

史臣曰：周公金縢之事，三代以后能继之者，惟拖雷一人。太宗愈，而拖雷竟卒，或为事之适然，然孝弟之至，可以感动鬼神无疑也。世俗浅薄者，乃疑其诬妄，过矣！

旭烈兀，拖雷第六子也，少世祖二岁。

太宗二年，旭烈兀伐宋，拔安丰。赐河中、陕西诸路为分地。

宪宗即位，使旭烈兀开藩西域，一切承制专决，授为叶尔堪。西域之制，汗曰阿塔毕，次汗位　等则为叶尔堪。初，定宗中分西域之地：以额勒知吉歹管角儿只，领西域之西半境；阿儿浑管呼拉商，领西域之东半境。宪宗又分西域为四部：曰呼拉商、马三德兰、义拉克、阿耳佩占，皆统于旭烈兀。

宪宗二年，以木剌夷凶悍无道，命旭烈兀率诸将讨之。乃蛮人宝儿赤怯的不花有勇略，率万二千人为前锋。

三年，怯的不花攻木剌夷吉儿都苦堡，地势险峻，坚守不下。是年，宪宗又命大将撒里等征印度，亦听命于旭烈兀。撒里等入克什米尔，涉印度斯单界，大掠而还。旭烈兀以怯的不花师老无功，乃决计亲征。是时，西域统兵大将为绰儿马罕、贝住，分驻于克什米尔者为岱儿巴图，三将皆受旭烈兀节制。末几，岱儿巴图卒；以撒里代之。太祖诸孙所部之兵，十金其二，从旭烈兀讨木剌夷。旭烈兀命贝住先至罗马，修桥道、峙粮储。宪宗谕旭烈兀："木剌夷平后，即入

伊拉克、罗耳、库儿特诸部;以劫蒙古商旅也。报达如来修好,勿拒
绝;否则移兵伐之。凡大兵所过之地,勿扰民,以广招徕。军事与杜
库司哈敦同议,听其区画。"宪宗意俟诸部平,尽畀旭烈兀为封地,
然未明言也。皇弟雪别台幼,亦从行。是年,旭烈兀自和林返西域。

四年,率诸将出师。杜库司哈敦以第二子台古塔儿从。察阔台
孙也速蒙哥、妃倭耳干纳来犒师。免大兵所过之地今年租赋。

五年,驻兵撒马儿干。其长官马素特献金织纹斡尔朵。未几,
皇弟雪别台卒。乌鲁克射姆思哀丁先上谒,旭烈兀优礼之。至渴石,
阿儿衮亦率所部来迎。旭烈兀分遣使者,谕各属国,令出兵讨木剌
夷,有不从命者,先伐之。于是罗马、法而斯、伊拉克、呼拉商、阿尔
佩占、阿而法、失儿湾、角儿只诸酋,皆以兵至。造浮桥于阿母河,以
济师。中途,大雨雪,驻兵于渴石。阿儿衮亦以金织纹斡尔朵进,旭
烈兀大悦。

先是,怯的不花使裨将率三千人过阿母河,至库亦斯单,攻拔
数堡;自将五千人,围吉儿都苦堡,筑叠掘濠,以裨将阿里守之,自
引兵攻墨喝林堡,又袭破沙喝堡;又遣别将分兵,攻他勒姆与洛特
巴儿两堡。四年,吉儿都苦堡人夜袭布里营,杀伤甚众,布里战殁。
怯的不花闻之,亟引还,攻拔徒唔及台而舍司两堡,别将沙而班攻
拔墨喝林堡。

明年,木剌夷酋阿拉哀丁为马三德兰人哈三所剌杀,子兀乃克
丁库沙嗣。人咸谓兀乃克丁库沙使哈三弑其父。

是年,旭烈兀遣乌鲁克射姆思哀丁至赛而担寒堡,谕其守将
降,民不从。旭烈兀进至撒瓦及哈瓦甫之地,命怯的不花、库喀伊而
喀等以兵来会,攻库亦斯单附近诸堡。旭烈兀由徒思进至噶尔珊,
遣贝克帖木克等谕降库而沙喝,复回军入木剌夷。兀乃克丁库沙遣
其弟荫恒沙来见,又使其异母弟伪为己子入质,以甲士三百人卫送
之。旭烈兀命兀乃克丁库沙自来,终不至。旭烈兀遂分兵三道而进,
期会师于鹿忒巴耳。不花帖木儿将右翼自祸拶答尔进,台古塔儿、
怯的不花将左翼自西模囊进,布而嘎脱忽儿向阿剌模忒。旭烈兀自

将中军向塔勒耳,直至低帘,捣其巢穴,密杀兀乃克丁库沙所遣之三百人于可疾宁。九月,进薄梅门迭思,兀乃克丁库沙之新都也。诸将以冬寒马无刍秣,请旋师俟来春再举。不花帖木儿不谓然。乃定议炮攻。谕堡民五日出降,逾期则屠杀无噍类。守者登陴告曰:"兀乃克丁库沙不在堡中,不得其命不敢降。"旭烈兀不信,命造冲车,刻日攻城。次日,兀乃克丁库沙始遣使请降。已而其弟开城先遁,城民大哗,复誓以死守。兀乃克丁库沙又遣使白其事,旭烈兀以甘言抚之,下令亟攻城。城民亦发机弩拒之。是日,风雪,兵士皆冻瘃不能仰攻。翼日,雪霁,大军复乘势攻之。至第四日,兀乃克丁库沙率其子及将吏出降。旭烈兀厚抚兀乃克丁库沙,命以手书谕低帘、库母斯诸堡撤守备来降,惟阿剌模忒及兰巴撒耳不下。旭烈兀自将攻阿剌模忒,裨将贝而该先登,仍为矢石所却。乃使兀乃克丁库沙以书谕之。城民夜遁,大军入空城,焚其庐舍而去。又至兰巴撒耳,命塔亦儿不台围之。自率诸将返哈马丹。木剌夷平。旭烈兀以木剌夷诸堡险峻,不易下,乃许兀乃克丁库沙不死,使谕降诸堡,故大小五十余堡不烦兵力而定。

明年,旭烈兀议进攻报达,与诸将简料军实,同时大举。初,旭烈兀出师,奉宪宗命尽杀木剌夷人。迨兀乃克丁库沙入觐,旭烈兀下令:无少长男女,咸杀之。是年,报达境内大水,民多饿莩。

又明年,旭烈兀至秋纳维思之地。未几,仍返哈马丹,遣使谕哈里发,事具《报达传》。哈里发问退敌之策于诸将,其低瓦答儿谟牙代丁劝以纳贿行成,凡祈祷之文及铸钱皆用旭烈兀名。哈里发欲从之,其小低瓦答儿哀倍克不从,力请用兵。哈里发遂改计,谓诸将曰:"我与蒙古大汗及旭烈兀素通好,不至相仇,恐其部下所为虚声恫喝耳。"谟牙代丁不敢复言。哈里发以书币予,历述攻报达者咸获天谴。旭烈兀益怒,然亦踌躇不决,恐报达不易攻,先使裨将率千人探其道路。至得而腾克之地,其守将曰忽珊姆哀丁,以城降。旭烈兀许以附近之地封之。已而哈里发大将素黎曼沙兵至,忽珊姆哀丁又中悔,使告哀而陛耳军官:"向者降于蒙古,欲觇其军之虚实耳。

如哈里发厚待我,我能集库而特人十万,据险邀之。"其军官告于哈里发,不以为意。旭烈兀闻忽珊姆哀丁反,复遣怯的不花乘其无备袭杀之,堕其城。与诸将决策深入,留哈塔克守哈马丹;命贝住等为右翼,自报达西北进;怯的不花等为左翼,自报达东南进。自将中军进次耶塞脱阿卜秃,再遣使招谕哈里发,仍不从。遂逾阔薛斯单之隘,大掠乞里茫沙杭,建黄斡儿朵于倭古儿之地,召诸将议军事。贝住等乃自体格力斯河上游东渡,以土耳基军校二人为向导。又使谕哈里发,如不能自来,当使低瓦答儿素黎曼沙先至。哈里发亦不答。旭烈兀进至呼耳汪。时怯的不花已入罗耳斯单,贝住等还渡体格力斯河,从塔克里丹东南入。哈里发使哀倍克、费度曷丁、喀拉辛醅耳等守体格力斯河东之牙库拔城,闻贝住等已渡河,亦引兵西渡。遇前锋将苏衮察克于盎瓦拔耳,再战,全军尽覆,费度曷丁、喀拉辛醅耳死之,哀倍克单骑遁归报达,亟缮城守。贝住等沿体格力斯河直抵城西。河东诸将怯的不花营于开克拔提门,布而嘎等营于速克莎勒坛门。旭烈兀自营于阿郑门。城围遂合。哀倍克欲乘小舸突围走,为巡逻所邀截,仍引还。哈里发再遣长子与谟牙代丁至军中,旭烈兀拒不见。遣使召素黎曼沙及哀倍克至,纵之归,使告城中:蒙古将迁城民于西利亚,愿出者听。及城民出,分于各营,次日悉杀之,并杀素黎曼沙、哀倍克。越日哈里发率其三子及法官、教士、贵族等出降。旭烈兀置哈里发父子于怯的不花营。大宴宫中,命絷哈里发至,告以"君为室主人,我为客,何以赠我?"哈里发献锦衣二千袭,黄金一万的那,其他珍宝称是。旭烈兀曰:"是但可犒吾从者。"促令发窖藏,黄金珠玉充牣其中,阿拔斯五百余年之蓄积悉为旭烈兀所有焉。事定,以毡裹哈里发,置通衢,驱马践毙之。纵兵杀掠,死者八十余万。自是兵威所及,望风披靡。

　　八年,进攻西里亚。明年,入他古木斯都城,闻宪宗大渐,兵始返,事具《西里亚传》。

　　初,术赤后从旭烈兀征报达者,曰土拉尔,曰布而嘎,曰库里。土拉尔以事被谗,旭烈兀严刑鞫之,诬服,命苏衮察克执送于伯勒克汗。伯勒克以谦已实,使返而听命,旭烈兀杀之。已而布而嘎、库里亦相继卒。伯勒克疑毒死,大怒。又以旭烈兀师行所至,残杀素尼十叶教士,无人理。中统二年,尽暴旭烈兀之恶,兴师问罪,声言为冤死者复仇。分二军。自将一军入呼拉商,又南取哥疾宁。其一军命土拉尔从兄弟诸垓将之,由得耳盆脱进至设里汪,败旭烈兀前锋将失剌木于沙马起。已而大将阿拔台继至,诸垓败。旭烈兀自将出得而盆脱,与阿拔台兵合,诸垓遁走,即诸垓幕中置酒三日,以庆战功。

明年春,诸垓搜集散亡,军复振。旭烈兀拒战,失利,退渡帖列克河,冰泮,士卒多溺死。埃及王比拔而斯以西里亚事夙怨旭烈兀,闻旭烈兀兵败,遂通好于伯勒克,与之连合。

至元元年,世祖遣使者册封旭烈兀为伊而汗,自阿母河至西里亚,益兵三万戍之。

明年,旭烈兀病卒,遗命以长子阿八哈为嗣。旭烈兀封地南界印度洋,西南界阿剌伯河,东北界察合台、术赤分地,与察合台、术赤后王并称三大藩。子十三人,知名者曰阿八哈,曰客儿来,曰台古塔儿牙世摩特,曰蒙哥帖木儿,曰台克实,曰空古斡儿,曰出木哈儿。

其子孙多留西域,惟诸孙出伯居中国。海都叛,出伯率所部捍御西陲。至元二十年,封西宁王,赐银印龟纽。二十五年,海都犯边,出伯总驸马昌吉、诸王也只烈等御之,赐金银币帛。二十七年,又击败叛王昌吉。元贞初,立都元帅于北庭及曲先塔林,并受出伯节制。在西边十余年,为朝廷倚重。

大德初,特赐征行马粟。四年,赐钞万五千四百锭。五年,又赐六万锭,别赐市马直三十八万四千锭,宠眷莫与为比。及海都死,察八儿嗣,朝延未审其向背,益出伯军三千人,人马二匹,官予其直,又籍甘州善射者二千人隶之,使严备西边,以观敌变。明年,察八儿降。

八年十二月，以功晋封威武西宁王，换金印驼纽，镇哈密。十一年，晋封豳王。

出伯营军之地，西接兀丹，有八答山，产玉，常谪罪人采之，道远，进奉劳费。至元中，朝廷赐出伯钱币，载以官驴，至则并驴赐之。桑哥议，请以驴载玉而回。至大初，出伯又进玉六百斤，赐金银锭有差。

延祐七年，卒。子南忽里嗣，改封肃王。卒，弟恩特帖木儿嗣，降于明，封忠顺王。

阿八哈，旭烈兀长子。生于太宗七年。

从父西征，躬擐甲胄，甚有战功。旭烈兀开藩西域，使领马三德兰、义拉克、呼拉商三部。

旭烈兀卒，阿八哈来奔丧。管旭烈兀斡尔朵之大臣曰伊而喀，遗命告阿八哈。既葬，伊而喀与诸大将曰苏衮察克、曰苏纳台、曰阿拔台、曰台马库、曰辛图尔、曰阿儿衮阿喀会议，遵遗命奉阿八哈嗣位。阿八哈让于弟台古塔儿，众不可。复欲俟世祖册命，众以汗位不可久虚，再三劝进，乃即位于察罕淖尔。国俗，新君即位，群臣从新君朝日，皆解带挂于项，向日九拜。新君入帐殿，群臣拜贺如初礼。

阿八哈自以未奉天子命，不敢遽践汗位，设小坐于下以受朝。仍以射姆沙丁谟罕默德志费尼行尚书省事，阿儿衮阿喀司财赋，以弟台古塔儿辖得而盆脱及阿拉他克，弟台克实辖马三德兰、呼拉商，以伊而喀之子图古司、苏衮察克之弟杜丹辖罗马，以杜而台辖的牙佩壳耳与美索卜塔米牙，以希拉们辖角儿只，以苏衮察克辖报达与法而斯，阿拉哀丁阿塔玛里克志费尼副之。定都于台白利司，夏驻阿拉他克昔耶库，冬驻阿而俺或报达，或楚喀图。

至元三年夏，诸垓侵得而盆脱，台古塔儿与战于阿克索河，诸垓伤目而退。阿八哈闻伯勒克汗自率大军南来，乃退渡库尔河，撤桥梁自守。两军隔河相持十五日，伯勒克欲改道自角儿只进兵，而病卒,军亦罢。阿八哈遂筑边墙于库耳河北,自达兰淖尔至得世库耳提俺,分兵守之。是年冬,埃及王比拔而斯知与术赤后王称难,不能西顾,以兵夺西里亚境内滨海数地,复侵小阿昧尼亚。小阿昧尼亚酋海屯第一乞援于阿八哈,兵未至,其子立盎已战败被禽。海屯第一与埃及议和,赎其子归。是时阿八哈以东方有警,听其行成。

七年,阿八哈与察合台后王博拉克战于徒思,大败之。事具《博拉克传》。阿八哈留台克实守呼拉商,自引军西行,至低樗,遇木剌夷人行刺。罗耳酋约索甫下马亟救之,获免。是冬,世祖使命至,锡以冠服,册封为汗。阿八哈乃重行即位礼焉。博拉克卒,其子伯克帖木儿、笃哇、布里亚、忽拉洼夷与阿鲁忽之二子楚班、基颜合兵,攻海都,蹲阿母河北,数与海都战,而数败。志费尼谓阿八哈曰:“彼之争,我之利也。然必有一胜。胜者并其众,祸必及我。宜先掠其地,勿令生聚。”乃使捏克拜巴都尔、察而杜阿克贝将一军渡阿母河;约索甫、喀而噶带、楚而喀达夷、伊拉布哈将一军,自呼拉商循阿母河之西,以侵乌尔鞬赤、机洼之地。捏克拜一军入布哈尔,虏民五万以归。楚班率众来追,夺还所俘之半。是时,埃及攻西里亚,数年兵不解,来乞援。

八年,阿八哈命大将萨马嘎尔率万人援西里亚。冬,埃及人自丹马斯克奄至,我军败退。埃及陷哈俺城而去。次年,又为阿八哈所取。先是,比拔而斯欲与阿八哈行成,遣二使见萨马嘎尔于昔挖斯城,因入谒阿八哈。时术赤后王忙哥帖木儿屡约埃及夹攻阿八哈,使人泄其事。阿八哈闻之,大怒,即遣二使归,遂渝平。

至元九年,阿八哈遣使至丹马斯克,要比拔而斯自来议和。比拔而斯亦要阿八哈自往以答之。冬,遣将攻陛而哀城,比拔而斯来援,以驼马负舟,舟可分合。既至哀甫拉特河,步卒乘舟,骑泅水,败守河兵,攻城之将引还。

十一年,比拔而斯令阿剌伯之贝杜音人来侵,至谙拔尔。

十二年,又入小阿昧尼亚,分兵赴陛而哀,以拒援兵。冬,其将阿拔台攻陛而哀,以天寒粮运不继而退。

十四年,比拔而斯自将攻罗马,阿八哈遣图古斯、倭而洛克图、杜丹三将统十一队以援之。罗马之配而斡乃亦以兵从。配而斡乃,译言宰相也。遇于阿白拉斯丁城,比拔而斯先登陷阵,图古司、倭而洛克图皆战没,兵士死者六千七百余人。配而斡乃潜通埃及,遣使贺捷。比拔而斯不敢久留,即班师。阿八哈闻兵败,自将大军继至。比抵罗马,则埃及人已先一月去矣。经阿白拉斯城,见尸骸山积,大哭。詈配而斡乃不多出兵助之,纵兵大掠。留空库斡台统罗马兵而返。道过贝布而堡,堡长出谒,请毕一言,许之。乃曰:"汗所仇者,埃及。今多俘罗马民,何也?"阿八哈悟,责诸将不早言,尽返所俘。既而,闻配而斡乃潜通埃及,乃责以三罪:一,战败而逃;一,敌兵至,不亟报;一,败后不来请罪。

十五年,戮之于阿拉他克。

十八年,阿八哈命弟蒙哥帖木儿统军,角儿只、小阿昧尼亚人皆从,与埃及王开拉温战于哈马希姆斯。埃及遣人伪降,临阵刺蒙哥帖木儿坠马,军乱,敌乘之,遂败。时右翼已败,敌兵追至希姆斯城下。待后军不至,侦之,则中、左两军俱溃,亟退,埃及人逐于后,渡哀甫拉特河,多溺死,有逃入沙漠者亦暍死。阿八哈自为后援,未及渡河,而前军败,亦退。

十九年,归至哈马丹,愤恚而卒,年四十八。

二子:长阿鲁浑,次盖喀图。阿八哈妃八人:一为东罗马王密哈哀儿巴里洛克之女。初,旭烈兀与东罗马通好,结为婚姻。罗马俗,一夫惟一妇。蒙古妃嫔多,东罗马王难之,重违其请,乃以私生女玛里亚字之。送至中途,旭烈兀已卒,阿八哈遂娶之,以是厚抚天主教人,与教王及法兰西诸国通使命。

其臣曰纳昔儿哀丁,通天文、算术,著有测日仪器、历算等书,讲舆地学者曰只马拉丁牙库特,讲乐律者曰阿白图而谟爱明,人才辈出,一时称盛焉。

阿八哈卒,弟台古塔儿牙世摩特嗣。

台古塔儿，阿八哈母弟也。

蒙古家法，君卒择其子及弟之年长者立之。阿八哈欲传位于子阿鲁浑，议未定而卒。诸弟以台古塔儿为最长，其弟曰阿载、曰康廓而拉台、曰忽喇术，其兄子曰楚式喀泼、曰景术，与诸将苏衮察克、辛杜而等皆拥戴之。附阿鲁浑者，惟布哈与乌洛克等数人，劝阿鲁浑勿与争。至元十九年，诸王、大将定议，立台古塔儿。

夏六月，台古塔儿即位，以素奉天方教，改名牙世摩特，不称汗，而称苏而滩。下令国人皆奉教。以苏衮察克为大将，以射姆思丁志费尼为相，司钱谷。其弟阿累屋丁志费尼，先坐事下狱，释之，仍使镇报达。以与埃及同教，遣使往议和。

阿鲁浑虽让位，然心不能平，又不欲入天方教。诸王、大将亦多以天方教为非。阿鲁浑奏于世祖，言台古塔儿违祖训，从异教。世祖寝其事不问。阿鲁浑分地为柯拉森，岁赋少，军储不赡，请于台古塔儿，以法而斯、义拉克、阿术迷三部为属地。台古塔儿不与。是年，阿鲁浑在报达驻冬。台古塔儿以康廓而拉台镇罗马，恐与阿鲁浑连合，遣兵驻的牙佩壳耳，扼其中路。康廓而拉台果与诸将约，欲俟台古塔儿西巡，袭杀之，而立阿鲁浑。事觉，台古塔儿断其脊骨，杀之。同谋诸将与罗马酋结牙特丁皆死。以重兵围报达，捕阿鲁浑。及兵至，阿鲁浑已返柯拉森。时二十年正月也。

台古塔儿征兵八万伐阿鲁浑，以大雪，缓师期。四月，兵至塔马干，阿鲁浑自将御之，战于开而布逐而克之地。阿鲁浑兵败，遣其子合赞与察合台孙尼古他而之子倭马倭古而来议和。台古塔儿命阿鲁浑自来，则受其降，前事释不问。阿鲁浑不敢往，台古塔儿再遣使谕之。六月，阿鲁浑始至，命归柯拉森，以部将阿里那克监之。台古塔儿旋师，密谕阿里那克，阿鲁浑归即杀之。

初，阿鲁浑部将布哈将兵，兼管阿鲁浑内政。台古塔儿即位，命喀阿布哈代之，故布哈怨台古塔儿，潜告诸将：台古塔儿必欲杀阿鲁浑及吾辈。于是，忽喇术、楚式喀泼等皆信其言。七月，请阿里那克夜宴,阿里那克谓:"我监守阿鲁浑者,不敢离。"楚式喀泼请代之。乃赴宴,既醉,布哈挟阿鲁浑出,杀阿里那克于坐上,并将其兵。楚式喀泼之弟控库世亦引所部来会,诸将皆俯首听命。

台古塔儿失众,走其母杜库司可敦营中。初,尼古他而将兵从旭烈兀征报达,遂留事阿八哈。及薄拉克来伐,贻书约其合应。尼古他而得书,未举兵。阿八哈召之,尼古他而疑事泄,乃率所部奔得而盆脱,为希拉们所败,执送于阿八哈,囚之。其旧部溃散,在库密失之地为盗,称其众曰喀敖唔。至是,阿鲁浑招之,使捕台古塔儿。康廓而拉台部将亦欲为旧主复仇,率所部应之。台古塔儿与杜库司可敦赴得而盆脱,欲入奇卜察克察。适喀阿布哈、辛杜而二将至,见台古塔儿势去,反以兵守之。喀敖唔群盗至,大掠,执台古塔儿,送于阿鲁浑。阿鲁浑以杜库司可敦哀祈,欲宥之。康廓而拉台子请复仇,乃断其脊骨以死。

是年,台古塔儿使者至埃及,埃及王开拉温闻国有内乱,下使者于狱杀之。

史臣曰:旭烈兀辟地万里之外,其功名与拔都相伯仲。兄弟阋墙,自招外侮,使西略之雄图限于埃及。惜哉!

新元史卷一〇九
列传第六

太祖诸子四

拖雷中 阿鲁浑 盖喀图 合赞 合儿班答
不赛因

阿鲁浑,阿八哈长子也。母曰海迷失亦可敦,由宫人得幸。

台古塔儿被弒,诸将乃迎阿鲁浑立之,以布哈为相,累黄金等其身,酬其翼戴之功。使长子合赞守呼拉商、马三德兰等地,以景赤、尼佛鲁慈辅之。阿八哈旧臣射姆思哀丁阿塔玛里克志费尼比于台古塔儿,惧诛,奔于罗耳。罗耳酋约索甫沙,先奉台古塔儿之命,出兵攻阿鲁浑。约索甫沙感阿八哈恩,不欲攻其子,兵未出而台古塔儿已遇弒。至是,来贺即位,兼营救射姆思哀丁。射姆思哀丁素与布哈交好,意必为援,乃归。阿鲁浑令副布哈治事。未几,有谗布哈者,仍杀之。远近闻其死,皆为流涕。

至元二十三年,世祖使命至,封阿鲁浑为汗,布哈为丞相,赦九死罪。阿鲁浑乃行即位礼,凡教令必由布哈加印而后行,庶事则布哈专决之。初,法而斯人法克哀丁哈山有田在设喇斯城,城官没其田为公产。法克哀丁哈山乃献于阿鲁浑。及阿鲁浑即位,籍其田而有之。布哈谓:凤喇斯亦国家壤土,何必自私。阿鲁浑不从命,图格察而任其事。布哈闻之,大恚。布哈有治才,而性严失众心。徒干有宠于阿鲁浑,密言其专权自恣,亲王大臣奉令惟谨。昔台古塔儿遇之有恩，权势尚小，一旦倒戈相向，从者响应。今大权在握，设有异谋，易如反掌。阿鲁浑犹不谓然。布哈与诸将饮于宫中，醉而相诟。阿鲁浑不罪诟者。布哈益惧，称疾不朝，密与楚世喀泼等立约，废阿鲁浑，兼约角儿只酋为外应。

二十六年，楚世喀泼因贺正旦，发其事。阿鲁浑大怒，命土拉戴、徒干等捕布哈诛之，四子及弟阿洛克皆坐死。角儿只酋迪密脱利以同谋，亦死。楚世喀泼首发逆谋，阿鲁浑始德之，继疑其同与立约，恐事泄故先发，乃并诛楚世喀泼。尼佛鲁慈辅合赞于东边，自以与布哈同功一体，恐祸及，诡言阅兵防阿母河，阴聚所部兵，劫合赞于徒思。适合赞他往，闻忽喇术与尼佛鲁慈通，亟至马三德兰，擒忽喇术，槛致于阿鲁浑，与台古塔儿之子哈拉布哈同死。

是年春，术赤后王攻得而盆脱。阿鲁浑自将御之，行至沙陛耳俺，前锋将昆竺克巴儿，图格察而、土古儿哲已退敌，遂还。中途闻尼佛鲁慈叛，命图格察而移师讨之，适贝杜兵亦至。尼佛鲁慈见不敌，走入沙漠，至突而基斯单，附于海都。合赞追不及，遣援兵返，自驻于你沙不儿。海都使其子阿也干，与月思伯克帖木儿，将三万人，从尼佛鲁慈攻呼拉商。阿鲁浑遣徒干援之，尼佛鲁慈遁去。阿鲁浑既诛布哈，以犹太人沙特倭而导勿雷代之，副以蒙古人鄂尔多海亚，又以楚实库扎为之佐。乃定谳狱法，刑官听断，将领不得阻挠。又禁扰累邮传。皆善政也。然诸将滋不悦。沙特倭而导勿雷，闻徒干陵侮邮吏，索马逾额，勘实，杖徒干七十。于是诸将益怒。阿鲁浑信方士言，服金石药，冀长年，不延接臣下，惟信任诸人得入对。服药而病，既愈，又服之，病遂剧。沙特倭而导勿雷谋于众，纵囚祈福，因释狱囚，始知台古塔儿、忽喇出之子在狱皆被杀，宗亲死者十有三人。讯由伊答赤以己意杀之，阿鲁浑不知也。星者谓此十三人为祟，大将图格察而、昆竺克巴儿、都嘎尔等，乃矫阿鲁浑命杀伊答赤，复以积怨杀沙特倭而导勿雷、鄂尔多海亚、楚实库扎三人。阿鲁浑不见沙特倭而导勿雷等入内议事，知有变，病益革。二十八年，卒于阿而俺。子合赞、合儿班答。

　　盖喀图，又名亦怜真朵儿只，阿八哈次子。母曰杜丹可敦，塔塔儿人。

　　阿鲁浑卒，是年秋，盖喀图即位于阿克拉脱，下执政五人于狱。问辛图而："阿鲁浑之卒，沙特倭而导忽雷之被杀，汝为大将之首，宜问汝。"辛图而曰："诸将咸在，请汗自问之，是非自明。"诸将言："图格察而、昆竺克巴儿实唱乱，沙马嘎尔与贝克培附之，定议后乃告辛图而，辛图而亦允。"辛图而曰："我逼于不得已，否则祸首及我。"乃赦辛图而。图格察而等亦辞伏，盖喀图责而宥之，惟夺其兵权，以台克实、辛图而、纳邻阿哈马特代之。而下徒干等于狱，命鄂而多海亚之子莅杀之。于是，以蒙哥帖木儿之长子阿思别儿吉守呼拉商，辛图而为文武总管大臣。

　　会罗马有乱，盖喀图西讨，使辛图而留守台白而司。辛图而疑图格察而谋反，执之，以二千人送至行营。盖喀图已平罗马，东归，遇诸涂，察其无罪释之，并释其同被执者。

　　未几，盖喀图有疾，既瘳，重行即位礼，以术家言前即位日与星命不合故也。乃大赉可敦、公主等，且免穆罕默特后人之赋。阿八哈以来库藏充溢，至是一空。

　　是年，埃及王阿失阿夫自将来伐。二十九年夏，次于哀甫拉特河，陷喀剌特乌儿罗姆，改其堡名曰木速儿蛮。盖喀图以兵往援不及，遣使于阿失阿夫，欲复其父得西里亚之地。阿失阿夫答言："汝与我意同，我亦欲复报达，重立哈里发，视兵孰先到。"是岁，盖喀图废起儿漫酋只刺勒丁苏育，以其姊巴的沙可敦代之。事具《起而漫传》。

　　初，阿鲁浑长子合赞在西模囊，得父凶问，知盖喀图已即位，遣使入贺，且以尼佛鲁慈之难告，并乞援。盖喀图遣阿思别儿吉援之，合赞留其将库特鲁克沙守呼拉商。至元三十年，遣使请入觐。盖喀图使人逆止之。合赞不从，仍至台白利司。会阿思别儿吉已败尼佛鲁慈；遁入你沙不儿山中。盖喀图仍促合赞东归。

　　时相位我久虚，有沙特而哀丁，思得其位，贿结盖喀图左右。及以名上，无沙特而哀丁，盖喀图谓列名者皆不及此人，诸可敦又从旁言之，遂立为相，以金印赐之，并配兵万人，又以其弟为大刑官。盖喀图荒于酒色，群臣有子女者率远徙避之，事无大小尽委沙特而哀丁。沙特而哀丁易置旧人，黜哈山、台术等。盖喀图出猎，哈山、台术即围场发其贪婪之罪。盖喀图不问，反以告者畀沙特而哀丁自鞫，禁再诉，犯者罪死。又谕：东起阿母河，西抵埃及之界，悉受沙特而哀丁节制。时马病疫多毙，帑藏又耗费殆尽。有献策用中国交钞者，盖喀图问蒲拉。蒲拉本中国使者，留事阿鲁浑，习见中国币制，以为可行。沙特而哀丁附和之。辛图而谏，不听。三十一年夏，造交钞，颁行所在，设交钞局，禁民用金银器。台白利司商贾，以用钞，皆折阅，流言汹汹，乱且起。乃仍用钱，废钞。才两月，反大耗钞本焉。

　　是年，盖喀图从父弟贝杜自报达来朝，盖喀图宴之，醉而相诟，令近侍阿亦脱合里殴之。翼日，盖喀图自知无礼，延至谢罪。贝杜归，至达拈喀，告于诸将，皆以盖喀图夺部下子女，怨之，怂恿贝杜起兵。贝杜引兵至毛夕里，杀守吏，复杀守报达之将。时诸将曰土拉戴，曰昆逐克巴而，曰伊而达儿，曰都嘎尔，曰伊儿乞带，皆潜通贝杜。事觉，盖喀图尽执之。哈山与台术请速杀诸将。图格察而以为不可，宜先召贝杜至，讯明杀之；倘贝杜不来，则叛迹显著，杀诸将未晚。盖喀图从之，囚诸将于台白利司，命图格察而监视之，遣使者召贝杜。图格察而阴使人告贝杜："第来无恐，我等皆竭力助汝。"贝杜即进兵。

　　元贞元年春，盖喀图自哀倍而河自将御之，以阿克布哈、图格察而各率万人为前锋。行一日，图格察而与阿克布哈分道，诘之，则云：马多，如同行，虑水草不足。阿克布哈又诘以违军令，图格察而乃告以："昔汝为第一大将，今我为贝杜第一大将。"阿克布哈所部皆畔从图格察而，以亲兵三百人逃归。时盖喀图已离哀倍儿河，闻变，度兵力不足，退往阿而俺。哈山、台术二人亦畔之，群臣多散去。

行至莫干,宿于抹里赤家。土拉戴等已出狱,欲夺其鄂尔朵,遇而执之。盖喀图请贷其一死,不允,以弓弦缢杀之。

诸将会议于楚喀图、库喀拉二水合流之地,遣使迎立贝杜。贝杜知盖喀图已死,令杀阿克布喀、塔马起、赛而他克等,皆盖喀图所宠任者。问阿亦脱合里:"何以殴我?"答云:"盖喀图为我之君,命我杀子弟,我亦不能不行。今贝杜为我之君,我亦如此。"贝杜说,复其官。于是数盖喀图之罪,布告国中。以图格察而为大将,兼为相,以昆逐克巴而、哲绰克、雷克西哥儿干、土塔术为之副,以术马而哀丁管财赋,又命诸将分辖各部,以赏有功。

合赞闻贝杜立,不说。先是,尼佛鲁慈既叛,为库特鲁克沙所败,奔西义斯丹,屡犯呼拉商。至元三十一年,用其妻托绀珠公主之言,仍归命于合赞。元贞元年春,合赞至梅而甫,遂诣尼佛鲁慈营,受其降。返至赛拉克斯,闻贝杜起兵,乃召尼佛鲁慈俾守呼拉商。合赞进至尔哈夷、可斯费音之间,遇贝杜使者,始知盖喀图已死,贝杜已立。召诸将议之。尼佛鲁慈谓:"此无足怪,众所以不推戴汝者:一恐汝治弑君之罪,一恐汝治前杀鄂尔多海亚、楚实库札二将之罪。又恐汝有才,不如贝杜易制。宜遣使侦其举动,再决大计。"遂遣二使往,谓:"太祖法律,臣不得弑君,请执弑盖喀图者畀我治罪。"合赞至可斯费音,贝杜遣使请和。合赞不从,与贝杜遇于库班希而拉之地。尼佛鲁慈知贝杜兵未集,请速战。库特鲁克沙将右翼,斩馘八百,杀伊而达儿,擒阿斯阑倭古而,乘胜而进。贝杜使者布克戴至阵前,下马伏地言:"贝杜有命:一家骨肉,不宜兵争,请分国而治。"畀以义拉克、法而斯、起儿漫三部,请退兵讲好。意在缓兵,以俟援也。合赞允之,约贝杜各从十人于军前相见。既见,各下马行抱见礼。贝杜仍申前议,饮酒行成。尼佛鲁慈以天方教不饮酒,但立誓。众将皆誓,议遂定。

明日,贝杜即位。又明日,两军同往库班希而拉。合赞兵行于山谷中。贝杜兵前趋隘口,欲塞其去路,贝杜亟止之。入夜,两军同驻一地,各执兵勒马以备非常。已而报达、莫干之兵皆至,诸将请攻合赞,贝杜不肯,都嘎尔愠,即以兵回角而只。合赞知援兵已至,议速归,欲取道于喀敖纳。其地有精兵,贝杜恐为合赞所有,遣蒲拉丞相来告,请由原路返。越日,贝杜子奇卜察克等请合赞至营中饯别,合赞虑事不测,不从。奇卜察克固请,诸将劝合赞以日辰不利辞之,约明日相见。是夕,即引众东归,留尼佛鲁慈、图克帖木儿二人待受分地,且伺贝杜之举动。

是时,昆逐克巴而、土拉戴、伊而乞带已率五千人蹑合赞后。合赞至可斯费音东,贝杜又遣使邀合赞相见。合赞令尼佛鲁鲁慈同往,自驻迭马温山待之。贝杜执尼佛鲁慈、图克帖木儿下狱,其部将与尼佛鲁慈弟雷开齐劝之降。尼佛鲁慈始不从,后与图格察而暗约,共助合赞,乃伪降于贝杜。贝杜信之,以礼延接,令发誓,获合赞以献。尼佛鲁慈从之,与图克帖木儿同时释归,自梅拉喀疾驰四日,至迭马温山见合赞。以回俗誓不可没,依字义合赞为煮饮食之器,乃取此器而裹以布,遣人送往,以践誓言。贝杜见之大怒。

尼佛鲁慈劝合赞入教,谓星者言回历六百九十年应出一贤能汗,兴其教,今直其时,如入教则必为伊而汗。回众本不乐蒙古人拜偶像,改从回教,可得民心。合赞乃于迭马温山阿鲁浑之行宫入教,洗澡毕,至座位前宣诵信教之文,厚赐教士,并赴礼拜寺祈祷上帝焉。

贝杜摈沙特而哀丁不用,沙特而哀丁怨望,思助合赞。阿八哈妃布鲁干应适合赞处,而贝杜阻其行。于是沙特而哀丁、布鲁干潜输诚于合赞,遣教士马赫模德往告之。合赞召马赫模德入见,具言众将归心,惟昆逐克巴尔、都嘎尔、土拉戴、伊而乞带四人罪重,不欲拥戴。适有阿母河北之兵南侵,合赞遣尼佛鲁慈御之兵,旋退。马赫模德归,仍以敌兵入境,尼佛鲁慈东行,张皇其事以告贝杜。贝杜遂不为意,散其兵牧马草地。

时沙特而哀丁之弟尚管财赋,乃窃帑藏以行,昆逐克巴而追之,获其行李。沙特而哀丁奔于合赞。合赞尚犹豫不决,沙特而哀丁力言图格察而必为内应,合赞遂起兵于费乌斯古山,至尔拉夷。

出班与库鲁密世哥而干告统将伊达柱,宜简阅战马以防合赞,伊达柱从之,即以良马五百匹夜赴合赞军。合赞重赏之,遣人往告各城:"我今统兵十二万,以继父业,不从者以叛逆论。"所在响应。尼佛鲁慈率四千骑为前锋,至昔比特罗特河。土拉戴闻兵至,以书告贝杜,并问计于图格察而。图格察而谬谓:"彼兵不多,可与一战。"夜与同谋诸将投尼佛鲁慈营。

次日,贝杜见大事已去,逃于素黎漫沙城。哀而帖木儿、喀而奔特及诸大将皆赴尼佛鲁慈营。贝杜又奔倭占梅仑脱,同行惟昆逐克巴而、奇卜察克、伊而乞带等,欲入角儿只,以合于都嘎尔。合赞至昔札司,喀而奔特、伊而戴来归。至西比特河,土拉戴、伊而帖木儿等亦来降。尼佛鲁慈与库特鲁克沙等追贝杜至阿拉斯,及于梅而仑西北获之。合赞令杀之。时元贞元年冬也。贝杜篡立仅五月。伊儿乞带奔罗马,都嘎尔奔角儿只。

合赞,阿鲁浑长子。生于至元八年。阿八哈闻其早慧,亟欲见之。阿鲁浑送之往阿八哈,以属其妃布鲁干,使抚育之。合赞幼习蒙古回纥文字及骑射,八岁已能从祖父猎。阿鲁浑即位,令辖呼拉商等地。

元贞元年,合赞师至台白利司,诸王苏凯等率众来迎。既入台白利司,谕民相辑睦,大臣毋陵其下。遣尼佛鲁慈、奴尔兰、库特鲁克沙搜捕贝杜党与昆竺克巴而、都嘎尔、伊尔达儿、伊儿乞带等,皆诛之,惟土拉戴、哲察克、伊达柱三人杖而免死。是冬,即位,不曰汗,曰苏尔滩。论翊戴功,拜尼佛鲁慈为大将,位诸臣右,赐券书。以沙特而哀丁为相。笃哇与海都子萨儿班合兵侵呼拉商,遣苏凯、尼佛鲁慈御之。兵饟绌,预征次年赋以资军实。苏凯自以旭烈兀之孙,于次序当立,与其党巴鲁拉谋刺尼佛鲁慈于军中,而废合赞,约台术同举事。台术密告尼佛鲁慈,空营设伏伺之。苏凯等至,伏发,斩巴鲁拉。苏凯败遁,追杀之。叛军复推阿尔思兰为主,图犯台白利司。合赞闻变,虑卫兵少且习乱,乃称出猎,部勒将士,行及中途,突命击叛众。初战不利,贺尔库达克率二千人来援,遂斩阿尔思兰,尽降其众。时元贞二年春也。一月之内,凡诛亲王五人,叛臣三十八人。

尼佛鲁慈与沙特而哀丁不协,奏褫其职,以只马儿哀丁代之。或诬沙特而哀丁交通苏凯,诸史之侵辱者惮其复用,证成其罪,已论死。贺尔库达克为辨其冤,始得释。

合赞以图格察而反覆横恣,欲除之。遣库门乞往赐书褒奖,以安其心,而潜约诸将执图格察而,谓之曰:"国家大义,通敌卖主者杀无赦,苏而滩不能以私情废公义也。"遂杀图格察而。

罗马将巴儿图自阿鲁浑时即握兵权,屡征入朝,辄托词不赴,闻图格察而诛,举兵反。合赞命库特鲁克沙讨平之。

尼佛鲁慈恃功骄蹇,以妻病,往阿特耳佩占,委军事于奴尔兰。未几,台术所部弃伍逃。合赞不悦,促令赴军中。尼佛鲁慈请卒视妻病而返,朝臣言其以私废公,请逮治。合赞曰:"此未足以钳其口也。"既而,托绀珠公主病卒,尼佛鲁慈乃往呼拉商。奴尔兰入朝,诉其过失并与龃龉状。合赞令弟合儿班答往代奴尔兰。初,尼佛鲁慈介报达人凯萨尔致书埃及国王,依托教谊,乞以兵援合赞。比答书至,合赞已得国,尼佛鲁慈令记室改易埃及答书,呈于合赞。至是事觉,奴尔兰等因劾其通敌。尼佛鲁慈在外,自知主眷衰,遣其部将萨忒耳哀丁入朝寄耳目,而其人反为合赞所用,使往报达给凯萨尔,执以归。时沙特而哀丁复相,与弟库脱拔丁伪为尼佛鲁慈致埃及执政书请藉兵力诛异己者,事成割地为报,先奉衣服若干事,纳衣书于凯萨尔箧中。复为尼佛鲁慈致其弟哈济那兰密书,往见哈济那兰,乘间纳其书于哈济那兰箧中,哈济那兰不知也。合赞廷鞫,凯萨尔不承,搜其箧,则衣书在焉,立杀之。捕尼佛鲁慈家属,无男妇老幼皆就戮。擒哈济那兰至,搜获密书,诬服论斩,诸昆弟勒格济等尽死。尼佛鲁慈举兵反。

大德元年夏,命库特鲁克沙率诸将讨之,战于你沙不儿。尼佛鲁慈众溃,以数百骑奔海拉脱。其酋法克哀丁为所辅立,故纳之。库特鲁克沙至，围城，令献叛者。法克哀丁出书以示，尼佛鲁慈益德之。或谓之曰："公孤寄于此，大军压境，城主未可深恃。不如执之，用其兵以退敌。"弗从。法克哀丁闻其事，大骇。其部下咸谓，以全城殉一人非计，彼已背永不犯上之誓，我背誓庸何伤。乃请分其将士于各军，率以出战，遂擒尼佛鲁慈，献诸库特鲁克沙，诛之，传首台白利司。

是冬，角儿只兄弟争国，令库特鲁克沙平之，立瓦世当第三。库特鲁克沙归，以角儿只赋重为言。沙特而哀丁闻之，先告合赞，谓其纵兵蹂躏角儿只。于是，库特鲁克沙奏，辄不入，知必有谗之者。以询沙特而哀丁，则曰："此某医所为也。"库特鲁克沙以语拉施特哀丁，白诸合赞。合赞召至，告之曰："沙特而哀丁实潜汝而嫁祸于人，险诈如是，不可复留。"命与库脱拔丁同弃市。

大德二年，遣使臣曰谟阿臧、法克哀丁、阿喝美特，曰布喀伊耳赤，入朝贡珍珠、宝石、猎豹，且以金钱十万市中国货。使臣至，成宗优礼之，赐酒慰劳，留四年始辞归。温诏报合赞，赐赍甚厚。旭烈兀位下岁赐及五户丝久储府库，至是遣使颁与之。

是年秋，以火者萨特哀丁为相。罗马将苏拉迷失叛，杀其副毕音察尔、别乞库尔。

三年春，库特鲁克沙败其众，苏拉迷失奔埃及，引军来犯，擒斩之。

时埃及内乱，其将奇卜察克、哀尔别乞、伯克帖木儿皆来奔。合赞待以殊礼，思用其力以谋埃及。埃及西里亚兵入的牙佩壳耳，合赞益怒，定议亲征。兵十人中抽五，赍六月粮。

大德三年冬，次哀甫拉特河，留兵万人殿后，步骑九万，以库特鲁克沙、谟雷为前锋，抵阿勒坡。军士纵马食麦田，令曰："马不可以食人食，犯者斩。"诸军肃然。军至撒拉米冶，闻埃及兵已至希姆斯，那雪尔，合赞令曰："埃及亲军骁勇善战，恃骑兵冲突。今我以步队当之，胜骑战也。"自撒拉米冶进兵，距敌百里而止。次日，进至那兰苏河。埃及兵奄至，命后军张两翼御之。战少却，合赞以中军退。埃及军逐之，阵复接。埃及一军溃，别军援之，殊死战，复出铁骑五百，短刀奋斫。我军以强弩攒射之，马始回窜。库特鲁克沙率右翼鸣角以进，埃及误为合赞，并力攻之，右翼败，死者近五千人。库特鲁克沙率余骑奔中军。合赞麾左翼进，中军继之。以弓箭手万人居前，矢如雨集。埃及前锋左右翼先后溃，中军亦败走。是役也，合赞以坚忍，转败为功。而右翼之败，适成为饵敌之计云。

罗马守将阿弼世喀偕阿昧尼亚王海屯第二率五千人来会，军势益张。希姆斯城乞降，发其库藏分给将士。进至达马斯克，亦迎降。合赞自至城中，令卫士守一门，而闭其余，虽从官亦不得擅入。民益感德，输金钱百万饷军。埃及将厄尔术法世守内堡不下，谕降不从。诸将请攻之，合赞不许。谟雷穷追败众，直至喀杂弍城，遇埃及兵辄杀之，追不及乃整旅而还。合赞以奇卜察克辖达马斯克部，伯克帖木儿辖阿勒坡、哈马特、希姆斯三部，哀尔别乞辖萨弗特、弍里波利等城，牙希阿司赋税，以库特鲁克沙镇守西里亚全境。

大德四年春，合赞东归。库特鲁克沙遽下令攻达马斯克内堡，攻半月不能下而去，以军事委谟雷。初合赞谕西里亚境内悉降，既而诸城知蒙古军不能久驻，故拒命者日多。埃及王那雪尔闻合赞已去，奇卜察克等皆在西里亚，乃手书招三将返。于是奇卜察克等叛归。谟雷亦弃达马斯克，全军而返。

合赞自西里亚班师，锐意政事。夏，如梅拉喀观天方台仪器，亦建台于台白利司。自运巧思，创制新器。访古贤人墓，慨然曰："死而不朽，其乐有甚于生矣。"引哀甫拉特河，开三渠溉田，悉成沃壤。贫家寡妇，官给棉，使纺绩以餬其口。

秋，再伐西里亚，以库特鲁克沙为前锋，自将大军继之。冬，渡哀甫拉特河，次阿勒坡。埃及兵屯于哈马特御之。淫雨四十日，馈运不继，驼马亦多冻死。

大德五年春，还。夏，遣使如埃及，请弃怨修好。冬，使还。埃及答书，亦愿通好，而词意不屈。

六年，术赤后王脱脱使来，请阿而俺、阿特耳佩占之地，弗许。

秋,三伐西里亚。遣前使往埃及,以称藩纳币等事要之。答书不允,且馈军器,示能用武。合赞怒留其使。

七年春,令库特鲁克沙与出班、谟雷等率五万人深入,自驻哀甫拉特河东以待。师及哈马特,越达马斯克而南,与埃及兵遇。库特鲁克沙败其右军,谟雷率众追之。既而,中军、左军齐至,库特鲁沙不能支,出班、库尔迷失来援,始免于败。及暮,蒙古兵屯于山上。谟雷恐明日战不利,夜引所部退。埃及有厮卒被擒脱归,言蒙古兵不得水,病渴,宜速战。日出,我军下山,埃及人力遏之,殊死战。至午,为埃及人所围,而开其一面纵之走。于是角儿只兵先溃,诸军亦相继溃,埃及人逐于后。蒙古兵以马疲不能行,多弃械就死,又或为向导所绐,暍死沙漠中。

库特鲁克沙回至克沙甫,谒合赞,陈兵败状。合赞遂归,以出班殿后,翼护残卒,召至优奖之,申丧师之罚,诸将诛谪有差。出班虽殿后有功,亦受杖焉。

秋,如台白利司,搜阅军实,图再举。遣使泰西诸国,请发兵攻西里亚复耶稣墓。大将奴尔兰卒,以库特鲁克沙代之,屯阿而俺北界。台白利可教士牙库白等谋逆,附会谶书,欲立盖咯图之子阿拉佛郎。事觉,逮讯,词连世祖使臣纳息尔哀丁。合赞曰:"此必沙特而哀丁余党所为也。"严讯之,果服诛牙库白安,置阿拉佛郎于呼拉商。

合赞得目疾。大德八年春,病痊,出猎。既而复病,知不起,召大将库特鲁克沙、出班、谟雷等,文臣火者撒特哀丁、拉施特哀丁等,属以大事,传位于弟合儿班答,勉诸臣同心辅佐,壹遵所定法度。夏,合赞卒,年三十四。妃八人,布鲁干可敦生子一:阿尔珠。

合赞沈毅果断,训勉将士词旨恺切,赏罚必当,故人乐为用。即位之初,府库空虚,馈赐不给,迨经营两载,赍赐、振恤无虚日,而度支日充。熟于蒙古掌故、世系、族派、姓氏,命拉施特哀丁作史,凡述蒙古事,皆面奉教令而后载笔。勤恤民隐,方猎思食,必倍价购于民,以为从官率。西域自用兵后,污莱遍野,合赞下令垦田四载后始升科,于是田畴日辟。刑官向受诺延节制,谳狱多枉法,改易官制,而狱讼以平。钱质驳杂,有禁;权量不一,有禁;鬻良为贱,有禁;奸人敛民财以供献可敦、诺延,出资借贷而以重利困民,皆有禁。盖蒙古建国西域以来仅见之主云。

合儿班答,阿鲁浑次子。母曰乌鲁克可敦,客烈亦部王罕孙撒里只之女。至元十八年,生于马鲁之西沙漠中。众忧无水,俄大雨至,皆喜以为吉兆,称曰鄂尔采布哈。鄂尔采,译言吉祥也。稍长,改名达母答儿,后又改合儿班答。娶昆彻司喀特可敦,为苏衮察克子沙第之女;其母霍儿库达克,则旭烈兀子出木忽见之女也。嗣位后,仍称鄂尔采,国中教令多称鄂尔采图谟罕默德呼搭奔特。呼搭奔特,译言上帝之奴。国人称为鄂尔采图苏尔滩。

大德八年,合赞卒,大将谟雷虑阿拉佛郎为变,秘不发丧。先遣亦生布哈等莅杀阿拉佛郎于呼拉商。统将贺尔库达克素助阿拉佛郎,亦遣杀之。事定,合儿班答乃率诸将西行,至台白利司城外奥占行宫即位。以库特鲁克沙、出班治军事,火者撒特哀丁、火者赛夷忒拉施特哀丁治财赋。

秋,至梅拉喀。成宗遣使与察八儿、笃哇使者皆至,以息兵悔祸来告。释合赞所拘之埃及使人,并遣使偕往议和。昆彻司喀特可敦卒,合儿班答娶库脱洛克可敦,为亦怜真之女,以博拉及拉施特哀丁为大礼使。既成婚,又娶布而干可敦。

大德九年,征克儿漫酋沙喝奇汗入朝,以其不纳贡留之,克儿漫地改设蒙古官。建新城于空库儿欧隆之地,名曰苏尔滩尼牙,遂迁都焉。

先是,苏尔滩尼牙之北基阑境内,有小部,东北负里海,东南、西南皆山,广袤一百八十里,而分十二部,各有土酋,阻山负险,自为一国。笃哇卒,其后王宽阇遣阿儿浑之子阿儿岱哈赞来告丧,语及基阑之地,谓蕞尔小国,久未讨定,邻封多笑之。合儿班答耻其言,令库特鲁克沙、出班、图干、谟敏率三军,合儿班答自将一军,分四路以进。出班与图、谟二将平数部。库特鲁克沙亦屡胜,各部皆乞降,库特鲁克沙之子昔保赤拒之,仍纵兵杀掠。故据险殊死战,库特鲁克沙阵殁,一军几覆。合儿班答闻库特鲁克沙败信,遣劲兵三千人往援,复战殁。继遣呼辛、赛云赤往始平之,究丧师之罪,鞭昔保赤,以其父旧部属于出班。

海拉脱酋法克哀丁不自来朝,大德十年遣丹尼世门巴哈图克讨之,命交尼古答尔部众及三年贡赋。议不成,兵进,截其粮运。法克哀丁乃与丹尼世门盟,以城让之,自迁阿蛮库堡。丹尼世门入城,而内城仍为其将麻罕没特所守,坚不可攻。丹尼世门遣告法克哀丁,若入内城,必请命于苏尔滩恕汝之死,令汝仍主是地。法克哀丁以告其将,开门延之。丹尼世门先遣其子偕他将入,盛筵款接,比自入,伏发,丹尼世门父子皆死。且举火为号,法克哀丁望见,即率众赴之。

是年秋,合儿班答以亚萨鄂尔为统将,丹尼世门之子布戴、塔垓从之,往复父仇。二子使告法克哀丁:“如汝不知此事,即缚麻罕特至,不汝罪。”法克哀丁以无力缚送自诿。

次年春,战不利,筑长围困之。时法克哀丁已死,布载伪以书与城将,若许其禽送麻罕没特者。又以书告麻罕没特,言汝部将伊思玛与布载通。麻罕没特皆不应。麻罕特力竭,议降。布载许以不死,与立誓,遂开门降。麻罕没特宴布载醉,麻罕没特复欲杀之,众不可乃止。

次年夏,亚萨鄂尔令布载偕麻罕没特入朝,遣人追杀之。法克哀丁弟基亚代丁先行为质子,合儿班答自基阑凯旋至苏尔滩尼牙,闻海拉脱事定,乃令基亚代丁嗣兄位。

是年冬,以女弟杜伦第公主嫁于出班。

初,阿昧尼亚王海屯第二致书阿勒坡守将喀喇桑柯尔,请纳岁贡罢兵,埃及允之。未几,海屯第二让位于侄立盎第四,自入教堂为僧。合儿班答以妻父亦怜真镇罗马,其将壁拉尔古屯阿昧尼亚界上。

十二年，立盎第四与亦怜真同入谒。壁拉尔古闻其诉已，又以其纳贡埃及，遂杀立盎第四。亦怜真奏劾之，合儿班答诛壁拉尔古，立海屯第二季弟鄂圣为王。

罗马西境土耳其部浸盛，侵东罗马属地。东罗马王安铎鲁尼克思藉蒙古之力捍之，以女玛里亚嫁合儿班答，蒙古人称之曰脱司配那可敦。

皇庆元年，诸王科尔迷失谋叛于罗马，讨平之，并杀其四子。建新城于报达之东。埃及将喀喇桑柯尔与谟罕纳等率千骑来奔，合儿班答待以宠礼，思乘隙伐西里亚。是年冬，出兵。出班、赛云赤、伊逊库特鲁克与角儿只兵皆从，众号十万，渡哀甫拉特河，攻拉黑贝堡，逾月不下而返。

二年，长子不赛因出镇呼拉商，时年九岁。呼拉商为储君分封之地，故未及其长即开藩府。赛云赤及阿尔固为将，拉施哀丁之子阿白都而拉体甫司财赋。

是年，察合台后人帖木儿古尔干遣使来降。先是，也先不花既并海都旧地，以其弟古特鲁火者建国于阿母河南，与呼拉商为邻。卒，子岛特火者嗣，帖木儿古尔干与争国，故降于合儿班答请援。于是，诸王敏干将呼拉商兵员往，岛特火者不能御，自归于也先不花，请兵复仇。时也先不花与王师战于腾格里山而败，谓岛特火者：更有大仇敌在东方，不能西顾。适朝使还赍合儿班答所贡方物，乃执使臣杀之，并其从者七十人。然也先不花战屡败，突而基斯单之地多为王师所躏。也先不花不得志于东，思西略。

延祐二年，遣葛伯克、岛特火者、亚索伏儿率兵渡阿母河，与亚萨鄂尔战于八脱吉思。亚萨鄂尔、布载皆战殁，入呼拉商。四月，以粮尽，又闻王师已至塔剌斯亦息库尔，乃返。葛伯克谓亚索伏儿奉天方教，阴附合儿班答，虽得呼拉商而不能守。也先不花信其言，令捕亚索伏儿。兵至，亚索伏儿拒战，葛伯克为所败。亚索伏儿遣使谒不赛因，欲来降。不赛因请命于父，允之，并令库儿迷失、图干率二军渡阿母河为援，海拉脱酋基亚代丁亦以兵从。

三年秋，亚索伏儿与也先不花相拒，援军至，败之，掠布哈尔、撒马尔干、忒耳迷民，编置希部而干分地。亚索伏儿谒合儿班答，令驻巴达克、堪达哈尔两山之中。先是，术赤后人巴拔避祸率万人来奔，延祐二年掠货勒自弥民五万而归。亚索伏儿闻之，自忽毡引兵截之，尽夺其俘。月思伯遣诸王阿克布哈来诘，是年秋至苏尔滩尼牙，谓若巴拔所为，请君讨之，若由苏尔滩命，则请以兵相见。合儿班答谢曰："我不知其称兵犯境也。"杀巴拔父子，礼其使而遣之。初，阿克布哈至台白利司宴会，有阿而俺守将曰忽辛古而干送酒杯而未起立。阿克布哈怒责其忘蒙古旧礼，忽辛曰："汝来议事，非来争礼者。"盖国俗，凡古而干见亲王必应起立云。

未几，麦喀酋倭迈宰特来奔，倭迈宰特兄弟争位，埃及以兵助争者，倭迈宰特败，以合儿班答奉十叶教，与同教，故来乞援。合儿班答遣哈赤狄儿堪的率千人卫之还国。次年春，行至巴索拉，为伯都音人所袭，覆其众，倭迈宰特、哈赤狄儿堪的仅以身免。

是冬，合儿班答卒，年三十六。子不赛因。二女，皆嫁出班。

不赛因，合儿班答长子。为赛云赤夫妇所抚养。五岁即习骑。国俗，童子习骑，使星者择日，迨上骑，则持马乳洒于头尾，以为典礼。九岁，出镇呼拉商。

合儿班答卒，诸将遣使告不赛因。赛云赤恐有内难，劝不赛因勿遽行。既葬，诸将又遣使奉迎。赛云赤使左右先至台白利司，察诸将无他意，乃与不赛因同往。

延祐四年，不赛因即位，称阿来屋敦亚征丁阿卜赛特苏尔滩，译言世界与命运皆崇高莫尚也。赛云赤以大将位让出班，劝不赛因专任之。以出班子帖木儿大石镇罗马，亦怜真、苏纳台、伊生库特洛儿皆为之佐，拉施特哀丁子火者质拉儿哀丁司罗马财赋。

呼拉商守将亚萨倭儿为约索伏儿所杀，以伊生库特洛儿代之。初，亚萨倭儿欲娶约索伏儿女，已纳币，而合儿班答卒，约索伏儿思乘机据呼拉商。布载战没，其子已奉命统父旧部，亚萨倭儿以其兄

代之，乃与约索伏儿谋作乱，邀亚萨倭儿饮酒，将执之，逸去，追而
杀之。约索伏儿遂入呼拉商。

五年，库特洛儿至呼拉商，抚定约索伏儿誓不反。然逾岁，约索
伏儿即举兵至马三德兰。时又有乌斯贝克，陷得而奔特。埃及兵亦
至的牙佩壳儿。乃命亦怜真守的牙佩壳儿，忽辛往攻约索伏儿，不
赛因自将御乌斯贝克。忽辛至马三德兰，约索伏儿已返呼拉商。出
班欲自往讨之，闻得而奔特守将败走，不赛因兵少，至库儿河不敢
渡，张空营以疑敌，出班乃率二万人以行。乌斯贝克闻其至，即遁。
约索伏儿举兵，以主幼大将专权，欲往扶幼主为辞。及至马三德兰，
闻忽辛率大军奄至，又退走。时海拉脱酋亦奉出班命，出兵攻八脱
吉思，叛众多降于忽辛。

六年，约索伏儿将谟拔来克萨率六千人至八脱吉思，掠俾路芝
之民，为民兵所却。约索伏儿率万人继之，围海拉脱城。忽辛兵至，
约索伏儿先遁。再进，为忽辛所败，斩馘甚众。以盛暑，乃返驻于海
拉脱。不赛因闻海拉脱人不附叛，以五万的那往赈其民，免三年之
赋。不赛因返苏尔滩尼牙，出班散遣其兵，自往角儿只避暑。

出班以诸将轻不赛因年少，笞之，故库儿迭失、喀赞等皆怨出
班，合谋杀之。至是，思掩其不备，以骑兵一队袭角儿只。内有一将
曰哈剌图培，奔告于出班，犹不信，遣二将往觇之，为库儿迭失所
杀，麾兵亟进。或以二将不返，劝出班避之，乃乘夜至其子忽辛营。
兵至，不得出班，翌日追之。出班至一草地，有烹羊而食者，请出班
共食；辞之，疾行。追者五十人至，夺羊共食。以是出班得脱。时阿
里沙在台白利司，闻乱，亟引骑兵赴之，路遇出班，为迎归台白利
司。遂与阿里沙赴苏尔滩尼牙。

时亦怜真亦附库儿迭失，伪为不赛因手谕，令杀出班以惑其
众。又遣使告急于苏尔滩尼牙，谓出班已反。使者先出班至，亦怜
真之子欲先杀出班子，诸将不可，犹豫一日，而出班至，始知亦怜真
妄言。

时亦怜真兵已逼乌占，守将奔苏尔滩尼牙，不赛因自将讨之，

出班、阿里沙皆从。亦怜真女为库特洛沙儿妻,请勿战,遣人招其父降,不从,自往劝之。亦怜真请不赛因营挂白旗以为信,既悬旗,亦怜真以为怯,复与库儿迭失进攻。出班命先戮其子,悬首标枪上以示众。亦怜真夫妇皆怒,奋突誓死战。王师却,不赛因先登陷阵,诸将从之。亦怜真大败,获而斩之,其妇亦战殁。库儿迭失与其子及布喀伊尔等遁去,中途为苏纳台所获,槛送苏尔滩尼牙,伏诛。因此役,国人称不赛因为把哈图儿汗云。

出班妻杜伦第公主卒,不赛因复以姊凯而图领、萨谛柏两公主妻之。察合台后王葛伯克素与约索伏儿不合,告呼拉商守将忽辛:我助汝夹攻约索伏儿,命诸王率四万人以往。忽辛亦率二万人并海拉脱义斯单二部之众应之。东军先至,密诱约索伏儿之将临阵杀贝克图儿来降,约索伏儿遂败走,追及杀之。忽辛至,东军已振旅而返。时梅沙卜特尼牙、库儿特斯单、的牙佩壳耳连年旱蝗,麻而哲西而克梅法而勒、毛夕里、哀而比而各城人烟殆绝,报达亦告饥。七年夏,又大雨雹。不赛因询于教士,乃禁酿酒、逐娼妓,并免各城税赋。是年,埃及王遣木剌奚刺客三十人刺阿克桑柯儿及忽辛,皆不中。埃及使者至,出班欲杀之,为阿里沙所阻。不赛因亦恐木剌奚人刺之,乃与埃及和,遣使告埃及王:“一,勿遣木剌奚人行刺;二,两国逃人,彼此皆不交出;三,勿令阿剌比犯蒙古属地;四,两国通商;五,赴麦喀礼拜,两国各用国旗为识。

至治三年,及埃及平。先是,出班子帖木儿塔失在罗马,密与埃及约,助其举兵。出班闻而大恐,即告不赛因自往捕之。是年冬,出班以兵至,帖木儿塔失欲拒战,众不可,乃上谒。出班囚之,诛其左右数人,不赛因宥不问,仍使守罗马。

四年,阿里沙卒。前此管财赋官,皆不得其死,独阿里沙终于位。不赛因既长,渐忌出班权重,郁郁不乐。出班不以为意,其子狄马世克火者心不能平。是冬,出班恐东边不靖,自赴呼拉商,与洛肯哀丁、爱而伦赤、伊生库特洛克、阿里巴的沙之弟穆罕默特同行,狄马世克在内益纵恣不法。

　　泰定二年，不赛因在报达，有告狄马世克奸夺平民者，不赛因不悦。

　　三年，不赛因回苏尔滩尼牙，狄马世克阻群臣上谒，不赛困愈怒。有告狄马世克与鄂尔呼图侍妾空库台有逆谋，不赛因命捕空库台鞫之，未获。时苏尔滩尼牙戮群盗，献首于不赛因，令人伪云此出班等之首，已在海拉脱伏诛。狄世马克闻之，改服出城而逸，追至中途杀之，悬首国门。

　　不赛因既杀狄世马克，即密告爱克伦赤、伊生库特洛克等令杀出班，并言已遣兵攻其子帖木儿达失。爱克伦赤等素服出班，同至八脱吉思，见出班，白其事，愿助出班举兵。出班与其子忽辛谋，忽辛曰：“计惟一战，然诸将不足恃，当先杀之。呼拉商我所辖，克儿漫、法而斯之库藏可以取给，帖木儿达失已在罗马，赛因克穆罕默特已在角儿只，四面合攻，不足惧也。”出班不从，但杀洛肯哀丁等七十人。

　　时不赛因已令苏纳台、阿儿巴的沙、得勿来特沙讨出班，自驻于可费斯音为后援。出班进至西模囊，使教士往见不赛因谓：“我不但为王效力，并为先王效力，又无过失。狄马世克有罪当诛，不必宽恕，但不可株连其父与弟耳。又闻杀狄马世克非王命，乃他人所为。请王察之。”教士劝不赛因罢兵。不赛因曰：“出班自来，吾当返斾”。然为诸将所尼。

　　出班乃进兵，是夜，有大将率三万人投于不赛因。明日，出班退走，爱克伦赤、伊生库特洛克尚从之，而麾下兵已散去。出班至撒唯，见其妻凯而图领、萨谛伯，令携其子布卜而牙失归于不赛因，自携前妻杜伦第公主之子赤老罕奔于塔八斯，从者仅十七人。欲入突而基斯单，又改计入海拉脱。或劝其来中国及奔印度，皆不从。海拉脱酋基亚特丁待出班甚厚，后得不赛因书命杀之，许以凯而图领下嫁，且割地与之。基亚得丁使人持其书示出班，言：“苏尔滩之命不能违。”出班父子相持而哭，请全尸以死，以一指有长甲为证据。又谓：赤老罕尚幼，请送于苏尔滩。又麦地拿造一墓，请葬于此地。

遂自缢。

是年,基亚特丁入朝,闻不赛因已娶报格达克,甚惧,乃令人回海拉脱杀赤老罕。报格达克者,狄马世克之女,嫁赛克喀山,为不赛因所夺者也。报格达克有宠,不许基亚特丁返国,令俟出班父子丧至。既至,以礼殓之葬于麦地拿。不赛因先至麦喀,绕黑石殿三周以祈福焉。

不赛因既平出班之乱,以拉施特哀丁之子结牙特丁及阿来哀丁分总财赋,旋以结牙特丁为相,劝农兴教,境内大治。先是,阿里沙构飞语,谓合儿班答为拉施特哀丁毒死,证成其罪。拉施特哀丁腰斩,枭首通衢,分其手足传示各部,并戮其子火儿质拉儿。拉施特哀丁年已八十,时人皆冤之。至是,其二子复蒙任用焉。

四年,察合台后王以兵掠呼拉商,命守将纳林秃垓御之。其人与海拉脱酋不协,不赛因命纳林秃垓勿预海拉脱事。不听,乃命遣母弟阿里巴的沙代之。纳林秃垓不悦,扬言呼拉商并无军事,阿里巴的沙中途而返。不赛因仍使往呼拉商,阿里巴的沙怏怏,遂谋叛,不待命而归。其母哈赤可敦与不赛因皆遣使止之,又不从。遣啰鲁火者率兵往阿里巴的沙,部将不从叛,执阿里巴的沙以归。不赛因以哈赤可敦之言,宥其死,使塔失帖木儿代赴呼拉商。纳林秃垓思入朝,杀结牙代丁。事觉,捕之。纳林秃垓脱走,遣啰鲁追斩之。以赛克阿里为呼拉商大将。

不赛因晚年,外任结牙代丁,内惟听报格达克之言,别将无当意者。后至元二年卒。

遗命立阿里不哥四世孙阿儿帖为嗣,萨谛伯公主之婿也。明年为贝杜孙穆萨所废。

是时,将相争权,境内大乱。有两大将剖分其国:一为出班之后,一曰胡信,为则来耳汗。胡信为大哈散,出班之后为小哈散。未几大哈散立穆罕默特为汗,小哈散又立萨谛伯公主为女汗。出班死,萨谛伯改嫁阿儿帖,又嫁苏力门。萨谛伯卒,苏力门嗣为汗。继苏力门者曰奴舍而万。大哈散立穆罕默特,三年卒。又立托克帖木儿。穆罕默特,旭烈兀之五世孙。托克帖木儿,术赤裔孙也。继托克帖木儿者曰赭汗帖木儿,盖喀图之孙也。奴舍而万之后,国事皆决于则来耳汗。于是则来耳、色尔必达耳、马札非耳三族彼此争夺,后皆为驸马帖木耳所灭。

　　史臣曰:旭烈兀屠报达,铲天方祖国,然其曾孙合赞卒奉穆罕默特之教。何则? 从其国俗,则上下相安。自阿八哈以后,篡夺频仍,至合赞而乱始定,以民心之归附也。君子易政而不易教,有以夫!

新元史卷一一〇
列传第七

太祖诸子五

拖雷下 阿里不哥　药木忽儿　拨绰　牙忽都
末哥 **阔烈坚** 也不干　干

阿里不哥,拖雷第七子,世祖同母弟也。

宪宗伐宋,命世祖分兵趋鄂州,以阿里不哥留守和林,孛鲁欢、阿蓝答儿辅之。宪宗崩,以序以贤,世祖当立。先是,世祖受关中分地,阿蓝答儿为行省,钩考陕西、河南财赋,多所谴责。事具《世祖本纪》。至是,阿蓝答儿恐世祖追论其罪,乃与浑都海、脱火思、脱里赤等谋立阿里不哥。

中统元年,世祖即位于开平。阿里不哥亦僭号于和林城西按坦河,太宗后王海都,宪宗后王阿速带、玉龙答失、昔里吉,察合台后王阿鲁忽,曲里坚子阿而喀台,旭烈兀子出木哈儿等及拔都母库托克台可敦皆附之。独斡赤斤大王谓,世祖应嗣大位。初,宪宗留辎重于六盘山,以大将浑都海守之。又分兵戍东、西川,其将为怯的不花、明里火者等,皆与阿里不哥通。阿里不哥使霍鲁欢、刘太平行省于关右,藉以抗命。诏宣抚使廉希宪执霍鲁欢、刘太平杀之,尸诸市,并诛怯的不花于东川,明里火者于西川。于是浑都海举兵应阿里不哥,阿蓝答儿自和林援之。世祖遣使谕阿里不哥。不奉命,杀诸王阿毕世喀,引兵而东,以出木哈儿、合剌札为前锋,遇世祖所遣亦孙哥之军,一战而溃。

是年冬,车驾至和林。时阿蓝答儿、浑都海已伏诛,阿里不哥驻谦谦州,知不敌,遣使归命,请俟马肥入觐。且云愿约伯勒克、旭烈兀、阿鲁忽三王同入朝。世祖允之,命速来,勿俟三王,以亦孙哥守和林待之。车驾还开平,遣散余军。

二年秋,阿里不哥至和林,伪言归顺,出不意突攻亦孙哥,败之,遂据和林,乘胜逾漠而南。帝闻警,亟征兵,自将御之。冬十一月壬戌,战于昔木土淖尔。国王塔察儿为左翼,亲王合丹、驸马纳陈为右翼,亲王拨绰将中军,斩其将合丹豁尔赤,阿里不哥大败。敕勿穷追,俟其悔悟。阿里不哥见无追兵,越十日,回兵再战于阿儿忒之地。自旦至晡,胜负未分,而阿里不哥退走。是时阿鲁忽引兵至忽只儿之地,杀阿里不哥守将唆罗海,将归命于世祖。阿里不哥因是亟引而西,欲攻阿鲁忽,道过和林,不守而去。帝抚定和林,免其今年赋税。十二月,车驾还大都。

三年,阿里不哥之将哈剌不花与阿鲁忽战于布剌城及赛剌木淖尔,兵败,哈剌不花没于阵。阿鲁忽恃胜轻敌,还驻亦剌八里,遣散其兵。未几,阿速带率第二军继至,入自铁门,陷阿力麻里城,阿鲁忽败走,逾天山而南,至兀丹、乞思合儿。

四年,阿里不哥兵复至,阿鲁忽迎战于浑八升,又败退至撒马尔干。阿里不哥亦北还。其将士以阿里不哥多杀阿鲁忽之众,自戕蒙古同类,群议其非。玉龙答失已反正,驻阿尔泰山。于是阿里不哥部众多往投之。时天山南北户口逃亡,粮粮无所出。阿里不哥饥困,恐阿鲁忽乘其势弱来攻,乃使合剌旭烈兀妃倭耳干纳偕马思忽惕往议和。海都附阿里不哥攻阿鲁忽,又为所败。

阿里不哥失援,势益蹙,至元元年正月,遣使乞降。帝预敕近边,和籴以饷其众。秋七月庚子,阿里不哥与玉龙答失、阿速带、昔里吉至京师,入谒。帝熟视无言,既而哭,阿里不哥亦哭。帝曰:“试据理言之,我兄弟二人孰应嗣大位。”阿里不哥曰:“昔日我为是,今日汗为是耳。”诸王阿济格谓阿速带曰:“杀我兄弟阿毕世喀,非汝耶。"阿速带曰:"此奉阿里不哥之命。今我臣服于汗,若汗命杀汝,我亦不能不从。"世祖禁止其争,命阿里不哥坐于诸子之列。次日,使四亲王、三大臣鞫其诸将。阿里不哥自引僭号与抗命之罪,与诸将无与。其部将最长者为秃满,奋然曰:"是我等之谋。请勿罪阿里不哥,而置我等于刑。"帝奖其忠,复诘阿里不哥。乃曰:"孛鲁欢、阿蓝答儿二人劝我:先帝已崩,两兄将兵在外,我为留守,义当嗣立。"于是诛孛鲁欢、忽察、秃满、阿里察、脱忽思等凡十人。诸王大臣议免阿里不哥、阿速带之死,请告于旭烈兀、伯勒克、阿鲁忽诸王,俾审议以闻。旭烈兀、伯勒克咸是廷议,阿鲁忽则谓未受朝廷册命,不置词。

三年,阿里不哥卒于大都。四子:曰明理帖木儿、药木忽儿、乃剌忽不花、剌甘失甘。

明理帖木儿,初从海都叛。大德十年,始弃察八儿降于武宗。明年正月,从安西王阿难答入朝。成宗崩,伯岳吾皇后与左丞相阿忽台等谋立阿难答,仁宗执杀阿忽台,废伯岳吾皇后。明理帖木儿党于阿难答,帅众抗命。兵败,执送上都,与阿难答同赐死。曾孙阿儿帖,嗣旭烈兀后王不赛因之汗位。

药木忽儿,至元八年从皇子北平王那木罕备北边,驻阿力麻里。十四年,诸王脱黑帖木儿与药木忽儿及玉龙答失之子撒里蛮,合谋劫北平王执之,并械系丞相安童,挟河平王昔里吉以叛,执益兰州等五部断事官刘好礼,尽据岭北之地。诸王叛者相属。

秋七月,丞相伯颜视师和林,与昔里吉、药木忽儿战于斡鲁欢河。相持既久,伯颜伺其懈击败之。兀鲁兀特将哈答穷追昔里吉、药木忽儿至野孙河,昔里吉、药木忽儿遁走乞儿吉思。

先是,斡鲁欢河之战,伯颜夺脱黑帖木儿辎重,昔里吉不能援;脱黑帖木儿怨之,遂附于撒里蛮,使告海都、忙哥帖木儿,且胁药木忽儿从之。药木忽儿与之战,获脱黑帖木儿,药木忽儿劝昔里吉杀之。脱黑帖木儿善战,好乘白马,谓战血溅白马,如妇人之施朱也。

脱黑帖木儿死,撒里蛮失援,昔里吉执送于术赤后王宽彻,为

其旧部所夺回，攻昔里吉、药木忽儿，获而执之，献于朝。经斡赤斤
后王分地，受药木忽儿赂，劫之去，仅以昔里吉来献。

药木忽儿旋附于海都。元贞二年秋，与昔里吉之子兀鲁思不花
俱来降。明年正月入朝，成宗大悦，为之改元肆赦，命药木忽儿屯田
和林，与晋王甘剌麻同御海都，率阿速千户玉哇失败海都兵于巴阿
邻之地。

大德三年，封定远王，赐鎏金银印龟纽。九年，改威定王，换金
印驼纽。至大元年，进封定王。三年，设王府官如例。寻卒。

子薛彻干嗣，至治三年泰定帝即位，授以其父金印。泰定三年，
又增置定王总管府。

乃剌忽不花子孛罗，大德六年以诬告济南王，谪于四川八剌军
中自效。七年，以破贼有功，征诣京师。十年，封镇宁王，赐金印。延
祐四年，进封冀王。

剌甘失甘子那海，亦封镇宁王。

拨绰，拖雷第八子，亦译为不者克，又作哈必赤。母曰乃马真
氏。骁勇善射。

从拔都征奇卜察克。其别部酋八赤蛮为大军所败，遁去，窜于
亦的勒河林麓中，转徙无常。宪宗与拨绰，各率小舰百艘，艘载百
人，穷搜两岸。见一老妇询之，知八赤蛮已遁入海岛，以无舟楫将
返。忽大风起，卷海水去，大军遂徒涉至岛中，生获八赤蛮。八赤蛮
请宪宗手刃之，宪宗命拨绰斩之，旋师而东。拨绰与诸王昔班、不里
再侵乞卜察克之蔑里姆部，论功以拨绰与速不台居最，赐号拔都
儿。

中统元年，阿里不哥僭号和林，其将阿蓝答儿率所部西，与浑
都海兵合。世祖命拨绰与诸王合丹督便宜总帅汪良臣往讨，大败
之，斩阿蓝答儿、浑都海。

明年冬，阿里不哥渡漠而南，拨绰从车驾亲征，败阿里不哥于
昔木土淖尔，追北五十里，阿里不哥遁去。

又明年,赐行军印及金、银海青符各二,总诸军讨李璮。璮退保济南,筑长围困之,自四月至于七月,城破获璮,缚至帐前磔之。

至元三年,赐金素币及银钞。未几,卒。子薛必烈杰儿,早卒。

薛必烈杰儿子牙忽都,年十三,世祖命袭其祖父之位。

至元十二年,从北平王备边于北庭。河平王昔里吉有异志,诱牙忽都,不从,益谨事北平王。八鲁浑拔都儿粘闆与海都通,率所部引去;北平王遣牙忽都追禽之。明年,药木忽儿等执北平王奉昔里吉以叛,囚牙忽都。牙忽都与那台等谋逃归,又为所觉,那台等皆死,复囚牙忽都,困辱备至。

十四年,丞相伯颜讨昔里吉等,战于斡鲁欢河。牙忽都潜结赤斤帖木儿,乱其阵,因得脱走。至京师,须发尽白。世祖悯之,赏赍甚厚。

明年,与土土哈讨海都。牙忽都逻得谍者,知虚实,先登陷阵,破其精兵。海都遁,夺还俘口,以功赐钞、币、铠甲、弓矢。

二十四年,乃颜叛,遣使诱河间王也不干。也不干应之,引兵东趋太祖大斡儿朵。时北安王再出防边,驻军帖木儿河,遣亲王阔阔出指挥土土哈等率众追之。牙忽都将三百骑,进全阿赤怯之地。时怯必秃忽儿霍台诱蒙古军二万从乃颜,牙忽都知之,夜袭其营,突入帐中,遇忽都灭儿坚,几获之,间道逸去。

二十七年,海都入寇。时朵儿朵哈方守大斡儿朵,诏牙忽都同力御之。军未战而溃,牙忽都妻子及辎重悉为药木忽儿、明理帖木儿所掠,独与十三骑奔还。世祖优加抚慰,封镇远王,赐鋈金银印,妻以翁吉剌氏女,并厚赐资装。复命纳里忽、彻彻不花抚其部众之被掠者,以籍没桑哥之家财赐之,仍各赐白金五十两、珠一卮,钞币称是。又命牙忽都守北安王第二斡耳朵。王卒,帝命掌大斡耳朵,固辞。

成宗即位,武宗以怀宁王抚军漠北,命其子脱烈帖木儿从。五年,海都、笃哇入寇,大战于迭怯里古哈剌哈塔之地,王师失利,脱烈帖木儿翼卫武宗力战,功多。

成宗崩,安西王阿难答、明理帖木儿谋奉伯岳吾皇后称制,牙忽都以正义折之。武宗入继大统,以其父子忠勤,未改元即进封牙忽都楚王,赐金印,置王傅,以叛王察八儿亲属赐之,仍令脱烈帖木儿袭封镇远王。

至大三年六月,察八儿归命入朝,武宗告祀太庙,大宴宗亲。牙忽都即席言曰:"昔我成吉思可汗戡定三方,惟南服未平。至薛禅可汗,始混一四海,独宗室诸王弗克同堂而燕。赖天之灵及陛下神武,拔都汗之裔首先效顺。今察八儿又举族来归。人民境土悉为一家,地大物众,有可恃者,有不可恃者。臣闻成吉思可汗有训,薛禅可汗诵之:"理乱丝者断以刀,栉乱发者束以绳,治乱国者齐以法;所以辨上下,定民志。今末大不掉,僭乱屡作,因循不改,民将生心。乞画一法令,俾有所惩劝。"武宗及诸王皆改容竦听焉。

牙忽都卒,仁宗命脱烈帖木儿嗣楚王。延祐中,明宗出镇云南,行次延安,王府常侍教化等与行省丞相阿思罕密谋拥戴。事败,脱烈帖木儿坐累,徙吐番,没家资之半。及明宗即位,诏曰:"脱烈帖木儿何罪,其复王封,人民财产悉归之。"卒,子八都儿嗣。

八都儿三子:曰燕帖木儿,曰速哥帖木儿,曰朵罗不花。八都儿卒,燕帖木儿嗣。

末哥,拖雷第九子。

定宗崩,末哥与拔都等定议立宪宗。从宪宗伐宋,末哥别将一军,由洋州入米仓关,承制得便宜行事,速哥、李庭诸将咸受节制。

宪宗崩于合州,时世祖方围鄂,末哥密使以凶问来告,且请北还。世祖班师至卫州,遣赵良弼如京兆,访察秦蜀人情向背。良弼还报,称末哥独竭心翼戴,可以六盘及东西川军事委之。世祖即位,推恩宗室,赐末哥银三千五百两。末几,卒。

子昌童嗣。初末哥赐印,称皇弟之宝。中统二年,封昌童永宁王,改其父玉宝为金印焉。大德四年,坐诬告济南王,谪刘国杰军中自效。以讨贼有功,征还。卒。

子伯帖木儿嗣。至治三年,以不法,命宗正府及近侍鞫其王傅之罪。卒。子伯颜帖木儿嗣。

阔列坚,母忽兰皇后有宠。太祖爱阔列坚,视如嫡子。太宗七年,从拔都伐斡罗斯,中流矢卒。

四子,长曰忽察,嗣父封,卒。

子忽鲁歹嗣,至元二年封河间王,从皇子那木罕屯阿力麻里。昔里吉劫那木罕以叛。忽鲁歹自拔来归。卒。

子也不干嗣。二十一年,那木罕再镇北边,屯塔密儿河上,也不干从。二十四年,乃颜叛,也不干率所部东走应之。驸马阔里吉思、大将土土哈疾追七昼夜,及于孛怯岭,大败之。也不干奔客鲁涟河。土土哈收其余众,沿河而下,遇叛王也铁哥,击败之,禽叛王。哈儿鲁、乞卜察克、康里等部新附之民,至是来归。明年冬,也不干入寇,卜都马失、塔不台、忽剌忽、阿塔海等先后败之。未几,为千户答答呵儿所获,伏诛。

太祖诸幼子:曰察兀儿,曰木儿彻,曰兀鲁察;俱早卒。

史臣曰:《春秋》传曰:"缓追逸贼,亲亲之道。"世祖待阿里不哥,其合于《春秋》之义乎?或谓开平即位,背先朝之家法,故和林拒命,无以罪之。然桓公杀纠,太宗杀建成、元吉,推刃之时,曾无顾忌。呜呼,视世祖何如哉!

新元史卷一一一
列传第八

太宗诸子

合失　海都　察八儿　阔端太子

只必帖木儿　别帖木儿　脱脱木儿

阔出太子　失烈门　哈剌察儿

灭里　阿鲁灰帖木儿　合丹

　　太宗皇帝七子:孛剌合真皇后生合失;乃马真皇后生定宗;乞
儿吉思皇后生阔端;次阔出、次哈剌察儿,并不详其母氏族;业里乞
纳妃子生灭里;庶长子合丹,其母氏族亦佚。

　　合失,生于太祖十年,嗜酒早卒。蒙古谓西夏曰河西,合失与河
西音相近。及卒,左右讳言河西,惟称唐古特云。
　　子海都。宪宗二年,定太宗诸子封地,以海押立之地分海都。海
都自以太宗嫡孙,不嗣大位,心常怏怏。
　　中统初,阿里不哥僭号和林,海都附之。及阿里不哥归命,海都
仍自擅于远,屡征入朝,皆以马瘦道远为词。又权谲多智略,善于笼
络,术赤后王贝勒克等咸与之善。太示分地在叶密立河上者,亦多
为所有。
　　至元三年,察合台孙阿鲁忽卒,其妃倭耳干纳立前王合剌旭烈

兀之子谟八里克沙,年少。其从父博拉克在朝,世祖命归国辅之,欲藉其力以制海都。博拉克废谟八里克沙而自立。是时,术赤曾孙忙哥帖木儿奉朝命伐海都,与之相持。博拉克侵其分地,海都乃乞和于忙哥帖木儿,与博拉克战于昔剌河,败绩。忙哥帖木儿助以兵,回攻博拉克,胜之。太宗诸孙乞卜察克为之和解,兵始罢。而布哈儿等地,海都亦得分其岁入。已而博拉克西攻阿八哈,海都又助以兵。既渡阿母河,海都兵即引还。

至元十一年,察合台后王托喀帖木儿卒,海都辅立博拉克之子笃哇。由是笃哇德之,举国以从海都,始显背朝命,使其将帖木迭儿南侵畏兀儿之地。

十二年正月,敕追前所赐海都、博拉克金银符三十四。初,世祖命北平王那木罕驻阿力麻里,以御海都,复命丞相安童辅之。是时,昔班使于海都,谕使罢兵入朝。海都听命,已退兵。而安童袭叛王禾忽部曲,尽获其辎重。海都惧,将遁。适托喀帖木儿等劫北平王奉昔里吉以叛,使通好于海都。海都不纳,而自置行营于阿力麻里,侵略天山南北。阔列坚后王八八等皆应之。世祖先后命都元帅忽必来、别速台及万户綦公直分戍兀丹、别失八里,受诸王合丹、阿只吉节度,仍置别失八里、火州、兀丹等处宣慰司,改畏兀断事官为北庭都护府。

十九年,海都将玉论亦撒寇兀丹,宣慰使刘恩设伏败之。明年,海都遣八八以三万人至,总管旦只儿别将破其众,拔亡卒二千余人以出,度众寡不敌,乃引还。

二十一年,诸王牙忽都与土土哈逻得海都谍者,审知虚实,败其精兵。海都遁。

二十三年,海都、笃哇连兵入寇,诸王阿只吉、西平王奥鲁赤拒战,失利。于是,丞相伯颜奉命代阿只吉总北庭军。秋,海都、笃哇寇别失八里,綦公直与屯田总管李进俱为所获。

二十四年,乃颜叛于辽东,遣使阴结海都,许为犄角。世祖命伯颜宿重兵于和林以扼之。

　　明年正月，海都寇西边。六月，其将暗伯著暖犯业里干淖尔，管军元帅阿里带却之。九月，笃哇入寇。冬，海都再入寇。大将拔都也孙脱战没。

　　二十六年，皇孙甘麻剌与海都战于杭海山，失利。土土哈力战，翼甘麻剌以出。时和林宣慰使怯伯等皆叛应海都，漠北大震。秋七月，世祖亲征。海都闻车驾将至，遁去。二十七年，海都又入寇。

　　二十九年，有潜伯颜通于海都者，诏以玉昔帖木儿代之，未至，而海都复入寇。伯颜欲诱其深入，一战禽之，且战且却，凡七日。诸将咸以为怯，有后言。伯颜回军击败之，海都竟脱去。

　　是年秋，土土哈略地金山，俘海都所部三千余户，师还，诏进取乞儿吉思。明年春，师次谦河，尽收益兰州等五部之众，屯兵守之。海都引兵来争，房秃合思之部众，土土哈败之，禽其将字罗察。海都自乞儿吉思引还，又为指挥玉哇失所败。自是海都因北庭有重兵，乃扰西番以图牵制。

　　大德元年，土土哈子床兀儿率大军逾金山，略巴邻之地，败海都将帖良台于答鲁忽河，追奔五十里，尽获其驼、马、庐帐。还次阿雷河，遇海都将字伯以精骑来援，阵于高山。床兀儿度河仰攻；敌骑逼于险，多颠踣，兵遂大败，字伯仅以身免。

　　二年冬，笃哇、彻彻秃潜兵袭合剌合塔之地，床兀儿又败之。然是年防秋诸将不设备，敌奄至，驸马阔里吉思以兵败被执。

　　四年八月，海都子察曲灭、斡罗思入寇，床兀儿败其众于阔克之地，追北逾阿尔泰山。武宗躬擐甲胄，与海都战于阔列别，败之。

　　五年，海都、笃哇大举逾金山，欲犯和林。武宗率诸将御于康孩。八月朔，与海都战于帖怯里古之地，床兀儿击却之。越二日，海都悉众复至，大战于合剌合塔，大军失利。明日，复战。大军分五队，宣微使月赤察儿将其一。锋始交，前军稍却。月赤察儿怒，被甲持矛陷阵，诸将从之。出敌军之背，敌始敛退。时床兀儿及驸马阿失别将与笃哇战于兀儿秃之地，以精骑冲之。阿失射笃哇中膝，笃哇号哭而遁。是役也，海都虽胜，未大得志，又受伤患腰痛，未几而死。

海都六子：曰察八儿，曰乌鲁斯，曰塔儿合孙，曰秃曲灭，曰萨儿班，曰阿拔干。或云有四十子。一女名库徒伦，常从其父于军中，有干略。海都死，库徒伦思袭其位，诸将不从，又欲立其弟乌鲁斯。

笃哇以己之得国由于察八儿，遂援立察八儿。自海都叛，金山南北不奉正朔者垂五十年。及笃哇附之，益为边患。然叛众亦疲于奔命，不得休息。至是，笃哇与察八儿、明理帖木儿等议曰："昔我祖成吉思汗艰难创业，我子孙不能安享其成，连年构兵，以相残杀，是自堕祖宗之业也。今镇北边者，乃我世祖之嫡孙，吾谁之与争。且前与土土哈战，弗能胜，今与其子床兀儿战，又无功。惟天惟祖宗，意可知矣。不如遣使请命，罢兵修好，庶无负于成吉思汗所望于我子孙者。"乃以大德七年七月，纳款于武宗。武宗与月赤察儿议，机不可失。先许之，随以事闻。成宗命置驲于北边，以待其来。十一月，遣诸王灭怯秃、月鲁帖木儿使于察八儿，抚慰之。八年八月，察八儿、笃哇俱遣使来朝。十年，使还，赐以银钞。

是年，察八儿与笃哇驲衅，既而议和。笃哇乘其不备攻之，武宗亦逾阿尔泰山，追海都子斡罗思，获其妻孥辎重，执叛王也孙秃阿、驸马伯颜。遂与月赤察儿进至额儿的失河，招叛王秃满、明理帖木儿、阿鲁灰等来降。察八儿部众溃。月赤察儿遣别将追之，掩袭察八儿之营帐，察八儿仅以三百骑奔于笃哇。

未几，笃哇卒，三易汗，至其次子怯伯。察八儿与其弟塔克察儿、秃曲灭及斡罗思数子合谋攻怯伯，为怯伯所败。至大三年六月壬申，始来朝。秃曲灭中途为怯伯部人所杀。初，世祖有命以海都分地五户丝存于府库，俟其来降赐之。至是，尚书省以闻。武宗曰："薛禅可汗虑远如此，待诸王朝会颁赏毕，卿等备述其故，然后与之。"及察八儿等至，告祀太庙，设宴廷中，宗王大臣服只孙就列，知枢密院事康里脱脱即席，陈西北诸藩始终离合之由，去逆效顺之义。察八儿等听之，皆慑伏。海都分地尽为察合台后王所并，察八儿无所归。延祐元年，赐以一岁粮，俾屯田自赡。明年，封汝宁王。卒。子完者帖木儿嗣。

泰定元年，孙忽剌台嗣。泰定帝崩于上都，燕铁木儿迎文宗至大都立之。忽剌台奉上都命，自峄州入紫荆关，以讨燕铁木儿，败阿速卫指挥脱脱木儿于良乡，转战至芦沟桥，兵溃，退至马邑，为元帅也速答儿所执，送上都见杀。

阔端太子，太宗第三子。太宗七年，分兵三道伐宋，阔端将大军由秦、巩入蜀。冬十一月，攻石门，金将汪世显来降。时金亡已二年，都总管郭斌据金、兰、定、会四州，坚守不下。阔端命裨将按竺迩攻拔会州，斌死，三州亦降。遂入宋沔州，获其知州高稼。

明年，大举伐蜀，阔端自率汪世显等出大散关，分兵命诸王末哥率按竺迩等出阴平会于成都。九月，阔端与宋利州统制曹友闻战于阳平关，覆其师，招降利州、潼川等路。冬十月，遂入成都。十一年，师还，成都复为宋守。又二年，阔端复遣汪世显、按竺迩等袭克之。

乃马真皇后称制，阔端开府西凉，承制得专封拜。用河西人高智耀言，除儒人役籍。未几，卒。五子：曰灭里吉歹，曰蒙哥都，曰只必帖木儿，曰帖必烈，曰曲烈鲁。

灭里吉歹子也速不花，至元元年赐印。明年，率所部戍西番，累战有功。二十五年十二月，也速不花以昔烈门叛，甘肃行省官与阔列坚后王八八、拜答罕，驸马昌吉合兵讨之。也速不花等自缚请罪。独昔烈门西走，追至朵郎不带之地获之，送于京师。

蒙哥都，翼戴宪宗有功，分其父阔端西凉府迤西之地，命侍其祖母乞儿吉思皇后居之。宪宗八年，从伐蜀，攻渠州礼义山，不克。中统初，又奉命征云南。

子亦怜真。二十七年，章吉寇甘木里，亦怜真与诸王出伯、拜答罕等合兵击走之。元贞二年，从晋王甘麻剌驻夏客鲁涟之地。大德元年正月，入朝，卒于中途，赗帛五百匹。

只必帖木儿，中统初归心世祖。阿蓝答儿、浑都海叛于甘、凉，掠只必帖木儿辎重。只必帖木儿率所部就食秦、雍。二年，西番酋火都叛,诏只必帖木儿与李庭讨禽之。是时,只必帖木儿专阃河西,其部下颇暴横,行省郎中董文用辄以法裁之,有言其用管民官太滥者。至元二年,诏省并其管民官。九年,改中兴路行尚书省复为行中书省,仍令只必帖木儿设行省断事官。是年,筑新城,赐名永昌府,寻升为路,降西凉府为州隶之。自此人称为永昌王。十二年,从西平王奥鲁征北番。十四年二月,奏永昌路驼百二十有五,疲于供给至质妻孥以应役,诏赐钞赎之。十七年四月,请设投下官,不从。二十年,请括常德路分地民户,又请于分地二十四城自设管课官,亦不从。又请立拘榷课税所,其长从都省所用,次则王府差设,从之。朝廷尝收其西凉州田租入官,至大三年,以只必帖木儿老且贫,仍以西凉州田租赐之。寻卒。

曲烈鲁子别帖木儿,延祐初袭诸父只必帖木儿之位。四年闰四月,封汾阳王,赐金印驼纽。子也速也不干,泰定元年九月,进封荆王,赐金印兽纽。尝占驸马锁南管卜分地,驸马诉其事,四年命行省阅籍正之。泰定帝崩,文宗自立于大都,陕西诸王及行台官起兵勤王。御史大夫也先帖木儿从大庆关渡河,下河中;靖安王阔不花入潼关,进据虎牢;铁木哥入武关,克襄阳及邓州。也速也不干驻河南府之白马寺,节度诸军,势张甚。既而齐王月鲁帖木儿袭陷上都,文宗遣使放散西军,阔不花械其使送于别帖木儿。俄知上都定不守,乃解甲西还。至顺初,诸王秃坚等起兵云南,也速也不干从镇西武靖王搠思班讨平之,诸军北还。也速也不干与诸王锁南以所部留镇一年,以防反侧。是年,使其子脱火赤入朝,再贡犛牛。后至元元年,卒。

子脱火赤袭荆王,赐金印,三年卒。

弟脱脱木儿嗣,仍命脱火赤妃忽剌灰同掌奥鲁思事。明年十二月庚戌,加脱脱木儿元德上辅广中宣义正节振武佐运功臣。卒,无子。至正三年七月,中书省奏:"阔端分地接连西番,自脱脱木儿卒,无人承嗣。达达人口畜牧,时被西番劫夺,甚不便。"遂以其地置永昌等处宣慰司都元帅府治之。

阔出太子,太宗第四子。太宗七年,三道伐宋,阔出与诸王忽都秃、嗣国王塔思由中道,以粘合重山军前行中书省事辅之。冬十月,拔枣阳,遂徇襄、邓诸州,入郢州,大掠而还。明年冬,卒于军中。

子失烈门,自幼为太宗所爱。定宗崩,斡亦剌海迷失皇后欲立之。亲王拔都等定议立宪宗。宪宗即位,皇后与失烈门之母厌禳,事觉,赐死。失烈门与定宗之二子忽察、脑忽亦以谋作乱,讯鞫得实,谪失烈门为探马赤。世祖方用兵大理,请以失烈门自从,俾赎罪。后宪宗自将伐宋,仍投失烈门于水。

子孛罗赤。至元二年,分河南路属州为太宗位下四亲王食邑,孛罗赤分得睢州。二子:曰合带,曰阿鲁灰。

合带,至元二年七月封靖远王,赐驼纽鋈金银印。

阿鲁灰,尝从海都叛,大德十年偕诸王秃满、明理帖木儿等来降,封襄宁王,赐驼纽金印。卒,无子。至大二年,以兄子也速不干袭爵。

哈剌察儿子脱脱。宪宗二年,析太宗西域分地与其子孙,脱脱得叶密里河上地。从宪宗伐蜀,留营帐于河西。中统初,为浑都海所掠。二子:曰月别吉,曰沙蓝朵儿只。

灭里子脱忽。昔里吉之叛,脱忽依违容纳。至元十八年,为诸王别里帖木儿所袭破。

子曰俺都剌。俺都剌二子:曰爱牙赤,曰秃满。

秃满,初附海都。海都死,与其子察八儿归命于武宗,不即至,与笃哇相攻。大德十一年,武宗与月赤察儿乘间亟进,至也儿的失河,秃满与明理帖木儿、阿鲁灰等不意大军猝至,俱来降。武宗即位,秃满进所藏太宗玉玺,封为阳翟王。秃满子曲春。

曲春子太平。泰定元年,太平袭封赐印。天历初,偕国王朵罗台与燕帖木儿战于蓟州檀子山,兵败,为唐其势所杀。文宗以曲春子帖木儿袭封阳翟王。三年八月，入朝。卒。子阿鲁辉帖木儿嗣。

阿鲁辉帖木儿，性奸黠。惠宗初立，阿鲁辉帖木儿欺其幼，曰："天下事重宜委宰相决之，庶可责其成效，若躬自听断，万一差误，将负恶名。"帝信其言，每事无所专决，以致奸臣窃柄，驯至乱亡。及汝颍盗起，天下骚动。

至正二十年，阿鲁辉帖木儿乘间拥众二十万，屯于木儿古彻儿之地，胁漠北诸王以叛。且遣使言于帝曰："祖宗以天下付汝，汝何故亡其大半？汝自度不胜任，盍以国玺授我，我代汝为之。"帝闻其言，神色自若，徐曰："天命有在，汝欲为则为之。"仍降诏开谕，俾其悔罪。不听。仍命秃坚帖木儿等至称海，发哈剌赤万人讨之。甫交绥，即弃仗奔阿鲁辉帖木儿军中，秃坚帖木儿单骑还上都。明年，更命老章以兵十万讨之，且令阿鲁辉帖木儿之弟忽都帖木儿从军，大败其众。其部将脱疆见势败，与宗王玉枢虎儿吐华等执阿鲁辉帖木儿，献于阙下。阿鲁辉帖木儿临死，骂不绝口。旧例：宗王有罪大故，用弓弦绞之，名曰赐死。至是帝特命杀之，以忽都帖木儿袭封阳翟王。

合丹，太宗庶长子也。从拔都征奇卜察克，遂入斡罗思。大军围秃里思城，不下，拔都使合丹与不里助攻，拔而屠之。辛丑，分军五道，攻马加。合丹一军，从莫而陶逾山，入脱兰吾西而伐尼，选日耳曼六百人为向导。西行至滑拉丁，为马加之要地，有内堡守御甚固，惟城为木城。大军至即破之，俘戮无算。内堡仍坚守，军退，堡人出居外城，大军突返，皆杀之，以火炮攻陷内堡，老弱尽死。遂西攻生他马斯城，杀戮亦如之。别将破札纳忒城。又至丕勒克，先驱马加人攻之，再驱斡罗斯及库满人继之，而督以蒙古兵，积尸盈堑，践之登城，攻七日，城陷。以届秋收，下令不杀人，敛民赋供军食。是年冬，合丹与拔都合兵渡秃纳河，围格兰城，架炮攻之，护以木栅，并填堑以进。城人焚居室，守礼拜堂以拒敌，其将为西班牙人，有勇略，相持未下。而太宗凶闻至。是时，合丹自率所部追马加王不剌不及,遂引兵与拔都东返。事具《拔都传》。

　　宪宗、世祖之立,合丹均有翼戴功。中统元年,御阿蓝答儿、浑都海于姑臧,获而斩之。明年,从世祖征阿里不哥,战于昔土木淖尔,阿里不哥败走。未几,合丹卒。子五人:曰睹儿赤,曰也不干,曰也迭儿,曰也孙脱,曰火你。

　　睹儿赤子小薛。元贞元年,平阳民诉小薛部曲恣横,遣官按问,杖所犯重者,余听小薛自责之。大德二年,招小薛所部流徙凤翔者三百余户,以潞州田二千八百顷赐之。皇庆元年,敕小薛部下,归所占襄垣县民田。

　　也不干子火郎撒。至大元年,封陇王,赐兽纽金印。

　　也孙脱,党附海都。大德十年,武宗逾阿尔泰山,袭执之。

　　火你,又称火你赤。子二人:曰咬住,曰那海。天历元年,那海与齐王月鲁帖木儿袭陷于上都,得玉玺来上。

　　史臣曰:海都之叛,宪宗为之也。世祖鉴于此,招携怀远,务存忠厚。成宗之待明理帖木儿,武宗之待察八儿,皆承世祖之遗训。可谓得亲亲之道矣。

新元史卷一一二
列传第九

定宗诸子

忽察 脑忽　禾忽 秃鲁

宪宗诸子

班秃　阿速台　玉龙答失 撒里蛮

彻彻秃　昔里吉 兀鲁思不化　晃火帖木儿

定宗三子：长忽察，次脑忽，次禾忽。

忽察，以定宗长子觊觎父位，而众望不属。及拔都等定议，立宪宗，忽察心不能平，谋作乱。宪宗即位，大会诸王，忽察与弟脑忽、从兄失烈门，藏兵车中，载以至。事觉，讯鞫得实，忽察、脑忽免死，安置于和林西失剌豁罗罕之地。忽察子完者也不干。脑忽无子。

禾忽，袭定宗大名路岁赐，故时称大名王，其分地在叶密立，亦定宗潜邸之分地。阿里不哥僭号，胁禾忽从之，然禾忽实欲东觐世祖。中统三年，徙于忽只儿之地，与察合台后王阿鲁忽，合兵拒阿里不哥。未几，还叶密立。阿里不哥兵至，又徙于孛劣撒里，辗转至不剌城，留妻孥辎重于彻彻里泽剌山。阿里不哥将哈剌不花来袭，禾忽与阿鲁忽合兵败之，斩哈剌不花，函其首告捷。四年春，阿里不哥兵复至，禾忽与阿鳝忽拒战于浑八升城，失利。阿里不哥以粮尽引还，遂与禾忽、阿鲁忽议和。五年，与诸王八剌同时赐帛六万匹。海都叛，禾忽附之，为丞相安童所袭，尽失其辎重。

子秃鲁，至元九年从皇子西平王奥都赤征建都蛮，封南平王，赐龟纽银印，仍赐金、银符各五，及所部有功者三十五人银钞锭，卫士人各马三匹，从者一匹。明年，换驼纽鎏金银印，命镇守六盘山。及闻其父禾忽已附海都，即于十四年冬举兵反。安西王遣巩昌总帅汪惟正等西讨，败秃鲁于武川，获之。

宪宗四子：长班秃，次阿速台，次玉龙答失，次昔里吉。

班秃。宪宗七年，与弟玉龙答失、昔里吉从车驾渡漠，至玉龙栈赤。八年，卒于吉河之南，无子。泰定三年，诏以宪宗明里忽都鲁皇后守班秃营帐。

阿速台。初与玉龙答失、昔里吉俱附阿里不哥。察合台后王阿鲁忽败阿里不哥将哈剌不花，恃胜轻敌，还驻亦剌八里，不设备。阿速台率所部袭之，入自铁门，夺其阿力麻里城。至元元年，从阿里不哥归命至京师，世祖宥之。

玉龙答失。初附阿里不哥。中统末，阿里不哥失势，部众多弃之而从玉龙答失。阿里不哥藏宪宗玉玺，玉龙答失索取之。至元元年，奉玺来归。世祖悦，赐印，并赏以先朝猎户。三年，以阿速台原赐卫辉路为其分地。二子：曰撒里蛮，曰完泽。

撒里蛮。至元十四年从河平王昔里吉叛。已而相攻。十九年，执昔里吉来献。世祖宥其罪，仍赐以地。

完泽。元贞二年赐印。九年封卫安王,赐金印。至大三年,进封卫王,换兽纽金印。完泽二子:曰彻彻秃,曰宽彻哥。

彻彻秃。至治二年,奉命总兵北边。是年十二月,封武宁王,赐驼纽金印。三年,泰定帝入继大统,命彻彻秃月修佛事于岭北,以禳寇兵。泰定元年,命统其父完泽所部,给以卫王印。天历元年,奉文宗命迎明宗于金山。明年,明宗即位于和林之北,遣彻彻秃与平章哈八儿秃自行在致命京师,立文宗为皇太子。至顺二年,以淮安路宁海州之朐山、赣榆、沭阳三县为彻彻秃食邑,进封郯王,换兽纽金印。明年,徙镇辽阳。后至元二年,以江南太平路户钞益彻彻秃岁赐。三年,又以完者帖木儿位下苏州水田二百顷赐之。五年冬,为丞相伯颜诬构,矫诏赐死。伯颜,蔑儿乞氏,其先世本隶于宪宗为家奴。凡家奴称主人曰使长,贵贱不易其称。彻彻秃为宪宗曾孙,伯颜见彻彻秃宜称使长。至是,怒曰:“吾位极人臣岂尚有使长。”遂诬奏彻彻秃谋为不轨,杀之。是日,大风霾,廷臣皆冤之。脱脱为右丞相,始奏雪其冤,复爵邑。

宽彻哥。至顺间,袭封卫王。后至元二年,以卫辉路五户丝赐之。至正十一年,与知枢密院事也先帖木儿讨河南妖贼,擒韩咬儿送京师诛之。

昔里吉。至元元年,从阿里不哥至京师。五年六月,封河平王,赐驼纽金印。未几,从皇子北平王那木罕备边,驻阿力麻里。十四年,诸王脱黑帖木儿、药木忽儿、撒里蛮合谋劫北平王,械系丞相安童,奉昔里吉以叛,犯和林。诏丞相伯颜总诸军讨之。河间王忽鲁台始从之,及是率所属来归,与伯颜军合。昔里吉等与伯颜夹斡鲁欢河而军,相持未战。诸王牙忽都为昔里吉所囚,潜使人以敌情来告。及战,牙忽都自后乱其阵,昔里吉败走。明年,土土哈率千骑逾金山追之,擒其将札忽台,进战于宽彻哥,又败之。昔里吉走乞儿吉思,至野孙河,又为哈答所追,败遁额儿的失河。脱黑帖木儿欲奉撒里蛮为主,胁药木忽儿,不从,而与之战,擒脱黑帖木儿归昔里吉杀之。昔里吉遂执撒里蛮，致于术赤后王宽彻，道过讹迹刊，为撒里蛮旧部所要，夺还，攻昔里吉。时昔里吉为斡赤斤后王别里帖木儿所袭败，部众迸散，为撒里蛮所执。十九年，献于朝，流海岛而卒。三子：曰兀鲁思不花，曰晃火帖木儿，曰火儿忽。

兀鲁思不花。其父被执后，率余众附于海都。元贞二年，与药木忽儿等弃海都来归。大德元年，入朝，增兀鲁思不花与药木忽儿岁赐钞千锭。是年三月，又赐金百两，赐其母阿不察等金五百两，以乳牛、牝马赈其部饥民。四月，赐兀鲁思不花圆符。十一月，赐金千两。明年六月，又赐兀鲁思不花及其母金千两，银有差。成宗加意抚慰，以功未至者，故赏赉独优焉。至治三年，预铁失逆谋，流于海岛，死。

晃火帖木儿。延祐五年，封嘉王，赐兽纽金印。泰定二年，徙封并王，仍赐兽纽金印，以嘉王印赐其弟火儿忽。至顺三年，以安陆府为并王食邑。后至元元年，燕帖木儿子唐其势怨望，谋废帝而立晃火帖木儿。事觉，唐其势伏诛，晃火帖木儿自杀，谪其子孙戍边。明年，赐其母答里钞千锭。至正二年，赦其子彻里帖木儿归。封为抚宁王。

新元史卷一一三
列传第一〇

世祖诸子上

皇太子真金 甘麻剌 梁王松山 王禅
答剌麻八剌 魏王阿木哥

　　世祖十一子：长朵儿只，早卒；次真金，次忙哥剌，次那木罕，皆
察必皇后所出；次忽哥赤，次爱牙赤，次奥鲁赤，次阔阔出，次脱欢，
次忽都鲁帖木儿，均不详其母名氏；次铁蔑赤，南必皇后所出。

　　皇太子真金，少从姚枢、窦默授《孝经》，又命土恂伴读。及卒
业，世祖大悦，设酒食飨枢等。

　　中统三年，封燕王，守中书令。丞相史天泽入白事，真金曰：我
幼，未习祖宗法令，一旦当大任，公耆德宜有以弼我。"复谓赞善王
恂曰：省臣所启，尔宜与闻之。"四年，兼判枢密院事。至元二年，奉
诏居潮河。是年八月，还京师。

　　七年秋，又命巡抚称海。冬，还京师。间谓诸王札剌忽及从臣
伯颜等曰："吾今有暇，宜各诵所闻，俾吾效之。"于是撒里蛮曰："太
祖有训：欲治身，先治心；欲责人，先责己。"伯颜曰："皇上有训：欺
罔盗窃，人之至恶。一为欺罔，则后虽出善言，人终弗信。一为盗窃
则事虽未觉，心常惴惴，若捕者将至。"札剌忽曰："我祖有训：长者
杪，深者底。盖言贵有终始，长必极其杪，深必究其底，不可中辍
也。"王曰："皇上有训：毋持大心；持大心，事必隳败。吾观孔子之

言,即与圣训合也。"

十年二月,立为皇太子,仍兼中书令,判枢密院事。受玉册文曰:

　　皇帝若曰:咨尔皇太子真金,仰惟太祖皇帝遗训,嫡子中有克嗣服继统者,豫选定之。是用太宗英文皇帝,以绍隆丕构。自时厥后,为不显立冢嫡,遂启争端。朕上遵祖宗宏规,下协昆弟金同之议,乃从燕邸,立尔为皇太子,积有日矣。比者,儒臣敷奏,国家立储嗣,宜有册命,此典礼也。今遣摄太尉、左丞相伯颜持节授尔玉册金宝。于戏! 圣武燕谋,尔其承奉。昆弟宗亲,尔其和协。使仁孝显于躬行,抑可谓不负所托矣。尚其戒哉,勿替朕命。

九月,立宫师府,设官属三十有八员。十一年,太子下教中书,聘奉元处士杨恭懿,如汉惠帝聘四皓故事。

太子尝有疾,世祖临幸,亲和药赐之。遣侍臣李众祷祀岳渎及名山大川,太子戒众所至群县,勿烦吏迎送,重扰民也。初,太子守中书令,将入省署,敕乳毋进新衣,笑却之曰:"吾何事美观也。"及为太子,服绫袷被沈渍,命重加染治,左右请更制。太子曰:"吾欲织百端,不难。顾是物未敝,岂宜弃之。"东宫香殿成,工请凿石为池,仿曲水流觞。太子曰:"古有肉林酒池,尔欲吾效之耶!"不许。每与诸王近臣习射之暇,辄讨论经史,若《资治通鉴》、《贞观政要》,许衡、王恂所述辽、金帝王行事要略,意所允惬,必为之洒然动容。时侍经幄者,如王恂、白栋,皆朝夕不出东宫。待制李谦、太常宋衢,亦时加咨访。按察副使王恽进《承华事略》二十篇:一曰广孝,二曰立爱,三曰端本,四曰进学,五曰择术,六曰谨习,七曰听政,八曰达聪,九早抚军,十曰明分,十一曰崇儒,十二曰亲贤,十三曰去邪,十四曰纳诲,十五曰几谏,十六曰从谏,十七曰推恶,十八曰尚俭,十九曰戒逸,二十曰审官。宫臣进读至汉成帝不绝驰道,唐肃宗改绛纱袍为朱明服,大喜曰:"使我行之,亦当若此。"及说邢峦止齐太子食邪蒿,顾宫臣曰:"菜名邪蒿,未必果邪。虽食之,岂遽使人不正耶?"张九思对曰:"古人设戒,义固当尔。"太子善其言,赐酒劳之。命宋衟择可备顾问者,衟以郭祐、何玮、徐琰、马绍、杨居宽、何荣祖、杨仁风等为言。太子曰:"是数人者,尽为我致之,宜自近者始。"遂召玮于易州,琰于东平,仁风于潞州。赞善王恂卒,太子闻之嗟悼,赙钞二千五百缗。一日,顾谓左右曰:"王赞善当言必言,未尝顾惜,随事规正,裨益良多,今鲜有其匹也。"

会议立门下省,世祖欲以廉希宪为侍中,希宪辞以疾。太子遣人告之曰:"上命勿辞,群小为难,吾为公除之。"然终为阿合马所阻。时阿合马擅权,太子恶其奸,未尝少假颜色。益都千户王著等知阿合马所畏惮者独太子一人,因伪为太子,夜入都城,召而杀之。及和礼霍孙入相,太子曰:"阿合马死于盗手,汝任中书,有便国利民之事,毋惮更张,有阻挠者,我当力持之。"中书省启以何玮参议省事,徐琰为左司郎中。玮、琰入见,太子谕之曰:"汝等学孔子之道,今始得行,毋负平生所学也。"

诏割江西龙兴路为太子分地,太子谓左右曰:"安得治民如邢州张耕者使之往,俾江南诸郡取法,民必安集矣。"于是召宋衟荐举守令,慎加选择。江西行省以岁课羡余钞四十七万缗献,太子怒曰:"朝廷令汝安百姓。百姓安,则钱粮何患不足;百姓不安,虽有羡余,能自奉乎?"尽却之。阿里以民官兼税课司,请岁附输羊三百只,太子以其违例,罢之。参政刘思敬遣其弟思恭以新民百六十户来献,太子问民所从来,以重庆俘获对。太子蹙然曰:"归语汝兄,此属宜随在放遣为民,毋重失人心。"乌蒙宣抚司进马逾岁额,谕之曰:"去岁令汝勿多进马,恐道路所经,重劳吾民也。自今其勿复然。"有司欲就威武营贷粟数万石济民饥,太子问王庆端可否,对曰:"兵民一体,何间焉。"即命与之。

二十年冬,辟刘因于保定,因以疾辞,固辞之,乃至,拜右赞善大夫,以吏部郎中夹谷之奇为左赞善大夫。是时,已立国子学,李栋、宋衟、李谦皆以宫僚典教事。至是,命因专领之。尝曰:"吾闻金章宗时,有司论太学生廪费太多,章宗谓养出一范文正,所偿岂少

哉。其言甚善。"会因复引疾去。二十二年,以长史耶律有尚为国子
司业。中庶子伯必以其子阿八赤入见,谕令就学,伯必令其子入蒙
古学。逾年又见,太子问读何书,阿八赤以蒙古书对,太子曰:"我命
汝学汉文耳,其亟入胄监。"

遣使聘宋工部侍郎倪坚于开元。既至,访以古今成败得失,坚
对言:"三代得天下以仁,其失也以不仁。汉、唐之亡,以外戚阉宦。
宋之亡,以奸臣。"太子甚悦,赐宴,日昃乃罢。谕德李谦、夹谷之奇
尝进言曰:"殿下方遵圣训参决庶务。如视膳问安之礼,固无待于赞
谕。至于军民之利病,政令之得失,事关朝廷,责有台院,有非宫臣
所宜言者。独有澄源固本,保守成业,殿下所宜留心,臣等不容缄口
者也。敬陈十事:曰正心,曰睦亲,曰崇俭,曰亲贤,曰几谏,曰戢兵,
曰尚文,曰定律,曰正名,曰革敝。"太子皆嘉纳之。

太子在中书日久,明于听断,州郡科征、挽漕、造作、和市,有为
民病者,闻之,即日奏罢。右丞卢荣以言利进,太子意深非之。尝曰:
"财非天降,安得岁取赢乎?岂惟民害,实国之大蠹。"其后世荣果坐
罪死。桑哥素善世荣,闻太子有言,钳口不敢论救。

至元以来,天下太平,人才辈出,太子折节下交,非朝廷名德,
则布衣志节之士,恩礼始终不衰。宋衜目疾,赐钞千五百缗。王磐
告老归,官其婿于东平以养之。孔洙自江南入觐,则责张九思学圣
人之道,不知有圣人之后。其亲贤好学,本于天性,故中外归心焉。
世祖春秋高,江南行台御史有奏请禅位于太子者,太子闻之惧。御
史台都事尚文寝其奏,不上。阿合马党塔即古阿散知之,奏闻。世
祖震怒,敕宗正薛彻干取其奏。丞相安童与月吕鲁那延入白其事,
帝怒稍解。太子仍忧惧不安,未几遂卒,时二十二年十二月丁未,年
四十有三。

太子性至孝,尝从幸宜兴州,帝不豫,忧形于色,竟夕不寐。闻
母后暴得风疾,即悲泣,衣不加带而入省。及后崩,太子居丧,勺饮
不入口者终日,设堊庐居之。

及卒,太常博士议曰:"前代太子薨,梁武帝谥统曰昭明,齐武

帝谥长懋曰文惠，唐宪宗谥宁曰惠昭，金世宗谥允恭曰宣孝。又别建庙以奉神主，准中祀，以陈登歌例，设令、丞，岁供洒扫。斯皆累代之典礼也。”中书、翰林诸老臣亦议宜加谥、立庙。遂谥曰明孝太子，作金主。三十年十月朔，祔明孝太子于太庙。成宗即位，追谥文惠明孝皇帝，庙号裕宗。

三子：长晋王甘麻剌，次塔剌麻八剌，次成宗。

甘麻剌，母曰徽仁裕圣皇后阔阔真，太子元妃也。少育于祖母察必皇后，日侍世祖，未尝离左右，畏慎不妄言，言必无隐。

至元中，奉命出镇北边。尝巡边驻金山，大雪，拥火坐帐中，顾谓左右曰：“今日风雪如是，吾与卿等拥火尚有寒色，彼军士亦人耳，腰弓矢、荷戟周庐之外，其寒可知。”遂命饔人为肉糜，亲尝而遍赐之。暇日，则命也灭坚以国语讲《资治通鉴》。诚近侍太不花曰：“朝廷以藩屏寄我，事有不逮，正赖汝辈辅助。其或依势作威，不用吾命，轻者论遣，大者奏闻，宜各慎之。”

二十六年，入朝。世祖以其居边日久，特命猎于柳林。甘麻剌率众至漷州，恐廪膳不均，令左右司其分给，仍饬众曰：“汝等饮食既足，若复侵渔百姓，是汝自取罪谪，无悔。”众皆如约束，民安之。北还，觐世祖于上都，帝劳之曰：“汝在柳林，民不知扰，朕实嘉焉。”明年冬，封梁王，赐兽纽金印，出镇云南。从卒驼马以千计，所至未尝横取于民。

二十九年，改封晋王，移镇北边，统领太祖四大斡耳朵及达达军马，更铸晋王印赐之。中书省臣言：“诸王皆置傅，今晋王守太祖创业之地，视诸王宜有加，请置内史。”从之，遂以北安王傅秃归、梁王傅木八剌沙、云南行省平章赛阳并为内史。明年，置内史府。又明年，世祖崩，甘麻剌奔丧至上都。诸王毕会，甘麻剌曰：“昔皇祖命我镇抚北方，以卫社稷，历事日久，愿服厥职。母弟铁木儿仁孝，宜嗣大统。”于是成宗遂即帝位。

元贞元年，塔塔儿部饥，檄宣徽院赈之，诏赐钞一千万贯及银

帛有差,皇太后复以云南所贡金器赐之。是年冬,奉诏以知枢密院
事札散、同知徽政院事阿里罕为内史。二年,忻都言甘麻剌有异图。
枢密院鞫之无证验,忻都赐死。大德元年,增所部屯田户,又增位下
内史、尚乘寺卿各一员。五年,以边军贫乏,分赐钞一千万贯。

六年正月乙巳,卒,年四十。甘麻剌性仁厚,御下有恩。元贞初,
藩邸属官审伯年老,请以子代其任。内史言之,甘麻剌曰"惟天子所
命。"其谨守如此,故尤为朝廷所重焉。然崇尚浮屠,岁作佛事,耗财
无算。三子:长泰定帝,次松山,次迭里哥不花。仁宗即位,追谥甘
麻剌曰献武王。泰定帝入承大统,追谥光圣仁孝皇帝,庙号显宗。文
宗即位,毁其庙室。

松山。至元三十年,以皇曾孙出镇云南,赐以其父梁王印。元
贞二年,命位下怯薛歹讨降元江贼。大德五年五月,云南土官宋隆
济叛,遣行省平章政事幢兀儿、参知政事不兰奚讨之,斩贼酋月撒。
未几,有人作飞语,并以符谶之说进于松山。事闻,其人伏诛。九年
三月,诏松山勿与云南行省事,仍赐钞千锭慰之。松山抑郁不乐,渐
成风疾。至大二年,封诸王老的罕为云南王,代镇焉。未几,卒。

子王禅。英宗即位,封云南王,继其父任。泰定帝即位,诏赴阙
廷。泰定元年,赐车、帐、驼、马。十月,进封梁王,食益阳州六万五
千户,仍以其子帖木儿不花袭封云南王,代之镇。三年,命与武宁王
彻彻秃镇抚北边。致和元年,泰定帝崩,奔丧上都。八月,与右丞相
塔失帖木儿等分兵讨大都。九月,与燕铁木儿弟撒敦战于榆林,失
利,退次怀来。复分兵袭破居庸关,前锋与燕铁木儿战于榆河,塔失
帖木儿有贰心,逗遛不进,王禅退驻红桥,副枢阿剌帖木儿、指挥忽
都帖木儿来援,兵复振。庚辰,与燕铁木儿战于白浮,天雾,敛兵入
谷,相持数日。撒敦、脱脱木儿乘夜袭之,军大溃,王禅单骑亡去。十
一月,被获,为文宗所杀。至顺元年,流其子帖木儿不花等于吉阳
军。

迭里哥不花。武宗即位,封北宁王,赐螭纽银印。至大二年,以
阿速卫五百人隶之,命驻和林。四年,改封湘宁王,换金印,食湘乡

州宁乡县六万五千户。至治末,卒。

子八剌失里袭。泰定帝即位,赐以湘宁王印。泰定元年,出镇察罕淖尔。三年正月,移镇兀鲁斯部。六月,又移镇阿难答之地。先是,安西王阿难答领开成路,及以罪诛,武宗以其地赐皇太子。至是,改命八剌失里往镇焉。四年,还镇察罕淖尔。泰定帝崩,大都自立,八剌失里与汝宁王忽剌台、驸马赵王马札罕起兵勤王,入冀宁,败大都万户和尚援兵。及闻上都覆没,退还马邑,兵败,为也速答儿执送大都,与火儿忽答等十三人皆死。

答剌麻八剌。至元初,生于燕邸。及燕王为皇太子,凡扈驾巡狩及朝会,必以答剌麻八剌从。二十二年,皇太子卒。二十八年,始奉命出镇怀州,命侍卫都指挥使唆都、尚书王倚辅之。至赵州,从卒有拔村民桑枣者,杖之,遣倚入奏。世祖嘉之。未至镇,以疾召还。明年春,卒,年二十九。三子:长武宗,次仁宗,庶长子阿木哥。武宗即位,追谥昭圣衍孝皇帝,庙号顺宗。

阿木哥,母郭氏,本世祖宫人。答剌麻八剌稍长,世祖先以郭氏赐之,生阿木哥。人德六年,藉河西宁夏善射军隶阿木哥麾下。武宗即位,封魏王,赐兽纽金印。仁宗即位,入觐。帝谕行省曰:"朕与阿木哥同父异母,朕不抚育之,彼将谁赖耶?赐钞二万锭,他勿援例。"明年,赐庆元路定海县六万五千户为食邑。寻以罪谪徙耽罗,复移于大青岛。有术者赵子玉言于王府司马曹脱不台等曰:"阿木哥名应图谶。"潜谋航海至大青岛,迎阿木哥入都作乱。行次利津,事觉,子玉等伏诛。遂内徙阿木哥于大同。泰定元年,召赴阙。是年六月,卒。

子阿鲁,至顺元年封西靖王,出镇陕西;次字罗帖木儿,袭封魏王,至正十三年与伯家奴同讨河南妖贼,嗜酒不设备,为贼所劫执,被害。

史臣曰:蒙古法不立太子,其嗣大位者,俟诸王大臣集议,然后定策,谓之忽里勒达。故觊觎与党附者,彼此构煽,易为乱阶。世祖用当时儒者之言,册立皇太子以植国本,遏争端,圣矣哉!以真金之仁孝,而陨于忧惧,与梁昭明太子之事,无以异。然俱庆流允嗣,天之报施可谓不爽矣。

新元史卷一一四
列传第一一

世祖诸子下

忙哥剌　阿难答　那木罕　忽哥赤

也先帖木儿　把匝瓦剌尔密　爱牙赤

奥鲁赤　铁木儿不花　老的　阿忒思纳失里

搠思班　党兀班　阔阔出　脱欢　老章

孛罗不花　大圣奴　宽彻不花　和尚　帖木儿不花

蛮子　忽都鲁帖木儿

成宗皇太子

德　寿

仁宗皇子

兀都思不花

泰定帝诸子

八的麻亦儿间卜　小薛　允丹藏卜

文宗诸子

皇太子阿剌忒纳答剌　燕帖古思
太平讷

　　忙哥剌,皇太子真金同母弟也。至元九年十月,封安西王,赐螭纽金印,以京兆路为分地,驻于六盘山。置王相府,以商挺、李德辉为王相。明年,册立皇太子,忙哥剌亦进封泰王,别赐兽纽金印。两府并置,在长安者曰安西路,在六盘者曰开成路。诏京兆尹赵炳治宫室,冬、夏分驻焉。十四年,兀剌孩土番火石颜谋作乱,忙哥剌自六盘率师讨平之。是年,改相府铜印为银印,发四川蒙古军七千、新附军三千隶王府,以四川行省右丞汪良臣为安西王相,改李德辉为行省左丞。十五年冬十一月,卒。罢王相府。

　　忙哥剌妃使商挺请命于朝,以子阿难答嗣。世祖曰:“年幼未娴教训,卿姑行王相府事以辅之。”十七年,陕西运使郭琮矫王妃命,杀前安西王相赵炳,逮挺至京师。十八年十月,命王府协济户及南山隘口军屯田安西、延安、凤翔、六盘等处。二十二年,诏为皇孙阿难答立衍福司,秩正四品。时阿难答既袭安西王,弟按檀不花佩秦王印,其下用王傅印,又北安王相府无印,安西王府独有相印。桑哥以为不均。二十四年，收安西王相印，诏按檀不花纳秦王印，并罢所署王傅，其安西王傅仍旧。是年，阿难答请设本位下诸匠都总管府，从之。二十六年，罢按擅不花所设断事官。二十七年，罢秦王典藏司。三十年，给安西王府断事官印，以铁赤、脱脱木儿、咬住、拜延四人并为王傅。

元贞元年，铁赤等请复立王相府，不允。是年，以海都入寇，命阿难答率所部赴北边。五月，以阿难答军妻孥乏食，赐粮二千石。十一月，赐甲胄、弓矢、囊鞬、枪槊等十五万八千二百余事。二年，铁赤等申相府之请，成宗曰："去岁阿难答面陈，朕谕以世祖旧制。今复云然，岂欲以四川、京兆尽为彼有耶？今姑从汝请，置王相府第行王傅事。"寻阿难答以贫乏告，成宗曰："世祖圣训，尝以分赉为难，阿难答亦知之。若言贫乏，岂独汝耶？去岁赐钞二十万锭，又给以粮。今与之，则诸王以为不均；不与，则汝言人多饿死。其给粮万石，择贫者赈之。"大德五年，籍王府侵占田四百余户。六年，禁和林酿酒，惟阿难答及诸王忽剌出、脱脱、八不沙、也只里，驸马蛮子台、翁吉剌带、也里干等许酿。七年，笃哇、察八儿遣使请降，诏阿难答置驲丁北边，以俟其来。十年，开成地震，坏王宫室及官民庐舍，压死故秦王妃也里完等五千余人。

十一年正月，成宗崩。阿难答与明理帖木儿先以事至京师，左丞相阿忽台、平章八都马辛、前平章伯颜、中政院使道兴等议奉伯牙吾皇后称制，以阿难答辅政。右丞相合剌合孙潜使人迎武宗、仁宗。二月，仁宗自怀庆奔丧至，执阿忽台等杀之。事具《合剌合孙传》。阿难答赐死。

武宗即位，以安西王位下分地及江西吉州户钞赐仁宗，延臣或请以阿难答子月鲁帖木儿绍封者，詹事丞王结言："安西王以何罪诛？今复之，何以惩后？"议遂寝。至治三年，英宗遇弑，月鲁帖木儿预铁失逆谋。泰定帝即位，欲安反侧，命月鲁帖木儿袭安西王封。后追论逆党，流月鲁帖木儿于云南，按檀不花于海南。至顺三年，月鲁帖木儿坐与畏兀僧你达八的剌版的、国师必剌忒纳失里沙津爱护持等谋反,伏诛。

那木罕,亦皇太子真金母弟。至元元年,以高道为那木罕说书官。三年,封北平王,赐螭纽金印。四年,出镇阿力麻里。七年,讨叛王聂古伯。会聂古伯与海都相攻战殁,那木罕乘势败其兵。明年,给军中甲一千,又赏其立功将士有差。十四年,诸王药木忽儿、撒里蛮等合谋夜劫那木罕营,执那木罕及丞相安童,奉河平王昔里吉以叛。久之,撒里蛮执昔里吉及药木忽儿,将献于朝以自赎。十九年,阿木罕自贼中遣诸王札剌忽以其事入奏。是年,进封北安王,犹为撒里蛮等所留。至二十二年,始归。是年,赐北安王螭纽金印,仍出镇北边。二十三年,分临江路六万五千户为食邑。二十四年,置都总管府以领北安王民匠、斡端大小财赋。二十月,置王傅,凡军需及本位下之事皆领之。二十九年,卒。延祐七年,追谥昭定王。无子。泰定帝即位,敕会福院奉其像于高良河寺中。

忽哥赤,世祖第五子也。至元四年八月,封云南王,赐驼纽鋈金银印。九月,置大理等处行六部,以阇阇带、柴桢并为尚书,兼王傅府尉,宁源为侍郎,兼司马。遣忽哥赤出镇,奉诏抚谕大理、鄯阐、察罕章、赤秃哥儿、金齿等处吏民,编户籍,俾出赋役,置达鲁花赤统治之。时大理等处三十七部宣慰都元帅宝合丁忌忽哥赤来,八年二月乙巳,宴忽哥赤中毒,一夕卒。宝合丁贿王傅阇阇带及阿老瓦丁、亦速失等秘其事。会王府文学张立道密遣人走京师告变,世祖使断事官博罗欢、吏部尚别帖木儿驰驲至云南,按之,宝合丁及阇阇带等皆伏诛。

自忽哥赤卒,以南平王秃鲁镇云南。秃鲁者太宗孙禾忽子也。忽哥赤有子曰也先帖木儿,久未袭封。张立道为中庆路总管,十七年入朝,言于世祖。是年十月,赐也先帖木儿云南王印。二十二年,敕云南行省;事不议于王者,毋辄行。是年,又敕合剌章酋长之子入质京师,千户、百户子留质于云南王。二十五年,换驼纽金印。大军征缅,命也先帖木儿率所部镇抚大理等处。四月,敕缅中行省军一禀云南王节制。大军次蒲甘失利,既而缅酋谢罪请降。武宗即位,进封营王,换兽纽金印。封镇西武宁王帖木儿不花子老的为云南王,以代也先帖木儿。皇庆元年,赐福州路福安县一万三千六百有四户为食邑。泰定帝崩,文宗自立于大都,也先帖木儿与平章秃满答儿奉上都之命,自辽东以兵入迁民镇,进至通州,为燕铁木儿败。齐王月鲁帖木儿袭陷上都,也先帖木儿乃罢兵归,文宗夺其王印。至顺元年,还之。三年二月,卒。二子:曰脱欢不花,曰脱鲁。

其裔孙有梁王把匝剌瓦尔密,至正以后中原盗起,云南僻在西南,把剌瓦尔密抚驭有威惠,一方宁谧。二十三年,明玉珍僭号于蜀,分兵三道来攻。其将万胜一军由叙州先入抵中庆,把匝剌瓦尔密走金马山,转入威楚,大理总管段功以兵援之,玉珍兵败退。已而大都不守,中国无元尺寸地,云南固守自若,岁遣使自塞外达惠宗行在。及明兵平四川,天下大定,明太祖以云南僻远,不欲劳师。时北平守将得云南遣往漠北使者苏成以献,乃命待制王祎赍诏偕成至云南招谕。会昭宗遣使脱脱来征饷,闻有明使,疑其贰,胁以危词,把匝剌瓦尔密遂杀祎而以礼葬之。逾三年,明太祖复遣湖广参知政事吴云偕所获云南使者铁知院等往,知院以已奉使被执,诱云改制书。云不从,被杀。明太祖乃命傅友德为征南将军,蓝玉、沐英为副,率师伐之。洪武十四年十二月,下普定路。平章达里麻以兵十余万拒于曲靖,英乘雾趋白石江,雾霁两军相望。达里麻大惊,英严阵若将渡江者,别遣奇兵从下流潜渡,出其阵后,张疑帜山谷中,人吹一铜角。我军惊扰,英麾军径渡,以善泅者先之。鏖战良久,军大溃,生擒达里麻。先是,段功退明玉珍兵,把匝剌瓦尔密妻以女阿氎公主,倚其兵力。后以疑忌,酖杀之,遂失大理援。至是,达里麻败,知事不可为,走普宁州之忽纳寨,焚其龙衣,驱妻子赴滇池死,自与左丞达的、右丞驴儿夜入草舍自刭。明人迁其家属于耽罗。

爱牙赤,世祖第六子。至元二十二年,赐银印。二十四年,叛王势都儿犯咸平,爱牙赤率宣慰使塔出,自沈州北讨,命宣慰使亦力撒合分兵趋懿州,寇遁去。后病卒。

元贞初,其子字颜帖木儿入朝,赐金帛如诸王大会例。所部在兀剌海路,地硗瘠贫乏,泰定元年移镇阔连东部。字颜帖木儿之兄曰阿木干,阿木干子曰也的古不花,泰定中亲信用事,车驾幸上都,与中书省臣兀伯都剌等居守焉。

奥鲁赤,世祖第七子。至元六年十月,封西平王,赐驼纽镀金银印。九年,命讨建都蛮,诸王阿鲁帖木儿、秃哥,南平王秃鲁,各率所部从之。都元帅也速答儿及忙古带所领欲速公弄等吐番十八族之兵,并听奥鲁赤节度。明年十月,擒其酋下济等四人,建都降,留忙古带统新旧军一万五千戍之。十二年,又率安西王忙哥剌、诸王只必帖木儿、驸马昌吉等征吐番,赐部下戍鸭池者马人三匹。二十二年,与诸王阿只吉拒叛王笃哇,战失利。三十年,诏以所部九千人附万户张邦瑞西讨笃哇。元贞元年,陇北道廉访司鞠邦瑞不法事,奥鲁赤庇邦瑞,成宗命谕之。是年,以诸王出伯所统探马赤红袄军各千人隶其麾下。二年,奉命驻夏上都。大德七年,赐南思州一万三千六百有四户为食邑。未几,卒。二子:曰铁木儿不花,曰八的麻的加。

铁木儿不花,至元中镇亦奚不薛。二十六年,徙镇重庆。大德三年,封镇西武靖王,赐驼纽镀金印。二子:曰老的,曰搠思班。

至大二年,命老的代营王也先帖木儿镇云南,赐以云南王驼纽镀金银印。仁宗即位,八百媳妇与大小彻里蛮寇边,老的率行省右丞阿忽台等讨之。皇庆元年,玺书招谕,皆降,以驯象方物来献。延祐二年,老的入朝,以明宗代之,不赴,代以诸王脱脱。四年,脱脱扰害军民,召还,复以诸王按灰代之。老的四子:曰阿忒思纳失里,曰答儿麻,曰乞八,曰亦只班。

阿忒思纳失里,泰定元年七月出镇沙州。天历二年,封豫王,赐金印。十一月,诏豫王阿忒思纳失里镇云南。至顺元年,赐豫王傅金虎符。秃坚据云南反,三月以乞住为云南行省平章政事,从王由八番进讨。六月,分道而入。二年三月,阿剌忒纳失里战屡捷。四月,云南平。至正十二年,命阿剌忒纳失里讨南阳、襄阳、邓州贼。十六年,命与陕西行省官商议军机,从宜进讨。九月,复潼关,未几又陷,再取之。十七年十月,贼犯七盘,与哈剌不花进讨。十一月,又与陕西省台官分道攻关陕。十八年十月,徙居白海,寻又迁于六盘,卒。答儿麻,至正十三年以讨贼功,赐西安王印。

乞八,至顺二年上言:"臣每岁扈从时巡,所费甚广。臣兄豫王阿剌纳失里、弟亦只班,岁给钞五百锭、币帛千匹,敢视其例以请。"从之。

捌思班,袭封镇西武靖王。至大二年,宣政院奏,以捌思班与脱思麻宣慰司言,请改松潘叠岩威茂州安抚司为宣抚司,迁治茂州汶川县。从之。延祐六年,察合台后王怯别寇斡端,遣捌思班率所部讨之。英宗即位,来朝。至治三年三月,西番参卜郎诸族叛,捌思班讨平之。泰定二年,赏其有功将士四百人钞四千锭。三年十一月,阶州土番叛,捌思班遣临洮路元帅盎盎谕之降。天历二年,囊家台举兵于四川,来乞师;捌思班拒之,分兵严守关隘。二月,从湖广行省官讨囊家台。既而囊家台听命,遂罢兵。至顺元年,诸王秃坚自立为云南王,命捌思班与行知枢密院事彻里铁木儿等由四川进讨。十一月,战于安宁州及中庆,皆捷。明年正月,遂复云南省治。捌思班奏请荆王也速也不干及诸王锁南等留云南一二岁,以靖反侧。从之。未几,卒。

子党兀班,后至元元年五月讨叛番,擒其酋阿答里胡。党兀班殁于阵,追封凉王,谥忠烈。

奥鲁赤次子八的麻的加,袭封西平王。子贡哥班,后至元二年,赐以西平王印。

阔阔出，世祖第八子。至元二十六年，始封宁远王，赐龟纽鋈金银印。三十年，从成宗备兵北边。明年，成宗入嗣大统，以军事属阔阔出，师久无功。大德三年，命武宗即军中代之。十一年，武宗即位，以翊戴功，进封宁王，换兽纽金印。至大三年，三宝奴告阔阔出谋为不轨，武宗命楚王牙忽都等鞫之下狱。平章察乃铁哥廷辨，其诬得释，犹徙于高丽，赐其妃完者死，以畏兀儿僧铁里等二十四人同谋或知而不首，并磔于市。鞫其狱者皆升秩二等，赐牙忽都金千两、银七千五百两，三宝奴赐号答剌罕，以阔阔出清州食邑赐之。皇庆元年，铁哥奏：世祖诸皇子惟宁王在，宜赐还。仁宗从之。明年二月，卒。二子：曰薛彻秃，曰阿都赤。

薛彻秃，延祐七年四月封宁远王，至治二年进封宁王。三年七月，入朝，请印。英宗不允。泰定元年，赐福州路永福县一万三千六百有四户，置王傅。至顺二年二月，与沙哥坐妄言不道，安置薛彻秃于广州，沙哥于雷州。明年，以燕铁木儿言，赦还。

脱欢，世祖第九子。至元二十一年六月，封镇南王，赐螭纽金印。七月，奉命征占城，假道安南。十二月，至安南境，国王陈日烜遣其从兄与兴道王将兵拒之。脱欢谕令退兵，不从。乃分军六道进攻。二十二年正月，转战次富良，败其水军，日烜弃城遁。脱欢入王京，还屯富良江北，唆都及左丞唐古䚟占城来会。分兵水陆，追日烜。五月，左丞李恒败日烜于安邦海口，几获之。会暑雨疫作，又粮运不继，诸将议退军。脱欢从之。还次册江，结筏安浮桥将渡，伏发林中，唆都战殁，李恒殿后，毒矢贯其膝，且战且行，仅卫脱欢出境。至思明州，士马亡失过半。事闻，敕留蒙古军百人，汉军四百人为脱欢宿卫，放散诸军。

明年春，召征东宣慰都元帅来阿八赤与阿里海涯至都议伐安南，立征交趾行尚书省，以阿里海涯为左丞相，来阿八赤右丞，奥都赤平章政事，乌马儿、樊楫等参知政事，并受脱欢节制。发江淮、江西、湖广三行省蒙古、汉军七万人，战舰五百艘，云南兵六千人，海外四州黎兵一万五千人,海道万户张文虎等运粮十七万石,凡水陆军十万。已而湖广行省奏请缓师,诏阿里海涯返。十一月,脱欢次思明州,命右丞程鹏飞与奥鲁赤等分道并进,来阿八赤将万人为前锋。脱欢次界河,来阿八赤击安南军败之。进次万劫,诸军毕会。十二月,脱欢次茅罗港,破浮山寨,率诸军渡富良江,进薄王京。日烜与子走嗷南堡,诸军攻下之。二十五年正月,日烜复遁入海,诸军追之不及,引还。时军中粮尽,遣乌马儿至安邦海口迎张文虎粮船,不至。二月,诸军退次安劫。三月,又退次内旁关。安南以精兵邀我归路,万户张均率所部三千人力战,始出关。谍知日烜率兵三十万扼女儿关及邱急岭,脱欢乃由单已县趋盝州,间道入思明州。是役,来阿八赤、樊楫及万户张玉皆战殁。

世祖以脱欢再伐安南无功,丧师辱国,终身不许入觐。先是,脱欢始受封命镇鄂州,以在军中未之镇。二十八年,徙镇扬州。大德五年,卒。六子:曰老章,曰脱不花,曰宽彻不花,曰帖木儿不花,曰蛮子,曰不答失里。

老章,大德五年袭封镇扬州,出入导从僭拟车驾。至大三年,为尚书省臣奏劾,遣使诘问,有验,召赴阙。

老章卒,脱不花袭封镇南王。泰定二年,卒。其子孛罗不花尚幼,使中书平章政事乃蛮台代镇焉。

明年以脱不花弟帖木儿不花袭封镇南王,镇扬州。孛罗不花既长,天历二年帖木儿不花让还王位。

元统元年,孛罗不花入朝。至正七年,集庆盗起,孛罗不花讨平之。又与威顺王宽彻不花讨徭贼吴天保于靖州。十二年,以淮南行省平章晃火儿不花提调镇南王傅事。十五年,与淮南行省招降张士诚,明年卒。

子大圣奴袭封。至正十九年,与枢密判官席闰守信州,陈友谅使其将王奉国来攻,城陷死之。

宽彻不花,脱欢第三子。泰定三年三月,封威顺王,镇武昌,赐驼纽鎏金银印，领怯薛歹五百人，又许自募千人以备宿卫。致和末，与弟镇南王脱不花应文宗召，至大都，有拥戴之劳。天历初，叠蒙赏赉。至顺二年，还镇武昌。宽彻不花性宽，位下怯薛歹颇侵渔百姓。至元五年，丞相伯颜矫诏贬之。及脱脱为相，复其王位。至正二年，湖北廉访司劾宽彻不花恣行不法，不报。十一年，率二子别帖木儿、答帖木儿与倪文俊战于金刚台。兵败，别帖木儿被执。明年，贼陷武昌，宽彻不花与平章和尚弃城走，诏夺王印，和尚论死。十三年，参政阿鲁辉复武昌、汉阳，宽彻不花屡战有功，十四年还其王印。十六年，诏与宣让王帖木儿不花以兵防怀庆。未几，复还武昌，率其子报恩奴、接待奴、佛家奴攻倪文俊于汉阳、载妻妾以行。至鸡鸣汊，舟胶，贼纵火焚之，接待奴、佛家奴被害，报恩奴自杀，妻妾皆没。既而文俊陷岳州，答帖木儿死之。宽彻不花脱走，部将侯伯颜答失奉之，自云南入蜀，转战而北。二十五年，至陕西成州，欲赴京师，为李思齐所拘留。宽彻不花屯田于成州，未几卒。

子和尚，事惠宗甚见亲信。二十四年，孛罗帖木儿称兵犯阙，自为右丞相，和尚受密诏斩之。事具《孛罗帖木儿传》。以功封义王。二十七年，惠宗北奔，诏和尚与淮王帖木儿不花监国。明兵至，和尚遁去。

帖木儿不花，脱欢第四子。让位于孛罗不花，文宗嘉之，特封宣让王，赐螭纽金印，命镇庐州。至顺二年，给王傅印。后至元元年，赐庐州、饶州牧地各一百顷。明年，又赐市宅钞四千锭，诏王府官属班有司之右。五年，伯颜矫诏贬之。至正九年，给还宣让王印，复镇庐州。十二年，盗起，帖木儿不花与诸王乞塔歹、曲怜帖木儿，廉访使班第分道讨平之，赐金带银钞有差。十七年，贼陷庐州，帖木儿不花还京师。二十七年，进封淮王，赐金印。二十八年，惠宗北奔，命帖木儿不花监国。明兵陷京师，帖木儿不花见徐达抗词不屈，为所杀，年八十又三。

蛮子,脱欢第五子。元统二年四月,封文济王,出镇大名。后至元二年,赐金印驲券及从者衣粮。至正十三年,卒。

子不花帖木儿袭封。

蛮子弟不答失里,皇庆元年赐福州路宁德县一万三千六百四户为食邑。二年十月,封安德王,驼纽鋈金银印。后进封宣德王,换螭纽金印。

忽都鲁帖木儿,世祖庶子。子阿八也不干,皇庆元年赐泉州路南安县一万三千六百有四户为食邑。子八鲁朵儿只。

成宗皇太子德寿,母曰失怜答里皇后。大德九年六月庚辰,册立为皇太子。是年十二月卒。

仁宗二子:英宗为阿纳失舍里皇后所出,庶长子兀都思不花。兀都思不花,延祐二年封安王,赐兽纽金印。四年,置王傅。五年,以湖州路为分地,其户数视魏王阿木哥。英宗即位,降封顺阳王,寻赐死。遣怯薛歹定住括王府资财入章佩监。

泰定帝四子:长皇太子阿速吉八,见本纪;次八的麻亦儿间卜,次小薛,次允丹藏卜。

八的麻亦儿间卜,泰定元年三月以皇子嗣封晋王。四年,敕右丞相塔失帖木儿、左丞相倒剌沙兼领晋王内史四斡儿朵事。

小薛,泰定三年,以其夜啼,赐高年钞以压之。

允丹藏卜,泰定四年三月出镇北边。
三皇子俱早殒,无后。

文宗三子：长皇太子阿剌忒纳答剌，次燕帖古思，次太平讷。

皇太子阿剌忒纳答剌，至顺元年三月封燕王，立宫相都总管府，以燕铁木儿领之。八月，御史台臣请立皇太子，文宗曰："朕子尚幼，非裕宗比，俟燕铁木儿至共议之。"冬十月，诸王大臣复以为请，帝曰："卿等所言诚是，但燕王尚幼，不克负荷，徐议之未晚也。"是年十二月辛亥，册立为皇太子。二年正月，卒。命宫相法里等护丧北葬起辇谷。仍命法里等守之。三月，绘皇太子真容置于安庆寺东鹿顶殿祀之，如累朝神御殿仪。鞠宦者拜住侍皇太子疹疾，以酥拭其眼鼻，又为禳祝，杖一百七斥出京城。五月，皇太子影殿造祭器，如裕宗如事。

燕铁古思，初名古纳答列。至顺二年，市故相阿鲁浑撒里宅，命燕铁木儿奉皇子居之。三年，改今名。文宗崩，遗命以明宗子嗣位。燕铁木儿请立燕帖古思，不答失里皇后遵遗命不许。及宁宗崩，燕铁木儿又请立之，皇后又不从，乃迎立惠宗，议万岁之后传位燕帖古思。后至元六年，追论文宗杀逆之罪，撤其庙主，削不答失里太皇太后之号，安置东安州，放燕帖古思于高丽。监察御史崔敬抗疏论之，不报。燕帖古思未至高丽，七月丁卯，从臣月阔察儿希旨杀之，托言病卒。诏赐钞百锭，以礼葬之。

太平讷，本名宝宁。天历元年，改今名。命大司农买住养于其家。早殇，无后。

史臣曰：元之季世，宗王死国难者，皆世祖之胄裔，盖教育之泽远矣。世祖伐安南，始为骄兵，继为忿兵，其败宜也。帝不自反，而迁怒于脱欢，此则狃于功利之习，不能为世祖讳者焉。